O CONTROLE DE CONSTITUCIONALIDADE DAS LEIS E O PODER DE TRIBUTAR NA CF/1988

Respeite o direito autoral

O GEN | Grupo Editorial Nacional reúne as editoras Guanabara Koogan, Santos, Roca, AC Farmacêutica, Forense, Método, LTC, E.P.U. e Forense Universitária, que publicam nas áreas científica, técnica e profissional.

Essas empresas, respeitadas no mercado editorial, construíram catálogos inigualáveis, com obras que têm sido decisivas na formação acadêmica e no aperfeiçoamento de várias gerações de profissionais e de estudantes de Administração, Direito, Enfermagem, Engenharia, Fisioterapia, Medicina, Odontologia, Educação Física e muitas outras ciências, tendo se tornado sinônimo de seriedade e respeito.

Nossa missão é prover o melhor conteúdo científico e distribuí-lo de maneira flexível e conveniente, a preços justos, gerando benefícios e servindo a autores, docentes, livreiros, funcionários, colaboradores e acionistas.

Nosso comportamento ético incondicional e nossa responsabilidade social e ambiental são reforçados pela natureza educacional de nossa atividade, sem comprometer o crescimento contínuo e a rentabilidade do grupo.

SACHA CALMON NAVARRO COÊLHO

O CONTROLE DE CONSTITUCIONALIDADE DAS LEIS E O PODER DE TRIBUTAR NA CF/1988

4.ª edição
revista e atualizada

- A EDITORA FORENSE se responsabiliza pelos vícios do produto no que concerne à sua edição (impressão e apresentação a fim de possibilitar ao consumidor bem manuseá-lo e lê-lo). Nem a editora nem o autor assumem qualquer responsabilidade por eventuais danos ou perdas a pessoa ou bens, decorrentes do uso da presente obra.
  Todos os direitos reservados. Nos termos da Lei que resguarda os direitos autorais, é proibida a reprodução total ou parcial de qualquer forma ou por qualquer meio, eletrônico ou mecânico, inclusive através de processos xerográficos, fotocópia e gravação, sem permissão por escrito do autor e do editor.

  Impresso no Brasil – *Printed in Brazil*

- Direitos exclusivos para o Brasil na língua portuguesa
  Copyright © 2016 by
  EDITORA FORENSE LTDA.
  Uma editora integrante do GEN | Grupo Editorial Nacional
  Travessa do Ouvidor, 11 – Térreo e 6º andar – 20040-040 – Rio de Janeiro – RJ
  Tel.: (21) 3543-0770 – Fax: (21) 3543-0896
  faleconosco@grupogen.com.br | www.grupogen.com.br

- O titular cuja obra seja fraudulentamente reproduzida, divulgada ou de qualquer forma utilizada poderá requerer a apreensão dos exemplares reproduzidos ou a suspensão da divulgação, sem prejuízo da indenização cabível (art. 102 da Lei n. 9.610, de 19.02.1998).
  Quem vender, expuser à venda, ocultar, adquirir, distribuir, tiver em depósito ou utilizar obra ou fonograma reproduzidos com fraude, com a finalidade de vender, obter ganho, vantagem, proveito, lucro direto ou indireto, para si ou para outrem, será solidariamente responsável com o contrafator, nos termos dos artigos precedentes, respondendo como contrafatores o importador e o distribuidor em caso de reprodução no exterior (art. 104 da Lei n. 9.610/98).

- A Editora Forense passou a publicar esta obra a partir da 4.ª edição.

- Capa: Danilo Oliveira

- Fechamento desta edição: 25.07.2016

- CIP-BRASIL. CATALOGAÇÃO NA PUBLICAÇÃO.
  SINDICATO NACIONAL DOS EDITORES DE LIVROS, RJ

  C614c
  4. ed.

  Coêlho, Sacha Calmon Navarro
     O controle de constitucionalidade das leis e o poder de tributar na CF/1988 / Sacha Calmon Navarro Coêlho. – 4. ed. rev. e atual. – Rio de Janeiro: Forense, 2016.

  Inclui bibliografia
  ISBN 978-85-309-6875-5

  1. Controle da constitucionalidade – Brasil. 2. Responsabilidade do Estado – Brasil. 3. Ação de inconstitucionalidade – Brasil. I. Título.

  15-28995　　　　　　　　　　　　　　　　　　　　　　　　　　　　CDU: 342.81

PREFÁCIO

Este livro do eminente Professor Sacha Calmon Navarro Coêlho examina o controle de constitucionalidade das leis em sua dimensão universal, com profunda incursão no Direito Comparado, e na sua aplicação ao Direito Brasileiro, particularizando o controle jurisdicional do poder de tributar na Constituição Federal de 1988. A primeira parte do texto analisa as resistências históricas que se opuseram à implantação do controle da constitucionalidade das leis no sistema jurídico europeu, durante o século XIX e parte do século atual, assinalando o contraste entre a inexistência de controle no Direito europeu e a introdução de vigoroso controle judiciário da constitucionalidade das leis nos Estados Unidos, que emanou de criação jurisprudencial no famoso caso *Marbury v. Madison*, decidido pela Corte Suprema, em 1803, e propagou-se pelas Constituições latino-americanas que adotaram tal controle, como a da Argentina de 1853 e a do Brasil de 1891.

A longa resistência europeia ao controle da constitucionalidade das leis, de modo geral – que ainda perdura na Constituição da França de 1958 –, e ao controle judiciário da constitucionalidade, de forma específica, substituído pelo controle jurisdicional de órgão especial, foi invocada para caracterizar a incompatibilidade entre o regime parlamentar de governo e o controle da constitucionalidade. As razões da resistência ao controle, na Europa, provinham de concepções políticas mais gerais, como a da soberania da lei, vinculada ao princípio rousseauniano da "lei, expressão da vontade geral", consagrado pelas Constituições francesas do período da Revolução de 1789, ou decorriam do prestígio e da eficácia, atribuídos nos ordenamentos monárquicos, à sanção real do ato legislativo, tornando, num caso e noutro, dispensável o controle de outro órgão do Estado, sobre o conteúdo da lei. O Professor Sacha Calmon reconstituiu as etapas da superação dessa resistência ao controle e se deteve na relevante contribuição europeia ao controle da constitucionalidade pelos Tribunais Constitucionais. A Constituição Federal da Áustria, de 1º de outubro de 1920, inspirada em projeto elaborado por Hans Kelsen, inaugurou a solução do controle da constitucionalidade por órgão de jurisdição especial, sem relação com o Poder Judiciário, que no referido texto recebeu a denominação de Tribunal de Justiça Constitucional (*Verfassungsgerichtshof*). A Corte de Justiça do Estado (*Staatsgerichtshof*), prevista na Constituição da Alemanha de

1919, não dispunha da amplitude conferida ao Tribunal Constitucional da Áustria. Limitava-se ao conhecimento de litígios constitucionais entre Estados ou entre estes e a Federação, em atividade de substituição, na falta de outro Tribunal competente para assuntos dessa natureza, conforme esclarecia o artigo 19 da Constituição da Weimar.

Constituem páginas de alto valor doutrinário as que o Autor dedicou ao estudo do controle da constitucionalidade das leis no Brasil, destacando as duas modalidades do controle judiciário: o controle difuso que está confiado aos Juízes e aos Tribunais, de modo geral, e o controle concentrado, localizado com exclusividade no Supremo Tribunal, para defesa da Constituição Federal em face de lei ou de ato normativo federal ou estadual com ela conflitante e, também, sediada essa modalidade de controle nos Tribunais de Justiça dos Estados quando se tratar do conflito puro entre a Constituição do Estado e as leis ou atos normativos estaduais ou municipais. O controle difuso pode ser acionado por qualquer interessado, em caso concreto, para amparar direito próprio. O controle concentrado isola-se no confronto abstrato entre normas de hierarquia diversa, tendo por objeto a defesa direta da Constituição Federal. Enquanto a primeira forma de controle dispõe de número inominado de titulares, o controle concentrado depende da iniciativa de determinados titulares com legitimidade para movimentá-lo. A pluralidade dos ordenamentos constitucionais do Estado Federal Brasileiro impôs a inserção nos Tribunais de Justiça dos Estados da competência para exercer o controle concentrado da constitucionalidade no âmbito do Direito Estadual, de modo a assegurar a primazia da Constituição dos Estados Federais em face das leis ou atos normativos estaduais ou municipais, sem ingressar na competência privativa do Supremo Tribunal, "guarda da Constituição Federal".

O Professor Sacha Calmon dedicou a segunda parte do livro ao exaustivo exame do controle jurisdicional do poder de tributar na Constituição Brasileira de 1988.

As Constituições de nosso país sempre dispensaram largo tratamento aos temas tributários. É na Constituição que reside a sede da repartição da competência tributária da União, dos Estados, do Distrito Federal e dos Municípios, das regras que regulam as limitações do poder de tributar, das definições dos tributos e da técnica federativa da repartição das receitas tributárias. A Constituição de 1988 não interrompeu o modelo adotado em Constituições anteriores, com o aprimoramento formal material introduzido pela Emenda Constitucional nº 18, de 1985. A Constituição de 1988 contém inovações que recolheu na doutrina e na jurisprudência. Incorreu imperfeições, como a de indefinição da Contribuição de Melhoria, que o Autor increpou ao texto constitucional. O deslize de uma ou outra impropriedade é compensado pelo acerto e o rigor que caracterizam o capítulo do Sistema Tributário Nacional. Sob este aspecto, o Professor Sacha Calmon louva a consagração de "numerosas regras sobre tributação e de variados princípios constitucionais de conteúdo aberto", que favorecem a interpretação e dinamizam o controle jurisdicional.

Esclarece dúvidas sua análise dos empréstimos compulsórios, das contribuições parafiscais, das taxas e de seu fato gerador e dos impostos residuais da União, matérias que provocam dissídios e frequentemente buscam o seu aplacamento nas decisões de Juízes e Tribunais. A posição da Lei Complementar Tributária, as imunidades genéricas, as vedações específicas ao poder de tributar, as delegações legislativas, o princípio da legalidade da tributação e as Medidas Provisórias, os princípios da irretroatividade da Lei Fiscal, da igualdade ou do tratamento isonômico, do não confisco, a pessoalidade dos impostos, a capacidade contributiva, as imunidades intergovernamentais recíprocas, as imunidades dos Templos de qualquer culto, dos Partidos, dos Sindicatos e das Instituições Fechadas de Previdência Privada, dos Livros, Jornais e Periódicos, Anistias e Remissões, Tributação Federal Uniforme, a imunidade dos aposentados e pensionistas, a imunidade do IPI e do ICMS, a imunidade das pequenas glebas rurais, a imunidade de transmissão *inter vivos* de bens imóveis, são temas sobre os quais o Professor Sacha Calmon, que também ilustrou a Seção Judiciária da Justiça Federal de Minas Gerais nas funções de titular da 12ª Vara, discorre com o profundo conhecimento da doutrina e da jurisprudência. *O controle de constitucionalidade das leis e o poder de tributar na CF/1988* é livro de notável relevo na bibliografia brasileira do Direito Constitucional Tributário e fonte de segura orientação aos estudiosos, aos intérpretes e aos aplicadores desse florescente ramo do conhecimento jurídico.

Belo Horizonte, 22 de maio de 1992.

Raul Machado Horta
Professor Catedrático e Emérito da Faculdade de Direito da
Universidade Federal de Minas Gerais
(*in memoriam*)

Nota da Editora: o Acordo Ortográfico foi aplicado integralmente nesta obra.

APRESENTAÇÃO

No presente trabalho, esforça-se o autor pelos sendeiros do método interdisciplinar.

Deveras, o discurso desdenha o tecnicismo que, noutras ocasiões, restou embutido na narrativa de temas tidos por jurídicos, como se o direito pairasse no ar, às soltas.

Dão-se à estampa História e Sociologia Política e Filosofia. A evolução das ideias políticas, seus acertos e idiossincrasias, mesclam-se com as construções jurídicas para ofertar ao leitor uma visão abrangente das instituições analisadas. Tudo está datado historicamente.

Não apenas isto. Ao lado da técnica expositiva interdisciplinar, ocorrem ao longo da narrativa veros diálogos com inúmeros outros autores. Não se diz que dado escritor disse isto ou aquilo. Abrem-se ensanchas aos pensamentos e ideias do escritor referenciado, em largos e longos entrechos. Passa a ter o leitor a dimensão exata do pensamento alheio trazido à colação, o que é altamente enriquecedor. Inúmeras disceptações decorrem do vezo autoritário de serem citados os escritores, atribuindo-lhes, o que cita, conceitos e ideias que não expressaram ou que expressaram diferentemente.

Impende notar desde logo, no entanto, que o autor escolheu bem os textos dos escritores que enriquecem a exposição. Estão bem encaixados, elegantes na forma e muito expressivos. Em suma, não resultou o intrico numa colcha de retalhos, sem métrica ou arquitetura. Ao revés, a imagem que fica é de um tapete harmônico e multicolor, com as partes e os tons bem-dispostos. A narração, a seu turno, das experiências de controle das leis, pela cronologia histórica, mostrou-se acertadíssima, pois permite uma compreensão mais natural da evolução por que passou o tema no mundo ocidental.

Voltando aos autores citados em longos entrechos, há que vincar a claridade analítica que a técnica trouxe ao tema sob exposição.

Do quanto se viu, pensamos que ficou bem clara a extraordinária influência dos fatos históricos e das ideias políticas na modelagem dos variados sistemas de controle de constitucionalidade das leis. Isto não seria possível sem um apelo à História, à Sociologia, ao Direito Comparado, aos insumos, alfim, da metodologia interdisciplinar. Tratar o tema apartadamente, sem embargo do instrumental próprio do direito, seria obnubilar a imensa riqueza que envolve a apaixonante problemática do controle de constitucionalidade das leis. É ela que nos desvenda, afinal, a envolvente história dos povos para submeter o poder aos ditames do justo e do equânime. Aventura humana e ao mesmo tempo aventura jurídica no vir-a-ser da história.

Por outro lado, impossível esconder que, ao longo da exposição, as ideias de *Cappelletti* aparecem contrastadas. Não por capricho, mas propositalmente, por isso que parciais, na visão do autor. Erra, quando argui que o sistema difuso só se salva pelo *stare decisis* espécie de ápice do direito consuetudinário anglo-saxão *(common law)*. E quando investe contra a magistratura de carreira, ainda que na Europa, mas com argumentos intrínsecos aplicáveis a todos os magistrados, exceto os americanos, mais uma vez erra. Na Europa Continental, fatores culturais, fora da magistratura, impediram a supremacia do Judiciário. Foi só isso, como bem se demonstra com auxílio de *Raul Machado Horta*. Outra vez incide em erro, data vênia, quando considera a interpretação aplicativa da Constituição algo diverso da interpretação aplicativa das leis infraconstitucionais. Aqui são dois os equívocos. Por primeiro, o direito positivo de um povo forma uma ordem fechada *(ordo juris)* com as normas inferiores extraindo das que lhe estão acima, até ao altiplano constitucional, seus respectivos fundamentos de validez, o que implica uma visualização totalizante do *ordo juris* que só o Juiz (na acepção correta do termo) pode ter. Em segundo lugar, a superqualificação por ele conferida ao legislador – que não passa de um desqualificado fazedor de leis – não condiz com a realidade. Ora, o que as modernas sociedades postulam é justamente o "controle da legislação" por não poder confiar tanto nela e no legislador que a faz ou deixa de fazê-la.

Derradeiramente, a conexão do controle de constitucionalidade das leis com o esforço para submeter o poder de tributar ao direito, culminando com a experiência brasileira e o seu coroamento na Constituição democrática de 1988, que é a mais extensiva de todas quantas se conhece. O poder de tributar e os princípios de controle da atividade tributária bem que merecem realce. Entre nós, fôssemos amantes da estatística, e veríamos que entre as decisões que declaram inconstitucionais leis e atos normativos, cerca de 70% (setenta por cento) dizem respeito a questões fiscais. A extensão das Constituições brasileiras só encontra paralelo na extensão do seu desrespeito. Uma coisa explica a outra.

Finalmente, a exposição do sistema misto de controle de constitucionalidade das leis ora em vigor no Brasil, sua grande operatividade, fonte de nossas esperanças civilizatórias. E o exame dos princípios justributários que haverão de permitir o controle adequado do legislador e do administrador fiscal pela sociedade brasileira, tão farta de arbítrios e tão sequiosa de certeza e segurança face ao incômodo poder de tributar dos Governantes.

O povo precisa crer no Judiciário. Por isso mesmo fizemos algumas sugestões para aperfeiçoar o controle da constitucionalidade, incluindo nele, sem concordar com *Cappelletti*, e, pois, por outras razões, algo parecido com o *stare decisis* norte--americano. Sugestões são geralmente feitas quanto à fixação dos efeitos das decisões pela Corte Suprema, mormente em face de ações rescisórias em matéria fiscal.

SUMÁRIO

PARTE I
A TEMÁTICA DO CONTROLE DA CONSTITUCIONALIDADE DAS LEIS E DOS ATOS ADMINISTRATIVOS

INTROITO 3

CAPÍTULO 1 – A TEMÁTICA DO CONTROLE DA CONSTITUCIONALIDADE DAS LEIS E DOS ATOS ADMINISTRATIVOS 7

    1.1. Noções introdutórias 7

CAPÍTULO 2 – A EXPERIÊNCIA INGLESA 10

    2.1. A singularidade do modelo inglês 10

    2.2. Os documentos constitucionais da Inglaterra e o Absolutismo Esclarecido do Parlamento 13

    2.3. O direito inglês – características 19

CAPÍTULO 3 – A EXPERIÊNCIA NORTE-AMERICANA 31

    3.1. Os contrastes entre a ilha e os Estados Unidos 31

    3.2. Os lances da história 32

    3.3. A demografia decidindo a história 33

    3.4. As colônias se libertam 38

    3.5. O fracasso da Confederação 40

    3.6. Os traços da Constituição nascente – o embrião do controle jurisdicional das leis ... 43

    3.7. O surgimento e a evolução do sistema norte-americano de controle jurisdicional da constitucionalidade das leis 45

3.8. O sistema americano – evolução e funcionamento 57

3.9. Críticas à possibilidade de expansão do sistema norte-americano entre países da família romano-germânica 61

CAPÍTULO 4 – A EXPERIÊNCIA EUROPEIA CONTINENTAL 66

4.1. Exercícios de aproximação em relação às características europeias no começo do século XX 66

4.2. A experiência austríaca – ponto de partida 80

4.3. Os limites da influência francesa 81

4.4. Os órgãos de controle no modelo europeu 82

4.5. As cortes constitucionais europeias – aspectos modais 87

4.6. Aproximação e interpolação dos modelos 94

4.7. Os efeitos da declaração de inconstitucionalidade no modelo europeu 95

4.8. As inovadoras questões que estão sendo postas pelas cortes constitucionais europeias a respeito do controle da constitucionalidade das leis 104

4.9. O controle prévio das convenções e tratados internacionais 105

4.10. Queixas constitucionais 106

4.11. Omissões legislativas – inconstitucionalidade por omissão 106

4.12. Conveniência e oportunidade de as cortes estipularem os efeitos de suas decisões (política diretória por parte dos tribunais) 108

4.13. Excesso de Poder Legislativo 113

4.14. A França e o Reino Unido passam a adotar órgãos de controle da constitucionalidade das leis 115

CAPÍTULO 5 – A EXPERIÊNCIA BRASILEIRA 117

5.1. O controle da constitucionalidade das leis no Brasil, até a Constituição Democrática de 1988 – breves escorços históricos 117

5.2. A independência 120

5.3. A Constituição de 1824 127

5.4. A República que precedeu à Constituição de 1891 129

5.5. A Constituição de 1891 133

5.6. Os antecedentes da Constituição de 1934 135

5.7. A Constituição de 1934 137

5.8.	A Constituição de 1937	141
5.9.	A Constituição de 1946	143
5.10.	A Constituição de 1967 e antecedentes	147
5.11.	A Emenda n.º 1 à Constituição de 1967	151
5.12.	A Constituição Democrática de 1988 – o regresso definitivo do Brasil ao Estado de direito	152
5.13.	A Constituição de 1988 – sua classificação ontológica	154
5.14.	A Constituição de 1988 – princípios fundamentais	153
5.15.	O Federalismo	155
5.16.	A estrutura dos órgãos judiciais	158
5.17.	O Ministério Público	158
5.18.	Apontamentos sobre a estrutura judiciária brasileira	163
5.19.	Justiça comum – justiças especializadas – duplo grau de jurisdição	163
5.20.	O Supremo Tribunal Federal, o Tribunal da Federação e os Tribunais Especiais (o papel que exercem dentro do Sistema Judiciário Brasileiro)	167
5.21.	Síntese do sistema atual de controle da constitucionalidade das leis no Brasil (Constituição de 1988)	168
5.22.	Jurisdição penal e quase penal	172
5.23.	Intervenção federal nos Estados-Membros	173
5.24.	Arbitragem federativa e de conflitos de competência jurisdicional	173
5.25.	Preservação da corporação judiciária	173
5.26.	Penúltimos apontamentos	174
5.27.	Arguição de descumprimento de preceito fundamental	175

CAPÍTULO 6 – INTRODUÇÃO AOS PROBLEMAS DO CONTROLE DA CONSTITUCIONALIDADE – AS AÇÕES RESCISÓRIAS ENVOLVENDO MATÉRIA CONSTITUCIONAL 182

6.1.	O problema da eficácia rápida	183
6.2.	A incongruência das ações rescisórias	186
6.3.	Um caso concreto – distinções necessárias para o aforamento de rescisórias	190
6.4.	Contrastes em face do sistema difuso	194
6.5.	O controle constitucional das leis, especialmente as tributárias, no Brasil – epílogo	203

PARTE II
O CONTROLE DO PODER DE TRIBUTAR NA CONSTITUIÇÃO BRASILEIRA DE 1988

CAPÍTULO 1 – O OBJETO DO CONTROLE, EM SEDE DE TRIBUTAÇÃO 215

1.1. A importância dos princípios justributários 216

CAPÍTULO 2 – OS PRINCÍPIOS GERAIS DO SISTEMA TRIBUTÁRIO DA CONSTITUIÇÃO 223

2.1. O sentido do artigo inaugural quanto à repartição das competências tributárias entre as pessoas políticas da Federação 223

2.2. A repartição das competências tributárias – os seus três aspectos relevantes 224

2.3. O fundamento do poder de tributar – as pessoas políticas titulares 224

2.4. O tributo e suas espécies – como reparti-los 224

2.5. A repartição das competências pela natureza dos fatos jurígenos 224

2.6. Competência comum e privativa – as técnicas de repartição 225

2.7. Os insumos doutrinários do constituinte – a teoria dos fatos geradores vinculados e não vinculados 226

2.8. A teoria dos fatos geradores vinculados e não vinculados enquanto suporte do trabalho do constituinte 227

2.9. As técnicas constitucionais de repartição 227

2.10. A razão pela qual a competência comum não provoca conflitos entre as pessoas políticas 228

2.11. A necessidade de nominar os impostos para depois reparti-los 229

2.12. Os empréstimos compulsórios e as contribuições parafiscais em face da teoria dos tributos vinculados e não vinculados 229

2.13. Algumas palavras sobre a linguagem do constituinte e o papel dos seus intérpretes 230

2.14. A redução dos empréstimos compulsórios e das contribuições parafiscais à tricotomia 231

2.15. Os níveis de análise da questão dos empréstimos compulsórios e das contribuições parafiscais: o nível da Teoria Geral do Direito e o nível jurídico-constitucional 232

2.16. A classificação jurídica das duas supostas espécies de tributo: contribuições especiais e empréstimos compulsórios – remissão à Parte III, Capítulo I e II, do presente livro 233

2.17. Os princípios da capacidade econômica e da pessoalidade dos impostos como princípios orientadores do exercício das competências tributárias 233

2.18. O art. 145, § 2.º, ou o papel controlador da base de cálculo dos tributos 241

2.19. Apontamentos necessários à compreensão da repartição constitucional de competências tributárias 244

CAPÍTULO 3 – A LEI COMPLEMENTAR COMO AGENTE NORMATIVO ORDENADOR DO SISTEMA TRIBUTÁRIO E DA REPARTIÇÃO DAS COMPETÊNCIAS TRIBUTÁRIAS 246

3.1. As leis complementares da Constituição 246

3.2. As leis complementares tributárias 247

3.3. O lugar da lei complementar no ordenamento jurídico – o âmbito de validade das leis em geral – enlace com a teoria do federalismo 247

3.4. A lei complementar e seu relacionamento jurídico com a Constituição Federal e as leis ordinárias 250

3.5. Como operam as leis complementares em matéria tributária 252

3.6. Os três objetos materiais genéricos da lei complementar tributária segundo a Constituição Federal de 1988 255

3.7. Conflitos de competência 256

3.8. Regulação das limitações ao poder de tributar 258

3.9. Apreciações críticas sobre a matéria em exame 259

3.10. Normas gerais de Direito Tributário 260

3.11. O federalismo brasileiro – aspectos – ligação com o tema das leis complementares 264

3.12. O "poder" das normas gerais de Direito Tributário em particular 265

3.13. O art. 146-A do Texto Constitucional – a preservação da concorrência 267

3.14. Temas tópicos constitucionais reservados à lei complementar em matéria tributária 268

3.15. A necessidade de lei complementar prévia para a instituição de impostos e contribuições 268

CAPÍTULO 4 – OUTRAS REGRAS DE REPARTIÇÃO DE COMPETÊNCIAS TRIBUTÁRIAS 271

4.1. A competência múltipla das pessoas políticas 271

4.2. Empréstimos compulsórios – competência – regime jurídico 271

4.3. Contribuições parafiscais – competência – regime jurídico 278

4.4. Uma questão de Direito intertemporal ou de jurisprudência variante 287

4.5. Contribuições em prol de entidades privadas: SESI, SESC, SENAI, SENAC etc. ... 290

4.6. Contribuições em favor das confederações sindicais 290

4.7. O regime jurídico-constitucional dos empréstimos compulsórios e das contribuições parafiscais – síntese 292

4.8. Regras constitucionais específicas relativas às contribuições – alguns detalhamentos do art. 149 297

4.9. Os pressupostos jurídicos para a instituição de taxas 298

4.10. As taxas e os princípios retores da tributação 299

4.11. Taxas de polícia e taxas de serviço 300

4.12. Preconceitos a desfazer em matéria de taxas 301

4.13. Teorias errôneas sobre a natureza jurídica das taxas 301

4.14. Ainda a serventia da distinção entre taxas de polícia e de serviços 303

CAPÍTULO 5 – LIMITAÇÕES AO PODER DE TRIBUTAR – IMUNIDADES E TEMAS AFINS 305

5.1. Limitações: princípios e imunidades – diferenças – o fenômeno jurídico da interpolação normativa 305

5.2. Imunidade e isenções 306

5.3. Normas impositivas, imunitórias e isencionais – a que se destinam – como se integram na norma de tributação 306

5.4. Tipologia exonerativa 307

5.5. Imunidade 309

5.6. Os efeitos da imunidade 310

5.7. A imunidade, a isenção, os seus efeitos sobre as hipóteses de incidência das normas de tributação 311

5.8. Equívocos da doutrina tradicional 311

5.9. A isenção como exclusão de incidência: outro equívoco 313

5.10. A alternativa proposta 314

5.11. A diferença entre a exclusão expressa: imunidade e isenções e a não incidência pura ou natural – primeira aproximação 317

5.12. A questão da não incidência – conclusão 322

5.13. Exoneração nas consequências das normas de tributação – quantitativas.......... 322

5.14. Reduções diretas de bases de cálculo e de alíquotas – o efeito das leis que as preveem.. 322

5.15. Alíquota zero 323

5.16. Isenções parciais... 331

CAPÍTULO 6 – PRINCÍPIOS CONSTITUCIONAIS EM MATÉRIA TRIBUTÁRIA: EXPLÍCITOS, DERIVADOS E CONEXOS.. 333

6.1. Princípios expressos e conexos 333

6.2. As funções dos princípios constitucionais 334

6.3. O controle de constitucionalidade das leis a partir da zeladoria dos princípios constitucionais 336

6.4. O manejo dos princípios pela doutrina e a jurisprudência 338

6.5. O princípio da legalidade da tributação – evolução histórica e concreção constitucional – o princípio da legalidade tributária, formal e material – legalidade, anterioridade, tipicidade e irretroatividade como enredo principiológico inextrincável 339

6.6. O princípio da legalidade formal e sua evolução em Portugal e no Brasil......... 340

6.7. Legalidade, lei delegada e medida provisória 346

6.8. Os princípios da legalidade, anualidade, tipicidade, irretroatividade e anterioridade, todos juntos.. 346

6.9. O princípio da legalidade como princípio fundante dos demais – o princípio da tipicidade ou da legalidade material 349

6.10. Exceções ao princípio da legalidade na instituição e na majoração de tributos......... 356

6.11. Os convênios de Estados-Membros relativos ao ICMS e o princípio da legalidade.. 357

6.12. Conclusão sobre a submissão dos convênios à lei 362

6.13. As delegações legislativas e o princípio da legalidade da tributação 362

6.14. A crônica do princípio da legalidade material no Brasil................................. 363

6.15. Interpretação e princípio da legalidade – interpretação econômica – evasão fiscal e elisão – distinções.. 364

6.16. O princípio formal da legalidade da tributação e as medidas provisórias 385

6.17. O princípio da não surpresa do contribuinte (anualidade, anterioridade, lapsos temporais predefinidos)... 392

6.18. Exceções ao princípio da anterioridade e prazo nonagesimal....................... 394

6.19. O princípio da anualidade – seus reflexos na área tributária................... 397

6.20. O princípio da irretroatividade da lei fiscal – ênfase no Imposto de Renda em primeiro lugar 400

6.21. O princípio da anterioridade – mecânica de funcionamento em face dos diversos tipos de fatos geradores – forma, lugar e tempo do pagamento da obrigação tributária – reserva de lei.. 403

6.22. A irretroatividade da lei e a retrospectividade 404

6.23. A irretroatividade da lei, da jurisprudência e da decisão administrativa definitiva... 406

6.24. Irretroatividade e ação rescisória 409

6.25. O princípio da igualdade ou do tratamento isonômico 411

6.26. O princípio do não confisco 417

6.27. O princípio do não confisco e as presunções legais 420

6.28. O não confisco como limite ao poder de graduar a tributação 424

6.29. O princípio da unidade federativa – limitações ao tráfego de pessoas e bens no território nacional – pedágio 426

CAPÍTULO 7 – AS IMUNIDADES GENÉRICAS... 428

7.1. A imunidade intergovernamental recíproca 428

7.2. A imunidade dos templos de qualquer culto, dos partidos, dos sindicatos e das instituições de assistência social e de educação..................................... 439

7.3. A imunidade dos templos 443

7.4. A imunidade dos partidos 444

7.5. Considerações sobre imunidade das instituições partidárias, religiosas, sindicais, educacionais e assistenciais 445

7.6. Emenda Constitucional n.º 75/2013 e a imunidade tributária da produção (litero) musical nacional 460

7.7. A determinação de exteriorizar e esclarecer as comunidades sobre os impostos que incidem sobre mercadorias e serviços 463

7.8. Exoneração de tributos, matéria sob reserva de lei 466

7.9. O princípio da tributação federal uniforme.. 468

7.10. Substituição tributária progressiva 469

7.11. Isonomia nos títulos da dívida pública e nos vencimentos dos funcionários públicos – prevalência do Estado Federal.. 470

7.12. A proibição da isenção heterônoma e as exceções 471

7.13. A revogabilidade das isenções anteriores à Carta 472

7.14. A vedação que proíbe aos Estados e aos Municípios estabelecerem diferenças tributárias em razão da procedência ou destino de bens e serviços de qualquer natureza – o mercado comum brasileiro 473

REFERÊNCIAS BIBLIOGRÁFICAS 475

PARTE I

A TEMÁTICA DO CONTROLE DA CONSTITUCIONALIDADE DAS LEIS E DOS ATOS ADMINISTRATIVOS

PARTE II

INTROITO

O objeto precípuo do presente estudo é o controle jurisdicional do poder de tributar no Brasil, após a consolidação jurídica operada pela Constituição democrática de 1988. O poder de tributar, antes apanágio dos governantes, é hoje poder consentido ao Estado pelos próprios contribuintes, sob o império da Lei. Esse poder, forte e invasivo, tem sido um fenômeno constante na existência das sociedades humanas, aqui e alhures, no pretérito e no presente e, certamente, no futuro, enquanto durar a civilização como a concebemos hoje. Corre mundo a frase célebre de *Aliomar Baleeiro*, atestando a incidência do tributo como se fora uma sombra do Poder político, onde quer que se erga o edifício de um *Estado* (ainda que rudimentar).

O exame do controle jurisdicional do poder de tributar é tema, entre nós, situado em sede mais ampla, a do controle da constitucionalidade das leis e da legalidade dos atos administrativos. Faz mais sentido tratar desse assunto em sistemas jurídicos – e esse é o caso do Brasil – que consagram a supremacia do Judiciário, concedendo-lhe a guarda da Constituição. Dessa supremacia constitucional advém o poder de negar eficácia às leis feitas pelo Legislativo e de anular os atos de execução das mesmas, promovidos pela Administração Pública, em prol dos direitos e das garantias do cidadão. É esse caráter, essa nobilíssima função, que confere ao tema especial brilho. Não seria o caso da França, onde já houve lei imputando ao juiz a autoria de crime por imiscuir-se em atos emanados do Legislativo, sob o aspecto material.[1] O asserto é importante porque, sendo o poder de tributar a sombra do governante, o controle dos seus atos, ainda que decorrentes de leis, por um poder que não as faz nem as aplica de ofício, mas os interpreta com base na lei das leis, é um controle profundo e eficaz.

Como é sabido, as modernas sociedades do mundo ocidental, entre as quais nos incluímos, não se organizam juridicamente de modo idêntico, relativamente ao tema *in examen*, embora herdeiras de um patrimônio cultural comum. O controle da constitucionalidade das leis oferta modelos nitidamente diferenciados nessa

---

[1] Apud BITTENCOURT, Lúcio. *O controle jurisdicional da constitucionalidade das leis*. 2. ed. Rio de Janeiro: Forense, 1968. p. 77.

significativa parcela da humanidade, de um lado extensão da tradição espiritual judaico-cristã; e de outro, beneficiária do pensamento greco-romano, mas toda ela adepta da política da tripartição dos poderes do Estado, por experiência ou adesão ideológica. A verdade é que, por razões históricas e culturais, o Direito Público do Ocidente[2] – por mais ambíguo que seja falar em Direito com acentuação geográfica – adota três modelos básicos de controle da constitucionalidade das leis:

   a) o modelo inglês, no qual não há Constituição escrita e prevalece a supremacia absoluta do Parlamento, zelador dos documentos jurídicos, e institucionais do Reino, auxiliado pelos juízes e juristas;

   b) o modelo de supremacia do Judiciário, no qual este se apresenta como cústode da Constituição, órgão de controle da constitucionalidade das leis e da legalidade dos atos administrativos, sendo adotado pelos Estados Unidos da América e pela maioria das nações da América de extração ibérica, entre elas o Brasil, a Argentina e o México;

   c) o modelo continental-europeu, em que, existindo constituições escritas, atribui-se o poder de controlá-las a cortes especiais, cuja matriz é Austríaca, sob os auspícios de *Hans Kelsen*.[3]

---

[2] Não se pode olvidar aqui a expansão do pensamento político e jurídico do Ocidente por todo o orbe terrestre. Os velhos países socialistas de tradição marxista-leninista e o próprio direito dito socialista fazem parte do Ocidente, e certamente volveram às formas clássicas de organização jurídica existentes no continente europeu. Por outro lado, o *common law* britânico expandiu-se pela Ásia, África e Oceania. O Direito público japonês, por seu turno, é calcado em modelos do Ocidente. A Índia, a Birmânia e outros países, ao lado do direito local, praticam o direito público e privado que herdaram dos colonizadores europeus. Contraste mesmo oferece o Direito muçulmano, revelado por Alá, por intermédio do Profeta, com forte conteúdo teocrático, imutável.

[3] Regina Maria Macedo Nery Ferrari, em livro intitulado *Efeitos da declaração de inconstitucionalidade*, assinala o pioneirismo do modelo austríaco (concentrado) gizando os seus fundamentos teóricos, baseados na ideologia jurídica de Kelsen (São Paulo: RT, 1987. p. 115).
"A principal característica do sistema austríaco é que, enquanto nos Estados Unidos da América tal controle só podia ser efetuado incidentalmente no curso de um processo comum, aqui passa a ser efetuado como motivo principal da ação. Assim, os efeitos de declaração se estendem *erga omnes*, tendo, portanto, caráter geral, ou seja, uma vez pronunciada a inconstitucionalidade de uma lei, ela perde sua força obrigatória em relação a todos, como se tivesse sido revogada por outra lei sucessiva.
O sistema austríaco, seguindo o pensamento de Kelsen, aceita o caráter constitutivo da declaração, que produz efeito *ex nunc*, para o futuro, portanto, sem eficácia retroativa. Ludwig Adamovich afirma: 'À decisão da Corte Constitucional, que declara a inconstitucionalidade da lei, não se pode atribuir simples valor declaratório; não estabelece que um determinado ato legislativo seja nulo desde que nasce, cujos efeitos sejam nulos *ex tunc*, isto é, como se se tratasse de um ato privado de valor jurídico desde a sua origem, mas pelo contrário, a decisão da Corte Constitucional só anula a lei inconstitucional, isto é, destrói *ex nunc* sua existência jurídica, exatamente como se a lei tivesse sido abolida por um ato legislativo sucessivo e que este ato só tivesse posto fim à sua existência.

Decerto, o controle jurídico do poder de tributar ocorre em quaisquer países razoavelmente desenvolvidos no plano político-institucional. Por não adotar o *judicial control*, não será pela sua falta que o Reino Unido ou a velha França deixam de controlar o poder de tributar.

O que se quer dizer é simplesmente que a plenitude do controle ocorre em sistemas ou modelos adotantes da supremacia do Judiciário, nos quais o tema alteia-se às culminâncias do texto constitucional, justificando o seu estudo, como se dá afortunadamente entre nós.

De bom alvedrio, portanto, dividir o trabalho em duas partes distintas: uma, mais geral, outra acentuadamente específica. Na primeira, será examinada, posto que panoramicamente, a apaixonante e necessária questão do controle da constitucionalidade das leis e dos atos administrativos, com intencionais apontamentos históricos. Na segunda, será estudado especificamente o controle jurisdicional do poder de tributar no Brasil, às luzes do Estatuto Constitucional de 1988, de modo técnico, porém com referências axiológicas.

Finalmente, far-se-á o relato dos princípios e limitações ao poder de tributar na Constituição brasileira de 1988, porquanto são balizas a orientar os juízes da Suprema Corte do Brasil, no mister de controlar a constitucionalidade das leis e atos normativos em matéria tributária, uma característica ausente noutras Constituições, tanto nas Américas quanto na Europa.

É preciso ressaltar, porém, que a reforma de 1929 criou dois órgãos judiciários superiores – o *Oberster Gerichtshof* e o *Verwaltungsgerichtshof* – com legitimidade para submeterem à Corte Constitucional as questões sobre a constitucionalidade de leis, relativas a casos concretos que por eles tramitassem."

CAPÍTULO 1

A TEMÁTICA DO CONTROLE DA CONSTITUCIONALIDADE DAS LEIS E DOS ATOS ADMINISTRATIVOS

1.1. NOÇÕES INTRODUTÓRIAS

A questão do controle da constitucionalidade das leis postula alguns fundamentos prévios:

a) em primeiro lugar, é necessária a existência de uma lei maior ou de uma massa principiológica de nível superior, enquanto fundamento de validez da ordem jurídica subjacente, que sirva de padrão para aferir a patibilidade dessa mesma ordem jurídica com seu fundamento de validez. Essa norma superior pode ser uma lei constitucional escrita *(paramount law)*, como nos EUA e no Brasil, ou um conjunto de princípios reconhecidos como retores e subordinantes da ordem jurídica, como na Inglaterra (Constituição histórica);

b) em segundo lugar, é necessária a especialização de um órgão para operar o controle. Esse órgão pode ser judicial, político ou eclético, porém com a função específica de guardar a Constituição e os princípios retores da ordem jurídica, de modo que as normas inferiores não se contraponham à lei fundamental ou aos princípios fundantes da ordem jurídica;

c) em terceiro lugar, o fenômeno da inconstitucionalidade apresenta-se sempre de duas maneiras:[1] há inconstitucionalidade formal e material. A inconstitucionalidade formal ocorre quando as normas inferiores são produzidas, em desconformidade com o processo *adrede* previsto para a

---

1 Não obstante, hodiernamente, certos fenômenos alargam essa dicotomia classificatória. Tem-se hoje, no constitucionalismo europeu, figuras como a da "quase-inconstitucionalidade" e da "inconstitucionalidade progressiva" etc. Para uma consulta mais específica, principalmente quanto ao direito alemão, ver Gilmar Ferreira Mendes (*Controle da constitucionalidade das leis*: aspectos jurídicos e políticos. São Paulo: Saraiva, 1990).

sua formação. A inconstitucionalidade material ocorre quando a norma inferior contrária, *in substancia*, princípio, comando ou preceito constitucional. O controle de constitucionalidade abarca as duas maneiras pelas quais se exterioriza o fenômeno;

d) em quarto lugar, embora não se confundam, o controle da constitucionalidade, muita vez, está embutido no controle da legalidade dos atos administrativos. Tanto pode ser inconstitucional a lei (ato legislativo formal ou comando normativo deferido ao Poder Executivo, lei em sentido apenas material) como comportamentos concretos e atos de órgãos dos poderes constituídos, inclusive do próprio Judiciário (*v.g.*, mandado de segurança contra ato de juiz, por malferir a lei e/ou a Constituição);[2]

e) em quinto lugar, há a questão do método de controle, que pode ser difuso, quando difundido entre vários órgãos, mormente judiciais; ou concentrado, quando deferido a um só órgão, seja judicial ou extrajudicial;

f) em sexto lugar, há o modo de operar o controle que pode ser *incidenter tantum*, no bojo de um caso concreto litigioso ou em tese, quando se ataca a própria lei, em si mesma, de modo frontal e direto, com o fito de eliminá-la da ordem jurídica, por contrariar a Constituição escrita ou histórica, por via de ação ou de exceção;

g) finalmente, há o tema das consequências ou efeitos decorrentes controle de constitucionalidade: efeitos *ex tunc* ou *ex nunc* (âmbito temporal) abrangência do *decisium, erga omnes* ou *inter partes* (âmbito pessoal).

Cármen Lúcia A. Rocha, no seu precioso livro *Constituição e constitucionalidade*,[3] disserta:

A declaração de inconstitucionalidade pode valer para todos, *erga omnes*, hipótese em que a lei ou ato normativo é retirado do mundo jurídico [...].

---

2 Embora muitos autores, dentre eles Carlos Mário da Silva Velloso, façam questão de distinguir controle de constitucionalidade e controle da legalidade, o que de resto é postura correta, estamos apenas querendo sublinhar que a questão da constitucionalidade das leis encontra-se cada vez mais emburilhada com a legalidade, dada a profunda constitucionalização das mais diversas matérias – uma tendência moderna – a tornar diretórias as Constituições e, ainda, em decorrência da hierarquia vertical das normas jurídicas, na qual as inferiores extratam das que lhe estão acima, os respectivos fundamentos de validez (o ápice da validação é o texto constitucional). Voltaremos ao assunto ao cuidarmos da inconstitucionalidade envolvendo matéria de competência tributária, a partir de leis complementares.

3 ROCHA, Cármen Lúcia A. *Constituição e constitucionalidade*. Belo Horizonte: Editora Lê, 1991. p. 153.

Pode, diversamente, a declaração valer apenas para as partes que litiguem em determinado processo.

Isto exposto, ao longo do trabalho estaremos sempre nos referindo às categorias debuxadas retro. Examinaremos na primeira parte, em capítulos, três experiências jurídicas e três modelos de controle de constitucionalidade, na medida em que se apresentam como paradigmas. Alfim, no último capítulo será examinado o modelo misto brasileiro como estatuído na Constituição de 1988.

CAPÍTULO 2

A EXPERIÊNCIA INGLESA

2.1. A SINGULARIDADE DO MODELO INGLÊS

É absolutamente paradoxal a alusão a um modelo inglês de controle da constitucionalidade das leis, num país destituído de Constituição sistemática, escrita e formal, sequer editada por uma assembleia nacional constituinte e, cujo direito, longe de estar cristalizado em textos legislativos, decorre primacialmente de precedentes e revelações jurisprudenciais emanadas de juízes e tribunais.[1] Ao cabo, que leis devem ser contrastadas com que Lei Maior, se o

---

[1] Declaração de inconstitucionalidade é para muitos autores uma veraz sanção que ataca a transgressão operada pela lei inconstitucional contra a Lei Maior. Para isso, no entanto, é preciso que haja diferença no processo de formação das leis. Na Inglaterra, tal não há. O Parlamento modifica qualquer lei (*statute law*) da mesma forma. Inexiste, do ponto de vista formal, diferença entre lei constitucional e lei ordinária. A Constituição inglesa, se é que se pode falar ali em Constituição, é absolutamente flexível. No entanto, tem sido pouco mudada, menos ainda que outras tidas por escritas e rígidas. O dado da rigidez, no entanto, tem sido considerado como um dos pontos fundantes dos sistemas modernos de controle da constitucionalidade das leis. Raul Machado Horta (*O controle da constitucionalidade das leis no regime parlamentar*. Belo Horizonte: UFMG, 1953. p. 31) averba:
"O poder constituinte atribui superioridade e permanência formais a determinadas regras, criando no ordenamento jurídico, dupla categoria de normas: a constitucional e a ordinária.
Distinção formal confere maior permanência ao todo constitucional que só pode vir a ser modificado dentro de processo preestabelecido. A Constituição ganha rigidez.
A aderência da rigidez ao conceito de Constituição formal acentua e robustece a distinção entre lei ordinária e lei constitucional, mediante disposição hierárquica, sob a égide suprema da Lei Magna.
Para manter inalterável essa hierarquia, a Constituição rígida e formal reclama, doutrinária e praticamente, instrumento eficaz que a defenda.
Não basta o simples reconhecimento teórico da supremacia constitucional. É preciso reconhecer, como ensinam Barthélemy, Duez e Laferriére, as consequências que defluem da rigidez constitucional: permanência jurídica da Constituição e superioridade jurídica das leis constitucionais sobre as ordinárias, acarretando repulsa a toda lei contrária à Constituição. A rigidez

Parlamento tem o absoluto poder de editar o direito e alterar as instituições e se o juiz é quem faz, em última análise, as normas que decidem os casos? No entanto, lá existe a submissão do Direito-Sistema ao sobredireito e aos direitos naturais e conquistados.

A singularidade jurídica inglesa é um dos instigantes temas da história geral do Direito. Princípios e institutos, direitos e garantias comuns à experiência jurídica da humanidade existem entre os britânicos, cumprindo as mesmas funções, mas de uma maneira singular como em nenhum outro lugar do orbe. Pode-se dizer, porque o *script* foi improvisado com os cenários históricos locais, que é impossível reproduzir a experiência inglesa em qualquer outra parte da Terra. Embora diferentes, os institutos jurídicos da velha Albion servem para demonstrar que diversos modelos estão sob nossos olhos, como verdadeiros arquétipos. No Direito há também lugar para o pluralismo. Ao longo de uma movimentada, às vezes cruel e edificante história, o povo inglês apresenta-se hoje ao mundo com um tipo ímpar de estrutura jurídica, sob certos aspectos, exemplar. Na literatura jurídica, na medida em que os modelos de controle jurisdicional das leis se agru-

---

sugere o problema da constitucionalidade das leis. Neste sentido há assentimento generalizado entre os autores de Direito Constitucional, embora nem sempre as exigências da lógica jurídica ou da melhor doutrina encontrem igual acolhimento na prática. A ideia de Constituição ganhou maior substância com sua apresentação formal, que encerra um processo de defesa própria, no dizer de Pontes de Miranda. Por sua vez, a supremacia, que é noção inerente à ideia de Constituição, adquiriu estrutura sistemática e ordenada na técnica da rigidez.

A Constituição, costumeira ou escrita, rígida ou flexível, dizem Barthélemy et Duez, retira de seu próprio conteúdo determinada supremacia, pois os princípios nela inscritos despertam e encontram acatamento e respeito, que tanto maior será quanto mais arraigados forem na consciência jurídica, na cultura e convicções de um povo. É neste sentido que Pontes de Miranda, buscando o exemplo mais ao arrepio das noções assentes, chegar a falar na rigidez extratécnica da Constituição inglesa. Não põe em dúvida, entretanto, que uma das consequências da rigidez é a de reforçar, elevando-a ao máximo, a ideia de supremacia constitucional. Ao conteúdo político das Constituições escritas, a rigidez acrescenta conteúdo jurídico. Assim concebido, o texto constitucional passa a ser a fonte e a referência obrigatórias do ordenamento jurídico, impondo a hierarquização das normas em duplo grau: no grau superior, postam-se as leis constitucionais (Constituição Federal e dos Estados-Membros, no Estado Federal); abaixo, no grau inferior, as leis ordinárias (leis federais, leis estaduais). A lei ordinária, que fere lei constitucional, torna-se lei inconstitucional, nula, inexistente ou ineficaz, seja *erga omnes* ou seja com limitação ao caso *sub judice*, conforme o sistema adotado". a de reforçar, elevando-a ao máximo, a ideia de supremacia constitucional. Ao conteúdo político das Constituições escritas, a rigidez acrescenta conteúdo jurídico. Assim concebido, o texto constitucional passa a ser a fonte e a referência obrigatórias do ordenamento jurídico, impondo a hierarquização das normas em duplo grau: no grau superior, postam-se as leis constitucionais (Constituição Federal e dos Estados-Membros, no Estado Federal); abaixo, no grau ifnerior, as leis ordinárias (leis federais, leis estaduais). A lei ordinária, que fere lei constitucional, torna-se lei inconstitucional, nula, inexistente ou ineficaz, seja *erga omnes* ou seja com limitação ao caso sub judice, conforme o sistema adotado."

pam em pares lógicos, que contrapõem paradigmaticamente o sistema americano ao sistema austríaco, com algumas variações aqui e acolá, é altamente salutar uma menção, embora breve, ao modelo inglês, tão diferente dos outros.

Exordialmente é preciso dizer que a Inglaterra, tirantes certos episódios, manteve-se infensa às repentinas revoluções liberais que varreram os povos do Ocidente nos primórdios da era moderna, tendo, também, passado indene à tentação das codificações, inclusive constitucionais, mantendo a sua estrutura jurídica em permanente evolução, sem rupturas significativas. A prática dos três poderes por lá cresceu lentamente, uterinamente. Os *books* ingleses que reúnem os textos institucionais como a Magna Carta, as decisões dos tribunais e as leis do Parlamento formam livros semelhantes aos dos judeus. Neles estão a história, o direito e as instituições desses povos, numa magnífica louvação à experiência e ao pragmatismo. No caso inglês têm-se textos puramente jurídicos. No caso dos livros judeus uma mistura de leis, fatos e mitos.

A preeminência de um poder sobre o outro, nas configurações concretas da tripartição, varia entre as nações do Ocidente, em razão de suas respectivas experiências históricas. Na Inglaterra, marcada pela multissecular luta entre a opressão da Coroa e o Parlamento, o prestígio é deste último. Para ele convergem as aspirações da Nação. É o estuário das liberdades e o guardião dos grandes documentos históricos institucionais. Após o sufrágio universal, no Parlamento concentram-se Poder e Vontade. Lá o Legislativo tudo pode, embora pouco ouse e muito conserve. Nas colônias da América do Norte, marcadas pela "perseguição" da casa de Westminster, que fazia leis de intromissão, embaraçando a vida dos colonos emigrados da Inglaterra em busca de paz, segurança e prosperidade no "novo mundo", a desconfiança era justamente ante o Poder Legislativo, gestor da agressão. Os "pais da pátria", por isso, logo cuidaram de coibir o Legislativo da nascente Federação. Inventaram o "veto presidencial" e permitiram o controle jurisdicional das leis e dos atos administrativos, através da expansão do avelhantado instrumento do *due process of law*, espécie de salvo-conduto para a construção pretoriana, em nome do princípio da razoabilidade.

Na América impera *o judicial review*, privilegiando o Judiciário. Em França o rei era tudo *(L'État c'est moi)*. O rei fazia a lei e seus prepostos a aplicavam e, segundo seus desígnios pessoais, julgavam as demandas do povo. A revolução aboliu o *ancien régime, o* rei, a monarquia, o Estado e tudo o mais. A república burguesa reinventou o Estado e suas funções pondo a lei, expressão de uma abstrata e soberana vontade geral, em lugar da vontade unipessoal do rei. Enquanto na Inglaterra confiou-se no Parlamento, na França passou-se a idolatrar a lei, a ponto de o Judiciário tornar-se um departamento do Executivo, este servo da "Convenção Nacional". Bastou isso e mais a crença na "racionalidade" da lei, para que se chegasse à equivocada visão do juiz, como um mero autômato aplicador de normas prontas e acabadas. No plano histórico, a Alemanha e a Itália com suas cidades-Estado não contribuíram com experiências marcantes para o tesouro jurídico da tripartição dos poderes; tampouco a Rússia com os seus czares e o Japão sob o xogunato (estamos falando do passado).

Este ligeiro relato que estamos a expor, espicaça a curiosidade sobre o direito, a sua formação, o seu controle e a sua prática na Inglaterra. Somos, portanto, levados a conhecer, se bem que a voo de pássaro, como funciona a ordem jurídica na Inglaterra ou, noutras palavras, o que vem a ser o controle – vá lá, a impropriedade – da *legitimidade* das leis no direito inglês. É que – e isto é preciso que fique bem claro – na Inglaterra não há controle de constitucionalidade, mas sim controle da legitimidade das leis, o que para eles dá na mesma, pois é assim que lá são protegidos os valores e a liberdade. É um controle axiológico do direito, sorrateiro, mas firme, como expressado nos versos de *Tennyson*, que mais à frente serão mostrados. Agora será preciso mostrar os textos que formam a Constituição da Inglaterra. Anote-se que somente muito recentemente o Parlamento especializou uma de suas comissões nas funções específicas de declarar leis (*statutes law*), e decisões judiciais maculadas de vícios contrários à "Constituição histórica" do povo inglês, como veremos na ocasião oportuna.

2.2. OS DOCUMENTOS CONSTITUCIONAIS DA INGLATERRA E O ABSOLUTISMO ESCLARECIDO DO PARLAMENTO

Eles foram construídos, descontinuadamente, ao longo do devir histórico e estão entranhados na mente dolorida e no coração sofrido do povo inglês. Expressam *valores fundamentais*, duramente reconhecidos. São a Magna Carta (1215), a Petition of Rights (1627), o Habeas Corpus Act (1679), o Bill of Rights (1688), o Act of Settlement (1700), o Act of Union With Scotland (1707), o Act of Union With Ireland (1800), o Parliament Act (1911). Nesses textos, estão a *Constituição do Reino Unido*, a sua organização política, os direitos e garantias *(remedies)* em prol do cidadão. É, portanto, uma Constituição assistemática e histórica, "the historical Constitution par excellence" no dizer de John Burgess.[2] O rei (ou rainha) reina, mas não governa. O Parlamento é bicameral e se divide em Câmara dos Lordes e Câmara dos Comuns. O processo constitucional inexiste, rigorosamente falando. Não se distinguem lei constitucional e lei ordinária, a não ser que assim o deseje o Parlamento, embora os documentos institucionais retro citados sejam considerados de sobredireito. Nada impede, contudo, que possam ser mudados pelo Parlamento, que jamais ousará fazê-lo, embora absoluto, só conhecendo acima de si próprio o poder de Deus e, por limite, o impossível (transformar biologicamente o homem em mulher). Dele disse Blackstone:[3]

---

[2] BURGESS, John. *Political science and comparative constitutional law*. Boston, 1913. v. 1, p. 91.
[3] BLACKSTONE, Willian. *Commentaires sur les lois anglaises*, v. I, p. 272.

Sua autoridade soberana é sem freio; pode fazer, confirmar, estender, restringir, ab-rogar, revogar, renovar e interpretar as leis, sobre as matérias de toda a denominação, eclesiásticas ou temporais, civis, militares, marítimas ou criminais. É ao parlamento que a Constituição desses reinos confiou este poder despótico e absoluto, que em todo o governo deve residir em alguma parte. Todos os males, as desgraças, os remédios a trazer, as determinações fora do curso ordinário das leis, tudo é atingido por este tribunal extraordinário. Pode regular ou mudar a sucessão ao trono, como fez sob o reinado de Henrique VIII e de Guilherme III; pode alterar a religião nacional estabelecida, como se fez em diversas circunstâncias sob os reinados de Henrique VIII e seus três filhos; pode mudar e criar de novo a Constituição do reino da Inglaterra e Escócia, e pôr diversos estatutos para as eleições trienais e setenais.

Em uma palavra, pode fazer tudo o que não é naturalmente impossível. Por isso, não se teve escrúpulo em chamar o seu poder, por uma figura mais audaz: "O todo poderoso parlamento"... Pois, sabe-se, Lorde *Burleigh* disse que a ruína da Inglaterra não podia jamais ser operada senão pelo parlamento; e, como observa Sir *Marthieu Hales*, formando este corpo a corte mais elevada, sobre a qual nenhuma outra do reino podia ter jurisdição; se, por qualquer causa viesse a adotar maus princípios, o povo inglês estaria absolutamente sem recurso. E assim *Montesquieu* previa, e eu creio ser previsão muito arriscada, que, do mesmo modo, como perderam Roma, Esparta e Cartago a sua liberdade e pereceram, a Constituição inglesa perecerá com o tempo; e isto, quando o poder legislativo se tornar mais corrompido que o poder executivo... Podemos, pois, afirmar que, enquanto durar a Constituição inglesa, o poder do parlamento será absoluto e sem freio.

Harold J. Laski[4] disserta no mesmo diapasão, sendo já um escritor de nosso tempo:

A Constituição inglesa descansa sobre a soberania ilimitada do parlamento. Não reconhece ideia alguma como a das leis fundamentais; os estatutos que regulam a sucessão do trono podem ser reformados; do mesmo modo, os que regulam a venda de licores tóxicos. Não se pode abarcar de um só golpe o sistema de limitações do poder do governo e, por consequente, do Estado. Algumas vezes, como no *Habeas corpus Act*, se encarnam em um estatuto, outras vezes, como no caso "Entick v. Carrington", se encontram em uma decisão judicial.

Causa estranheza entre nós tamanho e ilimitado poder. Como veremos, as colônias americanas, "as filhas da Inglaterra", nem elas criaram legislativos tão

---

4 LASKI, Harold J. *El Estado moderno*, v. I, p. 159.

fortes. Para A. Stuart Mill, contudo, por ser inglês, tamanho e ilimitado poder lhe parecia natural:

> Tomar precauções contra atos do poder executivo? Bem. Mas, por que tomar contra os atos do legislativo? O poder legislativo se identifica com o povo. Seu interesse e sua vontade se confundem com a vontade e o interesse da nação. Para que, pois, tomar precauções contra ele?[5]

Ruy Barbosa, adepto ferrenho das constituições escritas e rígidas, reconhecendo a singularidade da Inglaterra, dizia:

> Em certo sentido, a Inglaterra não deixa de ter a sua Constituição, que determina plagas à soberania do parlamento. Esta está na tradição nacional, que naquele país tem uma realidade viva... O sentimento público e o costume dos tribunais revestiram certos direitos de uma inviolabilidade, que os legisladores não ousariam arrostar. Esse costume não se estabeleceu, decerto, senão com o assento tácito da legislatura... Mas, uma vez assimilados à moralidade social, servem de diretório legislativo ao próprio parlamento [...][6]

Aí reside uma das chaves de abóbada do modelo inglês, se o considerarmos a partir do século XIX e daí para frente. O Parlamento tudo pode, mas pouco ousa. Está constantemente patrulhado pela opinião pública e pela consciência política e jurídica do povo inglês. Curva-se, reverente, embora não melífluo ante a tradição jurídica dos tribunais do reino que aplicam *Law of the Land*. E, admite que a própria *statute law*, por ele emitida, deva necessariamente passar pelo crivo dos juízes, os zeladores da legitimidade das leis. Elas serão legítimas se conformadas aos documentos institucionais históricos e à razão do *common law*.

Oswaldo Aranha Bandeira de Mello[7] compara o modelo constitucional inglês com tipos reconhecidos pela doutrina, com rara felicidade:

> A Inglaterra não tem, portanto, leis constitucionais, no sentido estrito do termo, pois o poder do parlamento é sem contraste; é-lhe permitido até transferi-lo a qualquer outra autoridade, contrariamente aos regimes de Constituições rígidas. Ele é, na locução de *Ruy Barbosa*, "a constituição

---

[5] MILL, A. Stuart. *La liberté*, p. 2.
[6] BARBOSA, Ruy. *Os atos inconstitucionais do Congresso e do Executivo ante a Justiça Federal*. Rio de Janeiro: Cia Impressora, 1893. p. 20.
[7] BANDEIRA DE MELLO, Oswaldo Aranha. *A teoria das constituições rígidas*. 2. ed. São Paulo: José Bushatsky, 1980. p. 53.

viva do país, a constituinte nacional em permanência, a vontade legislativa soberana".

O corpo institucional desse povo se encontra em centenas de volumes, cheios de leis e de decisões de jurisprudência; é todo feito de pedaço a pedaço, elaborado de espaço a espaço de tempo. O seu desenvolvimento histórico recorda – diz *William Paley*, nesta imagem feliz – um desses velhos castelos senhoriais, que não foram edificados por um plano uniforme, e segundo regras da moderna arquitetura, cuja construção corresponde a períodos diferentes, cujo estilo se modificou com o tempo, e que são reparados continuamente, devido ao gosto, à fortuna e à comodidade dos proprietários que neles se sucedem. *Gladstone* proclamou: "The British Constitution is the most subtle organism which has proceeded from progressive history".

Esse sistema inglês foi adotado outrora por algumas monarquias da Europa. Apesar de terem Constituição escrita, em um corpo único, fazem-na modificável, por lei ordinária do parlamento. É o caso da Itália sob o Estatuto do Império de 1848, que lhe serve ainda de Constituição, se bem que por várias vezes alterado, em virtude de leis ordinárias, e completado hoje pela Carta do Trabalho. É também aceito pela União das Repúblicas Socialistas dos Soviets, cuja Constituição pode ser alterada pelo Congresso Federal, sem formalidade especial e sem a necessidade da existência de uma maioria qualificada. É esse o chamado sistema das Constituições flexíveis.

Além dos tipos de Constituições flexíveis e Constituições rígidas, existe um terceiro, que se encontra em uma situação intermediária, produto eclético desses dois, ao qual poderemos chamar misto. As Constituições classificadas nessa categoria consideram propriamente constitucionais apenas alguns dos seus preceitos, reformáveis somente pelos poderes constituintes; os demais não entram nesta esfera, cabendo a modificação deles ao legislativo, de forma ordinária, como para qualquer outro dispositivo legal.

A Itália, como se sabe, mudou. O livro de *Oswaldo Bandeira de Mello* é de 1934, mas a sua fala permanece, em essência, atual.

Conclui-se que o Parlamento inglês controla não a constitucionalidade das leis, mas a própria Constituição que lhe foi historicamente dada. Todavia a conserva e cultua, sob os olhares da nação, que confia nos juízes que aplicam a Constituição e as leis. Um círculo perfeito que só a roda da história poderá romper. Ainda não rompeu, embora a ameaça seja real.

A essa altura, é pertinente indagar os traços fundamentais desse engenhoso sistema jurídico, conquanto, nos dias que correm, esteja posto ante os terríveis desafios trazidos pelos direitos humanos, a ecologia, a segurança social, o mercado comum europeu, as transformações no instituto da família e o domínio do Parlamento por facções atuantes.⁸

---

[8] Lorde Leslie Scarman em livro editado por Antônio Fabris, *O direito inglês – A nova dimensão*, demonstra os perigos que estão a rondá-lo neste final de milênio.
"Em primeiro lugar, se os direitos humanos devem ser protegidos de uma maneira coerente com as nossas obrigações internacionais, devemos encontrar outros meios que não seja o *common law*. Um sistema jurídico à mercê da legislatura, a qual também está, a não ser numa situação de minoria, à mercê do executivo, não é uma garantia segura aos direitos humanos. Pela mesma razão, a legislação, por si mesma, não consegue uma garantir maior; o que é necessário é a proteção da legislação pelo Direito. Dessa maneira, o movimento dos direitos humanos, o qual não é atualmente uma mera campanha internacional, revela o desequilíbrio básico da nossa Constituição e indica a necessidade de uma nova carta constitucional (*constitutional settlement*). Sem uma Carta de Direitos (*Bill of Rights*) protegida contra a revogação, a emenda ou a suspensão pelos processos habituais por parte de uma escassa maioria parlamentar controlada pelo governo do momento, os direitos humanos estarão correndo um risco: 'De que garantia dispõe uma lei para prevenir um mal tão grande se a mesma legislatura pode anulá-la novamente?' A importância do Mercado Comum é por mostrar que já existe um afastamento constitucional, por parte do Direito Inglês, do padrão básico do *common law*. Dentro do raio definido, mas sempre crescente, das atividades abrangidas pelos Tratados Europeus, foi restabelecido o desequilíbrio do poder entre os tribunais e a legislatura; a soberania legislativa absoluta do Parlamento não só é um anacronismo na medida em que os Tratados formam parte do nosso Direito, mas também pelo fato de os órgãos legislativos da Comunidade Europeia (o Conselho de Ministros e a Comissão) estarem sujeitos ao controle jurídico da Corte de Justiça Europeia, encarregada de assegurar que os Tratados sejam observados e de os próprios Tratados serem dispositivos básicos constitucionais (*entrenched constitutional provisions*) que podem ser modificados somente por unanimidade. O desafio internacional, portanto, faz mais do que indicar a necessidade de uma nova carta constitucional: demonstra que o Direito e a Constituição já estão se encaminhando em direção a ela.
Quando nos voltamos do cenário internacional para o interno surge a mesma lição. Um sistema jurídico que oferece somente a justiça distributiva tem mostrado falhas. Um Direito que trate do ilícito (*law of torts*), um Direito da Terra e um Direito da Família, concebidos sobre os princípios do *common law*, por mais admiráveis que sejam na substância, não podem proteger o público em geral assim como os fracos, os pobres, os velhos e os enfermos. A fim de satisfazer a consciência da nação, o Estado tem tido a necessidade de entrar nos espaços vazios do Direito, a terra de desertos e montanhas deixada inculta pela justiça distributiva, a fim de tomar providências para a sociedade de maneira geral e para aqueles que não têm o poder suficiente de modo a conseguirem as coisas por si. Assim sendo, o Estado do Bem-Estar (*welfare state*) está desafiando a relevância, ou pelo menos a adequação, dos conceitos e classificações do *common law*. A culpa (*fault*), a violação da propriedade (*trespass*), os bens e mesmo o casamento são vistos agora como uma base insegura para o desenvolvimento de um Direito adequado às necessidades da nossa sociedade. A vida da família foi libertada da tirania do marido e as suas obrigações foram fortalecidas pelo Estado; a previdência social tornou-se disponível tendo como base tanto a necessidade como o direito; o uso da terra, do mar e do ar são controlados tendo em vista os interesses não da propriedade, mas da sociedade ansiosa por proteger o seu meio ambiente; e nesses progressos há um papel cada vez mais reduzido para o *common law*; para os juristas do *common law* e para os tribunais. O Direito foi poupado – mas para quê? Para a morte num canto esquecido? Ou há uma nova função para ele? Os juristas usam um termo técnico para descrever

René David, no livro editado em português pelo Editor Martins Fontes, São Paulo, 1986, intitulado *Os grandes sistemas do direito contemporâneo*, é um bom repositório de informações sobre *o common law*.

---

esse campo de batalha – Direito Administrativo – e os juristas ingleses tendem a tratar os seus problemas como se estes fossem técnicos, isso é, a interpretação das leis (*statutes*) e o fortalecimento dos remédios disponíveis para o cidadão contra o ramo executivo do governo. Mas esse não é meramente um problema técnico acessível a uma abordagem simplista para a sua solução. A nossa estrutura jurídica carece de uma base sólida sobre a qual se possa construir um controle jurídico das atividades beneficentes do Estado que se desenvolveram neste país. Mas, embora encontremos aqui, como com o desafio internacional, um forte motivo para uma nova avaliação e uma nova Carta, o Estado do Bem-Estar suscita outras questões. Na medida em que decaem as funções tradicionais dos tribunais civis (um movimento que é inevitável à proporção que diminui a importância da justiça meramente distributiva), certamente crescem as funções dos chamados tribunais administrativos, os quais protegem o cidadão quando o administrador entra no campo do Direito. A menos que os advogados adaptem as suas práticas a este novo mundo forense, os seus próprios lugares na sociedade se tornarão incertos e se tornará suspeita a importância do Direito e dos juristas na solução dos problemas modernos.

Se isto acontecesse, haveria pouco significado na discussão das questões técnicas do Direito Administrativo; a sociedade se moveria calmamente da posição constitucional do controle jurídico para uma posição de controle administrativo, temperada, sem dúvida, pelas proteções que a administração oferece, tais como a de um *ombudsman* (ou de uma série de *ombudsmen*) ou por um organismo como o Conseil d'État da França. O Estado do Bem-Estar propõe, portanto, mais do que uma questão difícil para os juristas e para o Direito; mas, sem dúvida, também indica, como os outros desafios, a necessidade de uma nova carta constitucional que preencha as lacunas e trate das omissões do sistema existente no *common law*.

[...]

Concluindo, podemos dizer que o sistema do *common law* está em retirada – está sendo relegado aos cantos da casa que não são visitados pela maior parte dos membros da sociedade. A base do sistema não foi só desafiada – está sendo abandonada. No entanto, a norma jurídica tem de ser preservada se quisermos ter uma sociedade justa. O problema, conforme procurei demonstrar, não é técnico, mas fundamental. O sistema do *common law* faz parte da nossa Constituição; uma nova Carta é necessária, a qual reterá as suas forças, ao mesmo tempo em que erradicará os seus traços de fraqueza e de obsolescência. Nos tempos passados, a força do *common law* era a sua universalidade, juntamente com a sua origem num Direito Consuetudinário (*customary law*) que não devia nada à atividade legislativa do Parlamento; na verdade o precedeu. Essa força, quando colocada ao lado do poder do Parlamento, concedeu-lhe a vitória sobre o Rei no século dezessete e levou à Carta Constitucional de 1688-1689. Mas o verdadeiro vencedor naquela Carta foi o Parlamento, cuja soberania então começou. Atualmente, entretanto, é o poder soberano do Parlamento, na maior das vezes exercido segundo a vontade de um executivo apoiado por uma maioria invencível, que produziu o desequilíbrio moderno no sistema jurídico. O *common law* não é mais o aliado forte e independente do Parlamento, mas o seu empregado. Isso, talvez, não tenha sido de grande importância enquanto a constituição do próprio Parlamento conteve restrições eficazes à vontade de uma escassa maioria em uma das Câmaras. A Lei sobre o Parlamento (Parliament Act), de 1911, foi sem dúvida uma reforma democrática valiosa; mas realmente afastou da nossa Constituição um controle importante sobre o poder legislativo e introduziu um desequilíbrio bem no seu centro – um desequilíbrio que, no caso de nenhum fator ser encontrado ou criado para compensá-lo, poderia muito bem provar ser o precursor de outras libertações de restrições a serem usufruídas por uma escassa

2.3. O DIREITO INGLÊS – CARACTERÍSTICAS

Tem-se por fundamental, na formação do Direito inglês, a data de 1066, quando a ilha foi conquistada pelos *normandos*, os quais provenientes do *Ducado da Normandia*, na França, submeteram *celtas, anglos, escotos, dinamarqueses* e *saxões* que formavam a população local. Vigorava, então, um rudimentar direito (anglo--saxão). Prevaleciam as *leis de Atelberto*, rei de Kent, editadas em saxão, em 600, com noventa frases breves; e as leis de Canuto, o dinamarquês, do ano 1000, marcando já a passagem da sociedade local, da fase tribal para a etapa feudal. Com os normandos, que falavam o francês, instaura-se de vez o feudalismo na Inglaterra. É como relata René David:

> Os senhores normandos, que acompanharam Guilherme à Inglaterra, veem-se num país conquistado, cuja língua lhes é de todo estranha e cujos habitantes e costumes são por eles desprezados. Sentem a necessidade de se agrupar à volta do seu soberano, para defender a sua conquista e as suas propriedades. O conquistador soube precaver-se contra o perigo que representariam para ele vassalos muito poderosos; na distribuição das terras a seus súditos não formou nenhum grande feudo, de modo que nenhum "barão" pudesse rivalizar com ele em poder, e uma lei do ano de 1290, Estatuto *Quia emptores*, proibiu qualquer "subenfeudação", de modo que todos os senhores dependem diretamente do rei.[9]

É como um exército acampado na Inglaterra; o espírito de organização e de disciplina manifesta-se na redação, a partir de 1086, do *Domesday*, documento em que são referenciados os 15.000 domínios *(manors)* e os 200.000 lares então existentes na Inglaterra. Esse caráter militar, organizado, do feudalismo inglês é um dos elementos que vai permitir, por oposição ao continente europeu, o desenvolvimento do *common law*.

---

maioria na Câmara dos Comuns. Sugiro que, quanto menor for o controle que o Parlamento esteja preparado a aceitar, maior será a necessidade de uma Carta Constitucional que proteja as disposições legais básicas (*entrenched provisions*) no campo dos direitos humanos fundamentais e a universalidade da norma jurídica. Assim sendo, a lição que certamente nós, os juristas, temos de aprender do desafio atual da sociedade ao Direito é ao mesmo tempo negativa e positiva. No lado negativo, não podemos mais confiar na justiça distributiva, no conceito de propriedade e nos direitos individuais; no Direito elaborado pelo juiz, no sistema contencioso (*adversary type*) e nos advogados educados historicamente, se a norma de um Direito – a grande bênção do *common law* – se destine a ser mantida. No lado positivo, devemos buscar uma nova Carta Constitucional que faça uso do poder judicial, a fim de manter, dentro dos limites constitucionais, a soberania legislativa do Parlamento e de usar a norma jurídica na solução dos conflitos, que surgirão entre o cidadão e o Estado no campo recentemente desenvolvido da atividade jurídico-administrativa, da qual depende a qualidade da vida na sociedade do século vinte."

[9] DAVID, René. *Os grandes sistemas do direito contemporâneo*. São Paulo: Martins Fontes, 1986. p. 285.

O que é este *common law*, então chamado *comune lay*, na gíria normanda *(Iaw french)*, que até o século XVII será a língua falada pelos juristas ingleses, mesmo sendo o latim a língua escrita, como no resto da Europa?

A *comune lay ou common law* é, por oposição aos costumes locais, o direito comum a toda a Inglaterra. Esse direito, em 1066, não existe. A assembleia dos homens livres, chamada "County Court" ou "Hundred Court", aplica o costume local, isto é, limita-se, de acordo com esse costume, a decidir qual das partes deverá provar a verdade de suas declarações, submetendo-se a um meio de prova que não tem qualquer pretensão de ser racional. Continuando, em princípio, a ter competência depois da conquista, as "Hundred Courts" ou "County Courts" serão pouco a pouco substituídas por jurisdições senhoriais de um novo tipo ("Courts Baron, Court Leet, Manorial Courts"); mas estas estatuirão igualmente com base na aplicação do direito costumeiro eminentemente local. As jurisdições eclesiásticas, instituídas depois da conquista, aplicam o direito canônico comum a toda a cristandade. A elaboração da *comune lay*, o direito inglês e comum a toda a Inglaterra, será obra exclusiva dos Tribunais Reais de Justiça, vulgarmente designados pelo nome do lugar onde vão estabelecer-se a partir do século XIII, Tribunais de Westminster.

No início da conquista normanda, normalmente, os litígios eram levados às diferentes jurisdições que acabamos de enumerar. O rei exerce apenas a "alta justiça"; só se sente autorizado e só toma conhecimento de um litígio em casos excepcionais: se a paz do reino for ameaçada, se as circunstâncias impossibilitarem que a justiça seja praticada pelos meios normais. A *Curia regis*, pela qual ele preceitua, assistido pelos seus servidores mais próximos e pelos grandes do reino, é a corte das grandes personagens e das grandes causas; não é uma jurisdição vulgar, aberta a qualquer um.

No interior da *Curia regis*, no século XIII, algumas organizações vão adquirir autonomia; é o caso do parlamento e também das diversas comissões com poderes jurisdicionais, que deixam de acompanhar o rei em suas viagens e fixam sua sede em Westminster. Esses Tribunais Reais de Justiça não adquirem entretanto uma competência universal. É necessário ter cuidado com as suscetibilidades dos senhores que querem ser chefes nos seus domínios, e que não estão dispostos a submeter-se ao seu veredicto. A intervenção da autoridade real nos assuntos da sua competência parece-lhes, a eles e a seus súditos, tão intolerável e contrária à ordem natural das coisas, como aos proprietários de hoje parecerão certas medidas de intervenção do Estado ou de nacionalização, com desprezo pelo direito sagrado que é, a seus olhos, a propriedade.

Os Tribunais Reais, de resto, não estão aptos para administrar a justiça, até mesmo em recurso, para todos os litígios que surjam no reino. A sua intervenção vai limitar-se, essencialmente, a três categorias de causas em que ela se afigura natural: questões relacionadas com as finanças reais, com a propriedade imobiliária e a posse de imóveis, e graves questões criminais que se relacionem com a paz do reino. Originalmente, três tribunais diferentes – Tribunal de Apelação (Exchequer), Tribunal de Pleitos Comuns (Common Pleas), Tribunal do Banco do Rei (King's Bench) – conhecerão, respectivamente, cada urna destas três importantes questões, mas logo esta divisão de competências cessará e cada um dos três Tribunais Reais de Westminster poderá conhecer todas as causas que possam ser submetidas às jurisdições reais.

Além das três categorias de casos que acabam de ser mencionados, todos os litígios continuam a ser resolvidos, fora das jurisdições reais, pelas "Hundred" ou "County Courts", pelas jurisdições senhoriais e eclesiásticas, sendo também, ulteriormente, resolvidos pelas diversas jurisdições municipais ou comerciais, às quais o privilégio de administrar a justiça será concedido para certos tipos de questões; estas jurisdições aplicarão ou os regulamentos municipais ou o direito internacional do comércio (*lex mercatoria* ou *ley merchant*).

O rei procura estender os seus poderes de soberano justiceiro no reino. O interesse do Chanceler e dos juízes reais é conhecer um maior número de questões, devido aos lucros que a administração judicial proporciona. Os Tribunais Reais são, por sua vez, impelidos a alargar a sua competência pelas solicitações dos particulares, a quem a justiça real surge como muito superior à das outras jurisdições. Só os Tribunais Reais possuem meios efetivos para assegurar o comparecimento das testemunhas e para executar as suas decisões. Por outro lado, só o rei, com a Igreja, pode obrigar os seus súditos a prestar juramento; os Tribunais Reais puderam, por isso, modernizar o seu processo e submeter o julgamento dos litígios a um júri, enquanto as outras jurisdições estavam condenadas a conservar um sistema arcaico de provas.

Foram essas as causas pelas quais, no final da Idade Média, os Tribunais Reais são os únicos a administrar a justiça. As jurisdições senhoriais tiveram a mesma sorte das "Hundred Courts"; as jurisdições municipais ou comerciais já não apreciam senão questões de mínima importância, as jurisdições eclesiásticas passaram apenas a preceituar sobre litígios respeitantes ao sacramento do casamento ou à disciplina do clero.[10]

A evolução do *common law* aparenta-se com a evolução do direito romano à base de "fórmulas". O processo nos tribunais de Westminster variava segundo a fórmula pela qual a ação era conduzida. René David disserta:

---

[10] DAVID, René. *Os grandes sistemas do direito contemporâneo*. São Paulo: Martins Fontes, 1986. p. 286-288.

Num determinado processo certas palavras devem ser usadas para designar demandante e demandado; o emprego das mesmas palavras seria fatal em outro tipo de processo. Em certo tipo de ação recorre-se a um júri; em outros não há júri, mas admite-se a prova por compurgação (*wager of law*): malogra--se a ação se o demandado apresenta um certo número de "testemunhas" que se limitam a atestar, sob a fé de um juramento, a sua credibilidade. Em certos tipos de ações, o demandado pode ser julgado à revelia, mas não em outros. O mesmo sistema vale para as ações *on the case*, que são julgadas segundo o processo decorrente deste ou daquele *writ*, julgado o mais apropriado para o caso concreto; o processo mais frequentemente seguido é o *writ of trespass*, que é considerado como o mais moderno e o mais satisfatório.[11]

Haverá um momento no século XIV em que *o common law* – o direito comum a toda a Inglaterra, depois de superar os "direitos locais", como relatado há pouco por René David, irá entrar em crise. O extremo formalismo processual e soluções incompletas patrocinadas pelos tribunais de Westminster levaram partes a suplicar a justiça do rei. As jurisdições reais decidiram mal? Não deve o rei remediar a causa? Pois bem, o monarca aceita o papel de juiz desembargador, mas logo delega o seu *munus*, que aceitara para tranquilizar a consciência de seus súditos e fazer obra de caridade, ao *Chanceler do reino* e a seu *Conselho*. As suas decisões vão se basear não mais nas regras antigas e sempre aplicadas do *common law*, no qual *remedies precede rights*, mas na "equidade do caso particular". Surge o processo de *equity* cada vez mais utilizado e que se resume em fazer adjunções e corretivos aos princípios jurídicos da "lei comum da terra", aplicados pelos tribunais reais de Westminster. Esse curioso evolver do direito inglês esteve a ponto de sufocar o *common law*. O chanceler em 1530 já não é mais um simples confessor do rei, um eclesiástico. É sempre um jurista. Examina as queixas (petições iniciais) como vero juiz e aplica processos e princípios jurídicos baseados no direito canônico e no direito romano, completamente diferentes dos métodos dos tribunais do *common law*. A *equity* apresenta-se ao povo mais consentâneo com o sentimento de justiça da iniciante época da Renascença. Arremata David:[12]

Considerações de ordem política entraram também em jogo para que houvesse essa preferência. O processo escrito, secreto e inquisitório da Chancelaria pareceria aos soberanos, sequiosos de autoridade, preferível aos processos orais e públicos do *common law*. Provavelmente, predominava também a opinião de que, com o direito romano adotado pelo Chanceler,

---

[11] DAVID, René. *Os grandes sistemas do direito contemporâneo*. São Paulo: Martins Fontes, 1986. p. 289.
[12] DAVID, René. *Os grandes sistemas do direito contemporâneo*. São Paulo: Martins Fontes, 1986. p. 296.

o absolutismo real se desenvolveria paralelamente, reduzindo-se o direito romano a um simples direito privado. "Princeps legibus solutus est. Quod principi placuit, legis habet vigorem": como resistir à sedução de tais adágios, consagrados no Digesto? Realmente poderia parecer mais simples elaborar um sistema inteiramente novo de direito e de administração de justiça, do que efetuar, no sistema do *common law*, as reformas absolutamente necessárias para a época.

O direito inglês, assim, no século XVI, quase reuniu-se à família dos direitos do continente europeu, pelo triunfo da jurisdição de equidade do Chanceler e pela decadência do *common law*. Existiu o risco de serem abandonados pelos pleiteantes os tribunais de *common law* e, consequentemente, caírem em desuso, como três séculos antes caíram as Hundred e as County Courts, quando os Tribunais de Westminster, então com todo o seu brilho, ofereciam aos seus pleiteantes uma justiça mais moderna, administrada segundo um processo superior aos processos tradicionais.

O que irá ocorrer em seguida? Sem dúvida alguma, uma surpreendente reviravolta. É ainda René David quem no-la explica:[13]

> Diversas circunstâncias contribuíram para que esse desenvolvimento não se produzisse. A resistência dos juristas precisou ser levada em consideração pelos soberanos, porque os tribunais de *common law* encontraram, para a defesa da sua posição e da sua obra, a aliança do parlamento, com eles coligado contra o absolutismo real. A má organização da jurisdição do Chanceler, a sua morosidade e a sua venalidade forneceram armas aos seus inimigos. A revolução que teria conduzido a Inglaterra para a família dos direitos romano-germânicos não se realizou; foi concluído um compromisso para que subsistissem, lado a lado, em equilíbrio de forças, os tribunais de *common law* e a jurisdição do Chanceler.
> Esse compromisso não resulta de uma lei, nem de uma decisão formal tomada pela autoridade real ou pelos juízes. Pelo contrário, ao terminar um conflito de extrema violência entre os tribunais de *common law*, representados pelo juiz-presidente Coke (chefe da oposição liberal do parlamento), e a jurisdição do Chanceler, o rei Jaime I, em 1616, pronunciou-se em favor desta última. Contudo, o alarme foi violento e os chanceleres tiveram a sabedoria de não abusar de sua vitória, desarmando assim a hostilidade de um parlamento que obteria, em 1641, a supressão da Câmara Estrelada. No que diz respeito à *equity*, estabeleceu-se um entendimento tácito na base *do status quo*. A jurisdição do Chanceler subsistirá, mas não tentará realizar novas

---

[13] DAVID, René. *Os grandes sistemas do direito contemporâneo*. São Paulo: Martins Fontes, 1986. p. 297.

intromissões em detrimento dos tribunais de *common law*; ela preceituará de acordo com os seus precedentes, furtando-se, assim, à acusação de arbitrária que lhe fora dirigida; entendeu-se, por outro lado, que o rei, futuramente, não utilizará mais a sua prerrogativa de justiça para criar novas jurisdições independentes dos tribunais de *common law*.

A própria natureza da *equity*, finalmente, vai transformar-se: o Chanceler, homem político ou jurista, já não é qualificado para estatuir em nome da lei moral e tende a proceder mais como jurista. O controle da Câmara dos Lordes é, por outro admitido em relação às decisões do Tribunal da Chancelaria, desde 1621. Os tribunais *de common law* aceitaram, nestas novas condições, as intervenções do Chanceler que podem apoiar-se num precedente.

Mas o que é este direito inglês, se contraposto às categorias clássicas do direito da família romano-germânica vigorantes hoje em toda a Europa, em parte da Ásia, da África e da América Latina?

O sistema dos direitos românicos é um sistema relativamente racional e lógico, porque foi ordenado, considerando as regras substantivas do direito, graças à obra das universidades e do legislador. Subsistem nele, sem sombra de dúvida, numerosas constrições e anomalias devidas à história ou que se explicam por considerações de ordem prática. Os direitos da família romano-germânica estão longe de uma ordenação puramente lógica, mas realizou-se com um grande esforço nesse sentido para simplificar o seu conhecimento. O direito inglês, pelo contrário, foi ordenado, sem qualquer preocupação lógica, nos quadros que eram impostos pelo processo; só numa época recente – nos últimos cem anos – tendo sido abolido o antigo sistema de processo, a ciência do direito pôde esforçar-se no sentido de racionalizar estes quadros. Progressos notáveis foram realizados, mas conservaram-se, de modo geral, as noções e classificações às quais se estava habituado devido a uma longa tradição.

Damos aqui alguns exemplos, mostrando a força da tradição. O mais típico é, talvez, a célebre definição de equity, à qual chega o mais ilustre expositor da matéria, F. W. Maitland. A equity, escreve Maitland, "é este corpo de regras que, se não fosse a reforma dos Judicature Acts, seriam aplicadas de maneira exclusiva pelas jurisdições especiais chamadas Tribunais de equity. O direito inglês das coisas divide-se em *personal property* e *real property*: esta última considera os direitos que, antes da reforma do processo de 1833, eram garantidos pelas ações ditas reais; a *personal property* considera os direitos que, antes de 1832, eram garantidos pelas ações ditas pessoais. A noção inglesa de contrato apenas engloba os compromissos outrora sancionados pela ação de *assumpsit*; não se aplica nem às doações, nem ao *trust*, nem ao depósito que foram, na história, sancionados de maneira diferente.

Compreender-se-á através destes exemplos como as categorias e conceitos do direito inglês puderam vir a ser totalmente diferentes das categorias e conceitos da ciência românica".

Os juristas da família romano-germânica interrogam-se no caso dos contratos celebrados entre ausentes, se convém aceitar a teoria da emissão ou da recepção: celebrar-se-á o contrato quando a aceitação é enviada ou quando é recebida pelo oferente? Essa maneira de colocar a questão afigura-se, do ponto de vista de um jurista inglês, muito geral; regras diferentes podem parecer justificadas desde que haja a preocupação de fixar a data ou de determinar o lugar onde o contrato é concluído, ou através de recurso a um intermediário (a administração dos correios), ou de modo direto (por telefone ou telex).

Em matéria de responsabilidade delitual na Inglaterra, não se pensará sequer em estabelecer princípios gerais, tais como os que se encontram nos códigos do continente europeu e especialmente no código civil francês. Os diferentes tipos de culpa e de prejuízo, as várias circunstâncias em que um dano se produziu exigem regras próprias. Ignorando a noção abstrata de culpa, os juristas ingleses conhecerão apenas as diferentes espécies de comportamentos ilícitos, uma variedade de *torts*, e, no caso do *tort* de negligência, interrogar-se-ão se existe ou não na circunstância uma obrigação de vigilância (*duty of care*) a cargo do demandado. Ao encararem a questão da responsabilidade do proprietário de um prédio, estabelecerão regras distintas, que levem em conta se a vítima do dano tinha ou não o direito de se encontrar no prédio, se aí se encontrava a convite do demandado, se se tratava de um adulto ou de uma criança, se o acidente deveu-se ou não à reparação no prédio, etc.

Relativamente aos diferentes tipos de delitos civis, considerar-se-á igualmente a natureza do prejuízo: a reparação por danos patrimoniais ou danos morais, em virtude de prejuízos causados a uma pessoa ou a uma coisa, ou ainda a um patrimônio considerado globalmente, rege-se por normas substancialmente diferentes. É significativo que não se possam traduzir facilmente em inglês conceitos tais como "culpa" e "prejuízo", sendo o conceito-chave do direito inglês dos *torts* a expressão "perdas e danos" (*Damages*). As fórmulas gerais dos nossos códigos destinam-se mais, aos olhos dos ingleses, a ser preceitos morais do que a estabelecer verdadeiras regras de direito; a *legal rule* inglesa, pelo contrário, põe em causa uma casuística que, por vezes, se tornou tão sutil e complicada que necessitou da intervenção simplificadora do legislador.[14]

---

[14] DAVID, René. *Os grandes sistemas do direito contemporâneo*. São Paulo: Martins Fontes, 1986. p. 306 e 325.

Por isso mesmo, talvez, um inglês desabusado, em impiedosa autocrítica, chamou o seu direito de "ímpia barafunda", atitude absolutamente insólita.[15]

O que caracteriza mesmo o direito inglês é o papel do juiz. A lei escrita promulgada pelo Parlamento do Reino. Mas não tem a força que lhe quis imprimir, por exemplo, o direito francês revolucionário. Os juízes, é certo, aplicarão a lei, mas a norma (que está "dentro" da lei) só será admitida como incorporada ao direito inglês, quando tiver sido interpretada e aplicada pelos tribunais. A regra de direito prevalecente é a regra jurisprudencial e nela estará incorporada uma tradição de mil anos de experiência e história.

Os grandes temas institucionais e os grandes princípios jurídicos que asseguram os direitos das pessoas, os remédios às liberdades e os limites do poder do Estado, de modo singular, são diuturnamente repassados pelo aparato jurisdicional inglês. Por ser assim, o controle da constitucionalidade ou da legitimidade axiológica e ética das leis é feita pelo Judiciário inglês, todos os dias, com revigorado denodo, com o auxílio prestimoso dos advogados (e que se reúnem em colégios privados).

Não se veja nisso adesão do expositor ao sistema inglês. Bem sabemos os perigos a que está exposto, as suas lacunas e o caráter único e irreproduzível desse sistema. O que se pode dizer é que tem funcionado a contento, caso contrário já teria sido mudado, como ocorreu noutras partes do mundo, por fundadas razões. Nada melhor para encerrar este capítulo do que passar a um inglês e jurista, a insuspeitada tarefa de nos descrever o *common law*, esta ímpia e, não obstante, louvável barafunda. Há um excerto muito ilustrativo de Cappelletti acerca dessa gestação histórica, tão característica da Inglaterra, ligando a experiência inglesa ao instituto de controle jurisdicional das leis, depois surgido nos EUA, tese, aliás, adotada por centena de autores. Eis o texto *in verbis:*

> Já havíamos visto que precedentes podem ser encontrados, seja na história antiga, seja na história medieval e (relativamente) moderna, até atingir o sistema norte-americano da judicial review que – como também eu reconheço – iniciou uma nova e esplêndida época nesta matéria.
>
> Mas – impende perguntar agora – qual foi o precedente imediato, ou seja, qual o precedente que mais diretamente inspirou o instituto norte-americano?
>
> Século XVII: a tradição jurídica inglesa, uma tradição velha já de quatro séculos, de que, na primeira metade do século XVII, grande teórico e defensor foi Sir Edward Coke (falecido em 1634), era no sentido de que a lei não fosse criada, mas somente afirmada ou declarada, pela vontade

---

[15] Apud CRETELLA JÚNIOR, José. *Direito e administração comparados*. Rio de Janeiro: Forense, 1990. p. 143.

do Soberano. O *common law*, em síntese, lei fundamental e prevalente em relação à *statutory law*, podia, porém, ser completada pelo legislador, mas não ser por ele violada: pelo que, o direito era, em grande parte, subtraído às intervenções do legislador. Sobre a base desta tradição se fundou, exatamente, a doutrina de Edward Coke sobre a autoridade do juiz como árbitro entre o Rei e a nação, doutrina por ele precisada especialmente na ocasião de sua luta contra James I Stuart. Contra o Rei, que afirmava ser dotado de inteligência como os juízes, seus delegados, e pretendia, consequentemente, poder exercitar pessoalmente o poder judiciário, Coke respondia que tão só os juízes podiam exercitar aquele poder, sendo instruídos na difícil Ciência do Direito "which requires long study and experience, before that a man can attain to the cognizance of it". E contra o Parlamento, ele afirmava, por outro lado, "a tradicional supremacia da common law sobre a autoridade do Parlamento". "It appear in our books – proclamava Coke no célebre Bonham's case de 1610 – that in many cases, the common law will control acts of parliament, and sometimes adjudge them to be utterly void; for when an act of parliament is against common right and reason, or repugnant, or impossible to be performed, the common law will controul it and adjudge such act to be void". E em outra parte Coke ainda afirmava: "Fortescue and Littleton and all others agree that the Iaw consists of three parts: first, common law; secondly, statute law; third, custom, which takes away the common law. But the common law, corrects, allows and disallows both statute law and custom, for if there be repugnancy in statute or unreasonableness in custom, the common law disallows and rejects it".

Mas quem devia garantir, afinal de contas, a supremacia da common law contra os arbítrios do Soberano, de um lado, e do Parlamento, de outro? É esta a indagação essencial; e a resposta de Coke era firme e decidida: aquele controle, aquela garantia eram função dos juízes! Dos juízes que, segundo as palavras de um moderno estudioso, "seuls interprètes authentiques d'un droit, qui est autonome du législateur, constituent donc, selon cette doctrine, un vrai pouvoir indépandant".

A doutrina de Lord Coke, entendida como instrumento de luta, quer contra o absolutismo do Rei, quer contra o do Parlamento, predominou na Inglaterra por alguns decênios e, não só na Inglaterra, mas também nas colônias inglesas da América, onde foi, de fato, então, proclamada a doutrina contrária, ainda hoje válida naquele País da supremacia do parlamento. Mas da doutrina de Coke ficaram frutos, pelo menos na América, e pretendo, obviamente, aludir àqueles frutos que se chamam hoje *judicial review* e supremacia do poder judiciário, *supremacy of the judiciary*.

Antes – e exatamente aqui está o paradoxo, pelo menos aparente – para produzir estes frutos mas não só não foi obstáculo, mas, ao contrário, contribuiu a nova doutrina, afirmada com a glorious revolution de 1688. Vejamos as razões deste paradoxal fenômeno.

Como ressalta James Grant, em seu livro já recordado, conforme a lei inglesa, toda corporación, seja ela uma companhia comercial, privada ou municipalidade, "puede hacer solamente aquellas cosas que le autoriza su carta o constitución propia". Disto deriva a importante consequência de que "los reglamentos (o reglas secundarias) que van más allá de la autoridad a ella (corporación) concedida son nulos y no pueden ser puestos en vigor por los tribunales".

Pois bem, muitas dentre as colônias inglesas da América (plantations) foram, inicialmente, constituídas precisamente como companhias comerciais, e, de qualquer modo, a maior parte das Colônias foi regida por cartas ou estatutos de la Carona.

Estas "Cartas" podem ser consideradas como as primeiras Constituições das Colônias, seja porque eram vinculatórias para a legislação colonial, seja porque regulavam as estruturas jurídicas fundamentais das próprias Colônias. Então, estas Constituições amiúde expressamente dispunham que as Colônias podiam, certamente, aprovar suas próprias leis, mas sob a condição de que estas leis fossem "razoáveis" e, como quer que seja, "não contrárias às leis do Reino da Inglaterra" e, por conseguinte, evidentemente, não contrárias à vontade suprema do Parlamento inglês.

E, foi então, justamente por força desta supremacia da lei inglesa que, é evidente, soava em uníssono com a doutrina da *supremacy of the English parliament* – que em numerosos casos, alguns dos quais tomados famosos, o Privy Council do Rei decidiu que as leis coloniais deviam ser aplicadas pelos Juízes das Colônias, só se elas não estivessem em contraste com as leis do Reino. Recordo, como exemplo, o caso Winthrop contra Lechmere, de 1727, e o caso Philips contra Savage, de 1737.

Eis, portanto, explicado como, então, o princípio da supremacia do parlamento – e, por conseguinte, da supremacia da lei positiva – imposto na Inglaterra a partir da "gloriosa" revolução de 1688, acabou por não conduzir, na América, ao mesmo resultado a que conduziu, ao invés, na Inglaterra: ou seja, ao resultado de retirar as leis do controle de validade por parte dos juízes, aquele controle que fora, ao contrário, augurado e que, pelo menos por alguns decênios, fora posto em prática pela doutrina de Lorde Coke. Eis, em outras palavras, explicado o aparente paradoxo, ou seja, como, então, o princípio inglês da incontrolada supremacia do poder legislativo tenha podido contribuir, antes de ser um obstáculo, para a formação, na América (e, decênios ou séculos depois, também em outras ex-colônias que alcançaram a independência: no Canadá, na Austrália, na Índia e em outras partes) do oposto sistema em razão do qual também as leis do parlamento são sujeitas a um controle de validade por parte de todos os juízes.[16]

Um comentário acertado que se poderia fazer às observações de Cappelletti, começaria por dizer que a sua tese quanto à genealogia do controle jurisdicional nos EUA – como decorrência da frustrada tentativa do *judicial control* na aventura jurídica inglesa, e também do regime das cartas coloniais – é no mínimo engenhosa e, de fato, contenha certa dose de verdade no que tange à própria Inglaterra, onde o Judiciário fez-se independente e respeitado, apesar da onipotência do Parlamento inglês. Aliás, Henry C. Black,[17] em trecho universalmente conhecido, abona as observações de Cappelletti, ao dizer que a concepção do Judiciário como guarda da Constituição foi extratada da experiência histórica inglesa, na qual "os juízes 'resolutamente' viraram-se contra a extensão das prerrogativas do rei, quando contrários, no seu julgamento, à lei da terra (*Law of the Land*), ou seja, a Constituição". Dá-se que a equiparação da Lei da terra ou *common law* a uma Constituição não é, em termos absolutos, verdadeira, embora expresse, de fato, a resistência secular dos juízes britânicos na preservação dos direitos individuais, naturais e costumeiros, contra os poderes do rei em prol dos governados. Ademais, a resistência judiciária relatada por Black – que reforça a tese de Cappelletti quanto à genealogia do *judicial control* americano – se fez mais contra decretos e ordenanças do rei e não propriamente contra atos do Parlamento (controle de leis). O "leão" do *common law*, Sir Edward Coke, alfim, sucumbiu e com ele o Judiciário da época, na luta contra Jaime I, de pendor despótico, embora tenha se celebrizado e deitado raízes profundas a sua frase a respeito da supremacia das leis, interpretadas pelos tribunais sobre as determinações do Parlamento *(statute law)* e sobre as ordenanças do rei.

Na verdade, segundo relata Antônio Roberto Sampaio Dória,[18] Lord Coke, sentindo a necessidade de frear o conflito que se avizinhava entre o trono e o Parlamento, tentou superpor o *common law*, aplicado pelos juízes, ao poder de ambos, tendo malogrado. (Ele próprio, mais tarde, reconheceu o caráter transcendente e absoluto do Parlamento). As coisas se passaram nos encerros do Dr. Bonham's Case. Disse ele então: "Registram nossos livros que em muitos casos o direito comum há de limitar as leis do Parlamento e, por vezes, declará-las completamente nulas, pois, quando um decreto parlamentar atentar contra o direito costumeiro e a razão, ou for repugnante ou impossível de executar, o direito comum haverá de se sobrepor a uma tal lei e declará-la írrita". A reação fez-se

---

[16] CAPPELLETTI, Mauro. *O controle judicial da constitucionalidade das leis no direito comparado*. Porto Alegre: Fabris, 1984. p. 57.
[17] BLACK, Henry C. *Handbook of American Constitutional Law*, 1887, p. 75.
[18] DÓRIA, Antônio Roberto Sampaio. *Direito constitucional tributário e* due process of law. 2. ed. Rio de Janeiro: Forense, 1986. p. 21.

vigorosa. Coke, que fora *chief-justice* do Tribunal de Common Pleas e depois do King's Bench, acabou destituído. Reafirmou-se a supremacia do Parlamento, com os juízes reconhecendo-se a si próprios, ainda que a contragosto, servidores *(servants)* da Coroa e da legislatura.

Na Inglaterra, a derrota de Coke,[19] paradoxalmente, reforçou o Judiciário. Como assim? Vejamos. O que faz o juiz não é "interpretar a lei" para depois aplicá-la? Pois bem, esse trabalho de interpretar gera nos juízes, quando estes se sentem incompatibilizados com a norma a aplicar, sutis raciocínios e bizantinas distinções com o fito de torcer o seu significado (os escolásticos destínguos). Isso precisamente ocorreu na Inglaterra, o que explica o apego dos ingleses pelo *common law*, pelo *Due process of law* e pela técnica das distinções que seus advogados cultuam. Diz Dória: "Quando essa atitude reveste o caráter de generalidade nas camadas do poder judiciário, o que antes se afigurava heresia à doutrina ortodoxa, ganha foros de instituição jurídica, posto que informulada. Inibida pela orgânica do sistema de resistir frontalmente às leis do parlamento, a magistratura britânica amoldava-as obliquamente, a pretexto de interpretá-las, de sorte a preservar os valores fundamentais de que se fizera guardiã. Daí haver o povo inglês, em suas cortes, o anteparo das liberdades individuais. Daí a veneração que professam por seu direito costumeiro, e a instintiva animadversão que nutrem pela lei escrita, veículo ocasional de tirania e arbítrio. Nos versos de Tennyson, certamente pulsa todo o sentimento de um povo por sua pátria: 'Where freedom slowly broadens down from precedent to precedent'".[20]

Agora sim. Esta crença na justiça dos juízes, antes que na justiça da lei, irá fecundar nos EUA o *judicial review*. Não foi a frustração inglesa que fecundou o controle jurisdicional difuso nos EUA; foi a própria experiência jurisdicional inglesa que continuou a evoluir em terras americanas. O controle difuso, e só o difuso, pôde erguer-se nas ex-colônias anglófonas.

---

[19] Pela retratação que fez mais tarde, Lorde Coke recebeu a pecha de "Pescador de águas turvas" (Boodin – *N. York University Law*, Rev. 1929, v. 6, p. 223). Anote-se aqui, de passagem, a profunda diferença, já assinalada por nós noutras ocasiões, entre a França e a Inglaterra (ambas adeptas do poder absoluto do Parlamento) no que diz respeito ao *situs* da lei escrita no interior do *ordo juris*. Na França a lei é o próprio sol do direito. Lá se adora a lei. Na Inglaterra, como assinalado por Dória, supra, a lei é adminicular, os seus raios não rompem, ainda que luminosos, o *fog* com o que o *common law* envolve a ilha. Dessa diferença deriva não só a crença no Judiciário, existente na Inglaterra, mas o antijudiciarismo francês, que lá o juiz fora aliado do rei e do absolutismo, fenômeno inocorrente em Albion, pelo menos nos tribunais do *common law*.

[20] DÓRIA, Antônio Roberto Sampaio. *Direito constitucional tributário e* due process of law. 2. ed. Rio de Janeiro: Forense, 1986. p. 23.

CAPÍTULO 3

A EXPERIÊNCIA NORTE-AMERICANA

3.1. OS CONTRASTES ENTRE A ILHA E OS ESTADOS UNIDOS

Nada mais diferente do que a Inglaterra e os Estados Unidos. Estes são uma massa continental entre dois oceanos, aquela uma pequena ilha ancorada nas costas da Europa Ocidental. Os ilhéus se orgulham da sua tradição histórica e cultural multissecular; os americanos do norte, um povo de emigrantes, desdenham as nobiliarquias e pretendem ser a renovada aliança dos homens livres de todas as pátrias. A Inglaterra é uma monarquia com regime parlamentar; os EUA, uma República Federativa. Lá o Rei e a dinastia; aqui o Presidente eleito, de tempos em tempos. Lá a supremacia política do Parlamento, acima do qual não há lei alguma. Do lado de cá, a supremacia da Constituição que paira acima da Nação como *nume tutelar*. Em Albion, uma Constituição real, conquistada ao longo do tempo, histórica, guardada pelos juízes, o povo e o zelo do Parlamento. Na República do Norte, uma Constituição escrita e rígida, sob a guarda do Judiciário, *controller* dos outros poderes do Estado. A Inglaterra, país unitário e centralizado; os EUA, um Estado federal e, portanto, descentralizado política e administrativamente. E, assim, muito embora o direito comum a ambos seja o mesmo em suas bases categoriais: *torts, trusts* etc., sendo, ademais, a transmissão da ordem jurídica realizada pelo afazer jurisdicional, daí que antes da "interpretação" da lei pelo juiz, conferindo-lhe o seu real significado nos casos concretos, *não há lei* em termos reais, ainda assim as técnicas de controle da constitucionalidade das leis e da legalidade dos atos administrativos são profundamente diversas. Como terá acontecido este divérbio entre a pátria-mãe e suas colônias, no concernente à organização e ao funcionamento dos poderes estatais?

Os motivos, decerto, são vários. Algo, porém, precisa ser dito no que tange controle jurisdicional das leis: tanto a Inglaterra quanto os EUA sempre confiaram nos juízes. Nisso os EUA são uma continuação da Inglaterra (uma continuidade que se manifesta, paradoxo, na diversidade formal das instituições).

3.2. OS LANCES DA HISTÓRIA

Os leitores de René Rémond, de sua *Histoire des États-Unis*, se recordam dos principais lances históricos que forjaram a nação do norte e suas instituições políticas e jurídicas. São eles que explicam os caminhos da diversidade. Pode-se dizer que as colônias da América fizeram a sua entrada na História com algum atraso, porque atrasou-se a Inglaterra em sua empreitada colonial. Já os portugueses e espanhóis haviam se apossado de meio mundo, por essas bandas americanas, desde a parte sul da América do Norte, passando pelo Golfo do México até a Patagônia, e eis que o território das colônias que se tornariam os Estados Unidos, ao Leste, ainda parecia um grande vazio. No entanto, a França estava ao norte (Canadá), nos boqueirões de São Lourenço e no corredor do Mississipi. A Flórida era espanhola, como tudo o mais à sua volta.

Na foz do Hudson estavam os holandeses; e no Delaware, os suecos. Apenas no finalzinho do século XVI, Sir Walter Raleigh desembarca na América e fracassa. Somente em 1620 os 102 peregrinos do Mayflower fundeiam nas cercanias do Cabo Cod e formam o embrião do Estado de Massachusetts. Será preciso esperar pelo fim do século XVII para que colonos ingleses, escoceses, galeses, irlandeses, suecos, alemães ocupem, em "colônias" anglófonas, uns 2.000 quilômetros de extensão na costa leste. Após a revogação do Édito de Nantes, todavia, a colonização incorpora novos habitantes, a maioria protestante. As agitações políticas na Europa e na Inglaterra, especialmente, jogam gente ao mar. Esses acabam aportando às margens do Hudson ou do Potomac, fugindo da opressão e da incerteza.

A América cresce vertiginosamente. Atesta-o *René Rémond*: "A história política e religiosa inglesa do século XVII se reflete por tabela no povoamento americano. Todos os movimentos de um período, particularmente fértil em agitações, concorreram para engrossar a corrente emigratória. Depois dos dissidentes banidos pela reação anglicana, são os cavaleiros, aristocratas e realistas, expulsos pelos 'cabeças redondas' e, em seguida, os puritanos banidos pela 'restauração' e os jacobistas que preferem expatriar-se a reconhecer o usurpador. As vicissitudes dramáticas da história interna inglesa acarretam efeitos benéficos para a colonização britânica".[1] A desvantagem da colonização tardia transforma-se agora em vantagem. Os ingleses emigrados formam doravante uma grande população, muitíssimo maior que as das possessões francesas, ho-

---

[1] RÉMOND, René. *História dos Estados Unidos*. São Paulo: Difel, 1961. p. 10.

landesas, lusas e espanholas. Espremidos nas costas do Atlântico, por dois mil quilômetros de extensão, logo irão mexer-se. O que irá ocorrer em seguida?

3.3. A DEMOGRAFIA DECIDINDO A HISTÓRIA

É preciso dizer que essa gente não tinha nenhum projeto nacional. Apesar dela, o gênio da história começa a armar as linhas do futuro. As treze colônias originais possuem, é certo, algum parentesco: identidade de origem, dependência comum à Coroa britânica e às tradições políticas da ilha europeia, tão particulares. A colonização é muito diferente da que fizeram os espanhóis e portugueses. O regime político-institucional é variado. Existem colônias da Coroa, governos de proprietários, colônias de carta outorgada.[2] Por toda parte, porém, algo semelhante. Há um Governador, representante da Coroa, escolhido entre as mais provectas famílias da colônia e uma assembleia eleita pelos proprietários do lugar (voto censitário). Entre esses dois poderes se esboça uma divisão de prerrogativas e competências que imita, guardadas as proporções, a evolução constitucional inglesa (e que acabou por fixar na Coroa e no Parlamento, mais neste que naquela, o centro do Poder Político).

As assembleias votam os tributos e o Governador depende de tal assentimento. Assim vivem e convivem as treze colônias, nas franjas do litoral atlântico, tendo por capital comum a cidade de Londres. A oeste, ao norte, ao sul, nada é inglês. Formado por levas sucessivas, o povoamento do litoral leste é descontínuo também no espaço. São estabelecimentos dispostos de longe em longe, na foz de

---

[2] Polletti, sobre o regime de cartas e do controle delas pela Coroa, através do Parlamento, reforçando Cappelletti, discorre: "Havia, na verdade, vários regimes de vinculação das colônias com a metrópole, resumidos em dois: o do governo provincial de proprietários e o de Cartas. No da primeira espécie, havia maior dependência e centralização. As colônias de governo fundado em Cartas concedidas pela Coroa gozavam de maior autonomia. Em Connecticut e Rhode Island, as Cartas estabeleciam verdadeiro regime democrático, sendo eleitos pelo povo o governador e os membros da assembleia, mas se reconhecia a supremacia da legislação inglesa. No caso de Massachusetts, a colônia, embora regida por Carta Régia, sempre esteve em dissídio com a Coroa e inspirada pelo puritanismo envolveu-se com as campanhas religiosas, políticas e militares travadas na metrópole. O importante não é tanto examinar os aspectos histórico-institucionais das colônias americanas, porém apontar a existência do princípio de controle das leis coloniais pela Coroa. Com a evolução dos acontecimentos e o desenvolvimento colonial, o governo inglês tentou controlá-las pelo Board of Trade and Plantations, que, no desempenho de seu mister, chegou a pedir ao Privy Council a anulação das leis coloniais contrárias aos estatutos ingleses" (POLLETTI, Ronaldo. *Controle da constitucionalidade das leis*. Rio de Janeiro: Forense, 1985. p. 32-33).

algum rio ou no interior de baías naturais, onde, todavia, se notam três grupos de colônias[3] que irão, no tempo oportuno, antagonizar-se em guerra cruenta.

---

[3] "O Grupo da Nova Inglaterra – No século XVIII, a economia da Nova Inglaterra que agrupa quatro colônias de tamanho desigual (New Hampshire, Massachusetts, Connecticut, Rhode Island) já atingira um grau relativamente elevado de complexidade: ao lado da agricultura e da criação, a pesca, o comércio e um princípio de indústria. O litoral rochoso, entalhado por múltiplos recortes, fornecia uma porção de bons portos naturais; a proximidade das florestas dava aos estaleiros navais as madeiras necessárias; equipagens bem treinadas partiam cada ano para rendosas expedições de pesca: pesca ao bacalhau nos bancos da Terra Nova e a caça à baleia mais longe. De Newport ou de Portsmouth, os navios iam até as Antilhas de onde traziam, infringindo o pacto colonial, o rum, o melaço e todos os produtos das ilhas. Finalmente, pequenas oficinas se fixaram ao longo dos numerosos cursos de água que desciam das montanhas e dos planaltos do interior. Eram moinhos, engenhos de açúcar, fábricas de papéis, serrarias que transformavam sumariamente os produtos da terra ou os produtos do comércio. A combinação dessas atividades variadas proporcionava trabalho e trazia lucros apreciáveis a uma população empreendedora, acostumada a ver no trabalho uma razão de vida e um dever; e no sucesso material, consagrado pela riqueza, um sinal do beneplácito divino.

Povoadas na maioria por puritanos, essas colônias são aquelas onde o caráter religioso é mais nítido e marcará mais profundamente com seu traço a fisionomia moral e a vida pública. Esses homens, que preferiram expatriar-se e correr os perigos de uma travessia perigosa a se acomodar ante as injunções do príncipe ou a admitir acordos com a Igreja estabelecida, pretendem viver em conformidade com sua fé e regular por ela a vida de suas pequenas comunidades. A religião aí governa não somente a vida privada, a da família, como também rege a vida pública. Nada mais afastado do ideal de tolerância universal, que será definido por Franklin ou Jefferson, que essas sociedades primitivas, zelosamente apegadas à unidade da fé e que perseguem todos aqueles que não pensam da mesma maneira que eles, tal como foram perseguidos por aqueles de quem fugiram. O Estado está intimamente ligado à Igreja e qualquer um que se afaste da igreja se isola *ipso facto* da sociedade civil. A intolerância se estende das crenças aos costumes, a comunidade atribuindo-se o direito de velar pela estrita observância das leis de Deus e da Igreja. Uma regulamentação minuciosa (Código Azul) instaura uma ordem moral rigorosa; os contraventores são castigados sem piedade. É a época da caça às feiticeiras. Essa coerção religiosa e moral impregna toda a sociedade de um matiz de austeridade. Os divertimentos mais inocentes parecem suspeitos, tudo deve estar voltado para o trabalho e para os grandes deveres da existência. A religião preside até as atividades intelectuais, que nasceram na Nova Inglaterra mais cedo que alhures. A atividade econômica, a procura do lucro não fazem mal à vida do espírito: lá é que foram fundados os primeiros colégios, embriões de futuras universidades do Leste, como, por exemplo, Harvard em 1636. Eles são fundados, a princípio, com fins essencialmente religiosos, para formar os futuros ministros. Essa marca posta pela religião nos primeiros estabelecimentos não desapareceu inteiramente dos Estados Unidos, pois mesmo sua política exterior se inspira muitas vezes no seu moralismo, nas considerações que regiam essas pequenas comunidades.

A religião marca também a vida política. Esses não conformistas abraçaram, em geral, seitas que derivam da Reforma calvinista. Elas dispensam o episcopado. Os ministros dependem dos notáveis de comunidade; essas igrejinhas se habituaram a se administrar livremente. Os habitantes transpõem para sua vida de cidadãos seus hábitos de fiéis; discutem juntos os interesses do burgo da mesma forma que deliberam em comum os da Igreja. O pacto firmado pelos passageiros do Mayflower estipulava já expressamente a subordinação das preferências individuais ao interesse da comunidade. Assim, as crenças religiosas, a disciplina eclesiástica, ao aclimar insensivelmente

Os motivos da Guerra de Secessão são econômicos e sociais e não meramente humanitários. Os interesses dos grupos de colônias são contrapostos. Falemos agora das grandes correntes históricas. A guerra fica para outra ocasião.

as práticas democráticas, orientam a sociedade da Nova Inglaterra para uma democracia de fato. Nos agrupamentos que se constituem em volta dos portos, nas encruzilhadas de estradas, na proximidade das pequenas oficinas, nos mercados rurais, desenvolve-se a vida municipal.
Atividade econômica diferenciada e remuneradora, caráter religioso, prática democrática, tradição intelectual, todas essas características da Nova Inglaterra se encarnam em uma cidade: Boston, que conta perto de vinte mil habitantes nos meados do século XVIII. Muito setentrional para poder pretender mais tarde a categoria de capital dos Estados Unidos, ela é plenamente a metrópole da Nova Inglaterra da qual exprime a fisionomia moral. Será uma das primeiras cidades a tomar armas pela independência.
O Grupo do Sul – Muito diferente é o tipo de sociedade que se constitui na outra extremidade, nas cinco colônias meridionais. São, do norte para o sul: o Maryland, assim batizado em honra da Virgem Maria pelos católicos de Lorde Baltimore; a Virgínia, que recebera esse nome e Sir Walter Raleigh, desejoso de agradar sua soberana Elisabeth; as duas Carolinas, a do Norte e a do Sul, e a Geórgia uma das últimas fundadas, que traz o nome de Jorge I, rei da Inglaterra desde 1714. Sua superfície média é nitidamente superior à das colônias mais setentrionais, sem que, no entanto, sejam mais povoadas; ao contrário, sua densidade é mais fraca, as cidades aí são raras, alguns portos pouco ativos. É que elas vivem quase que exclusivamente da terra. Adotaram uma forma de ocupação e exploração do solo muito diferente da adotada pela Nova Inglaterra, mais concentrada e mais extensiva: a plantação, cultivada com a ajuda de mão de obra negra importada da África, que o tráfico renova e acresce continuamente. Desde o século XVIII, nesta região os negros são mais numerosos que os brancos, e os escravos que os homens livres. Por falta de atividades complementares toda a vida dessas colônias e sua riqueza dependem da colheita de alguns produtos adaptados ao clima quente e úmido: tabaco, arroz, anil, e mais tarde o algodão, cultivados em grandes extensões. Produzindo mais do que o necessário para o seu consumo, os plantadores devem vender para o exterior. À sua dependência natural, em relação às condições atmosféricas, soma-se uma dependência comercial em relação aos compradores. Isto é germe de fraqueza para a economia, ao mesmo tempo em que a escravidão torna a sociedade vulnerável. Essa sociedade, aristocrática nos seus fundamentos como nos seus gostos, é tão diferente quanto possível das sociedades democráticas da Nova Inglaterra. Acima de uma massa de escravos reina uma oligarquia de plantadores que dispõe da terra, se elege às assembleias e governa a colônia. Entre as duas, poucos elementos intermediários. Culta, civilizada, esta classe, que descende em parte de cavaleiros e que leva uma vida de gentis homens rurais, transplantou para a América as maneiras de viver de aristocracia europeia. Nessa sociedade hospitaleira, que gosta de receber, que vive à larga, que dá menos importância ao dinheiro que ao uso que dele se faz, a Europa se reconhece melhor do que nos burgueses da Nova Inglaterra e encontra um pedaço dela própria.
No Grupo Intermediário – Por mais diferentes que sejam esses dois grupos de colônias, sua disparidade não levanta nenhum problema no século XVIII; não fazem parte de um conjunto comum, são simplesmente justapostas. Nenhuma instituição comum vem dar forma jurídica à analogia de seus gêneros de vida ou de suas atividades: a autonomia de cada colônia é completa. A relação entre a extensão e a população torna impensável um conflito. Não tendo interesses comuns, as colônias também não os têm opostos. De outro lado, esses dois grupos, aos quais damos uma homogeneidade da qual eles próprios não têm consciência, estão separados um do outro por muitas centenas de quilômetros. Um terceiro grupo de quatro colônias (Nova Iorque,

Dois fatores externos irão determinar a expansão das treze colônias litorâneas da América, já agora bem populacionadas: a necessidade de conquistar as terras indígenas e a ameaça do cerco francês.

Os nativos são nômades caçadores e precisam de grandes espaços para os seus deslocamentos. Os colonizadores são sedentários, fazendeiros, mineiros, agricultores, quando não comerciantes ou artesãos (pré-industrialização). A fé, os costumes, a cor, os separam. O choque é inevitável e previsível era o seu desfecho. Hoje o sabemos e não será exagero falar em genocídio.

Ao combater o índio para tomar-lhe as terras, continente adentro, os colonos do norte transbordam dos seus lugares de origem e se deparam com os súditos de sua majestade o rei de França, barrando-lhes o caminho para o oeste. O Estandarte da Flor de Liz frequentava a região há muito tempo e não raramente seduzia o índio, lançando-o contra "perversos" homens brancos de fala inglesa, equiparados a invasores cruéis. Essa massa de colonos, que se aventurava pelos grandes espaços do continente, era, de fato, uma gente rude. Queriam terras e riquezas e matavam com incrível ferocidade as populações indígenas tidas por "bárbaras". Ao norte das colônias fugiam da coerção moral das igrejas puritanas e ao sul procuravam furtar-se das autoridades dos grandes proprietários. Não havia lugar para todos. Abandonam o litoral, seguem os vales, franqueiam os montes Alleghenies, descem as vertentes opostas, rumam para o oeste e se deparam, afinal, com os postos franceses que, desde o fim do século XVII, em grupos de mateiros-embaixadores, partindo do Canadá, haviam dominado os grandes lagos e também as nascentes do Mississipi. Os franceses desceram o Grande Rio até a foz, exploraram os afluentes, chegaram

---

Nova Jersey, Delaware, Pensilvânia), que não se parece com nenhum dos dois, tendo todavia mais traços em comum com os primeiros, se interpõe entre eles. É a parte menos homogênea, quer pelas suas origens, quer pelo seu povoamento; os vestígios da colonização holandesa (Nova Iorque é chamada a princípio de Nova Amsterdã) e a presença sueca (no Delaware) vizinham com os imigrantes das ilhas britânicas. Uma colônia muito original é a que traz o nome de seu fundador, Willian Penn, a Pensilvânia povoada pelos quacres. Sua capital, Filadélfia, cujo nome exprime a virtude da qual os Amigos fazem uma regra, é maior e a mais admirada das cidades americanas; seu urbanismo está mesmo na dianteira da Europa. Ela conta com uns trinta mil habitantes, numa época em que uma vila com três ou quatro vezes menos já faz papel de pequena capital. A singularidade de seus costumes, o uso constante do chapéu, a simplicidade das roupas, a beleza das jovens quacres excitam a curiosidade e eclipsam no espírito dos viajantes as qualidades menos estranhas, sua reputação de virtude e o escrúpulo da honestidade nos negócios, escrúpulo esse que não lhes entravou o sucesso comercial. A diversidade do povoamento dessas colônias deixa antever que a imigração será uma constante da história dos Estados Unidos. Sua posição central a meio caminho entre a Nova Inglaterra e o sul, como no ponto de partida das principais vias de penetração para o oeste, consagra-as a uma posição de árbitro – é o lugar designado previamente às futuras capitais federais, asilos provisórios do Congresso continental, e depois sede definitiva do governo federal. É também o teatro, o local onde se decidiram os combates furiosos que se travaram entre nortistas e sulistas" (RÉMOND, René. *História dos Estados Unidos*. São Paulo: Difel, 1961. p. 11-15).

ao sopé dos Alleghenies e, por fim, declararam ser da França todo o imenso território central que se estendia da desembocadura do S. Lourenço, no Canadá, à foz do Mississipi, no Golfo do México. Deram-lhe o nome de Luisiana, em homenagem ao rei Luís de França. Mas eram poucos os franceses. Não mais que 60 mil almas em tão imenso território que formava um arco cercando as treze colônias e impedia a expansão dos colonos anglófonos, que já somavam, em todas as colônias, um milhão e meio. Para estes, debelar o embaraço francês era vital.

Instaura-se a guerra. Tivesse a França estabelecido colônias nesse território e as enchido de gente, talvez outro fosse o mapa geopolítico da América do Norte. Venceu o número; perdeu a astúcia gaulesa. Enquanto os franceses cercavam por terra – e quanta terra – os colonos, cada vez mais numerosos, a marinha britânica interceptava os reforços de França e, ao contrário, fornecia meios e munições aos seus. Na Europa, também se engalfinhavam os de França com os do reino inglês. Com o término da Guerra dos Sete Anos, a Inglaterra libera a expansão das treze colônias. A França sucumbe, O Canadá passa à Inglaterra, apesar da resistência de Quebec. Acaba-se o império francês na América. O índio, em estágio inferior de civilização, está agora à mercê dos caras-pálidas. O resto dessa história todos conhecem. Terminou com o impiedoso massacre dos indígenas, reduzidos à condição de vilões nas histórias e filmes de "faroeste". Fato é que a mobilização das colônias, na guerra contra os franceses e seus aliados indígenas, gerou uma figura ímpar com experiência e prestígio. Seu nome é George Washington.

Em 1763 dá-se a eliminação do perigo francês, um empreendimento comum das colônias e da metrópole. Em 1776 as colônias irão romper com a metrópole e vencê-la com a ajuda da França. O Deus da Sorte ampara a América, com suas alianças em tempo certo. Nas colônias, durante os festejos de 1763, ninguém pensou em emancipar-se da Coroa britânica. Por que isso aconteceu treze anos depois? É preciso dizer logo que a França ajudou a América de três formas: a) com as ideias revolucionárias do contrato social e da tripartição dos poderes do Estado, na qual o rei era inimigo do povo, já que a *égalité* abomina a monarquia e a realeza; b) com recursos financeiros e materiais; e c) até com voluntários. As ideias antirrealistas e liberais, decerto, influíram muitíssimo na organização política e institucional da nação americana que se distanciou do que vem a ser o dualismo político inglês, qual seja, o rei como chefe do Estado e o Parlamento, com função legislativa e responsabilidade de Governo (monarquia parlamentar). Havia um caldo de cultura receptivo ao antimonarquismo. Não vieram os colonos para a América, fugindo, muitos deles, da opressão da Coroa?

O novo, na história da independência americana, será a aversão recente à casa de Westminster com suas leis *(acts* de intromissão na vida das colônias). Os americanos não quiseram concentrar no Parlamento, como os ingleses, grande soma de poderes, por dele desconfiar. Investiram no Judiciário por confiar no *common law*, como os seus ancestrais, renegando a França com o seu antijudiciarismo, absolutamente incompreensível para eles.

As coisas se encaminharam na esteira das ideias que agitavam o velho mundo, ou seja, repartir e contrapor os poderes, já que inevitáveis (teoria dos pesos e dos contrapesos), em prol daquelas liberdades e garantias do homem comum que os primeiros colonos trouxeram para a América, no imo mais profundo de seus corações sofridos. Talvez por isso, na América, ocorreu a primeira experiência prática da tripartição de poderes, fora dos esquadros clássicos da Monarquia e do Parlamento, para desgosto dos europeus em geral.

3.4. AS COLÔNIAS SE LIBERTAM

Várias foram as causas da ruptura do pacto colonial entre a Coroa britânica e os seus súditos americanos. Em primeiro lugar, com a abertura dos caminhos pela interior consequência da derrota francesa, e um oceano a separá-los, a Inglaterra tornara-se menos importante. Em segundo lugar, as colônias já tinham economias e população razoáveis, novos hábitos, instituições. Em terceiro lugar, sua majestade se acha senhora das colônias e decreta impostos no seu interesse metropolitano, força-as a terem uma economia complementar à da Inglaterra, proíbe-as de comerciar livremente com outros países, sem a intermediação da metrópole. Toda uma classe de comerciantes, armadores, mercadores, produtores, com fortuna feita no comércio com as Antilhas francesas e espanholas, vê-se prejudicada e começa a conspirar. Instala-se uma antinomia insolúvel entre os interesses da metrópole e os das colônias. Em quarto lugar, a Coroa interditou o Canadá à expansão americana, reservando-o para si. Em quinto lugar, o regime de impostos e taxas, desfavorável às colônias (o tributo, sempre o tributo), que veio na berlinda uma questão de princípio extremamente explosiva. Terá a Inglaterra legitimidade, pelo seu Parlamento, para decretar tributos nas colônias? Desde a Magna Carta estava disposto que *no taxation without representation*. Relata René Rémond[4] que nesse ponto, que irá determinar a ruptura, nunca os americanos foram tão ingleses. Ambos estavam de acordo quanto ao princípio. Divergiram até o fim no tocante a sua interpretação. A síntese que fez da questão, pela concisão, tão comum aos escritores franceses, é inigualável.

As novas taxas, essencialmente impostos de consumo, não tiveram melhor acolhimento. Além de gravarem os colonos com ônus suplementares, tocavam num ponto de direito cuja discussão vai ocupar um lugar cada vez maior no desacordo crescente entre as partes. Esses impostos, o governo inglês tinha o direito de os perceber? É uma questão que envolve o grande princípio constitucional inglês: nada de imposições novas sem o consentimento dos representantes. As colônias da América não seriam filhas da Grã-Bretanha se de pronto não se agitassem e, no caso de fracasso, não se

---

[4] RÉMOND, René. *História dos Estados Unidos*. São Paulo: Difel, 1961. p. 23.

batessem pelo respeito deste princípio. Com efeito, nunca elas estiveram tão próximas em espírito de sua metrópole como no momento em que dela se separaram. Na verdade, o desacordo não se relaciona com o princípio, que ninguém contesta, mas com a sua interpretação. Na ocasião, as colônias teriam dado o seu consentimento através do voto do Parlamento de Londres? A tese do governo é que o Parlamento representa todos os súditos da Coroa. Mas os americanos não o compreendem assim, não têm absolutamente representantes, só suas assembleias coloniais têm poder para consentir no imposto em seu nome. O ponto de vista do Gabinete ameaça o poder de controle do qual elas paulatinamente vinham se apossando. Depois de sua autonomia comercial, as colônias vêem ameaçada sua autonomia política.

É, portanto, todo o conjunto das relações entre a metrópole e as colônias que está em vias de revisão, num sentido desfavorável a estas. Esse debate do princípio que certos historiadores afetam considerar secundário, e onde não querem ver senão a máscara de uma competição de interesses, precipita na América o nascimento de uma reflexão política. Vai também conduzir à separação pois, incapazes de obter da Inglaterra a aplicação de seus princípios constitucionais, não podendo ser totalmente ingleses, preferirão ser somente americanos.

Os fatos se encadeiam vertiginosamente opondo a Inglaterra às suas colônias americanas. Como sempre, com o seu pendor ao mando, reage Albion.[5] Ao fazer isso precipita a guerra.

---

[5] "No dia 16 de dezembro de 1773, no porto de Boston, um magote de perto de cinquenta cidadãos, disfarçados em índios, sobe durante a noite a bordo dos navios da Companhia das Índias e joga toda a carga na água. Pela sua passividade as autoridades locais revelaram sua conivência. A esse repto, o governo inglês pretende ripostar com firmeza exemplar: cinco *acts* arruinaram o comércio de Boston e reduzem a nada as liberdades do Massachusetts. Querendo fazer disso um exemplo, conseguiu somente precipitar o nascimento de uma solidariedade continental. As outras colônias se alinham ao lado do Massachusetts. Dando sequência a uma sugestão de Franklin, um primeiro Congresso continental se reúne em Filadélfia em setembro de 1774. No espírito daqueles que se intitulam 'delegados designados pelo bom povo das colônias', não se trata ainda de romper com a Inglaterra ou de formar um governo comum: é questão somente de ponderar sobre os meios de obter o reconhecimento de seus direitos pela negociação. Mas durante esse tempo, todos os elementos de um dispositivo insurrecional se congregam pouco a pouco. Em toda parte, se constituem comitês de correspondência, que formam nas colônias uma rede cerrada; armas são reunidas, milícias treinadas. Legislaturas revolucionárias se improvisam. Duas colônias estão à testa do movimento: Massachusetts e Virgínia. A conjunção dessas duas colônias ricas e povoadas terá para o futuro do movimento uma vantagem decisiva; limitada a uma região, não passava de uma agitação local; animado por colônias das quais uma pertencia à Nova Inglaterra e outra, ao grupo Meridional, tomava uma significação continental. Estava em jogo a unidade futura. Bostonianos e virginianos conservarão a preeminência na união por mais de um meio século, exatamente até 1829, quando por eleição de Jackson manifestar-se-á a

Em 4 de julho de 1776 é proclamada a *declaração de independência*, sempre comemorada (*Independence Day*). Cria-se um exército e *George* Washington é o seu comandante. Proclamada a independência será necessário conquistá-la, de fato e de direito. Isso durará sete longos anos. Logo de início, surgem sérios problemas pondo em crise a *Confederação de Estados Independentes*, configuração política que as treze colônias preferiram adotar. Contra a armada e o exército britânicos, extremamente treinados e disciplinados, as forças das colônias não passam de um magote de voluntários insubordinados e mal adestrados. A Inglaterra seria, talvez, até vitoriosa, não fora o pacto de aliança com a França, paradoxalmente, a inimiga de ontem. Franklin foi o negociador da aliança que trouxe dinheiro, a esquadra de França, a adesão da Espanha, munições, armamentos e também um corpo expedicionário.

Foi preciso habilidade para obtê-la, em razão de não serem os Estados Unidos uma Nação, mas várias. O problema político da Confederação mostrou a sua fragilidade durante a guerra e a mostrará, ainda, na difícil paz que se seguiu ao tempestuoso conflito.

É imperioso dizer que cerca de 30% dos colonos não queriam separar-se da Inglaterra e chegaram a lutar ao lado dos ingleses, mormente nas colônias do Sul.

3.5. O FRACASSO DA CONFEDERAÇÃO

Durante a guerra a situação mais delicada era de natureza política. Para formar um exército, contrair alianças e compromissos, como ocorreu com o pacto francês, subscrever empréstimos, aplicar a lei marcial, organizar o esforço bélico, obter dinheiro, requisitar propriedades, um *governo forte e reconhecido* era absolutamente necessário. Ocorre que as colônias não o tinham nem queriam tê-lo. Possuía o seu governo e era preciso consultá-lo para tudo ou quase tudo. O Congresso Continental, embrião de um Governo Federal, nessa época, não possuía

---

intervenção de um terceiro elemento: o Oeste. Pouco a pouco os intransigentes sobrepujam os conciliadores e se apoderam da direção do movimento. Esses patriotas são geralmente radicais que esperam, com a ajuda da independência, reconstruir a sociedade sobre fundamentos mais democráticos. Sua atividade se desenvolve, panfletos e jornais se multiplicam. A revolução da América é a primeira na qual a imprensa tem um papel importante. No dia 18 de abril de 1775, dá-se o tiroteio de Lexington. O general inglês que comanda em Boston enviou uma coluna para se apossar de um depósito de armas e munições estabelecido em Concord por algum comitê insurrecional. Logo que os patriotas são alertados, os fazendeiros dos arredores acorrem de todos os lados e emboscados atrás das sebes atiram sobre os soldados ingleses. É a primeira colisão entre os jaquetas vermelhas e os voluntários americanos. Emerson disse que o eco desse tiroteio dera a volta à terra. Dois meses mais tarde, em Bunker Hill, nas portas mesmo de Boston, trava-se a primeira batalha ordenada: a infantaria inglesa, ao subir para assaltar uma colina onde estavam entrincheirados os americanos, perde cerca de mil homens em 17 de junho de 1775" (RÉMOND, René. *História dos Estados Unidos*. São Paulo: Difel, 1961. p. 25-26).

poder e coerção para impor as suas decisões. Tamanha impotência durou toda a guerra. E já disse que se não fora a autoridade pessoal de *Washington*, a Confederação teria malogrado. Entrementes, a Inglaterra deu-se por vencida aceitou negociar a paz. Depois de conferências secretas, fez-se a paz em separado em 1782. Albion, a custo, cedeu o imenso território que vai desde os grandes lagos ao norte (reteve o Canadá) até o Mississipi a oeste e as possessões do rei da Espanha, ao sul. A paz com os aliados dos insurretos fê-la a Inglaterra em 1783 (Tratado de Versalhes), desforra da França. Começou assim o Estado Americano do Norte. Em apenas vinte anos, aliado da Inglaterra vencera a França e, depois, a esta consorciado expulsara a pátria-mãe. Algum tempo depois açambarcará terras de Espanha, sua aliada na guerra. Mais 80 anos e tomará metade do México. Agora, independentes as colônias, cada qual tem a sua capital. Esta ambiguidade, já observada durante a guerra, acendra-se na paz. A Confederação é um fracasso, mas as colônias insistem em ser livres e soberanas, como os países da velha Europa.

Impotente para comandar a guerra, o Congresso Continental não o é menos, para organizar a paz. Os problemas se agigantam e se complicam. É preciso executar tratados, reembolsar empréstimos, lançar impostos, incentivar a indústria, entabular novas relações comerciais, estabelecer relações diplomáticas, administrar a moeda, organizar serviços públicos, emitir títulos etc. O Governo Geral no pacto confederativo era refém do poder de cada Estado. Aí o embaraço. O resultado dessa situação foi tão alarmante que preparou o espírito dos americanos para um outro tipo de organização política, em que o Governo Central tivesse mais poder e não tivesse dono hereditário, a República Federativa. Com efeito, com a paz, as coisas rapidamente entraram em deterioração por falta de um poder central dominante. A história mais uma vez se faz mestra. É tristonha a face da paz. As despesas excedem as receitas, espetacularmente. A dívida externa aumenta assim como o déficit público, a moeda perde o valor, a inflação corrói, o exército se desagrega e até se amotina. Há uma marcha de soldados, por faltar-lhes os soldos, sobre Filadélfia. Lá, o Congresso foge às pressas. É a desmoralização e a anarquia. Foram anos críticos em que a América não soube o que fazer de si própria.

Em meio à borrasca, outra vez alteia-se a figura de George Washington dando o seu aval a uma solução de emergência surgida fora do Congresso Continental. Fora decidido que cada colônia enviaria graduados e eméritos representantes para formarem uma assembleia de notáveis com o fito de traçar rumos acertados para a Confederação dos Estados Americanos. Não fora isso, e teríamos na América do Norte, após guerra, um cenário de repúblicas, industrializadas ao norte, agrícolas ao sul, que logo iriam competir entre si, sem formar jamais uma grande nação. Aliás, mesmo após a união, o Norte e o Sul; guerrearam. A propósito desse tema, decisivo para todo o evolver futuro da nação do Norte, relata Rémond:[6]

---

[6] RÉMOND, René. *História dos Estados Unidos*. São Paulo: Difel, 1961. p. 32.

Depois de diversos atrasos, os delegados designados por todos os Estados, salvo Rhode Island, "para estabelecerem as disposições que lhes parecessem necessárias para tornar a Constituição do governo federal adequada às exigências da União", se reúnem no dia 25 de maio de 1787 em Filadélfia. Cinquenta e cinco participam de todos, ou pelo menos de parte dos trabalhos dessa assembleia que reunia quase tudo que estes Estados contavam de talento e de cultura (faltava somente aí Jefferson, então embaixador na França). A maioria tivera já experiência em negócios públicos: trinta e nove tinham tomado parte nos Congressos continentais, 22 eram graduados em Universidades, 31, ou seja, mais da metade, eram juristas de profissão. Apesar desses antecedentes, a média das idades apenas ultrapassava os quarenta; e mesmo alguns daqueles que iam tomar parte ativa nas deliberações eram muito mais jovens: Hamilton não tinha senão 30 anos e Madison, 36. Tal era a composição dessa assembleia excepcional que historiadores americanos, posteriores aos contemporâneos, compararam a um concílio de semideuses. Puro mito! O conclave foi demorado e difícil. Quando terminou escrevera-se o mínimo possível para tentar a manutenção da União, ou, se se quiser, dos Estados Unidos.

Desde a abertura, os delegados se comprometeram a nada revelar, fora de suas discussões. O segredo foi observado escrupulosamente. Essa disposição, afastando as paixões do exterior, contribui grandemente para a aproximação de pontos de vistas opostos. No entanto, divergências aparentemente intransponíveis surgiram assaz depressa, notadamente entre os delegados dos pequenos Estados e dos grandes. A forma de compreensão mútua, um acordo surgiu quase sempre. A bonomia sorridente de Franklin, seu espírito de oportunidade, seu gênio conciliador contribuíram também. Washington, levado sem dificuldade e com o consentimento unânime à presidência, exerceu suas funções com satisfação geral. As deliberações duraram cerca de quatro meses, de 25 de maio a 17 de setembro de 1787, e ocuparam talvez trezentas horas ao todo, originando um texto cuja concisão não é a qualidade menos relevante. Os amantes da estatística calcularam que ele se compunha de 89 frases e quatro mil palavras; sua leitura em voz alta não exigiria senão vinte e três minutos. Na sua brevidade não previra menos todas as eventualidades, pois regulamenta até hoje o funcionamento das instituições políticas americanas. As emendas adotadas depois, 22 no total, e cujas dez primeiras, sustadas em 1781, são suas contemporâneas, não modificaram essencialmente sua arquitetura.

Contudo, essa Constituição tinha um caráter eminentemente circunstancial. Os constituintes não obedeceram a nenhum espírito de sistema. Ambicionando principalmente conformar o governo da União aos princípios fundamentais de toda política, eles pretenderam sobretudo fazer obra de circunstância e responder aos problemas colocados pela situação. Sempre esta mistura tão característica de idealismo e de pragmatismo. Pacientemente confrontaram as suas opiniões, comprovaram a solidez de seus argumentos. Pouco a pouco os desacordos se reduziram, as concepções se aproximaram, compromissos nasceram. A Constituição saiu desse processo transacional. Se ninguém acreditou dever recusar sua assinatura ao termo dos trabalhos, todavia ninguém se julgava inteiramente satisfeito pelos resultados. É precisamente por causa desse caráter transacional que a Constituição durou mais do que nenhuma outra; sua flexibilidade foi sua faculdade de adaptação.

3.6. OS TRAÇOS DA CONSTITUIÇÃO NASCENTE – O EMBRIÃO DO CONTROLE JURISDICIONAL DAS LEIS

Oportuno indagar os grandes traços que marcaram a Constituição dos Estados Unidos e como, a partir dela, sem embargo das opiniões em contrário, surgiu um modelo de controle da constitucionalidade das leis que confere ao Judiciário o papel de guarda da Constituição.

Vamos aos traços marcantes desse nascente constitucionalismo.[7] Em primeiro lugar, o federalismo por injunção. Para conciliar a necessidade de fortalecer o poder central, ante as requisições de soberania dos Estados, é criado o mecanismo da superposição de soberanias, a da União, dos Estados, em matérias apartadas. Faz-se uma discriminação constitucional de competências legislativas e executórias. À União cabe basicamente a *defesa, a diplomacia, a moeda, a Justiça Federal, o Comércio Exterior e a Fazenda Nacional.* Os poderes da União, expressos; os dos Estados, residuais, implícitos.

---

[7] Vincando o cenário antidemocrático, que, ao seu sentir, envolveu o surgimento da Constituição sintética norte-americana. Luís Roberto Barroso tece interessantes e agudos comentários a respeito desse assunto. (*O direito constitucional e a efetividade de suas normas, limites e possibilidades da Constituição brasileira.* Rio de Janeiro: Renovar, p. 52). "We the people... do ordain and establish this Constitution for the United States of America." Com esta proclamação, que abre a Constituição norte-americana, primeiro exemplo de uma Carta escrita e solenemente ratificada, inicia-se o constitucionalismo moderno. A insinuada origem popular, entretanto, não correspondia à verdade dos fatos. Os autores do texto, elaborado a portas fechadas e sem qualquer participação do povo, eram abastados comerciantes e proprietários, heróis militares e advogados de renome. Não se contabilizou um voto e nem se ouviu uma palavra do cidadão comum. A escravidão não apenas foi aceita, como se deu aos Estados do Sul um bônus por isto, na previsão do inciso 3, da seção 2, do artigo 1.º, de que no cálculo do número de membros do órgão de representação popular (House of Representatives) tomar-se-ia por base o número de "pessoas livres" somado a três quintos da população restante. E mesmo o direito político básico de voto era condicionado por qualificações de propriedade na maior parte do país. É certo que o tempo e a aceitação popular legitimaram, sem margem a contestação, o documento aprovado em 1787. Mas foi somente em 1865 que, pela 13.ª emenda, se pôs fim ao regime servil. O princípio da isonomia, na fórmula do *equal protection of the law*, tardou até 1868, quando ratificada a 14.ª emenda. E passaram-se 134 anos até que, pela 19.ª emenda (1920), as mulheres adquirissem o direito de voto. Nem todas as histórias constitucionais tiveram um final assim, feliz.

Em segundo lugar, para acalmar os Estados pequenos, a representação paritária (dois lugares) no Senado, independentemente de sua população, a quem se atribui poderes decisivos, como o de referendar a guerra e a paz, os tratados, as indicações presidenciais para altos postos, na diplomacia, nos tribunais e outros mais. Em terceiro lugar, a organização dos poderes do Estado federal. Esses são independentes, mas harmônicos, isto é, dependem uns dos outros para a prática de certos atos. As leis são feitas pelo Congresso com a sanção de um presidente eleito que pode vetá-las (o veto, a seu turno, pode ser rejeitado). O Executivo faz o orçamento, mas quem o aprova é o Legislativo. Diferentemente do Parlamento britânico, tão despótico com as colônias, ao Congresso americano negaram fosse ele absoluto como em Albion. Suas leis podem ser declaradas inconstitucionais pelos juízes. Em quarto lugar, o elitismo na formação dos poderes e no funcionamento do regime. Os que fizeram a Constituição temiam o povaréu, posto que republicano e representativo o sistema.

Em nenhum lugar o sufrágio é universal. Os senadores eram designados pelas legislaturas dos Estados. Melhor convinha às oligarquias que assim fosse. E o presidente era eleito por colégios eleitorais, formados de delegados, segundo um complicado sistema eletivo. Esta última característica decorreu do antagonismo entre republicanos e federalistas, que irá marcar a vida dos americanos por muito tempo. Os republicanos são como monarquistas sem monarca. Desconfiam do populacho e entendem que a condução dos negócios públicos deve pertencer aos que foram preparados para tal mister em razão da tradição familiar, do mando, da riqueza, da educação esmerada, conceito já conhecido na *polis grega*, mas agora reforçado pelos interesses concretos da elite local.

Os federalistas são democráticos, prezam a liberdade individual, supremo bem, mas querem um Governo Central forte, capaz de encarnar um Estado poderoso, ao contrário dos republicanos. Trata-se de uma visão até certo ponto, romântica, mas simpática, a desses republicanos que desconfiam de um Governo Central forte, com finanças fortes e poder suficiente para opor-se aos Estados e aos cidadãos, embora a União devesse prevalecer sobre as partes.

Na mundividência republicana, inclui-se a projeção de um país de pequenos e médios proprietários, vivendo de seus afazeres, sem intromissões indevidas do poder público, tornando necessária a construção de métodos de contenção do poder estatal central. Alexander Hamilton é o corifeu dos federalistas. Thomas Jefferson, o expoente dos republicanos. Essas duas correntes estão sempre presentes na vida americana. Averba Rémond que essa dicotomia política marcou as fases mais dramáticas da vida americana. E tem razão. Por outro lado, é a *história do federalismo* ou, se se quiser, do *federalismo histórico* gestado na América do Norte. Vejamos o que ele diz:

> No transcorrer dos anos, os partidos continuarão a se opor em relação aos direitos respectivos dos Estados e do Estado federal. É esse debate que

opõe Lincoln e o norte ao sul e que arrastará a União na terrível tragédia da guerra civil; é ainda esse debate que opõe, passados vinte e cinco anos, partidários e adversários do New Deal. Mas uma mudança interveio nos termos do debate e na posição das duas escolas. Em 1789, a alternativa era a seguinte: reforço do poder federal caminhando junto com uma sociedade aristocrática ou democratização, implicando na mais larga autonomia possível dos Estados. O paradoxo da evolução política americana está em que os termos do dilema se dissociaram e se reagruparam segundo novas combinações. O programa Hamilton foi realizado muito mais tarde, mas pelos herdeiros espirituais de Jefferson: de Jackson a Roosevelt. A evolução política dos Estados Unidos se fez simultaneamente no sentido de um aumento considerável dos poderes do Estado federal e de uma democratização acentuada da vida política.

Divergência a propósito da Revolução Francesa – Durante a presidência de Washington, uma circunstância exterior veio exasperar a diferença entre as duas facções: a Revolução Francesa e a guerra na Europa. Os federalistas, e Washington com eles, malgrado a gratidão pela ajuda francesa, ou precisamente por reconhecimento em relação ao rei, desaprovaram logo as violências das quais se acompanhou a Revolução, os excessos dos jacobinos. Por medo de contágio, por convicção monárquica, suas simpatias vão de preferência para a Inglaterra. Os republicanos aplaudem, ao contrário, a Revolução Francesa e formulam abertamente votos pelo seu sucesso. Washington tenta, de qualquer maneira, manter a América longe do redemoinho que provoca essa tremenda agitação e preservar a neutralidade dos Estados Unidos que nada têm a fazer nem a ganhar nesse conflito que dilacera a Europa. Sua última recomendação, na sua carta de adeus ao povo americano, que é como seu testamento político, é de se manter fora das contendas europeias. A política exterior dos Estados Unidos permanecerá fiel a esse princípio por mais de um século, e a opinião pública americana mais tempo ainda.[8]

3.7. O SURGIMENTO E A EVOLUÇÃO DO SISTEMA NORTE-AMERICANO DE CONTROLE JURISDICIONAL DA CONSTITUCIONALIDADE DAS LEIS

Agora o momento apropriado para adentrar considerações sobre *o judicial control* norte-americano. Ainda é acesa a discussão entre os constitucionalistas americanos e de outras partes do mundo sobre a origem da supremacia do Judiciário como *controller* da constitucionalidade das leis e dos atos administrativos nos EUA. Para uns, o germe foi lançado na própria Constituição e desenvolvido

---

[8] RÉMOND, René. *História dos Estados Unidos*. São Paulo: Difel, 1961. p. 42-43.

pela doutrina da Suprema Corte. Para outros, decorreu de construção pretoriana, não sem resistências, afinal vencidas.⁹

---

⁹ Ronaldo Polletti mostra como os EUA seguiram o exemplo da judicatura inglesa para construir a *judicial review* nas entrelinhas da Carta. Refere-se Polletti até a precedentes históricos, anteriores a Marshall. Destaca também a influência de Alexander Hamilton, talvez mais clara e objetiva que a de Montesquieu: "Os debates, na Convenção de 1787, indicaram claramente que os delegados esperavam que as novas Cortes federais examinassem a constitucionalidade dos atos do Congresso, na esteira das Cortes estaduais, consoante os precedentes sempre lembrados (cf. adiante).
Nos debates que precederam as convenções estaduais, para a ratificação da Constituição, John Marshall, na Convenção de Virgínia, chegou a afirmar: 'Se eles (o Congresso) elaborarem uma lei não permitida por um dos poderes enumerados, ela deve ser considerada, pelos juízes, como infringente à Constituição, da qual eles são o guarda. Eles não deverão considerá-la como lei, ao exercerem a sua função jurisdicional. Eles deverão declará-la nula'.
Patrick Henry, que se opunha à Constituição Federal, justamente pelo receio de o Judiciário não tornar-se suficientemente independente dos outros Poderes, declarou naquela Convenção: 'Tenho que o maior elogio desse País está em que os atos da legislatura, se inconstitucionais, são suscetíveis de controle pelo Judiciário'.
Marshall foi original na lógica imbatível de sua decisão, não porém quanto à substância da ideia. Ela já era correntia na jurisprudência, conforme os precedentes lembrados e outros que lhes foram seguindo. A Justiça do Estado de New Jersey, em 1780, declarou nula uma lei por contrariar ela a Constituição do Estado. Desde 1782, os juízes da Virgínia julgavam-se competentes para dizer da constitucionalidade das leis. Em 1787, a Suprema Corte da Carolina do Norte invalidou lei pelo fato de ela colidir com os artigos da Confederação.
Num caso da Virgínia, um dos juízes, George Wythe, afirmou: 'Se a legislatura tentar transpor os limites que o povo lhe traçou, eu, administrando a justiça pública de minha terra, afrontarei, da minha cadeira neste Tribunal, todo o seu poder, e, apontando-lhe a Constituição, lhe direi: até aqui podeis ir, além, não.' (If the whole legislature, an event to be deprecated, should attempt to overleap the bounds prescribed for them by the people, I, in administering the public justice of the country, will meet the united powers at my seat in this tribunal; and, pointing to Constitution, will say to them, there is the limit of your authority, and hither shall you go, but no further.')
O interessante está em que o autor dessas palavras, o Chancellor Wythe, futuro colaborador na elaboração da Constituição, foi preceptor de Marshall, em assuntos jurídicos, quando o futuro Chief-Justice era estudante no Colégio de William and Mary.
[...]
Já *Alexander Hamilton*, nos artigos de *O federalista* (cf. n. LXXVIII e LXXXI), quinze anos antes da histórica decisão de Marshall, sustentava a competência judiciária para a interpretação das leis e que a Constituição devia ser vista pelos juízes como uma lei fundamental, com preferência sobre a lei ordinária. Ao escrever sobre o Judiciário e sobre as garantias dos juízes, no citado número LXXVIII de *O federalista*, vai desenvolver toda a doutrina do controle da constitucionalidade. A garantia da vitaliciedade, *the standard of good behaviour*, é uma das mais importantes normas para a prática do governo. 'Na monarquia representa um excelente obstáculo ao despotismo do príncipe; ma república constitui não menos excelente barreira às transgressões (ir além dos limites) e opressões dos representantes. E é o melhor expediente a ser utilizado, por qualquer Governo, para assegurar uma firme, justa e imparcial administração das leis.'
(*'In a monarchy it is an excellent barrier to the despotism of the prince; in a republic it is no less excellent barrier to the encroachments and oppressions of the representative body. And it is the best expedient which can be devised in any government to secure a steady, upright, and impartial administration of the laws.'*)

Tomando posição, Lúcio Bittencourt[10] aventa que "foi construída pela jurisprudência da Corte Suprema, na ausência de preceito *expresso* na Constituição, tendo sido enunciado, em *caráter definitivo*, no famoso caso *Marbury versus Madison*, no qual o verdadeiro arquiteto do direito constitucional americano – o juiz *Marshall* – a expôs limpidamente, imprimindo-lhe a marca do seu gênio".

O que veio a ser este caso *Marbury v. Madison*? No aspecto fáctico tratava-se de despudorado caso de politicagem. *Marshall* era amigo e auxiliar do presidente *Adams*, pois além de Juiz, era Secretário de Estado. No último dia do governo, *Adams*, auxiliado por Marshall, fez um enorme número de nomeações em favor dos seus correligionários, fato que no Brasil se costuma chamar de "testamento político". Diz-se que Marshall, substituído no posto por *Madison*, não teve tempo de fazer chegar às mãos de todos os beneficiários das prebendas os atos de nomeação, os quais foram, então, sustados por ordem de *Jefferson*. Um dos prejudicados, um tal *Marbury*, que havia sido nomeado juiz de paz, mas não tivera tempo de ser empossado, foi instruído a entrar com um *writ of mandamus* (algo como um mandado de segurança) perante a Corte para obrigar *Madison* a empossá-lo. Surpreendentemente, Marshall, além de tomar parte no julgamento, liderou a opinião de seus pares. Assim, de um reles caso político teria brotado a luminosa tese de controle jurisdicional dos atos legislativos.[11] O fato não deve causar mossa.

O Judiciário, pela natureza de suas funções, é o Poder que menor perigo causa aos direitos políticos previstos na Constituição, porque será o último na capacidade de feri-los ou violá-los. 'O Judiciário não tem a espada, nem o dinheiro, não tem força nem vontade, mas somente decisões, que, em última análise, dependem do braço do Executivo para adquirirem eficácia.'
('It may truly be said to have either force or Will, but merely judgment; and must ultimately depend upon the aid of the executive arm even for the efficacy of its judgments'). Prova-se, assim, na esteira de *Montesquieu* que o Judiciário é o mais fraco dos três Poderes e que jamais teria sucesso no ataque a qualquer dos outros dois, sendo necessário o maior cuidado para habilitá-lo para defender-se dos ataques dos outros. A garantia dos juízes, as normas que garantem a sua permanência no exercício da judicatura constituem, em grande parte, a cidadela da justiça e da segurança pública.
'A completa independência das Cortes é peculiarmente essencial a uma Constituição limitadora do Estado (*limited Constitution*), ou seja, uma Constituição que contenha determinadas e específicas exceções à autoridade legislativa' (*'The complete independence of the courts of justice is peculiarly essential in a limited Constitution. By a limited Constitution I understand one which contains certain specified exceptions to the legislative authority...'*). Tais limitações não podem ser preservadas na prática, a não ser através das Cortes de Justiça, que devem declarar nulos os atos contrários ao teor manifesto da Constituição. Sem isso, todas as preservações dos direitos particulares importarão em nada" (POLLETTI, Ronaldo. *Controle da constitucionalidade das leis*. Rio de Janeiro: Forense, 1985. p. 35-37).

[10] BITTENCOURT, Lúcio. *O controle jurisdicional da constitucionalidade das leis*. 2. ed. Rio de Janeiro: Forense, 1968. p. 12.

[11] "A situação política que emoldura o caso e a lendária decisão, pela qual foram estabelecidos, concretamente, os princípios do controle da constitucionalidade das leis, foi deveras singular, e talvez não permitisse, ocorrendo hoje, o mesmo desdobramento ensejado pelo aresto célebre de

Muitas instituições e não poucos episódios históricos, mais tarde glorificados, nasceram dos homens e de seus conflitos, aqui e alhures. É este também o caso da Magna Carta, na Inglaterra de 1215. Na verdade, quem a construiu não foram os ingleses, mas os normandos e, veramente, antes de ser um monumento às liberdades, foi um pacto de elites. No nosso livro *Comentários à Constituição de 1988*,[12] fizemos alguns assertos sobre o assunto, precisamente os que seguem:

> Marshall. A rigor, ele tinha interesse pessoal direto no caso e, hoje em dia, deveria dar-se por impedido, sob pena de levantar-se a sua suspeição.
> Adams era Presidente dos Estados Unidos e seu Secretário de Estado, John Marshall. Ambos pertenciam ao Partido Federalista, que foi fragorosamente derrotado por Jefferson e seus partidários. O novo Presidente e o Congresso deveriam ser empossados meses depois, tempo suficiente para que Adams efetivasse o seu testamento político. A fórmula encontrada pelos federalistas foi a de nomear os – digamos – correligionários para os cargos do Judiciário, nos quais usufruiriam das conhecidas garantias de vitaliciedade e de irredutibilidade de vencimentos. Um dos beneficiados disso foi Marshall, nomeado, depois de aprovação pelo Senado, para Presidente da Suprema Corte, cargo que acumulou com o de Secretário de Estado até a véspera da posse do novo Governo. Nesse ínterim, entre a derrota eleitoral e a posse do novo Governo, Marshall procurou desincumbir-se da missão, mas não conseguiu entregar todos os títulos de nomeação, não obstante já perfeitos, inclusive assinados pelo Presidente e selados com o selo dos Estados Unidos. Um dos títulos não entregues nomeava Willian Marbury para o cargo de juiz de paz, no condado de Washington, no Distrito de Columbia. Quando Jefferson assumiu, determinou a seu Secretário de Estado, James Madison, que não entregasse o título da comissão a Marbury, por entender que a nomeação era incompleta até o ato de entrega da comissão. Marbury não tomou posse do cargo, e, por isso, requereu ao Tribunal a notificação de James Madison para que apresentasse suas razões pelas quais não lhe entregava o título de nomeação para que apresentasse suas razões pelas quais não lhe entregava o título de nomeação para possibilitar-lhe a posse. Tais razões poderiam embargar um eventual pedido *writ of mandamus*. Madison silenciou e não apresentou os embargos para o que fora notificado. Marbury, então, interpôs o *mandamus*. A Suprema Corte não julgou a causa durante dois anos, provocando grave expectativa na opinião pública. A Corte foi atacada pelos jornais pela sua omissão, chegando-se a alvitrar o *impeachment* de seus juízes. O Governo, oficialmente, manifestou a opinião de que a concessão da ordem geraria uma crise entre os Poderes do Estado. A opinião generalizada era no sentido de que, se concedida, a ordem não seria cumprida pelo Executivo. A questão envolvia dificuldades técnico-jurídicas, para não falar no problema ético-político. Em termos atuais, Marshall, não deveria dar-se por impedido? Ou a sua suspeição não poderia ser arguida? A decisão, em todo caso, foi política e plurívoca. Marshall, primeiro, decidiu a causa quanto ao mérito, declarando o direito de Marbury à posse do cargo de juiz. Com isso, tornava pública sua opinião, e a da Suprema Corte, de que Jefferson e Madison agiam ilegalmente ao não entregar o título ao nomeado. No entanto, não concedia a ordem em face de uma preliminar. Com isso, não corria o risco de ver desrespeitada sua decisão. E, por último, declarava inconstitucional a lei fundamento do *mandamus*, pois ela dava poderes à Suprema Corte para ordenar a providência impetrada, enquanto a competência originária do Tribunal havia sido fixada pela Constituição e somente por esta poderia ser ampliada. Com isso, denegava o *mandamus*, pela preliminar de incompetência, ao mesmo tempo em que cristalizava uma doutrina incômoda para o Governo e favorável aos federalistas, que, afinal, estavam no Poder Judiciário (POLLETTI, Ronaldo. *Controle da constitucionalidade das leis*. Rio de Janeiro: Forense, 1985. p. 43).

12 COÊLHO, Sacha Calmon Navarro. *Comentários à Constituição de 1988*: sistema tributário. 3. ed. Rio de Janeiro: Forense, 1990. p. 282.

Antes de 1215, feros conquistadores normandos, oriundos do continente francônio, haviam dominado os gentios da ilha inglesa; Os seus descendentes tornavam-se senhores de terras e de servos. Os novos cavaleiros andantes saíram dos seus castelos, sobre a Inglaterra dominada, para impor ao Rei, do mesmo sangue e de igual estirpe, o contrapeso dos seus poderes feudais. Como já observado por Celso Albuquerque Mello no ensaio "Direitos do Homem na América Latina", encartado na obra coletiva Crítica do direito e Estado (São Paulo: Graal, 1984, p. 154), a Magna Carla não passou de um pacto de elites entre os barões normandos e o Rei João Sem-Terra. Averba textualmente: "Se no futuro ela veio a ser um dos documentos invocados pelo liberalismo, na sua origem nada mais era do que instrumento a beneficiar ínfima parcela da população e o seu texto ficou em latim por mais de duzentos anos, a fim de que o grosso da população não pudesse invocá-la em sua defesa". Inobjetável. Os ingleses na época eram analfabetos e os barões não escreviam em latim. Mandaram, por isso mesmo, que os bispos a redigissem na língua culta.

Voltando ao caso *Marbury* v. *Marshall*, importa, em verdade, conhecer a doutrina que o sagaz Marshall produziu, ao ensejo de julgar a espécie, tida acertadamente como peça de irretorquível lógica. Para tanto, nada do que a primorosa tradução de Ruy Barbosa:[13]

> Se o ato legislativo, inconciliável com a Constituição, é nulo, ligará ele, não obstante a sua invalidade, os tribunais, obrigando-os a executarem-no? Ou, por outras palavras, dado que não seja lei, substituirá como preceito operativo, tal qual se o fosse? Seria subverter de fato o que em teoria se estabeleceu; e o absurdo é tal, logo à primeira vista, que poderíamos abster-nos de insistir.
> Examinemo-lo, todavia, mais a fito. Consiste especificamente a alçada e a missão do Poder Judiciário em declarar a lei. Mas os que lhe adaptam as prescrições aos casos particulares, hão de, forçosamente, explaná-la e interpretá-la. Se duas leis se contrariam, aos tribunais incumbe definir-lhes o alcance respectivo. Estando uma lei em antagonismo com a Constituição e aplicando-se à espécie a Constituição e a lei, de modo que o tribunal tenha de resolver a lide em conformidade com a lei. desatendendo à Constituição, ou de acordo com a Constituição, rejeitando a lei, inevitável será eleger, dentre os dois preceitos opostos, o que dominará o assunto. Isto é da essência do dever judicial.
> Se, pois, os tribunais não devem perder de vista a Constituição, e se a Constituição é superior a qualquer ato ordinário do Poder Legislativo, a

---

[13] BARBOSA, Ruy. *Comentários à Constituição brasileira.* Coligidos por Homero Pires. Rio de Janeiro: Livraria Acadêmica, 1932. v. 1, p. 129.

Constituição e não a lei ordinária há de reger o caso, a que ambas dizem respeito. Destarte, os que impugnaram o princípio de que a Constituição se deve considerar, em juízo, como lei predominante, hão de ser reduzidos à necessidade de sustentar que os tribunais devem cerrar os olhos à Constituição, e enxergar a lei só. Tal doutrina aluiria os fundamentos de todas as Constituições escritas. E equivaleria a estabelecer que um ato, de todo em todo inválido segundo os princípios e a teoria do nosso Governo, é, contudo, inteiramente obrigatório na realidade. Equivaleria a estabelecer que, se a legislatura praticar o ato que lhe está explicitamente vedado, o ato, não obstante a proibição expressa será praticamente eficaz.

As circunstâncias especiais do caso levaram o Executivo a aceitar a doutrina, pois lhe fora favorável a decisão. Relata Lúcio Bittencourt que Robert H. Jackson no seu *The struggle for judicial supremacy* lançou a assertiva de que *Marshall*, "que entendia tanto de política quanto de leis", escolheu para lançar sua tese um caso em que Jefferson, então Presidente da República, tinha grande interesse partidário e no qual a decisão foi inteiramente favorável ao Executivo. A sua estratégia fora, realmente, magistral[14]. Raul Machado Horta pensa da mesma forma e adjudica ao assunto interessantíssimos adminículos:

> O caso Marbury v. Madison, de 1803, favoreceu, finalmente, os desígnios de Marshall. Tratava-se de assunto de pequena importância, com origem na recusa dos republicanos de Jefferson de empossar modestos juízes de paz nomeados pelos federalistas de Adams. É conhecido o episódio histórico. Adams, nos últimos instantes de seu mandato presidencial, nomeou algumas dezenas de juízes de paz. No açodamento das providências finais, que antecederam à transmissão do cargo a Jefferson, eleito por partido adverso, o Secretário competente, na época o próprio Marshall, esqueceu-se, ou não teve tempo de providenciar o expediente necessário, deixando na mesa de trabalho os atos de nomeação. Ali os foi encontrar o Secretário Madison, sucessor de Marshall. Inteirado dos fatos, Jefferson ordenou que se expedissem apenas 25 atos, inutilizando os demais. Entre os prejudicados, figuravam Marbury e os três companheiros que recorreram à Suprema Corte, em 1801 (William Marbury, Denis Ramsay, Robert Townsend Hooe e William Harper), pleiteando um writ of mandamus contra o Secretário Madison, para empossá-los nos cargos.
>
> Marshall admitiu a justiça da pretensão. Preocupava-o, entretanto, a resistência do Executivo à decisão favorável da Suprema Corte. O caso, que

---

[14] BITTENCOURT, Lúcio. *O controle jurisdicional da constitucionalidade das leis*. 2. ed. Rio de Janeiro: Forense, 1968. p. 14, nota 15.

não envolvia interesse material de monta, colocou mais à vontade o "Chief--Justice" para firmar decisão de profundas consequências políticas. Entrando no exame do caso, Marshall invoca a inconstitucionalidade do artigo 13, da lei de 1789, no qual se basearam os recorrentes; artigo esse que deferia à Suprema Corte a faculdade de expedir, diretamente, writ of mandamus, em desacordo com o artigo III, seção II, do texto constitucional, que lhe conferiu, em princípio, jurisdição de apelação, contemplando expressa e excepcionalmente os casos de jurisdição ordinária. Inicialmente, os interessados deveriam postular seu direito perante uma das Cortes de Distrito, para, em grau de recurso, se cabível, submeter o caso à apreciação da Suprema Corte. Lançado o princípio, Marshall realiza uma retirada estratégica, no bom sentido militar, invocando a incompetência da Corte Suprema para decidir o caso concreto.

Obra de arte política, a sentença reconhecia o princípio do controle judiciário da constitucionalidade das leis, sem conferir efeitos práticos imediatos à declaração de inconstitucionalidade.

O que interessava fundamentalmente a Marshall era aquele reconhecimento, que servia a dois objetivos de longo alcance: o de neutralizar possível reação desfavorável do Governo federal e firmar valioso precedente jurisprudencial para impedir, se necessário, as transformações esperadas em virtude dos resultados do pleito de 1801.

A eleição de Jefferson e a da maioria republicana do Congresso equivaliam, no entender dos federalistas, a uma ampla delegação popular aos eleitos, para substituir o postulado federalista da supremacia do governo federal pelo postulado republicano da soberania dos Estados, agitado na campanha presidencial com os acenos aos "States rights".

Lambert admite que os federalistas prepararam-se com antecedência para enfrentar essa eventualidade:

"l'art des fédéralistes fut, en tombant du pouvoir, de laisser derrière eux un corps de juges homogène et puissant, entièrement acquis à leurs principes d'interprétation constitutionnelle, en sorte que la politique des républicains fut officiellement commentée par ses adversaires".

A interpretação constitucional preconizada por Marshall prosseguia, para anular, praticamente, no caso Cohens v. Virgínia, o sentido da XI emenda, que proibia a intervenção dos tribunais federais nas controvérsias entre um Estado e cidadão de outro Estado.

Marshall, ao cabo de longa atividade, reuniu em torno de sua doutrina, contida na "Constituição Jurisprudencial" de que fala Lambert, a magistratura norte-americana, numa completa identificação de propósitos.[15]

---

[15] HORTA, Raul Machado. *O controle da constitucionalidade das leis no regime parlamentar*. Belo Horizonte: UFMG, 1953. p. 54.

Pessoalmente, em razão da influência do *common law*, dos costumes norte-americanos e até mesmo dos trabalhos constituintes, pensamos que *o judicial control* foi "revelado", porém não criado *ex nihilo* pela jurisprudência norte-americana, que, mesmo antes de *Marshall*, vinha seguidamente controlando as leis, pelos seus fundamentos de validez.

Pensamos assim, que se *Marshall* escolheu o momento certo para explicitar com força máxima a tese do controle jurisdicional das leis com esforço na incompatibilidade destas com a Constituição, função que só o Judiciário poderia exercer a partir da organização política dos poderes nos EUA, não é menos verdadeiro que os fundamentos da sua argumentação se encontram todos no âmago mesmo da Constituição norte-americana. O que *Marshall* fez, com incoercível lógica, foi declarar o que já estava implícito na teoria das Constituições rígidas e na mecânica da tripartição dos poderes, em pleno uso naquela singular nação, naquele exato momento histórico. *Marshall* teve um fundamento jurídico escrito, indicativo do poder da Corte, o que precisamente Lorde Coke não tivera, daí ter colidido de frente com a história, obrigando-se a reverenciar o "todo-poderoso Parlamento".

Dizem alguns que *Marshall* construiu à sombra da Corte uma supremacia para o Judiciário não prevista na Constituição americana, porquanto nela se encontrava expressamente outorgado ao Poder Judiciário, a faculdade de declarar a insubsistência de atos do Legislativo e, consequentemente, de atos administrativos praticados segundo uma lei. Pelo contrário – aduzem – inexistindo, no sistema de freios e contrapesos, um poder superior aos demais, esta prerrogativa teria sido "usurpada" pela Suprema Corte, ao atribuir-se o papel preponderante e absoluto de controlar leis e atos administrativos sem ter, acima, controle. Machado Horta[16] relembra um desses detratores do *judicial control*, é Mac Donough, *in Usurpation of power by the Federal Courts*. Todavia, é Machado Horta que nos transmite valiosas opiniões em contrário, referendando o nosso ponto de vista.[17]

---

[16] HORTA, Raul Machado. *O controle da constitucionalidade das leis no regime parlamentar*. Belo Horizonte: UFMG, 1953. p. 57.

[17] HORTA, Raul Machado. *O controle da constitucionalidade das leis no regime parlamentar*. Belo Horizonte: UFMG, 1953. p. 57.
"Charles Beard nega a existência dessa usurpação e, na falta de dispositivo constitucional, procura estabelecer a filiação entre o raciocínio inferido e o pensamento secreto, íntimo, do constituinte, tornando interpretação de Marshall condizente com a intenção da maioria dos autores da Constituição. Para demonstrar o valor da assertiva, o prof. Beard examinou os debates da Convenção de Filadélfia e verificou que, dos 55 delegados, 25 constituíram o elemento ativo da Assembleia e, dentre estes, 17 se pronunciaram a favor do controle judiciário da constitucionalidade das leis.
A doutrina de Marshall corresponderia, portanto, à intenção recôndita dos mais ativos elaboradores do texto constitucional. Razões de outra ordem, dessas que se situam no terreno flexível da oportunidade e da conveniência, impediram a incorporação, ao texto constitucional, daquela convicção.

Pois não se trata de equivaler poderes numa segregação absoluta, mas de submetê-los, todos, à supremacia da Constituição, enquanto lei de todas as leis e de todos os poderes. Evidentemente, a função de controlar a ordem jurídica pela interpretação aplicativa das leis, a constitucional e as infraconstitucionais, só poderia mesmo ser deferida ao Judiciário num sistema e numa época em que sequer se desenhavam as cortes constitucionais à moda europeia, e se negava ao Parlamento o poder absoluto de ditar e reeditar o direito constitucional ao seu alvedrio (supremacia do Parlamento) como na Inglaterra. Ademais, nesse sistema se atribuía ao Judiciário a função de aplicar a Constituição e as leis aos casos concretos litigiosos. Se uma ordem jurídica tem como fundamento de validez uma Constituição rígida, a necessidade de verificar a compatibilidade de leis de diversos níveis é inevitável, caso contrário seria o caos, porquanto o Direito inadmite comandos antitéticos.

Nos EUA, por força mesmo da Constituição, que se quis *rígida,* o controle da ordem jurídica num sistema tripartido de poderes, em que o Legislativo faz a lei e o Executivo a aplica aos casos concretos, de ofício, teria que caber, com toda naturalidade ao Poder Judiciário, que a aplica contenciosamente. Neste momento, a lei passa por um *test* de constitucionalidade. As dificuldades iniciais foram devidas, em parte, a uma certa incompreensão dos americanos com um sistema que historicamente, em razão de suas origens culturais inglesas, eles não conheciam bem. Estavam habituados a ver no Parlamento inglês a fonte contínua da ordem jurídica, completando a *Law of the Land* com a *statute law* e julgando alguns casos pelos seus tribunais. Que um outro poder negasse aos atos do Congresso americano, ao fim e ao cabo, um Parlamento, o devido acatamento pareceu a muitos uma atitude inusitada, até porque os legisladores e governantes eram eleitos e os

---

Jacques Lambert descreve o projeto constitucional de Filadélfia como obra de um claro-escuro intencional, para evitar, assim, a definição sobre alguns problemas mais críticos suscetíveis de desagradar os representantes dos Estados, que se acreditavam soberanos.

Marshall não se preocupa, na sentença Marbury v. Madison, com o pensamento revelado ou oculto do constituinte de Filadélfia. As citações que faz, raras e escolhidas, ou se referem a textos legais, ou, abrindo exceções significativas, mencionam dois grandes juristas do *common law* inglês: Blackstone e Lorde Mansfield.

Não se refere, como fonte subsidiária, aos anais da Convenção, pois não tinham sido publicados na época daquela memorável sentença. Não alude aos precedentes coloniais, quando o Board of Trade e o privy Council da metrópole inglesa anularam, apesar da lentidão das comunicações, número regular de leis das assembleias legislativas, exercendo sobre elas embrionária forma de controle, inspirado nos interesses políticos e econômicos da metrópole. O Board of Trade, que se destacou nesse período pelo zelo posto no controle da matéria econômica, anulou leis coloniais que alteravam o prazo das dívidas comercias, reduziam taxas de juros e modificavam o processo falimentar. Finalmente, nem se inspira Marshall na autoridade de alguns precedentes, como os casos Bayard v. Singleton e Vanhome's Lessee v. Dorance. É que a sentença, no caso Marbury v. Madison, possuía, na própria consciência de seu prolator, a importância de um marco inaugural."

juízes não, muito embora lhes fossem familiares as atitudes firmes dos juízes ingleses em prol da Law of the Land[18] e as teorizações de Hamilton *(O federalista)*.

---

[18] Polletti procura ligar o tema do controle de constitucionalidade à evolução do direito natural, mormente na Inglaterra: "Para bem compreender o fundamento do controle da constitucionalidade das leis, será preciso examinar a sua origem histórica, como veremos adiante, e remontar à Inglaterra, ao sistema do *common law*, embora isto possa parecer paradoxal, pois ali estará a semente do instituto criado pelo gênio americano, transplantando princípios aparentemente justificáveis apenas no direito costumeiro. Aliás, a Constituição não escrita dos Estados Unidos da América, consoante leciona Ruy, é, à semelhança do que ocorre na Grã-Bretanha, maior do que a escrita. A teoria do Direito Natural foi a primeira a investigar o problema das leis fundamentais e isto ocorreu na Inglaterra. Hobbes aceita a expressão lei fundamental e a define como aquela lei que, se suprimida, destruiria o corpo do Estado e o faria cair na anarquia. A lei fundamental se identifica com o contrato social, está implícita a cláusula de submissão ao príncipe designado pela maioria. Locke repete a ideia para considerar como vontade própria a vontade da maioria. Como corolário disso, na Inglaterra se reconhece, em consonância com as exigências da época, o princípio da maioria para todas as espécies de leis e não admite a distinção prática entre leis constitucionais e leis ordinárias. Nos Estados Unidos da América, as Cortes reconhecem dois grandes corpos de leis: o *common law* e a *enacted law*. O *common law* é produto do costume e da interpretação judicial e que foi herdada, em grande parte, da Inglaterra. A *enacted law* é de duas espécies: a que está nas Constituições escritas e a que é aprovada ordinariamente pelos corpos legislativos.
O sistema americano, fruto de um grande esforço de construção pela Suprema Corte, ao contrário do que possa parecer à primeira vista, não é uma antítese do inglês, mas tem nele sua origem.
O Parlamento detém, na Inglaterra, toda a soberania do Estado. Ele tudo pode, até dizer que dois mais dois são cinco, só não pode transformar o homem em mulher e a mulher em homem. Para tanto poder, haveria de haver algum limite e este é o direito natural, mas, antes dele, a própria essência do direito inglês: o costume. O sistema inglês, de flexibilidade total em matéria de constituição, não se compatibiliza com aquele do controle da constitucionalidade das leis, pois, não havendo hierarquia entre elas, a lei ordinária e a constitucional se equivalem; malgrado isto, ele enseja algo até mais interessante e completo. De fato, não se tratando de saber se uma lei é, ou não, constitucional, verifica-se se é lei ou não, isto é, se é lei justa, conforme o Direito, pois do contrário não merece aplicação. Não será lei, se não se conformar com o costume ou com o direito natural. Já na Magna Carta se garantia a todo o indivíduo o direito de ser julgado *per legem terrae*. Mas a lei pode não ser da terra, ode não ser lei.
No fundo, o controle da constitucionalidade das leis reflete um cotejo entre duas ordens, com predomínio da ordem constitucional e anulação da ordem ordinária que, à primeira, se opõe. Enfim, a aplicação dos princípios do *due process of law* e do *the law of the land*, consagrados também em nossa Lei Maior: ninguém é obrigado a fazer ou deixar de fazer alguma coisa senão em virtude de lei. A lei não poderá excluir da apreciação do Poder Judiciário qualquer lesão de direito individual.
A existência de uma Constituição escrita tem sido apontada como um progresso em termos civilizacionais. No entanto, a Inglaterra, berço dos direitos individuais e das liberdades públicas, ainda não a possui. Como salientamos, não há tipos definidos de Constituição escrita e costumeira. Mesmo na Inglaterra, há leis de natureza constitucional, devidamente formalizadas: a Magna Carta e suas confirmações, a Petition of Rights, o Bill of Rights etc. Tais diplomas, porém, não estão acima das leis ordinárias. E essas são iguais em tudo, embora seja justo pon-

Mas o grande problema era que os Estados-Membros recusavam submeter-se ao Tribunal Supremo, temendo fosse ele um órgão da União incumbido de dobrar-lhes a vontade. No entanto, a própria Constituição dos EUA diz que "o Poder Judicial se estenderá a todos os casos... que surgirem sob esta Constituição" (interpretação e aplicação da Constituição em relação aos casos surgidos, *todos os casos* e que "A Constituição e as leis dos Estados Unidos feitas em obediência a ela... constituirão a suprema lei do País" – submissão das leis à Constituição). Em inglês lê-se:

> The judicial Power shall extend to all Cases, in Law and Equity, arising under this Constitution, the Laws of the United States and Treaties made, or witch shall be made, under their Authority... (Constituição dos Estados Unidos da América, art. III, seção 2).

> This Constitution and the Laws of the United States which shall be made in pursuance thereof, and all Treaties made, or witch shall be made, under the Authority of the United States, shall be the Supreme Law of the land (art. VI).

Consideramos que *Marshall* "desenvolveu" o papel do Judiciário nos EUA. Não usurpou coisa alguma. O embrião do *judicial review* estava já nas dobras da Constituição. Lá fora posto pela história.

A incompreensão quanto ao papel da Suprema Corte, nos primórdios do constitucionalismo norte-americano, sem embargo, é patente, em razão também da pregação radical da teoria da separação absoluta dos poderes do Estado. O próprio *Marshall*, extremamente cauteloso, evitou colocar a Corte em evidência após o caso *Marbury v. Madison*, dando tempo ao tempo. Ele tinha o sentimento da história e conhecia a realidade. Certa feita, ele próprio esteve a ponto de preconizar uma Corte constitucional formada por membros do Congresso, abrindo mão do controle jurisdicional. Foi quando o Justice Samuel Chase, de extremado partidarismo, julgava sem isenção, provocando grande clamor na imprensa e na opinião pública. O Presidente Andrew Jackson, por sua vez, quando do caso *McCulloch v. Maryland*, em 1819, externou o seu repúdio – estado de espírito comum a muitos de seus contemporâneos – ao poder da Corte Suprema, dizendo que as decisões de seus juízes tinham caráter meramente opinativo, isto é, não tinham executoriedade. Convém transcrever a sua fala:

> A opinião dos juízes – disse Jackson – não tem maior autoridade sobre o Congresso do que este possui sobre aqueles e, nesse particular, o Presidente

---

derar a dificuldade em alterar aqueles documentos de natureza constitucional, por força de circunstâncias político-culturais e não técnico-jurídicas" (POLLETTI, Ronaldo. *Controle da constitucionalidade das leis*. Rio de Janeiro: Forense, 1985. p. 15).

é independente de ambos. Não se pode, por consequência, permitir à Corte Suprema exercer autoridade sobre o Congresso ou o Executivo quando estes agem em sua capacidade legislativa, limitando-se os juízes à influência que o seu raciocino possa merecer.[19]

Até Lincoln, intimorato democrata, houve por bem negar obediência a uma decisão da Corte, pondo-a em crise, quando esta negou a validade ao chamado Missouri Compromisse e invalidou a emancipação do escravo negro Dred Scott. O Chief-Justice Taney suportou o agravo para salvar a instituição e, principalmente, a missão constitucional de que se investira com espeque na Carta que jamais perdeu.[20]

---

[19] Apud BITTENCOURT, Lúcio. *O controle jurisdicional da constitucionalidade das leis.* 2. ed. Rio de Janeiro: Forense, 1968. p. 15.

[20] Sobre a evolução da Suprema Corte Americana, ver Polletti: "Até a morte de Marshall (1835), época também que Story foi juiz da Corte, a Suprema Corte sacralizou a centralização do poder nacional, como necessidade política da Federação, criada, relativamente, há pouco tempo. Afirma-se o papel da Suprema Corte como última intérprete da Constituição, portanto da Supremacia do Poder Judiciário (caso Marbury v. Madison), inaugurando o controle da constitucionalidade. Estabelece-se o princípio de que as questões políticas, do prisma da conveniência e oportunidade, não estão sujeitas ao controle do Judiciário (também no caso Marbury v. Madison). A Suprema Corte exerce jurisdição recursal sobre os tribunais federais, em questões de direito constitucional, possibilitando uma *construction* ampla e liberal (Martin-Fairfox's Divisee v. Hunter's Lessee, 1816, relatado por Story). Marshall reexamina o problema da capacidade de a Suprema Corte rever as decisões dos Tribunais estaduais (Cohens v. Virgínia, 1821, caso da loteria do Estado da Virgínia), alargando o conceito da questão federal.
Nesse período, como salientado, consagrou-se a supremacia nacional (McCulloch v. Maryland), declarando Marshall a constitucionalidade da lei federal que criara o Banco dos Estados Unidos e inválida a lei estadual de Maryland, que o tributara. Nascia, assim, a interpretação liberal dos poderes do governo nacional, chamada teoria dos poderes implícitos da União. No caso McCulloch v. Maryland (1819), discutiu-se o problema da divisão dos poderes do Governo americano. A Constituição os separa entre o Governo federal e o dos Estados. O primeiro os tem enumerado na Carta Magna, enquanto os segundos dispõem daqueles ali não enunciados. A dúvida dirimida pelo julgado, uma das mais importantes decisões de Marshall, consistia em saber como os poderes federais deveriam ser interpretados, se de maneira estrita ou liberalmente extensivos. Os poderes do Congresso deveriam ser limitados ara o uso somente desses enumerados, como um limite à sua atividade em relação aos poderes dos Estados-Membros, ou ao Congresso seria permitido, pela autoridade da Constituição, escolher a significação daqueles postulados? A resposta foi a formulação da teoria dos poderes implícitos, que tanto ajudou ao desenvolvimento político e econômico americano. Os direitos dos Estados foram restringidos, não apenas para possibilitar a expansão do Governo nacional, como para proteger os direitos individuais de natureza privada, com o que se ajudou o desenvolvimento do capitalismo (Fletcher v. Peck, no qual se examinou a garantia constitucional dos contratos: nenhum Estado promulgará lei que prejudique a obrigatoriedade dos contatos). No mesmo sentido, os casos Trustees of Dartmouth College v. Woodward, Sturges v. Crowninshield. Enfim, esse período é o de prevalência do princípio da supremacia nacional e do domínio da Constituição.

3.8. O SISTEMA AMERICANO – EVOLUÇÃO E FUNCIONAMENTO

Desde o caso *Marbury v. Madison*, ficara bem claro que os juízes e, principalmente, a Suprema Corte, cúpula do Poder Judiciário, só deveriam se pronun-

---

No período correspondente à era de Taney, o sucessor de Marshall (de 1836 a 1894), reduzem-se as imunidades das *corporations* e alarga-se a legislação social. Começou, de fato, a construção interpretativa, com certo afastamento da letra do texto constitucional. Mas, depois de um primeiro momento, houve contenção do espírito inovador, com o que se garantiu, ainda uma vez, o domínio econômico. Nessa época, a federação do princípio da supremacia nacional foi substituída pela do duplo federalismo (Both Cases), que vigeu até 1937. Por essa concepção, os governos central e estaduais representam dois centros diversos do poder, porém igualmente soberanos, nos seus limites. A Corte Suprema, como consequência, devia funcionar como órgão acima daqueles centros de poder, quase na condição de um juiz arbitral. Não é difícil, portanto, anotar o corolário dessa posição em atinência ao controle da constitucionalidade das leis estaduais. Nessa época, aparecem as 5.ª e 14.ª emendas, consubstanciando as cláusulas do *due process f law*, que equivale à *law of the land* para o direito inglês. Era garantia, originariamente, de ordem processual e não material. Ela sempre foi entendida, até 1895, nesse sentido estrito, com exceção no caso Dred Scott, de 1857, que veio apressar o desencadeamento da guerra civil. No caso Scott v. Sandford examinou-se a questão se um escravo, levado pelo seu senhor de um Estado, onde se permitia a escravidão, para outro onde a escravidão era proibida, adquiriria a liberdade. A questão envolvia a premissa de que em um Estado onde a escravidão era proibida, ela o era também por um ato do Congresso. Em qualquer dos casos, se o escravo fosse levado de volta ao Estado de origem e vendido a terceiro noutro Estado, poderia o primeiro senhor ser processado, perante as Cortes, por assalto e agressão? Pode um Estado, conferindo cidadania a uma pessoa, tomá-la ao mesmo tempo cidadã dos Estados Unidos da América? Dando à cláusula *due process* o significado de proteção de direitos substantivos, declarou a Corte Suprema, pela segunda vez em sua história, a inconstitucionalidade de uma lei do Congresso. O diploma, declarado nulo, proibira a escravidão nos territórios. Sua incompatibilidade em face da Lei Maior, sustentava Taney, decorria da afronta ao disposto no 5.ª emenda, pois admitia pudesse um cidadão (no caso o proprietário do escravo Dred Scott) ser privado de bens de sua propriedade (o escravo negro) sem *due process* (o escravo pretendia haver adquirido a liberdade pela residência em território onde a escravidão era proibida). Segundo Taney, os negros não possuíam capacidade jurídica, logo não eram cidadãos, nem podia agir perante os tribunais. Tal decisão foi recebida com escárnio pela imprensa antiescravista do Norte. Seus efeitos seriam de curta duração, uma vez que a 14.ª emenda constitucional (1868) estendeu a cidadania a todas as pessoas nascidas ou naturalizadas nos Estados Unidos e sujeitas à sua jurisdição.
[...]
A época posterior a Taney até o New Deal (1895 a 1937) corresponde ao da revisão judicial propriamente dita, em que os precedentes passam a ter grande importância e funcionam como alternativas para as decisões. Nesta fase, acentua-se o que se chama o governo ou oligarquia dos juízes. Foi a época de notáveis Ministros (Fuller, Tolt, Hughes e os grandes nomes de Holmes, Brandeis, Cardozo, que se ombreiam com Marshall, Story e Taney), em que a teoria do controle da constitucionalidade muito se desenvolveu, com a *construction*, restringindo os poderes governamentais, em face da liberdade econômica e política. Com isso se restringiam os podres do Congresso e se alargavam os direitos dos Estados federados. A interpretação constitucional beneficiou o mundo dos negócios. No caso do *trust* do açúcar (United States v. E. C. Knight Co., 1895) a aplicação da Lei Sherman contra os *trusts* industriais foi afastada, definindo-se

ciar sobre a inconstitucionalidade de uma lei após terem sido provocados, nunca de ofício, e que esta provocação deveria ser sempre decorrente de um litígio con-

o comércio apenas como transporte. Declarou-se inconstitucional a lei do imposto de renda (Pollôc v. Farmers Law & Trust Co., 1895), que determinava a cobrança uniforme daquele tributo em todo território nacional. A Corte confirmou a condenação do grevista que se insurgia contra ação do Governo federal, que, à força, pôs a termo o movimento antes declarado ilegal. Houve, assim, uma exacerbada proteção ao capitalismo, fruto da própria conjuntura, mas que a Suprema Corte amoldou juridicamente ao Direito Constitucional. Baseada na interpretação da 14.ª emenda, a Corte transformou-se em árbitro não apenas da vida jurídica, mas dos destinos políticos da nação, declarando um direito natural superconstitucional. As leis passaram a ser de *legibus* e não apenas *secundum leges*. Não se examinava a constitucionalidade formal, mas a própria materialidade da norma, em face de princípios superiores à própria Constituição. As teorias formuladas pela Corte sobre o duplo federalismo, o poder de polícia, a indelegabilidade dos poderes, o *due process of law*, os conceitos de liberdade de contratar deixaram o Congresso numa situação muito limitada para o exercício de sua função legislativa.
Com a influência de Holmes, o Tribunal passa a considerar e avaliar os casos do passado, em face da experiência e da atualidade social, como corolário da chamada Escola Sociológica do Direito ou do realismo jurídico. A limitação aos poderes do Congresso para disciplinar a vida econômica, por sua vez, sofre restrições.
[...]
Assim, da proteção ao capitalismo, fruto de uma concepção do Estado liberal do *laissez-faire, laissez-passer*, a Corte começa a sofrer influência de um liberalismo social, para admitir que os problemas decorrentes da industrialização devam ser resolvidos pelo Congresso, onde estão expressas as tendências da vontade nacional. A lei do salário mínimo do Distrito de Colúmbia foi declarada constitucional, ao contrário do que ocorrera em casos recentes. A Junta Nacional das Relações Trabalhistas foi admitida como legal (National Labor Relations Board v. Jones and Laughlin Steel Corp. – 1937). No caso Massachusetts v. Mellon – 1926, a Corte deixou claro que considerava constitucionais e não coercivos os auxílios federais aos Estados, antevendo a superação do duplo federalismo.
Com Roosevelt inicia-se uma nova era para a política dos Estados Unidos, e, como consequência, para a Suprema Corte. O Governo de Roosevelt, em 1933, começa com muitas medidas legislativas para enfrentar os efeitos da grande depressão. Era o New Deal, contra o qual a Corte fez sucessivas declarações de inconstitucionalidade (em número de doze, de 1934 a 1936). Roosevelt, depois de sua triunfal reeleição, submeteu ao Congresso um plano de reforma do Judiciário. A proposta consistia em facultar a aposentadoria, com vencimentos integrais, dos juízes com setenta anos de idade, ou a nomeação de juízes suplementares correspondentes àqueles que decidissem não usar do favor legal; o aumento dos juízes de nove para quinze; a assistência obrigatória do Procurador-Geral ou de um representante dos Estados Unidos no feito, sempre que se arguisse a inconstitucionalidade de lei federal, e várias outras medidas de ordem processual, inclusive a suspensão das concessões liminares de *injunction* sem prévia e ampla notificação ao Procurador-Geral, e oportunidade para o Governo apresentar provas e ser ouvido, assim como a possibilidade de apelação direta e imediata para a Corte Suprema, quando os juízes de primeira instância decidissem questão de constitucionalidade. O episódio do New Deal representou momento significativo na discussão sobre a possibilidade constitucional da intervenção federal em domínio dos Estados-Membros. A Cortes, antes da reforma judiciária com que o Presidente Roosevelt iniciou seu Governo, havia sofrido, não sem grande resistência, a influência de ideias novas na compreensão do Direito e seu reflexo nas questões sociais. Afinal, acabou por entender constitucionais as medidas legislativas referentes à Previdência Social,

creto e real entre partes antagônicas. Ademais, a questão da inconstitucionalidade só deveria ser abordada se uma declaração *incidenter tantum* da sua existência fosse absolutamente necessária para a resolução do caso. Limitada, pois, a função do Judiciário à resolução das controvérsias (o que implica valoração das leis aplicáveis ao caso), nunca se admitiu nos EUA pudesse o juiz pronunciar-se em tese sobre a inconstitucionalidade das leis. Relata *Lúcio Bittencourt*, remetendo-se a Charles Evans Hughes, *in: The Supreme Court of the United States*, que nos primórdios do regime constitucional o Presidente Washington solicitou a opinião da Corte Suprema a respeito de vários assuntos relativos à interpretação de um tratado celebrado com a França, tendo aquele Tribunal respondido que considerava impróprio, em face da Constituição, manifestar a sua opinião sobre assuntos que não decorressem de algum caso *sub judice*[21]. Esta doutrina está claramente exposta no caso *Muskrat v. United States*, pelo *Justice Day* já em 1911.[22]

> O Poder Judiciário tem competência para julgar disputas atuais que se promovam entre litigantes diversos. O direito de declarar inconstitucio-

---

sindicatos, relações trabalhistas, tudo indicando a intervenção econômica necessária a enfrentar a crise e assim resolver o problema do desemprego.
Dessa época, de Roosevelt a nossos dias, foram juízes da Suprema Corte alguns juristas expressivos como Black, Frankfurter, William O. Douglas, Murphy, Warren. E a questão da legitimidade constitucional da intervenção federal, via decisões da Suprema Corte, se mescla com aspectos políticos e dos direitos civis e humanos.
Os integrantes da seita Testemunha de Jeová insurgiram-se contra a obrigatoriedade do hasteamento da bandeira, na abertura do dia escolar, pois isto ia contra a sua religião e, consequentemente, violava o direito de liberdade religiosa garantido pela Carta Magna. A Corte, no caso Gobitis (1940), não entendeu violada a Constituição, mas em 1943 (West Virgínia v. Barnetti) deu ganho de causa ao apelante.
Em 1938, no caso Gaines v. Canadá decidiu-se que a autoridade escolar era obrigada ou a aceitar um estudante negro ou oferecer-lhe uma outra escola, mas, posteriormente, julgou que a alternativa não era suficiente para garantir o direito constitucional de igual proteção legal.
Caso semelhante ocorreu, ao julgar a Corte que o Governo federal não tinha o direito de editar leis disciplinando a utilização da mão de obra infantil (Hammer v. Dagenhart – 1918). A Corte ora ampliou, ora restringiu os poderes do Governo federal. Leciona Ruy: 'Mercê dessa autoridade, são as decisões judiciárias que, em última análise, fixam praticamente os limites à eficiência constitucional dos poderes da União.' Mas tal variação indica, sobretudo, a grande capacidade de adaptação do gênio americano, num alto espírito pragmático, possibilitando a permanente adaptação do texto constitucional às realidades contemporâneas. Afinal, a Constituição foi elaborada numa época em que o comércio com as tribos indígenas era importante, sendo necessário conciliá-la com o tempo moderno, que já ultrapassa a industrialização para inserir-se na era da cibernética" (POLLETTI, Ronaldo. *Controle da constitucionalidade das leis*. Rio de Janeiro: Forense, 1985. p. 56, 58, 59 e 61).

[21] BITTENCOURT, Lúcio. *O controle jurisdicional da constitucionalidade das leis*. 2. ed. Rio de Janeiro: Forense, 1968. p. 23, nota 36.
[22] Modernamente se concebe que esta questão não é tão simples.

lidade das leis surge porque uma delas, invocada por uma das partes como fundamento do seu direito, está em conflito com a lei fundamental. Essa faculdade, que é o dever mais importante e dedicado da Corte, não lhe é atribuída como um poder de revisão da obra legislativa, mas porque os direitos dos litigantes nas controvérsias de natureza judicial requerem que a Corte opte entre a lei fundamental e a outra, elaborada pelo Congresso na suposição de estar em consonância com sua competência constitucional, mas que, na verdade, exorbita do poder conferido ao ramo legislativo do governo Essa tentativa para conseguir a declaração judicial de validade da lei elaborada pelo Congresso não se apresenta, na hipótese, em um caso ou controvérsia, a cuja apreciação está limitada a jurisdição desta Corte, segundo a lei suprema dos Estados Unidos.

O extremo apego da Corte a tais pressupostos, de modo a afastar a ideia de intromissão indevida em atos dos outros poderes, obstou durante muito tempo a utilização de uma simples ação declaratória – em que o interesse das partes limita-se a uma declaração de existência ou inexistência de relação jurídica – como meio processual idôneo para obter do Judiciário uma decisão sobre a inconstitucionalidade de alguma lei ou provimento administrativo contrários à Constituição. Não bastava haver o interesse de agir ao propósito de um bem jurídico, no caso a simples certeza, ligada a uma situação concreta, para desencadear mecanismo do controle. A situação tinha que ser conflituosa em termos fáticos. George H. Jaffin, no artigo *Evolução do controle jurisdicional da constitucionalidade das leis nos Estados Unidos*[23], traça o perfil dos subterfúgios que os advogados americanos foram obrigados a encenar para puxar a língua dos juízes. Assim, por exemplo, era comum um processo com o falso objetivo de obrigar os diretores da empresa a não cumprirem as determinações de uma lei que eles consideravam lesivas aos interesses da companhia, da qual eram coproprietários, de modo a voltear o rigor da Corte (ação de stockholder). Essas simulações compara-as Jaffin "às mais delicadas ficções por intermédio das quais se desenvolveu a ação de ejectment para se obter uma prova real do título de propriedade, numa ação entre arrendatários de cada um dos litigantes, queixando-se o autor fictício de turbação de sua posse pelo réu fictício: John Doe v. Richard Roe, Mr. Good Right v. Mr. Bad Right".

Com o tempo, as Cortes, primeiramente as estaduais, ultrapassaram os velhos instrumentos judiciais derivados do *common law* e da *equity*, e, além do método da *injunction*, passaram a admitir a ação declaratória como instrumento processual idôneo para se obter uma declaração *incidenter tantum* de inconstitucionalidade de lei ou ato normativo. A realidade se impunha imperiosa. O

---

[23] JAFFIN, George H. Evolução do controle jurisdicional da constitucionalidade das leis nos Estados Unidos. *Revista Forense*, v. 86, p. 280.

controle difuso da constitucionalidade das leis fez-se mais completo. O controle concentrado jamais foi intentado, por isso que contrário à evolução do sistema jurídico americano, como é da tradição do direito inglês, fiel aos precedentes. O sistema norte-americano, portanto, adota o controle difuso, *incidenter tantum* da constitucionalidade das leis. O seu fundamento, como diz A. Hamilton,[24] é simples e singelo. Baseia-se no fato de que a Constituição é superior às leis e na constatação da existência de uma lei inferior contrária à lei superior, isto é, à Constituição. Ocorrendo isto, o Judiciário nega aplicação à lei contrária à Constituição (no caso concreto) e declara a sua inconstitucionalidade.

Essa conclusão – prossegue Hamilton – não significa, de modo algum, que o Poder Judiciário seja superior ao Legislativo. Significa, apenas, que o poder do povo é superior a ambos – *the power of the people is superior to both* – e que, quando a vontade da legislatura, declarada na lei ordinária, for oposta à vontade do povo, declarada na Constituição, o juiz tem que obedecer à última e desprezar a primeira – *it will be the duty of the judicial tribunals to adhere to the latter and disregard the former.*[25]

Mas o que empresta relevo ao sistema ou modelo norte-americano de controle da constitucionalidade das leis é o órgão que exerce o controle, isto é, o Poder Judiciário como um todo, tendo por cúpula a Suprema Corte e o fato de declaração de inconstitucionalidade operar *ex tunc* anulando a norma. Indiretamente ela atua desfazendo da norma os efeitos ou ensejando a reparação devida, em razão de sua aplicação, com abrangência, a princípio, *inter partes*.

3.9. CRÍTICAS À POSSIBILIDADE DE EXPANSÃO DO SISTEMA NORTE-AMERICANO ENTRE PAÍSES DA FAMÍLIA ROMANO-GERMÂNICA

Mauro Cappelletti, no seu *O controle judicial de constitucionalidade das leis no direito comparado*, procura justificar a não expansão do modelo norte-americano, na Europa de formação romano-germânica, pelas insuficiências do mesmo e em razão das peculiaridades existentes no continente. Damos à estampa, em continuação, as agudas observações desse autor:

> No método de controle "difuso" de constitucionalidade – no denominado método "americano", em suma – todos os órgãos judiciários, inferiores ou superiores, federais ou estaduais, têm, como foi dito, o poder e o dever de não aplicar as leis inconstitucionais aos casos concretos submetidos a seu julgamento. Experimentemos então imaginar, como hipótese de trabalho –

---

[24] HAMILTON, A. *The federalist*. New York, 1937, p. 101.
[25] Apud BITTENCOURT, Lúcio. *O controle jurisdicional da constitucionalidade das leis*. 2. ed. Rio de Janeiro: Forense, 1968. p. 69.

uma hipótese que, de resto, já foi tornada realidade, como já se referiu, em alguns países, ou seja, na Noruega, Dinamarca, Suécia, Suíça e foi posta em prática, por poucos anos, também na Alemanha e na Itália –, a introdução desse método "difuso" de controle nos sistemas jurídicos da Europa continental e, mais em geral, nos sistemas denominados de *civil law*, do *stare decisis*.

Pois bem, a introdução, nos sistemas de civil law do método "americano" de controle, levaria à consequência de que uma mesma lei ou disposição de lei poderia não ser aplicada, porque julgada inconstitucional, por alguns juízes, enquanto poderia, ao invés, ser aplicada, porque não julgada em contraste com a Constituição, por outros. Demais, poderia acontecer que o mesmo órgão judiciário que, ontem, não tinha aplicado uma determinada lei, ao contrário, a aplique hoje, tendo mudado de opinião sobre o problema de sua legitimidade constitucional. Poderiam, certamente, formar-se verdadeiros "contrastes de tendências" entre órgãos judiciários de tipo diverso – que se manifestam, por exemplo, em perigosos contrastes entre os órgãos da justiça ordinária e os da justiça administrativa – ou entre órgãos judiciários de diversos graus: por exemplo, uma maior inclinação dos órgãos judiciários inferiores, compostos usualmente de juízes mais jovens e. portanto, menos ligados a um certo passado, a declarar a inconstitucionalidade de leis que os juízes superiores (e mais velhos) tendem, ao contrário, a julgar válidas, como exatamente se verificou com notoriedade na Itália, no período de 1948-1956, e, como, pelo que leio, continua a se verificar, de maneira impressionante, no Japão. A consequência, extremamente perigosa, de tudo isto, poderia ser uma grave situação de conflito entre órgãos e de incerteza do direito, situação perniciosa quer para os indivíduos como para a coletividade e o Estado. Tampouco a não aplicação, mesmo reiterada, de uma lei por parte do órgão supremo da justiça poderia impedir o comportamento contrário de qualquer outro órgão do ordenamento judiciário, nem, muito menos, uma mudança de opinião do órgão supremo.

Mas não basta. Ulteriores inconvenientes do método "difuso" de controle, porque concretizado em ordenamentos jurídicos que não acolhem o princípio do *stare decisis*, são os que derivam da necessidade de que, mesmo depois de uma primeira não aplicação ou de uma série de não aplicações de uma determinada lei por parte das Cortes, qualquer sujeito interessado na não aplicação da mesma lei proponha, por sua vez, um novo caso em juízo.[26]

Este insucesso e as acima lastimadas graves consequências de conflito e de incerteza foram evitados nos Estados Unidos da América, como também nos outros países de common law, em que vige o sistema de controle judicial "difuso" de constitucionalidade. Ali vale de fato – e ainda que com muitas

---

[26] CAPPELLETTI, Mauro. *O controle judicial da constitucionalidade das leis no direito comparado.* Porto Alegre: Fabris, 1984. p. 76.

atenuações das quais, porém, não é aqui necessário falar porque elas não negam a substancial validade de nossas presentes considerações –, o fundamental princípio do *stare decisis*, por força do qual "a decision by the highest court in any jurisdiction is binding on all lower courts in the same jurisdiction". O resultado final do princípio do vínculo aos precedentes é que, embora também nas Cortes (estaduais e federais) norte-americanas possam surgir divergências quanto à constitucionalidade de uma determinada lei, através do sistema das impugnações a questão de constitucionalidade poderá acabar, porém, por ser decidida pelos órgãos judiciários superiores e, em particular, pela Supreme Court cuja decisão será, daquele momento em diante, vinculatória para todos os órgãos judiciários Em outras palavras, o princípio do stare decisis opera de modo tal que o julgamento de inconstitucionalidade da lei acaba, indiretamente, por assumir uma verdadeira eficácia erga omnes e não se limita então a trazer consigo o puro e simples efeito da "não aplicação" da lei a um caso concreto com possibilidade, no entanto, de que em outros casos a lei seja, ao invés, de novo aplicada. Uma vez não aplicada pela Supreme Court por inconstitucionalidade, uma lei americana, embora permanecendo on the books, é tornada a *dead law*, uma lei morta, conquanto pareça que não tenham faltado alguns casos, de resto excepcionalíssimos, de revivescimento de uma tal lei por causa de uma "mudança de rota" daquela Corte.

Vê-se, deste modo, como aquele simples e claro raciocínio, que, como disse, fora já limpidamente formulado por Hamilton no Federalista e que, depois, esteve na base da sentença de 1803, no caso Marbury *versus* Madison, tenha vindo, na realidade, a operar em um plano enormemente mais vasto e comprometedor do que aquele que, à primeira vista, se podia imaginar. Na verdade, aquele raciocínio inclinava-se, aparentemente, a resolver o problema da inconstitucionalidade das leis no terreno da pura e simples interpretação das próprias leis: já que – dizia-se – a lei constitucional é "mais forte" do que a lei ordinária, o juiz, devendo decidir um caso em que seria relevante uma lei que ele julgue contrária à norma constitucional, deve "interpretar o direito" no sentido de dar a prevalência à norma constitucional, e não àquela inconstitucional. Portanto: não invasão do juiz na esfera do poder legislativo, mas, antes, pura e simples "não aplicação" da lei naquele dado caso concreto. Mas eis, ao invés, que, mediante o instrumento do stare decisis, aquela "mera não aplicação", limitada ao caso concreto e não vinculatória para os outros juízes e para os outros casos, acaba, ao contrário, por agigantar os próprios efeitos, tornando-se, em síntese, uma verdadeira eliminação, final e definitiva, válida para sempre e para quaisquer outros casos, da lei inconstitucional: acaba, em suma, por tornar-se uma verdadeira "anulação da lei", além disso, com efeito, em geral, retroativo.[27]

O sistema de controle "concentrado" de constitucionalidade está baseado em uma doutrina radicalmente contraposta àquela, acima examinada (v. parágrafo 3), sobre o que está fundado, ao invés, o sistema "difuso". Com efeito, é óbvio que no sistema "concentrado" não vale mais o clássico raciocínio de Hamilton e de Marshall, que resolvia – ao menos aparentemente (supra, parágrafo 5) – o problema da lei inconstitucional e do seu controle judicial, em plano de mera interpretação e de consequente aplicação ou não aplicação da lei. Em lugar daquele raciocínio, vale aqui, antes, a doutrina da supremacia da lei e/ou da nítida separação dos poderes, com a exclusão de um poder de controle da lei por parte dos juízes comuns. Na verdade, no sistema de controle "concentrado" a inconstitucionalidade e consequente invalidade e, portanto, inaplicabilidade da lei não pode ser acertada e declarada por qualquer juiz, como mera manifestação de seu poder e dever de interpretação e aplicação do direito "válido" nos casos concretos submetidos a sua competência jurisdicional. Ao contrário, os juízes comuns – civis, penais, administrativos – são incompetentes para conhecer, mesmo incidenter tantum e, portanto, com eficácia limitada ao caso concreto, da validade das leis. Eles devem sempre, se assim posso me exprimir, ter como boas leis existentes, salvo, eventualmente –, como acontece na Itália e na Alemanha, mas não na Áustria – o seu poder de suspender o processo diante deles pendente, a fim de arguir, perante o Tribunal Especial Constitucional, a questão de constitucionalidade surgida por ocasião de tal processo. De modo que, não corretamente – alguns estudiosos acreditam poder falar, a este respeito, de uma verdadeira "presunção de validade das leis" que tem efeito para todos os juízes com a única exceção da Corte Constitucional: uma presunção que, obviamente, não pode absolutamente ser configurada, ao invés, nos sistemas que adotaram o método de controle "difuso" de constitucionalidade.[28]

Essas observações de *Cappelletti*, retomá-las-emos mais à frente, porque o modelo brasileiro, alfim, pertence à família romano-germânica e adota o sistema difuso de controle de constitucionalidade das leis junto com o concentrado. Os defeitos do controle difuso são facilmente removíveis, a começar pela determinação da observância obrigatória das decisões do Supremo Tribunal Federal *declaratórias de inconstitucionalidade* e pela adoção, nos casos de repetição de demandas, dos juizados cíveis de simples instrução, que operariam apenas com a

---

[27] CAPPELLETTI, Mauro. *O controle judicial da constitucionalidade das leis no direito comparado.* Porto Alegre: Fabris, 1984. p. 80.
[28] CAPPELLETTI, Mauro. *O controle judicial da constitucionalidade das leis no direito comparado.* Porto Alegre: Fabris, 1984. p. 84-88.

matéria de fato. Acresce ainda que, no Brasil, temos hoje a coexistência das duas metodologias, a difusa e a concentrada (arguição direta de inconstitucionalidade), o que traz à baila interessantes questões, acenando para soluções criativas e eficazes, embora traga também certas inconveniências em razão de possíveis desníveis entre o Supremo Tribunal Federal, guarda da Constituição, e o Superior Tribunal de Justiça, na qualidade de *Tribunal da Federação*, órgão máximo incumbido de *uniformizar a jurisprudência* no direito pátrio, com predomínio sobre os tribunais federais de 2° grau e os Tribunais de Justiça dos Estados-Membros.

Por outro lado, os apontados inconvenientes do sistema difuso, principalmente os que timbram na diversidade de opiniões de juízes a respeito de uma questão alegada de inconstitucional, na verdade, são decorrentes da própria natureza da função jurisdicional. Afinal de contas, a mesma liberdade que tem o sistema difuso, de optar pela constitucionalidade ou não de uma lei, *incidenter tantum* a tem o juiz no sistema concentrado, para suscitar a exceção de inconstitucionalidade (sustando o processo). Se não estiver convencido não o fará, a menos que a Lei processual o obrigue a subir a exceção, já que no controle concentrado o juiz de carreira é destituído de competência para dizer qualquer coisa sobre a constitucionalidade das leis, menos em Portugal, ou então porque a lei já foi declarada constitucional. Nem se olvide que a decisão do juiz no sistema difuso sobe ao tribunal *ad quem* e depois à Corte Suprema, cuja decisão passa a ser vista como precedente, mormente se sumulada. Se se agrega ao sistema difuso o sistema concentrado, com foco na Suprema Corte Judicial, como é o caso do Brasil, tem-se que, sendo a decisão da Corte Máxima de eficácia *erga omnes*, alcança-se o mesmo efeito que *Cappelletti* julga ser a expressão mais alta de racionalidade, a emoldurar as Cortes Constitucionais europeias, isto é, uma decisão que obriga a todos ao mesmo tempo.

No Brasil, a técnica das súmulas vinculantes da Suprema Corte, bem como a afetação de repercussão geral a um caso que será julgado, estendendo-se aos casos símiles em curso no aparato judicial, aparentam-se ao *stare decisis* norte-americano.

CAPÍTULO 4

A EXPERIÊNCIA EUROPEIA CONTINENTAL

4.1. EXERCÍCIOS DE APROXIMAÇÃO EM RELAÇÃO ÀS CARACTERÍSTICAS EUROPEIAS NO COMEÇO DO SÉCULO XX

Defrontamo-nos agora com a velha Europa Continental e seus numerosos países pertencentes à família jurídica romano-germânica.[1] Aqui não nos será permitido ilustrar o tema com escorços históricos, como ocorreu na exposição das experiências inglesa e norte-americana. É que a história dos vários países e o desenvolvimento do direito no continente europeu são de uma riqueza e profundidade estonteantes. O que se pode dizer é que a maioria evoluiu para regimes parlamentares de governo: repúblicas parlamentaristas ou monarquias parlamentares, nem sempre com as mesmas características, mas assemelhadas no formato básico.

---

[1] Por família jurídica romano-germânica deve-se entender os sistemas jurídicos que se formaram após o desaparecimento do civilizado Império Romano, o mais pujante e duradouro jamais existente sobre a face da terra, em decorrência das invasões pangermânicas, nome genérico de numerosos contingentes tribais, provenientes do norte e do centro da Europa. Estes "povos" ocuparam o território europeu misturando-se com as populações célticas e românicas já estabelecidas. De um modo geral tivemos ostrogodos na Áustria e Europa Central, daneses na Dinamarca e Escandinávia, godos e alamanos na Alemanha, tavos e frígios nos Países Baixos, francos e borguinhões na França, saxões, escotos e anglos na Grã-Bretanha, visigodos e vândalos na Espanha, helvécios na Suíça, suevos e vigidos em Portugal, lombardos na Itália do Norte e assim por diante.

Durante toda a Idade Média a miscigenação racial e cultural dessas gentes irá provocar o surgimento de um padrão jurídico oriundo da mistura do direito rudimentar germânico e do Direito Romano, antes praticados pelas populações europeias e pré-germânicas, e depois reestruturado nas universidades e nos conventos eclesiásticos. A reestruturação jurídica operada por esta singular simbiose cultural, sob a dominância do Direito Romano, muito mais evoluído, gestará na Europa e família romano-germânica.

Por outro lado, acabaram por adotar Constituições escritas, codificaram o direito e concentraram nos *parlamentos* as funções legislativa e governativa, cabendo, no particular, a primazia à Inglaterra, onde nasceu o regime parlamentar, mais uma vez, historicamente. Os países que adotaram a República conferiram aos chefes do Executivo, os presidentes, mais atribuições que as deferidas aos reis nos países que preferiram as monarquias parlamentares, embora este tema seja marginal em relação ao fio narrativo que ora se está a desenvolver. Nota-se, ainda, que os países do continente adotaram com certo dogmatismo a concepção da tripartição dos poderes e a ideologia de que um não deve interferir no outro, razões pelas quais os sistemas de controle da constitucionalidade das leis a que se afeiçoaram, já no século XX, projetam como órgãos de controle as chamadas "Cortes Constitucionais", de feitio político, onde membros do Judiciário, sem embargo, às vezes, neles se fazem representar. Nos países importantes, jamais se firmou a supremacia do Judiciário na temática do controle das leis, como nos EUA e na América Latina. Quanto a isto, tem-se por assente na Europa que as Cortes Constitucionais não pertencem ao Poder Judiciário e que a "jurisdição constitucional" é algo distinto da jurisdição comum.[2]

O controle, quanto ao aspecto "modal", encaminhou-se para o modelo concentrado, admitindo-se que os tribunais judiciais, pela via da exceção, possam deflagrar o mecanismo. É dizer os juízes não controlam a constitucionalidade das leis, podendo apenas suscitar exceções processuais para que as cortes exercitem o controle, muito embora nem sempre tenha sido assim, vez que o protótipo austríaco de 1920 vedava ao Judiciário qualquer interferência no processo de controle, obrigando os juízes a uma veraz presunção de constitucionalidade de quaisquer leis, ainda que manifestamente não o fossem. *Cappelletti*[3] aventou, como vimos, a tese de que os países do continente – que aliás só muito tardiamente, já no século XX, começaram a estruturar verdadeiros controles de constitucionalidade das leis – não puderam adotar o modelo norte-americano, por isso que eram praticantes de sistemas jurídicos pertencentes à família romano-germânica, em que não existe o *stare decisis*, ligando este instituto, ao que se deduz, ao *common law*. Quer nos parecer que o *common law* não tem nada a ver com o controle ju-

---

[2] Ver LASSALE, Claude. Les Limites du contrôle de la constitutionalité des lois en Allemagne Occidentale. *Revue du Droit Public e de la Science Politique en France e a L'Étranger*, Paris, n. I, p. 106, jan.-mar. 1953; FIX-ZAMUDIO, Hector. *Los tribunales constitucionales y los derechos humanos*. México: UNAM, 1980; BARACHO, José Alfredo de Oliveira. *Teoria da Constituição*. São Paulo: Resenha Universitária, 1979; BARBI, Celso Agrícola. A proteção do cidadão contra atos ilegais da administração pública no Brasil. *Rev. Forense*, v. 260.

[3] CAPPELLETTI, Mauro. *O controle judicial da constitucionalidade das leis no direito comparado*. Porto Alegre: Fabris, 1984. p. 80.

risdicional das leis, tão certo que os países latinos, entre eles o Brasil, o México e a Argentina, todos da família romano-germânica, o adotam com naturalidade.[4] A regra do precedente, com efeito, é uma característica do direito inglês e, noutra medida, também do direito norte-americano.

Todavia, *o stare decisis*, na sua simplicidade, não é instrumento circunscrito ao *common law*, podendo ser adotado por países que praticam, na terminologia inglesa, a *civil law*. Na verdade, os fatores que levaram a Europa Continental até 1920 a resistir ao controle da constitucionalidade das leis, mormente o jurisdicional, foram outros muito diversos, os quais podemos restringir a três: **a)** em primeiro lugar o parlamentarismo, em sua formulação histórica, manifestamente hostil à ideia do controle; **b)** em segundo lugar o indisfarçável antijudiciarismo irradiado desde a França. Como vimos, o único país importante da Europa, que prezou o Judiciário, durante a transição do absolutismo monárquico para o democrático, foi a Inglaterra, à sua maneira; **c)** em terceiro lugar a intelecção radical da teoria da tripartição dos poderes, segundo a qual o controle da constitucionalidade das leis pelo Poder Judiciário significava indébita intervenção deste em atos dos outros poderes, mormente nos daquele representativo da *volonté générale*, isto é, o Poder Legislativo.

As Cortes Constitucionais, fora do aparato jurisdicional, portanto, são uma consequência natural das crenças europeias a respeito da tripartição dos poderes, decorrentes de suas respectivas experiências históricas. Durante muito tempo a Europa Continental adotou o controle meramente político da constitucionalidade das leis. Sentidas dificuldades mostraram a necessidade de instituir órgãos de controle fora do Judiciário, mas que estivessem fora, também, do Legislativo. Surge a ideia da "jurisdição constitucional" e, a partir de 1920, aparecem as Cortes Constitucionais, com mais de um século de atraso em relação aos EUA, o primeiro país no mundo a adotar seriamente o controle da constitucionalidade das leis e atos normativos pelo Poder Judiciário. Não faz mal aqui relembrar como os EUA puderam precocemente chegar a tão auspiciosa instituição, livrando-se da

---

[4] BEARD, Charles. *A Suprema Corte e a Constituição*. Trad. Paulo Moreira da Silva. Rio de Janeiro: Forense, 1965; BUENO, José Antônio Pimenta. *Direito público brasileiro e análise da Constituição do Império*. Senado Federal, Brasília, 1978; CHIARELLI, Giuseppe. La Corte Constitucional en Italia. *Revista da Faculdad de Derecho y Ciencias Sociales*, Montevidéo, n. 3-4, jul.-dez. 1975; CANOTILHO, José Joaquim Gomes. *Direito constitucional*. Coimbra: Almedina, 1977; CARNEIRO, Levi. *Federalismo e judiciarismo*. Rio de Janeiro: Alba, 1930.

estreiteza política da Europa, a qual só no século XX concebe formas eficazes de controle da Constituição e das leis.⁵

Ficou visto no capítulo anterior como as colônias anglófonas hauriram do Judiciário inglês, malgrado a supremacia do Parlamento em Albion, a crença de que a lei, enquanto fórmula legislativa literal, deve necessariamente amoldar-se à realidade, através de uma "confirmação" judicial. Vimos, ainda, a pregação de Hamilton em prol do Judiciário no *The federalist*, bem como a sedimentada concepção entre os norte-americanos, da patibilidade das leis às cartas coloniais e aos estatutos do Reino, induzindo a ideia de graus hierárquicos entre normas, assunto este cuja aferição sempre fora entregue aos juízes, conhecedores da *law of the land*.⁶ Desse conjunto de fatores históricos decorreu a entrega da Lei Maior (*Paramount Law*) ao Poder Judiciário, já incumbido de interpretar leis e costumes para gerar precedentes. Nada disso ocorreu na Europa Continental. Ali, na ca-

---

⁵ CRISAFULLI, Vezio. Le funzioni della Corte Costituzionale nella dinamica del sistema – Esperienze e prospettive. *La giustizia costituzionale*. Milano; CARDOZO, Benjamin. *A natureza do processo e a evolução do direito*. Trad. de Lêda Boechat Rodrigues. 3. ed. Porto Alegre: Síntese, 1978. (Coleção Ajuris n. 9.); ENTERRÍA, Eduardo García. *Legislación delegada*: potestad reglamentaria y control judicial. Madrid: Tecnos, 1970; GARCÍA-PELAYO, Manuel. *Derecho constitucional comparado*. 2. ed. Madrid: Revista do Ocidente, 1951; RUFFIA, Paolo Biscaretti. *Derecho constitucional*. Trad. P. Lucas Verdu. Madrid: Tecnos, 1965.

⁶ Geraldo Ataliba, acatado jurispublicista, em encômio aos juízes, averba: "De nada vale fazer uma Constituição, se ela não for obedecida. Não adianta haver lei para tudo, se não for respeitada. Daí a importância do Poder Judiciário. Este merece especial cuidado dos Constituintes, porque é a chave de todas as instituições. Elas só funcionam com o virtual ou atual controle do Judiciário, como demonstra o sábio Seabra Fagundes.

Na nossa sociedade tão deformada, involuída e subdesenvolvida, o Judiciário é mais importante do que nos países adiantados (que, aliás, o são porque têm boas instituições judiciais).

É que os fracos, os pobres, os destituídos, os desamparados, bem como as minorias (raciais, religiosas, econômicas, políticas, étnicas etc.) só têm por arma de defesa o direito. E direito só existe onde haja juízes que obriguem o seu cumprimento.

Na democracia, governam as maiorias. Elas fazem a lei, elas escolhem os governantes. Estes são comprometidos com as maiorias que os elegeram e a elas devem agradar. As minorias não têm força. Não fazem leis nem designam agentes públicos, políticos ou administrativos.

Sua única proteção está no Judiciário. Este não tem compromisso com a maioria. Não precisa agradá-la ou cortejá-la. Os membros do Judiciário não são eleitos pelo povo. Não são transitórios, não são periódicos. Sua investidura é vitalícia. Os magistrados não representam a maioria. São a expressão da consciência jurídica nacional. Seu único compromisso é com o direito, com a Constituição e as leis; com os princípios gerais do direito, que são universais. São dotados de condições objetivas da independência, para serem imparciais; quer dizer: para não serem levados a decidir a favor da parte mais forte, num determinado litígio. Assim é em todos os países democráticos, que podem ser qualificados como Estados de Direito" (Prólogo do livro *Comentários à Constituição de 1988*. Sistema tributário, de Sacha Calmon, Rio de Janeiro: Forense, 1990).

minhada para a era moderna relegou-se o Poder Judiciário ao modesto papel de resolver os litígios entre os particulares *secundum legem*.

Raul Machado Horta[7] é, sem dúvida, o autor que melhor comenta a resistência do parlamentarismo ao controle da constitucionalidade das leis, o antijudiciarismo francês, que fez adeptos por toda a parte, e os rigores da teoria da tripartição dos poderes. Vejamos dele entrechos selecionados. Primeiramente veremos as posições reacionárias ao controle que partiam dos Parlamentos vitoriosos:

> O funcionamento do regime parlamentar no século XIX revelou que um de seus traços dominantes residia precisamente na repulsa comum à ideia de controle da constitucionalidade das leis, notadamente quando sugerido o seu exercício pelo Poder Judiciário.
>
> Essa tendência uniforme é, no fundo, resultante política de recordações penosas das lutas seculares entre o Parlamento e o Poder Monárquico absoluto. Triunfando o Parlamento sobre aquele poder, tradicionalmente adverso, o seu movimento natural e lógico seria ensaiar desde logo a efetiva e extremada defesa de suas prerrogativas, repelindo influências provindas de qualquer autoridade exterior.
>
> A essa sobrevivência histórica, comum aos países que conheceram o absolutismo monárquico, viria acrescentar-se, para ampliá-la, a influência sugestionadora das instituições políticas da Inglaterra – mater parliamentorum – onde o Parlamento, uma vez vencidas as forças que embaraçavam o seu domínio, tornou-se poder dominador. A ideologia revolucionária de 1789 enriqueceria o conteúdo histórico daquela tendência com preciso desenvolvimento doutrinário, que válido para o regime representativo em geral encontraria cenário particularmente favorável no regime parlamentar francês da III República. Nesses antecedentes, podemos identificar as fontes do "parlamentarismo absoluto", consoante terminologia de Carré de Malberg para designar o regime infenso à ideia de controle e limitação.
>
> Sob tais auspícios, difundiu-se a crença de que regime parlamentar e controle da constitucionalidade das leis são noções opostas, de coexistência impossível. Bluntschli, ilustrando o pensamento político europeu do século passado, não admitia o reexame do ato legislativo, embora houvesse ocorrido violação do texto constitucional. O Legislativo é o espelho do Estado e as outras autoridades diante dele não passam de órgãos secundários.
>
> Afastada, em princípio, a simples possibilidade de controle da constitucionalidade, por via de consequência, inviável seria o seu exercício pelo

---

[7] HORTA, Machado Raul. *O controle da constitucionalidade das leis no regime parlamentar*. Belo Horizonte: UFMG, 1953. p. 66 e ss.

Poder Judiciário. Confrontando as instituições judiciárias norte-americanas e europeias, Le Duc de Noailles assinala a inferioridade do Poder Judiciário na Europa, onde se apresenta como entidade subordinada ao Poder Legislativo, constituindo menos um poder, igual aos demais, do que uma corporação eminente, encarregada de aplicar, mecanicamente, as leis votadas pelas Câmaras e promulgadas de acordo com as formalidades estabelecidas.

Na Inglaterra, onde o juiz desfruta de notório acatamento, jamais se consentiu a ingerência dos juízes para controlar os atos do Parlamento.

Na França, a informité congénitable do Judiciário, de que fala Carré de Malberg, está na própria origem do direito público francês moderno. A Constituição francesa de 1791, apesar de ter proclamado a separação dos poderes e nela depositado o fundamento da existência constitucional, a traité en marâtre l'autorité judiciaire, pelo papel subalterno de mero satélite e auxiliar da Assembleia Legislativa, un serviteur de la législature, diz incisivamente Carré de Malberg.[8]

Sobre a Inglaterra, neste panorama, disserta Raul Machado Horta:

> Todd, cuja obra clássica é de obrigatória referência nos estudos sobre o regime parlamentar inglês, dá preeminência, entre as transformações produzidas pela revolução de 1688, ao deslocamento virtual do centro e da força do Estado, que residiam na Coroa, para a Câmara dos Comuns.
> O Bill of Rights de 1689, que Anson julga o documento inglês mais próximo de um Código Constitucional, é a fonte da supremacia parlamentar, doravante confundida com o princípio legal da supremacia da lei. Além de preciso significado histórico, o Bill of Rights tem valor simbólico de aliança entre os juízes do common law e o Parlamento, para olvidando antigas disputas, concentrar, neste último poder, a força capaz de polarizar resistência e de destruir as prerrogativas soberanas da Coroa.
> Até aquela data, a pretendida supremacia do Parlamento lutava em duas frentes, uma das quais constituída pela oposição dos juízes do *common law*.
> A remota aspiração inglesa a um governo limitado encontrou, sobretudo nos séculos XVI e XVII, rigorosos intérpretes nos juízes do *common law*, preocupados em limitar o âmbito da ação parlamentar pela prevalência de princípios fundamentais derivados da lei natural.
> Avulta, nesse esforço, pela sua importância histórica, o papel de Sir Edward Coke, do King's Bench, que merece, na observação de Galland, um lugar especial na história das liberdades individuais inglesas, à qual ofereceu

---

[8] HORTA, Raul Machado. *O controle da constitucionalidade das leis no regime parlamentar*. Belo Horizonte: UFMG, 1953. p. 65.

concreta contribuição como um dos principais redatores da Petition of Rights, de 1628, "acontecimento lógico de sua fé e de sua vida de common lawyer".

Inspirando-se na lição de Bracton, Coke recorda ao próprio Jaime I, em incidente famoso, a subordinação do Rei a Deus e à Lei, afirmação insólita para o Soberano, que mereceu de J. Russel severa crítica pela sua conduta "desprezível".

Coke que, nas palavras de Pollard, estimava o common law com a mesma devoção com que os Stuarts estimavam o direito divino e o Parlamento, suas prerrogativas, procurou submeter o Legislativo inglês ao controle dos juízes no famoso Bonham's Case. Lançou nesse julgado, que os autores datam de 1610, os fundamentos da supremacia judiciária, admitindo expressamente que o *common law*, aplicado pelos juízes, pode declarar insanavelmente nula a lei do Parlamento (*statute law*), quando ela for contrária a common right and reason.

Cantinella confere ao Bonham's Case a importância histórica da tentativa mais séria para estabelecer na Inglaterra a supremacia das normas do direito natural sobre aquelas emanadas do Parlamento. Posteriormente, no caso Proclamation e no Colt and Glover v. Bishop of Coventry, Coke reiterou, sem êxito, as teses defendidas em 1610. Blackstone, quando ainda não admitia a supremacia do também poderoso parlamento asseverou:

"Puesto que ese Derecho natural es tan antiguo como la Humanidad y ha sido ordenado por el mismo Dios, tiene también fuerza obligatoria natural, y superior a la de todo otro. Obliga en todo el orbe terrestre, en todos los países y en todos los tiempos. Ninguna ley humana significa nada cuando contradice a aquél, y, en general, las leyes que algo valen derivan toda su fuerza y autoridad mediata o immediatamente de ese prototipo".

A Supremacia do Parlamento, que acabou prevalecendo com a anuência dos juízes do *common law*, a partir do Bill of Rights, de 1689, é o aspecto característico das instituições políticas inglesas. Herman Finer é concludente:

"It has already been suggested that in the British Constitution, nobody has legal authority to declare an act of Parliament or of the executive unconstitutional. In Britain there is in effect Parliamentary Sovereignty".

Dicey é o autor da descrição, hoje clássica, dos fundamentos e características da soberania parlamentar, que o famoso Professor de Oxford apresenta como o traço dominante das instituições políticas inglesas. A soberania parlamentar, na caracterização de Dicey, compõe-se de três elementos essenciais:

I – poder do legislativo de modificar livremente qualquer lei, fundamental ou não;

II – ausência de distinção legal entre leis constitucionais e ordinárias;

III – inexistência de autoridade judiciária ou qualquer outra com o poder de anular um ato do Parlamento ou considerá-lo nulo e inconstitucional.

O Parlamento, que abrangentemente designa o Soberano, a Câmara dos Comuns e a Câmara dos Lordes, tem o direito de fazer ou deixar de fazer qualquer lei. Todo ato dele emanado, esclarece Dicey, impõe-se aos Tribunais, não se reconhecendo a qualquer corpo ou instituição o direito de desprezar as leis que promanam daquela fonte. Para Dicey, não há poder que rivalize com o Parlamento, cuja supremacia é a verdadeira clef de voûte de la loi, de la Constitution.[9]

Nem tanto, acrescentamos nós. Vimos já como os juízes ingleses, a pretexto de interpretar a lei (*statute law*), mudam o sentido da norma escrita. Vimos também como o todo-poderoso Parlamento procura refrear-se respeitando a ordem formada pelos precedentes judiciais. O Parlamento é absoluto, mas olha com respeito os juízes e os seus afazeres. De qualquer modo, a cita de Raul Machado Horta mostra a razão pela qual o regime parlamentar inglês repele a ideia do controle da constitucionalidade.

As lições de Machado Horta são corroboradas pelo Prof. José Alfredo de Oliveira Baracho, outra grande expressão do constitucionalismo contemporâneo no Brasil.[10]

---

[9] HORTA, Raul Machado. *O controle da constitucionalidade das leis no regime parlamentar*. Belo Horizonte: UFMG, 1953. p. 68.

[10] No seu livro primoroso sobre o processo constitucional, referindo-se ao parlamentarismo francês, destaca o Professor de Minas Gerais a hostilidade gaulesa ao controle jurisdicional sucessivo das leis (*O controle da constitucionalidade das leis no regime parlamentar*. Belo Horizonte: UFMG, 1953. p. 287): "A hostilidade dos partidários da revolução pelas formas de controle é salientada por Burdeau que, fazendo o levantamento daquele sistema constitucional começa por dizer que a Constituição de 1791 não previa senão uma sanção oral. A desafeição pelo controle está na Constituição de 24 de junho de 1793, numa demonstração de indiferença da época revolucionaria pelo assunto.
Constituição do sec. VIII – Aceitou-se que o Senado Conservador fosse encarregado da questão. A experiência do controle pelo Senado desacreditou o sistema, feito por um órgão político. Com a restauração, a inconstitucionalidade das leis não surgiu, desde que desapareceu a distinção entre lei constitucional e ordinária.
A Constituição de 4 de novembro de 1848 foi rígida por sua origem, consagrando o processo de revisão. Ocorreu o restabelecimento do Senado Conservador: 'Et nous arrivons aux lois constitutionnelles de 1875 sans qu'il soit possible d'affirmer l'existence d'un contrôle juridictionnel de la constitutionnalité des lois.'
Na evolução do controle político, consagrado pelos franceses, chegamos à época do Comitê Constitucional, instituído pela Constituição de 27 de outubro de 1946 (arts. 91 a 93), com fisionomia bem original que consagrou:
a) Toda intervenção de poder judiciário seria impedida;
b) O processo imaginado implicava mais uma revisão indireta da Constituição, do que propriamente um controle da constitucionalidade.
[...]

No concernente à França, cuja influência foi enorme. Machado Horta realça a "glorificação da lei" e o apequenamento do Judiciário em favor do Parlamento, fato que inexistiu na Inglaterra, onde se preferiu glorificar o Parlamento, não sua obra. Com efeito, recorde-se a experiência inglesa. A lei, longe de ser intangível, passa pelo crivo do Judiciário, ao qual cabe verificar a sua conformidade com *o common law* e os documentos históricos.

Veremos, agora, perlustrando os excertos de M. Horta, quão diferentes são França e Inglaterra, quando consideram a lei e o Judiciário, sem embargo de ambas adotarem *regimes parlamentares de Governo*. Em França o antijudiciarismo é militante até a exaustão.

Na Inglaterra, o dissídio entre Parlamento e Poder Monárquico conduziu à supremacia do primeiro, firmada e consolidada historicamente pelas práticas e tradições gradualmente acumuladas; na França, a conquista histórica da supremacia parlamentar, assinalando o epílogo de uma luta secular, exprime-se, além disso, através de acabada elaboração doutrinária. Os revolucionários franceses de 1789, assimilando o pensamento de Rousseau, construíram, legislativamente, o princípio da supremacia parlamentar, inicialmente confundido com a turbulência do governo convencional para, mais tarde, guardando as fontes originárias de inspiração, abrigar-se às práticas parlamentares da III República.[11]

Cambacerés equipara a lei a um *depôt sacré*, para advertir ao constituinte de 89 que "l'immutabilité est le premier caractére d'une bonne législation".

Essa imutabilidade preconizada pelos "comissários da vontade geral" não consoava com a doutrina de Rousseau, mas decorria da supervalorização conferida à própria "volanté générale", proposição que se tornou famosa pela sua inscrição na Declaração de Direitos de 89 (art. 6) e textos constitucionais de 1791 (artigo 3) e 1793 (artigo 4).

A Constituição de 1791 não se limitou a enunciar o princípio. Retirou-lhe as consequências:

"[...] du moment que la loi est l'expression de la volonté générale, représentée par le Parlement, est qu'elle constitue, comme telle, l'oeuvre du souverain, il va de soi qu'elle doit dominer de sa supériorité l'activité no seulement des nationaux, mais encore de toutes autorités nationales instituées à côte de la législature".

A criação do Conselho Constitucional, com o objetivo de velar pela Constituição, inicia fase de grande importância para compreensão do sistema de controle na França. Mesmo assim, vários serão os debates para a compreensão de sua natureza. Apesar das aparências jurídicas de suas funções, a instituição do Conselho Constitucional ainda provoca divergência".

[11] HORTA, Raul Machado. *O controle da constitucionalidade das leis no regime parlamentar*. Belo Horizonte: UFMG, 1953. p. 75.

O texto de 1791, no dizer de Carré de Malberg, desenvolveu o princípio, de forma lapidar e com rara energia, proclamando solenemente a superioridade incontestável da lei:

"Il n'y a point en France d'autorité supérieure à celle de la loi" (Const. 1791, artigo 3, título III, cap. II, sec. I).

Simultaneamente, o órgão de revelação da lei soberana adquire projeção especial e privilegiada. A soberania parlamentar confunde-se com a soberania da lei.

Não havendo autoridade que se lhe possa opor, nenhuma seria menos qualificada para isso, na França de 89, se admissível a hipótese, do que o Poder Judiciário. A Revolução criou, desenvolveu e prolongou no tempo a "desconfiança" pelo Judiciário. Sieyes, quando optou por um órgão político e distinto dos demais para o exercício de controle ainda incipiente, não era estranho ou infenso a esse clima desfavorável, cujos elementos negativos provinham da história do Ancien Régime.

Ordinariamente, por prevenção, os revolucionários de todos os tempos sempre nutriram desconfianças contra o espírito conservador dos juízes. A essa predisposição, que tem a força persuasiva de uma constante histórica, não fugiram os revolucionários de 89, responsáveis por nova organização social e política, cuja guarda sabiam insegura nas mãos reverentes e conservadoras de juízes formados na mentalidade regalística do regime abolido.

Perpassavam, assim, nas palavras de Thouret, relator do Comité d'Organisation Judiciaire, o rumor dos acontecimentos históricos e os presságios de sua época:

"[...] en général l'esprit des grandes corporations judiciares est un esprit ennemi de la régénération. Il est nécessaire de recomposer constitutionellement tous nos tribunaux, dont l'état actuel est inconciliable avec l'esprit et les principes de notre Constitution régénérée" (ob. cit., p. 76).

Os revolucionários de 89, que temiam pudesse a Revolução vir a ser emasculée par les robins, trataram, com presteza, de impedir esse evento indesejável, adotando medidas legislativas proibitivas. A primeira surge na lei de 24 de agosto de 1790, sobre organização judiciária, cujo título II, artigos 10, 11 e 12 dispunham expressamente:

"Les tribunaux ne pourront prendre directemert ou indirectement aucune part à l'exercice du pouvoir législatif, ni empêcher ou suspendre l'exécution des décrets du corps législatif, sanctionnés par le Roi, à peine de forfaiture. Ils seront tenus de faire transcrire; purement et simplement dans un registre particulier et de publier dans la huitaine, les lois qui leus seront envoyées".

A Constituição de 3 de setembro de 1791, título III, cap. V, Parágrafo 3.º, foi mais sucinta, embora dentro do mesmo espírito:

"Les tribunaux ne peuvent ni s'immiscer dans l'exercice du pouvoir législatif, ni suspendre l'exécution des lois".

É visível nesses textos o propósito de eliminar definitivamente as práticas dos Parlamentos judiciários, cujas sombras ainda incomodavam.

O référé Iégislatif é outra criação da lei de 24 de agosto de 1790, não só para impedir qualquer ressurgimento das prerrogativas dos Parlamentos judiciários como para diminuir o próprio Judiciário.

O référé retirava do juiz, para confiar ao Legislativo, a função de intérprete da lei. Tornava defeso ao magistrado decidir quando a aplicação da lei suscitasse interpretação duvidosa, cabendo-lhe aguardar a interpretação legislativa. Frustrava-se, assim, a interpretação judiciária da lei.

Para fiscalizar os juízes e preservar a intangibilidade das leis, criou-se ainda, no dispositivo citado, o Tribunal de Cassação, cuja missão específica, di-lo o artigo 3.º da lei de 24 de agosto de 1790, é "anular toda sentença que contivesse violação expressa do texto da lei".

O Tribunal subordinava-se ao corpo legislativo (título III, capítulo V, 19, Constituição de 1791), devendo apresentar-lhe, anualmente, um relatório de suas atividades, mencionando os julgamentos proferidos e textos legais cuja infringência impedira, cassando sentenças judiciárias. O Tribunal de Cassação, assim organizado, não era, disse Duguit, um órgão do Poder Judiciário, mas um delegado do Poder Legislativo.

Na hostilidade à jurisprudência transparecia mais um aspecto da indisposição da mentalidade de 89 contra o Judiciário. Robespierre pretendia escoimar a palavra do idioma francês e Chapelier considerava a jurisprudência a mais detestável das instituições.

Na Constituinte de 89 surgiram resistências aos que, em nome do princípio da separação dos poderes, pretendiam incluir o Judiciário entre os poderes do Estado. Para vários constituintes, observou Carré de Malberg, a decisão dos juízes e a execução dos atos administrativos cabiam, incindíveis, na forma comum de aplicação das regras legislativas. Assim, Mirabeau convidava os partidários da separação dos poderes a explicar como concebiam o Poder Judiciário distinto do executivo; Duport, nos Principes et plan sur l'établissement de l'ordre judiciaire, deferia a aplicação das leis ao que se denominava, impropriamente, Poder Judiciário; Cazalés convertia o Judiciário em dependência do Executivo, pois abrangia este último dois setores principais: administração e justiça.

Como se não bastassem as reservas e prevenções já manifestadas, o Código Penal de 1810, fiel a uma sobrevivência do espírito revolucionário, transpôs as proibições existentes para o domínio repressivo das figuras criminais:

"Seront coupables de forfaiture et punis de la dégradation civique: – les juges. qui se seront immiscés dans l'exercice du pouvoir législatif, soit par des règlements contenant des dispositions législatives, soit en arrêtant ou en suspendant l'éxecution d'une ou de plusieurs lois, soit en délibérant sur le point de savoir si les lois seront publiées ou exécutées" (artigo 127, parágrafo 1.º).

O período revolucionário, que conduziu ao abaissement du pouvoir judiciaire estimulou, em compensação, o culto e o fetichismo da lei. A inferiorização do Judiciário é contrastada pela exaltação da lei, expressão da vontade geral.

Todo um sistema de hermenêutica, o chamado sistema dogmático ou tradicional, irá, mais tarde, inspirar-se nesse culto reverencial à lei e à vontade soberana do legislador.

Um civilista como Laurent, que escreveu os 32 volumes dos Príncipes para pregar o respeito à lei, filia-se ao genuíno pensamento revolucionário:

"[...] la souveraineté réside dans le pouvoir législatif, il est l'organe de la volonté nationale, et quand iI a parlé, tous doivent obéir, même le pouvoir exécutif, même le pouvoir judiciaire".

Bugnet não dissociava o legislador de sua obra: "não conheço o direito civil, pois só ensino o Código de Napoleão".

Por outro lado, a Codificação, expressão mais alta do espírito de legalidade, foi, sabidamente, propósito e aspiração do período revolucionário, que Cambacerés procurou concretizar, sem êxito, nos três projetos de Código Civil.

O período revolucionário legou, assim, dois dados fundamentais para situar negativamente, na França, o problema do controle das constitucionalidades das leis: a diminuição institucional do Poder Judiciário e a ideia da soberania da lei.

A presença desses elementos explica a jurisprudência negativa dos tribunais franceses, judiciários ou não, que reiteradamente têm manifestado sua incompetência para o exercício do referido controle.[12]

Após esta magnífica exposição fica-se ciente das profundas diferenças entre França e Inglaterra, quando consideram o Parlamento, *a Lei e o Juiz*. Seja lá como for, já podemos compreender por que somente no século XX surgiu da aptidão teórica dos europeus do continente a instituição de sistemas lépidos e eficazes de controle de constitucionalidade das leis ou da falta delas (omissão legislativa). Ao surgirem ditos sistemas, mostraram-se mais afeiçoadas à índole dos plexos jurídicos da Europa e mais consentâneos com a modernidade e respectiva mundividência. Com efeito, as Cortes Constitucionais europeias são uma grata inovação do Velho Mundo atingido pela maturidade e pela imaginação.[13] Estamos seguros,

---

[12] HORTA, Machado Raul. *O controle da constitucionalidade das leis no regime parlamentar*. Belo Horizonte: UFMG, 1953. p. 79.
[13] Ver SALDANHA, Nélson. Separação de poderes, reflexão sobre a permanência do problema. *Revista de Direito Público e Ciência Política*, Fundação Getulio Vargas, v. VI, n. 1, 1963; SÁ FILHO. *Relação entre os poderes do Estado*: leituras de direito constitucional. Rio de Janeiro:

por outro lado, de que o Velho Mundo, exceto a Inglaterra, durante muito tempo, homenageou o antijudiciarismo, reagindo à ideia de ver o Judiciário como *controller* da Constituição e das leis.

Disso promana, sem dubitação, aquela inaptidão para o controle jurisdicional, referida por Cappelletti (cuja opinião daremos à frente), manifestada quando se improvisaram na Europa sistemas jurisdicionais de controle da constitucionalidade das leis, experiências que o referido comparatista considerou fracassadas. É sugestivo notar que noutras latitudes, onde existem culturas jurídicas partícipes da família romano-germânica, casos do Brasil e da Argentina, por sinal, avessos ao parlamentarismo, o controle jurisdicional da constitucionalidade das leis tem se havido bem, sendo certo que as suas Constituições reservam ao Judiciário o *status* do *Poder Republicano*, como nos EUA, cujo constitucionalismo projetou-se no continente, em que pese a grande influência das doutrinas francesa, ibérica, italiana e alemã, na formação jurídica dessas grandes nações da América Latina.[14]

Borsoi, 1959; SILVA, José Afonso da. *Aplicabilidade das normas constitucionais*. São Paulo: RT, 1968; e Jurisdição constitucional no Brasil e na América Latina. Separata da *Revista da Procuradoria-Geral do Estado*, n. 13/15, Imprensa Oficial do Estado de São Paulo, 1980.

[14] O antijudiciarismo francês, certa feita, chegou a apresentar-se quase que como uma patologia jurídica. É ver HORTA (*O controle da constitucionalidade das leis no regime parlamentar*. Belo Horizonte: UFMG, 1953. p. 86):
"Gaston Jéze, que admitiu, em 1895, a introdução do controle judiciário na França, repeliu posteriormente essa opinião, sustentada 'avec l'intransigeance de la jeunesse'. Para ele, a impossibilidade do controle decorria das deficiências da magistratura francesa, dominada por: 'Une tradition séculaire de prosternation envers le gouvernement, tradition qui est tres défavorable à l'organisation d'un contrôle juridicitionnel quelconque'.
Ademais, a desaconselhar o controle, persistia a ausência de interesse prático que o justificasse, dada a limitação das leis constitucionais de 1875.
Carré de Malberg sustentava que a introdução do controle ocasionaria um *bouleversement* no sistema constitucional francês, pois as leis de 1875 não admitiam que viessem os tribunais a verificar a inconstitucionalidade das leis, sobrepondo-se assim, à vontade mais alta da nação. A incompetência dos Tribunais não decorria do princípio da separação dos poderes, mas provinha da sedimentada desconfiança no Poder Judiciário. Por outro lado, a brevidade dos textos constitucionais de 1875 tornava praticamente desinteressante o estabelecimento do controle – Carré denomina a Constituição de 1875 'simples estatuto de organização de poderes' – e contra ele se insurgiria o Parlamento, que era órgão soberano e dominador. Paul Duez, que recomendou, juntamente com Barthélemy, garantias específicas para contrapor-se à 'opressão parlamentar', acentuou a dificuldade do exercício do controle da constitucionalidade das leis pelos tribunais franceses, por tinha pela frente, a obstá-los, praticamente, *'tout un courant historique défavorable'* e *'la reelle timidité du juge'*. As resistências apresentadas pelo regime parlamentar ao controle da constitucionalidade das leis não lhe foram congênitas. Encontraram nele, é verdade, ambiente propício, o cenário predileto para o seu desenvolvimento e consolidação, particularmente na época do parlamentarismo clássico, em pleno século XIX. Historicamente, essas resistências antecederam-no, quer na França, quer na Inglaterra. A incompatibilidade entre regime parlamentar e controle da constitucionalidade das leis não é originária, mas histórica, circunstância

Voltemos, contudo, ao chamado modelo concentrado de controle da constitucionalidade das leis, implantado na Europa Continental a partir de 1920, em busca de suas características básicas, não sem mencionar antes que as modernas Cortes Constitucionais europeias, sem embargo de serem "não judiciárias", em sentido estrito, apresentam ao mundo, hoje, exemplos típicos de supervisão constitucional, para alguns, superiores aos da Suprema Corte norte-americana.

José Afonso da Silva é um desses autores simpatizantes das Cortes Constitucionais europeias, inclusive da composição eclética e não vitalícia de seus membros. De modo absoluto descartamos tais ideias. Entre nós seria politizar o Judiciário na cúpula e introduzir a incerteza e a insegurança quanto ao sentido da Constituição e da lei. Seguimos, no particular, as lições de Ruy Barbosa, um dos "pais" do controle jurisdicional no Brasil. Dizia o Mestre:

> Formulando para nossa pátria o pacto da reorganização nacional, sabíamos que os povos não amam as suas constituições senão pela segurança das liberdades que elas lhes prometem, mas que essas constituições, entregues, como ficam, ao arbítrio dos parlamentos e à ambição dos governos, bem frágil anteparo oferecem a essas liberdades, e acabam quase sempre, e quase sempre se desmoralizam pelas invasões, graduais ou violentas do poder que representa a legislação e do poder que representa a força. Nós, os fundadores da Constituição, não queríamos que a liberdade individual pudesse ser diminuída pela força, nem mesmo pela lei. E por isso fizemos tribunal o sacrário da Constituição, demos-lhe a guarda da sua hermenêutica, pusemo-lo como um veto permanente aos sofismas opressores da Razão de Estado, resumimos-lhe a sua função específica nesta ideia [...]" (Trecho do discurso proferido por Ruy Barbosa no Supremo Tribunal Federal, em 23 de abril de 1892, em defesa do habeas corpus em favor dos presos políticos. Original pertencente ao Arquivo da FCRB).

O roteiro agora nos leva a Viena.

Por uma questão metodológica, devemos começar pelo protótipo austríaco em homenagem a *Hans Kelsen*, e, também pelo nada desprezível fato de ter sido o primeiro experimento de controle concentrado, concebido a partir de provisões teóricas, por isso mesmo apartado de insumos históricos. Neste ponto, o controle apresenta-se diametralmente oposto ao inglês e diverso do norte-americano, os quais utilizaram experiência, herança cultural e razão aplicada.

---

que explica a hostilidade do regime parlamentar, não só a formas de controle em geral, mas, particularmente, ao controle pelo Judiciário.
Este último traço vai sobreviver, consciente ou inconscientemente, quando o regime parlamentar, removendo aquela incompatibilidade histórica, consente no controle, adotando forma própria, que singulariza a sua contribuição. Cria, assim, para o exercício deste controle, instituição autônoma e independente, distinta da jurisdição comum do Poder Judiciário".

4.2. A EXPERIÊNCIA AUSTRÍACA – PONTO DE PARTIDA

Antes de iniciar a exposição do modelo ou protótipo austríaco de controle da constitucionalidade das leis, convém repassar as noções de controle "difuso" e "concentrado". No chamado sistema difuso, como ocorre nos EUA, o poder de controlar as leis em face da Constituição pertence a todos os órgãos judiciários, isto é, a todos os juízes de um dado ordenamento jurídico, por ocasião do exame dos casos concretos *(incidenter tantum)*. No sistema concentrado, ao invés, o poder de controle da lei em tese (controle abstrato) e da lei do caso (controle concreto) "concentra-se", com vantagem para a rapidez e a uniformidade, em um único órgão, situado acima do *ordo juris*. Na Federação brasileira, como veremos no próximo capítulo, adota-se um modelo híbrido, ou melhor, interpolado. Temos o sistema difuso e o sistema concentrado. Em ambos os casos, pronuncia a palavra primeira ou final um único órgão judiciário, o Supremo Tribunal Federal, cúpula do Poder Judiciário da República Federativa do Brasil.[15]

O modelo austríaco surge com a Constituição de 1.º de outubro de 1920, baseado num estudo de *Hans Kelsen*, que lhe fora encomendado pelo Governo. Aqui não mais a mão de mestra da história, como na Inglaterra e, em certa medida, nos Estados Unidos, mas a história na mão de um "mestre". O empirismo cede lugar à racionalização. O sistema austríaco, criado em 1920 e reformulado pela emenda de 1929, expandiu-se vigorosamente pela Europa e hoje é adotado na Espanha, em Portugal, na Itália, na Alemanha, na Turquia, Iugoslávia e noutras partes.

Embora herdeira das ideias de *Montesquieu*, tem-se em França como absolutamente inaceitável a interferência dos juízes em atos derivados das Assembleias Parlamentares, representativas da soberania nacional e da "vontade do povo". Ainda bem, a tanto serviu a tal de "dualidade de jurisdição". Existe em França o Conselho de Estado. Este colendo órgão, incrustado no aparato administrativo, em verdade é um Supremo Tribunal, em matéria de direito administrativo, exercendo função notabilíssima no campo da jurisdição das liberdades ante o poder do Estado.

Somente no século XXI o "Conselho Constitucional", que atuava na última etapa do processo legislativo (controle prévio e parlamentar da constitucionalidade das leis), tornou-se um órgão apartado da "Assembleia Nacional". Descobriu-se que la volonté générale nem sempre era geral e, muita vez, decorria de vontades não muito respeitáveis. Aos poucos e cada vez mais, o velho "Conselho Constitucional" está agindo como Corte Constitucional, inspirado na Corte alemã, paradoxalmente.

---

[15] O Ministro Oscar Dias Corrêa, ex-integrante da Suprema Corte brasileira, de onde saiu para ser Ministro da Justiça, no Governo Sarney, entendia que o modelo brasileiro, como ideado na Constituinte, era superior ao norte-americano (difuso) e ao concentrado existente na Europa Continental. *O Supremo Tribunal Federal, Corte Constitucional do Brasil* (Rio de Janeiro: Forense, 1987) é um pequeno grande livro, onde o autor examina com profundidade e com grande paixão todos os sistemas de controle de constitucionalidade das leis, optando pelo modelo brasileiro.

4.3. OS LIMITES DA INFLUÊNCIA FRANCESA

Seja lá como for, a Europa predominantemente segue o modelo austríaco, hoje substancialmente desenvolvido nos diversos países europeus que o adotaram, embora tenha sido, também, influenciada pela doutrina antijudiciarista francesa, esta ferrenha. No país de Montesquieu, que repartiu o Estado em três poderes, se por um lado o *Conseil D'État* protege o cidadão contra os abusos e ilegalidades da Administração e a *Court de Cassation*, por outro, reprime os erros e ilegalidades dos próprios juízes, em favor dos justiçáveis, nada parecia proteger os franceses dos abusos do Poder Legislativo, quando muito restringido por maiores poderes concedidos não ao Judiciário, mas ao *Chefe de Estado*, como ocorreu na Constituição de 1958.

O modelo austríaco seguido por outros países europeus – rompendo com a resistência ao controle das leis – vai-se colocar numa espécie de meio-termo entre o *judicial réview* norte-americano, o radicalismo francês e a excentricidade inglesa. Não se copia o modelo americano do controle difuso, tido como exótico e até imperfeito, mas também é rejeitado o simples controle político, preventivo, utilizado na França (na verdade, a questão ali era de processo legislativo). Surgem as Cortes Constitucionais, ao lado da trindade dos poderes, com a função de aferir a fidelidade das leis aos textos constitucionais, com maior e menor elastério, dependendo do lugar. No protótipo austríaco, bem como nos sistemas de controle europeus que se lhe seguiram, o órgão que concentra as arguições de inconstitucionalidade não são propriamente órgãos judiciários de cúpula. Seguramente não é a Corte de Cassação austríaca que exerce este *munus* (Oberster Gerichtshof) nem o Bundesgerichtshof alemão nem as Cortes de Cassação italiana, espanhola e portuguesa. São órgãos de "justiça constitucional", inteiramente novos, e cuja composição é eclética. Oliveira Baracho[16] anota que:

> A dedicar-se ao exame dos tribunais constitucionais, Mirkine-Guetzévitch ressalta que muitas constituições aceitaram o controle da constitucionalidade das leis, sendo que as da Irlanda (art. 16), Rumânia (art. 103) e Grécia (art. 5.º) adotaram o sistema americano (difuso).
>
> A Áustria e a Checoslováquia criaram um órgão especial de controle constitucional. A organização da justiça constitucional austríaca iniciou a renovação do sistema de proteção dos direitos humanos, consagrados constitucionalmente. Esse sistema adquiriu particular relevo e curiosidade na época em que surgiu: "Encore plus intéressant est l'organisation de la justice constitutionnelle de l'Austriche. La place nous manque pour étudier en détail le mécanisme perfectionné de l'Autriche. Disons seulement que l'article 140 de la Constitution prévoit la vérification de la constitutionnalité des

---

[16] BARACHO, José Oliveira. *Processo constitucional*. Rio de Janeiro: Forense, 1985. p. 230.

lois des provinces à Ia requête du government provinciaux, et lorsque'une loi entraine la publication de l'annulation".

Sob a influência de Kelsen, a Constituição austríaca de 1920 foi a primeira a instituir um tribunal judicial especial, encarregado de efetivar a justiça constitucional. A Haute Cour Constitutionnelle, empreendendo o verdadeiro coroamento da garantia suprema da Constituição, ocupa eminente lugar no conjunto das instituições políticas daquele Estado. Pelo levantamento de suas atribuições, percebe-se que elas vão além daquelas previstas para uma justiça constitucional *stricto sensu*. Assegura o respeito à Constituição, ou às leis, pelos órgãos executivos superiores.

Era-lhe deferida a faculdade para decidir sobre constitucionalidade das leis provinciais e nacionais; a legalidade dos regulamentos administrativos; conhecia do impeachment; conflitos de eleição; demandas contra o Estado Federal, as províncias, os municípios.

Pronunciava o direito em toda matéria política, pelo que era considerada como jurisdição política suprema. Assegurava a predominância do direito no âmbito político. Kelsen escreveu que a Constituição conferiu a esse Tribunal o poder de anular a lei considerada inconstitucional. Essa decisão anulatória tinha efeitos *ex nunc*, sem força retroativa. A Constituição austríaca estabeleceu que os tribunais ordinários não tinham faculdade para examinar a validade das leis devidamente promulgadas (arts. 89 a 140).

Era competente para conhecer de violações aos direitos constitucionalmente garantidos, em decorrência de decisão ou decreto de autoridade administrativa, após serem esgotados os recursos administrativos. Como Tribunal de Conflitos, estabelecia as jurisdições das autoridades administrativas, dos tribunais ordinários, do tribunal administrativo e da própria Corte Constitucional.

A limitação da matéria permitiu que a Corte Constitucional ficasse livre para dedicar-se às questões constitucionais.

4.4. OS ÓRGÃOS DE CONTROLE NO MODELO EUROPEU

Cappelletti justifica as "cortes constitucionais" fora das cortes judiciais ditas, com argumentos até certo ponto cruéis, onde redesponta o antijudiciarismo. Diz ele:[17]

> É um dado de fato que a Supreme Court americana – como também, por exemplo, a Suprema Corte japonesa, criada, parcialmente sob modelo americano, pela Constituição de 1947 – não é o exato equivalente do Verfassungsgerichtshof austríaco, ou da Corte Constitucional italia-

---

[17] CAPPELLETTI, Mauro. *O controle judicial da constitucionalidade das leis no direito comparado.* Porto Alegre: Fabris, 1984. p. 86.

na, ou do Bundesverfassungsgericht alemão. Com isto quero dizer que a Corte Suprema americana e, igualmente, os órgãos judiciários supremos dos outros sistemas "difusos" de *judicial review* não são absolutamente órgãos judiciários com funções exclusivamente constitucionais e judicantes, como consequência de um procedimento especial ad hoc, como são, ao invés, os órgãos judiciários europeus, há pouco mencionados. Ao contrário, a Supreme Court outra coisa não é que o mais alto entre os ordinários órgãos judiciários federais americanos e a ela, como deve ser sublinhado, chega-se não mediante especiais procedimentos, mas através do iter das normais impugnações e recursos. Ela, afinal de contas, corresponde, eventualmente, grosso modo, à Corte Suprema de Cassação italiana, ao Oberster Gerichtshof austríaco ou ao Bundesgerichtshof alemão, antes que às Cortes Constitucionais dos países europeus. Um constitucionalista norte-americano, corretamente, sublinhou que é um erro tradicional o de se ir à procura de um ou outro procedimento especial, como, por exemplo, o writ of habeas corpos ou, ainda, o *writ of error* ou o *writ of certiorari*, para servir de base à *judicial review of legislation* do sistema americano: ao contrário, a "regra fundamental" daquele sistema é que não existe qualquer tipo especial de procedimento – assim não existe um órgão especial competente – para as questões constitucionais, as quais "se deciden según surgen en cada caso determinado, cualquiera que sea la naturaleza de los derechos en cuestión, o de los recursos que promueven".

Surge, pois, neste ponto, uma interessante pergunta: por que, então, a Constituição austríaca de 1920-29 e, em suas pegadas, as posteriores Constituições italiana, alemã e de outros países (Chipre, Turquia e Iugoslávia) preferiram a gravosa, incerta e custosa solução de criar órgãos judiciários totalmente novos, as Cortes Constitucionais? Por que, em síntese, elas não preferiram escolher o caminho mais simples de atribuir – ainda que de maneira "concentrada" e, de qualquer modo, com eficácia erga omnes, a fim de evitar os inconvenientes assinalados acima, a função de controle de constitucionalidade das leis a algum dos órgãos judiciários já existentes, por exemplo, à Corte de Cassação na Itália, ao Oberster Gerichtshof na Áustria, ao Bundesgerichtshof (o velho *Reichsgericht*) na Alemanha? O exemplo suíço do Tribunal Federal, como já se referiu, teria podido representar, pelo menos em parte, um útil precedente neste sentido. Cada um dos três mencionados órgãos judiciários europeus tem, como o Tribunal Federal. Suíço, uma (mais ou menos) gloriosa tradição em seu respectivo País e é especializado na solução das mais árduas questões de direito: de onde poderíamos facilmente ser induzidos a pensar que cada um deles teria sido capaz de exercitar a nova, árdua e importante função de controle das leis, muito melhor que um órgão judiciário inteiramente destituído de tradições e destituído, portanto, de uma secular experiência e autoridade.

Mas, também, aqui, a mim não parece que a solução adotada pela Constituição austríaca e, depois, pelas Constituições europeias que trilharam o mesmo caminho, deixasse de ter muito razoáveis justificações. Sem embargo de que se pudessem evitar os inconvenientes indicados no parágrafo 4.º, com a atribuição às ordinárias Cortes Supremas europeias do poder de *judicial review*, teriam permanecido, ainda assim, outros e muitos graves inconvenientes, que apenas com a criação de novos e especiais órgãos de justiça constitucional puderam, ao invés, ser evitados.

Estes inconvenientes se unem à estrutura do ordenamento judiciário, que, nos sistemas da Europa Continental, é, usualmente, constituído por juízes de carreira que entram jovens na magistratura e só em idade avançada, e, em grande parte, fundados em sua demonstrada habilidade no interpretar as leis, com rigor lógico e precisão, chegam a funções ligadas à atividade das Cortes Supremas. Certo é que as normas das Constituições modernas são algo de profundamente diverso das usuais normas de lei, que os juízes das Cortes Supremas europeias, chegados já ao cume ou ao término de sua longa carreira na magistratura, foram, por decênios, habituados a interpretar, a observar e a fazer observar, com uma técnica hermenêutica que refoge daquele tipo de *policy-making decisions* que estão, inevitavelmente, implicadas, ao invés, em uma atividade de controle de validade substancial das leis e de atuação da norma constitucional.

As Constituições modernas não se limitam, na verdade, a dizer estaticamente o que é o direito, a "dar uma ordem" para uma situação social consolidada; mas, diversamente das leis usuais, estabelecem e impõem, sobretudo, diretrizes e programas dinâmicos de ação futura. Elas contêm a indicação daqueles que são os supremos valores, as rationes, os Grunde da atividade futura do Estado e da sociedade: consistem, em síntese, em muitos casos, como, incisivamente, costumava dizer Piero Calamandrei, sobretudo em uma polêmica contra o passado e em um programa de reformas em direção ao futuro. Disto decorre que a atividade de interpretação e de atuação da norma constitucional não é, absolutamente, uma atividade a que possa, sempre, julgar-se preparado, sobretudo o juiz "de carreira", amadurecido nas salas fechadas dos tribunais onde, dos tumultuosos acontecimentos e das exigências que prorrompem da sociedade, não entram, com frequência, senão os ecos atenuados. A atividade de interpretação e de atuação da norma constitucional, pela natureza mesma desta norma, é, não raro, uma atividade necessária e acentuadamente discricionária e, lato sensu, equitativa. Ela é, em suma, uma atividade mais próxima, às vezes – pela vastidão de suas repercussões e pela coragem e a responsabilidade das escolhas que ela necessariamente implica –, da atividade do legislador e do homem de governo que da dos juízes comuns: de maneira que se pode compreender como Kelsen na Áustria, Calamandrei na Itália e outros não poucos estudiosos tenham considerado, ainda que, erradamente, em minha opinião, dever falar-se aqui de uma atividade de natureza legislativa (*Gesetzgebung* ou, pelo menos, *negative Gesetzgebung*) antes que de uma atividade de natureza propriamente jurisdicional.

Vimos já com Machado Horta as razões históricas que emascularam a magistratura na Europa, e por isso ousamos discordar de Cappelletti. Deve caber às Cortes judiciárias a guarda das Constituições. A interpretação e a aplicação da Constituição enquanto lei das leis, ápices do sistema, a fornecer o fundamento de validez das demais normas da ordem jurídica, formam juntamente com elas o *ordo juris*, uno, integral e escalonado. Os juristas da Europa não entendem assim a questão, e são despreparados os juízes de lá para aplicar o direito com esta visão ampliada? Pensamos que é uma coisa e outra e mais o velho preconceito dos europeus continentais quanto ao papel dos juízes, não do papel dos juristas, na entrosagem dos três poderes, muito embora o próprio Cappelletti se justifique – e neste ponto também nós os brasileiros nos ressentimos – com experiências recentes. É o que se vê em sua obra magnífica:[18]

> Já se disse que, tanto na Alemanha, à época da Constituição de Weimar, quanto na Itália, nos anos de 1948-56, se teve a experiência de um sistema de controle judicial "difuso" de constitucionalidade das leis, controle que, competindo a todos os juízes comuns, acabava, obviamente, por ser exercido, em última instância, respectivamente pela Reichsgericht e pela Corte de Cassação, isto é, pelos tribunais supremos ordinários do ordenamento jurídico dos dois países. Pois bem, parece, antes de mais nada, certo que o sistema não deu lugar a bons resultados, na Alemanha. E quanto, enfim, à Itália, todos aqueles que viveram a experiência daqueles oito anos, nos quais a Corte de Cassação, frequentemente secundada pelo Conselho de Estado, usou de sua habilidade hermenêutica muito mais no sentido da não atuação da norma constitucional, não poderão desconhecer que a Corte de Cassação, e gostaria de dizer sobretudo a Corte de Cassação, deu péssima prova de sua idoneidade como juiz em matéria de controle de legitimidade constitucional. Por isso, parece, verdadeiramente, que a história secular daquele órgão judiciário, antes de lhe ter servido de benefício, nesta matéria, lhe tenha servido mais facilmente de obstáculo e de incômodo.
>
> Nem estas confirmações práticas das supraexpostas considerações encontram alguma exceção em outros países. Não nos países escandinavos, onde, prescindindo de outras considerações, o modesto papel desempenhado pelas Cortes Constitucionais e pelos juízes em geral em matéria de controle de leis, é, via de regra, reconhecido. Não no Japão, onde parece que nos

---

[18] CAPPELLETTI, Mauro. *O controle judicial da constitucionalidade das leis no direito comparado*. Porto Alegre: Fabris, 1984. p. 90.

três primeiros lustros da entrada em vigor da Constituição, a Corte Suprema daquele país teve a coragem de declarar a inconstitucionalidade de uma lei, e que este fato deve ser atribuído, também, à mentalidade dos juízes de carreira daquela Corte.[19] E não, enfim, na Suíça, onde o sucesso prático da atividade de judicial review, exercida pelo Tribunal Federal, leva-nos, antes, a uma confirmação que a um desmentido, se se imagina que aquela Corte se compõe de vinte e seis juízes que não são juízes de carreira, mas, ao invés, eleitos pela Assembleia Federal.

À luz de uma experiência de quase dois séculos, parece, ao contrário, correta a opinião de que os juízes da Supreme Court americana se mostraram, em geral – e salvo alguns críticos periódicos da história daquela Corte –, à altura do pesado encargo: e não existe quem não saiba que muitos entre os nomes mais ilustres da história norte-americana foram, exatamente, nomes de juízes daquela Corte. Mas isto deve ser ligado certamente a multíplices circunstâncias, entre as quais vale a pena sublinhar o fato de que o encargo de judicial review of legislation surgiu com o próprio surgir da Supreme Court, pelo que esta, em certo sentido, teve, necessariamente, de se elevar ao nível daquela altíssima função à qual, sem a coragem de seus primeiros juízes, ela teria, inicialmente, também podido renunciar. Existe, além disto, também o fato de que os juízes daquela Corte – de resto, mesmo os das outras Federal Courts americanas – não são como são, ao invés usualmente, os juízes das Cortes ordinárias europeias, magistrados de "carreira", mas são nomeados ad hoc pelo Presidente dos Estados Unidos "by and with the advice and consent of the Senate" (art. II, secção 2.ª da Constituição dos USA), pelo que, no modo mesmo de sua escolha, pode facilmente refletir-se a exigência de não se esquecer o caráter particular de suas funções.

Julgo ter explicado, assim, algumas (e, a meu ver, as principais) razões pelas quais as modernas Constituições europeias e, em particular, a austríaca, a italiana e a alemã preferiram não se servir, para a nova e fundamental função do controle jurisdicional de constitucionalidade das leis, dos órgãos judiciários já existentes e dos membros "de carreira" da magistratura; preferiram criar, ao invés, não obstante todos os onerosos problemas de coordenação disto derivantes, especiais órgãos judiciários inteiramente novos, dotados,

---

[19] A Corte Suprema do Japão, embora discreta, tem proferido algumas decisões de inconstitucionalidade. Em 1973, sobre o art. 200 do Código Penal, estabelecendo pena mais pesada para o parricídio. Em 1975 contra norma que impunha distância mínima para o estabelecimento de farmácias. Em 1976, em prol do princípio da igualdade na formação dos membros da Dieta (art. 14 da Constituição). Por outro lado, a Corte não é "de carreira". São 15 juízes: 5 juízes antigos, 5 advogados antigos e 5 homens de saber e experiência (promotores, burocratas, professores). É o que informaram BARROSO, Luiz Felizardo; MORAES, Aloysio. Sistema judiciário japonês. *Revista do Curso de Direito da Universidade Federal de Uberlândia*, n. 19, dez. 1990).

porém, como os outros órgãos judiciários, de plena independência e autonomia, mas compostos, analogamente à Supreme Court americana, de juízes (ou, pelo menos, de uma maioria de juízes) não de carreira, nem ad hoc em escolha feita pelos supremos órgãos legislativos ou executivos do Estado.

Pensamos que as ferinas observações de *Cappelletti*, independentemente de serem ou não procedentes, deveriam ser bem meditadas pelos juízes brasileiros com assento nos tribunais superiores, muito embora não se possa dizer que, em matéria de jurisdição constitucional, os juízes brasileiros, de carreira ou não, tenham falhado tão espantosamente. É sabido que os ministros de nossa Corte Suprema são *nomeados* pelo Presidente com a aprovação do Senado, sejam juízes de carreira ou não, e que nos demais tribunais entram um quinto dos juízes por indicação da Ordem dos Advogados do Brasil e do Ministério Público, menos no Superior Tribunal de Justiça, onde entram por terça parte. Pois bem, não se pode dizer, repetimos, que os juízes brasileiros, de carreira ou não, em matéria de jurisdição constitucional tenham dado exemplos tão crassos de incapacidade. Deram mostras de entender o tempo e as suas exigências, posto que não se tenham alteado a grandes culminâncias em razão dos longos períodos ditatoriais que estoicamente temos suportado. Nessas ocasiões ficavam suspensas as tradicionais garantias da magistratura...

A ojeriza do autor italiano, por outro lado, à magistratura de carreira não passa de preconceito. Se se ativesse ao seu país, a atitude seria compreensível. Quando universaliza as suas observações, incide em erronia. Veja-se o Brasil mesmo antes da Constituição de 1988. Os juízes de carreira e os tribunais superiores, mormente a Suprema Corte, seguidamente declaram inconstitucionais leis e atos normativos, com coragem e altivez.

4.5. AS CORTES CONSTITUCIONAIS EUROPEIAS – ASPECTOS MODAIS

Está visto, portanto, que a Europa Continental, nas pegadas do modelo austríaco, adota o modelo de controle concentrado de jurisdição constitucional e que os órgãos de controle são especiais Cortes Constitucionais. Resta saber, como opera o modelo, *o modus faciendi*.

Na sua primeira versão, a de 1920, o modelo austríaco só permitia a certos entes políticos a arguição direta de inconstitucionalidade de uma lei: o governo federal e os governos estaduais. Ficavam sem controle de constitucionalidade as leis lesivas à liberdade e aos direitos das pessoas físicas e jurídicas, ou seja, o principal de tudo. Pior, ainda que manifestamente inconstitucionais as leis tinham que ser, necessariamente, aplicadas pelos juízes ante uma legal presunção de constitucionalidade, nem por isso menos absurda. A partir de 1929 foram legitimados, para suscitar perante a Corte Constitucional a questão da inconstitucionalidade de uma lei, dois órgãos judiciais de cúpula, a Suprema Corte austríaca e a Corte Administrativa, relativamente aos casos duvidosos sob as suas respectivas jurisdições, ficando os feitos suspensos até a decisão da Corte Constitucional sobre a questão. Mesmo assim – por suposto – os juízes e tribunais inferiores continuaram metidos na situação perversa de aplicar leis inconstitucionais, tomando-as por presunção legal, como compatíveis com a Lei Maior.

Esta situação foi remediada na Itália e na Alemanha pela extensão à comum jurisdição, independentemente da fase do processo e da matéria *sub judice*, da faculdade de suscitar uma arguição de inconstitucionalidade *incidenter tantum*, como "questão prejudicial" do julgamento do mérito da causa, que ficava suspenso até o pronunciamento da Corte Constitucional sobre o ponto. Assim os juízes, embora incompetentes para efetuarem o controle de constitucionalidade, tornaram-se competentes para suscitar a exceção processual que deflagrava o controle. Além disso, outros órgãos foram legitimados para a arguição direta, em tese, da inconstitucionalidade de uma lei perante as Cortes Constitucionais. Dou à estampa o testemunho de Cappelletti sobre o assunto:[20]

> Na Itália, tal legitimação "em via de ação" pertence aos órgãos dos Governos das Regiões ("Juntas Regionais"), tratando-se de leis nacionais ou regionais que uma Região considere serem tais que invadam esfera de competência a ela reservada pela Constituição (Lei Constitucional n.º 1, de 9 de fevereiro de 1948, art. 2.º, parágrafos 1.º e 2.º) e pertence ao Governo Central no caso de inconstitucionalidade de leis regionais (art. 127, último parágrafo da Constituição italiana). Na Alemanha, a legitimação para dirigir-se "em via de ação" à Corte Constitucional Federal ou às Cortes Constitucionais dos Länder, a um terço dos membros do Bundestag (art. 93 da Constituição de Bonn), e até às pessoas individualmente consideradas, se a lei implicar em uma lesão imediata e de seu "direito fundamental".
>
> Em conclusão, pode-se dizer, então, resumidamente, que, sob o aspecto "modal", se teve originariamente uma nítida, radical contraposição entre o método denominado "americano" (mas encontrável, como foi visto, também em outros países, mesmo europeus, sem embargo de nestes últimos não ter tido muito sucesso ou, de qualquer modo, não ter exercido um papel de fundamental importância) de controle judicial efetuado exclusivamente em via incidental e o método "austríaco" de controle efetuado, ao contrário, exclusivamente em via de ação. Entretanto, tal contraposição foi se atenuando, na Áustria, com a reforma de 1929, e ainda mais, depois, nos sistemas de controle implantados na Itália e na Alemanha no último pós-guerra, e imitados, recentemente, em alguns outros Países, como, por exemplo, na Turquia. Aqui, de fato, as questões de constitucionalidade das leis podem

---

[20] CAPPELLETTI, Mauro. *O controle judicial da constitucionalidade das leis no direito comparado.* Porto Alegre: Fabris, 1984. p. 110.

chegar ao julgamento das Cortes Constitucionais quer "incidentalmente", ou seja, por ocasião dos casos concretos discutidos em processos civis, penais ou administrativos – e fala-se, a este propósito, de um *Konkrete Normenkontrolle* (controle normativo concreto, *concrete review)* ou também, de um *Inzidentkontrolle* (controle incidental) – e quer, também, "em via principal", ou seja, em um processo autônomo, visando, exclusivamente, a promover o julgamento da Corte sobre a constitucionalidade de uma dada lei e promovido por iniciativa de alguns órgãos não judiciários, ou mesmo por iniciativa de uma determinada minoria parlamentar ou de pessoas individualmente consideradas – e fala-se, neste caso, de *Abstrakte Normenkontrolle* (controle normativo abstrato, *abstract review))*, exatamente para indicar que o controle de *legis legitimitate* é aqui feito pela Corte Constitucional, sem nenhuma ligação com determinados casos concretos.

Sobre este aspecto da questão é de bom alvedrio trazer à colação outro testemunho qualificado, qual seja o do Prof. José Alfredo de Oliveira Baracho:[21]

O Processo Constitucional assume novas perspectivas no Estado contemporâneo; não pode ele contentar-se, apenas, com as estruturas que lhe vinham servindo.

Cappelletti, ao referir-se a uma concepção tradicional da função jurisdicional, mostra que os poderes cada vez maiores dos órgãos legislativos e executivos justificam e exigem crescimento paralelo do poder judicial, para que seja conservado o sistema de equilíbrio. Considera que esta ampliação é inevitável ao princípio de "freios e contrapesos". A concepção do governo, apenas como "vigilante noturno", poderia ser compatível com o entendimento de que os tribunais deveriam administrar a justiça, de maneira tradicional, essencialmente individual, e "não política". Mas o surgimento do moderno *welfare government* e o incremento paralelo da interdependência socioeconômica de grupos, categorias e classes de cidadãos exigem o correspondente fortalecimento e crescimento da função de "proteção judicial", contra o poder "onipresente do governo", dos grupos e organizações. O controle judicial da atividade ativa legislativa também converteu-se em elemento essencial do moderno *Rechtsstaat* e do "império da lei".

A evolução do sistema europeu continental fez-se rápida. Aliás o estado atual dessa questão na Europa é-nos transmitido pelos anais da III Conferência dos Tribunais Constitucionais Europeus, realizada em Lisboa de 22 a 29 de abril

---

[21] BARACHO, José Alfredo de Oliveira. *Processo constitucional.* Rio de Janeiro: Forense, 1985. p. 353.

de 1987, e editados em várias línguas, inclusive a portuguesa, em separata do Boletim do Min. da Justiça – *Documentação e Direito Comparado*.[22] Parece-nos oportuno transcrever ao menos algumas partes do referido relatório, pois ter-se-á, a partir daí, uma compreensão mais geral dos modernos Tribunais Constitucionais Europeus. Assim no que tange aos órgãos da Justiça Constitucional. Vê-se que (Relatório, p. 41):

---

[22] Basta ver o índice das matérias versadas para se ter a ideia da amplitude com que foram tratados os diversos temas.
Nota prévia
"1. Introdução
    1.1   Órgãos da justiça constitucional
    1.2   Modalidades e vias processuais de controlo da constitucionalidade
        a)   Controlo preventivo e sucessivo
        b)   Controlo abstracto (principal) e concreto (incidental)
        c)   Requerimento individual e queixa constitucional
        d)   Outros
    1.3   Âmbito e objeto do controlo
        a)   Leis e outros preceitos jurídicos
        b)   Omissões legislativas
    1.4   Padrões ou parâmetros do controlo
2.   Conteúdo das decisões
    2.1   Os tipos simples ou extremos
    2.2   Os tipos intermédios
        a)   Interpretação conforme a Constituição
        b)   Inconstitucionalidade parcial
        c)   Decisões apelativas e de mero conhecimento da inconstitucionalidade
        d)   Decisões construtivas
        e)   Outros
    2.3 Decisões integrativas e substitutivas
3. Vinculatividade das decisões
    3.1 Eficácia limitada ao caso e eficácia *erga omnes*
    3.2 Força de caso julgado. Força de lei. Força obrigatória geral (precedente)
    3.3 Vinculação dos órgãos de justiça constitucional às suas decisões
4. Eficácia temporal das decisões
    4.1 Eficácia *ex nunc*
    4.2 Eficácia *ex tunc*
    4.3 Eficácia *pro futuro*
    4.4 Efeito de repristinação
5. Os poderes dos órgãos da justiça constitucional na determinação do conteúdo e efeitos das decisões (síntese conclusiva)
        a)   Predeterminação constitucional ou legal e autonomia dos Tribunais
        b)   O âmbito, os limites e o significado desses poderes face:
            b.1) ao Poder Legislativo
            b.2) aos tribunais em geral
            b.3) aos tribunais internacionais ou supranacionais"
(VII Conferência dos Tribunais Constitucionais Europeus, Lisboa, 1987. I parte, p. 39).

Sob o ponto de vista dos órgãos da justiça constitucional, continua a verificar-se nos diversos ordenamentos jurídicos e jurídico-constitucionais europeus uma clara distinção ou contraposição entre aqueles que preveem e os que não preveem uma instituição jurisdicional específica para os exercícios desta função, ou parte dela. Entre os primeiros contam-se os ordenamentos dos países em que se acha instituído um "Tribunal Constitucional" (Alemanha Federal, Áustria, Espanha, Itália, Iugoslávia, Polônia, Portugal e Turquia) ou um Tribunal similar (Tribunal Federal Suíço, Tribunal de Estado do Liechtenstein), ordenamentos esses a que cumpre acrescentar o francês (onde cada vez menos se contesta que o Conselho Constitucional decide como um órgão jurisdicional) e mais recentemente o belga (depois da criação do Tribunal de Arbitragem).

Os europeus distinguem bem o controle *a priori* e *a posteriori* da constitucionalidade das leis e realçam o papel da "queixa constitucional".

Uma primeira distinção fundamental a este respeito é a que cabe estabelecer entre o controlo preventivo (antes do início da vigência das normas jurídicas) e o controlo sucessivo (quando as normas já entraram a fazer parte do ordenamento). No que toca aos países em que a justiça constitucional se encontra institucionalizada num Tribunal Constitucional ou instituição similar, a primeira modalidade (controlo preventivo) é, em princípio, a única admitida em França (com ressalva da hipótese prevista no art. 37, alínea **c**, da Constituição): trata-se do controlo (obrigatório) das "leis orgânicas e dos regimentos" das câmaras do Parlamento e do controlo (facultativo) de acordos internacionais e leis parlamentares (por iniciativa do Presidente da República, do Primeiro-Ministro ou do Presidente de qualquer das Câmaras ou ainda, quando às últimas, de 60 deputados ou senadores). Também em Portugal, Áustria, Itália e Espanha se acha expressamente consagrado um controlo preventivo. Em Portugal, esse controlo cabe, com qualquer fundamento, de todos os diplomas com valor legislativo ou equiparado (convenções internacionais, leis, decretos-leis, decretos legislativos regionais); já na Áustria, Itália e Espanha tem um âmbito muito mais limitado, pois é admitido apenas quanto a questões de repartição de competência entre a Federação e o Estados federados (Áustria), quanto a leis regionais reaprovadas pela respectiva assembleia depois da oposição do Governo (Itália) ou quanto a tratados internacionais (Espanha, onde, a partir de 1985, desapareceu a possibilidade de controlo preventivo dos estatutos das "Comunidades Autônomas" e das "leis orgânicas"). Por outro lado, também na R. F. da Alemanha o Tribunal Constitucional veio a admitir, mesmo sem texto expresso, o controlo preventivo de leis e de aprovação dos tratados internacionais. Ainda no âmbito do controlo preventivo cabe incluir os procedimentos específicos de verificação da constitucionalidade a que se aludiu no final do número anterior. Às situações então referidas deve acrescentar-se, entretanto, o caso da Bélgica, onde também o Conselho de Estado é chamado a emitir parecer prévio sobre o texto dos projetos e propostas de lei e de decreto, sem que nada exclua que o respectivo exame abranja a questão da constitucionalidade. Não são numerosos, pois, os casos de admissão de um controlo preventivo de normas jurídicas. Mais generalizado – e sobretudo mais comum aos sistemas que conhecem uma jurisdição constitucional institucionalizada – é o controlo sucessivo da constitucionalidade.

No que toca a este último a distinção mais usualmente feita é entre o controlo abstracto, directo ou em via principal e o controlo concreto ou incidental: como é sabido, o primeiro tem lugar independente da aplicação da norma a um caso, enquanto o segundo ocorre a propósito dessa aplicação.

Pode dizer-se que nos sistemas jurídico-constitucionais sem jurisdição constitucional institucionalizada (i.e., sem Tribunal Constitucional ou equivalente), o controlo sucessivo, na medida em que seja admitido, é por natureza um controlo concreto ou incidental (*richterliches Prufungsrecht, judicial review*) – abstraindo agora da possibilidade que nalguns desses sistemas se reconheça do *controlo* "directo" de normas infralegislativas, *maxime*, de regulamentos.

É nos ordenamentos com uma jurisdição constitucional institucionalizada que a distinção verdadeiramente se manifesta, podendo dizer-se que em quase todos eles se consagram as duas modalidades de controlo, embora em diferente medida e com diversa importância. Constitui excepção o caso da Iugoslávia, em que todo o controlo parece ser havido como "abstracto", ainda quando a iniciativa do mesmo tenha partido de um juiz ou do Ministério Público, no contexto de um caso concreto. (Entretanto, deixa-se agora de lado o caso francês, já referido anteriormente, e o caso suíço, considerado especialmente a seguir).

Quanto ao controlo abstracto importa, sobretudo, sublinhar que a iniciativa do respectivo processo é por via de regra reservada a determinados órgãos e entidades públicas ou organismos sociais. Constitui novamente excepção o direito iugoslavo, e num duplo sentido: quer porque reconhece a faculdade de iniciativa a cidadãos (acção popular), embora sujeito a um juízo prévio de admissibilidade por parte do Tribunal Constitucional (que já não tem lugar quando a iniciativa é de órgãos ou entidades públicas); quer porque admite a iniciativa *(ex officio)* dos próprios tribunais constitucionais (o da R.S.F. Iugoslávia e os das Repúblicas Federadas e Províncias).

Ainda quanto ao controlo abstracto refira-se que nalguns ordenamentos se estabelece um prazo dentro do qual ele deve ser requerido, após o que o controlo das correspondentes normas só poderá ter lugar através de outra via (*maxime*, do controlo concreto). Assim acontece na Itália (prazos de 30 ou de 60 dias, a contar da publicação, para a impugnação por uma Região de leis da República ou de outra Região), na Espanha (três meses a partir da publicação da lei), na Turquia (10 ou 60 dias, a contar da promulgação, consoante a irregularidade seja ou não de natureza formal) e na Polónia (cinco anos, a contar da publicação ou da aprovação do diploma, consoante os casos).

No que diz respeito ao controlo concreto, ou em via incidental, tem ele lugar, na generalidade dos sistemas jurídico-constitucionais com jurisdição constitucional institucionalizada, através do mecanismo da "questão prejudicial" da constitucionalidade, que é reenviada pelo tribunal da causa ao Tribunal Constitucional. Nalguns ordenamentos (Áustria, Polónia) esse reenvio ocorre, qualquer que seja a natureza da norma cuja constitucionalidade (ou legalidade) é posta em causa; noutros, apenas ocorre quando a norma questionada seja de uma lei ou diploma com força legislativa ou equivalente (R. F. Alemanha, Itália, Espanha), o que permite dizer que a intervenção do Tribunal Constitucional, em tal caso, se justifica também pela "defesa da lei". Neste último tipo de situação cabe à generalidade dos tribunais o controlo concreto da constitucionalidade das restantes normas jurídicas, mormente das normas com valor infralegal.

Os pressupostos para o reenvio da "questão da constitucionalidade" ao Tribunal Constitucional são em larga medida coincidentes nos diversos ordenamentos num ponto fundamental: o da relevância da norma para o caso a decidir pelo tribunal *a quo*, relevância essa cuja existência, pelo menos nalguns ordenamentos, o próprio Tribunal Constitucional controla (assim na Itália, Espanha, Turquia; e, de modo semelhante, na Áustria, mas limitadamente a um controlo de evidência). Uma importante diferença, porém, subsiste entre o regime adotado na R. F. Alemanha e nos restantes ordenamentos já referidos: enquanto nestes últimos o reenvio ao Tribunal Constitucional tem lugar desde que exista "dúvida" fundada sobre a constitucionalidade, no primeiro ele só deverá ocorrer quando o tribunal *a quo* chegue ao resultado da inconstitucionalidade (monopólio da decisão negativa). Refira-se ainda que os diferentes ordenamentos também divergem quanto às instâncias legitimadas para propor ao Tribunal Constitucional a questão da constitucionalidade: enquanto nuns essa possibilidade se abre a todo e qualquer tribunal (ex.: R. F. Alemanha, Itália, Espanha), noutros abre-se apenas aos Supremos Tribunais e a tribunais de 2ª instância, quando estejam em causa "leis" (ex.: Áustria), e noutros ainda estende-se a instâncias administrativas superiores (Polónia).

Regime diferente da "questão prejudicial" é o consagrado no ordenamento português. Aqui é reconhecida a todos os tribunais competência, e competência oficiosa, para o controlo da constitucionalidade de toda e qualquer norma jurídica, cabendo-lhes o dever de recusar a aplicação, nos casos concretos submetidos ao seu julgamento, das normas que reputem inconstitucionais. O controlo normativo concreto cumpre, pois, em primeira linha, aos tribunais em geral. Mas, das decisões destes sobre a "questão da constitucionalidade" cabe recurso para o Tribunal Constitucional, recurso que é obrigatório (devendo ser interposto pelo Ministério Público) quando a norma recusada conste de convenção internacional, acto legislativo ou regulamento promulgado pelo Presidente da República. Quando a "questão da constitucionalidade" tenha sido suscitada por uma das partes no processo, mas haja sido desatendida pelo tribunal da causa, aquela também pode recorrer para o Tribunal Constitucional, uma vez esgotados os recursos ordinários.

Modalidade específica de controlo normativo, que escapa à distinção entre o controlo abstracto e o controlo concreto, é a do controlo a requerimento individual dos cidadãos dirigido directamente ao Tribunal Constitucional, a qual se encontra prevista no ordenamento austríaco. Pode ter lugar na hipótese em que uma lei ou regulamento afectem imediatamente (i.e., independentemente da sua aplicação através dum acto judicial ou administrativo) um cidadão, mas acha-se subordinada ao "princípio da subsidiariedade" (i.e., só é admitida quando aos interessados não esteja aberta outra via judicial de recurso).

Esta modalidade aproxima-se do controlo normativo exercido através dos processos de "queixa constitucional" *(Staatsrechtliche Beschwerde, Verfassungsbeschwerde).* No direito constitucional suíço é justamente através desse procedimento que o Tribunal Federal basicamente exerce o controlo da constitucionalidade de normas jurídicas, sendo que a "queixa constitucional" tanto pode ser dirigida directamente contra um acto normativo (cantonal) como (indirectamente) contra um acto que o aplique. Também aqui vigora, no entanto, o princípio da subsidiariedade.

Igualmente no direito alemão-federal pode o controlo normativo ter lugar através do processo de "queixa constitucional", podendo também aí essa queixa ser dirigida inclusivamente contra leis e outras normas jurídicas, verificados certos apertados pressupostos *(maxime,* o da eficácia imediata e actual dessas normas). E ainda no próprio direito austríaco pode semelhante processo dar lugar a um controlo de constitucionalidade, mas na forma de controlo concreto por iniciativa do próprio Tribunal Constitucional. [...] (Relatório p. 43-47).

4.6. APROXIMAÇÃO E INTERPOLAÇÃO DOS MODELOS

O modelo europeu contemporâneo aproxima-se do modelo brasileiro, com vantagem para o Brasil, no qual, além das arguições diretas de inconstitucionalidade facultadas à uma série de órgãos e entidades perante a Suprema Corte, que possui competência originária para tanto, se permite a todos os juízes o poder de controle *incidenter tantum* no bojo de qualquer tipo de ação (o que não acontece no modelo europeu), assegurando-se pela via recursal que a questão suba necessariamente à Suprema Corte, evitando-se, assim, a dispersão dos julgados em prol da uniformização jurisprudencial.

A mescla vigente no Brasil, após a Constituição de 1988, evita o grande inconveniente do modelo norte-americano, exclusivamente difuso e dependente do caso concreto.[23] Certo, porque se não for possível arranjar-se um caso concreto com recurso garantido à Suprema Corte, inexistirá a possibilidade do *judicial review* com efeito *erga omnes*. A arguição direta de inconstitucionalidade que a Constituição brasileira assegura, evidentemente permite concentrar na Corte Suprema o ataque rápido e imediato à lei inconstitucional com eficácia *erga omnes* e *ex tunc*, abreviando as delongas do processo litigioso, em cujo âmago habita a questão da inconstitucionalidade da lei ligada ao caso concreto. Na hipótese de alguma arguição direta vir a ser decidida antecipadamente, contendo questão interiorizada mas em curso em casos concretos litigiosos, a decisão, ao modo do *stare decisis* norte-americano, penetra praticamente em todos os processos e em todas as instâncias em que se esteja *incidenter tantum* discutindo a questão. "Roma locuta, tollitur quaestio."

4.7. OS EFEITOS DA DECLARAÇÃO DE INCONSTITUCIONALIDADE NO MODELO EUROPEU

Finalmente, cabe rastrear os efeitos de uma declaração de inconstitucionalidade de lei ou de artigo de lei ou ato normativo, no modelo europeu, em contraste com o que ocorre no modelo norte-americano, já que o modelo inglês só em parte admite comparações, em razão de suas particularidades.

A questão aqui se resume em esclarecer a extensão do julgado que declara a inconstitucionalidade de uma lei ou ato normativo:

a) em relação aos justiçáveis (âmbito de validade pessoal da norma judicial). Noutras palavras, se os seus efeitos se estendem à todos *(erga omnes)* ou se somente entre as partes;

b) em relação ao tempo, isto é, eficácia *ex tunc* com retroação à data da vigência da lei, ou eficácia *ex nunc* com validade a partir da prolação do julgado ou ainda *ad futuram*;

---

[23] TEIXEIRA, Sálvio de Figueiredo. O controle de constitucionalidade no sistema luso-brasileiro. *Revista da Faculdade de Direito da UFMG*; VELLOSO, Carlos Mário da SILVA. Ruy Barbosa e o controle jurisdicional da constitucionalidade das leis. *Revista Jurídica Lemi*, Belo Horizonte, n. 100, mar. 1976; VANOSSI, Jorge Reinaldo. *Aspectos del recurso extraordinario de inconstitucionalidad*. Buenos Aires: Abeledo-Perrot, 1966; e *Teoria constitucional II*: supremacia y control de constitucionalidad. Buenos Aires: Depalma, 1976; WATANABE, Kazuo. *Controle jurisdicional e mandado de segurança contra atos judiciais*. São Paulo: RT, 1980.

c) marginalmente, aparece também a questão dos efeitos do julgado em relação à existência da própria lei inconstitucional: simples negativa de eficácia no caso concreto ou anulação do ato legislativo *ex radice;*

No modelo austríaco original, que serviu de arquétipo às Cortes Constitucionais europeias, por força mesmo da intensa dogmática doutrinária que o inspirou, com esforço na chamada teoria pura do direito de *Kelsen,* verificou-se que as soluções alvitradas se apresentaram, no começo, altamente insatisfatórias. Ali ficou determinado que a Corte Constitucional anulava a lei declarada inconstitucional no momento do julgado. Até então, a lei teria sido válida e eficaz (efeito *ex nunc).* Pior, a Corte podia dizer *o dies a quo* da desconstituição jurídica da lei inconstitucional, situando-a no futuro, desde que não fosse superior a um ano. Como se vê, por força de raciocínios jurídicos abstratos, violentou-se a realidade. Restou suposto que a Corte não podia declarar, em relação à lei, uma preexistente nulidade. Adotou-se a tese de que a lei é lei, até que se declare pelo órgão próprio, que não o é mais, resguardando-se os efeitos e as relações jurídicas decorrentes, antes de sua desconstituição pela Corte.

A Constituição iugoslava de 1963, que foi substanciada no modelo austríaco kelseniano, por exemplo, prescrevia que se a Corte Constitucional Federal declarasse que uma lei federal era contrária à Constituição, a decisão simplesmente obrigava o Parlamento Federal *a adaptar a lei à Constituição dentro de seis meses.* No modelo norte-americano sempre se deu o inverso. A declaração de inconstitucionalidade da Suprema Corte implica uma *vox* que decreta a inexistência jurídica da lei, por isso que terá sido criada contra a Constituição, ou seja, contra o seu fundamento de validez e que vem a ser justamente a Constituição. Os efeitos são, pois, *ex tunc,* anulando os efeitos provocados pela lei, expulsa do mundo jurídico pela declaração do tribunal. Ela é nula, sempre foi, jamais existiu juridicamente falando e, portanto, não poderá produzir efeitos jurídicos.

Nos EUA, o julgado da Corte opera *ex tunc* e *inter partes* no caso concreto. Apenas, indiretamente tem efeito *erga omnes.* O curioso é que a concepção da ordem jurídica como um sistema escalonado de normas em que as normas inferiores retiram das que lhe são superiores os seus respectivos fundamentos de validez, é uma concepção cara a Kelsen e aos juristas europeus, como Merkel. Mas foi justamente nos EUA que a tese se fez presente, não na Áustria, pátria de *Kelsen.* Nos EUA, no plano da existência da lei, é ela *null and void,* nula e ineficaz desde o seu nascimento. Evidentemente, uma tal declaração habilita reparações aos justiçáveis, o que não ocorria na Áustria.

De ver agora os efeitos em relação aos jurisdicionados. No modelo americano, por isso que o controle é difuso e feito no bojo de um caso concreto, os efeitos da declaração de inconstitucionalidade ocorrem entre as partes. Dá-se, porém, que, em razão da adoção do *stare decisis,* na prática, o *ditado* da Suprema Corte que declara a inconstitucionalidade da lei é como um raio que a reduz a cinzas, aproveitando o seu enunciado aos que se encontram em situação similar à das partes, que poderão demandar os mesmos resultados, com ou sem procedimentos judiciais. Antes, porém, que a Corte se pronuncie, as decisões de juízes e tribunais inferiores que declaram *incidenter tantum a* inconstitucionalidade de uma lei, operam exclusivamente *inter partes*, negando-lhe eficácia no caso concreto. Se não houver recurso e a decisão transitar em julgado, a lei não sai do mundo jurídico. Claro, porque o juízo definitivo sobre a inconstitucionalidade da lei pertence à Suprema Corte. O mesmo ocorre no Brasil e pelo que estamos informados na Argentina (quando se trata de controle difuso, exclusivamente). No particular, a solução do modelo austríaco era diversa, como diversas ainda hoje são as soluções das Cortes Constitucionais da Europa. Os efeitos da declaração de inconstitucionalidade da Corte Constitucional davam-se *erga omnes* e valiam para todos os jurisdicionados fossem ou não partes, ocasionando, ainda, em certos casos, a repristinação das leis anteriores (art. 140, seção 4.ª, da Constituição austríaca), salvo se a Corte se pronunciasse ao contrário.

É preciso, no entanto, vincar aqui que as Cortes europeias que se seguiram ao modelo austríaco apresentam traços diferentes, cuja exposição se impõe. Mais de uma vez de recorrer ao magistério de José Alfredo de Oliveira Baracho. Sobre a Alemanha discorre:[24]

> O controle jurisdicional das leis inexistiu sob o regime nacional-socialista, desde que aquele sistema político não propiciaria ambiente para o seu desenvolvimento e aplicação. Com o processo de redemocratização da Alemanha, os deputados às novas Assembleias Constituintes, em vários Länder, após 1945, dedicaram atenção ao tema. Algumas Constituintes de Länder ficaram preocupadas com o controle jurisdicional: a Constituição do Estado da Baviera (1.º de dezembro de 1946, art. 75, alínea 3: a Corte Constitucional da Baviera); a Constituição da Renânia-Palatinado (18 de maio de 1947).
>
> De acordo com as instruções *dos* Comandantes-em-Chefe aliados, aplicando as recomendações dos representantes da França, dos Estados Unidos e da Grã-Bretanha, reunidos em Londres, em fevereiro de 1948, uma "Comissão Constitucional", composta dos Ministros-Presidentes dos Länder da Alemanha Ocidental, reuniu-se em Herrenchiemse, de 10 a 23 de agosto de 1948. Ela estabeleceu um projeto de Lei Fundamental, que serviu de base aos trabalhos da Assembleia Constituinte. Nesse projeto de Constituição Federal, elaborado em Herrenchiemse, foi colocada uma disposição, pela qual o Tribunal Constitucional Federal seria chamado a decidir se um projeto legislativo deveria, de conformidade com a Constituição, ser votado por maioria simples, como ocorre com a lei ordinária, maioria qualificada ou pela unanimidade dos órgãos legislativos.

---

[24] BARACHO, José Alfredo de Oliveira. *Processo constitucional*. Rio de Janeiro: Forense, 1985. p. 250.

Essas e outras discussões afetam assuntos ligados intimamente à estrutura jurídica global do Estado, dando superfície para novas reflexões em torno da melhor maneira de situar os órgãos do Estado, no exercício de cada uma das suas funções.

O controle da constitucionalidade das leis atinge importância essencial, nos sucessivos pronunciamentos da Corte, circunstância que vem enriquecer o debate político, constitucional e jurídico. É a interpretação de todas as disposições pertinentes que levam ao enriquecimento doutrinário e jurisprudencial da matéria.

Fix-Zamudio, no que toca à proteção dos direitos fundamentais, ressalta três instrumentos que podem ser utilizados, ante o Tribunal Constitucional Federal:

a) o controle exercido sobre as leis inconstitucionais: *Normenkontrolle;*
b) a inconstitucionalidade em caráter incidental ou prejudicial, qualificada pela doutrina como controle concreto: *Konkrete Normenkontrolle;*
c) por via de ação direta, reconhecido como controle abstrato: *Abstrakte Normenkontrolle.*

O trabalho da Corte Constitucional, no campo da tutela dos direitos fundamentais da pessoa humana, nos processos iniciados por ações constitucionais de caráter abstrato ou concreto, os recursos constitucionais (*Verfassungsbeschwerde*), comprova a excelência desses instrumentos, que permitem flexibilidade e dinamismo da justiça d'aquela justiça constitucional.

Seria trabalho exaustivo fornecer o elenco das decisões provenientes da Corte Constitucional, ligadas a pontos fundamentais da sociedade contemporânea. Ao destacar o caráter político-social dos pronunciamentos do Tribunal Federal Constitucional, nos assuntos mais controvertidos, com *Fix-Zamudio*, colocaremos em evidência, temas muitas vezes presentes em quase todos os sistemas políticos contemporâneos:

- regulamentação da educação universitária;
- alcance dos direitos fundamentais, no que concerne à livre escolha do centro docente;
- a liberdade científica;
- controvérsia relativa ao *numerus clausus* para ingresso na Universidade;
- cogestão no governo das próprias instituições universitárias.
- aborto terapêutico;
- lealdade política dos funcionários públicos;
- limites constitucionais entre a informação governamental e a propaganda política;
- liberdade constitucional de expressão dos membros do exército;
- constitucionalidade da prisão perpétua;
- procedimento de perda ou suspensão dos direitos humanos, tendo em vista o suposto do abuso de seu exercício;

- atos ou omissões de qualquer autoridade administrativa, legislativa ou judicial:
- proteção dos direitos qualificados como fundamentais (*Grundrechte*);
- resguardo, por via processual, através do "recurso constitucional", dos direitos fundamentais da pessoa humana: livre desenvolvimento da personalidade e direito à vida e à integridade corporal; igualdade dos homens perante a lei; liberdade de expressão e de difusão do pensamento, através da palavra, por escrito ou por imagem; proteção do matrimônio e da família, assim como a obrigação dos pais de criar e educar os filhos; liberdade de reunião, de maneira pacífica e sem armas; liberdade de associação; inviolabilidade da correspondência, comunicações postais, telegráficas e telefônicas; liberdade de residência em todo o território da Federação; liberdade de escolha de profissão, lugar de trabalho e formação profissional; inviolabilidade de domicílio, direito à propriedade privada e à herança; direito de asilo por perseguições políticas; direito de petição.

Decorre de tão ampla gama de assuntos que a Corte Constitucional alemã e também outras, como veremos mais à frente, reservam-se o poder, em certas circunstâncias, de fixar os efeitos dos seus próprios julgados *(ex tunc, ex nunc e ad futuram)*. Remontando ao passado, acrescente-se que na Alemanha e na Itália não foi admitido, como primeiramente na Áustria, que as declarações de inconstitucionalidade com eficácia *erga omnes* tivessem efeitos exclusivamente *ex nunc*. De fato, nesses países (embora nem sempre) os efeitos da declaração de inconstitucionalidade podem ser *ex tunc*, pois a inconstitucionalidade da lei equivale a uma absoluta nulidade desta, daí que a sua ineficácia é patente e inarredável.

É preciso esclarecer também que na Áustria, após a emenda de 1929, o efeito *ex nunc* foi em parte alterado, até porque ao permitir à Suprema Corte e à Corte Administrativa sustar processos em curso para suscitar exceções de inconstitucionalidade, as posteriores declarações de inconstitucionalidade provocadas, precisamente pelas questões excepcionadas, teriam que ser aplicadas aos processos paralisados pela questão prejudicial. A negativa de efeito *ex tunc* a esses casos caracterizaria um contrassenso jurídico. Parar o processo para que, se a superveniente decisão de inconstitucionalidade a eles não se aplicasse? Exatamente por isso a Áustria alterou em 1929 o sistema para dar efeito *ex tunc* às decisões de inconstitucionalidade da Corte Constitucional, limitadamente, em relação aos casos concretos, em que houvessem sido suscitadas arguições de inconstitucionalidade, por via de exceção processual. A situação atual na Europa está expressa no Relatório antes referido. Por primeiro, de ver a extensão dos julgados.

Nalguns ordenamentos a eficácia *erga omnes* das decisões é qualificada com força de lei. Assim, na R. F. Alemanha (conforme disposição expressa da Lei do Tribunal Constitucional) e na Itália (de harmonia com a doutrina prevalecente, que reconhece às decisões de acolhimento, ainda quando puramente anulatórias, o valor de fontes normativas). E, de facto, este é um alcance que, pelo menos num sentido negativo, não poderá deixar de atribuir-se às decisões cassatórias da justiça constitucional (ao menos a essas).

Também nalguns ordenamentos se dispõe expressamente que as decisões do respectivo Tribunal Constitucional ou órgão equivalente são obrigatórias para todos os poderes públicos e autoridades ou entidades públicas (e privadas), ou para os restantes órgãos constitucionais do Estado e para todos os tribunais e autoridades administrativas: *v.g.*, com formulações diversas, os Relatórios alemão, espanhol, português, francês e turco. Põe-se, assim, o problema duma peculiar força obrigatória geral de todas as decisões, para lá do específico efeito ou eficácia (*erga omnes*, caso julgado, efeito preclusivo) que deva reconhecer-se a cada uma espécie ou categoria delas em particular.

Saber em que precisamente consiste esse outro tipo de eficácia das decisões dos Tribunais Constitucionais, e saber se ele na verdade se diferencia do efeito próprio de cada espécie de decisões, é algo que não parece fácil de determinar com segurança. No Relatório alemão refere-se que tal eficácia se estende não só ao "dispositivo" das decisões, mas igualmente aos seus "fundamentos determinantes" (*ratio decidendi*). No Relatório espanhol (em que se consagra ao tema considerável desenvolvimento) reporta-se essa eficácia à "incidência institucional" das decisões do Tribunal sobre os restantes órgãos do Estado, e ao papel que aquele reivindica de definir "uma doutrina constitucional" (o que obviamente exige a consideração dos "fundamentos" das decisões). No fundo, estar-se-á perante uma qualificada força de precedente reconhecida às decisões dos Tribunais Constitucionais (bastante dubitativo a este respeito, todavia, é o Relatório português; entretanto de uma "eficácia prejudicial" das decisões do Tribunal Federal se fala também no Relatório suíço).

Um aspecto particular, mas especialmente importante, desta "eficácia obrigatória geral" das decisões dos Tribunais Constitucionais é o de saber em que medida ela atinge o próprio legislador (estarão em causa agora as decisões declaratórias da inconstitucionalidade).

Também aqui se encontram respostas divergentes, nos Relatórios que consideram expressamente o ponto. Assim, enquanto no Relatório austríaco essa "vinculação" do legislador às decisões do Tribunal Constitucional é claramente negada (salvo o caso dum manifesto "abuso do poder legislativo" visando antecipadamente frustrar essas decisões), afirmam-na, também claramente, o Relatório alemão (tal vinculação será justamente um dos aspectos da força obrigatória geral das decisões) e o Relatório italiano (a pura e simples reprodução, sem mais, duma norma declarada inconstitucional violará desde logo o princípio constitucional da eficácia cessatória das decisões de acolhimento).

Por outro lado, na Constituição turca dispõe-se expressamente que as decisões do Tribunal Constitucional são obrigatórias desde logo para os órgãos legislativos, assinalando-se no respectivo Relatório, em consonância com isso, que elas têm o valor de orientação para o Parlamento. Note-se, entretanto, que esta vinculação do legislador – onde seja reconhecida – não poderá deixar de ser entendida sob reserva duma modificação das circunstâncias (ou duma alteração global de todo o instituto ou do contexto normativo em causa, como se assinala no Relatório italiano), modificação essa susceptível de alterar o alcance da norma e a sua valoração constitucional (a este propósito, cf. também os Relatórios espanhol e suíço).

Por último, no tocante à vinculação dos órgãos de justiça constitucional às suas próprias decisões, pode dizer-se que é unânime a orientação segundo a qual tais decisões não representam um precedente obrigatório para esses órgãos. A única vinculação que poderá aí ocorrer – e mesmo essa só é assinalada pelos Relatórios alemão e austríaco – é a decorrente do caso julgado. Fora disso, não se consideram os Tribunais Constitucionais adstritos a manter-se em absoluto fiéis à orientação uma vez por eles estabelecida, mas antes, sem excepção, admitem a possibilidade de revisão da doutrina firmada em decisões anteriores, à luz duma alteração das circunstâncias (sociais, econômicas e técnicas), ou duma modificação do direito ordinário, ou de uma evolução da consciência ético-jurídica (geradora de novas representações de valores) ou à luz, até, simplesmente de uma reconsideração argumentativa.

Mas se isto é assim, deve dizer-se que é também unanimemente assinalada a contenção e o particular cuidado com que os Tribunais Constitucionais e órgãos similares operam na revisão da sua orientação anterior. A verdade é que, na ordem dos factos, tal revisão não é encarada com facilidade e antes os precedentes representam um factor de primeira importância no desenvolvimento da jurisprudência constitucional, dentro, nomeadamente, duma assinalável preocupação de coerência decisória.

Eficácia temporal das decisões – Importa considerar o problema com referência às decisões de declaração da inconstitucionalidade com eficácia cessatória da norma, ou seja, às decisões de inconstitucionalidade proferida em controlo sucessivo dotadas de eficácia *erga omnes*. Trata-se de saber a partir de que momento a declaração de inconstitucionalidade opera a cessação da vigência da norma, e quais os efeitos que acarreta relativamente às situações criadas e aos actos jurídicos (maxime, actos administrativos e decisões judiciais) praticados ao abrigo da norma declarada inconstitucional. É por isso um problema que não se põe, nem no domínio do controlo normativo com eficácia limitada ao caso, nem no do controlo preventivo, nem tão pouco relativamente às decisões, em controlo sucessivo, de sentido inverso ao da inconstitucionalidade, ainda que dotadas de um efeito declaratório geral ou preclusivo.

A questão fundamental é a de saber se a declaração de inconstitucionalidade opera com eficácia *ex tunc* (remontando os seus efeitos, pois, à data da entrada em vigor da norma, ou, eventualmente, tratando-se de norma pré-constitucional, à data da entrada em vigor da Constituição) ou mera eficácia *ex nunc* (operando, pois, somente a partir da publicação da decisão). No primeiro caso, a decisão de inconstitucionalidade produz um efeito de invalidação da norma; no segundo, um efeito puramente revogatório.

Os diversos ordenamentos não são coincidentes a esse respeito. Nalguns – como o austríaco, o suíço, o turco e o polaco – reconhece-se às decisões de inconstitucionalidade uma eficácia, em princípio, simplesmente *ex nunc* ou revogatória; mas na generalidade dos restantes reconhece-se-lhes, em princípio, eficácia *ex tunc* ou de invalidação. Em certos destes últimos ordenamentos, tal eficácia acha-se expressamente prevista na Constituição ou na lei (como na R. F. Alemanha ou em Portugal); já na Itália, nomeadamente, o seu reconhecimento foi objecto de um desenvolvimento doutrinário e jurisprudencial, operado a partir duma formulação constitucional que apontava, *prima facie*, para um simples efeito revogatório. Por outro lado, no ordenamento espanhol, embora expressamente se determine que as decisões de inconstitucionalidade comportam a declaração de nulidade dos preceitos, subsistem interrogações quanto à caracterização do efeito de tais decisões.

Seja como for, decerto mais significativo e importante do que a precisa qualificação conceptual da eficácia das decisões de inconstitucionalidade é o facto de, em geral, não se ligarem a essa qualificação todas as suas consequências teoricamente possíveis – isso, no tocante à sorte das situações criadas e dos actos praticados ao abrigo da norma declarada inconstitucional. Na verdade, reconhece-se em geral que ocorrem exigências impreteríveis de justiça ou segurança jurídica as quais reclamam, ou um alargamento da pura eficácia revogatória das decisões ou, sobretudo, a restrição dos seus potenciais, efeitos retroactivos.

Assim, é no que toca aos ordenamentos onde em princípio se atribui à declaração de inconstitucionalidade mera eficácia *ex nunc*, cumpre dizer que na Áustria o efeito de tal declaração se estende, de todo o modo, ao caso concreto que deu origem ao controlo (ao Anlassfall, noção a que o Tribunal austríaco dá um sentido bastante amplo) e que o Tribunal Constitucional dispõe da faculdade (raramente utilizada, todavia) de decidir que a declaração de inconstitucionalidade produza um efeito mais radical; por seu turno, na Turquia, o efeito da inconstitucionalidade estende-se aos processos em curso e às sentenças penais desfavoráveis (mesmo transitadas).

Por outro lado, no que respeita aos ordenamentos onde vigora o princípio da eficácia *ex tunc*, um primeiro limite estabelecido a essa eficácia, quase sem excepções, é o do "caso julgado", salvo de sentenças penais ou sancionatórias (baseadas numa norma penal desfavorável). (Excepção a esta orientação ocorre na Bélgica, onde se admite um mecanismo de retratação de sentenças transitadas em julgado.) Além disso, no mesmo plano das sentenças passadas em julgado tendem a considerar-se outras situações (direitos adquiridos, obrigações cumpridas) e actos definitivamente consolidados (*v.g.*, pela prescrição ou decurso do prazo para recorrer). Note-se, no entanto, que na R. F. Alemanha e Iugoslávia a declaração de inconstitucionalidade faz precludir a possibilidade da execução de sentenças e actos já consolidados, mas ainda não executados. Por outro lado, sublinhe-se ainda a orientação que acabou por prevalecer lia jurisprudência italiana, no sentido de reconhecer mera eficácia *ex nunc* à declaração de inconstitucionalidade de normas penais favoráveis.

Mas não ficam por aqui os limites à eficácia, seja *ex nunc*, seja *ex tunc*, das decisões de inconstitucionalidade. Especialmente de assinalar é ainda o facto de nalguns ordenamentos se conferir expressamente aos respectivos Tribunais Constitucionais a faculdade de delimitarem, em certos termos, a eficácia temporal dessas decisões: assim, na Áustria, Liechtenstein, Bélgica e Portugal.

Nos ordenamentos em que se atribui às declarações de inconstitucionalidade, em princípio, simples eficácia *ex nunc*, poderá também dizer-se que as correspondentes decisões apenas surtem efeito pro futuro (com as limitações apontadas). O que a generalidade dos ordenamentos não prevê é a possibilidade de os Tribunais Constitucionais fixarem um prazo para a cessação da vigência das normas declaradas inconstitucionais.

Uma tal possibilidade, em todo o caso, é admitida – por disposição expressa – nos ordenamentos da Áustria, Liechtenstein e Turquia, enquanto o ordenamento belga confere ao Tribunal de Arbitragem poderes de modelação dos efeitos da decisão susceptíveis de conduzirem a um resultado equivalente (ainda que parcial). Nos demais ordenamentos considera-se em geral que semelhante possibilidade é excluída pela própria natureza do controlo de constitucionalidade e pelo respectivo regime constitucional e legal (assim também, segundo a doutrina dominante, em Portugal, não obstante os poderes de delimitação da eficácia das decisões de que dispõe o respectivo Tribunal).

Não obstante, as razões, que, poderiam eventualmente justificar um deferimento no tempo dos efeitos da declaração de inconstitucionalidade (e que terão a ver, grosso modo, com a. preocupação de evitar um vazio legislativo e as dificuldades jurídicas e institucionais a ele inerentes) não deixam de refletir-se na prática de alguns Tribunais e nas técnicas de decisão por eles adoptadas – técnicas através das quais se obtém um resultado semelhante. É esse o caso, particularmente, das decisões apelativas e de mero reconhecimento da inconstitucionalidade do Tribunal alemão. Mas na mesma linha se poderá ainda citar o expediente do protelamento da publicação da decisão, adoptado por vezes pelo Tribunal italiano (Relatório... f. 67 e seguintes).

Nos Estados Unidos ocorreram também algumas atenuações respeitantes ao princípio do efeito *ex tunc*. A Constituição americana do Norte, como se sabe, é sintética e, por isso, contém alto teor de plasticidade, sendo um *Living Document*, mormente depois que os seus juízes se aferraram à cláusula do *Due process of law*, que até hoje ninguém conseguiu definir o que é, bastando dizer que o *justice* Oliver Holmes, a seu respeito, disse que "what is due process of law depends on the circumstances".[25] Daí que, em certos casos, as relações jurídicas travadas sob a lei declarada inconstitucional são preservadas, o que ocorre também na Itália, na Alemanha, em Portugal, na Espanha e alhures. É que, muita vez, uma lei declarada inconstitucional foi durante muito tempo, mansa e pacificamente aplicada, sem danos evidentes para as partes envolvidas. Um funcionário com base em lei depois declarada nula investiu-se de poderes e, com base neles, praticou atos graves e depois se aposentou. Serão nulos seus atos? O mesmo se pode dizer de contratos findos etc. Nestas ocasiões comparece o tirocínio pragmático dos juízes e as atenuações da doutrina jurídica para acomodar o direito, realisticamente, às circunstâncias da vida. O que não se pode admitir é a tergiversação em matéria penal e tributária, dado o axioma do *nullum crimen et nullum tributum sine lege*. Se a lei nunca foi lei, não há crime, nem pena, nem tributo.

Na Inglaterra, quando uma lei *(statute law)* editada pelo todo-poderoso Parlamento é aplicável com "sentida injustiça" (ao contrário do que se imaginava) a decisão que a aplica gera um *precedente* e dá forma (função performativa) à *statute law*, alterando-a no todo ou em parte, se contrariar os documentos históricos ou a lei da terra *(law of the land)*. O interessante é que tudo isto ocorre não como revisão, mas como *exegese*...

É que, como vimos de ver, na Inglaterra a sentença é "norma individual" (como a lei é norma geral, em sentido kelseniano). Então é justamente no seu processo de aplicação judicial que a lei é revelada: *judge made law*.

4.8. AS INOVADORAS QUESTÕES QUE ESTÃO SENDO POSTAS PELAS CORTES CONSTITUCIONAIS EUROPEIAS A RESPEITO DO CONTROLE DA CONSTITUCIONALIDADE DAS LEIS

É forçoso reconhecer que a Europa dita continental, após descurar da questão do controle da constitucionalidade das leis – porquanto somente em 1920, com *Kelsen*, iniciou seriamente as suas experiências com o modelo concentrado, sendo, ademais, por vários anos, atrapalhada pelos regimes extremistas de direita e esquerda, que assolaram o seu mapa, mormente na Rússia, na Europa Central e do Leste, nos Bálcãs, na Alemanha, na Itália, na Áustria, na Espanha e em Portugal – é forçoso reconhecer que depois da 2ª Guerra

---

[25] Apud SAMPAIO DÓRIA, A. R. *Direito constitucional tributário e* due process of law. 2. ed. Rio de Janeiro: Forense, 1986. p. 33.

Mundial e nos dias que correm a Europa dita continental entrou a renovar o conteúdo jurídico do controle de constitucionalidade das leis, trazendo à luz instigantes questões relativas ao tema.

Como já afirmado – por isso que os EUA e a Inglaterra, a seu devido tempo, já exerceram os seus papéis –, depois da 2.ª Guerra Mundial e da reconstrução econômica, a qual desembocou na formação da Comunidade Econômica Europeia e na consolidação definitiva da democracia, a experiência constitucional europeia do Continente tornou-se proante. É ela que, no hodierno, merece pesquisa e reflexões. Vejamos, sem preocupações exaurientes, alguns temas importantes derivados das atuações das Cortes Constitucionais, principalmente da Corte Constitucional alemã.

4.9. O CONTROLE PRÉVIO DAS CONVENÇÕES E TRATADOS INTERNACIONAIS

O controle jurisdicional prévio da constitucionalidade das leis, sem caráter contencioso, sempre foi relegado, quer nos países que adotam *o judicial control* (controle difuso), quer nos países que adotaram o regime das Cortes Constitucionais (controle concentrado).

Não obstante, o controle jurisdicional prévio de tratados e convenções internacionais, celebrados pelo Poder Executivo e referendado pelos Parlamentos, vem sendo adotado pelas Cortes europeias, especialmente pela alemã e a espanhola. No Relatório da VII Conferência dos Tribunais Constitucionais Europeus (Lisboa, 1987) o relator alemão, o Professor Zeidler, diz: "Não está previsto um controlo preventivo. A única excepção estabelecida pela jurisprudência respeita as leis de aprovação de tratados internacionais, cuja constitucionalidade pode ser objecto de fiscalização, logo que o processo legislativo se conclua, mas antes da entrada em vigor de tais leis, isto para que não haja vinculação internacional antes da apreciação da constitucionalidade".[26]

Pensamos que diante, *v.g.*, do Código Tributário Nacional, sobre a prevalência dos tratados e convenções internacionais, em matéria fiscal à legislação interna, não podendo sequer ser modificada pelas leis do Brasil que lhe sobrevierem, seria de todo conveniente, em razão dos múltiplos aspectos constitucionais envolvidos – princípios da igualdade, da capacidade contributiva, da proteção da vida privada etc. –, que deveria o nosso Supremo Tribunal Federal possuir esta competência originária ou mesmo avocá-la implicitamente em nome da "guarda da Constituição" que lhe foi expressamente outorgada (art. 102 da CF). Sem falar que a manifestação, perante a comunidade internacional (proteção da confiança), conferiria credibilidade ao tratado.

---

[26] VII Conferência dos Tribunais Constitucionais Europeus, Lisboa, 1987. I parte p. 52.

4.10. QUEIXAS CONSTITUCIONAIS

O cidadão sob o fundamento de ter sido lesado pelo poder público em direitos constitucionais pode suscitar perante a Corte um remédio contra a lesão de *per se*. A "queixa constitucional" pode ser dirigida contra ato do poder público, contra medidas da administração, contra decisões dos tribunais e contra a lei em tese, desde que, nesse extremo caso, haja de sua parte inequívoco interesse de agir, tanto como conceituado em nossa processualística. O instituto, que permite ao cidadão ir direto à Corte postular as suas pretensões com base na Lei Maior, deve-se, em parte, à inexistência do "controle difuso" e da tutela cautelar *in limine*, já que só a Corte Constitucional detém o poder de dizer sobre a constitucionalidade das leis e atos normativos. O Prof. Zeidler, a propósito, leciona:

> A "queixa constitucional" pode ser dirigida contra qualquer acto do poder público, portanto em especial contra medidas da administração, ou contra qualquer decisão dos tribunais. Mas para tanto é, em princípio, necessário que se tenham esgotado previamente as vias de recursos admitidas no caso. Sob determinados e limitados pressupostos, é também admissível apresentar diretamente ao Tribunal Constitucional "queixa constitucional" contra uma lei ou outra norma jurídica; em especial, é necessário que – sendo este ponto cada vez mais reforçado pela jurisprudência constitucional – não lhe seja exigível procurar uma solução pelas vias normais (princípio da subsidiariedade).
>
> Em cada um dos casos mencionados, o Tribunal Constitucional fiscaliza – mediata ou imediatamente – as normas jurídicas que lhes estão na base; deste modo, já muitas vezes se pronunciou formalmente acerca da constitucionalidade ou inconstitucionalidade de leis e de outras normas jurídicas nestes processos. Mas deve notar-se que o controlo de constitucionalidade de uma norma, no quadro de um tal processo, só é permitido quando esteja em causa uma determinada posição jurídica subjectiva do recorrente, e não simplesmente outras prescrições objectivas do direito constitucional.[27]

No Brasil temos também a queixa constitucional, ombreando com o constitucionalismo alemão. É permitido reclamar de descumprimento de preceito constitucional fundamental.

4.11. OMISSÕES LEGISLATIVAS – INCONSTITUCIONALIDADE POR OMISSÃO

O tema insere-se na temática dos *apelos ao legislador* através do órgão que "guarda a Constituição" e, portanto, vela pela sua *efetividade*, em prol da cidadania.

---

[27] VII Conferência dos Tribunais Constitucionais Europeus, Lisboa, 1987. II parte, p. 54.

A omissão do legislador comporta graus. Partindo-se da ideia do poder-dever atribuído aos Parlamentos para definir direitos e deveres, por imperativo constitucional, e de "incumbências" não executadas, pode ocorrer: **a)** inação pura e simples do legislador; **b)** ação legislativa, porém tardia e, pois, inócua; **c)** ação legislativa quanto a um ponto, porém com lacunas comprometedoras de direitos (omissão parcial). O fundamento para a atividade controladora da Corte Constitucional reside na constatação de que os direitos fundamentais não significam apenas direitos e garantias das pessoas contra o Estado, passíveis de serem vulnerados por este, comissivamente, mas de princípios objetivos de governo que obrigam o Estado a prestações positivas em prol do cidadão ou de pessoas. Neste caso a omissão legislativa ou administrativa reveste o caráter de uma agressão à Constituição, conferindo ao Autor um direito público subjetivo à ação de inconstitucionalidade por omissão. Entre nós a ação de inconstitucionalidade por omissão (controle abstrato por arguição direta) e o mandado de injunção (controle concreto/contencioso) cumprem a função de combater a omissão legislativa. A técnica do controle da Constituição, no particular, sobe em qualidade, porquanto não é de uma lei que se cuida, mas de sua ausência. As Cortes passam a administrar a efetividade da própria Constituição. Gilmar Ferreira Mendes no seu *Controle de constitucionalidade: aspectos jurídicos e políticos*[28] discorre bem sobre o tema:

> Os diversos aspectos que envolvem a omissão do legislador impõem o estabelecimento de algumas distinções. As diferenças entre a declaração da inconstitucionalidade de ato legislativo e de omissão legislativa são evidentes. Como observa Pestalozza: "afigura-se impossível declarar a nulidade de uma omissão legislativa; (a decisão) limita-se a constatar a inconstitucionalidade" ("es soll nun nicht moglich sein, das gesetzgeberische Unterlassen fur nichtig zu erklären; es bewendet bei der Feststellung der Verfassungswidrigkeit").
>
> Daí ter-se desenvolvido, na jurisprudência do *Bundesverfassungsgericht*, a técnica de declaração de inconstitucionalidade (*Unvereinbarkeit*) sem a consequência da nulidade ("Ein Gesetz fur verfassungswidrig zu erklären, ohne dessen Nichtigkeit festzustellen"). A declaração de inconstitucionalidade (*Unvereinbarkeit*) exige, nessa hipótese, a intervenção do legislador, com o objetivo de suprimir o estado de inconstitucionalidade (*verfassungswidrige Rechtslage*).
>
> Tais peculiaridades têm levado alguns autores a considerar errônea a assimilação entre o controle de constitucionalidade do ao legislativo e aquele destinado a verificar a inconstitucionalidade por omissão que não altera a ordem jurídica, circunscreve-se a fatos – junto provavelmente a outros – susceptíveis de levar os órgãos legislativos a transformar o seu comportamento de negativo em positivo.

---

[28] MENDES, Gilmar Ferreira. *Controle da constitucionalidade das leis*: aspectos jurídicos e políticos. São Paulo: Saraiva, 1990. p. 55.

Assiste razão ao eminente constitucionalista, quando aponta diferenças entre a inconstitucionalidade por ação e a inconstitucionalidade por omissão. Todavia, não se afigura irretorquível o entendimento segundo o qual a verificação da inconstitucionalidade por omissão não altera a ordem jurídica. Não é essa, pelo menos, a concepção prevalente na jurisprudência constitucional alemã que, no tocante às chamadas exigências constitucionais suscetíveis de suprimento (*vertretbarer auftragder Verfassung*), têm reconhecido aos tribunais a faculdade de, nos casos de omissão, emprestar eficácia plena aos preceitos constitucionais através do processo de concretização (*Konkretisierung*).

4.12. CONVENIÊNCIA E OPORTUNIDADE DE AS CORTES ESTIPULAREM OS EFEITOS DE SUAS DECISÕES (POLÍTICA DIRETÓRIA POR PARTE DOS TRIBUNAIS)

Tirante a Áustria, especialmente na Alemanha, na Itália e na Espanha, se uma lei é declarada não conforme a Constituição, esta lei é nula *ex ipso* e *ex tunc*. Ocorre, porém, que para contornar as inconveniências de declarações secas de inconstitucionalidade – fugindo das clássicas digressões que nada resolvem sobre a natureza jurídica do *decisium* da Corte, se constitutiva ou declaratória –, os Tribunais Constitucionais estão adotando técnicas mais plásticas. Não se pode dizer que são "novidades" jurídicas, são, porém, novas no sentido de estarem sendo utilizadas pelas Cortes Constitucionais. Vejamos quais.

Por primeiro, o *minus dixit*. A Corte alemã julgou constitucional uma lei com o entendimento de que ela não discriminava (senão literalmente). Em nome do princípio da igualdade, entendeu-se que uma lei fiscal que dava benefícios a mães de filhos nascidos fora do casamento e a pais adotivos, estendia-se também a pais de filhos (não mencionados expressamente na lei) nascidos fora do casamento, quando vivessem com a mãe e o filho. Mera interpretação da *mens legislatoris*, evitando, porém, declarar a lei inconstitucional em nome do princípio da igualdade. Houve aí uma "complementação judicial" da lei por órgão jurisdicional que, nesse caso, pela *vis interpretativa* fez-se "legislador positivo" ao invés de quedar-se como "legislador puramente negativo".

Em segundo lugar, a técnica de declarar a lei "ainda constitucional" e de fazer apelos ao legislador sobre leis "em processo progressivo de inconstitucionalização", em razão de "alterações no plano dos fatos", para evitar o caos jurídico e as inconveniências dos efeitos *ex tunc* das decisões constitucionais. Para não trair as razões dos que estão a praticar novas fórmulas de atuação constitucional, damos à estampa, outra vez, as palavras do relator alemão, o Dr. Wolfgang Zeidler:[29]

---

[29] VII Conferência dos Tribunais Constitucionais Europeus, Lisboa, 1987. I parte, p. 62-64 e 67.

a) No âmbito da sua competência para a verificação, em última instância, da validade das eleições para o Parlamento, o Tribunal Constitucional viu-se confrontado com a arguição de que, com o decurso do tempo e devido a alterações demográficas, se criou uma situação inconstitucional de desigualdade dos círculos eleitorais.

O Tribunal Constitucional decidiu que tal situação ainda era suportável. Dado tratar-se de um desenvolvimento gradual, não era nada simples determinar o momento a partir do qual a distribuição dos círculos eleitorais passara de uma situação conforme a Constituição para uma situação inconstitucional. Ao mesmo tempo, deixou o Tribunal claro que o legislador era obrigado pela Constituição a aprovar uma nova distribuição dos círculos eleitorais ainda no decurso do período legislativo em curso, a fim de as eleições seguintes se poderem realizar já numa fase correcta.

Se o Tribunal Constitucional, no respeitante ao caráter fundamentalmente fixo da delimitação dos círculos eleitorais, tivesse declarado nula a lei eleitoral e tivesse admitido a impugnação do resultado das eleições, ter-se-ia colocado a difícil questão de saber qual o órgão que poderia aprovar eficazmente uma nova lei eleitoral.

b) Um exemplo modelar oferece também o caso do imposto de transacções. O antigo sistema do imposto de transacções, segundo o qual (diferentemente do que acontece no caso do IVA) em cada transacção se tinha de pagar um imposto de 4% sobre o valor nominal da venda, levou a uma certa distorção na concorrência, com vantagem para as grandes empresas que centralizavam em si várias etapas de produção e comercialização, em prejuízo das pequenas empresas que partilhavam entre si as várias fases do processo de produção e de comercialização. O legislador quis evitar este desequilíbrio e autorizou o Governo Federal a determinar, por meio de regulamento, a não sujeição a imposto de todas as transacções. Todavia, este regulamento fora julgado nulo pelo próprio Tribunal Constitucional, uns anos antes, por não satisfazer as exigências constitucionais quanto à precisão de que devem revestir-se as autorizações para a emissão de regulamentos.

Declarar nula a totalidade da lei do imposto de transacções praticamente teria significado a bancarrota do Estado. Estava excluída a possibilidade de declarar inconstitucional e, consequentemente, nula, apenas uma parte da lei, porque seria praticamente impossível encontrar uma formulação que delimitasse a parte nula da parte válida, de uma forma viável. O Parlamento, entretanto, também passara a ocupar-se intensamente da reforma do regime jurídico do imposto de transacções, reforma, todavia, suplementarmente dificultada pela exigência de harmonização jurídica no quadro das Comunidades Europeias. Perante tudo isto, o Tribunal Constitucional entendeu que a desigualdade existente tinha de ser aceita a título provisório, pelas empresas em desvantagem. Havia ainda que dar um certo prazo ao legislador para ele aprovar a nova lei em perspectiva. Contudo, o Tribunal Constitucional declarou de forma expressa que partia do princípio de que o legislador viria a concluir a reforma começada sem atrasos, a menos que estes resultassem da natureza das coisas, e poria termo à desigualdade contestada.

Em algumas decisões em que o Tribunal Constitucional ligou a afirmação de que a situação jurídica ainda era suportável, em termos constitucionais, com um apelo ao legislador, tratava-se da nova codificação do conjunto de certas áreas jurídicas.

a) Uma primeira decisão tem a ver com a incumbência constitucional expressa – sem fixação de prazo – de criar para as crianças nascidas fora do casamento condições iguais às das crianças nascidas de uma relação conjugal.

Em 1969 – 20 anos decorridos desde a aprovação da Constituição – o Tribunal Constitucional entendeu que tinha decorrido, entretanto, tempo suficiente para permitir ao legislador executar esta clara imposição constitucional. A situação ocorrente apenas poderia aceitar-se até ao final do período legislativo em curso. Aliás, o imperativo constitucional era suficientemente claro para eventualmente ser aplicado directamente pelos tribunais, especialmente no âmbito do direito da família e do direito das sucessões.

b) O Tribunal também constatou desigualdades em relação aos impostos sobre as pensões de reforma dos funcionários públicos, inteiramente tributadas, e sobre as pensões de reforma dos restantes trabalhadores por conta de outrem, apenas parcialmente sujeitas ao pagamento dos impostos. Inicialmente, o benefício fiscal dos empregados reformados, em relação aos funcionários públicos reformados, não assumia, contudo, grandes proporções, devido ao nível mais baixo das pensões de reforma dos primeiros. Mas, com o decurso do tempo, alteram-se as situações reais. As pensões de reforma dos trabalhadores por conta de outrem aumentaram de tal modo, quer nominalmente, quer em termos reais, que atingiram um montante em que estariam sujeitos a pagamento de impostos, não fossem as discutíveis prescrições legais em causa. Na sua decisão do ano de 1980, o Tribunal Constitucional teve de se pronunciar sobre uma tributação relativa aos anos de 1960/70. No tocante a este período, reconhecendo a disparidade que em princípio se verificava, concluiu que ela ainda não era suficientemente grave ao ponto de se traduzir numa violação constitucional do princípio geral da igualdade. As situações reais tinham-se alterado pouco a pouco e estavam em causa matérias de regulamentação complexa, cuja reforma rápida e simples não era possível, exigindo, pelo contrário, uma reformulação de base.

Mas o legislador estava obrigado a iniciar a feitura de uma nova regulamentação, sendo da sua responsabilidade responder à questão de saber de que modo e com que meios legislativos pretenderia eliminar as distorções entretanto verificadas. O prazo para a feitura da nova legislação não foi definido pelo Tribunal, e ainda não está à vista qualquer regulamentação legal.

A esta altura há que fazer referência à atenção das Cortes Constitucionais sobre os suportes fácticos das leis. Aqui, o controle das Cortes Constitucionais procura antecipar-se ao *vir-a-ser* legislativo ordinário. As Cortes verificam que leis anteriormente válidas perante a Constituição, em razão de alterações fácticas, tornaram-se ou estão em via de tornarem-se inconstitucionais. Por isso se antecipam e procuram obrigar o Legislativo a agir, para que o quadro das leis fique sempre conforme a Constituição (guardar a Constituição às luzes dos princípios fundantes).

Discorrendo sobre a variedade de tipos decisórios e seus efeitos, o Dr. Zeidler procura explicar por que nem sempre uma Corte Constitucional pode declarar *nula* a lei em face da Constituição. Estamos, a esta altura, a algumas milhas de distância das singelas formulações de Hamilton e Marshall sobre o simples contraste entre a Lei Maior e as leis, e as consequências inevitáveis daí decorrentes, *i.e.*, a supressão da lei em estado de inconstitucionalidade. Averba o juiz alemão:

"**a)** O ensejo para uma decisão fundamental sob o ponto de vista sistemático, forneceu-o uma regulamentação legal que permitia às viúvas, e não aos órgãos, em determinadas circunstâncias, pedirem o reembolso de contribuições para o seguro de velhice. Em todos os casos em que seja concedido um benefício ou uma prestação pelo Estado a um determinado grupo de pessoas, e membros de um outro grupo aleguem que a não concessão do mesmo benefício ou prestação, lesa o princípio de igualdade, o dilema é óbvio: se o Tribunal Constitucional declarasse nulas as disposições legais que concedem os benefícios – no caso em apreço, a favor das viúvas – eliminar-se-ia o tratamento desigual; todavia, desta maneira, não seriam ajudados os peticionantes, uma vez que estes, em última análise, desejam ser colocados tão bem – e não tão mal – como o outro grupo. O que se censura é a existência na lei de uma lacuna que, do ponto de vista dos peticionantes, é inconstitucional; mas uma lacuna, já por razões jurídico-dogmáticas, dificilmente pode ser declarada nula.

b) Merece ainda destaque a decisão sobre a tributação de pessoas vivendo sozinhas, com filhos (a chamada "meia família"). Após uma análise detalhada das prescrições legais e seus efeitos, o Tribunal Constitucional concluiu que o tratamento fiscal das pessoas vivendo sozinhas, com filhos, traduzia uma discriminação inconstitucional em relação aos casais com filhos e, ainda mais, em relação aos casais sem filhos. Lesava o princípio da igualdade, combinado com o imperativo constitucional de protecção e promoção do casamento e da família. Também neste caso a discrepância se agravara gradualmente através do forte aumento nominal dos vencimentos. O Tribunal Constitucional deu especial ênfase ao facto de o legislador dispor de várias possibilidades – eventualmente também recorrendo a meios fora do direito fiscal – de eliminar esta desigualdade inconstitucional. Havia que dar-lhe tempo suficiente para elaborar um novo regime legal. No interesse da segurança jurídica, as normas – em princípio inconstitucionais – deviam ser aplicadas até o aparecimento da nova regulamentação – o que devia ocorrer até 31 de dezembro de 1984, o mais tardar – mas, de qualquer modo, só a título de liquidação provisória do imposto. Caso até esta data não tivesse entrado em vigor uma nova regulamentação, as disposições inconstitucionais não poderiam servir de base à tributação das pessoas vivendo sozinhas.

Poucos dias antes do final de 1984, entrou em vigor um novo regime legal.

As puras decisões apelativas não têm efeitos jurídicos imediatos. Todavia, contêm simultaneamente a advertência de que uma determinada situação inconstitucional não será mais aceitável no futuro – eventualmente após o decurso de um período de tempo definido precisamente pelo Tribunal Constitucional. Também em casos de (mera) declaração de inconstitucionalidade, tem o Tribunal feito semelhantes advertências. Como foi referido supra, o Tribunal Constitucional, em algumas decisões, deixou também clarificada a situação jurídica que então passaria a vigorar. Por exemplo: a proibição de continuar a aplicar um determinado imposto (no caso da meia família) ou a obrigatoriedade para os tribunais competentes de darem imediatamente eles próprios cumprimento ao imperativo constitucional (caso dos filhos nascidos fora do casamento).

Quando uma norma é declarada incompatível com a Constituição, a partir do momento da decisão do Tribunal Constitucional, ela deixa de poder ser aplicada, na medida decorrente da "fórmula decisória". Eventualmente, têm os tribunais de suspender os processos pendentes e aguardar que o legislador elabore nova regulamentação.

Para evitar situações de incerteza, o Tribunal Constitucional, ultimamente, tem se pronunciado cada vez mais, nas suas decisões, sobre os efeitos jurídicos que devem vigorar no período intermédio até a emissão do novo regime legal. Referimos, a título de exemplo, os regimes transitórios do equilíbrio financeiro entre os Estados Federados e da tributação das meias famílias, supracitados. Nessa matéria, o Tribunal Constitucional orienta-se pelo seguinte raciocínio: é de, excepcionalmente, continuar a aplicar total ou parcialmente uma prescrição legal declarada inconstitucional, em função de razões jurídico-constitucionais, especialmente de segurança jurídica, impondo que tal regra inconstitucional se mantenha por um período transitório, a fim de que durante esse lapso de tempo não se caia numa situação ainda mais afastada da ordem constitucional. Todavia, as questões ligadas a esta matéria necessitam de ser ainda clarificadas pela jurisprudência.

No caso de declaração de inconstitucionalidade, o legislador é obrigado a criar uma situação legal conforme a Constituição. Ao estabelecer a nova regulamentação, está ele adstrito, especialmente no caso de violação do princípio da igualdade, a editar também para o passado uma regulamentação conforme os princípios constitucionais.

Também neste domínio subsistem incertezas. O legislador, em alguns casos, emitiu regras de direito transitório baseadas na diferenciação acima do parágrafo 79, al. 2 do BVerGG.[30]

4.13. EXCESSO DE PODER LEGISLATIVO

A França, com o Conselho de Estado, elasteceu ao máximo, a teoria do *detournement de pouvoir*, porém circunscrita ao *ato administrativo*. As Cortes Constitucionais irão exercer controle sobre o próprio legislador e seus atos, supervisionando a função legislativa, que nos albores dos regimes parlamentares era *absoluta e intangível*.

José Joaquim Gomes Canotilho[31] encara a questão com o rigor lógico-sistemático tão comum aos doutores de *Coimbra*.

Nega-se, assim à providência legislativa, o atributo de um ato livre no fim, consagrando-se a vinculação do ato legislativo a uma finalidade.

A vinculação do fim da lei decorre da Constituição... O fim imanente à legislação imporia os limites materiais da não contrariedade, razoabilidade e congruência.

Assim sendo, a inconstitucionalidade por excesso de poder legislativo põe na berlinda os lindes da jurisdição constitucional. É caso-limite, sem dúvida. (Outros casos-limite estão em obrigar o Legislativo a emitir leis – omissão legislativa – e o Executivo a realizar atos, para atender prestações positivas em prol da cidadania, por predeterminação constitucional). Para logo não se cura de sindicar a "volição legislativa" ou o fim querido pelo legislador que Maximiliano[32] e Bittencourt[33] entendiam intangíveis, impressionados pelos precedentes das Supremas Cortes americana e brasileira. A questão centra-se em saber se o legislador descurou ou minimizou dada matéria contra a Constituição. Exemplo temos aqui. Enquanto a Constituição fala em capacidade contributiva e em graduação do imposto de renda das pessoas físicas de acordo com ela, o legislador extingue as deduções contra a determinação constitucional, deixando de realizar o princípio da capacidade contributiva. De trazer mais urna vez as lições de Gilmar Ferreira Mendes[34] sobre o assunto em tela:

---

[30] VII Conferência dos Tribunais Constitucionais Europeus, Lisboa, 1987. I parte, p. 69-74.
[31] CANOTILHO, José Joaquim Gomes. *Direito constitucional.* 4. ed. Coimbra: Almedina, 1986. p. 739-740.
[32] MAXIMILIANO, Carlos. *Comentários à Constituição brasileira.* Rio de Janeiro: Freitas Bastos, 1954. v. 1, p. 157.
[33] BITTENCOURT, Lúcio. *O controle jurisdicional da constitucionalidade das leis.* 2. ed. Rio de Janeiro: Forense, 1968. p. 121.
[34] MENDES, Gilmar Ferreira. *Controle da constitucionalidade das leis*: aspectos jurídicos e políticos. São Paulo: Saraiva, 1990. p. 41.

O conceito de discricionariedade no âmbito da legislação traduz, a um só tempo, ideia de liberdade e de limitação. Reconhece-se ao legislador o poder de conformação dentro dos limites estabelecidos pela Constituição. E, dentro desses limites, diferentes condutas podem ser consideradas legítimas. Veda-se, porém, o excesso de poder, em qualquer de suas formas (*Verbot der Ermessensmissbrauchs; Verbot der Ermessensuberschreitung*). Por outro lado, o poder discricionário de legislar contempla, igualmente, o dever de legislar. A omissão legislativa (*Ermessensunterschreitung; der Ermessensmangel*) parece equiparável, nesse passo, ao excesso de poder legislativo.

Tais observações estão a revelar o caráter ambivalente das normas constitucionais, mormente em países que adotam o controle judicial de constitucionalidade. "Para órgãos estatais ativos – diz Schlaich – a norma é *norma de ação* (*Handlungsnorm*), ou seja, *ordem de ação* (*Handlungsanweisung*) e *limite de ação* (*Handlungsgrenze*). Para o Tribunal Constitucional, a mesma norma é norma de *controle*, na qual se afere a ação ou a omissão dos órgãos estatais."

Esta colocação parece *inconfutável* do ponto de vista teórico. Não se há de olvidar, porém, que os parâmetros constitucionais não primam pela precisão de conteúdo. E essa vagueza acaba por outorgar ao órgão de controle um formidável poder na concretização de fórmulas, como bem-estar da coletividade (*Wohl der Allgemeinheit*), utilidade pública, adequação aos fins constitucionais ou razoabilidade da disposição legislativa. O próprio princípio da igualdade enseja uma sindicância que transcende a simples verificação de eventual tratamento discriminatório entre diferentes sujeitos, permitindo aferir-se, "nella disciplina objettive delle fattispecie, abbiano creato disparità di situazioni non giustificate da diseguaglianze di fatto [...] se le leggi siano sfornite di giustificazione o al contrario abbiano una idonea ragione".

Importa assinalar, todavia, que o vício de excesso de poder legislativo, externado sob a forma de desvio de poder, há de ser aferido com base em critérios jurídicos. Não se trata de perquirir sobre a conveniência e oportunidade da lei, mas de precisar a congruência entre os fins constitucionalmente estabelecidos e o ato legislativo destinado à prossecução dessa finalidade.

A doutrina identifica como típica manifestação do excesso de poder legislativo a violação ao princípio da proporcionalidade ou da proibição de excesso (*Verhätnismassigkeitsprinzip; Ubermassverbot*), que se revela mediante contraditoriedade, incongruência, e irrazoabilidade ou inadequação entre meios e fins.

No Direito Constitucional alemão, outorga-se ao princípio da proporcionalidade (*Verhältnismassigkeit*) ou ao princípio da proibição de excesso (*Ubermassverbot*) qualidade de norma constitucional não escrita, derivada do Estado de Direito. Cuida-se, fundamentalmente, de aferir a compatibilidade entre meios e fins, de molde a evitar restrições desnecessárias ou abusivas contra os direitos fundamentais.

A utilização do princípio da proporcionalidade ou da proibição de excesso no Direito Constitucional envolve, como observado, a apreciação da exigibilidade (*Erförderlichkeit*) e adequação (*Geeignetheit*) da providência legislativa.

Assim, em decisão proferida em março de 1971, o *Bundesverfassungsgericht* assentou que o princípio do Estado de Direito proíbe leis restritivas inadequadas à consecução de seus fins, acrescentando que "uma providência legislativa não deve ser já considerada inconstitucional por basear-se em um erro de prognóstico" – BVerfGE, 25:1(12).

E, posteriormente, explicitou o Tribunal Constitucional que:

Os meios utilizados pelo legislador devem ser adequados e exigíveis à consecução dos fins visados. O meio é adequado se, com a sua utilização, o evento pretendido pode ser alcançado; é exigível se o legislador não dispõe de outro meio eficaz, menos restritivo aos direitos fundamentais.

Todas essas questões são observáveis no Brasil e são tratadas pelos constitucionalistas, como veremos oportunamente.

4.14. A FRANÇA E O REINO UNIDO PASSAM A ADOTAR ÓRGÃOS DE CONTROLE DA CONSTITUCIONALIDADE DAS LEIS

À altura de 2015, a resistência ao controle de constitucionalidade na França e na Inglaterra perdem terreno, em face do Tratado de Direitos Humanos da Comunidade Econômica Europeia (CEE) e da Corte Internacional da Comunidade Europeia.

Estefânia Barboza Queiróz pontifica na Revista de Direitos Fundamentais n.º 13, p. 42-63, 2013, Curitiba (ISSN 1982-0496) que:

Vejamos em primeiro lugar o que se passou na Inglaterra. Entrou em vigor a partir do ano 2000 o *Human Rights Act*, um documento constitucional inglês, embora gestado pela Comunidade Europeia. A partir de então, para a alegria póstuma de Lord Coke, os juízes começaram a considerar qualquer alegação de violação de direitos previstos pela *European Convention of Human Rights* como paradigma material para o judicial review, relegando a supremacia do "todo-poderoso Parlamento" e o direito natural confuso do *common law*.

A *House of Lords* admite – pois ali se alojava a Corte de Cassação do Reino Unido – que os juízes devem verificar a patibilidade de qualquer ato estatal com a "Convenção Europeia de Direitos Humanos", já internalizada por Tratado ao direito de todos os países membros da Comunidade.

No caso *Bellinger versus Bellinger*, a Corte declara, em revisão, a incompatibilidade do *Matrimonial Cause Act* de 1973, com os artigos 8 e 12 da Convenção

(Lei Maior), admitindo o casamento homossexual, até então negado pelo Direito britânico, vitorianamente hipócrita (até 1964 o homossexualismo era considerado crime). Em 2003, o Documento 9.788 do *Conseil de l'Europe* decreta que o inglês Lord Chancellor, que, tradicionalmente, como vimos inicialmente, ao tratar da experiência histórica da Inglaterra, acumulava as funções de Presidente da Câmara Alta do Parlamento e de Chefe do Poder Judiciário, que não mais exercesse funções legislativas, executivas (nomeação de juízes etc.) e judiciais a um só tempo, por malferir o Art. 6.º da Convenção Europeia. Surpreendentemente, a orgulhosa Albion, em face dos novos tempos e da racionalidade jurídica, curvou-se à recomendação diretiva da Comunidade. O Parlamento inglês emite o Constitucional Reform Act (2005) criando a Suprema Corte do Reino Unido, substituindo o *Appellate Committee of the House of Lords*, que lhe fazia às vezes, incrustado no Parlamento inglês.

Agora a vez da França e de sua ingênua soberania da lei, pois é a jurisprudência que lhe dá sentido e não o contrário.

Com a reforma constitucional de 2008 estabeleceu-se na França um tipo de controle incidental de constitucionalidade das leis, de caráter sucessivo, embora incipiente, ao lado do vetusto controle prévio do Conselho Constitucional alojado na Assembleia Nacional. O Art. 61.1 da Constituição da França passou a dizer que o Conselho de Estado (Direito Público) e a Corte de Cassação (Direito Privado) podiam, relativamente aos casos em curso perante eles, levantar um "incidente de inconstitucionalidade", remetendo-o ao Conselho Constitucional que, uma vez decidindo-o, o envia de volta às altas instâncias judiciais referidas, para prosseguirem em seus misteres jurisdicionais.

Com pelo menos dois séculos de atraso, o Reino Unido e a República Francesa se curvaram à necessidade de Cortes voltadas ao controle de constitucionalidade das leis e atos administrativos normativos, seja prévio, seja sucessivo, reduzindo os poderes do Legislativo.

CAPÍTULO 5

A EXPERIÊNCIA BRASILEIRA

5.1. O CONTROLE DA CONSTITUCIONALIDADE DAS LEIS NO BRASIL, ATÉ A CONSTITUIÇÃO DEMOCRÁTICA DE 1988 – BREVES ESCORÇOS HISTÓRICOS

O Brasil, desde o seu "descobrimento" por Pedro Álvares Cabral, foi possessão portuguesa, passando a Reino Unido a Portugal e Algarves, em razão da vinda para o Rio de Janeiro de D. João VI e de sua Corte, fugindo da invasão napoleônica. A sua independência, em 1822, decorre de um ato do Príncipe português que o governava centralizadamente, com o apoio das elites fundiárias e mercantis da época, sem embargo da dispersão territorial.[1] O fautor da independência, D. Pedro I de Orleans e Bragança, é sagrado Imperador do Brasil e, seu retorno a

---

[1] O Prof. José Afonso da Silva, no seu magnífico *Curso de direito constitucional positivo* (5. ed. São Paulo: RT, 1989), citando às fls. 62 Pedro Calmon (*História do Brasil*. Rio de Janeiro: José Olympio, 1959. v. I, p. 222) e Oliveira Vianna (*Evolução do povo brasileiro*. 4. ed. Rio de Janeiro: José Olympio, 1956. p. 199), traceja preciso escorço do Brasil, nos seus primórdios:
"A colonização do Brasil começou efetivamente pela organização das capitanias hereditárias, sistema que consistiu na divisão do território colonial em doze porções irregulares, todas confrontando com o oceano, e na sua doação a particulares (escolhidos entre a melhor gente) que estivessem decididos a morar no Brasil e fossem suficientemente ricos para colonizá-lo e defendê-lo. [...] Das doze capitanias, poucas prosperaram, mas serviram para criar núcleos de povoamento dispersos e quase sem contato uns com os outros, contribuindo para a formação de centros de interesses econômicos e sociais diferenciados nas várias regiões do território da colônia, o que veio a repercutir na estruturação do futuro Estado brasileiro.
As capitanias eram organizações sem qualquer vínculo umas com as outras. Seus titulares – os donatários – dispunham de poderes quase absolutos. Afinal de contas, elas constituíam seus domínios, onde exerciam seu governo com jurisdição cível e criminal, embora o fizessem por ouvidores de sua nomeação e juízes eleitos pelas vilas. A dispersão do poder político e administrativo era assim completa, sem elo que permitisse qualquer interpenetração, salvo apenas a fonte comum que era a metrópole.
Em 1549, instituiu-se o sistema de governadores-gerais. Introduzindo-se com isso um elemento unitário na organização colonial, coexistindo com as capitanias diversificadas. O primeiro

Portugal, vê-se sucedido pelo filho, D. Pedro II, o qual governará, ultrapassando o período de regência, até a proclamação da República em 1889 por obra de civis e militares positivistas, republicanos e presidencialistas.

> governador nomeado – Tomé de Sousa – vem munido de um documento de grande importância: o Regimento do Governador-Geral.
> Os regimentos dos governadores-gerais têm, de fato, a maior importância para a história administrativa do país: antecipavam-se às cartas políticas, pelo menos na delimitação das funções e no regime exigido das leis, forais e privilégios, atenuando o arbítrio, fixando a ordem jurídica. Foram eles, pois, cartas organizatórias do regime colonial, que conferiram ao governador-geral poderes atinentes ao governo político e ao governo militar da colônia. 'Em torno desse órgão central agrupavam-se outros órgãos dos elementares e essenciais à administração: ouvidor-mor, encarregado-geral dos negócios da justiça; o procurador da fazenda, encarregado das questões e interesses do fisco real; o capitão-mor da costa, com a função da defesa do vasto litoral infestado de flibusteiros.' O sistema unitário, inaugurado com Tomé de Sousa, rompe-se em 1572, instituindo-se o duplo governo da colônia, que retoma a unidade cinco anos depois. Em 1621, a colônia foi dividida em dois Estados: Estado do Brasil, compreendendo todas as capitanias que se estendiam desde o Rio Grande do Norte até São Vicente, ao sul; e o Estado do Maranhão, abarcando as capitanias do Ceará até o extremo norte. Sob o impulso de fatores e interesses econômicos, sociais e geográficos, esses dois Estados acabaram se fragmentando, surgindo novos centros autônomos subordinados a poderes políticos administrativos regionais e locais efetivos. As próprias capitanias se subdividiram tangidas por novos interesses econômicos que vão se formando na evolução colonial. Assim, por exemplo, o Piauí erige-se em capitania independente do Maranhão; Minas destaca-se de São Paulo; Rio Grande do Sul torna-se capitania e etc. O governo geral divide-se em dois núcleos de governos regionalizados e estes, em várias capitanias, subordinando capitanias secundárias, que, por sua vez, pouco a pouco, também se libertam das suas metrópoles, erigindo-se em capitanias autônomas. Cada capitania divide-se em comarcas, em distritos e em termos. 'Em cada um desses novos centros administrativos o capitão-general distribuía os representantes da sua autoridade aos órgãos locais de governo geral: os ouvidores, os juízes de fora, os capitães-mores das vilas e aldeias, os comandantes de destacamentos dos povoados, os chefes de presídios fronteirinhos, os capitães-mores regentes das regiões recém-descobertas, os regimentos da tropa de linha das fronteiras, os batalhões de milicianos, os terços de ordenanças, as patrulhas volantes dos confins das regiões do ouro'.
> 'Estes centros de autoridade local, subordinados em tese ao governo-geral da capitania, acabaram, porém, tornando-se praticamente autônomos, perfeitamente independentes do poder central encarnado na alta autoridade do capitão-general. Formaram-se, dessa forma, pequenos governos locais, representados pela autoridade todo-poderosa dos capitães-mores das aldeias; os próprios caudilhos locais, insulados nos seus latifúndios, nas solidões dos altos sertões, eximem-se, pela sua mesma inacessibilidade, à pressão disciplinar da autoridade política, a autoridade judiciária e a autoridade militar dos poderes constituídos. São eles que guerreiam contra as tribos bárbaras do interior, em defesa das populações que habitam as convizinhanças das suas casas fazendeiras, que são como que os seus castelos feudais e as cortes dos seus senhorios'.
> Nas zonas de mineração, por influência econômica, surgem autoridades especiais: capitães--mores de minas, junta de arrecadação da fazenda real, intendências do ouro ou dos diamantes, guardamorias das minas, casas de fundição, condicionando uma organização administrativa peculiar. Nas zonas de exploração agrícola, floresceu uma organização municipal que teve profunda influência no sistema de poderes da colônia. O Senado da Câmara ou Câmara Municipal

O Brasil diferiu muito dos EUA no que tange ao assentamento das populações e das instituições. O Estatuto colonial norte-americano é diverso do Estatuto brasileiro.[2] Aqui fomos sempre agentes ou órfãos da Coroa portuguesa. A história do Brasil é, também, diversa no tangente ao controle e à conservação do território, da história dos vice-reinos espanhóis. Enquanto estes se fracionaram em numerosos Estados, o Brasil-Colônia e o Brasil-Império só fizeram crescer ultrapassando fantasticamente o pouco território que lhe fora assinalado pelo Tratado de Tordesilhas, que dividia o Novo Mundo, sob os auspícios papais, entre os reis católicos de Castela e Portugal. Nem se pode ocultar feito dos mais notáveis da história das Américas, o destes plásticos e pouco nume-

---

constituiu-se no órgão de poder local. Era composto de vários oficiais, à imitação do sistema de Portugal. Seus membros eram eleitos dentre os 'homens bons da terra' que, na realidade, representavam os grandes proprietários rurais. O mesmo aconteceu nas zonas açucareiras. Nas zonas pastoris e mineradoras, essa organização municipal só encontrou condições de prosperar no fim da colônia, com a decadência da mineração e maior estabilidade populacional.

Nesse sumário, já se vê delinear a estrutura do Estado brasileiro que iria constituir-se com a Independência. Especialmente, notamos que, na dispersão do poder político durante a colônia e na formação dos centros efetivos de poder locais, se encontram os fatores reais do poder, que deram a característica básica da organização política do Brasil na fase imperial e nos primeiros tempos da fase republicana.

A fase monárquica iniciou-se, de fato, com a chegada de D. João VI ao Brasil em 1808, e vai-se efetivando aos poucos. Instalada a corte no Rio de Janeiro, só isso já importa em mudança do *status* colonial. Em 1815, o Brasil foi elevado, pela lei de 16 de dezembro, à categoria de Reino Unido a Portugal, 'pondo em consequência fim ao Sistema colonial, e monopólio da Metrópole'. Um passo à frente foi a Proclamação da Independência, em 1822, do que surgiu o Estado brasileiro sob a forma de governo imperial, que perdurou até 15.11.1889.

Transferida a sede da Família Reinante para o Rio de Janeiro, foi necessário instalar as repartições, os tribunais e as comodidades necessárias à organização do governo; foi preciso estabelecer a ordem, com a polícia, a justiça superior e os órgãos administrativos que tinham até aí faltado à colônia. Assim se fez a partir de 1.º de abril. Foram instituídos, criados e instalados o Conselho de Estado, a Intendência-Geral de Polícia, o Conselho da Fazenda, a Mesa da Consciência e Ordens, o Conselho Militar, o Desembargo do Paço, a Casa da Suplicação, a Academia de Marinha; a Junta-Geral do Comércio, o juízo dos falidos e conservador dos privilégios; o Banco do Brasil, para auxiliar o Erário, a Casa da Moeda, a Impressão Régia etc. Abriram-se antes os portos, decretara-se a liberdade da indústria, possibilitara-se a expansão comercial".

[2] As diferenças entre os tipos de assentamento de populações utilizados na América inglesa e na América lusa estão vivamente expostas no livro de Viana Moog, *Bandeirantes e pioneiros*. Para logo, não se deve comparar modelos, para apurar acertos e culpas. As coisas se passaram como tinham que se passar em razão dos fatos políticos e sociais vigorantes nas Ilhas Britânicas e no pequeno Reino Portucalense. A história se faz de fatos e não de intenções. A história, tanto como a política, resulta eventos possíveis. Descrever a história é trabalho que envolve crítica e reflexão, mas o objeto do historiador se realiza acriticamente no tempo fugidio. O livro de *Viana Moog* é descritivo, mas falta-lhe crítica exemplar. Não foram bandeirantes e pioneiros que determinaram o futuro dos EUA e do Brasil ou vir e ficar e vir e voltar. Entre a 1.ª e a 7.ª economia mundial pesa o fato de até 1900, o Brasil ter se mantido agrário. Atrasou-se um século.

rosos lusitanos, de manter uno tão vasto e diferenciado, sob todos os pontos de vista, império colonial.

Os da pequena pátria de Camões enfrentaram terras adustas, mares revoltos, potências estrangeiras e, apesar das poucas armas e da rarefeita população, bateram-se contra os índios, os franceses, os holandeses, os espanhóis, os revoltosos separatistas, vencendo-os sempre, ao final, à exceção da perda da província cisplatina, depois República do Uruguai, a qual, na verdade, jamais foi lusitana ou brasileira. Com incrível tenacidade defenderam suas possessões, plantando fortalezas em lugares estratégicos, como, por exemplo, no interior da selva amazônica, nas margens propícias dos rios, a quatro mil quilômetros do litoral atlântico. A vastidão territorial do país não só foi mantida como ampliada, desde a Colônia, passando pelo Império, cuja diplomacia fez escola.

No entanto, desde o descobrimento, passando pelo ciclo da cana-de-açúcar, até o ciclo da mineração, fomos ilhas populacionais separadas por grandes vazios territoriais. É somente o ciclo do ouro, no século XVIII, em Minas Gerais, quando se desencadearam poderosas correntes migratórias, quase despovoando o Reino de Portugal, que o Brasil passa a ter uma população razoável, condição necessária ao subsequente do café, que geraria, finalmente, a industrialização, já nos albores do século XX, com um atraso espantosamente grande, considerando-se a Europa, os EUA e mesmo o Japão e a Argentina. Seja lá como for, a história do ouro, do café e da industrialização justifica, à altura de 2014, a sua população de 200 milhões de habitantes e o seu PIB de 2 trilhões de dólares, o 8.º do mundo, pelo critério do poder de compra das moedas.[3]

5.2. A INDEPENDÊNCIA

Quais as grandes correntes econômicas e sociais que se moveram para tornar o Brasil independente de Portugal? Influíram fatores exponenciais, a saber, o aumento populacional e o integracionismo desencadeado pelo ciclo do ouro e da mineração, a invasão da Península Ibérica por Napoleão, a ascensão industrial e marítima da Inglaterra, a vinda de D. João VI e da Corte Portuguesa para o Brasil, o crescimento das trocas comerciais e as restrições de Lisboa ao comércio do país (regime do monopólio e de reserva de mercado).

---

[3] O Partido dos Trabalhadores, à altura de 2015, há 13 anos no poder, teve um mérito e dois deméritos. O mérito entronca com as políticas de inclusão social e de redução da miséria absoluta. Os deméritos foram o corrompido presidencialismo de coalizão, clientelista, unindo esquerda, centro-esquerda e setores do centro. O comando da economia foi feito com uma incompetência sem par, estatista e pseudossocialista, o que gerou ineficiência (perda de competitividade) e generalizada corrupção nas estatais, na União e no nível dos municípios. O País passou a precisar de um choque de capitalismo e privatizações para sair da recessão.

Se, de um lado, o regime de monopólio que a Metrópole impunha ao Brasil, depois que o monarca luso, derrotado Napoleão, retornou a Portugal, fez aflorar as contradições entre aquela e os interesses comerciais do país, de outro lado, havia o debate ideológico na esteira das revoluções que convulsionaram o continente europeu e os EUA. Finalmente, o contexto econômico, político e diplomático da Europa (nesse ponto não se podem desdenhar os interesses da Inglaterra, que influenciaram decisivamente o movimento de independência). A melhor caracterização dessa época é feita pelo escritor Nelson Werneck Sodré, que foi Professor na Escola de Comando e Estado Maior do Exército Brasileiro e Chefe do Departamento de História do Instituto Superior de Estudos Brasileiros e do Curso de História Militar. Extratamos da 9.ª edição do seu *Formação Histórica do Brasil*, editado pela Ed. Civilização Brasileira, as sínteses que se seguem, por demais ilustrativas.[4]

A história da decadência da Holanda, disse um pesquisador, como a ascensão inglesa, é a história da subordinação do capital comercial ao capital industrial. Ora, a história do declínio da Holanda e da ascensão da Inglaterra assinala também os efeitos profundos das referidas transformações sobre as áreas coloniais e, principalmente, sobre o Brasil. A Inglaterra vai substituir a Holanda, mas funcionando de forma diferente, em suas relações com Portugal e com o Brasil. Ainda aqui, é necessário distinguir os traços característicos:

---

[4] Sobre a história do Brasil, merecem consulta e leitura as obras de *Pedro Calmon*, fartamente documentada, de *Caio Prado Júnior*, verdadeiramente exaustiva, e de *Gilberto Freyre*, especialmente a versão romanceada de *Casa Grande e Senzala*, em que se examina magnificamente a época ou ciclo da cana-de-açúcar. Sobre Minas e a mineração, em particular, ver *Diogo de Vasconcelos, Lauro de Mello e Souza, José Carrato, Augusto de Lima Filho e Agripa de Vasconcelos* (trilogia). Além desses, *Caio César Boschi:*
- *Fontes primárias para a História de Minas Gerais em Portugal*. Belo Horizonte: Conselho Estadual de Cultura de Minas Gerais, 1979. p. 193. (Col. Mineiriana 3.);
- *Roteiro sumário dos arquivos portugueses de interesse para o pesquisador da História do Brasil*. São Paulo: Edições Arquivo do Estado, 1986. p. 113;
- *Os leigos e o poder*: irmandades leigas e política colonizadora em Minas Gerais. São Paulo: Ática, 1986. p. 254 (Col. Ensaios, v. 116.); Subsídios para a história da tributação eclesiástica em Minas Gerais colonial. *Revista do Centro de Ciências Humanas da PUC/MG*, Belo Horizonte, v. 2, n. 3, p. 87-96, 1.º sem. 1984;
- O assistencialismo na Capitania do Ouro. In: BOTHS, H.; KERKOF, M. (Org.). *Forum Litterarum*. miscelânea de estudos literários, linguísticos e históricos oferecida a J. J. van den Besselaar. Amsterdam Maarsen: APA – Holland University Press, 1984. p. 45-58. Também publicado na *Revista de História, USP*, São Paulo, n. 116, p. 25-41, jan.-jun. 1984;
- As diretrizes metropolitanas, a realidade colonial e as irmandades mineiras. *Revista Brasileira de Estudos Políticos*, Belo Horizonte, n. 65, p. 131-51, jul. 1987;
- Inconfidência Mineira – Complô, reforma, insurreição ou revolução? Na perspectiva da longa duração: qual o seu legado? *Resgate*, Campinas, Unicamp, n. 1, p. 103-106, 1990.

- o primado holandês (I e II séculos) após 1500, processa-se na fase do capital comercial;
- o primado inglês (III e IV séculos) ocorre na fase capitalista.

Um dos acontecimentos marcantes da substituição da Holanda pela Inglaterra, e das diferenças de função decorrentes da diversidade condições objetivas, foi o Tratado de Methuen, firmado em 1703. Segundo o disposto nesse tratado, que sancionava uma situação de fato, na linha daquele firmado em 1654 entre a Inglaterra e Portugal, o mercado metropolitano luso era franqueado aos panos britânicos, como o mercado colonial luso, através da Metrópole, ao mesmo tempo em que o mercado inglês era franqueado aos vinhos que os ingleses fabricavam em Portugal, tudo transportado em navios ingleses e, consequentemente, drenando para a Inglaterra o ouro remetido pelo Brasil.

Nos fins do século II, teve início a atividade mineradora, com a descoberta das jazidas de Caeté (1693), Itaberaba (1694), Ouro Preto (1700). Com a rapidez própria a tal gênero de atividade, multiplicaram-se as descobertas, com as consequências já apreciadas. Aparece, assim, e pela primeira vez na vida colonial, o mercado interno, servido por um sistema terrestre de transporte. O mecanismo da irradiação de efeitos adquire, na mineração brasileira, uma extraordinária intensidade e atinge quase toda a extensão territorial da Colônia, ultrapassando-lhe mesmo os limites: reflete-se na área açucareira e na área pastoril sertaneja, reflete-se na área pastoril sulina e projeta-se além dela, para refletir-se na área platina. O aparecimento do mercado transforma em mercadorias o que a região sulina possuía como bem natural, os seus rebanhos, confere-lhes um valor compatível com a necessidade de deslocamento e, em consequência, quebra o isolamento imposto pela distância.[5]

Celso Furtado não discrepa:

A economia mineira abriu um ciclo migratório europeu totalmente novo para a colônia. Dadas suas características, a economia mineira brasileira oferecia possibilidades a pessoas de recursos limitados, pois não se exploravam grandes minas – como ocorria com a prata no Peru e no México – e sim o metal de aluvião que se encontrava depositado no fundo dos rios. Não se conhecem dados precisos sobre o volume da corrente migratória que, das ilhas do Atlântico e do território português, se formou com direção ao Brasil no correr do século XVIII. Sabe-se, porém, que houve alarme em Portugal, e

---

[5] SODRÉ, Nelson Werneck. *Formação histórica do Brasil*, 1962, p. 141-143.

que se chegou a tomar medidas concretas para dificultar o fluxo migratório. Se se têm em conta as condições de estagnação econômica que prevaleciam em Portugal – particularmente na primeira metade do século XVIII quando se desorganizaram suas poucas manufaturas –, para que a emigração suscitasse uma forte reação, evidentemente deveria alcançar grandes proporções. Com efeito, tudo indica que a população colonial de origem europeia decuplicou no correr do século da mineração.[6]

Voltemos a Sodré e à independência:

A contradição estabelecida entre a expansão capitalista capitaneada pela Inglaterra e a resistência feudal dos países continentais surge como um quadro de conflito com as campanhas napoleônicas. Não interessa aqui a análise desse conflito militar, nem mesmo de suas flutuações e aparentes paradoxos, como o que nos apresenta a Europa feudal submetida à política de alianças que lhe impõe a França apenas saída da revolução burguesa. De forma direta, no campo das trocas, aquele quadro de conflito começa a afetar a área colonial americana, e ao Brasil, portanto, desde o momento em que Napoleão exige da Europa o bloqueio contra a Inglaterra. As consequências do bloqueio atingem as metrópoles ibéricas e repercutem nas suas áreas coloniais. Da Europa para a América, as repercussões traduzem-se em necessidades que podem ser sumariadas como se segue. Para a Inglaterra, trata-se de:
- assegurar o domínio marítimo para defender-se, romper o bloqueio e manter o seu comércio; deve, por isso, destruir a frota francesa, neutralizar a dinamarquesa e isolar a portuguesa;
- ampliar as suas trocas com as áreas coloniais próprias e ainda com as ibéricas mantidas em regime de monopólio comercial, para assegurar mercados e matérias-primas;
- manter na Península Ibérica uma porta para o continente.
Para a França, no que diz respeito, trata-se de:
- fechar a porta ibérica, a fim de completar e efetivar o bloqueio.
Para as metrópoles ibéricas, trata-se de:
- optar pelas forças em presença, considerando a pressão francesa, o poderio naval inglês e a necessidade de preservação de suas próprias colônias.
Para as áreas coloniais ibéricas, e para o Brasil em particular, trata-se de:
- eliminar o regime de monopólio comercial.
As consequências do bloqueio são importantes nas áreas coloniais. No que se refere ao Brasil, traduzem-se no aumento da exportação açucareira,

---

[6] FURTADO, Celso. *Formação econômica do Brasil*. Rio de Janeiro: Imprensa Nacional, 1959. p. 92.

que dobra o seu valor, no aumento da exportação de couros, da ascensão da importação, que acompanha o ritmo da exportação, no singular crescimento das trocas com a área espanhola do Prata e no enorme desenvolvimento das atividades de contrabando, que busca neutralizar o regime de monopólio, tanto na área lusa como na área espanhola da América.

Tais consequências aprofundam-se, desde o momento em que Napoleão decide completar e efetivar o bloqueio pelo fechamento da porta peninsular, invadindo a Espanha e Portugal. As Cortes de Madri e Lisboa são forçadas a optar ante as forças em presença. A de Madrid capitula e desaparece. A de Lisboa alia-se à Inglaterra e transfere-se para a Colônia. Desapareceram as metrópoles. Com uma diferença importante, entretanto:

- as áreas espanholas passam a ser geridas pelos poderes locais, mandatários da Metrópole ou não;
- a área portuguesa passa a ser gerida pelo próprio poder metropolitano transferido.

De uma ou de outra forma, o regime de monopólio comercial está liquidado. A expansão comercial inglesa, a única que tem, no momento, condições para efetivar-se, para penetrar o mercado recém-aberto, deve tratar, agora: com a Corte do Rio de Janeiro, de um lado; com os poderes locais, em cada uma das antigas colônias espanholas, de outro lado. Daí as diferenças de tratamento, com a Corte do Rio de Janeiro, por meio de acordos diplomáticos; com os poderes locais da área espanhola, por acordos de emergência ou por ações de força.

O largo processo da independência comporta variações regionais importantes. No seu conjunto, entretanto, ele reflete o triunfo da revolução burguesa, de que são episódios marcantes a Revolução Industrial, que assinala as mudanças nos meios de produção e nas técnicas de que se servem, a Revolução Francesa, que assinala a liquidação de relações feudais, a Revolução Americana, que importa na transferência a determinada área do Novo Mundo de muitas alterações ocorridas no Velho.

O fato de estar englobado na revolução burguesa, inserido nela, não significa, entretanto, que o processo da independência seja, nas áreas coloniais, uma revolução burguesa. Ela assume esse caráter em parte – e, na medida em que assume, gera a contradição do norte manufatureiro com o sul agrícola e escravocrata – no caso dos Estados Unidos por força de condições concretas ali existentes, as que justificam a tese de que não houve, a rigor, naquele caso, passado colonial. Mas não pode assumir nas áreas de dominação ibérica, que não apresentam as condições necessárias para que nelas ocorra a revolução burguesa. Não apresentam tais condições justamente por serem, de forma caracterizada, no exato sentido da expressão, *áreas coloniais*.

O advento da Corte lusa ao Brasil corresponde à abertura de uma fase de singular impulso ao seu desenvolvimento. Nesse impulso concorrem fatores circunstanciais – um deles, o representado pelas restrições ligadas ao bloqueio napoleônico – que permitem a ascensão no volume e no valor das exportações brasileiras, uma vez que a aliança inglesa assegurava o transporte marítimo, e criam condições para o surto comercial com a zona platina. Mas as reformas administrativas, que sancionam uma situação de fato ou atendem necessidades novas, encontram também um papel naquele impulso, facilitando-o. Para governar, e principalmente no sentido em que governar é arrecadar meios, a Corte é forçada a montar um aparelho de Estado cuja estrutura não cessará de crescer e que já não tem condições para discriminar os nascidos na Colônia dos nascidos na Metrópole.

Tudo isso contribui para que a fase seja de desenvolvimento. Nem falta a esse desenvolvimento o aspecto, valorizado naquele tempo, de intervenções militares no exterior: na colônia francesa vizinha da Amazônia e, principalmente, na zona platina. A classe dominante, que absorve os lucros da exportação, agora desafogada com a suspensão da Metrópole intermediária, como da ampliação do aparelho do Estado, participa da expansão sulina. Há uma tendência para encontrar a recomposição entre aquela classe e a Coroa aqui presente. Fora da Europa, aqui instalada, a Coroa representa mais os interesses ingleses do que os dos senhores feudais portugueses, entretanto. Entre a classe dominante colonial e os interesses ingleses há insanáveis contradições, por outro lado.

A cessação do bloqueio, com a derrota de Napoleão, repondo as trocas nas condições normais, reconduz a área colonial lusa à situação anterior à crise política que motivara a transferência da Corte. O regresso desta à sua sede normal culmina o sentido negativo que os acontecimentos passavam a seguir. Ainda que não tenha tido um papel essencial, soma os seus efeitos a outros, o que lhe dá um relevo singular. De 1821 a 1822, efetivamente, vão seriar-se os acontecimentos que levarão à autonomia brasileira. Já em 1817, numa das zonas mais importantes da Colônia, surgia rebelião que, na linha das da fase anterior, ocorridas nos fins do século XVIII, denunciava as inquietações reinantes.

A Revolução Constitucionalista que abala Portugal vem agravar as contradições entre a classe dominante colonial e a classe dominante metropolitana, atenuadas na fase em que a Corte lusa se estabelecera na Colônia. O aparente paradoxo estava em que, tendo ocorrido no Reino uma revolução liberal, suceder-se-ia a insistência, com o seu colapso, numa política colonialista que já não tinha condições para manter-se. O retorno ao absolutismo e a ação da Santa Aliança liquidariam as possibilidades de composição entre as classes dominantes antes referidas. Para a Metrópole, tratava-se de restabelecer a situação antiga de intermediária nas trocas. Para a Colônia, tratava-se de impedir que se restabelecesse aquela situação antiga. Para as forças feudais da Europa Continental, tratava-se de salvar a estrutura colonialista peninsular. Para o capitalismo em expansão, tratava-se de manter o comércio livre e de extinguir o tráfico negreiro e liquidar o trabalho escravo.

Quando a classe dominante, no Brasil, sente que se aprofunda a contradição com a classe dominante na Metrópole e que esta contradição tende a superar aquela que, por força do tráfico e do trabalho escravo e da concorrência na produção tropical, separava-a da classe dominante inglesa, surgem uma esquerda e uma direita na formulação da autonomia:

– a direita pretende que a classe dominante metropolitana reconheça à classe dominante colonial o direito ao comércio livre, por um sistema tributário que a ambas satisfaça, mantida a subordinação da Colônia à Metrópole;

– a esquerda pretende levar a autonomia à ruptura completa com a Metrópole, admitindo, no campo interno, reformas que atenuem a contradição com a Inglaterra no que se refere ao trabalho.

À proporção que os acontecimentos se desencadeiam, a direita, que era a maioria das classes dominantes, passa a segundo plano e muitas de suas forças mudam de posição, aceitando a ruptura com a Metrópole; a esquerda passa a primeiro plano e, na medida em que passa, abandona o seu teor reformista. Quando as Cortes lisboetas pretendem impor a sua vontade à Colônia, encontram aqui uma irredutível resistência. O movimento pela autoria une a classe dominante colonial, que encontra, além disso, o apoio das outras classes ou camadas sociais. Ela empreende e realiza a independência, mas no sentido de configurar o país à sua imagem e semelhança:

– transforma a sua aliança com a classe dominante portuguesa numa aliança com a burguesia europeia;

– recebe desta, em consequência:

• a liberdade de comércio, como conquista econômica;

• o aparato liberal, como forma exterior;

– resiste à pressão no sentido de liquidar o tráfico negreiro e o trabalho escravo, mantendo-os enquanto possível;

– resiste a qualquer alteração interna, mantendo o seu domínio absoluto – batendo-se por um mínimo de alterações formais, inclusive pela continuação do regime monárquico e do titular desse regime –, daí representar o Império a classe que empreende a Independência.[7]

---

[7] SODRÉ, Nelson Werneck. *Formação histórica do Brasil*, 1962, p. 177-187.

5.3. A CONSTITUIÇÃO DE 1824

O Brasil torna-se independente em 1822. Era preciso uma Carta Magna. Na vigência da Constituição de 1824, obviamente, inexistirá a prerrogativa do Poder Judiciário de declarar a inconstitucionalidade das leis e dos atos normativos. O diploma constitucional – regente de uma peculiar monarquia parlamentarista – atribuía ao Legislativo a guarda da Constituição (art. 15, n. 9), como era a praxe da época, na Europa. Competia ao *Poder Moderador*, conferido ao Monarca, a coordenação dos três poderes do Estado. O Imperador, em suma, reinava. A ratificação da Carta imperial pelas Províncias, contrariamente à avaliação leniente de certos autores, não significou aprovação popular, como observado por Luís Roberto Barroso,[8] mas vero pacto de elites dominantes.[9] E isto já sabíamos pelos preciosos relatos de Sodré. Joaquim Nabuco dizia:

---

[8] BARROSO, L. Roberto. *Um estadista do Império*, p. 7.
[9] A Carta do Império encontra em Pimenta Bueno – *Direito público brasileiro e análise da Constituição do Império*, reeditado pelo Ministério da Justiça em 1958 – seu melhor comentador. José Afonso da Silva (*Curso de direito constitucional positivo*. 5. ed. São Paulo: RT, 1989. p. 67) averba com visão magnificamente crítica e retrospectiva:
"O sistema foi estruturado pela Constituição Política do Império do Brasil de 25.03.1824. Declara, de início, que o Império do Brasil é a associação política de todos os cidadãos brasileiros, que formam uma nação livre e independente que não admite, como qualquer outro, laço de união ou federação, que se oponha à sua independência (art. 1.º). O território do Império foi dividido em províncias, nas quais foram transformadas as capitanias então existentes (art. 2.º). Seu governo era monárquico hereditário, constitucional e representativo (art. 3.º). O princípio da divisão e da harmonia dos poderes políticos foi adotado como 'princípio conservador dos direitos dos cidadãos e o mais seguro meio de fazer efetivas as garantias que a Constituição oferece' (art. 9.º), mas segundo a formulação quadripartita de Benjamin Constant: Poder Legislativo, Poder Moderador, Poder Executivo e Poder Judiciário (art. 10). O Poder Legislativo era exercido pela assembleia geral, composta de duas câmaras: a dos deputados, eletiva e temporária, e a dos senadores, integrada de membros vitalícios nomeados pelo Imperador dentre componentes de uma lista tríplice eleita por província (arts. 13, 35, 40 e 43). A eleição era indireta e censitária. O poder Moderador, considerado a chave de toda a organização política, era exercido privativamente pelo Imperador, como chefe supremo da nação e seu primeiro representante, para que incessantemente velasse sobre a manutenção da independência, equilíbrio e harmonia dos demais poderes políticos (art. 98). O Poder Executivo, exercido pelos ministros de Estado, tinha como chefe também o Imperador (art. 102). O Poder Judiciário, independente, era composto de juízes e jurados (art. 151). No art. 719, a Constituição trazia uma declaração de direitos individuais e garantias que, nos seus fundamentos, permaneceu nas Constituições posteriores.
As províncias foram subordinadas ao poder central, através do seu presidente, escolhido e nomeado pelo Imperador, e do chefe de política também escolhido pelo Imperador, com atribuições não só policiais como judiciais até 1870, do qual dependiam órgãos menores, com ação nas localidades, cidades, vilas, lugarejos, distritos: os 'delegados de polícia', os 'subdelegados de polícia', os 'inspetores de quarteirões', os 'carcereiros' das cadeias públicas e o pessoal subalterno da administração policial. É ainda o poder central que nomeia o 'juiz de direito', o 'juiz muni-

Antes de tudo, o reinado é do imperador. Decerto, ele não governa diretamente e por si mesmo, cinge-se à Constituição e às formas do sistema parlamentar, mas como ele só é árbitro da voz de cada partido e de cada estadista, e como está em suas mãos o fazer e desfazer os ministros, o poder é praticamente dele. A investidura dos Gabinetes era certa, o seu título precário, enquanto agradassem ao monarca. Em tais condições só havia um meio de governar, a conformidade com ele. Opor-se a ele, aos seus planos, à sua política, era renunciar ao poder.[10]

Em que pesem as diferenças políticas e psicológicas entre o primeiro e segundo Imperador, o parlamentarismo adotado pelo Brasil, durante o período imperial, dependeu mais do Imperador do que do Parlamento. Do modelo inglês pincelamos algumas formas, não o seu espírito. Nem poderia ser diferente dadas as diversidades econômicas, sociais, políticas e culturais entre os dois povos. Para Raymundo Faoro, a supremacia da Coroa só aparentemente era mitigada por outras instituições, pois, na verdade; eram emanações do próprio poder oligárquico que se reunia à volta do Imperador, tais os casos do *Senado* e do *Conselho de Estado*, cuja formação dependia da vontade imperial. Nem mesmo a Câmara dos Deputados pela inautenticidade eleitoral (eleição censitária)

---

cipal', o 'promotor público'. E há também a 'Guarda Nacional', em que se transformaram as milícias locais, a qual, desde 1850, passou a ser subordinada ao poder central.
'Este poder – lembra Oliveira Vianna – não se limita a agir através desses órgãos locais: opulenta-se com atribuições, que lhe dão meios de influir sobre os próprios órgãos da autonomia loca. Ele pode reintegrar o funcionário municipal demitido pela Câmara. Ele pode suspender mesmo as resoluções das Assembleias provinciais.
Mas a chave de toda a organização política estava efetivamente no Poder Moderador, enfeixado na pessoa real. Os estadistas do antigo regime armam o soberano de faculdades excepcionais. Como Poder Moderador, ele age sobre o Poder Legislativo pelo direito de dissolução da Câmara, pelo direito de adiamento e de convocação, pelo direito de escolha, na lista tríplice, dos senadores. Ele atua sobre o Poder Judiciário pelo direito de suspender os magistrados. Ele influi sobre o Poder Executivo pelo direito de escolher livremente seus ministros de Estado e livremente demiti-los. Ele influi sobre a autonomia das províncias. E, como chefe do Poder Executivo, que exerce por meio de seus ministros, dirige, por sua vez, todo o mecanismo administrativo do país'. Aqui, o Rei reinava, governava e administrava, como dissera Itaboraí, ao contrário do sistema inglês, onde vigia e vige o princípio de que o Reio reina, mas não governa.
No aparelho político do governo central, dois órgãos concorriam para reforçar a ação do poder soberano: o Senado e o Conselho de Estado. Aquele, essencialmente conservador, funcionava como órgão de reação contra os movimentos liberais da Câmara dos Deputados. O Conselho de Estado era um órgão consultivo, que tinha enormes atribuições: aconselhava o Imperador nas medidas administrativas e políticas, era o supremo intérprete da Constituição."

[10] Apud BARROSO, Luís Roberto. *Um estadista do Império*, p. 7.

escapava ao oficialismo.[11] Sobre este período de nossa história[12] averba Luís Roberto Barroso:

> A história constitucional brasileira se inicia sob o símbolo da outorga. A ulterior submissão da Carta de 1824 à ratificação das províncias, ao contrário da indulgente avaliação de autores ilustres, não permite se lhe aponha o selo da aprovação popular, por mais estreitos que sejam os critérios utilizados para identificá-la.
>
> É inegável, contudo, que a Carta do Império fundava-se em certo compromisso liberal, a despeito de jamais haver sido encarada pelo Imperador como fonte de legitimidade do poder que exerce. O mando pessoal, semiabsoluto, ora guardava mera relação formal com a estrutura normativa da Constituição, ora simplesmente a ignorava. Decerto não se comparam, em postura e vocação, as personalidades do primeiro e do segundo Imperador. Mas, para os fins aqui referidos, isto é irrelevante.
>
> Sintomaticamente, o parlamentarismo do Segundo Reinado, importante base em que se assentou sua estabilidade no meio século – sem embargo da sucessão de 36 gabinetes –, teve origem costumeira. A ele não havia qualquer referência no texto constitucional. Discreta ou agudamente desvirtuado, conforme o momento, o sistema sempre dependeu mais do Imperador que do Parlamento, tendo pouca correspondência com a matriz britânica, da qual colheu mais as aparências que o espírito.
>
> Sem romper com a tradição lusitana, a Carta de 1824 institucionaliza, por instrumentos diversos, o modelo oligárquico.
>
> Conquanto exaltada pelos autores a placidez do Segundo Reinado, sobretudo em contraste com a turbulência do Primeiro, a historiografia oficial tem sido escassa no registro de movimentos insurrecionais importantes, ao

---

[11] FAORO, Roberto. *Os donos do poder*. 5. ed. Porto Alegre: Globo, 1979. p. 291.
[12] Sobre a nossa herança colonial anote-se o que se segue, de Barroso: "O colonialismo português, que, como o espanhol, foi produto de uma monarquia absolutista, assentou as bases do patrimonialismo, arquétipo de relações políticas, econômicas e sociais que predispõem à burocracia, ao paternalismo, à ineficiência e à corrupção. Os administradores designados ligavam-se ao Monarca por laços de lealdade pessoal e por objetivos comuns de lucro, antes que por princípios de legitimidade e dever funcional. Daí a gestão da coisa pública em obediência a pressupostos privatistas e estamentais, de modo a traduzir fielmente, na Administração Pública, as aspirações imediatas da classe que lhe compõe o quadro burocrático. O agente público, assim, moralmente descomprometido com o serviço público e sua eficiência, age em função da retribuição material e do prestígio social. Veja-se, sobre esta e outras disfunções nacionais, Keith S. Rosenn, Brasil's legal culture: the jeito revisited: *in Florida International Law Journal*, v. I, n. 1, 1984" (*Um estadista do Império*, p. 9).

ângulo militar ou político, como a Revolução Farroupilha (1835-1845), a Cabanagem (1834-1840), a Balaiada (1838-1841), a Sabinada (1837-1838) e a Revolta Praieira (1849).

Em seu último flagrante antes de ser revogada pelo Decreto n. 1, de 15 de novembro de 1889, baixado pelo Governo Provisório da República recém-proclamada, a Carta Imperial convivia com a decadência da economia agrária e com a deterioração das relações entre a monarquia, de um lado, e o clero e o exército de outro.

A razoável imagem social do Segundo Reinado, como uma estrutura civilizada e aberta à livre circulação das ideias – imagem que avulta pelo contraste com o militarismo que se lhe seguiu – macula-se, no entanto, pela exibição de alguns dados da realidade. A marginalização institucionalizada da maior porção dos contingentes demográficos, que abrangiam trabalhadores escravos e livres, era complementada pelo alto grau de analfabetismo. Neste sentido, o legado do Império é extremamente esclarecedor: 83% de iletrados para uma população de pouco mais de 14 milhões de pessoas.

Vem de longe a visão estreita, oligárquica, caricaturalmente aristocrática, de um país que se desenvolve para poucos, os mesmos de sempre, de geração para geração.[13]

Sob a Carta de 1824, portanto, inexistiu no Brasil controle constitucional das leis por órgão judicial ou Corte Constitucional. Fomos uma monarquia parlamentar que repeliu, na esteira da França e da Inglaterra, o controle dos atos do Parlamento, *i.e.*, das leis e ordenanças. O controle era político e submetido, ademais, ao poder moderador do monarca.

5.4. A REPÚBLICA QUE PRECEDEU À CONSTITUIÇÃO DE 1891

A aspiração republicana não era do ideário popular, senão de seletos grupos e intelectuais, civis e militares. Seabra Fagundes, a propósito da *Proclamação da República presidencialista*, aduz: "A proclamação revestiu aspectos de um mero pronunciamento militar, de um golpe armado. O recebeu atônito".[14] A nova ordem segue, apesar disso, e, em boa hora, o modelo americano do *judicial control,* até porque se adotarão doravante *república, federação, tripartição de poderes* e *presidencialismo*, tal qual nos EUA. Mas são grandes as diferenças. Lá, como vimos, apesar do voluntarismo dos "pais da pátria", houve todo um evolver histórico alinhavando as instituições; aqui houve a adoção formal de um modelo a partir do querer de elites cultas, não

---

[13] BARROSO, Luís Roberto. *Um estadista do Império*, p. 7-10.
[14] FAGUNDES, Miguel Seabra. *A legitimidade do poder político na experiência brasileira*, p.13.

se olvidar, entre os seus membros exponenciais, a figura ímpar de Ruy Barbosa, entusiasta do modelo político norte-americano, mas, ao mesmo tempo, lúcido e crítico quanto às suas possibilidades no Brasil. Na prática, a chamada "República Velha", que nasceu das cinzas do Império e irá findar-se com a revolução liberal de 1930, continuará com as práticas oligárquicas e elitistas que vieram daquele período.[15]

A fórmula federalista adotada, de matriz norte-americana, ignorou o unitarismo e a centralização clássica da administração brasileira.[16] Para que não se diga que Ruy foi o fautor do transplante sem senso crítico, ouçamos o que disse a respeito:

> Não somos uma federação de povos até ontem separados e reunidos de ontem para hoje. Pelo contrário, é da união que partimos.
>
> Grassa por aí um apetite desordenado e doentio de federalismo, cuja expansão sem corretivo seria a perversão e a ruína da reforma federativa.
>
> Ontem de federação não tínhamos nada. Hoje não há federação que nos baste.[17]

---

[15] Sobre o tema, ver Hélio Silva, *História da república brasileira*, v. 1 a 7; Nelson Werneck Sodré, *História militar do Brasil*. Ainda sobre a Velha República escreveu Luís Roberto Barroso (*Um estadista do Império*, p. 12):
"Não se pretende, por fugir ao escopo deste estudo, reconstituir o amplo e complexo mosaico emoldurado sob a rubrica histórica da República Velha. Sem embargo, na perspectiva do tema enfocado, não é possível passar ao largo dos dois aspectos mais graves da patologia que lhe causou a ruína: o domínio das oligarquias e a fraude eleitoral institucionalizada.
Durante o governo de Floriano, notadamente pela Política adotada por Ruy Barbosa no Ministério da Fazenda, a sociedade brasileira recebeu tênue impulso de modernização. O estímulo à iniciativa privada, por via de financiamentos e incentivos, fez surgir um setor produtivo urbano, de base industrial e molde capitalista. Esta nascente burguesia cedo colidiu com as oligarquias regionais, que haviam sofrido transitório refluxo na passagem da Monarquia à República.
A sucessão de Floriano por Prudente de Morais, em 1894, assinala o início da transição autoritária. Paradoxalmente, embora não por acaso, retrocede-se na área econômica – e, por via de consequência, no campo político – com a rearticulação dos setores agrários, cabendo ao segmento hegemônico da burguesia latifundiária, o cafeicultor, a predominância no poder. As oligarquias estaduais consolidam o seu mando".

[16] O que ocorreu na prática foi a transferência do mando político das mãos do monarca e dos asseclas palacianos para as mãos dos Presidentes dos Estados. As oligarquias regionais passaram do unitarismo imperial, comandado pela Corte do Rio de Janeiro, para o federalismo republicano, com os seus poderes intactos. O Presidente era, perante os Governadores, na verdade, um *primus inter pares* (logo passada a "etapa militar" da República proclamada pelo Gal. Deodoro da Fonseca e empalmada por Floriano Peixoto). Nasce na Velha República, também, a política dos coronéis. O regime fundiário concentrador tornava-os donos de terras, gados e gente. Além dos currais de gado havia os currais de eleitores.

[17] BARBOSA, Ruy. *Obras completas*, v. XVII, t. I, p.146, 148 e 151.

O federalismo que se implanta é dualista, com ampla autonomia para os Estados. O resultado, no plano político, é a "Política dos Estados", que degenera na "Política dos Governadores" e por fim na "Política do café-com-leite", consagrando a predominância das duas maiores unidades federadas, Minas Gerais e São Paulo. Paralelamente, desenvolve-se sistemática deformação das eleições.[18] A Velha República foi uma plutocracia, no sentido helênico do termo e bem ibérica na sua realização histórica.

O atraso econômico brasileiro e a desigualdade social herdados do período colonial e do império brasileiro (1526 a 1889), nada tem a ver com bandeirantes e pioneiros, como erradamente proclamou Viana Moog, restritos aos anos de 1550 a 1690 e, sim, com o domínio do Estado e da política no Brasil pelas elites agrárias e dos setores exportadores e importadores, ou seja, do comércio de venda de produtos agrícolas e pecuários, e da importação de artigos acabados feitos no exterior, até praticamente 1900. Fomos até então como o sul dos EUA, lá desarticulado pela Guerra de Secessão na metade do século 19, em prol da política

---

[18] "A concentração do poder político na órbita estadual acentuou a força dos governadores, que eram mera expressão das oligarquias regionais. A autonomia federativa, idealizada na superestrutura jurídica, pervertia-se na infraestrutura oligárquica, que gerava, ainda, um subproduto: o coronelismo, surgido da manipulação dos municípios por chefes locais. Eventuais insubmissões ao esquema delineado eram punidas com a intervenção federal, utilizada para a satisfação de propósitos políticos". São palavras de Barroso, que prossegue:
"Na esteira dessas mesmas deformações, consequências das mesmas causas, instituiu-se a falsificação ostensiva, continuada e permanente do sistema de sufrágio. O acesso aos cargos do Poder Executivo e ao Congresso não decorria da escolha do eleitorado, mas por imposição prévia dos partidos dominantes em São Paulo e Minas Gerais, com participação residual de outros Estados. Atas falsas asseguravam a 'eleição' da chapa oficial, garantida ainda pela 'depuração' levada a efeito por ocasião da diplomação dos eleitos. Para a Presidência da República e os Governos Estaduais, jamais foi possível derrotar os candidatos apoiados pela situação. A campanha civilista de Ruy Barbosa, assim como a de 1918, a da reação republicana com Nilo Peçanha e a da aliança Liberal com Vargas (1929), remarcam bem a inviabilidade de qualquer esforço neste sentido.
Em obra clássica e justamente celebrada, Victor Nunes Leal analisa a questão das oligarquias e do coronelismo. Em estudo de profundo corte sociológico, conclui que aqueles fenômenos decorrem da superposição do regime representativo, em base ampla, a uma inadequada estrutura econômica e social. Por esta via, incorporou-se à cidadania ativa um volumoso contingente de eleitores incapacitados para o consciente desempenho de sua missão política, vinculando-se os detentores do poder público, em larga medida, aos condutores daquele 'rebanho eleitoral'.
A República brasileira, que desde sua proclamação não atingira um funcionamento institucional normal, esvaía-se sem legitimidade, canhestramente liberal, em grosseira contrafação. A ausência de verdadeiros partidos políticos nacionais fazia com que, por sob um falso rótulo partidário, se dissimulasse o encadeamento personalista das relações políticas. Guardavam-se as aparências democráticas, mas não era possível fazer política fora do oficialismo" (*Um estadista do Império*, p. 14-15).

industrial dos Estados do Norte, na esteira de uma corrente migratória jamais vista na história mundial.

Perdemos os anos oitocentos totalmente em meio a um escravagismo cruel e generalizado, e à falta de políticas educacionais e de industrialização. Quando as treze colônias americanas proclamaram sua independência da Inglaterra em 1776 (*Independence Day*), a economia brasileira, graças ao ciclo do ouro, ao açúcar, ao tabaco e ao algodão, era quase o dobro da dos colonizadores da América do Norte. O ciclo dos bandeirantes e pioneiros, àquela altura, já se havia esgotado inteiramente. E nosso território, embora fosse cinco vezes maior, em vez de compactado como o deles, era feito de "ilhas" no meio de um grande vazio demográfico (Grão-Pará, Maranhão, o Nordeste nucleado pela cidade de Olinda/Recife, o Recôncavo baiano, as Minas e Gerais (o começo do ecúmeno), São Paulo despovoado, o Rio de Janeiro e o Sul, com pingos populacionais, além das "entradas" bandeirantes e seus pontos de fixação no Mato Grosso e Goiás.

Foi o protestantismo, impondo a leitura da Bíblia nas escolas e nos lares, e a noção de trabalho obsessivo, os surtos demográficos, à necessidade de industrializar-se (pois a Inglaterra era agora distante e difícil) e, depois, a destruição da economia agrária e escravagista ao sul da América do Norte, que impuseram aos EUA o caminho do progresso. Foi a vez deles então se tornarem "bandeirantes", avançando para o Oeste, não mais para escravizar índios, mas para matá-los (guerras de conquista e genocídio). Depois que se alargaram, para justificar outros acréscimos territoriais, surge a oportuna tese do "Destino Manifesto", ainda com inspiração na Bíblia judaica (terra da promissão mas agora os americanos "cristãos" e não mais o judeus como o povo eleito).

5.5. A CONSTITUIÇÃO DE 1891

A Constituição de 1891 irá adotar o modelo norte-americano de controle jurisdicional das leis e atos administrativos. Diz Oswaldo Aranha Bandeira de Mello[19] que:

> Com a promulgação da Constituição de 1891, o Direito Constitucional Pátrio acolheu, no seu próprio corpo, a doutrina norte-americana do controle de constitucionalidade, pelo Judiciário, de atos dos Poderes Legislativo e Executivo.
>
> Aliás, já constava na Constituição Provisória de 1890 (art. 58, parágrafo 1.º, letras **a** e **b**), ao regular a competência do Supremo Tribunal Federal. Outrossim, no Decreto 848, desse mesmo ano, que organizou a Justiça

---

[19] BANDEIRA DE MELLO, Oswaldo Aranha. *A teoria das constituições rígidas*. 2. ed. São Paulo: José Bushatsky, 1980. p. 156-157.

Federal, cujo art. 3.º fixava o princípio de que, na guarda e aplicação da Constituição Federal, a magistratura federal só interviria na espécie e por provocação da parte. E, no art. 9.º, letras **a** e **b**, o Decreto 848 regulava a competência do Supremo Tribunal Federal a respeito da declaração de inconstitucionalidade.

A princípio, não obstante os claros preceitos referidos houve, por parte do Poder Judiciário, dúvida quanto ao exercício de relevante atribuição, e timidez na sua utilização, em aceitando-a. Isso só se tornou pacífico após os trabalhos de *Ruy*, ao mostrar, à concludência, o alcance dos seus dispositivos, em reconhecendo essa prerrogativa do Poder Judiciário (cf. *Os atos inconstitucionais do Congresso e do Executivo ante a Justiça Federal*, p. 57-59, Companhia Impressora, Capital Federal,1893).

Daí haver os próprios Poderes, Legislativo e Executivo, ao decretar aquele e ao sancionar este, a Lei Federal 221, de 1894, afirmado, de forma categórica, no seu art. 13, parágrafo 10, que os juízes e os tribunais federais processariam e julgariam as causas fundadas em lesão de direitos individuais, por ato ou decisão das autoridades administrativas da União; e que eles apreciariam a validade das leis e regulamentos, e deixariam de aplicar, aos casos ocorrentes, as leis manifestamente inconstitucionais e os regulamentos manifestamente incompatíveis com as leis ou com a Constituição.

Aí se exigiu, entretanto, fosse manifesta a inconstitucionalidade dos atos impugnados, tendo em vista que, segundo a jurisprudência dos tribunais americanos, se presumia a sua constitucionalidade, e só se declarava a inconstitucionalidade se necessária para o julgamento feito.

A sentença que julgasse, em definitivo, texto legal, obrigava não só as partes litigantes, como a Administração Pública, e o seu desrespeito por esta acarretariam responsabilidade civil e criminal da autoridade que tivesse tal comportamento, conforme, em completando o parágrafo 10, preceituavam, respectivamente, os parágrafos da Lei Federal 221, de 20.11.1894. Assim as sentenças judiciais passariam em julgado e obrigariam as partes e a administração, mas em relação ao caso concreto, objeto de discussão; e a violação do julgamento, por parte da autoridade administrativa, acarretaria a sua responsabilidade civil e criminal.

A Constituição de 1891 sofreu reforma em 1926. E esta, ainda melhor explicitou dita competência do Poder Judiciário. Reproduziu a letra **a** do art. 60, e transplantou como parágrafo 1.º do art. 60 o art. 59, da Constituição de 1891, modificado. E a sua antiga letra **b** ficou desdobrada em duas: **a** e **b**.

Então, nesse parágrafo 1.º, do art. 60, dispôs-se caber, das sentenças dos Juízes e Tribunais dos Estados federados, em última instância, recurso extraordinário para o Supremo Tribunal Federal: **a)** quando se questionasse sobre a vigência ou a validade das leis federais em face da Constituição, e a decisão do Tribunal do Estado federado lhes negasse aplicação; ou **b)** quando se contestasse a validade de leis ou de atos dos governos dos Estados federados, em face da Constituição ou das leis federais, e a decisão do Tribunal do Estado federado considerasse válidos esses atos, ou essas leis impugnadas.[20]

5.6. OS ANTECEDENTES DA CONSTITUIÇÃO DE 1934

Em 1930, liderada por Getúlio Vargas, que mais tarde se tornaria *ditador*, ocorreu a chamada revolução liberal, com a adesão da oficialidade jovem das forças armadas e instalou-se a "Nova República" em contraposição à "Velha República", acusada de ser dominada pelas oligarquias dos senhores rurais de São Paulo e Minas Gerais, os maiores Estados da Federação. É a burguesia comercial e industrial, citadina, que agora empolga o Poder em nome da modernização do país. A Constituição de 1934 mantém a supremacia do Judiciário e dispõe no art. 179, por temer o conservadorismo dos Ministros da Suprema Corte que a declaração de inconstitucionalidade das leis somente pode ser feita por maioria absoluta dos votos dos juízes, o que suscitou uma questão curiosa. Passou-se a dizer que os juízes monocráticos tinham perdido a competência *incidenter tantum* de declarar a inconstitucionalidade das leis, querela logo superada, em razão do seu despropósito e pelo exemplo do modelo norte-americano.

Outra novidade da Constituição de 1934, provocada igualmente pelo temor ao conservadorismo dos juízes do Supremo Tribunal Federal, mascarada pela teoria dos "pesos e contrapesos", era a que dava ao Senado a atribuição de velar pela Constituição e de colaborar na feitura de aplicação das leis, supervisionando "com a sua experiência" os poderes da República (art. 88). No rastro da novidade, o art. 88, item III, concede ao Senado "propor ao Poder Executivo, mediante reclamação fundamentada dos interessados, a revogação de atos das autoridades administrativas, quando praticados contra a lei ou eivados de abuso de poder". Trata-se, à evidência, de mera proposta do Poder Legislativo que podia ser aceita ou não pelo Executivo, que se quis forte.

Nos itens II e IV do mesmo art. 88 é-lhe outorgada, ainda, competência para suspender, no todo ou em parte, respectivamente, regulamentos ilegais ou qualquer lei, ato ou deliberação quando declarados inconstitucionais pelo Poder Judiciário. Aqui o poder do Senado é efetivo, embora *ex vi* do art. 96, a Corte devesse solicitar ao Senado o ato de suspensão da lei, por intermédio do Procurador-Geral da República. Sobre o assunto *Bandeira de Mello* tracejou neutros comentários:

---

[20] BANDEIRA DE MELLO, Oswaldo Aranha. *A teoria das constituições rígidas*. 2. ed. São Paulo: José Bushatsky, 1980. p. 156-157.

Alguns comentadores entenderam que tinham o poder de examinar a declaração de inconstitucionalidade pelo Supremo Tribunal Federal, verificando a sua legitimidade, em maior ou menor extensão, conforme a diversidade de opinião dos juristas a respeito. Já outros lhe negavam essa faculdade. Poderia apenas apreciar a conveniência e oportunidade da suspensão do texto, ante a provocação da Procuradoria-Geral da República. Esta, sem dúvida, a melhor orientação.

Contudo, não passaria o Senado Federal a dizer a última palavra, em matéria jurisprudencial, na apreciação dos textos constitucionais. Tão somente suspenderia uns e deixaria de suspender outros segundo o seu critério de conveniência. Isso não envolvia inconveniente, como entendeu Araújo Castro (cf. a Nova Constituição brasileira. Rio de Janeiro: Freitas Bastos, 1935, p. 305), pois cada um dos órgãos governamentais exerceria as respectivas prerrogativas conforme o seu entendimento.[21]

Na verdade, os substratos históricos não foram sopesados. Cabe, portanto, resgatar os fundamentos políticos que determinaram a chamada Revolução de 1930. É claro que a inserção do Senado no processo de declaração de inconstitucionalidade atrai argumentos jurídicos pró e contra. O que se não pode olvidar, no entanto, é que os revolucionários de 30 temiam o conservadorismo da Suprema Corte. Ao cabo e ao fim, os seus Ministros vitalícios provinham da Velha República. Derrubam-se governos e dissolvem-se congressos. Podem-se convocar eleições. Mas o Judiciário vitalício havia que respeitá-lo. A revolução não era liberal e democrática? Cumpria, assim, cercar o Judiciário com habilidade. Por isso, conferiu-se ao Senado a prerrogativa de atribuir eficácia *erga omnes* à nulidade *das leis declaradas inconstitucionais*. Voltemos, contudo, à Revolução de 30, em busca dos fatores que a determinaram.

A causa aparente da Revolução de 30 foi a eleição presidencial que decidiria a sucessão de Washington Luís. Este apoiava a Júlio Prestes, que ganhou as eleições, contra a *Aliança Liberal* que apresentou o gaúcho Getúlio Vargas como candidato a Presidente e João Pessoa, paraibano, como aspirante à Vice-Presidência. O Rio Grande do Sul, os Estados do Nordeste e políticos mineiros se predispuseram a conquistar pelas armas a renovação econômica e política que não haviam conseguido pelo voto. Contudo, as verdadeiras motivações foram mais profundas como hoje é ressabido.

A política modernizante de Ruy Barbosa no Ministério da Fazenda e a Primeira Guerra Mundial, geradora da primeira grande substituição de importações, ocasionando a industrialização crescente da economia brasileira, com

---

[21] BANDEIRA DE MELLO, Oswaldo Aranha. *A teoria das constituições rígidas*. 2. ed. São Paulo: José Bushatsky, 1980. p. 169.

capitais oriundos da poupança cafeeira, tinham gerado uma sociedade nova e citadina, totalmente alheada do Poder Político, este dominado pelos grandes proprietários rurais. A crise mundial de 1929 acabou por contrapor a classe média urbana, industrial e mercantil, os trabalhadores e a intelectualidade às forças antigas, oligárquicas, agrárias e feudais. Em que pesem os desvios posteriores estimulados pelos movimentos antidemocráticos europeus do entreguerras[22]

---

[22] Uma síntese desse período encontra-se em Luís Roberto Barroso (*Um estadista do Império*, p. 18): "A Constituição de 1934, influenciada pela Constituição de Weimar, de 1919, e pelo corporativismo, continha inovações e virtudes. Dedicou um título à Ordem Econômica e Social, iniciando a era da intervenção estatal. Criou a Justiça do Trabalho e o salário mínimo, instituiu o mandado de segurança, acolheu expressamente a ação popular e manteve a Justiça Eleitoral, criada em 1932. Em uma fórmula de compromisso entre capital e trabalho, delineou o arcabouço formal de uma democracia social, que não se consumou.
Na Europa, o racionalismo jurídico de Preuss e Kelsen, projetado em diversas Constituições, como as da Alemanha, Áustria e Espanha, ampliava o objeto do constitucionalismo, incorporando os direitos econômicos e sociais. Tal avanço, contudo, operava-se na esfera estritamente jurídica, incapaz de submeter o desempenho político das instituições, que, em diversos países, afastavam-se até mesmo da fórmula liberal clássica do Estado de Direito.
Na Itália, o fascismo se instalara desde 1922. Na Alemanha, por volta de 1930, desenrolavam-se as agitações que levariam ao fim da experiência de Weimar, com a ascensão do nazismo. Em Portugal, já se havia entronizado o salazarismo e na Espanha, pouco após, o franquismo tomaria o poder. Em toda parte se disseminava o sentimento antiliberal e antidemocrático, em nome do regime de autoridade.
A Constituição de 1934, em dolorosa contradição, consolidava o ideário moralizador e liberal da Revolução de 1930, numa época de crescente antiliberalismo, em que as reivindicações eram muito mais econômicas e sociais que políticas. A bipolarização ideológica consumou-se por via de dois movimentos políticos. De um lado, a Ação Integralista Brasileira, fundada em 1933, por Plínio Salgado, de inspiração indisfarçavelmente fascista, com uma doutrina 'nacionalista, tradicionalista e autoritária'. De outro lado, a Aliança Nacional Libertadora (ANL), criada em 1935, uma 'frente antiimperialista e antifascista', que reunia antigos partidários da Revolução de 1930, setores liberais de esquerda e o Partido Comunista.
A radicalização da ANL afastou adeptos, acarretou a prisão de inúmeros militantes e levou-a à clandestinidade. Em novembro de 1935, de forma prematura, desarticulada e sem apoio popular seguro, teve início uma insurreição armada para tomar o poder, com repercussões no Rio de Janeiro, Natal e Recife. O movimento, em seguida dominado, ficou conhecido como a Intentona Comunista. Remonta a esta época o nascimento de mais uma das patologias políticas nacionais: a 'indústria do anticomunismo', inexaurível pretexto para a supressão das liberdades públicas, que atingiu o seu apogeu na fase mais violenta do ciclo militar autoritário, iniciado em 1964.
A partir do movimento comunista de novembro de 1935, as instituições políticas de 1934 só conservariam 'aparência de vida'. Logo em dezembro, foram introduzidas três emendas na Constituição (Decreto Legislativo n.º 6, de 18.12.35), em reforço à autoridade do Poder Executivo, que, pouco após, declarou 'Estado de Guerra', prorrogado por um ano. Em sua curtíssima vigência, a Carta de 1934 conviveu com longo período de suspensão das garantias constitucionais.
Previsto o término do mandato do Presidente da República para 1938, deflagrou-se, desde o início do ano anterior, o processo sucessório. A candidatura de Armando Sales de Oliveira, ex--governador de São Paulo, expressava os interesses da burguesia industrial e cafeeira daquele

(fascismo, socialismo de estado, nacional-socialismo), a Revolução de 30 marca a acomodação dos interesses da burguesia industrial e do operariado urbano e rural com o setor agrário exportador, que até então detinha total hegemonia política sobre o aparelho do Estado brasileiro.

A Constituição de 1934 incorporará o ideário e as contradições sociais e políticas dos primórdios do século XX.

5.7. A CONSTITUIÇÃO DE 1934

O federalismo dualista e extremado atenua-se. Começa o reforço das prerrogativas do Poder Central. Direitos sociais são previstos. Revigora-se a tripartição dos poderes e a representação política, embora com alguma desconfiança do Judiciário, como já assinalado. A melhor novidade, porém, da Constituição de 1934 é a introdução, além da ação popular, do mandado de segurança para substituir os interditos pessoais. Na falta do mandado de segurança, os advogados brasileiros vinham usando o remédio do *habeas corpus* para a proteção de outros direitos, além do de *ir-e-vir*. Usaram depois os interditos possessórios, que além de proteger direitos reais passaram, também, a preservar direitos pessoais. O grande advogado e tribuno *Ruy Barbosa* requereu certa feita ação de manutenção de posse em favor dos lentes da Escola Politécnica, suspensos de seus cargos em razão de atos considerados arbitrários.

A Constituição de 1934 durou pouco. Em 1937, aproveitando-se da situação política na Europa e, no Brasil, da ascensão dos movimentos totalitários de

---

Estado. José Américo de Almeida, político paraibano, representava alguns dos ideais do movimento de 1930, opondo-se ao retorno à política oligárquica e incorporando ao seu programa reivindicações populares. Plínio Salgado, lançado pelo movimento integralista, desistiu pouco após, engajando-se no continuísmo de Vargas.

Àquela altura, conspirava-se abertamente contra a realização de eleições e já se articulava militarmente a continuidade do governo, sob a liderança do General Góis Monteiro, Chefe do Estado-Maior do Exército. A permanência de Vargas, contudo, esbarrava em um obstáculo: a Constituição de 1934 vedava a reeleição do Presidente no quadriênio imediatamente posterior. Somente a ruptura institucional ensejaria a permanência no poder. No fluxo da incessante repressão iniciada na perseguição à Aliança Nacional Libertadora, o golpe pretendido alicerçou-se no pretexto mais óbvio e disponível: 'o perigo comunista', àquela altura inteiramente inexistente, pelo encarceramento dos membros da oposição mais consequente. Armado o cenário, a farsa foi encenada pela divulgação do falso Plano Cohen (corruptela de Bela Kuhn, antigo líder comunista húngaro), ficção que narrava detalhes de uma pretensa insurreição comunista. O responsável pela elaboração do plano fora o então Capitão Olímpio Mourão Filho, que mais tarde também teria papel decisivo em outro golpe contra as instituições: o de 1964.

Com o apoio dos comandantes militares e sob a influência das forças ditatoriais que se alçaram ao poder no Velho Continente, Getúlio Vargas, em 10 de novembro de 1937, dissolve o Congresso com tropas de choque, faz uma proclamação à Nação e outorga a Carta de 1937. Inicia-se o Estado Novo. Melancolicamente, expira-se a fugaz vigência da Constituição de 1934".

direita e esquerda – integralistas ligados ao fascismo e comunistas adeptos do marxismo-leninismo –, Getúlio Vargas, com o apoio das Forças Armadas, promove um golpe de Estado e instaura o "Estado Novo", ditadura pura e simples, que irá durar até 1945. Enquanto durou a Constituição de 1934 mereceu aplausos generalizados, por ser liberal e social. No que tange ao tema de controle de constitucionalidade, além dos aspectos já debuxados, com realce para a inserção do Senado no processo de declaração de inconstitucionalidade (que o autor pessoalmente atribui a certa desconfiança ante o Judiciário), surge também – é a primeira vez – na história constitucional brasileira, a figura do Procurador-Geral da República como agente ativo do processo de declaração de inconstitucionalidade, nos casos em que lei estadual violasse algum princípio constitucional, o que implicaria em intervenção no Estado (reforço, também, da União na Federação). Quanto à prerrogativa concedida ao Senado defendeu-a Regina Maria Macedo N. Ferrari, ao dizer que:

> A Constituição de 1934 trouxe notável progresso ao controle da constitucionalidade, sendo considerada por alguns tão importante para o instituto, assim como foi sua própria introdução em nosso sistema jurídico.
> O seu art. 76, III, alíneas **b** e **c**, manteve as disposições da Constituição anterior, porém, em seu art. 179, estabelece o quórum mínimo para declaração: "Só por maioria absoluta de votos da totalidade dos seus juízes poderão os tribunais declarar a inconstitucionalidade de lei ou de ato do poder público".
> Grande novidade foi ainda implantada por essa Constituição, quando, em seu art. 91, item IV, atribui ao Senado competência para suspender a execução de lei declarada inconstitucional pelo Judiciário, enfrentando, assim, o problema da convivência e harmonia dos poderes do Estado.
> Compete ao Senado Federal:
> "Suspender a execução, no todo ou em parte, de qualquer lei ou ato, deliberação ou regulamento, quando hajam sido declaradas inconstitucionais pelo Poder Judiciário".

Devemos registrar que a imprecisão da expressão Poder Judiciário proporcionou dúvidas quanto à hierarquia do órgão do Judiciário que tivesse declarado a inconstitucionalidade. Entretanto, como bem observa Barbi, o dispositivo era de grande alcance e correspondia à exigência decorrente dos costumes da magistratura brasileira. É que, nos Estados Unidos, dada a submissão dos órgãos da Justiça à jurisprudência da Corte Suprema, a declaração de inconstitucionalidade de uma lei pela Suprema Corte equivale, na prática, a inutilizá-la definitivamente, pois nenhum outro tribunal ou juiz pode aplicá-la, pela regra dos precedentes judiciários. Mas a formação individualista do povo brasileiro, que se reflete, naturalmente, em sua magistratura, torna infensa à regra dos precedentes. De modo que leis julgadas inconstitucionais pelo Supremo Tribunal Federal eram aplicadas por juízes não convencidos do acerto da decisão daquela alta Corte.

Vemos, até esta época, um acúmulo de demandas fundadas na mesma lei, já que a declaração por via de exceção tem seus efeitos válidos apenas entre as partes da causa em que foi proferida, pois, apesar da inconstitucionalidade declarada pelo Supremo Tribunal Federal, faz que a lei continue em vigor, produzindo seus efeitos normais.[23]

As opiniões retrocitadas espelham alguma verdade, é certo, não, porém, toda a verdade. Segundo Ana Valderez Ayres,[24] há evidência segura de que a atribuição ao Senado da competência para suspender a execução de lei declarada inconstitucional pelo Supremo Tribunal foi uma solução de compromisso. A ideia era atribuir dita competência a um *Conselho Federal*, órgão com função parajudicante, fora dos aparatos jurisdicional e legislativo. Eram já influências europeias, provindas da Áustria, que serviam perfeitamente à tentativa de bloquear o poder do Supremo Tribunal Federal. A ideia não vingou e o Senado recebeu a missão, de fundo jurisdicional, de completar o processo de inconstitucionalidade das leis. *Polletti* entende-a assim. É o que se deduz da cita que damos transcrita:

> Na verdade, suspender a execução de lei julgada inconstitucional por decisão definitiva do Supremo, nada mais é do que estender *erga omnes* os efeitos de uma decisão judicial *incidenter tantum*, que alcança originariamente, tão somente, as partes do processo. Ora, tal extensão dada a uma decisão judicial tem, evidentemente, um caráter político, sobretudo tratando-se de suspender a execução de lei inconstitucional, mas, sem dúvida, se aproxima mais da função jurisdicional do Estado, a qual, como se sabe, não é exercida com exclusividade pelo Judiciário, do que da função legislativa. Aliás, a Constituição fala em suspender a execução, não em suspender a vigência. A lei continua em vigor, porque outra lei não a revogou, simplesmente não produzirá mais efeitos, estará sem eficácia, pois o Supremo Tribunal a declarou inconstitucional ao examinar a exceção oposta por uma parte num determinado processo, e o Senado, em face daquela decisão *inter partes*, suspendeu a sua execução, estendendo o julgado *erga omnes*, dando-lhe, é certo, um caráter normativo, porém não legislativo. Se coubesse ao Senado revogar ou suspender a vigência da lei, então se poderia concluir que sua competência, no caso, seria legislativa. Mas o Senado suspende a execução, dando extensão maior à decisão do Supremo e isto é exercer a jurisdição. Além disso, a origem histórico-constitucional da

---

[23] FERRARI, Regina Maria Macedo Nery. *Efeitos da declaração de inconstitucionalidade*. São Paulo: RT, 1987. p. 40-41.
[24] AYRES, Ana Valderez. *Revista de Informação Legislativa*, ano 15, n. 57, jan.-mar. 1978.

atribuição em tela consistiu em situá-la no Conselho Federal, órgão a desempenhar a função de Poder Moderador, na concepção de *Alberto Torres*, de maneira a realizar a harmonia entre os Poderes.[25]

Quanto ao surgimento do Procurador-Geral da República como dono da ação direta de inconstitucionalidade, preliminar de intervenção federal no Estado-Membro, duas observações devem ser feitas: **a)** em primeiro lugar, o evento marca o início do controle direto e concentrado da constitucionalidade das leis no Brasil, processo que irá se completar em 1988 com a independência do Procurador-Geral perante o Presidente da República, com a atribuição de outros órgãos da capacidade processual de arguição e com o alargamento das hipóteses em que se torna possível a arguição de inconstitucionalidade; **b)** em segundo lugar, há que mencionar a conotação de controle dos Estados-Membros pela União Federal que a novidade expressou, na esteira da Revolução de 1930. Em 1934, portanto, mantém-se o controle difuso da constitucionalidade das leis e inicia-se o controle concentrado, ficando intacta a ideia de que o órgão de controle jurídico é o Supremo Tribunal Federal, cúpula do Poder Judiciário. Este poder será brevemente abalado pela Carta outorgada de 1937, de caráter autoritário, a chamada "polaca".

5.8. A CONSTITUIÇÃO DE 1937

Esta suprime a Justiça Federal de primeira instância. É mantida a competência do Supremo Tribunal Federal para declarar a inconstitucionalidade das leis, mas o art. 96, parágrafo único, prescreve que, a juízo do Presidente da República, acaso fosse a lei declarada inconstitucional considerada de relevante interesse para o "bem-estar do povo" ou para a "defesa de interesse nacional de alta monta", poderia o Chefe do Executivo submetê-la ao exame confirmatório do Congresso Nacional. Se a lei fosse confirmada por dois terços de votos de cada uma das casas legislativas (Câmara dos Deputados e Senado Federal), ficava sem efeito a decisão da Suprema Corte declaratória da inconstitucionalidade da lei. A inovação retrógrada recebeu, no entanto, a adesão de juristas de escol durante e depois de sua aparição. Assim, ao sibilino argumento firmado na dúctil teoria dos pesos e contrapesos, defenderam-na Lúcio Bittencourt,[26] Francisco Campos,[27] Alfredo Buzaid.[28] A maioria dos juristas brasileiros, porém, repeliu-a. Por todos Celso Agrícola Barbi.[29]

---

[25] POLLETTI, Ronaldo. *Controle da constitucionalidade das leis*. Rio de Janeiro: Forense, 1985.
[26] BITTENCOURT, Lúcio. *O controle jurisdicional da constitucionalidade das leis*. 2. ed. Rio de Janeiro: Forense, 1968. p. 30.
[27] CAMPOS, Francisco. *Os problemas do Brasil e as grandes resoluções do novo regime*. Rio de Janeiro: Forense, 1938. p. 44.
[28] BUZAID, Alfredo. *Da ação direta de inconstitucionalidade no direito brasileiro*. São Paulo: Saraiva, 1958. p. 31-32.
[29] *Rev. de Direito Público* 4/48.

A Carta de 1937 vedava ainda ao Poder Judiciário conhecer de questões "exclusivamente políticas", expressão vaga, ambígua, polissêmica, de conteúdo jurídico indefinido, a gosto dos regimes autoritários, em que pese existir esta questão desde os primórdios da teoria da tripartição dos poderes. Não apenas isto. Dita Carta calou-se a respeito do mandado de segurança e da ação popular. Terminada a Segunda Guerra Mundial, da qual participara o Brasil junto às forças aliadas, menos por inclinação do governo que contava com próceres germanófilos, e mais por exigência das forças democráticas, a ditadura de Getúlio, após introduzir inovações sociais importantes, entrou no ocaso e ocorreu a redemocratização do país, com o auxílio de setores mais esclarecidos das Forças Armadas.

Sob a Constituição de 1937 regredimos ao totalitarismo. Aliás, Luís Robert Barroso, com apoio do ilustre constitucionalista Raul Machado Horta que tachou de "formal" o federalismo de 1937,[30] nega à referida Carta o caráter de Constituição. Outorgada, não foi submetida ao plebiscito previsto em seu art. 187, daí sua ilegitimidade.[31]

O ditador legislou todo o tempo por decretos-leis (o Poder Legislativo com o auxílio do Conselho da Economia Nacional jamais foi convocado a reunir-se). O texto era federativo, mas na verdade voltou-se ao unitarismo do império. Agora governavam os Estados-Membros interventores indicados pelo Sr. Getúlio Vargas. O relato de Barroso sobre o "Estado Novo" merece ser lido:

> O enorme passivo político do Estado Novo – no qual avulta a violência institucional como instrumento de combate ideológico – empana, mas não elimina, algumas realizações no campo econômico e social. Aí teve início

---

[30] HORTA, Raul Machado. *A autonomia do Estado-Membro no direito constitucional.* 1953. Tese (Concurso livre-docência em Direito Constitucional) – Faculdade de Direito da UFMG, Belo Horizonte, p. 221.

[31] Sobre esta época, diz Barroso:
"Era mais amplo o arsenal ditatorial. O art. 177, que teve sua eficácia indefinidamente prorrogada, permitia a aposentadoria e reforma de qualquer funcionário civil ou militar, por juízo discricionário do Governo (*sic*). O 'Estado de emergência', declarado pelo art. 186, suspendendo direitos e garantias individuais, só foi revogado após a deposição do Presidente, pela Lei n.º 16, de 30 de novembro de 1945.
De parte isto, os partidos políticos foram extintos e o único mecanismo de ação ideológica operante era o Departamento de Imprensa e Propaganda (DIP). Estabeleceu-se a censura aos meios de comunicação, instituiu-se a pena de morte e proibiram-se as greves. Criou-se o Tribunal de Segurança Nacional, colegiado de exceção manipulado para a intimidação de adversários. Remonta a este período a introdução da tortura como instrumento de repressão política. Simboliza esta época obscura a entrega de Olga Benário, mulher de Luís Carlos Prestes, à Gestapo Nazista, vindo a mulher do líder comunista a ser morta em um campo de concentração. Sobre este episódio, veja-se o candente relato de Fernando de Moraes (*Olga*, 1985). Para um instigante retrato literário da perseguição política no Estado Novo, confira-se a obra clássica de Graciliano Ramos, *Memórias do cárcere* (*Um estadista do Império*, p. 21, rodapé).

o primeiro estágio da nacionalização formal da economia, bem como do controle sobre certas áreas estratégicas de produção, como mineração, aço e petróleo. Fomentou-se a industrialização do setor privado, paralelamente à prestação, pelo Estado, de serviços de infraestrutura, propiciando uma expansão capitalista. Houve avanços inegáveis no campo trabalhista, com a instituição de diversos direitos e vantagens, mas, paternalista, a atuação governamental levou ao atrelamento dos sindicatos ao poder público.

É inegável, todavia, que em todo este complexo painel, a Constituição não desempenhou papel algum, substituída pelo mando personalista, intuitivo, autoritário. Governo de fato, de suporte policial e militar, sem submissão sequer formal à Lei Maior, que não teve vigência efetiva, salvo quanto aos dispositivos que outorgavam ao chefe do Executivo poderes excepcionais.

O crescente desgaste político do Estado Novo era de certa forma atenuado pela conflagração mundial, em curso desde 1939. Após a ambiguidade inicial, o Brasil ingressara no conflito, em 1942, sob a influência dos Estados Unidos, que se haviam envolvido no ano anterior. Sem menosprezo à resistência interna que se opunha ao regime, é inegável que os rumos da guerra até o seu desfecho final, em 1945, foram decisivos para que se fechasse o cerco em torno da ditadura.

Captando a evidência e rendendo-se aos novos tempos, Vargas deu início a uma série de medidas liberalizantes, a partir da Lei Constitucional n.º 9, de 28 de fevereiro de 1945, que alterou profundamente a feição da Carta de 1937. Anunciada a convocação de eleições gerais, organizaram-se pela primeira vez na experiência brasileira, partidos políticos de âmbito nacional que, mesmo não se identificando por lastro ideológico mais profundo, representavam diferentes segmentos da sociedade.

Em meio à politização resultante da abertura do regime e já deflagrada a campanha à sucessão presidencial, fortalecia-se, com o apoio de Vargas, o Queremismo, eclético movimento político que defendia a permanência do ex-ditador no poder. A repercussão popular de tal iniciativa fez com que se temesse pelo efetivo desdobramento do processo eleitoral. Em 29 de outubro de 1945, as Forças Armadas, lideradas pelo General Góis Monteiro, intervieram num golpe de força, mas sem violência e depuseram o Presidente, que se retirou para São Borja.

A Assembleia Constituinte foi convocada em 12 de novembro de 1945 e eleita em 2 de dezembro seguinte, mesma data em que sufragado o novo Presidente: General Eurico Gaspar Dutra. Encerrava-se o ciclo da Carta de 1937, que jamais teve vigência regular e efetiva, desfazendo-se o sonho de seu artífice, o jurista Francisco Campos, de institucionalizar no Brasil um governo forte e corporativista.[32]

---

[32] BARROSO, Luís Roberto. *Um estadista do Império*, p. 21-23.

A etapa que se seguirá ao ocaso da ditadura de Vargas marca a democratização formal do país e se estenderá, entre espasmos golpistas, até 1964.

5.9. A CONSTITUIÇÃO DE 1946

É promulgada a Constituição democrática de 1946, participando da Assembleia Nacional Constituinte todas as correntes ideológicas, inclusive o Partido Comunista do Brasil sob a liderança de Luís Carlos Prestes. A Constituição de 1946 conservou o Supremo Tribunal Federal e prescreveu que a ele competia julgar em recurso extraordinário[33] as causas decididas em única ou última instância por outros tribunais ou juízes: **a)** quando a decisão fosse contrária a dispositivo da Constituição ou a letra de tratado ou lei federal; **b)** quando se questionasse sobre a validade de lei federal em face da Constituição, e a decisão recorrida negasse aplicação à lei impugnada; **c)** quando se contestasse a validade de lei ou ato de Governo local em face da Constituição ou de lei federal, e decisão recorrida julgasse válida a lei ou o ato.

O Constituinte de 1946 restabeleceu o remédio constitucional do mandado de segurança, a ação popular e *o habeas corpus,* em plenitude. Cassou a supervisão congressual sobre as decisões declaratórias de inconstitucionalidade da Suprema Corte brasileira. Manteve no art. 64, desafortunadamente, a competência do Senado para suspender no todo ou em parte as leis declaradas inconstitucionais, embora tivesse eliminado a intromissão do Procurador-Geral da República, como portador da solicitação da Corte ao Senado da República, ritual avelhantado e destituído de qualquer significado jurídico.

Sob a Constituição de 1946, cujo substrato sociológico[34] é bem analisado por Barroso – como sempre – vem a lume em 1965, após o movimento armado

---

[33] Durante o espaço de tempo que vai de 46 a 64, o verdadeiro interregno democrático, de Presidentes eleitos, em que pesem as conspirações militares e o suicídio de Vargas, o Brasil, sob os auspícios do Presidente Juscelino Kubitschek de Oliveira, viveu em formidável clima de democracia e de desenvolvimento econômico (a 3.ª substituição de importações por produtores industriais, radicados no País).

[34] "Externamente, três foram as principais fontes de influência na elaboração da nova Carta: a Constituição norte-americana, ainda uma vez, serviu de estampa para a moldagem do federalismo; na Constituição francesa, de 1848, procurou-se colher uma certa atenuação para a rigidez do sistema presidencialista, notadamente quanto ao comparecimento de Ministros de Estado ao Congresso; por fim, a Constituição de Weimar, que inspirou a inclusão de princípios afetos à ordem econômica e social. No plano interno, decalcou-se ela, em múltiplos pontos, na Constituição de 1934.
Politicamente, a nova ordem timbrava-se pelo liberalismo, em coloração conservadora, 'tingida de social', para usar a expressão de Nelson Saldanha. Na estrutura típica do constitucionalismo burguês, buscava-se um pacto social apto a conciliar, numa fórmula de compromisso, os interesses dominantes do capital e da propriedade com as aspirações emergentes de um proletariado que se organizava.

que depôs o Presidente João Goulart, cognominado *Jango*, a Emenda Constitucional n.º 16, em 26 de novembro, que restaura a Justiça Federal de 1.ª instância e confere ao Procurador-Geral da República a competência para arguir diretamente a ação de inconstitucionalidade da lei ou ato normativo federal ou estadual. Amplia-se, de verdade, o controle concentrado, *in abstracto*, da constitucionalidade das leis. A providência, ainda que embrionária, tem valia. Não obstante, alguns defeitos e certas intenções devem ser expostos. Claríssima a intenção dos governos militares de controlar, via Judiciário, as leis dos Estados-Membros antes que as suas leis e os seus atos, utilizando-se, para tanto, do Procurador da República, demissível *ad nutum* pelo Presidente e, portanto, dependente, antes que independente do Executivo. A esse propósito discorre Oswaldo Bandeira de Mello:[35]

> Destarte, em face da Constituição de 1946, com a alteração objeto da Emenda n. 16, de 26.11.65, o controle da constitucionalidade se apresentou sob quádruplo aspecto. Três deles se referiam ao controle de alcance restrito ao caso *sub judice*, dois originários da Constituição de 91, e o outro da Constituição de 1934. Já o quarto foi fruto de inovação da própria Constituição de 1946, após a Emenda n. 16, de 26.11.65, em que o controle da constitucionalidade se estendeu a ato normativo dos outros dois poderes,

---

Exaltada pela doutrina como a melhor de nossas Cartas, a Constituição de 1946 merece análise dúplice. Como instrumento de governo, ela foi deficiente e desatualizada desde a primeira hora. Como declaração de direitos e de diretrizes econômicas e sociais, foi ágil e avançada.
Com efeito, no que se relacionava com a estrutura e o funcionamento dos Poderes, praticamente nada inovou, mantido, substancialmente, o molde de 1891. Esta falta de criatividade teve repercussão especialmente grave no processo de elaboração legislativa, causando um descompasso entre a capacidade técnica e material de legislar do Congresso e as exigências da vida nacional, sobretudo no campo da economia. A reação aos abusos do Executivo no período anterior levou o constituinte de 46 a restringir-lhe o desempenho, notadamente na área da produção legal, no momento em que em todo o mundo tal competência se alargava. Numa sociedade em transformação acentuada, a legislação se produzia de forma morosa e insatisfatória. A rigidez gerou a distorção, com a invasão da esfera de reserva legal por atos normativos subalternos, gestados no Executivo, sem controle do órgão de representação popular.
De outra parte, em sua face mais virtuosa, continha ampla e moderna enunciação dos direitos e garantias individuais, bem como de regras atinentes à educação e à cultura, e, muito especialmente, dos princípios que deviam reger a ordem econômica e social. Foi sua a inovação de introduzir no texto constitucional a regra de que a lei não poderia excluir da apreciação do Poder Judiciário qualquer lesão de direito individual (art. 141, parágrafo 4.º). Previu a obrigatoriedade do ensino primário (art. 188, I), a repressão ao abuso do poder econômico (art. 148), condicionou o uso da propriedade ao bem-estar social (art. 147) e consignou o direito dos empregados à participação no lucro das empresas (art. 157, IV), dentre outras medidas de caráter social" (BARROSO, Luís Roberto. *Um estadista do Império*, p. 24-25)

[35] BANDEIRA DE MELLO. Oswaldo. *A teoria das constituições rígidas*. 2. ed. São Paulo: José Bushatsky, 1980. p. 197 e 202.

tanto federal como estadual, pelo qual a declaração pelo Judiciário de inconstitucionalidade aparece com alcance *erga omnes*, feita, portanto, em tese.

Esses casos eram os seguintes:

a) declaração de inconstitucionalidade por Juiz Singular ou qualquer Tribunal, como prejudicial, em ação proposta contra quem a argúi como Réu, portanto, como exceção, de ato jurídico do Legislativo ou do Executivo, em que contesta a ação, ou mesmo em ação como Autor, proposta contra terceiro, em que alega essa preliminar para, com base nela, afirmar o seu direito;

b) declaração de inconstitucionalidade, como objeto principal de ação como fundamento do pedido, objeto precípuo de ação proposta contra Entidade Pública ou seus prepostos ou delegados, como fundamento do pedido, contra ato material ou jurídico já praticado ou na iminência de o ser, e, em caráter não só repressivo como preventivo, através dos remédios judiciais, denominados *habeas corpus* e mandado de segurança, por lesão ao seu direito de locomoção ou de qualquer outro direito líquido e certo, e, outrossim, em ação popular proposta na qualidade de cidadão, sem qualquer direito subjetivo, no resguardo do patrimônio público, por constitucionalmente lhe ter sido atribuída essa competência, a fim de conseguir a observância do direito subjetivo;

c) declaração de inconstitucionalidade de texto constitucional do Estado federado, ao se organizar, ou de lei ordinária, que viole os princípios constitucionais da União, enunciados na Constituição federal, e, tão somente, pelo Supremo Tribunal Federal, em virtude de promoção da Procuradoria-Geral da República, declaração na espécie, mas com reflexos *erga omnes*, efetivados através de ato do Congresso Nacional, em suspendendo os efeitos desse ato jurídico, a fim de evitar a execução do decreto de intervenção federal, e isso seja o bastante para conseguir o respeito ao princípio constitucional da União, violado segundo essa decisão do Supremo Tribunal Federal;

d) declaração, em tese, de inconstitucionalidade de ato jurídico normativo, federal ou estadual, e com alcance *erga omnes*, e, tão somente, pelo Supremo Tribunal Federal, em virtude de propositura de ação nesse sentido pelo Procurador-Geral da República, como representante da União, na defesa do bem comum, seja por provocação de terceiro, como seu substituto legal, ou por "moto próprio".

Nas duas primeiras hipóteses, a declaração de inconstitucionalidade de lei ou decreto, suscitada na ação, decorria de decisão definitiva do Supremo Tribunal Federal, e podia acarretar a suspensão de sua execução pelo Senado Federal, se provocado por aquele, em lhe comunicando sua decisão definitiva. Já na terceira hipótese, a suspensão do texto legal estadual cabia ao Congresso Nacional. E, na última, a nosso ver, a suspensão do ato normativo defluia da própria decisão judicial.

A atividade do Senado Federal ou do Congresso Nacional se caracteriza como o exercício complementar da declaração de inconstitucionalidade pelo

Judiciário, dado o seu alcance em tese, o seu efeito *erga omnes*, e não somente na espécie *sub judice*. Assim sendo, completamente inútil seria e será a intervenção de outro órgão do Poder Legislativo, através do Senado Federal.[36]

Pensamos da mesma forma. Nada a acrescentar, portanto.

5.10. A CONSTITUIÇÃO DE 1967 E ANTECEDENTES

Os motivos do movimento estão ligados à comum conjuntura econômico-social por que passavam as Américas Central e do Sul, propiciando o crescimento dos partidos e facções nacionalistas e socialistas, precisamente em um momento histórico marcado pelo auge da "guerra fria" entre os EUA e a União Soviética. Como um jogo de dominó ruíram as democracias no Continente, substituídas por Governos fortes anticomunistas, e há quem afirme ter havido a decisiva influência dos EUA para que isso acontecesse. São apontados os exemplos do Chile e do Brasil. O certo é que os setores interessados na preservação do capitalismo, da livre empresa e da economia de mercado alcançaram ditos objetivos com o sacrifício da democracia. Preservaram a economia capitalista, mas eliminaram o regime democrático. A história demonstra que o fenômeno foi continental. Este período durou cerca de vinte longos anos, em média, na América Latina.

No plano interno, a derrocada do Governo Constitucional deveu-se a sua perigosa aproximação com os sindicalistas, partidos e organismos esquerdistas e a sua pregação vigorosa das chamadas "reformas de base", agrária, bancária e urbana, pondo em xeque as estruturas tradicionais do poder econômico e político. No exato momento em que confrontou radicalmente a corporação militar, majoritariamente antiesquerdista, como que subscreveu a sua deposição. A conspiração, já antiga, encontrava o motivo para a ação.

O regime que emergiu do movimento revolucionário apresentou aspectos muito interessantes. Diferentemente de outros países, eliminou-se a figura do "homem forte" e em seu lugar surgiu o "sistema" sob controle das Forças Armadas. Os mandatos presidenciais eram rigorosamente cumpridos e as eleições para Presidente e Governadores de Estados se realizavam conforme o calendário. Essas eleições eram indiretas. As assembleias legislativas estaduais elegiam os Governadores e o Congresso Nacional, fechado duas vezes, temporariamente, elegia os Presidentes. Os prefeitos das capitais dos Estados eram indicados, jamais eleitos. Vereadores, deputados e senadores, porém, eram eleitos pelo voto popular, salvo um terço desses últimos, que eram indicados.

O movimento militar outorgou à Nação em 1967 uma Carta Constitucional que, em 1969, foi vigorosamente alterada pela chamada Emenda n.º 1.

---

[36] BANDEIRA DE MELLO, Oswaldo. *A teoria das constituições rígidas*. 2. ed. São Paulo: José Bushatsky, 1980. p. 202-204.

No plano econômico, mormente nos seus quinze primeiros anos, entre 65 e 80, o movimento promoveu aumentos do PIB nunca inferiores a 7% e 8% ao ano, na média da série. Datam dessa época os grandes planos desenvolvimentistas, os projetos atômicos, as obras ciclópicas, a formação de poderosos grupos oligopolistas, as reservas de mercado, as barreiras tarifárias, os conglomerados financeiros, o crescimento vertiginoso da dívida externa, a intervenção econômica direta do Estado na economia, a violenta concentração da renda nacional em razão do capitalismo cartorial, o qual, por não distribuí-la, provocou queda dramática nos indicadores sociais do povo brasileiro.

O lado negro do regime, porém, está delimitado pela constante agressão aos postulados do Estado de Direito. Ao lado da Constituição, e apesar dela, um ror de arbitrariedades foi cometido pelo Poder incontrolável do Executivo, através dos chamados "atos institucionais", baixados de tempos em tempos e excluídos da apreciação do Poder Judiciário, por disposições expressas e inarredáveis.[37] Em que consistiram esses atos de força? Suspensão dos direitos e garantias individuais,

---

[37] Luís Roberto *Barroso*, em citação muito feliz, descreve os antecedentes do movimento de 64, que acabou gerando a Carta de 1967:
"A conspiração visando a deposição do Presidente começa a se articular antes mesmo de sua posse. Em sua face mais visível, o golpe militar deflagrado em 31 de março de 1964 tinha como causas imediatas o clima de instabilidade política e econômica, marcado por greves sucessivas e generalizadas, e a subversão da hierarquia militar, detectada em movimentos de praças, sargentos e oficiais de baixa patente.
Em complexo e turbulento quadro político, no qual o Presidente não liderava, era crescente a influência de militantes e simpatizantes comunistas (a despeito da ilegalidade formal do Partido), inquietando os setores conservadores, notadamente militares, formados no ideário do anticomunismo. As anunciadas Reformas de Base despertavam a oposição da burguesia industrial, financeira e comercial. A atuação das Ligas Camponesas no Nordeste e o ensaio de uma reforma agrária fomentavam o antagonismo de usineiros e proprietários rurais. A política nacionalista e as restrições ao capital estrangeiro consubstanciadas na Lei n.º 4.131/62 (regulamentada em janeiro de 1964), mobilizavam a intervenção ostensiva de empresas estrangeiras e de agentes diplomáticos, militares e de inteligência norte-americanos. Identificada com esses segmentos contrariados, a imprensa fazia contundente contestação ao governo, canalizando o sentimento da classe média, sempre a mais sensível às oscilações de seu *status quo*.
Defrontando-se com forças assim poderosas, sem uma base de apoio sólida, homogênea e articulada, o Presidente foi tragado pelos acontecimentos, envolvendo-se numa radicalização retórica, muita vez insuflada por provocações manipuladas pela reação. Irrompido o movimento militar, a legalidade constitucional não encontrou quem a defendesse, no alvorecer de 1.º de abril.
As forças vitoriosas, investidas, *ipso facto*, no poder constituinte originário, mantiveram a Carta em vigor, mas criaram uma normatividade paralela, supraconstitucional. O Ato Institucional de 9 de abril de 1964, baixado pelos comandantes-em-chefe das três Armas, inaugurou a nova ordem com as seguintes medidas: eleição indireta do Presidente; suspensão das garantias de vitaliciedade e estabilidade; possibilidade de demissão, dispensa ou aposentadoria de servidores políticos federais, estaduais e municipais; possibilidade de cassação de direitos políticos e de mandatos legislativos, dentre outras medidas de caráter discricionário.

cassação sumária dos direitos políticos e de mandatos de prefeitos, vereadores, deputados federais e estaduais, senadores, magistrados e professores, declarações de ilegalidade de movimentos e entidades trabalhistas, criminalização das greves, anulação de eleições, dissolução de partidos políticos e criação de outros (artificiais). Ademais, suspenderam-se as prerrogativas da magistratura (vitaliciedade, inamovibilidade e irredutibilidade de vencimentos) e estabeleceu-se a censura aos meios de comunicação. Com a oclusão da democracia e da composição política dos conflitos sociais, vicejou o terrorismo civil e igualmente o policial (guerra suja). Ocorreram expurgos na administração civil e nas Forças Armadas, criou--se o Serviço Nacional de Informações que passou a vasculhar a privacidade dos cidadãos, realizaram-se prisões imotivadas e sequestros com o desaparecimento de pessoas. Grande foi o número de exilados.

No plano institucional, a Federação apequenou-se ante o agigantamento do Poder Central. No imo da União, outro desequilíbrio: a hipertrofia do Executivo. Este assumiu extraordinária função legiferante, por meio de decretos-leis, e tornou o Legislativo mero órgão homologatório. Paradoxalmente, o movimento que surgira em nome do anticomunismo e da anticorrupção, acabou, mais tarde, por subverter as estruturas democráticas e ensejar a corrupção. É dessa época, ainda, a ideia-força de um Brasil-potência que, alfim, não se concretizou. Com a crise da dívida externa, o modelo se quebrou, mostrando a sua extrema dependência aos centros afluentes do capitalismo (EUA, Japão e Europa Ocidental).

Curiosamente, ao nível da teoria constitucional, no que tange ao aspecto que nos interessa, o do controle da constitucionalidade das leis e atos administrativos – já estamos informados dos atos institucionais – a Constituição de 1967, emendada em 1969, não provocou grandes transformações. Foi mantida a competência do Judiciário e do Supremo Tribunal Federal para declarar a inconstitucionalidade das leis ou atos normativos em termos parecidos aos da Constituição de 46. Conservou-se, também, a arguição direta de inconstitucionalidade enfeixando, porém, a competência para a proposição no Procurador-Geral da República, o que apequenava o método. Este continuava sendo demissível *ad nutum* pelo Presidente da República. Sobre alguns aspectos subjacentes à carta de 1967, ouçamos L. Roberto Barroso[38]:

Iniciou-se intensa repressão, disseminada e anárquica, aos adversários da véspera, encambulhados todos sob o rótulo de 'subversivos ou corruptos'. Pouco à frente, a intolerância política, acirrada pela vitória de oposicionistas aos governos estaduais da Guanabara e Minas Gerais, materializou-se no Ato Institucional n.º 2, de 27.10.65. Em dias de desmando e prepotência, as instituições entraram em colapso, a legitimidade, já contestável, esvaiu-se e a autocracia se instituiu.

Sob o peso de tratados institucionais, vinte emendas constitucionais e cerca de quarenta atos complementares, desabou a Constituição de 1946" (*Um estadista do Império*, p. 30-31).

[38] BARROSO, Luís Roberto. *Um estadista do Império*, p. 34.

Traço marcante da nova Carta foi a concentração do poder, em sentido vertical e horizontal. Rendas e competências reuniam-se na União, com o consequente esvaziamento dos Estados e Municípios, que viram minguar sua autonomia pela dependência política e financeira adredemente implantada. E, no âmbito da União, o Poder Executivo se hipertrofiava, notadamente pela subtração da iniciativa do processo legislativo ao Congresso em todas as matérias de relevância. Em pequenos avanços, que tiveram caráter meramente formal, autorizou a desapropriação de terras mediante pagamento da indenização por títulos da dívida pública, para fins de reforma agrária e definiu com maior amplitude os direitos dos trabalhadores.

Quando da posse do Marechal Artur da Costa e Silva, escolhido em via indireta e por imposição militar para suceder a Castelo Branco, a Carta de 1967 já estava em vigor. A expectativa de que o movimento militar tivesse esgotado o ciclo discricionário para institucionalizar-se em um estado de direito frustrou-se em seguida. Em 13 de dezembro de 1968, culminando numa crise entre o governo e *o* Congresso, motivada por discurso do Deputado Márcio Moreira Alves, foi editado o Ato Institucional n.º 5.

De plano foi utilizada a competência conferida pelo novo diploma ao Presidente da República para decretar o recesso do Congresso Nacional. Além disso, o AI n.º 5, que representava a mais exacerbada manifestação de poder autoritário na República, introduzia, paralelamente à ordem constitucional – e acima dela – as seguintes medidas: competência do Executivo para legislar quando do recesso dos órgãos legislativos de qualquer dos três níveis de governo; possibilidade de intervenção federal nos Estados e Municípios; sem as limitações previstas na Constituição; poder do Presidente da República de suspender direitos políticos e cassar mandatos eletivos de todos os níveis; suspensão das garantias da magistratura; possibilidade de confisco de bens; suspensão do *habeas corpus* nos casos de crimes políticos e outros; exclusão da apreciação judicial dos atos praticados com base no Ato Institucional que se editava, bem como de seus Atos Complementares.

Chegava-se à ditadura plena. A censura à imprensa, embora sem lastro legal, toma-se prática disseminada. A tortura aos adversários políticos, geralmente presos de forma ilegal, inicia o seu dramático ciclo. Reprimida a atividade partidária e politizadas as Forças das, eclode o processo degenerativo que Manoel Gonçalves Ferreira Filho denomina de "tentação militar". Enredadas na disputa do poder, as Forças Armadas "falseiam o jogo democrático porque não podem perder, ou melhor, não perdem nunca. Divididas em facções, a desordem que geram é a pior possível...".

O ano de 1968 marca, também, o dramático surgimento da resistência armada ao regime militar. Compunham os quadros da guerrilha urbana, sobretudo, estudantes universitários, duramente reprimidos no período imediatamente anterior, quando refletiam, com coloração local, as inquietações estudantis que agitavam a França do General De Gaulle. Em setembro de 1969, é sequestrado, no Rio de Janeiro, o Embaixador dos Estados Unidos no Brasil. Até o final de 1970, três outros diplomatas seriam sequestrados, todos liberados em troca de presos políticos. A experiência desses movimentos armados, multifacetados e divididos, fracassou, destroçada por violenta e aparatosa repressão policial-militar, sem haver conseguido mobilização popular.

Vitimado por grave moléstia, Costa e Silva não pode permanecer no exercício da presidência. Seu substituto constitucional, Pedro Aleixo, é impedido de assumir pelos três Ministros militares, que, em golpe de força, editam o Ato Institucional n.º 12, de 31.08.69, investindo-se ilegitimamente nas funções governativas. Em 14 de outubro de 1969, pelo Ato Institucional n.º 16, a Junta Militar finalmente declara a vacância do cargo de Presidente da República, sendo marcada a eleição, por via indireta, para o dia 25 do mesmo mês. O Congresso, que estava em recesso desde 13 de dezembro de 1968, data do AI n.º 5, é convocado e reúne-se em colégio eleitoral, para a homologação do nome dos novos Presidente e Vice-Presidente, previamente escolhidos pelo sistema militar de poder que dominava o país.

Antes disto, no entanto, em 17 de outubro de 1969, os Ministros militares outorgam a Emenda n.º 1 à Constituição de 1967, reformando amplamente o texto anterior. Materialmente, era uma nova Constituição.

Pensamos que mais nada deve ser acrescentado ao relato. Foi exatamente assim que a história aconteceu, desprezada a historiografia oficial.

5.11. A EMENDA N.º 1 À CONSTITUIÇÃO DE 1967

No plano do controle da constitucionalidade das leis, a Emenda n.º 1 à Constituição de 1967 não altera muito o panorama. Examinando-se, como que amalgamadas, o texto de 1967 com o da Emenda n.º 1 e de outras emendas – e foram muitas – pode-se dizer que, praticamente, as disposições de 46 foram mantidas. Merecem menção algumas mudanças:

a) supressão da competência originária dos Tribunais de Justiça para o controle de leis e atos municipais em conflito com as Constituições Estaduais;

b) transferência do Legislativo para o Presidente da República da competência para suspender ato ou lei declarados inconstitucionais pelo Supremo Tribunal Federal;

c) inclusão de medida cautelar nas representações oferecidas pelo Procurador-Geral da República para paralisar a eficácia do ato ou lei impugnada.

A crônica jurídica da época ditatorial é muito dolorosa em virtude do divórcio entre o discurso constitucional e a prática efetiva do regime, como reconhece

Luís Roberto Barroso, o melhor exegeta desse período histórico e jurídico de nosso povo:[39]

O General Emílio Garrastazu Médici ascendeu à Presidência da República em 30 de outubro de 1969, após acirrada disputa interna nas classes armadas. Favorecido pela conjuntura econômica internacional, que propiciou o financiamento, a juros baixos à época, do "milagre brasileiro", em seu Governo viveu-se um período de expressivo crescimento econômico, altamente concentrador da renda nacional.

A Constituição teve vigência meramente nominal em grande número de seus preceitos. Com efeito, ressalvada sua parte orgânica, jamais se tornou efetivo o amplo elenco de direitos e garantias individuais, paralisados pela vigência indefinida do AI n.º 5. Os direitos sociais, generosamente enunciados no título dedicado à Ordem Econômica e Social, jamais deixaram de ser uma "folha de papel", para utilizar a expressão de Lassalle.

A atividade política institucional foi relegada a um plano secundário, preterida por um novo estamento tecnocrático-militar. A censura à imprensa e aos meios de comunicação generalizou-se, paralelamente a uma ampla campanha promocional das realizações governamentais. Formaram-se numerosos grupos paramilitares de violência política e tortura, responsáveis pela eliminação clandestina de adversários, fora das situações de confronto armado.

Durante os governos *Geisel* e *Figueiredo*, as características do período MÉDICI são mantidas, em que pesem o início e o prosseguimento da abertura política, "lenta e gradual". *Geisel* foi prussianamente imperial. *Figueiredo*, caricatural. O povo brasileiro jamais o esquecerá, por omisso e inapetente.

5.12. A CONSTITUIÇÃO DEMOCRÁTICA DE 1988 – O REGRESSO DEFINITIVO DO BRASIL AO ESTADO DE DIREITO

O governo dos generais caiu aos poucos, de maneira lenta e gradual, com a anuência de setores do próprio sistema. Alçado ao poder presidencial, ainda que indiretamente, conforme os preceitos da Constituição de 1967, em substituição ao último General-Presidente, o Sr. Tancredo Neves morre antes de tomar posse, após longa e cruel agonia, que comoveu a nação inteira. Hábil político, pressentira a deterioração e o esgotamento do regime castrense. Lançou-se então nas ruas o maior movimento de massas de que se tem notícia na história do país em prol das "eleições diretas já". O regime não cedeu, mas não pôde evitar que o velho político reunisse em torno de si a quase unanimidade da Nação e de suas forças políticas.

---

[39] BARROSO, Luís Roberto. *Um estadista do Império*, p. 37.

Para tanto, idealizou-se um "pacto político nacional" ao redor de três pontos básicos: eleições diretas em todos os níveis; redemocratização do país e sua pacificação; a convocação da Assembleia Nacional Constituinte para edificar uma nova Constituição. Até lá, propunha-se um período de "transição democrática" com a remoção do entulho autoritário. Morreu, contudo, antes da posse. Sucedeu o Presidente eleito (vindo da oposição) o Vice-Presidente *José Sarney* (egresso da situação), donde saíra na undécima hora para reforçar a 'transição democrática" patrocinada pelo PMDB. *José Sarney* foi um governante de méritos e deméritos mas cumpriu o calendário político proposto pelo seu antecessor. E, o que é mais importante, convocou a Assembleia Nacional Constituinte que gestou, alfim, a Constituição democrática de 1988.

O surgimento do documento constitucional de 1988, há doze anos apenas do 3.º milênio, deu-se num contexto propício à democracia, e, portanto, procurou favorecê-la. É do seu tempo a histórica virada da Europa do Leste rumo aos valores políticos e econômicos do Ocidente e coincide nas Américas, do Centro e Sul, com os movimentos de redemocratização. De feitio altamente compromissório, em razão do entrechoque das correntes políticas que se embateram no processo de sua gestação, ela projeta uma Nação pluralista e democrática e um Estado fundado no direito, de forte conteúdo social-democrático.

No plano institucional, marca um reencontro emocional e não eivado de defeitos, da Nação com o Estado. Prepara o país, riquíssimo em recursos materiais, para irromper no século XXI com uma civilização própria, sem conflitos étnicos, religiosos e problemas raciais, já amenizadas ou resolvidas as brutais diferenças de renda entre seus filhos ricos e pobres, a mais vergonhosa herança de um passado marcado pelo predomínio das elites que fizeram do Poder Político um instrumento de defesa de seus inaceitáveis privilégios econômicos. Talvez, por isso, tenha havido uma excessiva *constitucionalização* de valores, princípios e temas os mais diversos. Por trás desse movimento percebe-se a desconfiança e a ansiedade das pessoas e da sociedade em relação às leis comuns, dado que a *imutabilidade* ou a difícil mutabilidade das Constituições escritas e rígidas confere maior segurança aos princípios e postulados que se querem ver respeitados.

No plano que interessa ao tema do presente estudo, a Constituição brasileira de 1988 recolocou o controle jurisdicional da constitucionalidade das leis de maneira ampla, conectando-o ao sistema clássico de controle difuso, outro sistema de controle, concentrado no Supremo Tribunal Federal. Dito controle é desencadeado por órgãos representativos das instituições políticas e da sociedade civil. O modelo brasileiro afigura-se desde então *misto*, incorporando a experiência europeia e a norte-americana, com teórica vantagem sobre estes clássicos paradigmas, embora o entrosamento dos modelos, o difuso e o concentrado, entre nós, esteja a exigir aperfeiçoamentos absolutamente necessários. É o que veremos em seguida.

5.13. A CONSTITUIÇÃO DE 1988 – SUA CLASSIFICAÇÃO ONTOLÓGICA

A Constituição brasileira de 1988 é formal, *escrita, dogmática, popular* e *rígida*.[40] Politicamente é *compromissória*. Ideologicamente apresenta predominância dos sentimentos social-democrata e liberal.

5.14. A CONSTITUIÇÃO DE 1988 – PRINCÍPIOS FUNDAMENTAIS

Os artigos iniciais do Estatuto Constitucional lançam os alicerces do brasileiro (republicano, democrático e federal).

Art. 1.º A República Federativa do Brasil, formada pela união indissolúvel dos Estados e Municípios e do Distrito Federal, constitui-se em Estado Democrático de Direito e tem como fundamentos:

I – a soberania;
II – a cidadania;
III – a dignidade da pessoa humana;
IV – os valores sociais do trabalho e da livre iniciativa;
V – o pluralismo político.
Parágrafo único. Todo o poder emana do povo, que o exerce por meio de representantes eleitos, ou diretamente, nos termos desta Constituição.

Art. 2.º São Poderes da União, independentes entre si, o Legislativo, o Executivo e o Judiciário.

Art. 3.º Constituem objetivos fundamentais da República Federativa do Brasil:

I – construir uma sociedade justa e solidária;
II – garantir o desenvolvimento nacional;
III – erradicar a pobreza e a marginalização e reduzir as desigualdades sociais e regionais;
IV – promover o bem de todos, sem preconceitos de origem, raça, sexo, cor, idade e quaisquer outras formas de discriminação.

Art. 4.º A República Federativa do Brasil rege-se nas relações internacionais pelos seguintes princípios:

---

[40] Para José Afonso da Silva, com a nossa adesão, as Constituições podem ser: quanto ao conteúdo: materiais e formais; quanto à forma: escritas e não escritas; quanto ao processo de elaboração: dogmáticas ou históricas; quanto à origem: populares (democráticas) ou outorgadas; quanto à estabilidade: rígidas, flexíveis e semirrígidas (*Curso de direito constitucional positivo*. 5. ed. São Paulo: RT, 1989. p. 40-41).

I – independência nacional;
II – prevalência dos direitos humanos;
III – autodeterminação dos povos;
IV – não intervenção;
V – igualdade entre os Estados;
VI – defesa da paz;
VII – solução pacífica dos conflitos;
VIII – repúdio ao terrorismo e ao racismo;
IX – cooperação entre os povos para o progresso da humanidade;
X – concessão de asilo político.

Parágrafo único. A República Federativa do Brasil buscará a integração econômica, política, social e cultural dos povos da América Latina, visando à formação de uma comunidade latino-americana de nações.

5.15. O FEDERALISMO

No que tange aos Estados-Membros da Federação e aos seus Municípios, dispõe a Constituição:

Art. 25. Os Estados organizam-se e regem-se pelas Constituições e leis que adotarem, observados os princípios desta Constituição.

§ 1.º São reservadas aos Estados as competências que não lhes sejam vedadas por esta Constituição.

§ 2.º Cabe aos Estados explorar diretamente, ou mediante concessão, os serviços locais de gás canalizado, na forma da lei, vedada a edição de medida provisória para a sua regulamentação.

§ 3.º Os Estados poderão, mediante lei complementar, instituir regiões metropolitanas, aglomerações urbanas e microrregiões, constituídas por agrupamentos de municípios limítrofes, para integrar a organização, o planejamento e a execução de funções públicas de interesse comum.

Art. 29. O Município reger-se-á por lei orgânica, votada em dois turnos, com o interstício mínimo de dez dias, e aprovada por dois terços dos membros da Câmara Municipal, que a promulgará, atendidos os princípios estabelecidos nesta Constituição, na Constituição do respectivo Estado e os seguintes preceitos:

I – eleição do Prefeito, do Vice-Prefeito e dos Vereadores, para mandato de quatro anos, mediante pleito direto e simultâneo realizado em todo o País;

II – eleição do Prefeito e do Vice-Prefeito realizada no primeiro domingo de outubro do ano anterior ao término do mandato dos que devam suceder, aplicadas as regras do art. 77, no caso de Municípios com mais de duzentos mil eleitores;

III - posse do Prefeito e do Vice-Prefeito no dia 1.º de janeiro do ano subsequente ao da eleição;

IV - para a composição das Câmaras Municipais, será observado o limite máximo de:

[...]

a) 9 (nove) Vereadores, nos Municípios de até 15.000 (quinze mil) habitantes;

[...]

V - subsídios do Prefeito, do Vice-Prefeito e dos Secretários Municipais fixados por lei de iniciativa da Câmara Municipal, observado o que dispõem os arts. 37, XI, 39, § 4.º, 150, II, 153, III, e 153, § 2.º, I;

VI - o subsídio dos Vereadores será fixado pelas respectivas Câmaras Municipais em cada legislatura para a subsequente, observado o que dispõe esta Constituição, observados os critérios estabelecidos na respectiva Lei Orgânica e os seguintes limites máximos:

a) em Municípios de até dez mil habitantes, o subsídio máximo dos Vereadores corresponderá a vinte por cento do subsídio dos Deputados Estaduais;

b) em Municípios de dez mil e um a cinquenta mil habitantes, o subsídio máximo dos Vereadores corresponderá a trinta por cento do subsídio dos Deputados Estaduais;

c) em Municípios de cinquenta mil e um a cem mil habitantes, o subsídio máximo dos Vereadores corresponderá a quarenta por cento do subsídio dos Deputados Estaduais;

d) em Municípios de cem mil e um a trezentos mil habitantes, o subsídio máximo dos Vereadores corresponderá a cinquenta por cento do subsídio dos Deputados Estaduais;

e) em Municípios de trezentos mil e um a quinhentos mil habitantes, o subsídio máximo dos Vereadores corresponderá a sessenta por cento do subsídio dos Deputados Estaduais;

f) em Municípios de mais de quinhentos mil habitantes, o subsídio máximo dos Vereadores corresponderá a setenta e cinco por cento do subsídio dos Deputados Estaduais;

VII - o total da despesa com a remuneração dos Vereadores não poderá ultrapassar o montante de cinco por cento da receita do Município;

VIII - inviolabilidade dos Vereadores por suas opiniões, palavras e votos no exercício do mandato e na circunscrição do Município;

IX - proibições e incompatibilidades, no exercício da vereança, similares, no que couber, ao disposto nesta Constituição para os membros do Congresso Nacional e na Constituição do respectivo Estado para os membros da Assembleia Legislativa;

X - julgamento do Prefeito perante o Tribunal de Justiça;

XI – organização das funções legislativas e fiscalizadoras da Câmara Municipal;

XII – cooperação das associações representativas no planejamento municipal;

XIII – iniciativa popular de projetos de lei de interesse específico do Município, da cidade ou de bairros, através de manifestação de, pelo menos, cinco por cento do eleitorado;

XIV – perda do mandato do Prefeito, nos termos do art. 28, parágrafo único.

Art. 29-A. O total da despesa do Poder Legislativo Municipal, incluídos os subsídios dos Vereadores e excluídos os gastos com inativos, não poderá ultrapassar os seguintes percentuais, relativos ao somatório da receita tributária e das transferências previstas no § 5.º do art. 153 e nos arts. 158 e 159, efetivamente realizado no exercício anterior:

I – 7% (sete por cento) para Municípios com população de até 100.000 (cem mil) habitantes;

II – 6% (seis por cento) para Municípios com população entre 100.000 (cem mil) e 300.000 (trezentos mil) habitantes;

III – 5% (cinco por cento) para Municípios com população entre 300.001 (trezentos mil e um) e 500.000 (quinhentos mil) habitantes;

IV – 4,5% (quatro inteiros e cinco décimos por cento) para Municípios com população entre 500.001 (quinhentos mil e um) e 3.000.000 (três milhões) de habitantes;

V – 4% (quatro por cento) para Municípios com população entre 3.000.001 (três milhões e um) e 8.000.000 (oito milhões) de habitantes;

VI – 3,5% (três inteiros e cinco décimos por cento) para Municípios com população acima de 8.000.001 (oito milhões e um) habitantes.

§ 1.º A Câmara Municipal não gastará mais de setenta por cento de sua receita com folha de pagamento, incluído o gasto com o subsídio de seus Vereadores.

§ 2.º Constitui crime de responsabilidade do Prefeito Municipal:

I – efetuar repasse que supere os limites definidos neste artigo;

II – não enviar o repasse até o dia vinte de cada mês; ou

III – enviá-lo a menor em relação à proporção fixada na Lei Orçamentária.

§ 3.º Constitui crime de responsabilidade do Presidente da Câmara Municipal o desrespeito ao § 1.º deste artigo.

O federalismo brasileiro é artificial e, portanto, lógico e estrutural, ao contrário do norte-americano que é empírico e histórico. Ao norte, colônias que se tornaram Estados autônomos reuniram-se primeiramente numa Confederação frustrada e depois numa Federação, a princípio débil, com o Poder Central incorporando prerrogativas lentamente. Aqui, a Federação surgiu com a República já na Constituição de 1892, dos escombros do Império Unitário dos Orleans e Bragança, por considerações de ordem política, privilegiando a descentralização. Ao longo do devir histórico foi paulatinamente tomando as feições da nação brasileira.

5.16. A ESTRUTURA DOS ÓRGÃOS JUDICIAIS

O art. 92 fornece a estrutura do Poder Judiciário da República:

Art. 92. São órgãos do Poder Judiciário:

I – o Supremo Tribunal Federal;
I-A – o Conselho Nacional de Justiça;
II – o Superior Tribunal de Justiça;
III – os Tribunais Regionais Federais e Juízes Federais;
IV – os Tribunais e Juízes do Trabalho;
V – os Tribunais e Juízes Eleitorais;
VI – os Tribunais e Juízes Militares;
VII – os Tribunais e Juízes dos Estados e do Distrito Federal e Territórios.

§ 1.º O Supremo Tribunal Federal, o Conselho Nacional de Justiça e os Tribunais Superiores têm sede na Capital Federal.
§ 2.º O Supremo Tribunal Federal e os Tribunais Superiores têm jurisdição em todo o território nacional.

O art. 101 dispõe sobre o Supremo Tribunal Federal:

Art. 101. O Supremo Tribunal Federal compõe-se de onze Ministros, escolhidos dentre cidadãos com mais de trinta e cinco e menos de sessenta e cinco anos de idade, de notável saber jurídico e reputação ilibada.
Parágrafo único. Os Ministros do Supremo Tribunal Federal serão nomeados pelo Presidente da República, depois de aprovada a escolha pela maioria absoluta do Senado Federal.

5.17. O MINISTÉRIO PÚBLICO

Por oportuno, o Procurador-Geral da República é o chefe de um órgão autônomo. É indemissível pelo Presidente da República, a não ser que o Senado consinta. Ficou corrigido o defeito das Constituições anteriores, porquanto o Procurador-Geral pode voltar-se contra os atos normativos do Presidente, notadamente medidas provisórias e opinar independentemente como *custos legis* em defesa da ordem jurídica. Ademais, é escolhido entre os membros de carreira do órgão (*esprit de corps*). Possui legitimação para ações em defesa de interesses difusos e coletivos, contra as Pessoas Políticas.

Art. 127. O Ministério Público é instituição permanente, essencial à função jurisdicional do Estado, incumbindo-lhe a defesa da ordem jurídica, do regime democrático e dos interesses sociais e individuais indisponíveis.

§ 1.º São princípios institucionais do Ministério Público a unidade, a indivisibilidade e a independência funcional.

§ 2.º Ao Ministério Público é assegurada autonomia funcional e administrativa, podendo, observado o disposto no art. 169, propor ao Poder Legislativo a criação e extinção de seus cargos e serviços auxiliares, provendo-os por concurso público de provas ou de provas e títulos, a política remuneratória e os planos de carreira; a lei disporá sobre sua organização e funcionamento.

§ 3.º O Ministério Público elaborará sua proposta orçamentária dentro dos limites estabelecidos na lei de diretrizes orçamentárias.

§ 4.º Se o Ministério Público não encaminhar a respectiva proposta orçamentária dentro do prazo estabelecido na lei de diretrizes orçamentárias, o Poder Executivo considerará, para fins de consolidação da proposta orçamentária anual, os valores aprovados na lei orçamentária vigente, ajustados de acordo com os limites estipulados na forma do § 3.º.

§ 5.º Se a proposta orçamentária de que trata este artigo for encaminhada em desacordo com os limites estipulados na forma do § 3.º, o Poder Executivo procederá aos ajustes necessários para fins de consolidação da proposta orçamentária anual.

§ 6.º Durante a execução orçamentária do exercício, não poderá haver a realização de despesas ou a assunção de obrigações que extrapolem os limites estabelecidos na lei de diretrizes orçamentárias, exceto se previamente autorizadas, mediante a abertura de créditos suplementares ou especiais."

Art. 128. O Ministério Público abrange:
I – o Ministério Público da União, que compreende:
a) o Ministério Público Federal;
b) o Ministério Público do Trabalho;
c) o Ministério Público Militar;
d) o Ministério Público do Distrito Federal e Territórios;
II – os Ministérios Públicos dos Estados.

§ 1.º O Ministério Público da União tem por chefe o Procurador-Geral da República, nomeado pelo Presidente da República dentre integrantes da carreira, maiores de trinta e cinco anos, após a aprovação de seu nome pela maioria absoluta dos membros do Senado Federal, para mandato de dois anos, permitida a recondução.

§ 2.º A destituição do Procurador-Geral da República, por iniciativa do Presidente da República, deverá ser precedida de autorização da maioria absoluta do Senado Federal.

§ 3.º Os Ministérios Públicos dos Estados e o do Distrito Federal e Territórios formarão lista tríplice dentre integrantes da carreira, na forma da lei respectiva, para escolha de seu Procurador-Geral, que será nomeado pelo Chefe do Poder Executivo, para mandato de dois anos, permitida uma recondução.

§ 4.º Os Procuradores-Gerais nos Estados e no Distrito Federal e Territórios poderão ser destituídos por deliberação da maioria absoluta do Poder Legislativo, na forma da lei complementar respectiva.

§ 5.º Leis complementares da União e dos Estados, cuja iniciativa é facultada aos respectivos Procuradores-Gerais, estabelecerão a organização, as atribuições e o estatuto de cada Ministério Público, observadas, relativamente a seus membros:

I – as seguintes garantias:

a) vitaliciedade, após dois anos de exercício, não podendo perder o cargo senão por sentença judicial transitada em julgado;

b) inamovibilidade, salvo por motivo de interesse público, mediante decisão do órgão colegiado competente do Ministério Público, pelo voto da maioria absoluta de seus membros, assegurada ampla defesa;

c) irredutibilidade de subsídio, fixado na forma do art. 39, § 4.º, e ressalvado o disposto nos arts. 37, X e XI, 150, II, 153, III, 153, § 2.º, I;

II – as seguintes vedações:

a) receber, a qualquer título e sob qualquer pretexto, honorários, percentagens ou custas processuais;

b) exercer a advocacia;

c) participar de sociedade comercial, na forma da lei;

d) exercer, ainda que em disponibilidade, qualquer outra função pública, salvo uma de magistério;

e) exercer atividade político-partidária;

f) receber, a qualquer título ou pretexto, auxílios ou contribuições de pessoas físicas, entidades públicas ou privadas, ressalvadas as exceções previstas em lei.

§ 6.º Aplica-se aos membros do Ministério Público o disposto no art. 95, parágrafo único, V.

Art. 129. São funções institucionais do Ministério Público:

I – promover, privativamente, a ação penal pública, na forma da lei;

II – zelar pelo efetivo respeito dos Poderes Públicos e dos serviços de relevância pública aos direitos assegurados nesta Constituição, promovendo as medidas necessárias a sua garantia;

III – promover o inquérito civil e a ação civil pública, para a proteção do patrimônio público e social, do meio ambiente e de outros interesses difusos e coletivos;

IV – promover a ação de inconstitucionalidade ou representação para fins de intervenção da União e dos Estados, nos casos previstos nesta Constituição;

V – defender judicialmente os direitos e interesses das populações indígenas;

VI – expedir notificações nos procedimentos administrativos de sua competência, requisitando informações e documentos para instruí-los, na forma da lei complementar respectiva;

VII – exercer o controle externo da atividade policial, na forma da lei complementar mencionada no artigo anterior;

VIII – requisitar diligências investigatórias e a instauração de inquérito policial, indicados os fundamentos jurídicos de suas manifestações processuais;

IX – exercer outras funções que lhe forem conferidas, desde que compatíveis com sua finalidade, sendo-lhe vedada a representação judicial e a consultoria jurídica de entidades públicas.

§ 1.º A legitimação do Ministério Público para as ações civis previstas neste artigo não impede a de terceiros, nas mesmas hipóteses, segundo o disposto nesta Constituição e na lei.

§ 2.º As funções do Ministério Público só podem ser exercidas por integrantes da carreira, que deverão residir na comarca da respectiva lotação, salvo autorização do chefe da instituição.

§ 3.º O ingresso na carreira do Ministério Público far-se-á mediante concurso público de provas e títulos, assegurada a participação da Ordem dos Advogados do Brasil em sua realização, exigindo-se do bacharel em direito, no mínimo, três anos de atividade jurídica e observando-se, nas nomeações, a ordem de classificação.

§ 4.º Aplica-se ao Ministério Público, no que couber, o disposto no art. 93.

§ 5.º A distribuição de processos no Ministério Público será imediata.

Art. 130. Aos membros do Ministério Público junto aos Tribunais de Contas aplicam-se as disposições desta seção pertinentes a direitos, vedações e forma de investidura.

Art. 130-A. O Conselho Nacional do Ministério Público compõe-se de quatorze membros nomeados pelo Presidente da República, depois de aprovada a escolha pela maioria absoluta do Senado Federal, para um mandato de dois anos, admitida uma recondução, sendo:

I – o Procurador-Geral da República, que o preside;

II – quatro membros do Ministério Público da União, assegurada a representação de cada uma de suas carreiras;

III - três membros do Ministério Público dos Estados;

IV - dois juízes, indicados um pelo Supremo Tribunal Federal e outro pelo Superior Tribunal de Justiça;

V - dois advogados, indicados pelo Conselho Federal da Ordem dos Advogados do Brasil;

VI - dois cidadãos de notável saber jurídico e reputação ilibada, indicados um pela Câmara dos Deputados e outro pelo Senado Federal.

§ 1.º Os membros do Conselho oriundos do Ministério Público serão indicados pelos respectivos Ministérios Públicos, na forma da lei.

§ 2.º Compete ao Conselho Nacional do Ministério Público o controle da atuação administrativa e financeira do Ministério Público e do cumprimento dos deveres funcionais de seus membros, cabendo lhe:

I - zelar pela autonomia funcional e administrativa do Ministério Público, podendo expedir atos regulamentares, no âmbito de sua competência, ou recomendar providências;

II - zelar pela observância do art. 37 e apreciar, de ofício ou mediante provocação, a legalidade dos atos administrativos praticados por membros ou órgãos do Ministério Público da União e dos Estados, podendo desconstituí-los, revê-los ou fixar prazo para que se adotem as providências necessárias ao exato cumprimento da lei, sem prejuízo da competência dos Tribunais de Contas;

III - receber e conhecer das reclamações contra membros ou órgãos do Ministério Público da União ou dos Estados, inclusive contra seus serviços auxiliares, sem prejuízo da competência disciplinar e correicional da instituição, podendo avocar processos disciplinares em curso, determinar a remoção, a disponibilidade ou a aposentadoria com subsídios ou proventos proporcionais ao tempo de serviço e aplicar outras sanções administrativas, assegurada ampla defesa;

IV - rever, de ofício ou mediante provocação, os processos disciplinares de membros do Ministério Público da União ou dos Estados julgados há menos de um ano;

V - elaborar relatório anual, propondo as providências que julgar necessárias sobre a situação do Ministério Público no País e as atividades do Conselho, o qual deve integrar a mensagem prevista no art. 84, XI.

§ 3.º O Conselho escolherá, em votação secreta, um Corregedor nacional, dentre os membros do Ministério Público que o integram, vedada a recondução, competindo-lhe, além das atribuições que lhe forem conferidas pela lei, as seguintes:

I - receber reclamações e denúncias, de qualquer interessado, relativas aos membros do Ministério Público e dos seus serviços auxiliares;

II - exercer funções executivas do Conselho, de inspeção e correição geral;

III – requisitar e designar membros do Ministério Público, delegando--lhes atribuições, e requisitar servidores de órgãos do Ministério Público.

§ 4.º O Presidente do Conselho Federal da Ordem dos Advogados do Brasil oficiará junto ao Conselho.

§ 5.º Leis da União e dos Estados criarão ouvidorias do Ministério Público, competentes para receber reclamações e denúncias de qualquer interessado contra membros ou órgãos do Ministério Público, inclusive contra seus serviços auxiliares, representando diretamente ao Conselho Nacional do Ministério Público.

5.18. APONTAMENTOS SOBRE A ESTRUTURA JUDICIÁRIA BRASILEIRA

Antes de concluir o exame do modelo brasileiro de controle jurisdicional da inconstitucionalidade das leis, que é misto (difuso e concentrado), apresenta-se conveniente dizer algumas palavras sobre a estrutura judiciária do país, por isso que a. exposição do modelo requer a prévia compreensão de como funciona esta estrutura.

5.19. JUSTIÇA COMUM – JUSTIÇAS ESPECIALIZADAS – DUPLO GRAU DE JURISDIÇÃO

A Constituição organiza a Justiça Federal e a Justiça dos Estados, linhas básicas.

Art. 106. São órgãos da Justiça Federal:
I – os Tribunais Regionais Federais;
II – os Juízes Federais.

Art. 110. Cada Estado, bem como o Distrito Federal, constituirá uma seção judiciária, que terá por sede a respectiva Capital, e varas localizadas segundo o estabelecido em lei.

Parágrafo único. Nos Territórios Federais, a jurisdição e as atribuições cometidas aos juízes federais caberão aos juízes da Justiça local, na forma da lei.

Art. 125. Os Estados organizarão sua Justiça, observados os princípios estabelecidos nesta Constituição.

§ 1.º A competência dos tribunais será definida na Constituição do Estado, sendo a lei de organização judiciária de iniciativa do Tribunal de Justiça.

§ 2.º Cabe aos Estados a instituição de representação de inconstitucionalidade de leis ou atos normativos estaduais ou municipais em face da Constituição Estadual, vedada a atribuição da legitimação para agir a um único órgão.

§ 3.º A lei estadual poderá criar, mediante proposta do Tribunal de Justiça, a Justiça Militar estadual, constituída, em primeiro grau, pelos juízes de direito e pelos Conselhos de Justiça e, em segundo grau, pelo próprio Tribunal de Justiça, ou por Tribunal de Justiça Militar nos Estados em que o efetivo militar seja superior a vinte mil integrantes.

§ 4.º Compete à Justiça Militar estadual processar e julgar os militares dos Estados, nos crimes militares definidos em lei e as ações judiciais contra atos disciplinares militares, ressalvada a competência do júri quando a vítima for civil, cabendo ao tribunal competente decidir sobre a perda do posto e da patente dos oficiais e da graduação das praças.

§ 5.º Compete aos juízes de direito do juízo militar processar e julgar, singularmente, os crimes militares cometidos contra civis e as ações judiciais contra atos disciplinares militares, cabendo ao Conselho de Justiça, sob a presidência de juiz de direito, processar e julgar os demais crimes militares.

§ 6.º O Tribunal de Justiça poderá funcionar descentralizadamente, constituindo Câmaras regionais, a fim de assegurar o pleno acesso do jurisdicionado à justiça em todas as fases do processo.

§ 7.º O Tribunal de Justiça instalará a justiça itinerante, com a realização de audiências e demais funções da atividade jurisdicional, nos limites territoriais da respectiva jurisdição, servindo-se de equipamentos públicos e comunitários.

A rigor, o Brasil possui duas ordens de "justiça comum", a Justiça Federal no plano da União e a Justiça Estadual, no plano dos Estados-Membros. A Justiça Federal é composta pelos juízes monocráticos federais (Varas), agrupados em Secções Judiciárias nos vários Estados-Membros dispostos sobre o território nacional e pelos Tribunais Regionais Federais, por ora em número de cinco, podendo surgir outros, de acordo com as necessidades dos jurisdicionados, por iniciativa do próprio Poder Judiciário que possui autonomia financeira e administrativa.[41] As Justiças Estaduais – cada Estado da Federação possui a sua – são formadas pelos juízes de direito, os Tribunais de Justiça dos Estados

---

[41] Sobre a autonomia do Judiciário, como um todo, a Constituição dispõe:
"Art. 99. Ao Poder Judiciário é assegurada autonomia administrativa e financeira.
§ 1.º Os tribunais elaborarão suas propostas orçamentárias dentro dos limites estipulados conjuntamente com os demais Poderes na lei de diretrizes orçamentárias.
§ 2.º O encaminhamento da proposta, ouvidos os outros tribunais interessados, compete:
I – no âmbito da União, aos Presidentes do Supremo Tribunal Federal e dos Tribunais Superiores, com a aprovação dos respectivos tribunais;
II – no âmbito dos Estados e no do Distrito Federal e Territórios, aos Presidentes dos Tribunais de Justiça, com a aprovação dos respectivos tribunais.
§ 3.º Se os órgãos referidos no § 2.º não encaminharem as respectivas propostas orçamentárias dentro do prazo estabelecido na lei de diretrizes orçamentárias, o Poder Executivo considerará,

e Tribunais de Alçada. Das sentenças dos juízes de direito cabem recursos para os Tribunais Estaduais e, quando for o caso, para os Tribunais Regionais Federais (TRFs), isto é, quando investido o juiz estadual de competência federal substitutiva. Nisso, na necessária revisão dos julgados, consiste o duplo grau de jurisdição em prol do direito e da segurança dos justiçáveis. A Justiça Federal e as Justiças Estaduais lidam com o direito comum do país (Direito Civil, Administrativo, Tributário, Comercial, Penal etc.).

No que tange à Justiça Federal os crimes sujeitos ao seu julgamento são *numerus clausus*. A competência da Justiça Federal, porém, basicamente, firma-se na esfera civil, *ratione personae*, nas causas em que a União, entidade autárquica ou empresa pública federal forem interessadas na condição de autoras, rés, assistentes ou oponentes, exceto as de falência, as de acidentes do trabalho e as sujeitas à Justiça Eleitoral e à Justiça do Trabalho (art. 109, I, da CF/1988). As ressalvas finais, não as têm os juízes estaduais, pois são juízes falenciais, do trabalho e eleitorais, em suas respectivas comarcas, inexistindo juntas trabalhistas ou varas especializadas.

A Justiça Estadual, repita-se, é formada pelos juízes estaduais (comarcas) e Tribunais de Justiça.

A União e suas instrumentalidades, em certos feitos, podem demandar e serem demandadas na Justiça Estadual. É o caso do art. 109, parágrafo 3.º da CF/88, *verbi gratia:*

> Serão processadas e julgadas na justiça estadual, no foro do domicílio dos segurados ou beneficiários, as causas em que forem parte instituição de previdência social e segurado, sempre que a comarca não seja sede de vara do juízo federal...

É o caso, ainda, da execução fiscal da Fazenda Pública Federal e dos respectivos embargos que podem ser propostos na comarca de domicílio do devedor, desde que ela não seja sede de vara da Justiça Federal (Súmula 40 do antigo Tribunal Federal de Recursos).

Por último, cabe dizer que os Tribunais Regionais Federais, os Tribunais de Justiça dos Estados-Membros, assim como – e logo veremos as justiças especia-

---

para fins de consolidação da proposta orçamentária anual, os valores aprovados na lei orçamentária vigente, ajustados de acordo com os limites estipulados na forma do § 1.º deste artigo.

§ 4.º Se as propostas orçamentárias de que trata este artigo forem encaminhadas em desacordo com os limites estipulados na forma do § 1.º, o Poder Executivo procederá aos ajustes necessários para fins de consolidação da proposta orçamentária anual.

§ 5.º Durante a execução orçamentária do exercício, não poderá haver a realização de despesas ou a assunção de obrigações que extrapolem os limites estabelecidos na lei de diretrizes orçamentárias, exceto se previamente autorizadas, mediante a abertura de créditos suplementares ou especiais".

lizadas – os Tribunais Regionais Eleitorais e os Tribunais Regionais do Trabalho, são autênticas Cortes de cassação, porquanto revisam em grau de recurso os fatos e o direito das decisões do 1.º grau de jurisdição.

Além disso, a Constituição entregou a um *Tribunal Superior* o papel de unificar a jurisprudência do direito nacional, conferindo-lhe o papel de guardião do *direito comum* na Federação.

    Art. 104. O Superior Tribunal de Justiça compõe-se de, no mínimo, trinta e três Ministros.

    Parágrafo único. Os Ministros do Superior Tribunal de Justiça serão nomeados pelo Presidente da República, dentre brasileiros com mais de trinta e cinco e menos de sessenta e cinco anos, de notável saber jurídico e reputação ilibada, depois de aprovada a escolha pela maioria absoluta do Senado Federal, sendo:

    I – um terço dentre juízes dos Tribunais Regionais Federais e um terço dentre desembargadores dos Tribunais de Justiça, indicados em lista tríplice elaborada pelo próprio Tribunal;

    II – um terço, em partes iguais, dentre advogados e membros do Ministério Público Federal, Estadual, do Distrito Federal e Territórios, alternadamente, indicados na forma do art. 94.

A estrutura judiciária comporta, ainda, três justiças especializadas, no âmbito federal. Dá-se assim que, ao lado das Justiças comum, federal e estadual, existem órgãos jurisdicionais especializados em razão da matéria e que formam subestruturas judiciais. Estamos falando da Justiça Militar, da Justiça Eleitoral e da Justiça do Trabalho, pertencentes ao aparato judicial federal.

O tema seduz, mas impõe medida. No momento cuidaremos de finalizar a descrição, ainda que extremamente sumária, do aparato judicial.

Vimos já a Justiça comum, federal e estadual, o duplo grau de jurisdição e as estruturas das Justiças especializadas: trabalhista, eleitoral e militar. É hora de encarar as funções dos Tribunais Superiores, principalmente o Supremo Tribunal Federal, guarda da Constituição, e o Tribunal Superior de Justiça, incumbido de zelar pela unidade do Direito, enquanto Tribunal da Federação.

Tais aportes ligam-se intimamente ao funcionamento do modelo de controle da constitucionalidade das leis e dos atos normativos em vigor no Brasil, um modelo que congrega o controle difuso, *incidenter tantum,* e o concentrado, tendo como órgão de controle máximo o Supremo Tribunal Federal, cúpula do sistema judiciário, necessariamente formado por juristas, juízes de carreira ou não, possuidores de "notável saber jurídico", em número de onze, indicados pelo Presidente da República, após aprovação do Senado Federal. Historicamente os Ministros da Suprema Corte são recrutados entre juízes e juristas de grande nomeada, em que pese, numa ou noutra indicação, escolhas "políticas" nem sempre felizes. Importa gizar, no entanto, que no controle difuso o Supremo Tribunal diz a última palavra; e no concentrado, a primeira, derivando daí a singularidade do modelo brasileiro.

Há algo mais. A estruturação dos tribunais superiores e a mecânica jurisdicional que projeta, o que implica em falar não apenas no Superior Tribunal de Justiça (STJ), mas no Tribunal Superior do Trabalho (TST), no Tribunal Superior Eleitoral (TSE) e no Superior Tribunal Militar (STM), parece-nos que apresentam complicadores para o perfeito funcionamento do sistema difuso de controle das leis e atos normativos, como estruturado na Constituição de 1988.

5.20. O SUPREMO TRIBUNAL FEDERAL, O TRIBUNAL DA FEDERAÇÃO E OS TRIBUNAIS ESPECIAIS (O PAPEL QUE EXERCEM DENTRO DO SISTEMA JUDICIÁRIO BRASILEIRO)

No que tange ao Superior Tribunal de Justiça, que funciona como *Tribunal da Federação*, incrustado no plano dos tribunais superiores (ex-Tribunal Federal de Recursos, que na Constituição de 1967 era a Corte de Cassação Federal, pois conhecia, em 2.º grau de jurisdição, os recursos das sentenças proferidas pelos juízes federais), a questão reside no fato de a Constituição de 1988 obrigar as partes a recorrer dos acórdãos dos Tribunais Regionais Federais e dos Tribunais de Justiça dos Estados-Membros, para dois endereços tribunalícios: o STJ, quando se tratar de dissídio jurisprudencial e defesa da lei federal, e para o STF, quando se discutir, nalgum processo, questão ligada à constitucionalidade de lei ou ato normativo. No que tange aos tribunais superiores das Justiças especializadas – Justiças do Trabalho, Eleitoral e Militar que, ao fim e ao cabo, são Justiças federais e que aplicam a Constituição e leis federais sobre direito do trabalho, eleitoral e militar aos casos concretos – a questão está em que, além de unificarem o direito federal sobre estas matérias especiais, razão de ser de suas respectivas existências, eles também conhecem os recursos interpostos das decisões dos Tribunais Regionais do Trabalho (TRTs), dos Tribunais Regionais Eleitorais (TREs) e dos órgãos da Justiça Militar, que versem *matéria constitucional*, destoando do que ocorre com o STJ. Há neste ponto, portanto, distonia funcional ou, se se prefere, uma assimetria orgânica e funcional, logicamente censurável.

Este último aspecto é incontornável. Com isto, nas esferas eleitoral, militar e trabalhista, a questão constitucional *incidenter tantum* percorre todas as instâncias e só depois desemboca no STF. Ao contrário, das decisões dos tribunais de direito comum (Tribunais Regionais Federais e Tribunais de Justiça), o recurso será sempre para STF, quando houver questão constitucional envolvendo as razões de decidir.

5.21. SÍNTESE DO SISTEMA ATUAL DE CONTROLE DA CONSTITUCIONALIDADE DAS LEIS NO BRASIL (CONSTITUIÇÃO DE 1988)

a) **Controle concentrado e abstrato das normas jurídicas**

O sistema brasileiro de controle de constitucionalidade das leis e atos normativos é extremamente complexo e abrange aspectos variados. Assim sendo, temos o controle direto e indireto, o concentrado e o difuso, o abstrato e o concreto, o recursal e o feito por via de exceção (quando em razão da cláusula de "repercussão geral", os feitos são paralisados nas instâncias inferiores relativamente aos casos símiles e até mesmo os parecidos, um problema sério). Além do mais, a Suprema Corte brasileira controla sucessivamente os Tratados e Convenções Internacionais em face da Constituição, julga a inconstitucionalidade por omissão, as reclamações constitucionais, as alegações de descumprimento de preceito fundamental, além de exercer a jurisdição penal e a quase penal, crimes de responsabilidade ratione personae. Supervisiona, além disso, a intervenção federal nos Estados-Membros da Federação, arbitra conflitos de jurisdição, decide em certos casos o habeas corpus e mandados de segurança, determina ou nega extradições e decide as causas de interesse da magistratura, além de comandar o Conselho Nacional de Justiça.

Isto posto, é melhor estudar ou dar transcrita a parcela de nossa Constituição que cuida do Supremo Tribunal Federal e de suas inúmeras atribuições e competências que o sufocam, pois são apenas 11 juízes, quando deveriam ser, no mínimo, 17 ministros, divididos em três turmas de cinco, ficando o presidente e o vice-presidente com algumas tarefas específicas. Em lugar algum do mundo existe Corte Constitucional com tantas competências.

A Constituição é clara.

Art. 102. Compete ao Supremo Tribunal Federal, precipuamente, a guarda da Constituição, cabendo-lhe:

I – processar e julgar, originariamente:

a) a ação direta de inconstitucionalidade de lei ou ato normativo federal ou estadual e a ação declaratória de constitucionalidade de lei ou ato normativo federal;

b) nas infrações penais comuns, o Presidente da República, o Vice-Presidente, os membros do Congresso Nacional, seus próprios Ministros e o Procurador-Geral da República;

c) nas infrações penais comuns e nos crimes de responsabilidade, os Ministros de Estado e os Comandantes da Marinha, do Exército e da Aeronáutica, ressalvado o disposto no art. 52, I, os membros dos Tribunais Superiores, os do Tribunal de Contas da União e os chefes de missão diplomática de caráter permanente;

d) o habeas corpus, sendo paciente qualquer das pessoas referidas nas alíneas anteriores; o mandado de segurança e o habeas data contra atos do Presidente da República, das Mesas da Câmara dos Deputados e do Senado Federal, do Tribunal de Contas da União, do Procurador-Geral da República e do próprio Supremo Tribunal Federal;

e) o litígio entre Estado estrangeiro ou organismo internacional e a União, o Estado, o Distrito Federal ou o Território;

f) as causas e os conflitos entre a União e os Estados, a União e o Distrito Federal, ou entre uns e outros, inclusive as respectivas entidades da administração indireta;

g) a extradição solicitada por Estado estrangeiro;

h) (Revogada pela Emenda Constitucional n.º 45, de 2004).

i) o habeas corpus, quando o coator for Tribunal Superior ou quando o coator ou o paciente for autoridade ou funcionário cujos atos estejam sujeitos diretamente à jurisdição do Supremo Tribunal Federal, ou se trate de crime sujeito à mesma jurisdição em uma única instância;

j) a revisão criminal e a ação rescisória de seus julgados;

l) a reclamação para a preservação de sua competência e garantia da autoridade de suas decisões;

m) a execução de sentença nas causas de sua competência originária, facultada a delegação de atribuições para a prática de atos processuais;

n) a ação em que todos os membros da magistratura sejam direta ou indiretamente interessados, e aquela em que mais da metade dos membros do tribunal de origem estejam impedidos ou sejam direta ou indiretamente interessados;

o) os conflitos de competência entre o Superior Tribunal de Justiça e quaisquer tribunais, entre Tribunais Superiores, ou entre estes e qualquer outro tribunal;

p) o pedido de medida cautelar das ações diretas de inconstitucionalidade;

q) o mandado de injunção, quando a elaboração da norma regulamentadora for atribuição do Presidente da República, do Congresso Nacional, da Câmara dos Deputados, do Senado Federal, da Mesa de uma dessas Casas Legislativas, do Tribunal de Contas da União, de um dos Tribunais Superiores, ou do próprio Supremo Tribunal Federal;

r) as ações contra o Conselho Nacional de Justiça e contra o Conselho Nacional do Ministério Público;

II – julgar, em recurso ordinário:

a) o habeas corpus, o mandado de segurança, o habeas data e o mandado de injunção decididos em única instância pelos Tribunais Superiores, se denegatória a decisão;

b) o crime político;

III – julgar, mediante recurso extraordinário, as causas decididas em única ou última instância, quando a decisão recorrida:

a) contrariar dispositivo desta Constituição;

b) declarar a inconstitucionalidade de tratado ou lei federal;

c) julgar válida lei ou ato de governo local contestado em face desta Constituição.

d) julgar válida lei local contestada em face de lei federal.

§ 1.º A arguição de descumprimento de preceito fundamental, decorrente desta Constituição, será apreciada pelo Supremo Tribunal Federal, na forma da lei.

§ 2.º As decisões definitivas de mérito, proferidas pelo Supremo Tribunal Federal, nas ações diretas de inconstitucionalidade e nas ações declaratórias de constitucionalidade produzirão eficácia contra todos e efeito vinculante, relativamente aos demais órgãos do Poder Judiciário e à administração pública direta e indireta, nas esferas federal, estadual e municipal.

§ 3.º No recurso extraordinário o recorrente deverá demonstrar a repercussão geral das questões constitucionais discutidas no caso, nos termos da lei, a fim de que o Tribunal examine a admissão do recurso, somente podendo recusá-lo pela manifestação de dois terços de seus membros.

Nos termos do art. 102, 1, **a**, da CF/1988, compete ao Supremo Tribunal Federal, precipuamente, a guarda da Constituição, cabendo-lhe processar e julgar *originariamente* ação declaratória de constitucionalidade ou ação direta de inconstitucionalidade de lei ou ato normativo federal ou estadual, proposta pelos órgãos qualificados no art. 103, quais sejam:

I – o Presidente da República;
II – a Mesa do Senado Federal;
III – a Mesa da Câmara dos Deputados;
IV – a Mesa de Assembleia Legislativa ou da Câmara Legislativa do Distrito Federal;
V – o Governador de Estado ou do Distrito Federal;
VI – o Procurador-Geral da República;
VII – o Conselho Federal da Ordem dos Advogados do Brasil;
VIII – partido político com representação no Congresso Nacional;
IX – confederação sindical ou entidade de classe de âmbito nacional

No controle de constitucionalidade concentrado da lei, a decisão da Suprema Corte vale *ex tunc* e *erga omnes*. Independe do Senado a expulsão da norma ou ato normativo do *ordo juris*. Todos os casos em curso são afetados pela decisão. Não se trata de *stare decisis*. É mais do que isso. Significa que a Corte apaga do quadro legal a lei impugnada, que deixa de existir, ou melhor, que nunca existiu com validade material. O Supremo Tribunal, porém, pode modular os efeitos de suas decisões.

Nesta modalidade de controle, o Supremo Tribunal Federal assume as feições de verdadeira Corte Constitucional, ao feitio europeu, sendo-lhe grata toda a rica experiência em curso naquele continente e cujos países são filiados à família jurídica romano-germânica, além de adotarem Constituições escritas, rígidas e analíticas, como a nossa. Aqui a primeira palavra é da Corte das Cortes, com eficácia imediata. A alínea **p** do art. 102 diz ainda competir ao STF julgar *o pedido de medida cautelar* das ações diretas de inconstitucionalidade significando, por vezes, a *suspensão provisória e imediata da eficácia da lei*. Trata-se de um poder fortíssimo. Há cabida para a ação abstrata de inconstitucionalidade por omissão (§ 2.º do art. 103).

b) Controle difuso e concreto das normas jurídicas

Em princípio, todos os juízes *incidenter tantum*, ao decidirem os casos que lhes estão afeitos, podem declarar, mas não em caráter definitivo, a inconstitucionalidade de lei ou ato normativo, exatamente como nos EUA e parcialmente em Portugal. Por isso mesmo, compete ao STF, nos termos do art. 102, III, julgar, mediante recurso extraordinário, as causas decididas em única ou última instância, quando a decisão recorrida:

a) contrariar dispositivo desta Constituição;
b) declarar a inconstitucionalidade de tratado ou lei federal;
c) julgar válida lei ou ato de governo local contestado em face desta Constituição;
d) julgar válida lei local contestada em face de lei federal.

Aqui a decisão da Suprema Corte tem efeitos *inter partes*. A lei fica a depender do Senado Federal, ao qual, a teor do art. 52, X, compete suspender a execução, no todo ou em parte, de lei declarada inconstitucional por decisão definitiva do STF.

Todavia, as decisões do STF, na práxis judiciária brasileira, vêm assumindo as feições de verdadeiros *stare decisis, i.e.*, consuetudinária e majoritariamente, os juízes tomam como precedentes vinculativos não apenas as súmulas (jurisprudência cristalizada), mas as decisões pioneiras da Corte máxima. Aqui o STF assemelha-se à Suprema Corte norte-americana, cabendo-lhe resguardar os grandes princípios que alinhavam o tecido constitucional a partir dos sobrevalores da democracia e do Estado de Direito, da legalidade e da igualdade.

c) Inconstitucionalidade por omissão e jurisdição das liberdades

A Constituição de 1988 dispõe no art. 5.º, incisos LXVIII, LXIX, **a** e **b**, o que se segue:

Art. 5.º Todos são iguais perante a lei, sem distinção de qualquer natureza, garantindo-se aos brasileiros e aos estrangeiros residentes no País a inviolabilidade do direito à vida, à liberdade, à igualdade, à segurança e à propriedade, nos termos seguintes:
[...]
LXVIII – conceder-se-á *habeas corpus* sempre que alguém sofrer ou se achar ameaçado de sofrer violência ou coação em sua liberdade de locomoção, por ilegalidade ou abuso de poder;
LXIX – conceder-se-á mandado de segurança para proteger direito líquido e certo, não amparado por *habeas corpus* ou *habeas data*, quando o responsável pela ilegalidade ou abuso de poder for autoridade pública ou agente de pessoa jurídica no exercício de atribuições do Poder Público;
LXX – o mandado de segurança coletivo pode ser impetrado por:
a) partido político com representação no Congresso Nacional;
b) organização sindical, entidade de classe ou associação legalmente constituída e em funcionamento há pelo menos um ano, em defesa dos interesses de seus membros ou associados; [...]

O art. 102, I, **d**, dá originariamente competência ao STF para conhecer *habeas data, habeas corpus* e mandado de segurança contra atos de órgãos superiores dos Poderes da República entre si. O mesmo art. 102, **q**, dá-lhe competência originária para decidir "mandados de injunção", quando a elaboração da norma regulamentadora faltante for atribuição do Presidente da República, do Congresso ou de qualquer de suas Casas, do Tribunal de Contas da União, dos Tribunais Superiores ou do próprio Supremo Tribunal Federal. Além dessas competências originárias e, portanto, rápidas para defender liberdades e colmatar lacunas, ao STF compete julgar em grau de *recurso ordinário* (art. 102, II, **a**), o *habeas corpus*, o mandado de segurança, o *habeas data* e o mandado de injunção decididos em única instância pelos Tribunais Superiores, se *denegatória a decisão*.

O § 1.º desse artigo prevê o julgamento da arguição de descumprimento de preceito fundamental da Constituição, na forma da lei.

5.22. JURISDIÇÃO PENAL E QUASE PENAL

O tema não merece maiores comentários e ressalta da competência expressiva do STF exposta linhas atrás *in verbis*. Diz o art. 102, I, **b** e **c** que compete ao STF julgar originariamente:

Art. 102. Compete ao Supremo Tribunal Federal, precipuamente, a guarda da Constituição, cabendo-lhe:
I – processar e julgar, originariamente:
[...]

b) nas infrações penais comuns, o Presidente da República, o Vice-Presidente, os membros do Congresso Nacional, seus próprios Ministros e o Procurador-Geral da República;

c) nas infrações penais comuns e nos crimes de responsabilidade, os Ministros de Estado e os Comandantes da Marinha, do Exército e da Aeronáutica, ressalvado o disposto no art. 52, I, os membros dos Tribunais Superiores, os do Tribunal de Contas da União e os chefes de missão diplomática de caráter permanente.

5.23. INTERVENÇÃO FEDERAL NOS ESTADOS-MEMBROS

Os arts. 36, III, c/c o 102, I, **a**, e 129, IV, projetam ação declaratória de inconstitucionalidade como preliminar de intervenção federal, em prol da Federação, havendo ofensa à forma republicana, ao sistema representativo, ao regime democrático, aos direitos da pessoa humana, à autonomia municipal ou à prestação de contas dos governantes.

5.24. ARBITRAGEM FEDERATIVA E DE CONFLITOS DE COMPETÊNCIA JURISDICIONAL

É ver o art. 102, I, **f** e **o**. Compete à Corte julgar originariamente:

Art. 102. [...]
I – processar e julgar, originariamente:
[...]
f) as causas e os conflitos entre a União e os Estados, a União e o Distrito Federal, ou entre uns e outros, inclusive as respectivas entidades da administração indireta;
[...]
o) os conflitos de competência entre o Superior Tribunal de Justiça e quaisquer tribunais, entre Tribunais Superiores, ou entre estes e qualquer outro tribunal; [...]

5.25. PRESERVAÇÃO DA CORPORAÇÃO JUDICIÁRIA

O art. 102, I, **n**, confere competência à Suprema Corte (quase avocatória) para julgar a ação em que todos os membros da magistratura sejam direta ou indiretamente interessados ou naquela em que mais da metade dos membros do tribunal de origem estejam impedidos ou tenham interesse no desfecho da *actio*.

5.26. PENÚLTIMOS APONTAMENTOS

José Afonso da Silva[42] com a autoridade de partícipe dos trabalhos de elaboração da Carta de 1988, como assessor, procura classificar as modalidades de controle nos seguintes termos:

> À vista da Constituição vigente, temos a inconstitucionalidade por ação ou por omissão, e o controle de constitucionalidade é o jurisdicional combinando os critérios difuso e concentrado, este de competência do Supremo Tribunal Federal. Portanto, temos o exercício do controle por via de exceção e por ação direta de inconstitucionalidade. De acordo com o controle por exceção, qualquer interessado poderá suscitar a questão de inconstitucionalidade em qualquer processo, seja de que natureza for, qualquer que seja o juízo. A ação direta de inconstitucionalidade compreende três modalidades: 1) interventiva, que pode ser federal por proposta exclusiva do Procurador-Geral da República e de competência do Supremo Tribunal Federal (arts. 34, III, 102, 1, **a**, e 129, IV), ou estadual por proposta do Procurador-Geral da Justiça do Estado (arts. 36, IV, 129, IV, e 125, § 2.º); interventivas, porque destina a promover a intervenção federal em Estado ou do Estado em Município, conforme o caso; 2) a genérica: a) de competência do Supremo Tribunal Federal, destinada a obter a decretação de inconstitucionalidade, em tese, de lei ou ato normativo, federal ou estadual, sem outro objetivo senão o de expurgar da ordem jurídica a incompatibilidade vertical; é a ação que visa exclusivamente a defesa do princípio da supremacia constitucional (arts. 102, I, **a**, e 103, incisos e § 3.º); b) de competência do Tribunal de Justiça em cada Estado, visando a declaração de inconstitucionalidade, em tese, de leis ou atos normativos estaduais ou municipais em face da Constituição Estadual (art. 125, § 2.º), dependendo da previsão nesta; 3) a supridora de omissão: a) do legislador, que deixa de criar lei necessária à eficácia e aplicabilidade de normas constitucionais, especialmente nos casos em que a lei é requerida pela Constituição; b) do administrador, que não adote as providências necessárias para tornar efetiva norma constitucional (art. 103, § 2.º).

Merecem menção, no sistema misto brasileiro de controle de constitucionalidade das leis, duas instituições importantíssimas; quais sejam: **a)** o poder acionário do Ministério Público Federal e **b)** os efeitos *erga omnes* das decisões cautelares e finais, dos juízes monocráticos, nos encerros da ação civil pública, quando posta em nome de interesses difusos e coletivos (grupos macrossociais tais como mutuários do sistema financeiro da habitação, usuários de energia elétrica, contribuintes do imposto de renda etc.). A conjugação desses fatores con-

---

[42] SILVA, José Afonso. *Curso de direito constitucional positivo*. 5. ed. São Paulo: RT, 1989. p. 50.

fere ao controle difuso (ação civil pública) e ao concentrado (arguição direta de inconstitucionalidade) um poderio deveras formidando.

Essa independência na forma de atuar foi garantida pela Constituição de 1988. Até a sua vigência, o Procurador-Geral da República era nomeado pelo Presidente da República, escolhido entre pessoas maiores de 35 anos de "ilibada reputação e notório saber jurídico". Não tinha mandato e era demissível *ad nutum*, isto é, pela vontade do Presidente, sem que fossem necessárias explicações.

Hoje, o escolhido deve sair dos quadros da Procuradoria, ter seu nome aprovado pela maioria absoluta dos membros do Senado e tem mandato fixo de dois anos. Sua destituição do cargo também está condicionada à aprovação do Senado. Esse novo "contorno" do procurador assegurou maior acesso ao Supremo Tribunal Federal (STF). Sydney Sanches disse conciso:

> Agora o procurador é um *ombudsman* da população na fiscalização das leis. Tem mais autonomia para cumprir sua função e menos receio de retaliações.
>
> Um procurador-geral não submisso ao presidente põe em brios a Consultoria-Geral da República, afirma Jarbas Passarinho, ministro da Justiça *(Gazeta Mercantil* de 18.06.1991).

E para mais uma vez desmentir *Cappelletti*, crítico severo dos "juízes de carreira" de todas as plagas, argumentamos com o Judiciário brasileiro, onde pontificam predominantemente juízes de carreira, identificados com os valores constitucionais.

No dia 17 de junho de 1991, ao elogiar a decisão histórica do Supremo Tribunal Federal de derrubar a correção de 270% nas declarações do Imposto de Renda, o Ministro do STF, Paulo Brossard de Souza Pinto criticou "o pouco caso ou o nenhum respeito que a administração e o legislador tiveram em relação à Constituição, que veda cobrar tributos no mesmo exercício financeiro em que haja sido publicada a lei que os instituiu ou aumentou. E isto é tanto maior, quando a violação abstrata da Constituição importava na violação concreta do direito e da segurança de milhões de contribuintes, agora exonerados do ônus fiscal".

5.27. ARGUIÇÃO DE DESCUMPRIMENTO DE PRECEITO FUNDAMENTAL

Arguição de descumprimento de preceito fundamental (ADPF) é a denominação dada no Direito brasileiro à ferramenta utilizada para evitar ou reparar lesão a preceito fundamental resultante de ato do Poder Público (União, estados, Distrito Federal e municípios), incluídos atos anteriores à promulgação da Constituição.

No Brasil, a ADPF foi instituída em 1988 pelo § 1.º do art. 102 da Constituição Federal, posteriormente regulamentado pela Lei n.º 9.882/1999.⁴³ Sua

---

[43] **O PRESIDENTE DA REPÚBLICA** Faço saber que o Congresso Nacional decreta e eu sanciono a seguinte Lei:
Art. 1.º A arguição prevista no § 1.º do art. 102 da Constituição Federal será proposta perante o Supremo Tribunal Federal, e terá por objeto evitar ou reparar lesão a preceito fundamental, resultante de ato do Poder Público.
Parágrafo único. Caberá também arguição de descumprimento de preceito fundamental:
I – quando for relevante o fundamento da controvérsia constitucional sobre lei ou ato normativo federal, estadual ou municipal, incluídos os anteriores à Constituição; (Vide ADIN 2.231-8, de 2000)
[...]
Art. 2.º Podem propor arguição de descumprimento de preceito fundamental:
I – os legitimados para a ação direta de inconstitucionalidade;
[...]
§ 1.º Na hipótese do inciso II, faculta-se ao interessado, mediante representação, solicitar a propositura de arguição de descumprimento de preceito fundamental ao Procurador-Geral da República, que, examinando os fundamentos jurídicos do pedido, decidirá do cabimento do seu ingresso em juízo.
[...]
Art. 3.º A petição inicial deverá conter:
I – a indicação do preceito fundamental que se considera violado;
II – a indicação do ato questionado;
III – a prova da violação do preceito fundamental;
IV – o pedido, com suas especificações;
V – se for o caso, a comprovação da existência de controvérsia judicial relevante sobre a aplicação do preceito fundamental que se considera violado.
Parágrafo único. A petição inicial, acompanhada de instrumento de mandato, se for o caso, será apresentada em duas vias, devendo conter cópias do ato questionado e dos documentos necessários para comprovar a impugnação.
Art. 4.º A petição inicial será indeferida liminarmente, pelo relator, quando não for o caso de arguição de descumprimento de preceito fundamental, faltar algum dos requisitos prescritos nesta Lei ou for inepta.
§ 1.º Não será admitida arguição de descumprimento de preceito fundamental quando houver qualquer outro meio eficaz de sanar a lesividade.
§ 2.º Da decisão de indeferimento da petição inicial caberá agravo, no prazo de cinco dias.
Art. 5.º O Supremo Tribunal Federal, por decisão da maioria absoluta de seus membros, poderá deferir pedido de medida liminar na arguição de descumprimento de preceito fundamental.
§ 1.º Em caso de extrema urgência ou perigo de lesão grave, ou ainda, em período de recesso, poderá o relator conceder a liminar, *ad referendum* do Tribunal Pleno.
§ 2.º O relator poderá ouvir os órgãos ou autoridades responsáveis pelo ato questionado, bem como o Advogado-Geral da União ou o Procurador-Geral da República, no prazo comum de cinco dias.
§ 3.º A liminar poderá consistir na determinação de que juízes e tribunais suspendam o andamento de processo ou os efeitos de decisões judiciais, ou de qualquer outra medida que apresente relação com a matéria objeto da arguição de descumprimento de preceito fundamental, salvo se decorrentes da coisa julgada. (Vide ADIN 2.231-8, de 2000)

criação teve por objetivo suprir a lacuna deixada pela ação direta de inconstitucionalidade (ADIn), que não pode ser proposta contra lei ou atos normativos que entraram em vigor em data anterior à promulgação da Constituição de 1988. O primeiro julgamento de mérito de uma ADPF ocorreu em dezembro de 2005.

As principais características da ADPF são:

Legitimação ativa: É a mesma prevista para a ação direta de inconstitucionalidade (art. 103, I a IX, da Constituição federal, art. 2.º da Lei 9.868/1999 e art. 2.º, I, da Lei 9.882/1999).

[...]

Art. 6.º Apreciado o pedido de liminar, o relator solicitará as informações às autoridades responsáveis pela prática do ato questionado, no prazo de dez dias.

§ 1.º Se entender necessário, poderá o relator ouvir as partes nos processos que ensejaram a arguição, requisitar informações adicionais, designar perito ou comissão de peritos para que emita parecer sobre a questão, ou ainda, fixar data para declarações, em audiência pública, de pessoas com experiência e autoridade na matéria.

§ 2.º Poderão ser autorizadas, a critério do relator, sustentação oral e juntada de memoriais, por requerimento dos interessados no processo.

Art. 7.º Decorrido o prazo das informações, o relator lançará o relatório, com cópia a todos os ministros, e pedirá dia para julgamento.

Parágrafo único. O Ministério Público, nas arguições que não houver formulado, terá vista do processo, por cinco dias, após o decurso do prazo para informações.

Art. 8.º A decisão sobre a arguição de descumprimento de preceito fundamental somente será tomada se presentes na sessão pelo menos dois terços dos Ministros.

[...]

Art. 10. Julgada a ação, far-se-á comunicação às autoridades ou órgãos responsáveis pela prática dos atos questionados, fixando-se as condições e o modo de interpretação e aplicação do preceito fundamental.

§ 1.º O presidente do Tribunal determinará o imediato cumprimento da decisão, lavrando-se o acórdão posteriormente.

§ 2.º Dentro do prazo de dez dias contado a partir do trânsito em julgado da decisão, sua parte dispositiva será publicada em seção especial do Diário da Justiça e do Diário Oficial da União.

§ 3.º A decisão terá eficácia contra todos e efeito vinculante relativamente aos demais órgãos do Poder Público.

Art. 11. Ao declarar a inconstitucionalidade de lei ou ato normativo, no processo de arguição de descumprimento de preceito fundamental, e tendo em vista razões de segurança jurídica ou de excepcional interesse social, poderá o Supremo Tribunal Federal, por maioria de dois terços de seus membros, restringir os efeitos daquela declaração ou decidir que ela só tenha eficácia a partir de seu trânsito em julgado ou de outro momento que venha a ser fixado.

Art. 12. A decisão que julgar procedente ou improcedente o pedido em arguição de descumprimento de preceito fundamental é irrecorrível, não podendo ser objeto de ação rescisória.

Art. 13. Caberá reclamação contra o descumprimento da decisão proferida pelo Supremo Tribunal Federal, na forma do seu Regimento Interno.

Art. 14. Esta Lei entra em vigor na data de sua publicação.

Brasília, 3 de dezembro de 1999; 178.º da Independência e 111.º da República.
FERNANDO HENRIQUE CARDOSO
José Carlos Dias
Este texto não substitui o publicado no DOU de 6.12.1999

Capacidade postulatória: A exemplo da ADIn, alguns legitimados para ADPF não precisam ser representados por advogados, já que detêm capacidade postulatória.

Liminar: A ADPF admite liminar, concedida pela maioria absoluta dos membros do STF (art. 5.º da Lei 9.882/1999). A liminar pode consistir na determinação para que juízes e tribunais suspendam o andamento de processos ou de efeitos de decisões judiciais, ou de qualquer outra medida que apresente relação com a matéria objeto da ação.

Informações: O relator da ADPF poderá solicitar informações às autoridades responsáveis pelo ato questionado. Na ADPF admite-se a figura do *amicus curiae* (amigo da corte).

Efeitos da decisão: A decisão da ADPF produz efeito *erga omnes* (contra todos) e vinculantes em relação aos demais órgãos do poder público. Os efeitos no tempo serão *ex tunc* (retroativos), mas o STF poderá, em razão da segurança jurídica ou de excepcional interesse social, restringir os efeitos da decisão, decidir que essa somente produzirá efeitos a partir do trânsito em julgado ou de outro momento futuro que venha a ser fixado. Decisões nessa linha excepcional exigem voto de dois terços dos membros do STF.

ADPFs significativas pelo conteúdo:

ADPF 54: protocolada pela Confederação Nacional dos Trabalhadores na Saúde, questiona a ilegalidade da interrupção voluntária da gravidez em fetos anencéfalos. Declarada procedente em abril de 2012. A Corte declarou que a mãe tem direito de interromper a gravidez, em última "ratio".

ADPF 132: protocolada pelo governador do estado do Rio de Janeiro, Sérgio Cabral Filho, questiona o não reconhecimento de uniões civis entre casais homoafetivos por parte de órgãos do poder público. Declarada procedente em maio de 2011. A Corte decidiu que os casais homoafetivos têm direito de acesso aos órgãos públicos e a prática de atos comuns aos casais heteroafetivos.

ADPF 186: protocolada em 20 de julho de 2009 pelo Partido Democratas, que visava a "declaração de inconstitucionalidade dos atos do Poder Público que resultaram na instituição de cotas raciais na Universidade de Brasília – UNB". A arguição foi julgada improcedente pelo STF em 26 de abril 2012.

Aduz José Afonso da Silva "poderá ser fértil como fonte de alargamento da jurisdição constitucional da liberdade a ser exercida pelo Pretório Excelso".[44]

Tem por escopo "impedir a subsistência da eficácia de norma contrária à Constituição".[45]

Acentua Michel Temer, "a supremacia da Constituição; a existência de escalonamento normativo, ocupando, a Constituição, o ponto mais alto do sistema

---

[44] SILVA, José Afonso da. *Curso de direito constitucional positivo*. 6. ed. São Paulo: Malheiros, 1999. p. 559.
[45] TEMER, Michel. *Elementos de direito constitucional*. 10. ed. São Paulo: Malheiros, 1993. p. 40.

normativo".⁴⁶ Está ligada, portanto, à ideia de hierarquia de normas, sendo a Constituição a norma que ocupa o topo da pirâmide, impondo-se sobre todas as outras (*paramont law* ou *suprema lex*).

Informa Walter Claudius Rothemburg, que há no direito alemão, a reclamação ou queixa constitucional e "uma medida judicial por meio da qual qualquer sujeito lesado em algum direito fundamental pode invocar diretamente a tutela do Tribunal Constitucional".⁴⁷

Quando é cabível o seu manejo, não havendo uniformidade na doutrina quanto ao que seria "preceito fundamental"? Há que se esgotar outros meios processuais previstos constitucionalmente para aforá-la. A arguição é subsidiária, portanto.

A arguição de descumprimento de preceito fundamento é uma inovação das mais salutares em nosso sistema de controle de constitucionalidade.⁴⁸

Segundo Canotilho, citado por André Ramos Tavares,

> [...] as regras e os "princípios", para serem activamente operantes, necessitam de procedimentos e processos que lhe deem operacionalidade prática (Alexy: Regel/Prinzipien/Prozedur-Modell des Rechtssystems): o direito constitucional é um sistema aberto de normas e princípios que, através de processos judiciais, procedimentos legislativos e administrativos, iniciativas

---

⁴⁶ TEMER, Michel. *Elementos de direito constitucional*. 10. ed. São Paulo: Malheiros, 1993.

⁴⁷ ROTHEMBURG, Wlater Claudius. Arguição de descumprimento de preceito fundamental. In: _____; TAVARES, André Ramos. *Arguição de descumprimento de preceito fundamental*: análises à luz da Lei n.º 9.882/99. São Paulo: Atlas, 2001.

⁴⁸ Gilmar Ferreira Mendes assim vê o instituto: "O novo instituto, sem dúvida, introduz profundas alterações no sistema brasileiro de controle de constitucionalidade. Em primeiro lugar, porque permite a antecipação de decisões sobre controvérsias constitucionais relevantes, evitando que elas venham a ter um desfecho definitivo após longos anos, quando muitas situações já se consolidaram ao arrepio da 'interpretação autêntica' do Supremo Tribunal Federal. Em segundo lugar, porque poderá ser utilizado para – de forma definitiva e com eficácia geral – solver controvérsia relevante sobre a legitimidade do direito ordinário pré-constitucional em face da nova Constituição que, até o momento, somente poderia ser veiculada mediante a utilização do recurso extraordinário. Em terceiro, porque as decisões proferidas pelo Supremo Tribunal Federal nesses processos, haja vista a eficácia erga omnes e o efeito vinculante, fornecerão a diretriz segura para o juízo sobre a legitimidade ou a ilegitimidade de atos de teor idêntico, editados pelas diversas entidades municipais. A solução oferecida pela nova lei é superior a uma outra alternativa oferecida, que consistiria no reconhecimento da competência dos Tribunais de Justiça para apreciar, em ação direta de inconstitucionalidade, a legitimidade de leis ou atos normativos municipais em face da Constituição Federal. Além de ensejar múltiplas e variadas interpretações, essa solução acabaria por agravar a crise do Supremo Tribunal Federal, com a multiplicação de recursos extraordinários interpostos contra as decisões proferidas pelas diferentes Cortes estaduais. O bom observador poderá perceber que o novo instituto contém um enorme potencial de aperfeiçoamento do sistema pátrio de controle de constitucionalidade" [Arguição de descumprimento de preceito fundamental (art. 102, § 1.º, CF). Disponível em: <http://www.agu.gov.br/page/download/index/id/892451>. Acesso em: 18 ago. 2016.]

dos cidadãos, passa de uma *law in the books* para uma *law in action*, para uma "living constitution".

Preceito seria, norma, imposição, regra de conduta, mandamento, ordenação, 'base ou razão em que se firmam as coisas ou em que se justificam as ações', na acepção mais comum".[49]

O constituinte originário não definiu preceito fundamental, optando pela flexibilidade do conceito, tornando-o maleável às circunstâncias sociais em dado momento histórico-social.[50]

São princípios e regras relevantes, as mais importantes do texto constitucional.

Thomas Bustamante, acha que a ADPF seria arguível em virtude do descumprimento de qualquer preceito da constituição, entendendo que a ação teria o escopo de "corrigir" atos inconstitucionais.[51]

Para ele "é perfeitamente sustentável, portanto, a utilização da arguição de descumprimento de preceito fundamental para curar a violação de qualquer norma jurídica expressa ou implicitamente consagrada no texto da Constituição da República, ainda mais porque a ação destina-se à correção de atos inconstitucionais, justificando assim uma interpretação ampliativa quanto aos pressupostos". Entendo que lançou o dardo além da meta.

Se fosse possível o manejo da ADPF em face de qualquer dispositivo ou princípio Constitucional, certamente não teria mais sentido a existência, no sistema constitucional, das ADin, ADC, ADin por omissão e o Mandado de Injunção.

São "preceitos fundamentais" as normas de maior relevância da Constituição, e não todo e qualquer dispositivo Constitucional. Existe um núcleo duro na Constituição sem o qual não se pode falar em Estado".[52]

---

[49] DAL COL, Helder Hernandez. O significado da expressão "preceito fundamental" no âmbito da argüição de descumprimento de preceito fundamental, prevista no artigo 102, § 1.º, da CF. *Jus Navigandi*, n. 52 Disponível em: <http://www1.jus.com.br/doutrina/texto.asp?id=2322>. Acesso em: 16 mar. 2002.
http:/www1.jus.com.br/doutrina/texto.asp?id=2322 [capturado em 16.março.2002].

[50] Art. 102. [...]; § 1.º A arguição de descumprimento de preceito fundamental, decorrente desta Constituição, será apreciada pelo SupremoTribunal Federal, na forma da lei."

[51] BUSTAMANTE, Thomas da Rosa de. Arguição de descumprimento de preceito fundamental e sua regulamentação. *Jus Navigandi*, n. 40. Disponível em: <http://www1.jus.com.br/doutrina/texto.asp?id=238>. Acesso em: 16 mar. 2002.

[52] Comentários à Lei n.º 9.882/99 – Arguição de Descumprimento de Preceito Fundamental. In: TAVARES, André Ramos. *Tratado da arguição de preceito fundamental*: Lei n. 9.868/99 e Lei n. 9.882/99. São Paulo: Saraiva, 2001.

A grande maioria dos autores de escol que trataram do tema, como André Ramos Tavares, Celso Ribeiro Bastos, Daniel Sarmento, Gilmar Ferreira Mendes, Walter Claudius Rothemburg e Alexandre de Moraes, pensam assim.

O Professor José Afonso da Silva, afirma em seu manual que a expressão preceito fundamental "abrange a estes e todas as prescrições que dão o sentido básico do regime constitucional, como são, por exemplo, as que apontam para a autonomia dos Estados, do Distrito Federal e especialmente as designativas de direitos e garantias fundamentais (tít. II)". Eu diria que as normas que separam Poderes e garantem o funcionamento do federalismo entram no rol. A ofensa à Constituição é sempre edificada. São chamados à lide os arquiprincípios como o da isonomia, o da liberdade e o da propriedade.

CAPÍTULO 6

INTRODUÇÃO AOS PROBLEMAS DO CONTROLE DA CONSTITUCIONALIDADE – AS AÇÕES RESCISÓRIAS ENVOLVENDO MATÉRIA CONSTITUCIONAL

A comunhão dos sistemas de controle de constitucionalidade das leis está a produzir no Brasil algumas disfunções:

a) De um lado, já que no sistema difuso os efeitos do julgado operam entre as partes, se quer estendê-los a outras partes que estejam discutindo idêntica *quaestio juris*, mediante a adoção da súmula vinculante, versão mais complexa do *stare decisis*, que, em princípio, não agride a índole do sistema, embora sua origem esteja no *common law*. A cláusula de repercussão geral aposta a certos recursos extraordinários, vai na mesma direção. A dificuldade aqui é saber distinguir o que é igual, quase igual e aparentemente igual porém diverso!

b) De outro lado, o efeito *erga omnes*, típico das decisões do sistema concentrado, como vigente na Europa, supriria naturalmente a falta deste, nas decisões tomadas no sistema difuso.

c) De sobredobro, no processo difuso, basta haver uma decisão interpartes declarando a constitucionalidade de dada lei, para que o Estado, com o apoio do STJ, promova ações rescisórias, como se fora um *recurso baseado na uniformização da jurisprudência*, com espeque no princípio da igualdade, mas com ofensa à segurança jurídica, visando a *desconstituir* os feitos transitados em julgado com a tese de que a lei envolvida era inconstitucional.

Curiosamente, a Advocacia-Geral da União e as Procuradorias dos Estados-Membros, quando suas leis, especialmente as tributárias, são declaradas inconstitucionais, pleiteiam que o efeito seja *inter partes* (âmbito pessoal da norma jurisdicional) e que valham *ex nunc* e até *pro futuro* (âmbito temporal da norma jurisdicional constitucional). São despropósitos, mas às vezes a Suprema Corte acolhe-as à luz de "relevante interesse público", na medida em que pode, por força de lei, "modular" os efeitos de suas decisões.

d) Por último, mas não menos importante a tese de que as decisões da Suprema Corte, quer as pronunciadas no sistema difuso, quer as prolatadas no sistema concentrado – o que é grave – possuem sempre efeito *ex tunc*. A combinação desse efeito com a possibilidade de rescisórias, mesmo sem a disposição de norma, como predicado no CPC, é simplesmente devastadora para a segurança jurídica dos jurisdicionados, sem falar na *inutilização do processo difuso de controle de constitucionalidade*, sendo preferível a adoção do modelo concentrado de controle em plenitude, ou seja, incorporando a técnica do controle da lei específica discutida numa lide mediante exceção de inconstitucionalidade, com a remessa da exceção para a Corte Suprema e a suspensão do feito até o pronunciamento desta última. Provisoriedade por provisoriedade, a exceção é melhor que a *difusão da competência*, vez que, de todo modo, ter-se-ia que esperar a palavra, última e final, da Corte máxima sobre todos os casos. É que as decisões entre partes estão a gerar, como já dito, a *desconstituição de todas as decisões tribunalícias ou monocráticas*, em sentido contrário.

e) A possibilidade de se conferir a um recurso extraordinário (controle difuso) a cláusula de "repercussão geral" está a gerar disfunções, porquanto paralisa, por anos a fio, nas instâncias inferiores, a juízo delas próprias, as ações em andamento que sejam similares ou aparentadas, como se fosse uma mistura de avocatória (imprópria) e "exceção de inconstitucionalidade" (igualmente imprópria).

6.1. O PROBLEMA DA EFICÁCIA RÁPIDA

A história é mestra, ensina. Vimos como surgiu nos EUA o controle difuso de controle de constitucionalidade das leis; sorrateiramente, autocontido, discreto. Só se devia analisar a antinomia entre a lei e a Constituição, se fosse necessário para a decisão de um *caso concreto*, com efeito entre as partes. Todavia, por isso que o direito norte-americano é, em grande parte, derivado do *common law* inglês, o *precedente judicial* sempre gozou de grande estima. Ao estudarmos a experiência inglesa, ficou clarificado a *inexistência de códigos* naquelas terras. O que valia e vale são os *books* (coleção de decisões judiciais), que substituem os códigos e leis escritas dos países de *civil law*, como eles dizem. Em sendo assim, o Direito é feito pelos juízes mais do que pelo legislador. Os precedentes são como leis. Inexiste *interpretação da lei*. A *quaestio juris* está imbricada nos *fatos* que são apreciados.

Inexiste, portanto, uma distinção radical entre *questão de fato* e *questão de direito*. Uma se mistura com a outra.

O *stare decisis* surge nos EUA, então, como um corolário direto do *common law*. Trata-se de um *precedente de Direito Constitucional*. Decididamente, não é uma *súmula vinculante* (lei judicial) Ocorre que, juntamente com o *stare decisis*, surgem como que conjuminados o *a certiorari* e o *distinguishing*, ambos já presentes no direito comum anglo-saxão. O *a certiorari* e um juízo de admissibilidade antes que uma avocatória, sendo raríssimos os casos em que a Corte, ela própria, fez subir um caso de modo a apreciar a constitucionalidade da lei ou procedimento ínsito no caso. Poderá avocar sim, se provocada, digamos pelo Presidente da República ou pelo Secretário Geral de Justiça. No miolo, o *a certiorari* é um processo pelo qual um juiz ou uma Corte do *common law* decide se há um caso a merecer a apreciação do Poder Judiciário, sem mais nem menos. Um presidiário na Flórida pode, *v.g.*, fazer um arrazoado à Corte Suprema, para que ela conheça o seu caso, pois nele está envolvida uma contrariedade à Constituição ou a uma sua emenda.

O *writ of certiorari*, dessarte, é uma petição em que se alega a existência de um *caso constitucional*, digno de apreciação. A Suprema Corte, então, por quatro votos dentre os nove ali possíveis, decide se o caso merece apreciação. Do mesmo modo que um Tribunal do Bronx decide se um caso criminal oferecido pela Promotoria deve ser apreciado. Se não contiver provas prévias suficientes, será repelido. É tudo muito subjetivo, porém prudente, conforme os precedentes...

No caso da Suprema Corte norte-americana, os juízes, em analisando um *writ of certiorari*, podem perfeitamente fazer evoluir a jurisprudência da Constituição (*living Constitution*).

Por outro lado, o *distinguishing* (distinguo), ou distinção, é uma técnica advocatícia típica do *common law*, adaptada à maravilha ao direito norte-americano. Consiste em fazer aflorar uma faceta diferente do caso submetido às Cortes, de modo que deva ser apreciado, por não ser *igual* ou ao menos *semelhante* às centenas de casos já decididos segundo dado precedente tido por aplicável para resolver a controvérsia. O "distinguo" tão elaborado em Bizâncio (distinções bizantinas, sutis), a ponto de se tornar um termo pejorativo, tanto como a "questão fradesca" e a "chinesisse" (apego extremo ao mínimo detalhe) é manejado pelos advogados ingleses e americanos do norte com extrema perícia, já que a metodologia judicial desses países é a do case, e não a da lei escrita. O problema deles é saber se o "caso y" está coberto pelos precedentes "z" ou "x". Quando assim não for, deve ser *pioneiramente decidido* (formando, em consequência, um novo precedente).

Como se pode depreender, o *common law* evolui constantemente. A interpretação dos precedentes confunde-se com a aplicação do direito, em que pese o grande e crescente número de leis escritas nos EUA e na Inglaterra. O direito progride apesar do *stare decisis* (*stare decisis et quieta non movere* ou não se mova o estado da jurisprudência mansa e tranquila), por força dos *writs of certiorari* e do *distinguishing*.

A coisa toda é lógica e coerente com a índole do sistema. Os americanos adotaram o *stare decisis* porque: **a)** são racionais e organizados; **b)** aprendem com a experiência; **c)** o instituto está conforme a lógica do precedente, no *common law*; e **d)** não possuem controle direto e concentrado.

Nós que adotamos o sistema romano-germânico comum aos países da Europa continental, ou sistema do *civil law* na terminologia anglo-saxã, devemos ter muitos cuidados antes de adotar o *precedente obrigatório* nos esquadros do controle difuso, porque o *precedente* substituiria a lei (lei judicial), num país que se inadmite possa o juiz legislar e a parte entrar com o *writ of certiorari* ou o *distinguo* (entre nós, juntando-se os dois institutos, mas com eles não se confundindo, já existiu, a "questão de relevância federal", que era apreciada pelo STF como preliminar para a admissibilidade do recurso extraordinário). A experiência se mostrou desastrosa, por três motivos: **a)** foram milhares as questões de relevância; **b)** foram milhares as rejeições sem fundamentação condigna; **c)** não aliviou o trabalho da Corte, que se demitia do seu mister de zelar pela Constituição, perdendo todo o seu tempo no indigno trabalho de rejeitar os recursos extraordinários.

A uma, a súmula vinculante ampla só pode ser dada em questões ditas de direito, como por exemplo:

a) todos os funcionários públicos civis têm direito ao aumento de 5% concedido aos militares pela Lei n.º 2.323;
b) é devida a contribuição denominada Cofins, cuja lei institutiva está conforme a lei constitucional;
c) é inconstitucional o empréstimo compulsório, instituído pelo Decreto-lei n. 10.000, sobre a aquisição de combustíveis.

É de se admitir que decisões desse jaez obriguem a Administração e os juízes, aplicando-se imediatamente a todos os casos postos em juízo.

Se a súmula demorar a ser feita, grande já estará a multidão de casos no aparato jurisdicional. Para que tanto trabalho jogado fora?

Se a súmula vier rápido, ao revés, uma multidão de casos novos inundará o Judiciário de 1.º grau. Nesse caso os juízes monocráticos deveriam ser apenas juízes de instrução. Examinariam os pressupostos processuais e as condições da ação, a prova do fato e o símile: Feito isso, não julgariam, decidiriam aplicando a súmula vinculante. O recurso versaria somente sobre o cabimento da ação e a matéria de fato.

Dá-se que no processo difuso de controle de constitucionalidade das leis, dadas a morosidade do processo, as possibilidades recursais e os incidentes processuais, o processo que ocasionará o caso líder (*leading case*), somente chegará à Corte depois de, no mínimo, 36 meses. A esta altura, o congestionamento do Judiciário já estará alentado e, demais disso, ainda não terá ocorrido a prescrição para entrar com ações novas, aumentando extraordinariamente a litigiosidade nos estamentos judiciais de 1.ª e 2.ª instâncias. A taxa de ingresso na justiça atingiria praticamente a totalidade dos justiçáveis. Ações de execução seriam milhares, milhões em matéria tributária.

A duas, a possibilidade de ações rescisórias de julgados já tramitados com tese oposta à da Suprema Corte potencializaria ainda mais a taxa de litigiosidade, em decorrência da súmula vinculante obrigatória, até porque o Brasil, ao contrário dos EUA, que têm uma Constituição sintética, a possui analítica e caudalosa. Entre nós, os *Direitos Fundamentais*, o *Direito Administrativo*, o *Penal*, o *Financeiro*, o *Político* e o *Tributário* estão profundamente constitucionalizados, o que, praticamente, *in potentia*, os torna geradores de recursos extraordinários (controle difuso e profuso). Digo isto com preocupação.

As súmulas devem existir sim, mas com efeitos vinculantes estritos e somente nas questões de direito (direito em tese).

A súmula, por exemplo, poderia servir para guiar o juiz na sentença ou para lhe permitir, antecipar a tutela por evidência, obstando demandas protelatórias.

A súmula deverá servir ao administrador, para agir obrigatoriamente conforme o direito, quando da emissão de atos administrativos normativos ou mesmo à hora da aplicação da lei aos casos concretos.

6.2. A INCONGRUÊNCIA DAS AÇÕES RESCISÓRIAS

Um movimento, todavia, ganha corpo no Brasil, gerando a multiplicação de feitos. Trata-se de rescisórias que se dizem lastreadas no princípio da igualdade, mesmo contra os princípios da coisa julgada e da segurança jurídica.

Todos os feitos são revisíveis e rescindíveis, com espeque numa mera decisão entre partes em encerros de recurso extraordinário. É desfeita a coisa julgada, sem maiores cerimônias e, o que é pior, com efeito *ex tunc*.

Toda vez que o STF, exercendo o controle difuso, disser entre as partes que a lei é inconstitucional, todas as sentenças monocráticas e acórdãos transitados em julgado, ao suposto de que a lei era constitucional, devem ser rescindidos?

Mais ainda, quando, em idênticas circunstâncias, o STF diz que a lei e constitucional, todas as sentenças e acórdãos – supondo-se inocorrente o prazo de prescrição da ação – que transitaram em julgado, ao suposto de que a lei era inconstitucional, devem ser rescindidas? A coisa julgada vale menos que a decisão administrativa em prol do cidadão?

Em Direito Tributário, como já se sabe, a obrigação é *ex lege* ou heterônoma, para usar a terminologia de *Kelsen*.

A lei tributária não pode alcançar o ato jurídico perfeito, a coisa Julgada e o direito adquirido (CF/1988, art. 5.º, XXXVI). E o art. 150, III, a prescreve que não se podem cobrar, ou seja, exigir tributos em relação a fatos geradores ocorridos *antes do início da vigência da lei que os houver instituído ou aumentado*.

Contudo o nosso Direito Tributário prescreve não apenas a irretroatividade da lei, mas também das *decisões administrativas e judiciais*, aplicativas da lei.

Entre nós, não apenas a lei, mas todo o Direito Tributário está marcado pela irretroatividade (legislação, administração e jurisdição) em prol dos justiçáveis, ao suposto de que o Direito muda continuamente, seja pela inovação legislativa, seja pela inovação de sua interpretação pelo Judiciário, seja pela alteração dos critérios de aplicação da lei pela Administração.

Com efeito, para nos lembrarmos de *Kelsen*, a lei é *geral* e *abstrata*. Projeta normas gerais em abstrato. Mais precisos são a sentença judicial e o ato administrativo. Ambos são *atos de aplicação da lei* com um teor de concreção muito maior. Por isso, Kelsen dizia que eram normas individuais as que recaíam concretamente sobre certas e determinadas pessoas ou classes de *pessoas, normatizando condutas humanas*. Pois, não se diz, que o ato administrativo define ou ajuda a definir *situações jurídicas individuais*?

Por outro lado, é comum ouvirmos que "a sentença é lei entre as partes".

Pleno de sabedoria, o nosso Direito Tributário, tanto como o alemão, impede a retroatividade da sentença e do ato tributário.

Dispõe o CTN, art. 156, *verbis*:

Art. 156 Extinguem o crédito tributário:
[...]
IX – a decisão administrativa irreformável, assim entendida a definitiva na órbita administrativa, que não mais possa ser objeto de ação anulatória;
X – a decisão judicial passada em julgado.
Parágrafo único. A lei disporá quanto aos efeitos da extinção total ou parcial do crédito sobre a ulterior verificação da irregularidade da sua constituição, observado o disposto nos arts. 144 e 149.

Extinto o crédito, como previsto no artigo acima transcrito, toda alteração judicial ou administrativa em sentido contrário ao entendimento anterior, que determinou a extinção do crédito, não o ressuscita, aplica-se "para o futuro" Em síntese, descabe *revisão administrativa* e *ação rescisória* para desfazer o ato jurídico perfeito e a coisa julgada em matéria fiscal, seja por erro de direito, seja por erro formal. Não é outro, desta vez, restrito à esfera administrativa, o sentido do art. 100 do CTN e o seu importantíssimo parágrafo único.

Art. 100. São normas complementares das leis, dos tratados e das convenções internacionais e dos decretos:
I – os atos normativos expedidos pelas autoridades administrativas;
II – as decisões dos órgãos singulares ou coletivos de jurisdição administrativa, a que a lei atribua eficácia normativa;

III – as práticas reiteradamente observadas, pelas autoridades administrativas;
IV – os convênios que entre si celebram a União, os Estados, o Distrito Federal e os Municípios.
Parágrafo único. A observância das normas referidas neste artigo exclui a imposição de penalidades, a cobrança de juros de mora e a atualização do valor monetário da base de cálculo do tributo.

Vale dizer, quando o *ato administrativo normativo* (com alto grau de abstração) traduzir a lei de modo posteriormente declarado *inidôneo*, mesmo assim o contribuinte fica resguardado do erro de interpretação da Fazenda que o terá induzido a errar ou quando nada, a agir de certo modo, posteriormente declarado incorreto, injurídico ou ilegal.

Em parecer conjunto com a Profa. *Misabel Derzi* e o Prof. *Humberto Theodoro Júnior*, restou pensada e escrita a doutrina que ora se dá a estampa:

A *lei nova* ou a decisão judicial posterior, quer ao lançamento, quer à extinção do crédito tributário, só possuem eficácia *ex nunc* – ou melhor – *ad futuram*. São peculiaridades do Direito Tributário, que, se é marcado pelos princípios da capacidade contributiva, da justiça e da igualdade no momento da elaboração de suas normas, é igualmente imantado pelos princípios da *previsibilidade, da certeza e da segurança do direito* no concernente à *aplicação e aos efeitos dessas mesmas normas fiscais* relativamente aos contribuintes. Daí se extrai a força dos princípios da imutabilidade das decisões favoráveis transitadas em julgado, da anterioridade e da irretroatividade material (o que não pode retroagir, a rigor, não é apenas a lei geral ou a sentença – norma em sentido individual – *mas o próprio direito que venha a ser revelado* pela lei nova, o ato administrativo e a decisão judicial posteriores a certos fatos ou atos já integralmente realizados).

O que dissemos a respeito da extinção da obrigação tributária por decisão administrativa, irreformável da autoridade administrativa, não mais passível de ação anulatória, pela própria Administração, há de ser repisado, com maior ênfase, no que se refere à extinção da obrigação tributária em razão de decisão judicial transitada em julgado (coisa julgada formal e material), favorável ao sujeito passivo.

Nessa hipótese, nem mesmo a ação rescisória – quando se tratar de interpretação da norma tributária, ou seja de pura *quaestio juris* – tem o condão de fazer renascer um crédito tributário já extinto, pois a obrigação tributária (a relação jurídica) legalmente inexiste. Inexiste não porque a sentença rescindenda assim determinara, mas senão porque uma lei complementar da Constituição – lei material – determinou este efeito para a sentença definitiva: *o fim da obrigação e do crédito tributário correspondente*.

Há, portanto, *limite material* em Direito Tributário oponível ao cabimento da ação rescisória. Pode-se dizer, sem medo de errar, que, em matéria tributária, pelas mesmas razões que impedem o refazimento do lançamento por erro de direito e decretam a extinção da obrigação por autorrevisão administrativa (certa ou errada), inexiste pressuposto (carência de ação) para a ação rescisória de sentença transitada em julgado, em razão de interpretação diversa do direito aplicada à espécie. Aqui, mais do que em qualquer outro ramo do direito pátrio, têm cabimento as Súmulas n. 343 e 134 do Supremo Tribunal Federal e do Superior Tribunal de Justiça (ex-Tribunal Federal de Recursos).

Em página de grande sensibilidade, a Profa. Misabel Derzi[1] completa:

Têm razão os germânicos, que extraem do princípio do Estado de *Direito, consagrado em sua Constituição, a irretroatividade do Direito* (não apenas das leis, mas também dos atos administrativos e da jurisprudência). Ora, ao assegurar a Constituição brasileira que a lei não retroagirá, respeitando-se a coisa julgada, a expressão lei, utilizada no art. 5.º, XXXVI, tem alcance muito mais amplo para significar a inteligência da lei em determinado momento, ou seja, certa leitura da lei, abrangendo assim, os atos que a ela se conformam, emanados do Poder Judiciário e do Executivo. A lei posta pelo Poder Legislativo pode comportar mais de uma interpretação, de modo que a lei que vige, em determinado momento, é a lei segundo uma de suas interpretações possíveis. A certa altura, sem nenhuma mudança literal da fórmula legislativa, que conserva os mesmos dizeres, altera-se a interpretação que da mesma lei fazem os tribunais, os quais passam a decidir conforme outra interpretação. Surge, assim, sem lei nova como ato emanado do Poder Legislativo, espécie de lei nova proclamada pelo Poder Judiciário. A irretroatividade da lei alcança, portanto, a irretroatividade da inteligência da lei aplicada a certo caso concreto, que se cristalizou por meio da coisa julgada. A limitação imposta às leis novas quanto à irretroatividade abrange também os atos judiciais, uma vez que uma decisão judicial é sempre tomada segundo certa leitura ou interpretação da lei. Interpretação nova, ainda que mais razoável, não pode atingir uma sentença já transitada em julgado. Não podem retroagir as decisões judiciais, ainda que a título de uniformização jurisprudencial. O instituto da coisa julgada é necessária garantia de segurança e estabilidade das relações jurídicas como ainda de praticidade, pois tornar-se-ia inviável a aplicação do direito se, a cada evolução e mutação jurisprudencial, devessem ser rescindidas as decisões anteriores, para que se

---

[1] DERZI, Misabel Abreu Machado. *Limitações Constitucionais ao Poder de Tributar.* Rio de Janeiro: Forense, 2010. 8. ed.

proferissem novas decisões, com base na nova lei, simples nova inteligência da lei. Assim, no direito nacional, como em todos os países que se enquadram dentro do princípio do Estado de Direito, a decisão judicial nova que interpreta de maneira diferente uma norma jurídica não retroage, nem enseja rescisão de sentença transitada em julgado.

Entre nós causou grande inquietação a questão da contribuição social sobre os lucros das pessoas jurídicas. Diversos tribunais federais consideraram inconstitucional a Lei n.º 7.689, de 15 de dezembro de 1988, que a instituíra a referida contribuição social, e inúmeros acórdãos transitaram formal e materialmente em julgado.

Mais tarde o Supremo Tribunal Federal considerou inconstitucionais partes da lei apenas, validando-a quase que inteiramente e mantendo a partir de dada época a tributação (fez valer o princípio da anterioridade, dizendo-a válida de dada data em diante).

Ocorre que vários contribuintes, pessoas jurídicas, deixaram por anos a fio de recolher o tributo, por isso que cobertos pela coisa julgada. De repente, a procuradoria da Fazenda Nacional se pôs a aforar ações rescisórias para anular ditos julgados e cobrar os tributos não pagos.

Súmula n.º 343 do Supremo Tribunal Federal:

> Não cabe ação rescisória por ofensa a literal disposição de lei quando a decisão rescindenda se tiver baseado em texto legal de interpretação controvertida nos tribunais.

Súmula n.º 134 do Tribunal Federal de Recursos:

> Não cabe ação rescisória por violação de literal disposição de lei se, ao tempo em que foi prolatada à sentença rescindenda, a interpretação era controvertida nos Tribunais, embora posteriormente se tenha fixado favoravelmente à pretensão do autor.

6.3. UM CASO CONCRETO – DISTINÇÕES NECESSÁRIAS PARA O AFORAMENTO DE RESCISÓRIAS

Na hipótese da Lei n.º 7.689/1988, cuja constitucionalidade foi reconhecida pelo Supremo Tribunal Federal, algumas premissas devem ser destacadas:

a) a coisa julgada, na hipótese, refere-se a assunto que envolve obrigação tributária, abrangendo interesses multitudinários, porque estabelecida em grande número de demandas iguais propostas nos mais variados, pontos do território nacional;

b) o dissídio jurisprudencial em torno da constitucionalidade ou não da Lei n.º 7.689/1988 foi notório e profundo;

c) o pronunciamento em favor do qual se operou a coisa julgada filiou-se à tese da inconstitucionalidade da Lei n. 7.689 e por isso liberou inúmeros contribuintes do encargo de recolher a contribuição por ela instituída;
d) o posicionamento do Supremo Tribunal Federal, pela inconstitucionalidade parcial da mesma lei, veio a dar-se, posteriormente, em feito entre partes diversas e sob a modalidade de controle constitucional difuso ou *incidenter tantum*.

Ora, desse quadro impõem-se, de plano, algumas conclusões relevantes, que não podem ser esquecidas:

Em primeiro lugar, o julgamento do STF que se utilizou para lastrear a ação rescisória era de eficácia restrita às partes do processo em que foi proferido.

Em segundo lugar, como já registramos, a Súmula n.º 343 do STF afasta o cabimento da rescisória por violação de literal disposição de lei, quando exista divergência interpretativa da lei nos tribunais (que é a hipótese de que tratamos concretamente) Não obstante, o STF também já firmou o entendimento de que a referida Súmula n.º 343 do STF não se aplica aos temas constitucionais. Tal entendimento, porém, é imprestável à situação cogitada. É curial distinguir entre rescisórias de sentença anterior *à declaração de constitucionalidade* pelo STF e rescisórias de sentença anterior *à declaração de inconstitucionalidade* pelo STF.

É que o Pretório Excelso tem decidido, realmente, que aquela Súmula não deve ser observada quando o acórdão rescindendo aplicou lei posteriormente declarada inconstitucional. Isto porque, afirmou o Pleno da Suprema Corte, "lei inconstitucional não produz efeito e nem gera direito, desde o seu início", "assim sendo, perfeitamente comportável é a ação rescisória" (RE n.º 89.108/GO, Rel. Min. Cunha Peixoto, ac. de 28.08.1980, *RTJ* 101/209).

Em outros termos, o afastamento da Súmula n.º 343 ocorre quando o acórdão rescindendo tenha ofendido regra constitucional, mediante aplicação de norma inferior inconstitucional, e então, a ação rescisória vise justamente a restabelecer a aplicação da regra maior objeto da ofensa – *RTJ* 114/361 e 125/267.

Na hipótese *sub cogitatione*, porém, o acórdão que se pretende afirmar ofensivo à literalidade da lei não negou aplicação a nenhuma norma constitucional, mas, sim, a uma lei ordinária, por considerá-la inconstitucional. O dissídio pretoriano e a incidência, ou não, da lei se passaram, em face dá norma infraconstitucional.

Estabeleceu-se, assim, a coisa julgada não contra a regra da Carta Magna, mas contra a lei infraconstitucional, a que se recusou aplicação. Não é esta a situação que, a nosso sentir tem levado o Supremo Tribunal Federal a deixar de aplicar o Enunciado n.º 343 de sua Súmula. Ao contrário, por ser o caso radicalmente distinto, lhe é integralmente aplicável a referida Súmula n.º 343.

Acresce ainda, como veremos a seguir, que, no plano infraconstitucional, o Código Tributário Nacional atribui às decisões judiciais, desfavoráveis à Fazenda

Pública, que transitam em julgado, o caráter desconstitutivo ou extintivo do crédito tributário. Há, portanto, literal disposição de lei, considerada materialmente complementar à Constituição – o Código Tributário Nacional –, que é um impedimento intransponível à viabilidade da ação rescisória.[2]

Reza o art. 146 do CTN:

> Art. 146. A modificação introduzida, de ofício ou em consequência de decisão administrativa ou judicial, nos critérios jurídicos adotados pela autoridade administrativa no exercício do lançamento somente pode ser efetivada, em relação a um mesmo sujeito passivo, quanto a fato gerador ocorrido posteriormente à sua introdução.

Esta é uma regra de ouro para garantir o contribuinte, pois, já vimos, o lançamento é amplamente revisível por ato *ex officio* da Fazenda Pública, mormente nos casos dos tributos sujeitos a homologação – e que são maioria – dado que, a qualquer tempo, enquanto não estiver precluso o *poder-dever* da Administração de operar o lançamento, o contribuinte pode ser visitado e revisitado pela fiscalização tributária *à la godaça*, irrestritamente.

Embora José Souto Maior Borges e Castanheira Neves tenham demonstrado as dificuldades para separar a questão de direito da questão de fato, e Hugo de Brito Machado tenha preconizado um poder amplo de revisão do Fisco com esforço no *princípio da legalidade*, ficamos com a lei.

Seguimos no particular a orientação majoritária da doutrina brasileira e a jurisprudência dos povos cultos.

O lançamento tributário já definitivamente constituído é irrevisível pela Administração em caso de *erro de direito* ou de valoração jurídica dos fatos. Entre nós, ganhou foros de cidade a irrevisibilidade por erro na interpretação da lei ou por alteração nos critérios de sua aplicação, quando com erronia agiu a própria Administração. O CTN diz que tais critérios jurídicos podem ser alterados pela Administração ao produzir lançamentos, mas relativamente a fatos geradores posteriores a alteração. E agrega: no concernente *a um mesmo contribuinte*. Restringiu o alcance a tão somente os lançamentos já expedidos contra dado e especificado contribuinte? Estamos com a Profa. *Misabel Derzi* quando predica a irretroatividade do Direito todo: da lei, da jurisprudência, das decisões administrativas com fundamentação jurídica constante (reiteração) adotadas pelo Estado (o conteúdo normativo dessas decisões é evidente, tanto que são consideradas

---

[2] THEODORO JUNIOR, Humberto; DERZI, Misabel; COÊLHO, Sacha Calmon Navarro. *Da impossibilidade jurídica de ação rescisória anterior à declaração de constitucionalidade pelo Supremo Tribunal Federal.* Parecer.

normas pelo art. 100 do CTN. O parágrafo único desse artigo libera o contribuinte quando erra obedecendo-as).

Sendo a obrigação tributária *ex lege*, se o lançamento é privativo da autoridade administrativa e se o autocontrole dos atos administrativos existe, a *revisibilidade* é ampla. Agora, o que se não admite é a revisão de lançamento já definitivo, por erro de qualquer espécie imputável à Administração. Nesse caso, mesmo que ainda não ocorrida a preclusão dos lançamentos suplementares retificadores, a Fazenda encontra-se peada. O lançamento irrevisível equivale à decisão judicial transitada em julgado (coisa julgada material e formal).

A tese não tem nada de novidadeira. Outros países adotam as mesmas regras, e aquele que especialmente nos inspirou quando da feitura do Código é extremamente explícito, para não dizer casuístico valora mais a *segurança* que a *legalidade*. Em separata da ABDF,[3] Ricardo Lôbo Torres observa:

> A inspiração para a norma transcrita buscou-a o legislador no direito germânico. Em sua nova versão, estampada no art. 176 do Código de 1977 (Abgabenordnung 77), aquela regra, sob o título de "proteção da confiança nas hipóteses de anulação e alteração de lançamento" (*Vertrauensschutz bei der aufhebung und Anderung von Steuerbescheiden*), tem o seguinte teor: "Na anulação ou alteração de ato de lançamento notificado, não pode ser considerado em detrimento do contribuinte o fato de: 1. a Corte Constitucional Federal declarar a nulidade, de uma lei, em que até então se baseava o lançamento; 2. um tribunal superior federal não aplicar uma norma em que até então se baseava o lançamento, por considerá-la inconstitucional; 3. ter-se alterado a jurisprudência de um tribunal superior qual havia sido aplicada pela autoridade fiscal nos lançamentos anteriores".

Doutra parte, o STF sufraga a tese da irrevisibilidade do lançamento definitivamente constituído pela Administração sob a alegação de erro de direito ou mudança nos critérios jurídicos de interpretação.[4]

A doutrina não discrepa:

> Uma primeira ordem de limites baseia-se na distinção entre *erro de direito* e *erro de fato* e tem o seu assento legal no art. 146 do CTN... Assim, o erro de fato legitima a alteração do lançamento pela prática dos adequados atos de anulação ou lançamento suplementar. Ao invés, a modificação de critérios jurídicos só pode prevalecer quanto a fatos geradores ocorridos

---

[3] TORRES, Ricardo Lôbo. *Revista da ABDF*, 2.º trimestre de 1996.
[4] RE n.º 60.633/RJ, 3.ª Turma, de 16.06.1967, *RDP* 4/199; RE n.º 73.443/SP, 1.ª Turma, de 24.02.1972, *RDP* 20/202; RE n.º 100.481/SP, 2.ª Turma, de 04.04.1986, *RTJ* 122/636.

posteriormente à sua introdução, o que o mesmo é dizer-se, não pode servir de fundamento a modificação do lançamento anterior.[5]

A lei não se pode admitir ignorada dos funcionários fiscais encarregados de proceder ao lançamento, e, assim, o erro de direito que estes cometem no exercício de suas atribuições não justifica a alteração da situação individual criada pelo lançamento em favor do contribuinte, pois é presumido que os agentes do fisco tivessem tido presentes todos os elementos jurídicos em vigor ao tempo em que o efetuaram.[6]

A prática, a doutrina e a legislação, na proteção da certeza jurídica, não admitem, em princípio, que seja feita revisão do lançamento pela superveniência de outros critérios jurídicos.[7]

A orientação fiscal poderá variar com relação a outros contribuintes, mas nunca quanto àquele que já adquiriu, por ato administrativo regular, direito público subjetivo de não recolher determinado tributo. Entender o contrário seria implantar o regime do arbítrio e da insegurança nas relações entre o fisco e o contribuinte, em manifesta contradição com a índole de nosso sistema jurídico.[8]

A banalização das ações rescisórias em casos que tais torna o *processo difuso de controle da constitucionalidade das leis* totalmente dispensável, pois todas as decisões do sistema judiciário, onde difusamente se exerce o controle de constitucionalidade, passam a ser provisórias, o que traduz enorme desperdício de tempo e racionalidade, inutilizando a serventia da *difusão do poder de controle da constitucionalidade das leis*. A ser assim, melhor seria acabar com o controle difuso, adotando-se, por inteiro, o controle concentrado, como no velho mundo se faz.

6.4. CONTRASTES EM FACE DO SISTEMA DIFUSO

Na Europa continental as Cortes Constitucionais são acessadas pelos jurisdicionados por dois caminhos: o da ação direta e o da exceção.

a) Pelo método da ação direta, vimos já, não há propriamente lide. Cá temos, nós também, a ação direta de inconstitucionalidade e até a ação direta declaratória de constitucionalidade.

---

[5] XAVIER, Alberto. *Do lançamento no direito tributário brasileiro*. São Paulo: Resenha Tributária, 1977. p. 333.
[6] CANTO, Gilberto de Ulhôa. *Temas de direito tributário*. Rio de Janeiro: Alba, 1964. v. I, p. 370.
[7] NOGUEIRA, Ruy Barbosa. *Teoria do lançamento tributário*. São Paulo: Resenha Tributária, 1964. p. 133.
[8] DÓRIA, A. R. Sampaio. Decisão administrativa. Efeitos e revogabilidade. Coisa julgada. Limites objetivos em matéria fiscal. RT 363/48.

b) Pelo método da exceção, os juízes e tribunais, quando *incidenter tantum* surge a questão da inconstitucionalidade de uma lei atinente à espécie em julgamento, param o processo e, por força da *exceção de inconstitucionalidade da lei*, remetem-na às Cortes Constitucionais. Depois, ficam a esperar o resultado, retomando o processo após o pronunciamento dos únicos órgãos capazes de pronunciar a constitucionalidade ou a inconstitucionalidade das leis, *i.e.*, as referidas Cortes Constitucionais, cujas decisões obrigam sempre *erga omnes*, como é do feitio do controle concentrado de constitucionalidade.

O sistema é, pois, mais racional, evitando a entropia jurisdicional que entre nós estão a causar as ações rescisórias do tipo que vimos de comentar.

Como consabido, inventou-se no Brasil – acham alguns que desnecessariamente – a *ação direta de constitucionalidade* como sucedâneo ou *Ersatz* do instituto da avocatória, que se não confunde, como vimos, com o *a certiorari*. É um meio de intervenção do Executivo e do Legislativo no processo jurisdicional, quando o direito torna-se conflitante e controverso constitucionalmente nos diversos Tribunais Regionais Federais e nos Tribunais de Justiça dos Estados, nos encerros do sistema difuso de controle de constitucionalidade. Melhor, quando dadas leis ou atos normativos estiverem sendo declarados *incidenter tantum*, caso a caso, ora constitucionais, ora inconstitucionais, por mais de um tribunal o conflito jurisprudencial, pode fazer aflorar ADCs, perante o Supremo Tribunal Federal. A Corte, bem sopesando os efeitos dos julgados, poderá declarar em que tempo produzirão eficácia: as decisões sempre *erga omnes* poderão ter efeitos *ex tunc*, *ex nunc* (somente a partir da publicação da decisão) e até mesmo pro-futuro. Está prevista, ainda, o que é positivo, como vimos de ver ao perlustrar as experiências da Europa Continental, especialmente da Corte alemã, o juízo de inconstitucionalidade sem pronúncia da nulidade e, finalmente, o efeito vinculante das decisões para o Judiciário e a Administração em geral. Cabe, no entanto, distinguir efeito vinculante (imediato) da súmula vinculante (mediato). Assim sendo a ação direta de constitucionalidade é uma técnica de antecipação para evitar, depois, as rescisórias.

LEI N.º 9.868, DE 10 DE NOVEMBRO DE 1999

Mensagem de Veto

Dispõe sobre o processo e julgamento da ação direta de inconstitucionalidade e da ação declaratória de constitucionalidade perante o Supremo Tribunal Federal.

O PRESIDENTE DA REPÚBLICA: Faço saber que o Congresso Nacional decreta e eu sanciono a seguinte Lei:

CAPÍTULO I
DA AÇÃO DIRETA DE INCONSTITUCIONALIDADE E DA AÇÃO DECLARATÓRIA DE CONSTITUCIONALIDADE

Art. 1.º Esta Lei dispõe sobre o processo e julgamento da ação direta de inconstitucionalidade e da ação declaratória de constitucionalidade perante o Supremo Tribunal Federal.

CAPÍTULO II
DA AÇÃO DIRETA DE INCONSTITUCIONALIDADE

Seção I
Da Admissibilidade e do Procedimento da Ação Direta de Inconstitucionalidade

Art. 2.º Podem propor a ação direta de inconstitucionalidade: (Vide artigo 103 da Constituição Federal)
I – o Presidente da República;
II – a Mesa do Senado Federal;
III – a Mesa da Câmara dos Deputados;
IV – a Mesa de Assembleia Legislativa ou a Mesa da Câmara Legislativa do Distrito Federal;
V – o Governador de Estado ou o Governador do Distrito Federal;
VI – o Procurador-Geral da República;
VII – o Conselho Federal da Ordem dos Advogados do Brasil;
VIII – partido político com representação no Congresso Nacional;
IX – confederação sindical ou entidade de classe de âmbito nacional.
Parágrafo único. (VETADO.)
Art. 3.º A petição indicará:
I – o dispositivo da lei ou do ato normativo impugnado e os fundamentos jurídicos do pedido em relação a cada uma das impugnações;
II – o pedido, com suas especificações.
Parágrafo único. A petição inicial, acompanhada de instrumento de procuração, quando subscrita por advogado, será apresentada em duas vias, devendo conter cópias da lei ou do ato normativo impugnado e dos documentos necessários para comprovar a impugnação.
Art. 4.º A petição inicial inepta, não fundamentada e a manifestamente improcedente serão liminarmente indeferidas pelo relator.
Parágrafo único. Cabe agravo da decisão que indeferir a petição inicial.
Art. 5.º Proposta a ação direta, não se admitirá desistência.
Parágrafo único. (VETADO.)
Art. 6.º O relator pedirá informações aos órgãos ou às autoridades das quais emanou a lei ou o ato normativo impugnado.
Parágrafo único. As informações serão prestadas no prazo de trinta dias contado do recebimento do pedido.

Art. 7.º Não se admitirá intervenção de terceiros no processo de ação direta de inconstitucionalidade.

§ 1.º (VETADO.)

§ 2.º O relator, considerando a relevância da matéria e a representatividade dos postulantes, poderá, por despacho irrecorrível, admitir, observado o prazo fixado no parágrafo anterior, a manifestação de outros órgãos ou entidades.

Art. 8.º Decorrido o prazo das informações, serão ouvidos, sucessivamente, o Advogado-Geral da União e o Procurador-Geral da República, que deverão manifestar-se, cada qual, no prazo de quinze dias.

Art. 9.º Vencidos os prazos do artigo anterior, o relator lançará o relatório, com cópia a todos os Ministros, e pedirá dia para julgamento.

§ 1.º Em caso de necessidade de esclarecimento de matéria ou circunstância de fato ou de notória insuficiência das informações existentes nos autos, poderá o relator requisitar informações adicionais, designar perito ou comissão de peritos para que emita parecer sobre a questão, ou fixar data para, em audiência pública, ouvir depoimentos de pessoas com experiência e autoridade na matéria.

§ 2.º O relator poderá, ainda, solicitar informações aos Tribunais Superiores, aos Tribunais federais e aos Tribunais estaduais acerca da aplicação da norma impugnada no âmbito de sua jurisdição.

§ 3.º As informações, perícias e audiências a que se referem os parágrafos anteriores serão realizadas no prazo de trinta dias, contado da solicitação do relator.

Seção II
Da Medida Cautelar em Ação Direta de Inconstitucionalidade

Art. 10. Salvo no período de recesso, a medida cautelar na ação direta será concedida por decisão da maioria absoluta dos membros do Tribunal, observado o disposto no art. 22, após a audiência dos órgãos ou autoridades dos quais emanou a lei ou ato normativo impugnado, que deverão pronunciar-se no prazo de cinco dias.

§ 1.º O relator, julgando indispensável, ouvirá o Advogado-Geral da União e o Procurador-Geral da República, no prazo de três dias.

§ 2.º No julgamento do pedido de medida cautelar, será facultada sustentação oral aos representantes judiciais do requerente e das autoridades ou órgãos responsáveis pela expedição do ato, na forma estabelecida no Regimento do Tribunal.

§ 3.º Em caso de excepcional urgência, o Tribunal poderá deferir a medida cautelar sem a audiência dos órgãos ou das autoridades das quais emanou a lei ou o ato normativo impugnado.

Art. 11. Concedida a medida cautelar, o Supremo Tribunal Federal fará publicar em seção especial do Diário Oficial da União e do Diário da Justiça da União a parte dispositiva da decisão, no prazo de dez dias, devendo solicitar as informações à autoridade da qual tiver emanado o ato, observando-se, no que couber, o procedimento estabelecido na Seção I deste Capítulo.

§ 1.º A medida cautelar, dotada de eficácia contra todos, será concedida com efeito *ex nunc*, salvo se o Tribunal entender que deva conceder-lhe eficácia retroativa.

§ 2.º A concessão da medida cautelar torna aplicável a legislação anterior acaso existente, salvo expressa manifestação em sentido contrário.

Art. 12. Havendo pedido de medida cautelar, o relator, em face da relevância da matéria e de seu especial significado para a ordem social e a segurança jurídica, poderá, após a prestação das informações, no prazo de dez dias, e a manifestação do Advogado-Geral da União e do Procurador-Geral da República, sucessivamente, no prazo de cinco dias, submeter o processo diretamente ao Tribunal, que terá a faculdade de julgar definitivamente a ação.

Capítulo II-A
(Incluído pela Lei n.º 12.063, de 2009).
Da Ação Direta de Inconstitucionalidade por Omissão

Seção I
(Incluído pela Lei n.º 12.063, de 2009).
Da Admissibilidade e do Procedimento da Ação Direta de Inconstitucionalidade por Omissão

Art. 12-A. Podem propor a ação direta de inconstitucionalidade por omissão os legitimados à propositura da ação direta de inconstitucionalidade e da ação declaratória de constitucionalidade. (Incluído pela Lei n.º 12.063, de 2009).

Art. 12-B. A petição indicará: (Incluído pela Lei n.º 12.063, de 2009).

I – a omissão inconstitucional total ou parcial quanto ao cumprimento de dever constitucional de legislar ou quanto à adoção de providência de índole administrativa; (Incluído pela Lei n.º 12.063, de 2009).

II – o pedido, com suas especificações. (Incluído pela Lei n.º 12.063, de 2009).

Parágrafo único. A petição inicial, acompanhada de instrumento de procuração, se for o caso, será apresentada em 2 (duas) vias, devendo conter cópias dos documentos necessários para comprovar a alegação de omissão. (Incluído pela Lei n.º 12.063, de 2009).

Art. 12-C. A petição inicial inepta, não fundamentada, e a manifestamente improcedente serão liminarmente indeferidas pelo relator. (Incluído pela Lei n.º 12.063, de 2009).

Parágrafo único. Cabe agravo da decisão que indeferir a petição inicial. (Incluído pela Lei n.º 12.063, de 2009).

Art. 12-D. Proposta a ação direta de inconstitucionalidade por omissão, não se admitirá desistência. (Incluído pela Lei n.º 12.063, de 2009).

Art. 12-E. Aplicam-se ao procedimento da ação direta de inconstitucionalidade por omissão, no que couber, as disposições constantes da Seção I do Capítulo II desta Lei. (Incluído pela Lei n.º 12.063, de 2009).

§ 1.º Os demais titulares referidos no art. 2º desta Lei poderão manifestar-se, por escrito, sobre o objeto da ação e pedir a juntada de documentos reputados úteis para o exame da matéria, no prazo das informações, bem como apresentar memoriais. (Incluído pela Lei n.º 12.063, de 2009).

§ 2º O relator poderá solicitar a manifestação do Advogado-Geral da União, que deverá ser encaminhada no prazo de 15 (quinze) dias. (Incluído pela Lei n.º 12.063, de 2009).

§ 3º O Procurador-Geral da República, nas ações em que não for autor, terá vista do processo, por 15 (quinze) dias, após o decurso do prazo para informações. (Incluído pela Lei n.º 12.063, de 2009).

Seção II
(Incluído pela Lei n.º 12.063, de 2009).
Da Medida Cautelar em Ação Direta de Inconstitucionalidade por Omissão

Art. 12-F. Em caso de excepcional urgência e relevância da matéria, o Tribunal, por decisão da maioria absoluta de seus membros, observado o disposto no art. 22, poderá conceder medida cautelar, após a audiência dos órgãos ou autoridades responsáveis pela omissão inconstitucional, que deverão pronunciar-se no prazo de 5 (cinco) dias. (Incluído pela Lei n.º 12.063, de 2009).

§ 1.º A medida cautelar poderá consistir na suspensão da aplicação da lei ou do ato normativo questionado, no caso de omissão parcial, bem como na suspensão de processos judiciais ou de procedimentos administrativos, ou ainda em outra providência a ser fixada pelo Tribunal. (Incluído pela Lei n.º 12.063, de 2009).

§ 2.º O relator, julgando indispensável, ouvirá o Procurador-Geral da República, no prazo de 3 (três) dias. (Incluído pela Lei n.º 12.063, de 2009).

§ 3.º No julgamento do pedido de medida cautelar, será facultada sustentação oral aos representantes judiciais do requerente e das autoridades ou órgãos responsáveis pela omissão inconstitucional, na forma estabelecida no Regimento do Tribunal. (Incluído pela Lei n.º 12.063, de 2009).

Art.12-G. Concedida a medida cautelar, o Supremo Tribunal Federal fará publicar, em seção especial do Diário Oficial da União e do Diário da Justiça da União, a parte dispositiva da decisão no prazo de 10 (dez) dias, devendo solicitar as informações à autoridade ou ao órgão responsável pela omissão inconstitucional, observando-se, no que couber, o procedimento estabelecido na Seção I do Capítulo II desta Lei. (Incluído pela Lei n.º 12.063, de 2009).

Seção III
(Incluído pela Lei n.º 12.063, de 2009).
Da Decisão na Ação Direta de Inconstitucionalidade por Omissão

Art. 12-H. Declarada a inconstitucionalidade por omissão, com observância do disposto no art. 22, será dada ciência ao Poder competente para a adoção das providências necessárias. (Incluído pela Lei n.º 12.063, de 2009).

§ 1.º Em caso de omissão imputável a órgão administrativo, as providências deverão ser adotadas no prazo de 30 (trinta) dias, ou em prazo razoável a ser estipulado excepcionalmente pelo Tribunal, tendo em vista as circunstâncias específicas do caso e o interesse público envolvido. (Incluído pela Lei n.º 12.063, de 2009).

§ 2.º Aplica-se à decisão da ação direta de inconstitucionalidade por omissão, no que couber, o disposto no Capítulo IV desta Lei. (Incluído pela Lei n.º 12.063, de 2009).

CAPÍTULO III
DA AÇÃO DECLARATÓRIA DE CONSTITUCIONALIDADE

Seção I
Da Admissibilidade e do Procedimento da Ação Declaratória
de Constitucionalidade

Art. 13. Podem propor a ação declaratória de constitucionalidade de lei ou ato normativo federal: (Vide artigo 103 da Constituição Federal)
I – o Presidente da República;
II – a Mesa da Câmara dos Deputados;
III – a Mesa do Senado Federal;
IV – o Procurador-Geral da República.
Art. 14. A petição inicial indicará:
I – o dispositivo da lei ou do ato normativo questionado e os fundamentos jurídicos do pedido;
II – o pedido, com suas especificações;
III – a existência de controvérsia judicial relevante sobre a aplicação da disposição objeto da ação declaratória.
Parágrafo único. A petição inicial, acompanhada de instrumento de procuração, quando subscrita por advogado, será apresentada em duas vias, devendo conter cópias do ato normativo questionado e dos documentos necessários para comprovar a procedência do pedido de declaração de constitucionalidade.
Art. 15. A petição inicial inepta, não fundamentada e a manifestamente improcedente serão liminarmente indeferidas pelo relator.
Parágrafo único. Cabe agravo da decisão que indeferir a petição inicial.
Art. 16. Proposta a ação declaratória, não se admitirá desistência.
Art. 17. (VETADO.)
Art. 18. Não se admitirá intervenção de terceiros no processo de ação declaratória de constitucionalidade.
§ 1.º (VETADO.)
§ 2.º (VETADO.)
Art. 19. Decorrido o prazo do artigo anterior, será aberta vista ao Procurador-Geral da República, que deverá pronunciar-se no prazo de quinze dias.
Art. 20. Vencido o prazo do artigo anterior, o relator lançará o relatório, com cópia a todos os Ministros, e pedirá dia para julgamento.
§ 1.º Em caso de necessidade de esclarecimento de matéria ou circunstância de fato ou de notória insuficiência das informações existentes nos autos, poderá o relator requisitar informações adicionais, designar perito ou comissão de peritos para que emita parecer sobre a questão ou fixar data para, em audiência pública, ouvir depoimentos de pessoas com experiência e autoridade na matéria.
§ 2.º O relator poderá solicitar, ainda, informações aos Tribunais Superiores, aos Tribunais federais e aos Tribunais estaduais acerca da aplicação da norma questionada no âmbito de sua jurisdição.
§ 3.º As informações, perícias e audiências a que se referem os parágrafos anteriores serão realizadas no prazo de trinta dias, contado da solicitação do relator.

Seção II
Da Medida Cautelar em Ação Declaratória
de Constitucionalidade

Art. 21. O Supremo Tribunal Federal, por decisão da maioria absoluta de seus membros, poderá deferir pedido de medida cautelar na ação declaratória de constitucionalidade, consistente na determinação de que os juízes e os Tribunais suspendam o julgamento dos processos que envolvam a aplicação da lei ou do ato normativo objeto da ação até seu julgamento definitivo.

Parágrafo único. Concedida a medida cautelar, o Supremo Tribunal Federal fará publicar em seção especial do Diário Oficial da União a parte dispositiva da decisão, no prazo de dez dias, devendo o Tribunal proceder ao julgamento da ação no prazo de cento e oitenta dias, sob pena de perda de sua eficácia.

CAPÍTULO IV
DA DECISÃO NA AÇÃO DIRETA DE INCONSTITUCIONALIDADE E NA AÇÃO DECLARATÓRIA DE CONSTITUCIONALIDADE

Art. 22. A decisão sobre a constitucionalidade ou a inconstitucionalidade da lei ou do ato normativo somente será tomada se presentes na sessão pelo menos oito Ministros.

Art. 23. Efetuado o julgamento, proclamar-se-á a constitucionalidade ou a inconstitucionalidade da disposição ou da norma impugnada se num ou noutro sentido se tiverem manifestado pelo menos seis Ministros, quer se trate de ação direta de inconstitucionalidade ou de ação declaratória de constitucionalidade.

Parágrafo único. Se não for alcançada a maioria necessária à declaração de constitucionalidade ou de inconstitucionalidade, estando ausentes Ministros em número que possa influir no julgamento, este será suspenso a fim de aguardar-se o comparecimento dos Ministros ausentes, até que se atinja o número necessário para prolação da decisão num ou noutro sentido.

Art. 24. Proclamada a constitucionalidade, julgar-se-á improcedente a ação direta ou procedente eventual ação declaratória; e, proclamada a inconstitucionalidade, julgar-se-á procedente a ação direta ou improcedente eventual ação declaratória.

Art. 25. Julgada a ação, far-se-á a comunicação à autoridade ou ao órgão responsável pela expedição do ato.

Art. 26. A decisão que declara a constitucionalidade ou a inconstitucionalidade da lei ou do ato normativo em ação direta ou em ação declaratória é irrecorrível, ressalvada a interposição de embargos declaratórios, não podendo, igualmente, ser objeto de ação rescisória.

Art. 27. Ao declarar a inconstitucionalidade de lei ou ato normativo, e tendo em vista razões de segurança jurídica ou de excepcional interesse social, poderá o Supremo Tribunal Federal, por maioria de dois terços de seus membros, restringir os efeitos daquela declaração ou decidir que ela só tenha eficácia a partir de seu trânsito em julgado ou de outro momento que venha a ser fixado.

Art. 28. Dentro do prazo de dez dias após o trânsito em julgado da decisão, o Supremo Tribunal Federal fará publicar em seção especial do Diário da Justiça e do Diário Oficial da União a parte dispositiva do acórdão.

Parágrafo único. A declaração de constitucionalidade ou de inconstitucionalidade, inclusive a interpretação conforme a Constituição e a declaração parcial de inconstitucionalidade sem redução de texto, têm eficácia contra todos e efeito vinculante em relação aos órgãos do Poder Judiciário e à Administração Pública federal, estadual e municipal.

CAPÍTULO V
DAS DISPOSIÇÕES GERAIS E FINAIS

Art. 29. O art. 482 do Código de Processo Civil fica acrescido dos seguintes parágrafos:

"Art. 482. .....

§ 1.º O Ministério Público e as pessoas jurídicas de direito público responsáveis pela edição do ato questionado, se assim o requererem, poderão manifestar-se no incidente de inconstitucionalidade, observados os prazos e condições fixados no Regimento Interno do Tribunal.

§ 2.º Os titulares do direito de propositura referidos no art. 103 da Constituição poderão manifestar-se, por escrito, sobre a questão constitucional objeto de apreciação pelo órgão especial ou pelo Pleno do Tribunal, no prazo fixado em Regimento, sendo-lhes assegurado o direito de apresentar memoriais ou de pedir a juntada de documentos.

§ 3.º O relator, considerando a relevância da matéria e a representatividade dos postulantes, poderá admitir, por despacho irrecorrível, a manifestação de outros órgãos ou entidades."

Art. 30. O art. 8.º da Lei n.º 8.185, de 14 de maio de 1991, passa a vigorar acrescido dos seguintes dispositivos:

"Art. 8.º

I – .....

n) a ação direta de inconstitucionalidade de lei ou ato normativo do Distrito Federal em face da sua Lei Orgânica;

§ 3.º São partes legítimas para propor a ação direta de inconstitucionalidade:

I – o Governador do Distrito Federal;

II – a Mesa da Câmara Legislativa;

III – o Procurador-Geral de Justiça;

IV – a Ordem dos Advogados do Brasil, seção do Distrito Federal;

V – as entidades sindicais ou de classe, de atuação no Distrito Federal, demonstrando que a pretensão por elas deduzida guarda relação de pertinência direta com os seus objetivos institucionais;

VI – os partidos políticos com representação na Câmara Legislativa.

§ 4.º Aplicam-se ao processo e julgamento da ação direta de Inconstitucionalidade perante o Tribunal de Justiça do Distrito Federal e Territórios as seguintes disposições:

I – o Procurador-Geral de Justiça será sempre ouvido nas ações diretas de constitucionalidade ou de inconstitucionalidade;

II – declarada a inconstitucionalidade por omissão de medida para tornar efetiva norma da Lei Orgânica do Distrito Federal, a decisão será comunicada ao Poder competente para adoção das providências necessárias, e, tratando-se de órgão administrativo, para fazê-lo em trinta dias;

III – somente pelo voto da maioria absoluta de seus membros ou de seu órgão especial, poderá o Tribunal de Justiça declarar a inconstitucionalidade de lei ou de ato normativo do Distrito Federal ou suspender a sua vigência em decisão de medida cautelar.

§ 5.º Aplicam-se, no que couber, ao processo de julgamento da ação direta de inconstitucionalidade de lei ou ato normativo do Distrito Federal em face da sua Lei Orgânica as normas sobre o processo e o julgamento da ação direta de inconstitucionalidade perante o Supremo Tribunal Federal."

Art. 31. Esta Lei entra em vigor na data de sua publicação.
Brasília, 10 de novembro de 1999; 178.º da Independência e 111.º da República.
FERNANDO HENRIQUE CARDOSO
José Carlos Dias
Este texto não substitui o publicado no DOU de 11.11.1999

6.5. O CONTROLE CONSTITUCIONAL DAS LEIS, ESPECIALMENTE AS TRIBUTÁRIAS, NO BRASIL – EPÍLOGO

1. Todo o esforço posto neste trabalho está centrado no aviso de que os dias correntes acentuam o papel dos órgãos de controle dos sistemas jurídicos regentes das sociedades humanas, superando as clássicas vicissitudes da tripartição dos poderes, que ora privilegiou o Legislativo (França e Inglaterra), ora desvencilhou o Executivo de quaisquer controles (fascismo, stalinismo, nazismo, franquismo, salazarismo, getulismo, e ditaduras africanas, asiáticas e sul-americanas do século XX) ora, ainda, prestigiou o Judiciário, como *controller* das leis, na qualidade de legislador negativo (EUA). Para lá dessas aventuras jurídicas, nos dias que correm, procura-se valorizar os princípios democráticos e sociais, a axiologia do justo, o cidadão, o Estado de Direito e o controle do Executivo e do Legislativo pelo Poder Judiciário ou por órgão com função equivalente, em sede constitucional.[9]

---

[9] Quem, entre nós, percebeu, com percuciência, o que iria ocorrer com as Cortes Constitucionais europeias, foi San Thiago Dantas, como se fora um oráculo. Em seu famoso artigo "Igualdade perante a lei e *due process of law*" (Contribuição ao estudo da limitação constitucional ao Poder Legislativo. *Revista Forense,* abr. 1948) este notável publicista apontou o Princípio da Igualdade entre os brasileiros como o motor do controle da constitucionalidade das leis, relacionando-o com as constituições escritas europeias.
"Existe, no direito constitucional brasileiro, o mecanismo do contrôle pelo judiciário da inconstitucionalidade das leis. Deixando de lado a tradição europeia, tanto inglesa como francesa, que vê nas assembleias legislativas o melhor instrumento para ajustar a lei aos imperativos da razão,

San Tiago Dantas foi além. Pressentindo o crescimento da jurisdição constitucional, fundou-a no Estado de Direito.[10] E não é com base nele que avulta o papel das Cortes Constitucionais europeias? Disse, então, San Thiago:

> Qual a característica do Estado de Direito? Não é difícil precisá-la. Todas as concepções do Estado, quer as formuladas no campo teórico, quer as vividas no curso da História, fazem derivar o funcionamento das instituições de uma fonte primária, cuja legitimidade, ou autenticidade, escapa à crítica do Direito. Em alguns tipos de Estados, é a investidura de um príncipe soberano; em outros, é a origem popular de uma Assembleia; em outros, é a do chefe; em outros, as instituições do sangue nacional, mas em qualquer caso existe um primeiro motor do mecanismo político, cuja operação se legitima por si mesma, e não está sob o controle de uma norma ou de um poder anterior. A essa base existencial do Estado, opõe-se a concepção do Estado de Direito. Aqui, o edifício do Estado é concebido como um sistema fechado, em que todas as peças movem e são movidas conforme normas jurídicas, e nenhum órgão de poder ou fonte de autoridade escapa ao limite, ou foge ao compasso de uma regra.

---

da necessidade social e da opinião pública, recorremos, desde o primeiro estatuto republicano, à fórmula do contrôle judiciário, em que se tem visto a principal contribuição americana para o direito público moderno, 'the most unique contribution to the science of government which has been made by American political genius' (Ch. Beard, *An economic interpretation of the Constitution of the U. S.*, ed. MacMillan, p. 162). É, porém, lícito ao tribunal brasileiro levar o exame das leis elaboradas pelo Parlamento até os limites a que chegam as cortes americanas? Ou, em outras palavras, no sistema constitucional brasileiro, algo que possa facultar à jurisprudência a criação de um mecanismo semelhante ao *due process of law*? É o que me proponho a examinar. Assim como não é possível compreender a construção americana sem partir do fato de haver sido tardiamente inscrito em texto constitucional o princípio da *igualdade,* assim é indispensável, no direito brasileiro, considerar que esse princípio, mutuado das constituições europeias, é a base da declaração de direitos enunciada no art.141 da Constituição. Temos, de um lado, oriundo do direito constitucional europeu, o princípio de igualdade, que o art. 141, § 1.º, enuncia: 'Todos são iguais perante a lei'; temos, de outro lado, oriunda do direito constitucional americano, a norma do contrôle judiciário das leis, que aperfeiçoamos tècnicamente com a suspensão da execução das leis havidas por inconstitucionais (art. 64 da Constituição). Da concorrência desses dispositivos resulta, a meu ver, a técnica constitucional de limitação da função legislativa entre nós."

[10] Embora demorado de circunscrito às partes, o controle difuso, ao lado do concentrado, cujo espectro é amplo, tem lá sua valia. Por estes brasis afora, o cidadão pode requerer ao juiz de sua comarca a suspensão liminar dos efeitos de lei ou ato normativo que ameacem direito ou liberdade, pertencentes a sua esfera de interesses juridicamente protegidos. Os dois sistemas completam-se. Institutos processuais como o mandado de segurança coletivo, a ação popular e a ação civil pública, ajustados ao poder de cautela do juiz monocrático e à autonomia do Ministério Público, permitem no Brasil que um julgador singular suspenda, com eficácia entre partes, atos do Executivo e leis.

O Judiciário está sujeito à lei, que aplica, e que não pode suprir com criações suas; o Executivo está, também, sob a censura das leis, que dispõem abstratamente sobre as matérias em que lhe cabe concretizar; e suas transgressões são sujeitas ao controle dos tribunais; o próprio Legislativo, por sua vez, legisla sob censura de normas, não só relativas ao processo de legislar, como à própria substância das normas editadas; e o Judiciário exerce afinal o seu controle sobre o órgão criador da lei, a que está submetido. O moto contínuo jurídico, eis o alvo a que tende o Estado de Direito. Onde, porém, reside, nesse complexo aparelho, a força jurídica que domina os órgãos legislativos, e os impede de fazer leis arbitrárias, contrárias ao Direito? Um Estado onde o Poder Legislativo escapasse ao controle de outro Poder, como a Grã-Bretanha, poderia ser um Estado democrático, mas não um Estado de Direito. Entretanto, o controle judiciário, sem uma norma material que lhe permita rechaçar as leis arbitrárias, seria um instrumento trabalhando no vazio, e desempenhando o papel de um personagem mudo, que ocupa lugar em cena por mero capricho de composição.

Finalmente, a aliança é entre o povo e o Judiciário, fenômeno que, a cada dia, torna-se mais evidente, à medida que avança a social-democracia. Os métodos de controle da constitucionalidade das leis e atos normativos tendem naturalmente à exigência do controle das próprias Constituições, pela via interpretativa dos princípios e diretivas constitucionais e pelo teor mandamental, cada vez mais visível das decisões jurisdicionais (rever a função e a amplitude de atuação das Cortes Constitucionais europeias). Neste panorama é de se ressaltar:

a) que a adoção pelo Brasil de um sistema misto – difuso e concentrado – de controle da constitucionalidade das leis e atos normativos permite ao Supremo Tribunal Federal, especialmente, aos tribunais superiores, ao Judiciário enfim, promissora evolução nesta matéria, cumprindo aos juízes de um modo geral, principalmente aos assentados em tribunais, uma imediata mudança de mentalidade na direção de realizarem a supremacia jurisdicional prevista na Constituição de 1988;

b) na área tributária, a intensa constitucionalização da disciplina, com dezenas de normas de contenção, aliada à entronização dos princípios da isonomia fiscal e da capacidade contributiva, confere ao Poder Judiciário inserção decisiva tanto no poder de conformação típico do legislador como no poder do administrador;

c) o controle do poder de tributar tanto pode ser feito por arguições diretas de inconstitucionalidade (controle concentrado), como *incidentur tantum*, nos casos concretos. Na primeira hipótese, diz a primeira e última palavra, com efeitos *ex tunc* e *erga omnes*, o Supremo Tribunal Federal, com a sua atuação, assumindo as características típicas das Cortes

Constitucionais europeias, daí a necessidade de um maior conhecimento do funcionamento das mesmas. Assim, *v.g.*, a ação de inconstitucionalidade por omissão tem sede na teoria das ações diretas de inconstitucionalidade (controle abstrato). Na segunda hipótese, a do controle difuso, o controle é dado também ao juiz da causa, tornando-o o *controller* dos princípios constitucionais, porém, no bojo dos casos concretos, com efeito *inter partes*. Chegando o caso, por via de recurso extraordinário à Suprema Corte, o acórdão de confirmação da inconstitucionalidade, declarada no anterior grau de jurisdição, obriga a remessa da decisão ao Senado Federal para que o dispositivo ou toda a lei, se for este o caso, seja retirada do mundo jurídico pela solene voz do Senado da República, conferindo ao julgado efeitos *erga omnes* (declaração de que a lei juridicamente inexistiu, por contrariedade a texto da Constituição);

d) princípios da legalidade e da tipicidade deslocaram o processo genético de formação da lei fiscal do Executivo para o Legislativo. Os princípios da capacidade contributiva da igualdade fiscal e do não confisco deslocam do legislador para o Judiciário as palavras finais sobre a justiça e a proporcionalidade da tributação (divisão proporcional e justa do sacrifício fiscal), tornando-o copartícipe da política tributária, em prol dos justiçáveis. Assim, não basta que a tributação seja posta por lei (legalidade), exige a Constituição de 1988 que a lei, ademais, seja *justa* (isonomia fiscal e capacidade contributiva);

e) grandes aporias em tema de constitucionalidade tendem a ser resolvidas pelo controle direto e concentrado (inconstitucionalidade ativa e por omissão), devendo assumir proporções jamais vistas no país, com uma função educativa evidente, em favor do aprimoramento jurídico do povo brasileiro. O órgão que mais nos serve para exercer dito controle é o Supremo Tribunal Federal, diferentemente da Europa Continental onde prevalecem as Cortes Constitucionais. A tradição, a prática e o espírito de independência do Judiciário brasileiro o credenciam para tão elevado mister, ao contrário do que Cappelletti afirma ocorrer noutros países do Velho Mundo;

f) grande contribuição do Brasil para o constitucionalismo moderno está em: **I** – realizar sem atritos os dois sistemas de controle de constitucionalidade: o difuso e o concentrado e **II** – eleger como órgão de controle, em ambas as hipóteses, o Supremo Tribunal do País;

Os juristas brasileiros, de um modo geral, estão acordes em favorecer o fortalecimento do Poder Judiciário, tal como o temos estruturado. Assim Ives Gandra da Silva Martins empresta sua adesão à tese da supremacia do Judiciário (A jurisprudência integrativa e o ideal de justiça – Separata do número especial do *Boletim da Faculdade de Direito de Coimbra*, sob o título de Estudos em Homenagem ao Professor, Doutor Antônio de Arruda Ferrer Correia).

H. L. A. Hart. em seu polêmico The concept of law, procura, a partir do exame de casos concretos e próprios da estrutura legal inglesa, em que a common law continua a desempenhar decidida influência conformadora, descobrir os fundamentos do direito, assim como a razão pela qual o homem obedece à ordem jurídica posta por quem detém o poder de impô-la. Embora considere relevante o hábito de obedecer, importante o ideal de justiça, influente a moral dominante, como também não despiciendos a ambição pelo poder, a segurança da ordem e o benefício da relativa certeza que a força da lei propicia, chega a duas conclusões que, embora não originais, pelo seu entrelaçamento, permitem reflexão fecunda sobre as dimensões do Direito, como elemento intrínseco à natureza humana e fundamental para que o homem se realize.

A primeira delas é de que a lei não só oferta genérica – mas não específica – proteção ao indivíduo, sendo incapaz de abranger todas as hipóteses pretendidas pelo legislador, como a relatividade de sua aplicação – mesmo para os casos que, na aparência, foram particularmente normados – varia em função das circunstâncias, das autoridades executoras e principalmente das autoridades julgadoras. A lei, portanto, sobre possuir lacunas e ser de impossível extensão a todas as situações sociais, carece de instrumental executor capaz de uniformizá-la por inteiro, sendo cada caso um caso distinto e especial.

A segunda diz respeito ao órgão que tem a última palavra sobre sua interpretação, ou seja, o Poder Judiciário. Cabendo-lhe a aplicação da lei genérica ao caso específico, sua função é, simultaneamente, de intérprete e criador da lei, posto que as pessoas encarregadas de aplicá-la. sobre retirarem-na da abstração para a realidade cotidiana, dão-lhe a dimensão que lhes parece mais adequada à situação.

E o Judiciário brasileiro, cada vez mais, compreende a sua missão civilizatória.

2. No que tange ao controle do poder de tributar, já vistas as conclusões específicas atinentes à espécie, verificam-se dois fatos relevantes, ambos decorrentes dos abusos do passado (e que persistem ainda agora com forte repulsa judicial). De um lado, a intensa constitucionalização das normas tributárias, reforçando as garantias da cidadania. De outro, as tentativas constantes de malversação dos princípios jurídico-tributários pelos Poderes Legislativo e Executivo. A consequência tem sido o engrossamento do contencioso constitucional de fundo tributário, a colocar em andamento as engrenagens dos sistemas difuso e concentrado de controle das leis e atos normativos, com a notável ascensão do Poder Judiciário na cena republicana, como poder de contenção. Dois efeitos, em consequência, fazem-se notórios. *Primus* – as constantes lições que estão a receber os Poderes Legislativo e Executivo, sobre a efetividade da Constituição. *Secundus* – a introjeção dessas lições nas mentes dos jurisdicionados, reforçando a crença na capacidade do Judiciário de velar pela fiel observância da Constituição.

3. Neste panorama, não seria extremamente prematura a instituição de cortes constitucionais, de índole política, com membros egressos do Executivo e do Legislativo? É imperioso cerre a sociedade fileiras em defesa do Judiciário brasileiro. Foram tantas as barreiras opostas pelos juízes, mormente em matéria fiscal, à insensatez do Legislativo e à ousadia do Executivo, que as prerrogativas do Judiciário se alteraram.

O alarde é necessário. É bem possível que no rastro da ideia parlamentarista volte à cena a pretensão de se criar, também no Brasil, cortes constitucionais de talhe político, por mimetismo, olhos postos nos modelos europeus. Todavia, o que nos interessa é o aspecto material dessas cortes, extremamente rico, e não o aspecto formal, eis que entre nós o Judiciário já se mostrou à altura da missão constitucional e avança a cada dia, como requerem o tempo e as circunstâncias.

O Judiciário brasileiro, porque vitalício e recrutado por concurso, refoge ao controle político, em que pese a indicação de todos os membros da Suprema Corte pelo Presidente da República após aprovação do Senado, casa de revisão do ato presidencial.

Seria republicano as Cortes Superiores terem seus ministros indicados à medida da vacância dos cargos, pelos presidentes da República, da Câmara dos Deputados, do Senado, da OAB e do Ministério Público, para evitar a influência excessiva do Poder Executivo na formação das Cortes, até porque a garantia da vitaliciedade não é plena. Aos 75 anos os ministros, compulsoriamente saem.

Pugna-se pela permanência definitiva da Procuradoria-Geral da República, como órgão autônomo, com as mesmas garantias da magistratura, independente financeiramente, *legitimado, para sindicar a constitucionalidade da lei e atos normativos em tese* (controle abstrato). Função do *ombudsman* e pelo uso intensivo das arguições de descumprimento de preceitos fundamentais.

4. No que concerne ao controle concreto, *incidentur tantum*, vê-se com apreço que: **I** – os arestos sumulados do Supremo Tribunal Federal ganham *ipso facto a condição de vinculatórios para a instituição e a qualidade de precedentes* para os tribunais e juízes da República, interferindo como questão prejudicial nos casos em andamento, pendentes de julgamento (*stare decisis*) proibida, no entanto, a ação rescisória das sentenças e dos acórdãos já transitados em julgado, a não ser que haja pronúncia de inconstitucionalidade, valendo a decisão *ex nunc*. E, que **II** – nas ações propostas com espeque em acórdão sumulado declaratório de inconstitucionalidade de lei ou ato normativo, seja suprimido o duplo grau de jurisdição, relativamente a *quaestio juris*, com os juízes monocráticos atuando apenas *in procedendo*, i.e., apurando, tão somente, a matéria de fato subjacente ao *petitum*, em razão da solução jurídica, já predeterminada pela Suprema Corte. *Nesta hipótese o juiz apenas estenderia ao caso o precedente*, com força de lei (toda lei admite várias possibilidades de aplicação. A única válida é a ditada pelo órgão máximo do Judiciário cf. *Kelsen*). *Aqui o recurso seria apenas quanto à matéria de fato* e unicamente para o *Tribunal ad quem competente* (economia processual).

5. Consequentemente, tratando-se de controle difuso, nas circunstâncias supradelineadas, como no controle abstrato (concentrado), as decisões sumuladas *obrigariam diretamente o administrador, que ficaria impedido de reproduzir os atos que, em cada caso concreto,* dariam azo *a novas ações declaratórias de inconstitucionalidade* (impedimento de novas demandas) e indiretamente o legislador, proibindo-se-lhe reeditar lei inconstitucional, salvo prova de alteração nas condições fácticas, instituindo-se, assim, *ao lado do controle sucessivo – o controle prévio* de constitucionalidade da lei perante o STF (restrito à reedição de lei declarada inconstitucional, por mutação fáctica e, também, ao exame de convênios e tratados internacionais, como ocorre alhures). Melhoraria *o controle da constitucionalidade,* fornecendo credibilidade aos convênios e tratados internacionais subscritos pelo Brasil.

6. A combinação dos arts. 102, I, **a**, e 103, § 2.º, da CF, leva à conclusão de que, no mandado de injunção, o STF deve fazer a norma requerida pelo caso, *extensiva até aos casos idênticos* (supressão de lacunas), ficando para a ação direta de inconstitucionalidade por omissão a ciência ao poder competente, como expressamente recomenda o art. 103, § 2.º, da Superlei.

Colmatar lacuna, no caso do mandado de injunção, não significa, sobremais, "sanção" aos outros Poderes da República, senão que integração da ordem jurídica sob autorização constitucional. A injunção perde toda a eficácia que lhe é ínsita, se a Corte limitar-se a meros apelos às autoridades omissas, procedimento adequado às decisões sobre situações fáticas em processo de inconstitucionalização progressiva, a exemplo do que ocorre na Alemanha. A injunção, precisamente, propõe ao Poder Judiciário o *papel de legislador positivo* (substituto legislativo) para *integrar a ordem jurídica constitucional*.

Por isso que vital à defesa do Estado Democrático de Direito a omissão do Congresso em emitir a lei requerida pelo art. 102, parágrafo único, *reveste-se de alta gravidade*, em prejuízo do processo constitucional.

7. *A ação direta de inconstitucionalidade, com dez sujeitos legitimados para a sua proposição, torna obsoleta a avocatória, instituto dúbio e odioso.* É que a avocatória é uma requisição feita pelo STF de processo em curso e de alheia competência. Ora, o STF cuida da guarda da Constituição. Só poderá avocar se o processo avocado contiver matéria constitucional. Mas aí a questão, por estar em via de processo difuso, uma vez resolvida pelo Supremo, somente terá eficácia entre as partes, sem vantagem para a sociedade. Para tanto teria de possuir o efeito *erga omnes*, possível em ação direta de inconstitucionalidade. Esta já tem 10 (dez) agentes legitimados.

Seria estúrdio o STF possuir capacidade para, avocando, transformar processo em via difusa em ação direta de inconstitucionalidade. *Iudex ne procedat ex officio*. Ademais, quais os critérios para avocar uns processos e outros não? Por outro lado, o STF avocar matéria não constitucional seria sobrecarregar-se em prejuízo de suas altas funções, invadindo áreas de competência dos tribunais intermediários (federais e estaduais) e do STJ, com decisões interpartes, sem força de precedente obrigatório. O melhor é o contrário. O STF demitir-se de todas as competências que não aquelas que o tornam o guardião supremo da Constituição, mormente pela via da ação direta.

8. Por força do efeito *erga omnes* das decisões do STF em ação direta de inconstitucionalidade (por ação ou omissão) temos que estas *inovam a ordem jurídica* instaurando uma *normatividade* que *estava ausente* (omissão) ou substituindo outra que *esteve presente* (lei declarada inconstitucional). Neste último caso *quid*, se uma decisão de tribunal inferior ou juiz monocrática *transita em julgado*, antes, com apoio precisamente na lei julgada inconstitucional? A solução comporta duas variações. Se a decisão do STF tiver efeito *ex tunc*, significa que a lei jamais existiu com *validade* e, nesse caso, a decisão judicial apoiada em lei inexistente torna-se nenhuma. A coisa julgada, como elaborada pelos romanos e depois pelos processualistas alemães, não prevalece. A decisão do STF neste caso simplesmente *desfaz* a coisa julgada.

A interpretação da questão constitucional pelo STF é sobranceira. Se o efeito da decisão for *ex nunc* – e nessa hipótese o aresto terá que declarar expressamente dito efeito –, a lei terá valido até a data da decisão da Corte Máxima e prevalece a coisa julgada das decisões inferiores transitadas. Elevadas razões de interesse público aconselham esta solução. Digamos que o STF declare inconstitucional lei que considerava como de efetivo serviço público para fins de aposentadoria por tempo de serviço o afastamento prévio nos seis últimos meses da vida funcional dos aposentados. A prevalecer o efeito *ex tunc*, tal lei jamais terá existido e, pois, todos os que se aposentaram *seis meses antes de completar o tempo* estarão em situação irregular. É uma hipótese em que o efeito *ex nunc* deve ser expressamente declarado. Política jurisdicional em seu sentido mais nobre e efetivo (ato jurisdicional visto pelo ângulo da conveniência e da oportunidade, em prol do bem comum).

9. Por último faça-se uma distinção. Uma coisa é o STF declarar a inconstitucionalidade de uma lei e outra, bem diversa, a sua constitucionalidade. No primeiro caso cabe ação rescisória se o fundamento da sentença rescindenda foi a inconstitucionalidade da lei. No caso inverso, com o STF dando pela constitucionalidade, pouco importa que a decisão transitada em julgado tenha se valido do argumento da inconstitucionalidade. O que está na pauta é a lei, não a Constituição. O princípio da segurança jurídica (coisa julgada) deve prevalecer.

10. Aos Ministros do Supremo Tribunal Federal a lei conferiu os poderes de: (I) cautelarmente suspender a vigência de lei ou ato normativo; (II) conhecer as queixas pelo descumprimento de preceito constitucional fundamental e; (III) modular os efeitos temporais (*ex tunc, ex nunc, pro futuro*) e pessoais (interpartes ou *erga omnes*) de seus julgados. Os jurisdicionados, é imperioso dizê-lo, não estão felizes com as modulações feitas em matéria tributária, pelo fato delas se voltarem à proteção dos interesses fazendários, ao revés de serem atenciosas à proteção dos direitos e garantias dos contribuintes. Noutras palavras, não se pode nunca, no Estado Democrático de Direito, confundir o interesse público com os quereres da Fazenda Pública. Quando isso acontece – há lugares em que o fenômeno ocorre sistematicamente – dois efeitos deletérios prontamente instalam-se: por primeiro o Estado, ao livrar-se dos efeitos financeiros negativos de suas transgressões, vê-se incentivado a reiterá-las, certo da proteção que lhe é dispensada pela Suprema Corte. Em segundo lugar, os princípios da confiança na lei e da segurança jurídica dos jurisdicionados sofrem abalos irrecuperáveis, afetando o ambiente de negócios, já que o tributo está intimamente ligado à economia.

Não sendo essa a hora para críticas, mas, ao contrário, para elevar o conceito do Poder Judiciário, cabe relembrar apenas um caso recente, causador de intensa comoção na comunidade jurídica nacional. O Executivo havia – desrespeitando a Corte Suprema – disparado a cobrança de supostos créditos tributários até dez anos após a ocorrência do fato gerador de certa exação, ao argumento de que a lei ordinária, na espécie, previra um prazo de dez anos para a decadência do poder-dever de efetivar o lançamento do tributo, contra a jurisprudência mansa e pacífica da decadência tributária de cinco anos, a contar da ocorrência do fato gerador nos tributos sujeitados a lançamento por homologação.

No Recurso Extraordinário, à unanimidade, a Corte reiterou a tese de que o lançamento do tributo em quaisquer circunstâncias era de cinco anos, mas ao modular os efeitos do *decisium* decretou que ele aproveitava às partes envolvidas no recurso e a todos os que estavam em juízo discutindo a mesma tese, ou seja, se insurgindo contra os lançamentos efetivados a destempo, após cinco da ocorrência do fato gerador do tributo, mas que – aqui o desastre – não aproveitava àqueles que não ingressaram em juízo. Aos que se aquietaram e pagaram indevidamente a decisão não se estendia! Teriam que pedir administrativamente a repetição do indébito ou ajuizar uma ação restituitória, se já não tivesse ocorrida a prescrição...

A decadência, por força de lei complementar (CTN), "extingue" o crédito tributário. Os que indevidamente pagaram ficaram desprotegidos (enriquecimento ilícito do Fisco Federal do Brasil).

Dá-se o benefício da boa intenção ao Relator do Acórdão. É que, em sede de controle difuso, o efeito do julgado é entre as partes do recurso extraordinário. Ao menos as ações – eram muitas – em curso no aparato da Justiça Federal foram abreviadas. Cabia à Administração, pelo princípio da boa-fé, devolver de ofício o que recebeu ilicitamente e desistir imediatamente, na esfera administrativa, das cobranças em curso. Ao cabo e ao fim desaparecera a controvérsia.

O exemplo mostra à saciedade, quão difícil é praticar o controle difuso e o concentrado de constitucionalidade das leis conjuntamente. Os problemas são muitos e intricados.

De todo modo é pela via do recurso extraordinário que, precipuamente, é questionada a constitucionalidade das leis e atos normativos no Brasil.

Duas soluções se apresentam:

a) estimular os órgãos nacionais de representação das categorias profissionais, bem como a Ordem dos Advogados do Brasil, a exercitar com muito mais intensidade as ações diretas de inconstitucionalidade (sistema concentrado) e;

b) fixar nos Tribunais de Justiça dos Estados e nos Tribunais Regionais Federais competência para suscitar exceções de inconstitucionalidade, quando centenas de casos, com a mesma tese jurídica de inconstitucionalidade congestionassem as referidas Cortes de revisão (duplo grau de jurisdição). Nesse caso, o incidente subiria ao Supremo Tribunal Federal para atendimento prioritário. Julgada a questão prejudicial, os tribunais decidiriam os casos de acordo com o decidido pela Suprema Corte. Por suposto, os casos em tramitação na 1.ª Instância seriam decididos pelos juízes monocráticos da mesma forma, impedindo o acúmulo de centenas ou milhares de recursos extraordinários (julgados segundo as calendas gregas). O sistema aqui proposto – já que temos as combinações das técnicas dos controles difuso e concentrado – agilizaria exponencialmente o andamento dos processos judiciais contendo alegação de inconstitucionalidade de lei ou ato normativo, sem falar que seria muito superior (tempo e técnica) ao confuso, excludente e odioso sistema de conferir a qualidade de repercussão geral a dados recursos, a partir de um conjunto de suspeitas, já no ápice do Poder Judiciário. A repercussão geral não ajuda e, ao contrário, complica as questões da celeridade e da uniformização jurisprudencial de inconstitucionalidade.

PARTE II

O CONTROLE DO PODER DE TRIBUTAR NA CONSTITUIÇÃO BRASILEIRA DE 1988

CAPÍTULO 1

O OBJETO DO CONTROLE, EM SEDE DE TRIBUTAÇÃO

O poder de tributar, por força do princípio da legalidade (art. 150, I, da CF), oferta primeiramente uma face legislativa. É dizer, traduz-se sob a forma de uma *potestade legislativa e regulamentar*. Depois disso o poder de tributar apresenta-se jurídica e politicamente como uma potestade administrativa que impõe e cobra tributos, fiscaliza e executa os contribuintes. Pois bem, o objeto do controle jurisdicional do poder de tributar abarca as duas formas mediante as quais esse poder tão sensível se manifesta. Noutro giro, o poder de tributar sob a censura do Poder Judiciário no Brasil é tanto o atribuído ao legislador quanto ao administrador. O Legislativo ao fazer a lei tributária não é demiurgo arbitrário. Quanto ao conteúdo, deve obedecer aos princípios constantes da Constituição, como *v.g.* a anterioridade, irretroatividade, igualdade, imunidade, capacidade contributiva, etc. Quanto à forma, deve catar submissão às regras sobre repartição de competências tributárias plasmadas na Lei Maior; e às regras de processo legislativo prestigiadas pela Constituição. Nem o administrador fiscal é livre quanto aos meios e aos fins. Assim sendo, as leis fiscais devem ser submissas – forma e conteúdo – à Constituição. A administração fiscal deve agir *secundum legem*, sem desvio ou excesso de poder. A supremacia da Constituição prevalece, sobranceira, a teor do art. 5º, XXXV. A projeção dos juízes advém do fato de que a lei não excluirá da apreciação do Poder Judiciário lesão ou ameaça de direito combinado com o art. 102, que atribui ao Supremo Tribunal Federal a "guarda da Constituição". Por suposto, no Brasil, todos os juízes, sob a revisão do STF, guardam a Constituição, advindo daí a supremacia do Judiciário, como consequência natural do sistema adotado pelo país.

Neste panorama, assume especial relevo, como objeto de controle, a submissão dos legisladores às regras da Constituição sobre repartição de competências tributarias, decorrência direta de ser federativa a República do Brasil, a qual, ademais, confere às municipalidades a qualidade de entes constitucionais, dotados de autonomia (competência tributária própria).

Importa, portanto, examinar detidamente as normas constitucionais regentes da tributação. Para logo observa-se que país algum "constitucionalizou" tanto o Direito Tributário. A Constituição brasileira de 1988 contém cerca de 20 artigos, 76 incisos, 35 alíneas e 39 parágrafos dedicados ao poder de tributar, às regras de competência, aos princípios justributários e aos direitos e garantias dos contribuintes, em tratamento exaustivo e analítico. Decorre disso que a intensidade do controle de constitucionalidade em matéria tributária tende a ser extremamente dilargada. Não só isso. Pelo número das regras constitucionais, como também pela enunciação dos princípios que regem a atividade do legislador (nem sempre fiel aos ditames da Constituição), o esforço interpretativo dos juízes avulta, engrossando dessa maneira a jurisdição constitucional.

Ao propósito, o controle jurisdicional do poder de tributar em vigor no Brasil incorpora a rica evolução dos sistemas de controle de constitucionalidade das leis, ocorridos nos EUA e na Europa, visto que o nosso sistema é misto, *i.e.*, difuso e concentrado (interpessoal e suprapessoal).

1.1. A IMPORTÂNCIA DOS PRINCÍPIOS JUSTRIBUTÁRIOS

De chamar a atenção para a conexão dos *princípios postos na Constituição com as técnicas do controle constitucional*. Esses princípios por não enunciarem objetivamente um comportamento, porquanto indicam apenas direções, são portadores de "conteúdos abertos" e suscitam forte trabalho exegético por parte dos agentes da jurisdição constitucional, enquanto cústodes da Constituição. Princípios, definições e conceitos jurídicos participam das *ordens jurídicas*.

Sobre a função das definições no interior do sistema jurídico, Garcia Maynez,[1] depois de dividi-las em explicitas e implícitas, nos diz que as primeiras perseguem uma finalidade primordialmente prática:

> Los preceptos jurídicos definitorios no tienden a la satisfacción de un proscrito de índiole científica, como ocurre, por ejemplo, con las definiciones elaboradas por los cultivadores de la matemática y de la ciencia natural, sino al logro de un desideratum completamente distinto: hacer possible la interpretación y aplicación de los preceptos en que intervienen las expresiones definidas y, de esta guisa, asegurar la eficacia de tales preceptos y la realización de los valores que les sirven de base.

O dizer de Maynez encontra eco em Engisch, um neo-kelseniano:[2]

---

[1] MAYNEZ, Garcia. *Lógica del concepto jurídico*. México: Publicaciones Dianoia, 1959. p. 74.
[2] ENGISCH, Karl. *Introdução ao pensamento jurídico*. 2. ed. Lisboa: Fundação Calouste Gulbenkian, 1969. p. 29.

Tanto as definições legais como as permissões são, pois, regras não autônomas. Apenas têm sentido em combinação com imperativos que por ela são esclarecidos ou limitados. E, inversamente, também esses imperativos só se tornam completos quando lhes acrescentamos os esclarecimentos que resultam das definições legais e das delimitações do seu alcance... Os verdadeiros portadores do sentido da ordem jurídica são as proibições e as prescrições (comandos) dirigidas aos destinatários do Direito, entre os quais se contam, de resto, os próprios órgãos estaduais.

Note-se, à evidência, a influência de Kelsen. Seja lá como for, não autônomos ou entes secundários ou ainda exercendo funções ancilares, as definições e regras de qualificação integram o sistema normativo (que não é mero sistema de normas), no qual cumprem papel de assinalada importância.

Não menos importantes que as definições legais são os princípios que, na maioria das vezes, não possuem o *status* de leis, mas são aplicados pelos intérpretes e julgadores com intensidade, fazendo parte do direito enquanto ato regular da vida em sociedade.

É verdade que um princípio pode estar enunciado no vernáculo dos digestos, mas isso não é absolutamente necessário. No Direito brasileiro, *v. g.*, está previsto o princípio de que o juiz deve aplicar a lei levando em conta os fins sociais a que se destina. Nesse caso, o princípio está legalmente incorporado ao Direito posto. É o caso ainda do chamado princípio da legalidade pelo qual ninguém está obrigado a fazer ou deixar de fazer alguma coisa a não ser em virtude de lei. Sem embargo, outros princípios existem e são aplicáveis sem que estejam formalmente previstos. Nem por isso "estarão fora" do ordenamento jurídico.

Vejamos alguns expressos ou implícitos: o que não permite o exercício abusivo do direito; o que nega proteção judicial a quem alega em juízo a própria torpeza; o que proscreve a interpretação analógica das leis fiscais e penais; o que em matéria de menores ordena consultar o interesse dos mesmos; o que estabelece a presunção de legitimidade dos atos da administração; o que em tema de serviço público dispõe que se deve atender em primeiro lugar a sua continuidade; o que afirma que o contrato faz lei entre as partes, mas não prevalece ante as leis do Estado; o que propõe não dever a responsabilidade ser presumida por isso que deve ser expressa na lei; o que manda o juiz declarar a inconstitucionalidade de uma lei quando isto seja inevitável; o que em matéria cambial reconhece no endosso a função de assegurar celeridade aos negócios; o que veda decretar a nulidade pela própria nulidade (nenhuma nulidade sem prejuízo); o que em tema de Direito marítimo dispõe que se deve favorecer tudo o que permita ao navio continuar navegando; o que em caso de dúvida manda que se decida em favor do réu (*in dubio pro reo*); o que em matéria juslaboral prescreve que a interpretação do contrato de trabalho deve ser feita de modo a favorecer a estabilidade e continuidade vínculo e não a sua dissolução, além de muitíssimos outros.

Hart[3] teve a compreensão exata do tema quando in *The concept of law*), rompendo com o seu positivismo, disse que:

> [...] nos sistemas em que a lei é uma fonte formal do direito, os tribunais ao decidirem os casos estão obrigados a tomar em conta uma lei pertinente, ainda que, sem dúvida, tenham uma considerável liberdade para interpretar o significado da linguagem legislativa. Mas às vezes o juiz tem muito mais que liberdade de interpretação. Quando considera que nenhuma lei ou outra fonte formal de direito determina o caso a decidir, pode fundar a sua decisão, por exemplo, em um texto do digesto ou na obra de algum jurista francês [...]. O sistema jurídico não o obriga a usar estas fontes, mas é perfeitamente aceitável que o faça. Elas são. portanto, mais que meras influências históricas ou eventuais, pois tais textos são considerados como de "boa razão" para as decisões judiciais. Talvez possamos chamar a tais fontes de "permissivas" para distingui-las tanto das obrigatórias ou formais como as leis, como das históricas.

O que caracteriza os princípios é que não estabelecem comportamento específico, mas uma meta, um padrão. Tampouco exigem condições para que se apliquem. Antes, enunciam uma razão para a interpretação dos casos Servem, outrossim, como pauta para a interpretação das leis, a elas se sobrepondo. Um tribunal de Nova York disse certa vez que "a ninguém se permitir obter proveito de sua torpeza ou tirar vantagem de sua própria transgressão. Todas as leis assim como todos os contratos, podem ser controlados em sua aplicação pelas máximas genéricas e fundamentais do *Common Law* (Riggs *vs* Palmer – 115 Nova York 506; 22 NE 188).

Em suma, a existência, na Constituição brasileira de 1988, de numerosas regras sobre tributação e de variados princípios constitucionais de conteúdo aberto, como soem ser os princípios jurídicos (regras-padrão), confere ao controle jurisdicional da constitucionalidade das leis tributárias, seja o difuso, seja o concentrado, grande interesse teórico e prático. Interesse que mais se acendra quando se sabe que tanto na Europa, com as suas Cortes Constitucionais, quanto nos EUA, com a sua Suprema Corte, o controle da constitucionalidade das leis está a ganhar intensidade jamais imaginada, tornando-se, mais na Europa que nos EUA, quase um programa de supervisão jurídica da ação do Estado (legislação e execução *ex officio* da lei pela Administração).

Sob a égide da Constituição, cujo controle exercitam de legibus, avultam as jurisdições constitucionais. Certamente a superação da ortodoxia da teoria tripartite do Estado, a falência evidente (e inevitável) do positivismo, a emergência

---

[3] HART, Herbert L. A. *El concepto de derecho*. Buenos Aires: Abeledo Perrot, 1958. p. 312.

de problemas sociais e a necessidade de controlar o fautor e o executor da lei, por corpos autônomos de juízes, em nome dos princípios da liberdade, da cidadania e da igualdade, geraram este estado de coisas, a que o Brasil procura se atrelar. Em todas as partes há urna ânsia de voltar ao sistema da *graphé paranomón* capaz de conter os excessos[4] do legislador ou sua omissão cada vez mais intolerável. Diz Polletti que nas cidades gregas se registrava diferença sensível entre nômus (lei) e psefisma (decreto). A primeira levava à ideia de urna lei constitucional e prevalecia sobre o segundo. "Os nómoi", prossegue, "parecem ajustar-se à concepção de lei em Platão e Aristóteles. Demóstenes descreve o juramento dos juízes quanto ao dever de julgar com os nómoi e com os psefisma, prevalecendo aqueles sobre estes, por serem os fundamentos da polis".

---

[4] POLLETTI, Ronaldo. Sobre o tema (*Controle da constitucionalidade das leis*. Rio de Janeiro: Forense, 1985. p. 21), averba:"O *graphé paranomón* opunha-se aos arrebatamentos da Ecclésia, como aos excessos dos demagogos. Até depois da morte de Péricles, aquela instituição manteve sua eficácia. Foi ela o instrumento capaz de impedir que a soberania popular se transformasse num poder arbitrário ou numa tirania. A democracia deve ter por fundamento o respeito à lei.Na verdade, o *graphé paranomón* era instituto judiciário de natureza criminal, de uma sabedoria precoce, que procurava conter a onipotência da Ecclésia nos seus exatos limites. Nisto, sem dúvida, a rima com o controle da constitucionalidade das leis, que tudo podem, menos contrariar a Lei Fundamental. Antes, as leis dadas pelos deuses eram protegidas pelo poder sagrado da imprecação. Quando as leis foram escritas, tiveram por guarda o mais augusto dos tribunais, o Areópago, aquele que tinha atribuições essencialmente religiosas. Com a reforma mencionada de Efialtes, os aeropagistas foram despojados de suas funções de guarda da Constituição. Foi preciso criar freios à própria democracia, dentro dela mesma, já que inexistiam controles a ela exteriores. O *graphé paranomón* possibilitava a qualquer cidadão o exercício do direito de acionar o autor de uma moção ilegal ou mesmo o presidente que não a submeteu aos sufrágios. O acusado devia deduzir sua posição por escrito, indicando a lei que entendera haver sido violada. Ele podia anunciar sua intenção num juramento, na Assembleia do povo, antes ou depois da votação das disposições que ele julgasse ilegais.Essa declaração oficial tinha por efeito suspender a validade da moção ou do decreto até o julgamento por um tribunal de, no mínimo, mil jurados. Toda moção podia ser atacada por vício de forma. Seria suficiente que ela não tivesse observado, ponto por ponto, as severas regras do procedimento. Ainda mais grave era a ilegalidade material. O autor da moção, caso fosse ela julgada contrária às leis ou à Constituição, bem como todos os que tivessem aderido à sua votação favorável, ficavam sujeitos a graves sanções. Três condenações por ilegalidade acarretavam a perda do direito de fazer proposições à Assembleia. Para o autor da moção ilegal, a prescrição ocorria no decurso de um ano; mas para a moção, ela própria, não havia qualquer prescrição; ela, sempre, poderia ser anulada por uma sentença do tribunal. Atenas, como se vê, soube impedir, pela utilização de um instrumento jurídico, semelhante ao controle da constitucionalidade, o abuso do direito de iniciativa das leis pelos cidadãos, restringindo, assim, o poder legislativo na democracia. Antes de propor uma lei, qualquer orador sabia que, durante um ano, ele poderia ser chamado à responsabilidade pela proposição. A Assembleia era impedida de fazer prevalecer suas paixões e seus caprichos em detrimento das tradições e dos interesses permanentes da polis".

Voltando aos dias que correm, encerra Polletti,[5] com a nossa adesão:

Tal premissa, a de que o regime constitucional deve servir ao homem, parece exigir um controle mais efetivo, que transcende aos aspectos meramente formais, para ser um controle material. Com substância política (politicidade), esse controle incide sobre o conteúdo da norma, visando a conformá-la com o texto constitucional e também com seu espírito e sua filosofia, com os princípios, enfim, informadores de seu texto. A jurisdição constitucional passa a substituir a vontade do Parlamento e do Governo. O juiz julga *de legibus* e não, como o juiz nos moldes da Revolução Francesa, *secundum lege*.

Há, certamente, uma aproximação entre o controle formal e aquele exercitado pelos órgãos jurisdicionais, assim como entre o controle material e as Cortes Constitucionais. De resto, a doutrina distingue entre a supremacia material e a supremacia formal das Constituições. A primeira existiria inclusive nos países de Constituições costumeiras e flexíveis, por motivos de ordem sociológica.

Ademais, a função legislativa, dada a complexidade das sociedades políticas, desborda do Legislativo para integrar-se na função administrativa, hoje profundamente normativa, além de regulamentar, forçando a superação da teoria da tripartição em sua formulação clássica e privilegiando um pacto inteiramente novo entre a sociedade civil e o Judiciário, como poder de contenção e supervisão.

Passemos, agora, ao exame do controle jurisdicional do poder de tributar, a partir da Constituição brasileira de 1988, não sem antes colocar um parênteses metodológico, baseado na própria estrutura de nossa Constituição.

É que no hodierno as Constituições federativas, em sede de tributação, especialmente cuidam de dois assuntos basilares, quais sejam:

a) a temática da repartição de competências tributárias entre as pessoas políticas que formam a Federação e;

b) a temática da contenção do poder de tributar, compreendendo a enunciação dos princípios justributários, das vedações, dos direitos e garantias do contribuinte.[6]

Pois bem, em nossa exposição seguiremos a dicotomia acima broslada.

---

[5] POLLETTI, Ronaldo. *Controle da constitucionalidade das leis*. Rio de Janeiro: Forense, 1985. p. 23.

[6] Cuida a Constituição brasileira, também, das formas de participação de umas pessoas políticas no produto da arrecadação de outras. Mas este é um assunto jurídico intraestatal. Deveria estar num capítulo apartado sobre o sistema federal de transferências fiscais, e não no capítulo do sistema tributário.

Esse preâmbulo estaria incompleto se não déssemos transcritas as abalizadas opiniões de jovens tributaristas[7], e são muitos, que estão a pontificar no Brasil. Por todos, daremos à estampa dois, para homenagear o Rio Grande do Sul e Pernambuco, pois a Federação brasileira é una e indissolúvel, mormente no saber jurídico.

Para Humberto Ávila, a nossa Constituição principiológica é social-democrata:

> A CF/88 é insistente na proteção da liberdade não só no seu conjunto, como já analisado, como nas suas partes. Já no preâmbulo ela institui um Estado Democrático destinado a garantir a liberdade. E no capítulo dos direitos e das garantias individuais inicia garantindo aos cidadãos a inviolabilidade do direito à liberdade para, em seguida, instituir uma série de direitos mais específicos (liberdade de manifestação, de pensamento, de consciência, de crença, da atividade intelectual, artística, científica e de comunicação, de associação para fins lícitos, e de garantias destinadas à efetivação da liberdade (recebimento de informações dos órgãos públicos, impetração de mandado de segurança ou de *habeas corpus*).
>
> Os direitos fundamentais da liberdade e da propriedade são decisivos para se verificar a eficácia reflexiva da segurança jurídica.
>
> Questões atinentes à retroatividade deverão ser resolvidas tendo em vista o exercício dos direitos de propriedade e de liberdade, e não simplesmente com base na eficácia retroativa ou retrospectiva da norma modificadora.

Tem razão, a CF/1988 repele o socialismo e a tirania. Dispõe no art. 170:

> A ordem econômica, fundada na valorização do trabalho humano e na livre iniciativa, tem por fim assegurar a todos existência digna, conforme os ditames da justiça social [...]
> (propriedade privada, função social da propriedade, livre concorrência, defesa do consumidor e do meio ambiente, redução das desigualdades regionais e sociais, busca do pleno emprego e favorecimento às pequenas e médias empresas).

Por isso, pontificou Heleno Taveira Torres:[8]

> O termo "Estado de Direito" concebe-se como "Estado de Direito Constitucional", quando todas as regras de proteção contra o poder estão

---

[7] ÁVILA, Humberto. *Segurança jurídica*. São Paulo: Malheiros, 2011. p. 219-220.
[8] TORRES, Heleno Taveira. Separata da USP sobre tese para provimento do cargo de professor Titular de Direito Financeiro da Faculdade de Direito da USP, São Paulo, 2014, p. 136.

previstas na Constituição (material e rígida), segundo as garantias de controle de constitucionalidade.

Nenhum ato de órgãos dos poderes constituídos pode atentar contra a força normativa da Constituição.

CAPÍTULO 2

OS PRINCÍPIOS GERAIS DO SISTEMA TRIBUTÁRIO DA CONSTITUIÇÃO

2.1. O SENTIDO DO ARTIGO INAUGURAL QUANTO À REPARTIÇÃO DAS COMPETÊNCIAS TRIBUTÁRIAS ENTRE AS PESSOAS POLÍTICAS DA FEDERAÇÃO

A Constituição brasileira no Título VI dedica o Capítulo I ao *Sistema Tributário Nacional*. A Seção I cuida dos *Princípios Gerais*. O art. 145 ostenta a seguinte redação:

> Art. 145. A União, os Estados, o Distrito Federal e os Municípios poderão instituir os seguintes tributos:
> I – impostos;
> II – taxas, em razão do exercício do poder de polícia ou pela utilização, efetiva ou potencial, de serviços públicos específicos e divisíveis, prestados ao contribuinte ou postos a sua disposição;
> III – contribuição de melhoria, decorrente de obras públicas.
> § 1.º Sempre que possível, os impostos terão caráter pessoal e serão graduados segundo a capacidade econômica do contribuinte, facultado à administração tributária, especialmente para conferir efetividade a esses objetivos, identificar, respeitados os direitos individuais e nos termos da lei, o patrimônio, os rendimentos e as atividades econômicas do contribuinte.
> § 2.º As taxas não poderão ter base de cálculo própria de impostos.

O art. 145 e seus três incisos dizem que as pessoas políticas ali enumeradas podem instituir três espécies de tributos: impostos, taxas e contribuições de melhoria. É que os impostos restituíveis (empréstimos compulsórios), as contribuições especiais (exceto as previdenciárias da União, estados e municípios e a estranha contribuição para o custeio do serviço de iluminação pública de competência dos Municípios), os impostos extraordinários de guerra e os impostos residuais somente poderão ser instituídos pela União Federal (arts. 148, 149, 149-A e 154, CF/1988).

Todavia, a exegese do art. 145 não cessa aí, vai bem além.

2.2. A REPARTIÇÃO DAS COMPETÊNCIAS TRIBUTÁRIAS – OS SEUS TRÊS ASPECTOS RELEVANTES

O artigo inaugural da Constituição – Capítulo do Sistema Tributário – apresentanos a complexa problemática da repartição de competências tributárias na Federação. De sua leitura podem ser extraídas três conclusões genéricas, porém importantíssimas.

2.3. O FUNDAMENTO DO PODER DE TRIBUTAR – AS PESSOAS POLÍTICAS TITULARES.

Em primeiro lugar, verifica-se que várias são as *pessoas políticas* exercentes do poder de tributar e, pois, titulares de competências impositivas: a União, os Estados-Membros, o Distrito Federal e os Municípios. Entre eles será repartido o *poder de tributar*. Todos recebem diretamente da Constituição, expressão da vontade geral, as suas respectivas parcelas de competência e, exercendo-as, obtêm as receitas necessárias à consecução dos fins institucionais em função dos quais existem (discriminação de rendas tributárias). O poder de tributar originariamente *uno* por vontade do povo (Estado Democrático de Direito) é dividido entre as pessoas políticas que formam a Federação.

2.4. O TRIBUTO E SUAS ESPÉCIES – COMO REPARTI-LOS

Em segundo lugar, verifica-se que o *tributo é categoria genérica* que se reparte em espécies: *impostos, taxas* e *contribuições de melhoria*. Constata-se a assertiva pela análise do próprio discurso constitucional. Diz a Constituição que a União, os Estados, o Distrito Federal e os municípios *poderão instituir* (poder-faculdade) os seguintes tributos: a) impostos; b) taxas, de polícia e de serviços públicos; e c) contribuições de melhoria pela realização de obras públicas benéficas. A tarefa do constituinte, portanto, centra-se na repartição entre as *diversas pessoas políticas* de parcelas de competência para instituírem *as três espécies tributárias antes mencionadas*. Para tanto, terá que observar princípios técnicos na estatuição das *regras de repartição*, sem o quê não seria possível *partir e ordenar harmonicamente* o poder de tributar, originariamente *uno*. Mais à frente, o constituinte se referirá aos empréstimos compulsórios, às contribuições especiais (exceto as previdenciárias da União, estados e municípios e a estranha contribuição para o custeio do serviço de iluminação pública de competência dos Municípios) e aos impostos extraordinários e residuais, *todos da competência exclusiva da União*.

2.5. A REPARTIÇÃO DAS COMPETÊNCIAS PELA NATUREZA DOS FATOS JURÍGENOS

Em terceiro lugar, verifica-se que, ao mencionar as espécies do tributo, o constituinte declina expressamente os *fatos jurígenos* genéricos que podem servir de suporte à instituição das taxas (exercício regular do poder de polícia e prestação de serviços específicos e divisíveis) e das contribuições de melhoria (realização de obras públicas benéficas). No que tange aos impostos, no entanto, o constituinte não declina, no art. 145, *fatos jurígenos genéricos* autorizativos da instituição dos mesmos pelos legisladores das diversas ordens de governo. Que ilações poderemos tirar desta particularidade?

2.6. COMPETÊNCIA COMUM E PRIVATIVA – AS TÉCNICAS DE REPARTIÇÃO

Em princípio, a Constituição não cria tributos, simplesmente atribui competências às pessoas políticas para instituí-los através de lei (princípio da legalidade da tributação).

No caso das taxas e das contribuições de melhoria, vimos de ver, declina a Constituição os fatos jurígenos genéricos (suporte fático) de que poderão se servir as pessoas políticas para instituí-las por lei. Será ato do poder de polícia ou prestação de serviço público específico e divisível pelas pessoas políticas aos contribuintes no caso das taxas. E será a realização de quaisquer obras públicas benéficas pelas pessoas políticas que as autorizam, indistintamente, a instituir contribuição pela melhoria. *Por isso, nesses casos, o das taxas e o das contribuições de melhoria, a competência outorgada pela Constituição às pessoas políticas é comum.* Basta que qualquer pessoa política vá realizar um regular ato do poder de polícia que lhe é próprio ou vá prestar um serviço público ao contribuinte, se específico e divisível, para que o seu legislador, incorporando tais fatos na lei tributária, *institua u'a taxa*. Basta que qualquer pessoa política vá realizar uma obra pública que beneficie o contribuinte, dentro do âmbito de sua respectiva competência político-administrativa, para que o seu legislador, incorporando dito fato ao esquema da lei, institua uma contribuição de melhoria.

No concernente aos impostos, não é suficiente às pessoas políticas a previsão do art. 145. Com esforço nele, não lhes seria possível instituir os seus respectivos impostos. O art. 145 *não declina* os fatos jurígenos genéricos que vão estar na base fática dos impostos que, precisamente, cada pessoa política recebe da Constituição. É que, no caso dos impostos, a competência para instituí-los é dada de *forma privativa sobre fatos específicos determinados*. Concluindo, as taxas e as contribuições de melhoria são atribuídas às pessoas políticas, titulares do poder de tributar, de *forma genérica* e *comum*, e os impostos, de *forma privativa* e *discriminada*. Como corolário lógico temos que os impostos são enumerados pelo nome e discriminados na Constituição um a um. São nominados e atribuídos privativamente, portanto, a cada uma das pessoas políticas, enquanto as taxas e as contribuições de melhoria são indiscriminadas, são inominadas e são atribuídas em comum às pessoas políticas. Vale dizer, os impostos têm nome e são *numerus clausus* em princípio. As taxas e as contribuições de melhoria são em número aberto, *numerus apertus*, e são inumeráveis. Dissemos que os impostos, em princípio, são enumerados porque, após a Constituinte, outros podem ser criados com base na competência residual, excepcionalmente.

Tiradas estas três primeiras conclusões, sem dúvida relevantíssimas, cabe indagar quais os insumos jurídicos de que se valeram os constituintes para operar a repartição dos tributos através da técnica da atribuição de competência privativa para impostos e comum para taxas e contribuições de melhoria. De notar que, manejando ora a competência privativa (para os impostos – os nominados, os restituíveis e os afetados a finalidades específicas), ora a competência comum (para taxas – de polícia ou de serviços – e para as contribuições de melhoria), o constituinte bem resolveu um problema aparentemente intricado, qual seja, o de repartir por três ordens de governo – o federal, o estadual e o municipal – três espécies diferentes de tributos: impostos, taxas e contribuições de melhoria (o Distrito Federal detém tributariamente competência dupla: é estado e município).

2.7. OS INSUMOS DOUTRINÁRIOS DO CONSTITUINTE – A TEORIA DOS FATOS GERADORES VINCULADOS E NÃO VINCULADOS

Pois bem, o constituinte de 1988, como de resto ocorreu com a Constituição de 1967, adotou, em sede doutrinária, a teoria jurídica dos tributos vinculados e não vinculados a uma atuação estatal para operar a resolução do problema da repartição das competências tributárias, utilizando-a com grande mestria.

Predica dita teoria que os fatos geradores dos tributos são vinculados ou não vinculados. O vínculo, no caso, dá-se em relação a uma atuação estatal. Os tributos vinculados a uma atuação estatal são as taxas e as contribuições; os não vinculados são os impostos. Significa que o *fato jurígeno genérico* das taxas e das contribuições necessariamente implica uma *atuação do Estado*. No caso das taxas, esta atuação corporifica ora um ato do poder de polícia (taxas de polícia), ora uma realização de serviço público, específico e divisível, prestado ao contribuinte ou posto a sua disposição (taxas de serviço). Na hipótese da contribuição de melhoria, a atuação estatal materializa-se através da realização de uma obra pública capaz de beneficiar ou valorizar o imóvel do contribuinte. Nas contribuições previdenciárias, é *benefício* à pessoa do contribuinte ou de seus dependentes. O *fato gerador*, como é usual dizer, ou o *fato jurígeno*, como dizemos nós, ou, ainda, a *hipótese de incidência*, como diz Geraldo Ataliba, implica sempre, inarredavelmente, *uma atuação estatal*. Exatamente por isso as taxas e as contribuições de melhoria e previdenciárias apresentam hipóteses de incidência ou fatos jurígenos que são *fatos do Estado*, sob a forma de *atuações* em prol dos contribuintes. Com os impostos as coisas se passam diferentemente, pois os seus fatos jurígenos, as suas hipóteses de incidência, são fatos necessariamente estranhos às atuações do Estado (*lato sensu*). São fatos ou atuações ou situações do contribuinte que servem de suporte para a incidência dos impostos, como, v.g., ter imóvel rural (ITR), transmitir bens imóveis ou direitos a eles relativos (ITBI), ter renda (IR), prestar serviços de qualquer natureza (ISQN), fazer circular mercadorias e certos serviços (ICMS). Em todos estes exemplos, o "fato gerador" dos impostos é constituído de situações que não implicam atuação estatal, *daí o desvínculo do fato jurígeno a uma manifestação do Estado* (CTN, arts. 16, 77, 78 e 81).

2.8. A TEORIA DOS FATOS GERADORES VINCULADOS E NÃO VINCULADOS ENQUANTO SUPORTE DO TRABALHO DO CONSTITUINTE

Ora, exatamente por ser assim ou, noutro giro, por ter adotado a teoria dos fatos geradores vinculados e não vinculados, pôde o constituinte operar a repartição das competências tributárias do modo como o fez. Aliás, é de gizar que o constituinte, no Capítulo I, que trata do Sistema Tributário, intitulou a Seção I como sendo a "Dos Princípios Gerais". Não a chamou de discriminação de rendas tributárias nem de repartição de competências tributárias (o *objeto da seção*), preferindo referir-se aos Princípios Gerais, por saber que neles se inspirava para o manejo da questão. Assertiva fácil de provar, pois não tendo a Constituição expressado os conceitos de *tributo* e *imposto* e tendo apenas se referido às taxas e a contribuições de melhoria, com denúncia de seus respectivos fatos geradores genéricos, decerto inspirou-se nos *conceitos do Direito Tributário vigente e subjacente* e nas lições da doutrina justributária em voga.

Isto posto, os princípios gerais plasmados pelo constituinte trazem, *por subsunção*, os insumos da teoria dos tributos vinculados e não vinculados, como averbado linhas atrás.

2.9. AS TÉCNICAS CONSTITUCIONAIS DE REPARTIÇÃO

Prosseguindo, adotando as técnicas da competência privativa e comum e ligando-as às inspirações da teoria dos fatos geradores vinculados e não vinculados, pôde o constituinte equacionar a *repartição das competências* entre as pessoas políticas, segregando as respectivas áreas econômicas de imposição, de modo a evitar conflitos de competências ou superposições competenciais em detrimento dos contribuintes e dos próprios entes tributantes.

No caso da competência comum, que comanda a instituição das taxas e das contribuições, a sua adoção pôde ser feita exatamente porque, sendo os fatos geradores desses tributos *fatos do Estado*, atuações dele, a competência tributária firma-se na esteira da competência político-administrativa dos entes tributantes. É dizer, a competência administrativa *precede a tributária* e a determina. Somente será competente para instituir e efetivamente cobrar uma taxa a pessoa política que, antes, detenha a competência político-administrativa para realizar o ato de polícia ou prestar o serviço público (taxas). Somente poderá cobrar contribuição de melhoria a pessoa política que tenha realizado a obra pública beneficiadora. Somente a pessoa política que concede o benefício pode cobrar contribuição previdenciária do contribuinte. Advirta-se, desde logo, porém, que o elemento pessoal da hipótese de incidência dos tributos vinculados a atuações estatais é *relevantíssimo*. É precisamente a *pessoa do contribuinte* que lhe confere consistência e singularidade, por ser o destinatário do afazer estatal.

Lado outro, no caso dos impostos, será preciso anunciá-lo e atribuí-lo privativamente a cada pessoa política. É que nesse caso inexiste atuação estatal à guisa de fato gerador.

2.10. A RAZÃO PELA QUAL A COMPETÊNCIA COMUM NÃO PROVOCA CONFLITOS ENTRE AS PESSOAS POLÍTICAS

A atribuição de competência comum às pessoas políticas para instituir taxas e contribuições não redunda em promiscuidade impositiva. Figuremos uns poucos exemplos práticos. Quem deseja viajar e necessita de passaporte dirige-se à Polícia Federal. Pela concessão do passaporte, pode a União cobrar do contribuinte uma "taxa de expediente". Estados e municípios não poderiam fazê-lo, pois não são *competentes* para tal ato administrativo (poder de polícia) concessivo de passaporte. Mas se alguém desejar construir uma casa, é a prefeitura de sua municipalidade que lhe concederá a devida licença se para o alvará preencher o interessado os requisitos necessários. A União Federal e os estados não detêm o "poder de polícia" para o licenciamento de construções e, pois, não poderão instituir taxas por tal ato. No caso do cidadão que deseja possuir um "porte de armas", já é o Estado-Membro, pela sua polícia, que ajuíza a conveniência e a oportunidade de outorgá-lo ao cidadão requerente. O município e a União não são administrativamente competentes para tanto. Veja-se: pelo alvará de construção e pela licença para portar arma, só mesmo o município e o Estado-Membro, respectivamente, poderão cobrar as "taxas" correspondentes à realização dos referidos "atos de polícia", nunca a União. Isto exposto, tem-se que a repartição político-administrativa do poder de polícia entre as pessoas políticas e dos serviços públicos é que orientará, segregando, a *competência tributária comum* que a Constituição lhes outorgou para instituir *taxas*. Isto não seria possível se o "fato gerador" das taxas não se constituísse de "atuações" do Estado relativamente à pessoa do contribuinte, relativamente a um interesse seu, capaz de ser diretamente atendido por uma manifestação estatal. Na hipótese da contribuição de melhoria ocorre o mesmo. Sendo o seu fato gerador genérico a "realização de u'a obra pública" em benefício de um imóvel de propriedade do contribuinte, haverá de cobrar a contribuição a pessoa política que tiver realizado a *obra pública beneficiadora* (ou valorizadora) do imóvel pertencente ao contribuinte. Quem realiza a obra cobra a contribuição pela melhoria decorrente, sem possibilidade de superposição impositiva. Quando duas ou mais pessoas políticas realizarem a obra, o problema resolve-se pela repartição do produto da arrecadação entre elas, sem prejuízo para o contribuinte. No caso das contribuições previdenciárias, somente a pessoa política que exerce o *munus* previdenciário poderá cobrar do segurado (contribuinte).

2.11. A NECESSIDADE DE NOMINAR OS IMPOSTOS PARA DEPOIS REPARTI-LOS

Com os impostos, que são tributos não vinculados a uma atuação estatal, pois os seus fatos geradores (fatos jurígenos) são realidades estranhas a qualquer atividade estatal referidas ao obrigado, fez-se necessário que o constituinte *indicasse o seu fato gerador, nominasse-os e os atribuísse de modo privativo a cada uma das pessoas políticas*, de maneira a evitar que uma invadisse, por inexistência de limites, área de competência reservada às outras. De notar, no particular, a um simples perpassar d'olhos pelo Sistema Tributário da Constituição, que os impostos estão agrupados por ordem de governo. Há impostos, com nome e fato gerador, reservados à União, aos estados, inclusive ao Distrito Federal e aos municípios, de forma sistemática e explícita no corpo da CF. Nem poderia ser de outra forma. No campo dos impostos, o constituinte *dá nome à exação já indicando a área econômica reservada*: renda, circulação de mercadorias, propriedade predial e territorial urbana, propriedade de veículos automotores, transmissão de bens imóveis e de direitos a eles relativos etc. Em seguida, declina que pessoa política *pode instituí-lo e efetivamente cobrá-lo* com exceção das demais (competência privativa). Isto dito, verifica-se que o sistema brasileiro de repartição de competências tributárias, cientificamente elaborado, é extremamente objetivo, rígido e exaustivo, quase perfeito.

2.12. OS EMPRÉSTIMOS COMPULSÓRIOS E AS CONTRIBUIÇÕES PARAFISCAIS EM FACE DA TEORIA DOS TRIBUTOS VINCULADOS E NÃO VINCULADOS

É hora de afrontar a *vexata quaestio* dos empréstimos compulsórios e das chamadas contribuições parafiscais ou especiais. Até o momento vimos falando de três espécies básicas de tributo: impostos, taxas e contribuições de melhoria, com referências esparsas às contribuições especiais. No entanto, o discurso constitucional faz referência a dois personagens nominalmente refratários à tricotomia aqui utilizada. Com efeito, admite-se a instituição de empréstimos compulsórios em duas hipóteses: (a) guerra externa ou sua iminência ou calamidade pública exigente de recursos extraordinários e (b) para investimentos relevantes (art. 148 da CF). E são previstas "contribuições" para três fins: (a) sociais, em prol da seguridade social (contribuições sociais), (b) para atender a necessidades financeiras das entidades de classe (contribuições classistas ou corporativas) e (c) para assegurar a intervenção do Estado no domínio econômico e social (contribuições interventivas ou de intervenção estatal) (art. 149 da CF).

Estamos em face de tributos diversos do imposto, da taxa e da contribuição de melhoria?

Noutro giro, são os empréstimos compulsórios e as contribuições parafiscais espécies diferentes de tributos, ou denotam apenas nomes?

Estas questões têm suscitado, ao longo das Constituições brasileiras de antanho, acerbadas disceptações doutrinárias e não menos tormentosas disputas judiciais.

2.13. ALGUMAS PALAVRAS SOBRE A LINGUAGEM DO CONSTITUINTE E O PAPEL DOS SEUS INTÉRPRETES

É conveniente prevenir que o legislador, inclusive o constituinte, ao fazer leis, usa a linguagem comum do povo, o idioma correntio. Duas razões existem para isso:

Primus – o legislador não é necessariamente um cientista do Direito, um jurista. Provém da sociedade, multiforme como é, e a representa. São engenheiros, advogados, fazendeiros, operários, comerciantes, sindicalistas, padres, pastores, rurícolas etc.;

Secundus – utilizam para expressar o Direito legislado as palavras de uso comum do povo, cujo conteúdo é equívoco, ambíguo, polissêmico e, muita vez, carregam significados vulgares, sedimentados pelo uso e pela tradição.

É dizer, incorporam na lei as contradições da linguagem. Este é um fenômeno comum a todos os povos. Nem poderia ser diverso, já que o legislador representa as sociedades de que participa. São eleitos pelos diversos estamentos sociais para fazerem as leis. A ideia de uma Constituição ou de leis escorreitas, em linguagem culta, incorporando a metalinguagem dos juristas, não passa de preconceito elitista quando não de pretensão tecnicista que mal esconde o desejo das classes dominantes de controlar a sociedade pela utilização do Direito, agora como sempre a mais alta técnica de planificação de comportamentos humanos e, pois, de controle social.

Ora, feita a lei, inclusive a Superlei, cabe aos juristas a sua interpretação, ao desiderato de aplicá-la aos casos concretos.

Aos juristas, doutrinadores, advogados e juízes compete adequar as palavras da lei aos seus fins, às luzes da Ciência do Direito, fixando a ordem onde aparentemente existe o caos. Tem sido assim no pretérito e não há razão alguma para deixar de ser assim no futuro. O tema sob crivo serve, por excelência, à comprovação desse fenômeno. Vejamos, portanto, como encaminhá-lo.

2.14. A REDUÇÃO DOS EMPRÉSTIMOS COMPULSÓRIOS E DAS CONTRIBUIÇÕES PARAFISCAIS À TRICOTOMIA

Os empréstimos compulsórios e as contribuições especiais são tributos. Uns e outras exigem que se lhes examinem os fatos geradores. Só depois desse exame é possível dizer de que espécie se trata. Noutras palavras, tanto uns como outras são *nomes (nomina juris)* consagrados pela tradição. São tributos especiais, sempre foram. Mas qual a razão do específico? Esta especificidade não lhes seria suficiente para autonomizá-los, permitindo uma teoria quinquipartida dos tributos?

Cremos que não, e por várias razões.

Os compulsórios são *restituíveis*, e as parafiscais são para fins predeterminados. Nisso o específico de uns e outras.

Em primeiro lugar, a *natureza jurídica da espécie de tributo* é encontrada pela análise do seu fato gerador, pouco importando o *motivo* ou a *finalidade* (elementos acidentais). Então, depois dessa análise, será possível saber se se trata de imposto, de taxa ou de *contribuição* (na espécie contribuição temos duas subespécies: as contribuições de benefícios e as contribuições de melhoria).

Em segundo lugar, isto não impede que haja *imposto restituível, com regime constitucional próprio*, nem obsta a existência de impostos ou taxas *afetados a finalidades específicas e administrados por órgãos paraestatais ou autarquias em demanda de fins especiais* (contribuições parafiscais) igualmente sujeitadas a *normas constitucionais que lhes são específicas.*

Num ou noutro caso devemos insistir em saber por que, ao lado dos impostos, das taxas e das contribuições de melhoria, plantou o constituinte estas outras duas expressões. Existiriam razões jurídicas (exigentes de disciplinação própria para estas figuras). São *tributos especiais*. Não há, por exemplo, empréstimo compulsório se não houver: (a) imposto e (b) promessa de restituição. Mais ainda, os *motivos* para institui-lo são *constitucionais*. Um imposto residual (art. 154, I) não requisita *causa*. O restituível (empréstimo compulsório) a *exige necessariamente*. É dizer, para instituir um imposto residual são necessários apenas o processo e os limites do art. 154, I, da CF. Para instituir o compulsório é necessária, além da *restituição*, a observância dos *motivos constitucionais* que o autorizam (art. 148, I e II). A receita dele advinda é vinculada à despesa (à causa que lhe deu origem). Por outro lado, as contribuições são afetadas a fins predeterminados constitucionalmente. São vinculados a *órgãos* e *finalidades*. É claro que nem a restituição nem a afetação parafiscal decidem sobre a *natureza jurídica da espécie tributária*. Contudo, estes aspectos constitucionais que vimos de ver conferem *matizes (secundários)* que singularizam para fins de *regulamentação jurídica* os empréstimos compulsórios e as contribuições (sociais, corporativas e interventivas). Assim, por exemplo, uma contribuição social que seja instituída sobre o lucro das empresas (art. 195) ganhando eficácia em 90 dias (art. 195, § 6.º) terá que ser *cobrada, administrada e empregada* nos fins da Constituição. Se for a União o sujeito ativo da obrigação sem previsão de repasse imediato, já não se trata mais de contribuição, mas de imposto residual em *bis in idem*, contra a fórmula do art. 154, I, da CF. É dizer, as licenças da bitributação e da redução da anterioridade foram permitidas na CF em prol da Seguridade Social e não do Fisco Federal.

2.15. OS NÍVEIS DE ANÁLISE DA QUESTÃO DOS EMPRÉSTIMOS COMPULSÓRIOS E DAS CONTRIBUIÇÕES PARAFISCAIS: O NÍVEL DA TEORIA GERAL DO DIREITO E O NÍVEL JURÍDICO-CONSTITUCIONAL

Em primeiro lugar, relegue-se o "nominalismo". Não é o nome que confere identidade às coisas. *Il y a le nom* e *il y a la chose*. Importa apreender a ontologia básica do ente sob análise, no caso, o *tributo*.

A análise dos empréstimos compulsórios e das contribuições especiais ou ditas parafiscais comporta dois níveis. O primeiro é o nível da *Teoria Geral do Direito Tributário* quanto ao conceito de tributo e de suas espécies. O segundo nível de análise é o jurídico-positivo. Aqui comporta surpreender as disciplinações legais, a partir da Constituição, que regem especificamente os empréstimos compulsórios e as contribuições. Agora note-se: o que do ponto de vista da Teoria Geral do Direito Tributário é *acidental* – restituibilidade e afetação –, do ponto de vista jurídico-positivo é *fundamental*, daí que são plasmadas normas específicas para regrar os compulsórios e as parafiscais, em razão justamente das causas que justificam a criação dos primeiros e dos *fins* que sustentam a existência das segundas, até porque os impostos não podem ser afetados. Existe proibição constitucional.

Os dois planos de análise, embora devam ser feitos separadamente, e o faremos, não são estanques, tocam-se e ensejam conclusões de ordem prática, como veremos no momento apropriado. Para logo vamos dar alguns exemplos, aliás já insinuados retro.

1.º exemplo: há uma regra na Constituição que diz ser *privativa* a competência das pessoas políticas para impor os impostos que lhes foram discriminados. Por isso, a CF, ao permitir à União criar novos impostos (residuais), proíbe que tenham *fato gerador igual* ao de impostos já criados. Se amanhã a União, motivadamente, instituir um empréstimo compulsório cujo fato gerador seja idêntico ao do ICMS, aplica-se o art. 154, I, e declara-se, por essa razão, inconstitucional o empréstimo compulsório, salvo em caso de guerra, quando seria aplicável o art. 154, II.

2.º exemplo: esta mesma regra já não se aplica às contribuições sociais do art. 195 da CF. Elas podem incidir sobre *lucro, faturamento ou receitas, folha de pagamento*, pouco importando que existam impostos do sistema incidindo sobre *lucro, faturamento e remunerações*. A CF/88 expressamente permite. Mas se o legislador quiser instituir outras fontes de custeio de índole tributária, incidindo sobre fatos que não sejam lucro, faturamento, folha de salários e receita de prognósticos, a fórmula do art. 154, I, ressurge com os seus óbices em defesa da integridade do sistema federativo de repartição de competências tributárias (art. 195, § 4.º).

2.16. A CLASSIFICAÇÃO JURÍDICA DAS DUAS SUPOSTAS ESPÉCIES DE TRIBUTO: CONTRIBUIÇÕES ESPECIAIS E EMPRÉSTIMOS COMPULSÓRIOS

Os empréstimos compulsórios, tão logo sejam examinados os seus fatos geradores, apresentam-se, invariavelmente, como impostos e, frequentemente, como adicionais de impostos. Veja-se a nossa experiência remota e recente. Os adicionais restituíveis colavam-se aos impostos-base. Mais recentemente tivemos vários "fatos geradores" de impostos (consumo de energia elétrica, de combustíveis, uso de linhas telefônicas – FNT, aquisição de veículos, de passagens aéreas internacionais, aquisição de moedas estrangeiras e assim por diante). Difícil encontrar empréstimo compulsório com feição de taxa. É sempre imposto especial, causal, temporário e restituível.

As contribuições, quando a finalidade não implica uma resposta estatal, pessoal, específica, proporcional, determinada, ao contribuinte, são também impostos, só que afetados a finalidades específicas (finalísticos). Olhemos as do art. 195 da CF/1988: receita bruta (faturamento ou receitas), pagamento de folha, lucro, receita de jogos. O que são senão fatos geradores de impostos porque destituídos de qualquer atuação estatal, proporcional, específica, relativa à pessoa do contribuinte? Mas a contribuição previdenciária dos empregados e segurados do INSS são, estas sim, sinalagmáticas. Aí existe contribuição como espécie, sendo esta destinada à Seguridade Social uma subespécie a ser examinada.

O estudo pormenorizado da classificação das espécies tributárias está no Capítulo II da Terceira Parte desta obra, para onde remetemos o leitor e onde analisamos detidamente a hipótese de incidência como elemento determinante para a descoberta da espécie.

2.17. OS PRINCÍPIOS DA CAPACIDADE ECONÔMICA E DA PESSOALIDADE DOS IMPOSTOS COMO PRINCÍPIOS ORIENTADORES DO EXERCÍCIO DAS COMPETÊNCIAS TRIBUTÁRIAS

Art. 145. [...]
[...]
§ 1.º Sempre que possível, os impostos terão caráter pessoal e serão graduados segundo a capacidade econômica do contribuinte, facultado à administração tributária, especialmente para conferir efetividade a esses objetivos, identificar, respeitados os direitos individuais e nos termos da lei, o patrimônio, os rendimentos e as atividades econômicas do contribuinte.

[...]

Misabel Derzi, nos seus comentários à obra de Baleeiro – *Limitações constitucionais ao poder de tributar*,[1] discorre com precisão:

> Diferentes autores distinguem entre capacidade econômica objetiva (ou absoluta) e subjetiva (ou relativa e pessoal).
>
> Emilio Giardina[2] explica que a capacidade *objetiva absoluta* obriga o legislador a tão somente eleger como hipóteses de incidência de tributos aqueles fatos que, efetivamente, sejam *indícios de capacidade econômica*. Daí se inferir a aptidão abstrata e em tese para concorrer aos gastos públicos da pessoa que realiza tais fatos indicadores de riqueza. No mesmo sentido, aponta Alberto Xavier. Ele explica que o legislador pode:
>
>> [...] escolher livremente as manifestações de riqueza que repute relevantes para efeitos tributários, bem como delimitá-las por uma outra forma, mas sempre deverá proceder a essa escolha entre situações da vida reveladoras de capacidade contributiva e sempre a estas se há de referir na *definição dos critérios de medida do tributo*.[3]
>
> Não obstante, a *capacidade relativa ou subjetiva* refere-se à concreta e real aptidão de determinada pessoa (considerados seus cargos obrigatórios pessoais e inafastáveis) para o pagamento de certo imposto.
>
> Por isso interessa mais, *dentro* das peculiaridades de nosso direito positivo, estabelecer a relação e a compatibilidade entre as prestações pecuniárias, quantitativamente delimitadas na lei, e a espécie, definida pelo fato signo presuntivo de riqueza (na feliz expressão de Becker), posto na hipótese de incidência e pré-delineado nas normas constitucionais. Caberá ao legislador infraconstitucional fixar esta relação, porém a margem de discricionariedade de que dispõe é limitada.
>
> *Do ponto de vista objetivo*, a capacidade econômica somente se inicia após a dedução dos gastos à aquisição, produção, exploração e manutenção da renda e do patrimônio. Tais gastos se referem àqueles necessários às despesas de exploração e aos encargos profissionais. (V., nesse sentido, Joachim Lang, *Tributación Familiar*,

---

[1] BALEEIRO, Aliomar. *Limitações constitucionais ao poder de tributar*. 7. ed. Rio de Janeiro: Forense, 1997. p. 690-693.
[2] GIARDINA, Emilio. *Le Basi Teoriche del Principio della Capacità Contributiva*. Milano: Giuffrè, 1961. p. 439.
[3] Cf. XAVIER, Alberto. *Manual de direito fiscal*. Faculdade de Direito de Lisboa, 1974. v. I, p. 108.

HPE, 94: p. 407-435, 1985, p. 410; Klaus Tipke, *Steuerrecht*, 9, Otto Schmidt, KG, 1983, p. 281.) Ou seja, pode-se falar em uma capacidade econômica objetiva, que o legislador tem o dever de buscar, como a renda líquida profissional, ou o *patrimônio líquido*.

O princípio da capacidade econômica, *do ponto de vista objetivo*, obriga o legislador ordinário a autorizar todas as despesas operacionais e financeiras necessárias à produção da renda e à conservação do patrimônio, afetado pela exploração. Igualmente o mesmo princípio constrange a lei a permitir o abatimento dos gastos destinados ao exercício do trabalho, da ocupação profissional como fonte, de onde promanam os rendimentos. O rígido sistema constitucional de competência tributária, assentado em campos privativos de atuação dos entes políticos estatais, e o princípio da capacidade econômica impedem uma miscigenação legal entre renda, rendimento e faturamento. Enquanto nos demais países a confusão entre tais conceitos esbarra apenas nos óbices constitucionais da tributação segundo a capacidade econômica, entre nós, ao contrário, haverá também, além desses entraves, os limites da competência já postos no Texto Magno.

Do ponto de vista subjetivo, a capacidade econômica somente se inicia após a dedução das despesas necessárias para a manutenção de uma existência digna para o contribuinte e sua família. Tais gastos pessoais obrigatórios (como alimentação, vestuário, moradia, saúde, dependentes, tendo em vista as relações familiares e pessoais do contribuinte etc.) devem ser cobertos com rendimentos em sentido econômico – mesmo no caso dos tributos incidentes sobre o patrimônio e heranças e doações – que *não estão disponíveis para o pagamento de impostos*. A capacidade econômica subjetiva corresponde a um conceito de renda ou patrimônio líquido pessoal, livremente disponível para o consumo e, assim, também para o pagamento de tributo. Dessa forma, se realizam os princípios constitucionalmente exigidos da *pessoalidade* do imposto, *proibição do confisco e igualdade*, conforme dispõem os arts. 145, § 1.º, 150, II e IV, da Constituição.

Os impostos, então, sempre que possível, terão caráter pessoal e serão graduados segundo a capacidade econômica (contributiva) dos contribuintes. Ao falar em pessoalidade, o constituinte rendeu-se às classificações pouco científicas da Ciência das Finanças. Nem por isso o seu falar é destituído de significado. Dentre as inúmeras classificações dos impostos, avultam duas:

A) a que divide os impostos em pessoais e reais; e
B) a que os divide em diretos e indiretos.

Impostos pessoais seriam aqueles que incidissem sobre as pessoas, e reais os que incidissem sobre as coisas. Pessoal seria, por exemplo, o imposto de renda, e real, o imposto sobre a propriedade de imóveis ou de veículos.

A classificação é falha, por isso que os impostos, quaisquer que sejam, são pagos sempre por pessoas. Mesmo o imposto sobre o patrimônio, o mais real deles, atinge o proprietário independentemente da coisa, pois o vínculo *ambulat cum dominus*, isto é, segue o seu dono.

O caráter pessoal a que alude o constituinte significa o desejo de que a pessoa tributada venha a sê-lo por suas características pessoais (capacidade contributiva), sem possibilidade de repassar o encargo a terceiros. Esta impossibilidade de repassar, transferir, repercutir o encargo tributário é que fecunda a classificação dos impostos em diretos e indiretos. O imposto sobre a renda dos assalariados, p. ex., seria direto, porquanto a pessoa tributada não teria como transferi-lo para terceiros. Ao revés, seria indireto o ICMS, o IPI, certas incidências do IOF e do ISS, por isso que, nestes casos, a pessoa tributada tem condições de transferir o ônus fiscal a terceiros, seja através de específicas previsões legais, seja através do mecanismo dos preços, seja através de cláusulas contratuais, seja através de outros artifícios. O dono de um imóvel alugado, *v.g.*, pode transferir para o inquilino o IPTU incidente sobre o prédio, contratualmente ou não. Pessoal, pois, para o constituinte, é o imposto que leva em conta as condições do contribuinte sem repasse do encargo fiscal.

Em suma, imposto pessoal e direto é o que incide sobre o contribuinte sem transferência. O contribuinte *de jure* (eleito pela lei) é ele próprio também contribuinte de fato (o que sofre no mercado o peso do encargo). O ICMS, para exemplificar, tem um contribuinte *de jure* – o industrial, comerciante ou produtor – e vários contribuintes de fato – os consumidores finais dos bens e serviços gravados. Os contribuintes de fato são os adquirentes, pois no preço de compra está embutido o valor do imposto.

A capacidade contributiva é a possibilidade econômica de pagar tributos (*ability to pay*). É subjetiva quando leva em conta a pessoa (capacidade econômica real). É objetiva quando toma em consideração manifestações objetivas da pessoa (ter casa, carro do ano, sítio numa área valorizada etc.). Aí temos "signos presuntivos de capacidade contributiva". A nosso sentir, o constituinte elegeu como princípio a capacidade econômica real do contribuinte.

José Marcos D. de Oliveira, citando Cortés Domingues,[4] não discrepa:

> Consoante lição de Cortés Domingues e Martín Delgado, a capacidade econômica absoluta se refere à "aptidão abstrata para concorrer aos gastos públicos", tendo a ver com a definição legal de quem são os sujeitos e quais os fatos que têm ou indicam a existência daquela idoneidade. Por outro lado, capacidade econômica relativa, que supõe a absoluta, "se dirige a delimitar o grau de capacidade. O *quantum*. Opera, pois, no momento de determinação

---

[4] OLIVEIRA, José Marcos Domingues de. *Capacidade contributiva*: conteúdo e eficácia do princípio. Rio de Janeiro: Renovar, 1988. p. 61.

da quota". Nesta segunda vertente, a capacidade contributiva tem a ver com a aptidão específica e concreta de cada contribuinte de per si em face dos fatos geradores previstos na lei.

Dito isto, cabe reafirmar que o princípio da capacidade contributiva anima – enquanto afim da igualdade – tanto a *produção* das leis tributárias quanto a *aplicação das mesmas* aos casos concretos a partir do *fundamento constitucional*. É dizer, o legislador está obrigado a fazer leis fiscais catando submissão ao princípio da capacidade contributiva em sentido positivo e negativo. E o juiz está obrigado a examinar se a lei, em abstrato, está conformada à capacidade contributiva e, também, se, *in concretu*, a incidência da lei relativamente a dado contribuinte está ou não ferindo a sua, dele, capacidade contributiva.

Passemos a examinar o conteúdo do princípio da capacidade contributiva.

Griziotti, há quase meio século, dizia que a capacidade contributiva indicava a potencialidade das pessoas de contribuir para os gastos públicos.[5] Moschetti a conceituou como "aquela força econômica que deva julgar-se idônea a concorrer às despesas públicas", e não "qualquer manifestação de riqueza", acentuando assim a capacidade econômica real do contribuinte e, pois, *personalizando* o conceito.[6] Aliomar Baleeiro avançou um pouco mais, fazendo surgir a capacidade contributiva como o elemento *excedentário*, sobrante, da capacidade econômica real do contribuinte; seria a "sua idoneidade econômica para suportar, *sem sacrifício do indispensável à vida compatível com a dignidade humana*, uma fração qualquer do custo total dos serviços públicos".[7] Perez de Ayala e Eusebio Gonzalez, desde a Espanha, predicam que o princípio da capacidade contributiva estende-se às pessoas jurídicas, as quais têm que satisfazer *necessidades operacionais mínimas* sob pena de extinção. Somente após este limite teriam capacidade contributiva.[8] Alberto P. Xavier aduz que capacidade contributiva, igualdade, legalidade e generalidade da tributação assumiram uma *profunda unidade sistemática* como "emanação do Estado de Direito no domínio dos impostos".[9] Ao dizer o que disse, considerou o princípio da capacidade contributiva como o princípio operacional da *igualdade de todos perante a lei* na medida de suas desigualdades.

---

[5] BENVENUTO, Griziotti. *Principios de ciencia de las finanzas.* Buenos Aires: Depalma, 1949. p. 215.
[6] Moschetti, Francesco. *Il principio della capacità contributiva.* Padova: Cedam, 1973. p. 238.
[7] Baleeiro, Aliomar. *Uma introdução à ciência das finanças.* 14. ed. Rio de Janeiro: Forense, 1984. p. 266.
[8] PEREZ DE AYALA; GONZALEZ, Eusébio. *Curso de derecho tributario.* 3. ed. Madrid: Derecho Financiero, 1980. t. II, LIX.
[9] XAVIER, Alberto Pinheiro. *Os princípios da legalidade e da tipicidade da tributação.* São Paulo: RT, 1978. p. 9.

Disse, com erronia, Giannini, que o princípio da capacidade contributiva era "uma exigência ideal, cuja realização, como em qualquer outro campo da vida social, fica atribuída à *prudente apreciação do legislador*".[10]

Absolutamente não. O legislador não tem que ser prudente; deve ser obediente à Constituição. E, na hipótese de não "ser prudente" em sua apreciação dos fatos e da norma constitucional, cabe ao Judiciário corrigi-lo.

A "prudente apreciação", no caso, passa a ser a do juiz.

Por isso mesmo, razão assiste aos juristas que não admitem ficarem os princípios constitucionais a depender do "prudente alvedrio dos legisladores". No que tange ao princípio da capacidade contributiva, motor operacional do princípio da igualdade, seria verdadeiro escárnio entregá-la, a sua realização prática, ao "arbítrio dos legisladores". Dino Jarach, lapidar, afirmava que a igualdade em tema de tributação mais não era que "igualdade em condições iguais de capacidade contributiva".[11]

É dizer, a capacidade contributiva apresenta duas almas éticas que estão no cerne do Estado de Direito:

A) em primeiro lugar, afirma a supremacia do ser humano e de suas organizações em face do poder de tributar do Estado;

B) em segundo lugar, obriga os Poderes do Estado, mormente o Legislativo e o Judiciário, sob a égide da Constituição, a realizarem o valor justiça através da realização do valor igualdade, que no campo tributário só pode efetivar-se pela *prática do princípio da capacidade contributiva e de suas técnicas*.

Por isso mesmo as reflexões mais profundas e modernas a propósito do princípio apresentam-se limpas da ganga *positivista* e do "fetiche legalista". E ver Sainz de Bujanda dizendo que os *fatos geradores* só se justificam, *constitucionalmente* falando, se comprometidos com o valor justiça, objeto do Estado de Direito, se forem indicativos de *capacidade econômica*.[12]

Entre nós, princípio constitucional que é, a capacidade contributiva subordina o *legislador* e atribui ao Judiciário o dever de controlar a sua efetivação enquanto poder de controle da constitucionalidade das leis e da legalidade dos atos administrativos.

Em seguida passaremos a examinar a abrangência do princípio relativamente às espécies tributárias e em relação à extrafiscalidade. Seu campo de eleições são os impostos (inclusive os finalísticos), especialmente sobre a renda. As taxas e contribuições decorrem de atuações do Estado.

---

[10] GIANNINI, A. D. *I concetti fondamentali di diritto tributario*, apud FONROUGE, Giuliani. *Derecho financiero*. 3. ed. Buenos Aires: Depalma, 1976. v. I, p. 259.

[11] Jarach, Dino. *Curso superior de derecho tributario*. 9. ed. Buenos Aires: Cima, 1963. p. 126.

[12] BUJANDA, Sainz de. *Hacienda y derecho*. Madrid: Instituto de Estudios Tributarios, 1966. v. IV, p. 551.

Pois bem, orienta-nos o espírito incomensuravelmente fecundo de Rui Barbosa:[13]

A regra da igualdade não consiste senão em quinhoar desigualmente aos desiguais, na medida em que se desigualam. Nesta desigualdade social, proporcionada à desigualdade natural, é que se acha a verdadeira lei da igualdade. O mais são desvarios de inveja, do orgulho ou da loucura. Tratar com desigualdade a iguais ou a desiguais com igualdade seria desigualdade flagrante e não igualdade real.

Por ser do homem a capacidade de contribuir, a sua medição é *pessoal*, sendo absolutamente desimportante intrometer no assunto a *natureza jurídica das espécies tributárias*. É errado supor que, sendo a taxa um tributo que tem por fato jurígeno uma atuação do Estado, só por isso, em relação a ela não há falar em capacidade contributiva. Ora, a *atuação do Estado* é importante para dimensionar a prestação, nunca para excluir a consideração da capacidade de pagar a prestação, atributo do *sujeito passivo* e não do *fato jurígeno*. O que ocorre é simples. Nos impostos, mais que nas taxas e contribuições de melhoria, está o campo de eleição da capacidade contributiva. Assim mesmo os impostos "de mercado", "indiretos", não se prestam a realizar o princípio com perfeição. É nos impostos patrimoniais, com refrações, e nos impostos sobre a renda, principalmente nestes, que a efetividade do princípio é plena pela adoção das tabelas progressivas e das deduções pessoais. Nas taxas e contribuições de melhoria, o princípio realiza-se negativamente pela *incapacidade contributiva*, fato que tecnicamente gera remissões e *reduções subjetivas* do montante a pagar imputado ao sujeito passivo *sem capacidade econômica real*. É o caso, *v.g.*, da isenção da taxa judiciária para os pobres e o da redução ou mesmo isenção da contribuição de melhoria em relação aos miseráveis que, sem querer, foram beneficiados em suas humílimas residências por obras públicas extremamente valorizadoras. Obrigá-los a vender suas propriedades para pagar a contribuição seria impensável e inadmissível, a não ser em regimes totalitários de direita. Nos impostos que percutem (chamados de "indiretos" ou de "mercado") entra em cena o contribuinte de fato, diferente do *de jure*, e a capacidade contributiva realiza-se imperfeitamente. É o caso das alíquotas menos gravosas do IPI e do ICMS. Supõe-se que os de menor renda (contribuintes de fato) consomem *artigos necessários tão somente a uma existência sofrida*, e, por isso, as alíquotas são reduzidas, ou mesmo isenções são dadas. Ocorre que tanto compra feijão José da Silva quanto Ermírio de Moraes, com o rico industrial se beneficiando dos favores pensados para José. Em compensação, José não consome champanha ou caviar, cujas alíquotas são altas...

---

[13] BARBOSA, Rui. *Oração aos moços*. Rio de Janeiro: Casa de Ruy Barbosa, 1949.

A ideia de capacidade contributiva, o seu conteúdo, serve de parâmetro para analisarmos o maior ou menor teor de injustiça fiscal existente nos sistemas tributários. A justiça vasculhando o Direito, como diria Gorki, genial escritor russo.

O ponto traz à baila a questão da tributação exacerbada por razões extrafiscais. Como encarar a questão em face do princípio da capacidade contributiva?

Fonrouge, com a oposição de alguns, entendia que o princípio da capacidade contributiva era incompossível com a tributação extrafiscal.[14] O mestre portenho tem razão. As isenções e outras técnicas de exoneração fiscal para partejar o desenvolvimento econômico partem da ideia de que os empreendedores possuem elevada capacidade econômica, *tanto que investem dinheiro em atividades empresariais em troca dos aliciantes fiscais*... Por outro lado, as técnicas inibitórias de extrafiscalidade só são possíveis pela *exacerbação dos encargos fiscais*, tornando proibitivos certos consumos e hiperonerosas certas situações. Exemplificamos com o ITR e o IPTU progressivos; o primeiro para desestimular o latifúndio, o ausentismo e a improdutividade rural, e o segundo para coibir a especulação imobiliária urbana e a disfunção social da propriedade nas cidades. Sem a exacerbação da tributação não haveria como praticar a extrafiscalidade, que se caracteriza justamente pelo uso e manejo dos tributos, com a finalidade de atingir alvos diferentes da simples *arrecadação de dinheiro*. Nesses casos, a consideração da capacidade contributiva, que não está em causa, evidentemente, é demasia. Sem razão, no pormenor, José Marcos Domingues, ao dizer que Fonrouge está equivocado.[15]

Agora, essa é outra situação, o princípio da capacidade contributiva junto com outros, tais como o da igualdade e o da generalidade, podem atuar para o controle político e jurisdicional da tributação pervertida ou das perversões da extrafiscalidade. Nisso acerta em cheio o Prof. José Marcos Domingues:[16]

> [...] As isenções extrafiscais (tanto quanto as isenções fiscais – que preservam o "necessário mínimo"), quando não iluminadas por critérios como esses, transformam-se em privilégios inconstitucionais e são espúrias, desvirtuadas, informam a "possível colisão dos regimes de incentivos com o princípio da igualdade concebido com o princípio da capacidade contributiva", conforme advertência da VI Jornada Latino-Americana de Direito Tributário, intitulada "Los Incentivos Tributarios al Desarollo Económico".

---

[14] FONROUGE, Giuliani. *Derecho financiero*. 3. ed. Buenos Aires: Depalma, 1976. v. I, p. 126.
[15] OLIVEIRA, José Marcos Domingues de. *Capacidade contributiva*: conteúdo e eficácia do princípio. Rio de Janeiro: Renovar, 1988. p. 54.
[16] OLIVEIRA, José Marcos Domingues de. *Capacidade contributiva*: conteúdo e eficácia do princípio. Rio de Janeiro: Renovar, 1988. p. 56.

2.18. O ART. 145, § 2.º, OU O PAPEL CONTROLADOR DA BASE DE CÁLCULO DOS TRIBUTOS

O art. 145, § 2.º, ostenta redação singela e objetiva, melhor que a da Constituição de 67, que preceituava não poder a taxa ter base de cálculo idêntica à dos impostos previstos naquela Carta outorgada. Agora, a redação está cientificamente correta:

> Art. 145. A União, os Estados, o Distrito Federal e os Municípios poderão instituir os seguintes tributos:
> I – [...]
> II – [...]
> III – [...]
> § 1.º [...]
> § 2.º As taxas não poderão ter base de cálculo própria de impostos.

Correta sim, porque coloca a questão em campo abrangente. A taxa, qualquer taxa, não pode ter base de cálculo de imposto enquanto espécie. Qual a *ratio* da norma? Sem mais, a onipresente realidade da teoria dos fatos geradores vinculados e não vinculados a uma atuação estatal a permear o Sistema Tributário da Constituição. A regra vigia a repartição das competências tributárias.

Sendo a taxa um tributo cujas hipóteses de incidência (fatos geradores) configuram atuações do Estado relativamente à pessoa do obrigado, a sua base de cálculo somente pode mensurar tais atuações. Entre a base de cálculo e o fato gerador dos tributos existe uma relação de inerência quase carnal (*inhaeret et ossa*), uma relação de pertinência, de harmonia. Do contrário, estaria instalada a confusão e o arbítrio com a prevalência do *nomen juris*, *i.e.*, da simples denominação formal, sobre a ontologia jurídica e conceitual dos tributos, base científica do Direito Tributário. Uma taxa de fiscalização do arroz para prover, desde a sua comercialização, a sanidade do cereal em prol dos consumidores (serviço do poder de polícia) que tiver por base de cálculo o valor de mercado do arroz fiscalizado e não o trabalho fiscalizatório, ainda que estimado, será um imposto sobre circulação de mercadorias.

Eis aí a grande serventia da base de cálculo como dado ou elemento veritativo, além de suas funções puramente quantitativas (cálculo do valor a pagar) e valorativa (elemento auxiliar para a fixação da capacidade contributiva pela valoração do fato gerador em função do contribuinte).[17]

O dispositivo sob comento, além de conferir à base de cálculo esta missão de controle, assegura integridade ao sistema de repartição de competências tributárias instituído na Constituição, tido por um dos mais perfeitos do mundo. Na medida

---

[17] A propósito, ver DERZI, Misabel de Abreu Machado. *O imposto sobre a propriedade predial e territorial urbana*. São Paulo: Saraiva, 1982, quando analisa as funções da base de cálculo dos tributos.

em que a Nação está politicamente organizada como República Federativa, necessário se faz garantir a repartição dos diversos tributos entre as pessoas políticas que convivem na Federação. A nossa discriminação de competências tributárias é rígida, inadmitindo conflitos e superposições. Não fosse esta regra, aparentemente miúda, dadas pessoas políticas poderiam criar fatos geradores de taxas com base de cálculo de imposto e, assim, burlar o sistema, provocando invasões de competências em áreas já reservadas às outras, com evidente sobrecarga tributária em desfavor dos contribuintes. A redação dada ao preceito pela Constituição de 1988 é melhor do que a dada pela de 1967 por mais uma razão. Agora, até mesmo as áreas tributáveis passíveis de serem exploradas por impostos novos (ainda não criados), com esforço na competência residual da União, restam preservadas. A redação da Constituição de 1967, com erronia, vedava base de cálculo idêntica à dos impostos existentes. Uma interpretação ao pé da letra levaria a limitar o alcance da vedação, sabendo que os exegetas oficiais são férteis em imaginação e despiste, visando aumentar as tributações ao arrepio das normas jurídicas.

A regra constitucional *in examen*, arquitetada a partir dos insumos da teoria dos fatos geradores vinculados ou não a atuações do Estado, reiterada aqui *ad nauseam*, não deixa de ter origens históricas e motivações políticas. Celso Cordeiro Machado deplorou, com a vivência de quem foi secretário da Fazenda, a mania que tinha Minas Gerais de criar pseudotaxas, a ponto de vir a ser conhecida no passado como "Estado taxeiro". E Aliomar Baleeiro traceja os antecedentes que redundaram no preceito:[18]

> Paradoxalmente, à proporção que se difundiu no Brasil a noção teórica das taxas, os governos estaduais e municipais dela desertaram, ensaiando bitributações que se mascaravam como o nome desse tributo. Para isso, concorreram duas razões: 1.ª) o conceito errôneo dos Dec.-leis n°s 1.804/39 e 2.416/40; 2.ª) confusões com a doutrina estrangeira proveniente de países cujas Constituições não se referiam àquela noção teórica.

Mas os tribunais, sobretudo o STF, corrigiram aquelas deturpações, fulminando de inconstitucionalidade várias falsas taxas, que dissimulavam impostos de alheia competência (*Vide* Súmulas do STF, n°s 128, 135, 144, 551, 595 etc.)

A Constituição, inspirada no propósito de pôr um ponto final em tais abusos, que burlavam os principais pontos cardeais do sistema tributário e multiplicavam litígios, estabeleceu a regra do § 2.º do art. 18: – taxa não pode ter a mesma base de cálculo que tenha servido para incidência de impostos. Embora não fosse inconstitucional, no regime anterior, a taxa em disfarce de imposto da competência da pessoa de Direito Público que a exigisse, a prática era irracional e contraproducente. Hoje, por efeito desse § 2.º do art. 18, há inconstituciona-

---

[18] BALEEIRO, Aliomar. *Direito tributário brasileiro* 10. ed. Rio de Janeiro: Forense, 1981. p. 335.

lidade ainda quando a taxa, na realidade, representa duplicata de imposto compreendido na competência do governo que a decreta. Não se aplica aí, cremos, o art. 4.º do CTN. Com maior razão se o imposto mascarado configura invasão de competência de outra pessoa de Direito Público.

O princípio ainda se mostra mais explícito no parágrafo único do art. 77 do CTN: – não só aí se proíbe a mesma base de cálculo senão também o mesmo fato gerador de imposto. À primeira vista, poderá parecer uma superafetação, já que o próprio CTN, em conformidade com a teoria financeira, erige o fato gerador em elemento característico de cada tributo em espécie. Estava implícita a vedação da taxa que se caracteriza como imposto, por ter o fato gerador deste. Os iterativos abusos a que já aludimos explicam a reiteração expressa na regra lógica.

A vedação constitucional abrange a base de cálculo de imposto da competência do próprio governo, que instituiu a taxa (p. ex. taxa municipal com a base admitida para o ISS pelo art. 3.º do Dec.-lei n.º 834, de 1969).

O CTN no mesmo parágrafo do art. 77 impede ao legislador ordinário a utilização do capital das empresas como base de cálculo de taxas.

A propósito, há até súmula do Supremo Tribunal Federal com a seguinte ementa:

Súmula n.º 595 – "É inconstitucional a taxa municipal de conservação de estradas de rodagem cuja base de cálculo seja idêntica à do Imposto Territorial Rural."

Observe-se que o Supremo Tribunal Federal editou a Súmula Vinculante n.º 29, no seguinte sentido: "É constitucional a adoção, no cálculo do valor de taxa, de um ou mais elementos da base de cálculo própria de determinado imposto, desde que não haja integral identidade entre uma base e outra".

Não concordamos com a Côrte, o grande perigo é enfraquecer a diferença entre imposto (fato do contribuinte) e taxa (fato do Estado) consistente em atuações estatais, prestando serviços (coleta de lixo, *v.g.*) ou exercendo atos do poder de polícia (vistorias, autorizações etc.).

No caso das taxas, duas funções tem a base de cálculo, incontornáveis: a primeira, medir a atuação do Estado que lhe está subjacente. A segunda, veritativa, de confirmar o fato eleito como fato gerador do tributo.

O tema, em suas derivações, traz à baila uma questão embaraçosa quanto às técnicas em voga de fixação do valor das taxas.

A premissa é simples. Na maior parte dos casos, o valor a pagar nas taxas é fixado aleatoriamente, *a forfait*.

Isto não se casa bem com as funções reservadas à base de cálculo das mesmas, até por imperativo constitucional. Pois não reza a Constituição que taxa não pode ter base de cálculo idêntica à do imposto? A base de cálculo aqui deve mensurar a atuação estatal. O problema não surge propriamente das taxas sem base de cálculo explicitada. Nesses casos, prevê a lei algumas enunciações do tipo que vamos exemplificar:

a) por atestado de bons antecedentes: 20 reais;
b) por requerimento protocolado na seção de controle: 10 reais.

Nesses casos, presume-se que a base de cálculo mede os custos da atividade estatal pela sobreprestação do serviço público requerida, *a forfait*.

O problema tampouco surge nas taxas que admitem medições objetivas e controláveis por unidades de serviço público prestado.

Se, no Brasil, o serviço público de fornecimento de gás, energia, água e telefonia fosse explorado pelo regime tributário das taxas, seria muito fácil medir as quantidades de água, energia, gás e telefonia (impulsos) postas a serviço dos contribuintes (por litro, quilowatt ou impulso, "y" reais).

O selo postal (por estampilha ou carimbo) com base na distância, peso, meio de transporte, e ainda os telegramas também caracterizam um tipo de serviço público que admite medição objetiva, podendo gerar taxas sem maiores objeções. Só que o legislador optou pelo regime dos preços.

Mesmo os casos de fixação proporcional de taxas pela complexidade presumida do sobre-esforço estatal não fazem aflorar a questão. Noutras palavras, não ofende a teoria das taxas a prefeitura cobrar mais ou menos para conceder alvarás de construção. É que umas plantas, por serem mais complexas e volumosas, requerem esforços maiores de atuação estatal. Costuma-se exigir paga maior por m^2, área total ou por número de andares.

A questão surge quando se cobram taxas pelo valor do bem, contrato, transação ou interesse (registros públicos, notas e protestos) e quando se cobra taxa judiciária pelo valor da causa (ou seja, da pretensão do litigante) e noutros casos assemelhados.

Nestes exemplos, a base de cálculo da taxa não mede a atuação estatal; mede fato do contribuinte ou interesse seu a partir de signos presuntivos de capacidade contributiva, o que só calha nos impostos. Tampouco confirma a materialidade do fato jurígeno das taxas: a prestação de serviços públicos específicos e divisíveis; por isso que o registro de uma escritura e a prestação jurisdicional não variam por ser maior ou menor o valor do bem ou o valor da causa...

Pensamos que em todas as configurações parecidas com as que vimos de ver cabe a invocação do princípio de que a base de cálculo da taxa não pode ser aquela apropriada a impostos.

2.19. APONTAMENTOS NECESSÁRIOS À COMPREENSÃO DA REPARTIÇÃO CONSTITUCIONAL DE COMPETÊNCIAS TRIBUTÁRIAS

A matéria dos princípios gerais e da repartição de competências prossegue nos arts. 146 e 146-A, que versam a lei complementar tributária, e nos artigos 147, 148 e 149, que cuidam, respectivamente, da competência múltipla das pessoas políticas e da competência para instituir empréstimos compulsórios e contribuições parafiscais, temas a serem estudados à frente. É preciso advertir, porém, que a compreensão global do sistema de repartição dos impostos não se completa sem a conexão das regras tratadas na Seção I do Capítulo que estamos a comentar com aqueloutras das Seções III, IV e V dedicadas aos impostos da União, dos Estados e dos Municípios, pois é da leitura desses textos que exsurge a disciplina inteira da repartição das competências tributárias entre as pessoas políticas.

Duas regras de competência, ainda, estão fora da Seção em exame:

A) a que define a competência para a criação de novos impostos (competência residual); e
B) a que disciplina a chamada competência extraordinária de guerra, ambas encartadas na Seção III sobre os impostos privativos da União Federal.

Parece que a inclusão nesse lugar dessas duas regras atinentes a impostos virtuais deveu-se a que somente a União é competente para operá-las. A ser assim, contudo, os empréstimos compulsórios e as contribuições parafiscais deveriam também ser tratados na Seção III e não na Seção I, onde estão. Na Seção IV se cuidaria da contribuição dos funcionários públicos estaduais e, na Seção V, da dos funcionários públicos municipais e da contribuição, ainda que esdrúxula e talvez inconstitucional, a depender do dizer do STF, sobre o financiamento da iluminação pública das cidades. Haveria maior apuro técnico-sistemático.[19]

---

[19] Ver Súmula Vinculante n.º 41: "O serviço de iluminação pública não pode ser remunerado mediante taxa."

CAPÍTULO 3

A LEI COMPLEMENTAR COMO AGENTE NORMATIVO ORDENADOR DO SISTEMA TRIBUTÁRIO E DA REPARTIÇÃO DAS COMPETÊNCIAS TRIBUTÁRIAS

3.1. AS LEIS COMPLEMENTARES DA CONSTITUIÇÃO

O art. 59 da Constituição Federal prescreve:

Art. 59. O processo legislativo compreende a elaboração de:
I – emendas à Constituição;
II – leis complementares;
III – leis ordinárias;
IV – leis delegadas;
V – medidas provisórias;
VI – decretos legislativos;
VII – resoluções.
Parágrafo único. Lei complementar disporá sobre a elaboração, redação, alteração e consolidação das leis.

E o art. 69 averba:
Art. 69. As leis complementares serão aprovadas por maioria absoluta.

Infere-se que a lei complementar faz parte do processo legislativo da Constituição.

Nunes Leal, antes da Carta de 1967 e, por suposto, antes da Constituição de 1988, observara que nada distinguia uma lei complementar de outra, ordinária. Eram chamadas de complementares aquelas que tangiam instituições e regulavam os pontos sensíveis do ordenamento jurídico.

Agora a situação é outra. As leis complementares, inclusive as tributárias, são entes legislativos reconhecíveis formal e materialmente (forma e fundo), senão vejamos:

A) sob o ponto de vista formal, lei complementar da Constituição é aquela votada por maioria absoluta (*quorum* de votação de metade mais um dos membros do Congresso Nacional), a teor do art. 69 da CF;

B) sob o ponto de vista material, a lei complementar é a que tem por objetivo (conteúdo) a complementação da Constituição, quer ajuntando-lhe normatividade, quer operacionalizando-lhe os comandos, daí se reconhecer que existem leis complementares normativas e leis complementares de atuação constitucional. A matéria das leis complementares é fornecida pela própria CF expressamente.

3.2. AS LEIS COMPLEMENTARES TRIBUTÁRIAS

Em matéria tributária, a Constituição de 1988 assinala para a lei complementar os seguintes papéis:
I – emitir normas gerais de Direito Tributário;
II – dirimir conflitos de competência;
III – regular limitações ao poder de tributar;
IV – fazer atuar certos ditames constitucionais.

Os três primeiros *são genéricos*. O quarto é *tópico*. Caso por caso, a Constituição determina a utilização da lei complementar. Podemos dizer, noutras palavras, que a utilização da lei complementar não é decidida pelo *Poder Legislativo*. Ao contrário, a sua utilização é predeterminada pela Constituição. As matérias sob reserva de lei complementar são aquelas expressamente previstas pelo constituinte (âmbito de validade material, predeterminado constitucionalmente).

O assunto convoca necessariamente alguma explicação sobre a ordem jurídica dos Estados federativos. Em que pesem as particularidades dos vários Estados federais existentes, um fundamento é intrinsecamente comum a todos eles: a *existência*, ou melhor, a *coexistência de ordens jurídicas parciais* sob a égide da Constituição.

No Brasil, *v.g.*, existem três ordens jurídicas parciais que, subordinadas pela ordem jurídica constitucional formam a ordem jurídica nacional. As ordens jurídicas parciais são: (a) a federal, (b) a estadual e (c) a municipal, pois tanto a União, como os estados e os municípios possuem autogoverno e produzem *normas* jurídicas. Juntas, estas ordens jurídicas formam a *ordem jurídica total*, sob o império da Constituição, fundamento do *Estado* e do *Direito*. A lei complementar é *nacional* e, pois, subordina as ordens jurídicas parciais (O Distrito Federal é estado e município a um só tempo).

3.3. O LUGAR DA LEI COMPLEMENTAR NO ORDENAMENTO JURÍDICO – O ÂMBITO DE VALIDADE DAS LEIS EM GERAL – ENLACE COM A TEORIA DO FEDERALISMO

Para bem precisar a noção em exame, de resto fundamental, é preciso atentar para o estudo dos âmbitos de validade das leis teorizado por Kelsen e entre nós por Pontes de Miranda, Miguel Reale e José Souto Maior Borges, sem olvidar Lourival Vilanova, os dois últimos da Universidade Federal de Pernambuco, autores que nos inspiram e com os quais mantemos irrisórias divergências terminológicas ou analíticas.

A lei, toda lei, necessariamente exige um emissor, uma mensagem e um receptor (ou destinatário), porque a função maior da lei consiste em planificar comportamentos humanos e sociais. Todavia, não basta dizer isto. As leis possuem âmbitos de validade e são quatro: o material, o pessoal, o espacial e o temporal:

A) o âmbito de validade material diz respeito ao seu conteúdo, ou seja, diz respeito à norma que ela encerra. A lei é continente, a norma é conteúdo. Cada norma tem um conteúdo material preciso e, pois, limitado. Daí as classificações de normas pelo objeto: competenciais, organizatórias, técnicas ou processuais, de dever, sancionatórias etc.;
B) o âmbito de validade pessoal diz respeito aos destinatários da norma, ou seja, às classes de pessoas a quem se dirige a lei, com exclusão de todas as demais classes;
C) o âmbito de validade espacial encerra o espaço político onde a lei tem vigência e eficácia, onde produz efeitos, daí as noções de territorialidade e extraterritorialidade das leis;
D) o âmbito de validade temporal liga-se ao tempo de aplicação da lei, daí as questões de Direito intertemporal.

Agora o enlace.

Kelsen e os bons teóricos do federalismo costumam distinguir, utilizando-se do âmbito de validade espacial das leis, as que são válidas em todo o território do Estado federal (normas centrais) das que são válidas apenas para determinadas partes desse mesmo território (normas parciais). Preferimos falar em ordem jurídica federal em vez de central. No Brasil, *v.g.*, "centrais" seriam as leis emitidas pelo Legislativo federal. Em verdade, as leis federais vigem e valem em todo o território nacional. Parciais seriam as leis emitidas pelos Legislativos estaduais e municipais. Vigem e valem, respectivamente, nos territórios pertencentes aos diversos Estados-Membros da Federação e nos territórios dos seus municípios. Preferimos falar em ordens jurídicas estaduais e municipais. Para nós, então, a reunião dessas três ordens parciais (a federal, a estadual e a municipal) forma a ordem jurídica total (nacional) sob a ordem jurídica constitucional, fundamento de validez de todas elas. A propósito, Misabel de Abreu Machado Derzi[1] preleciona quanto aos arquétipos federais:

---

[1] COÊLHO, Sacha Calmon Navarro; DERZI, Misabel. *O IPTU*. São Paulo: Saraiva, 1982, *passim*.

Já afirmamos, com Reale, que a todo poder social corresponde uma ordem jurídica, sendo a ordenação pelo direito a forma de organização da coerção social. Por conseguinte, com a descentralização política própria do Estado federal se dá, necessariamente, uma descentralização jurídica.

O enfoque estritamente jurídico da questão leva-nos a constatar o inverso. À descentralização jurídica corresponderá a política, já que o poder estatal, sob tal ângulo, é mera validade e eficácia da ordem jurídica.

O emissor da lei complementar posta no Texto Constitucional e aqui tratada é o Congresso Nacional, que também edita as leis ordinárias federais. Vimos por outro lado que a lei complementar é votada por maioria absoluta (metade mais um dos membros do Congresso Nacional), o que fornece o critério formal de seu reconhecimento como ente legislativo autônomo. Vimos, ainda, os seus objetos materiais, isto é, os assuntos que cabem à lei complementar tributária. Inobstante, tais clareamentos nada adiantam sobre o lugar da lei complementar no interior das ordens jurídicas que integram o Estado federal. A lei complementar é lei federal, é lei da ordem jurídica parcial da União? Ou, ao revés, é lei que integra o próprio ordenamento constitucional, não no sentido de ser da Constituição, mas no sentido de ser o instrumento que diz como devem ser certas determinações constitucionais?

A resposta, por certo, é difícil. Contudo, a reunião de certos conceitos e intuições talvez nos permita bem compreender a dinâmica, antes que a estática da lei complementar no sistema jurídico da Constituição brasileira.

Em primeiro lugar, o órgão de emissão da lei complementar é o mesmo que emite a lei federal ordinária, e seu âmbito de validade espacial é igual ao âmbito da lei federal. Por aí, as leis complementares da Constituição são idênticas às leis federais ordinárias.

O âmbito de validade espacial da lei complementar é intratável. Ela tem que viger e valer em todo o território nacional sob pena de se não realizar em seus objetivos. A coincidência com o âmbito de validade espacial da lei federal é fatal e irredutível. Quanto ao órgão legislativo de sua emissão, só pode ser mesmo o Congresso Nacional, uma vez que, terminada a Constituição, a Assembleia Nacional Constituinte extinguiu-se. É preciso, porém, estabelecer quanto ao tema um "escolástico distíngo". É que o Congresso Nacional, ao lado das suas funções normais de órgão legislativo da União Federal (ordem jurídica parcial), outras exerce que não são do exclusivo interesse desta. É o caso, por exemplo, das emendas à Constituição, que são feitas pelo Congresso Nacional em prol da Nação, alterando a própria ordem constitucional. O mesmo se pode dizer da lei complementar, que, a nosso ver, é lei nacional de observância obrigatória pelas ordens parciais, embora reconheçamos que, ao lume da teorização kelseniana, a assertiva não possui fundamento incontestável, pois nacional é também a lei federal, aos fundamentos de que são os mesmos: (a) o órgão de emissão e (b) o âmbito de validade espacial (de ambas as leis), diferentes somente no *quorum* de votação (requisito de forma) e no conteúdo (requisito de fundo). A crítica, forçoso é reconhecer, procede. No entanto, estamos alcunhando de *nacional* a lei complementar com o único intuito de apartá-la da legislação federal ordinária pelo *quorum* (forma) e em razões de seus conteúdos (fundo), os quais, veremos, são sempre fins queridos pelo legislador constituinte, em continuação da própria Lei Maior, através de determinações expressas do texto constitucional. Certo, certíssimo. A lei complementar é utilizada, agora sim, em matéria tributária, para fins de complementação e atuação constitucional.

A) Serve para complementar dispositivos constitucionais de eficácia limitada, na terminologia de José Afonso da Silva;
B) Serve ainda para conter dispositivos constitucionais de eficácia contida (ou contível);
C) Serve para fazer atuar determinações constitucionais consideradas importantes e de interesse de toda a Nação. Por isso mesmo as leis complementares requisitam *quorum* qualificado por causa da importância nacional das matérias postas à sua disposição.

Noutras palavras, a lei complementar está a serviço da Constituição e não da União Federal. Esta apenas empresta o órgão emissor para a edição das leis complementares (da Constituição). Por isso mesmo, por estar ligada à expansão do texto constitucional, a lei complementar se diferencia da lei ordinária federal, que, embora possua também âmbito de validade espacial nacional, cuida só de matérias de interesse ordinário da União Federal, cuja ordem jurídica é parcial, tanto quanto são parciais as ordens jurídicas dos Estados-Membros e dos Municípios. A lei complementar é, por excelência, um instrumento constitucional utilizado para integrar e fazer atuar a própria Constituição. Sendo tal, a lei complementar jamais pode delegar matéria que lhe pertine, por determinação constitucional; tornaria flexível a nossa Constituição.

3.4. A LEI COMPLEMENTAR E SEU RELACIONAMENTO JURÍDICO COM A CONSTITUIÇÃO FEDERAL E AS LEIS ORDINÁRIAS

A lei complementar na forma e no conteúdo só é contrastável com a Constituição (o teste de constitucionalidade se faz em relação à Superlei) e, por isso, pode apenas adentrar área material que lhe esteja expressamente reservada. Se porventura cuidar de matéria reservada às pessoas políticas periféricas (Estado e Município), não terá valência. Se penetrar, noutro giro, competência estadual ou municipal, provocará inconstitucionalidade por invasão de competência. Se regular matéria da competência da União reservada à lei ordinária, em vez de inconstitucionalidade incorre em queda de *status*, pois terá valência de simples lei ordinária federal. Abrem-se ensanchas ao brocardo processual "nenhuma nulidade, sem prejuízo", por causa do princípio da economia processual, tendo em vista a identidade do órgão legislativo emitente da lei. Quem pode o mais pode o menos. A recíproca não é verdadeira. A lei ordinária excederá se cuidar da matéria reservada à lei complementar. Não valerá. Quem pode o menos não pode o mais.

É oportuno compreender por que as coisas se passam assim, com um pouco mais de profundidade, com esforço na Teoria Geral do Direito. Todo sistema jurídico abriga determinadas técnicas de reconhecimento de suas leis e de suas normas. Sim, porque leis e normas são coisas distintas, assunto que retomaremos mais à frente aproveitando os escólios de Souto Maior Borges. Por ora, aprofundando a teoria dos âmbitos de validade, basta dizer que as leis são como fios por onde correm as energias normativas, isto é, as normas. No caso da lei complementar, há requisitos de forma quanto à sua edição e requisitos de fundo quanto ao seu conteúdo, isto é, quanto ao que pode conter em termos normativos. Os conteúdos são predeterminados na Constituição. Tais requisitos formam a técnica de reconhecimento das leis complementares tributárias no sistema jurídico brasileiro.

Logicamente, o teste de validade formal só é possível ao pressuposto de que a lei existe. A existência da lei é um *prius* em relação à sua validade formal. E a questão da vigência somente pode ser conferida ao suposto de que a lei é formalmente válida, porque se for inválida não pode viger com validade. Vigerá, mas não valerá.

No plano da norma, isto é, no plano de consideração do "dentro" ou do conteúdo da lei, de sua normatividade, importa primeiramente (a) verificar se o que prescreve possui validade material ou, noutro giro, se está de acordo com o sistema normativo como um todo e com os fundamentos materiais de validez por ele fornecidos. Os conteúdos da lei complementar, vimos, são autorizados pela CF; (b) depois importa verificar a sua eficácia, que é a capacidade de produzir os efeitos jurídicos que lhe são próprios. Norma eficaz é a que tem validade material e que veio a lume através de lei válida formalmente já em vigor.

Poderá, outrossim, ter validade material, mas não ter validez formal. Não valerá, salvo se adaptável. Vejamos uns exemplos. Voltando à lei que, votada como complementar, trata de objeto reservado à lei ordinária federal, temos que ocorre o fenômeno da adaptação: o sistema adapta a pretensa lei complementar à função que lhe determinou o ordenamento *ratione materiae*. No caso de lei complementar regulando matéria de lei ordinária estadual ou municipal, ocorre o fenômeno da rejeição. O sistema jurídico rejeita a norma, vedando o seu ingresso no ordenamento para evitar a invasão das competências fixadas na CF. O mesmo ocorrerá se a lei ordinária federal cuidar de matéria reservada à lei complementar. Já o fenômeno da recepção ocorre quando o sistema reconhece a existência da lei, sua validade formal, sua validade material e, portanto, se vigente, a sua eficácia. As técnicas de reconhecimento, portanto, uma vez utilizadas, levam à adaptação, à rejeição ou à recepção das normas do sistema.

3.5. COMO OPERAM AS LEIS COMPLEMENTARES EM MATÉRIA TRIBUTÁRIA

Embora já saibamos que as leis complementares, em tema de tributação, têm por objetos materiais: (a) editar normas gerais; (b) dirimir conflitos de competência; (c) regular as limitações ao poder de tributar; e (d) fazer atuar ditames constitucionais, é oportuníssimo vislumbrar *como operam as leis complementares* dentro do sistema (interconexão normativa).

Pois bem, as leis complementares *atuam diretamente* ou *complementam dispositivos constitucionais de eficácia contida* (balizando-lhes o alcance), ou, ainda, integram dispositivos constitucionais de eficácia limitada (conferindo-lhes normatividade plena).

Cuidemos de exemplos:

A) lei complementar integrando dispositivo constitucional de eficácia limitada, necessitado de agregação normativa para poder ser aplicado por não ser bastante-em-si, como diria Pontes de Miranda.

Art. 150, VI, "c", da CF:

[...] é vedado à União, aos Estados, ao Distrito Federal e aos Municípios:
[...]
VI – instituir impostos sobre:
[...]
c) patrimônio, renda ou serviços dos partidos políticos, inclusive suas fundações, das entidades sindicais dos trabalhadores, das instituições de educação e de assistência social, sem fins lucrativos, atendidos os requisitos da lei;
[...]

Sem lei, que só pode ser a complementar, a teor do art. 146, II, da CF, a imunidade sob cogitação é inaplicável à falta dos requisitos necessários à fruição desta (*not self-executing*);

B) lei complementar contendo dispositivo constitucional de eficácia contível e aplicável de imediato, sem peias.

Art. 155, § 2.º, X, "a" (sobre o ICMS):

§ 2.º O imposto previsto no inciso II atenderá ao seguinte:
[...]
X – não incidirá:
a) sobre operações que destinem ao exterior produtos industrializados, excluídos os semielaborados definidos em lei complementar;

[...]

Esta redação é anterior à Emenda Constitucional n.º 42/2003.[2] Hoje já não existem produtos semielaborados, todos são imunes, e, ademais, os exportadores possuem o direito de se creditarem do ICMS pago nas operações anteriores.

O exemplo é dado apenas para fins didáticos. Até e enquanto não sobreveio lei complementar ou convênio com a *lista dos semielaborados* excluíveis da regra de imunidade (limitação ao poder de tributar), todos os produtos industrializados, inclusive os semielaborados, foram *imunes* quando remetidos ao exterior. A lei complementar no caso teve por função comprimir a licença constitucional ampla e autoaplicável (*self-executing*).

C) lei complementar com função de fazer atuar diretamente dispositivo constitucional.

Art. 148. A União, mediante lei complementar, poderá instituir empréstimos compulsórios:
[...]

Nesse caso, a Constituição atribuiu à lei complementar a função direta de instituir tributo em favor da União (ordem parcial), presentes os motivos previstos no próprio texto constitucional (incisos I e II do art. 148). A mesma função desempenharão as leis complementares que tenham por objeto dirimir conflitos de competência entre as pessoas políticas em matéria tributária. Elas atuarão para diretamente resolver turbulências no *discrímen* das competências na hipótese de ocorrerem.

Bem examinadas as coisas, as leis complementares funcionam como manifestações de expansão da própria Constituição, daí o adjetivo complementar (da Constituição).

José Souto Maior Borges,[3] com percuciente visão científica, classifica as leis complementares em duas espécies. Para ele, as leis complementares: (a) fundamen-

---

[2] Presentemente a questão não existe. A Lei Complementar n.º 87/1996 isentou exportações que, não imunes, eram tributadas pelos Estados (isenção heterônoma). Essa amplitude foi adotada pela Emenda Constitucional n.º 42/2003 que, alterando a redação da letra "a" do inciso X do § 2.º do art. 155 da Constituição Federal, determinou que a regra da imunidade deveria ser aplicada sobre quaisquer operações que destinem ao exterior mercadorias ou serviços que estejam no campo de incidência do ICMS. Atualmente dispõe o parágrafo: "§ 2.º O imposto previsto no inciso II atenderá ao seguinte: [...] X – não incidirá: a) sobre operações que destinem mercadorias para o exterior, nem sobre serviços prestados a destinatários no exterior, assegurada a manutenção e o aproveitamento do montante do imposto cobrado nas operações e prestações anteriores (redação dada pela Emenda Constitucional n.º 42, de 19.12.2003); [...]".

[3] BORGES, José Souto Maior. *Lei complementar tributária*. São Paulo: RT, 1975.

tam a validez de outros atos normativos (leis ordinárias, decretos legislativos, convênios); ou (b) não fundamentam outros atos normativos, atuando diretamente.

E explica a sua sistematização, a qual não confronta a que acabamos de expor, senão que a completa analiticamente. Por oportuno, Souto Maior trabalha em cima da Constituição de 1967, o que não prejudica a teorização.

O direito regula a sua própria criação, enquanto uma norma jurídica pode determinar a forma pela qual outra norma jurídica é criada, assim como, em certa medida, o conteúdo desta última. Regular a sua própria criação, de modo que uma norma apenas determine o processo mediante o qual outra norma é produzida ou também, em medida variável, o conteúdo da norma a ser produzida, é assim uma particularidade do direito. A validade de uma norma jurídica depende portanto de seu relacionamento com normas superiores processuais, reguladoras da atuação do órgão, e as normas superiores materiais, determinantes, até certo ponto, do conteúdo possível da norma a ser editada. A norma jurídica é válida então porque foi criada na forma estabelecida por outra norma que funciona como o seu fundamento ou razão de validade. Dado o caráter dinâmico do direito, uma norma jurídica somente é válida na medida em que é produzida pelo modo determinado por uma outra norma que representa o seu fundamento imediato de validade. Para Kelsen, a relação entre a norma que regula a produção de outra e a norma assim regularmente produzida por ser figurada por uma imagem espacial de suprainfraordenação. Trata-se pois de um mero recurso a imagens espaciais, figuras de linguagem de índole especial. A norma determinante da criação de outra é superior a esta; a criação de acordo com a primeira, lhe é, ao contrário, inferior. A criação de uma norma – a de grau mais baixo – é determinada por outra – a de grau superior – cuja criação é, por sua vez, determinada por outra norma de grau mais alto. Outro valor e outra significação não tem o problema de hierarquização dos diferentes níveis de normas. O ordenamento jurídico, para atualizarmos a "imagem espacial" de Kelsen, não está constituído por um sistema de normas coordenadas entre si, que encontrassem umas ao lado das outras.

Para Kelsen, mesmo quando a norma de grau superior determina apenas o órgão que deve criar a norma de grau inferior (e não o seu conteúdo), ou seja, quando autoriza esse órgão a determinar, de acordo com seu próprio critério, o processo de criação da norma inferior, a norma superior é "aplicada" na criação da norma inferior. E, para ele, a norma superior tem que determinar quando menos o órgão incumbido da criação da norma inferior.[4]

---

[4] Cf. KELSEN, Hans. *Teoría general del derecho*. México: Imprensa Universitaria, 1949. p. 128 e 138; id., *Teoría pura del derecho*. 2. ed. Coimbra: Arménio Amado, 1962. v. 2, p. 64; id., *Teoría*

Podemos então denominar fundamento de validade de uma norma à norma reguladora de sua criação.[5]

[...]

A doutrina brasileira, consoante exposto, vislumbra indistintamente uma função de intermediação ou intercalar da lei complementar, decorrente da sua inserção formal, na enunciação dos atos normativos do art. 46 da Constituição, entre as emendas constitucionais e as leis ordinárias. Tal entretanto nem sempre ocorre, como o demonstra uma análise jurídica mais detida. Essa análise revelará dois grupos básicos de leis complementares: 1.º) leis complementares que fundamentam a validade de atos normativos (leis ordinárias, decretos legislativos e convênios); e 2.º) leis complementares que não fundamentam a validade de outros atos normativos. Não parece viável, fora dessa perspectiva, uma classificação das leis complementares.

Conquanto a integração das leis constitucionais possa ser feita por leis ordinárias, plebiscitos, referendos etc., dependendo do querer do legislador máximo, como bem observado por José Afonso da Silva, entre nós o constituinte elegeu a lei complementar como o instrumento por excelência dessa elevada função, com os matizes que vimos de ver, embora sem excluir aqui e acolá outros instrumentos integrativos. Em matéria tributária, sem dúvida, a lei complementar é o instrumento-mor da complementação do sistema tributário da Constituição, a começar pelo Código Tributário Nacional, que, material e formalmente, só pode ser lei complementar. Quatro consequências devem ser ditas: a) o legislador não escolhe a matéria da lei complementar, mas, sim, a Constituição; b) o legislador ordinário não pode adentrar matéria de lei complementar, torná-la-ia inútil; c) a lei complementar só é superior às leis ordinárias quando é o *fundamento de validez* destas; e d) a matéria sob reserva de lei complementar é *indelegável*.

3.6. OS TRÊS OBJETOS MATERIAIS GENÉRICOS DA LEI COMPLEMENTAR TRIBUTÁRIA SEGUNDO A CONSTITUIÇÃO FEDERAL DE 1988

Como dito anteriormente, o art. 146 do atual Texto Constitucional estabelece três funções materiais para a lei complementar: (a) dispor sobre conflitos de competência em matéria tributária entre as pessoas políticas, (b) regulação das limitações constitucionais ao poder de tributar e (c) editar normas gerais de Direito Tributário, com alguns caminhos já pautados pelas letras "a" a "d" do inciso

---

pura del derecho. Introducción a la ciencia del derecho. 10. ed. Buenos Aires: Ed. Universitaria de Buenos Aires, 1971. p. 147.

[5] Cf. VERNENGO, Roberto José. *Temas de teoría general del derecho*. Buenos Aires: Cooperadora de Ciencias Sociales, 1971. p. 343.

III e parágrafo único, todos do mesmo art. 146. Veremos uma a uma nos itens a seguir, além da novidade do art. 146-A.

3.7. CONFLITOS DE COMPETÊNCIA

O primeiro objeto genérico da lei complementar tributária é o de dispor sobre conflitos de competência em matéria tributária entre as pessoas políticas. A sua função na espécie é tutelar do sistema e objetiva controlar, após a promulgação da Lei Maior, o sistema de repartição de competências tributárias, resguardando--o. Em princípio, causa perplexidade a possibilidade de conflitos de competência, dada a rigidez e a rigorosa segregação do sistema, com impostos privativos e apartados por ordem de governo e taxas e contribuições de melhoria atribuídas com base na precedente competência político-administrativa das pessoas políticas componentes da Federação. Dá-se, porém, que não são propriamente conflitos de competência que podem ocorrer, mas invasões de competência em razão da insuficiência intelectiva dos relatos constitucionais pelas pessoas políticas destinatárias das regras de competência relativamente aos fatos geradores de seus tributos, notadamente impostos. É dizer, dada pessoa política mal entende o relato constitucional e passa a exercer a tributação de maneira mais ampla que a prevista na Constituição, ocasionando fricções, atritos, em áreas reservadas a outras pessoas políticas. Diz-se então que há um conflito de competência. Quando ocorrem fenômenos dessa ordem, o normal é submeter ao Judiciário o desate da questão, o que provoca maior nitidez, dando feição cada vez mais límpida ao sistema de repartição das competências tributárias. E, evidentemente, esta possibilidade existe. Ocorre que o constituinte, para custodiar o sistema, encontra uma fórmula legislativa de resolver o conflito interpretando o seu próprio texto através de lei complementar. Na verdade, o constituinte delegou ao Congresso esta função.

A remoção do conflito pela edição de normas práticas destinadas a solvê-lo, mediante lei complementar, agiliza, em tese, a resolução do problema, mantendo incólume o sistema de repartição de competências, o que não significa ter a lei complementar *in casu* a mesma força de uma decisão judicial, pois o monopólio da jurisdição é atributo do Poder Judiciário. Pode perfeitamente ocorrer que as partes não se convençam e continuem a controverter sobre as próprias regras de interpretação dispostas pela lei complementar, apropositando a intervenção provocada do Poder Judiciário. No passado, sob o regime da Carta de 1967, a regra já existia, o fenômeno ocorreu em relação, *v.g.*, às chamadas "operações mistas" que implicavam ICM e ISS, gerando um confronto amplo entre os Estados-Membros e os Municípios, em desfavor dos contribuintes. Era o caso, por exemplo, entre outros, das oficinas, que, além de venderem peças (mercadorias), faziam os serviços (ISS) para os seus clientes. O estado queria tributar com o ICM o valor total da operação, e a prefeitura, o valor total do serviço. Cada qual reivindicava para si a ocorrência do "seu fato gerador". Para o estado, houvera circulação de mercadoria. Para o município, prestara-se um serviço. A solução encontrada foi, estando em recesso forçado o Congresso, a edição do Decreto-lei n.º 406/1968, seguido do Decreto-lei n.º 834/1969. Tecnicamente foi adotada a lista *numerus clausus*, *i.e.*, taxativa, que enumerava todos os serviços tributáveis pelo ISS municipal, com exclusão do ICM, seguida de uma regra de atenuação que dizia ficarem sujeitas ao ICM certas mercadorias e somente elas se e quando fornecidas juntamente com os serviços. Quaisquer outros serviços não constantes da lista que implicassem o fornecimento de mercadorias ficavam sujeitos ao ICM. Remarque-se que a solução sofreu sérias críticas doutrinárias. Entendeu-se que o município sofreu restrições em sua competência constitucional.

A lei complementar, nesta espécie, é regra de atuação direta, ou seja, não complementa nem contém dispositivo constitucional, faz atuar a Constituição logo que surge a situação conflituosa, de modo a resguardar a discriminação das fontes de receitas tributárias instituídas na Lei Maior. É lei de resguardo da Constituição, com função tutelar. Mas não pode alterar a tal pretexto a própria Constituição.

Por suposto, a lei complementar que dirime, resolvendo os aparentes conflitos de competência, deve ser recepcionada pelas pessoas políticas. Dissemos aparentes os conflitos porque eles não são objetivos e sim subjetivos. A lei complementar destina-se, então, a eliminá-los através de "regras explicativas do discrímen". Obviamente, a lei complementar, a título de solver "conflito de competência", não pode alterar a Constituição. A uma, porque isto só é possível através de emenda, processo legislativo diverso. A duas, porque, pudesse fazê-lo, teria o legislador da lei complementar poder constituinte permanente (hipóteses impensáveis logicamente).

Por outro lado, não se pode garantir que as pessoas políticas envolvidas submetam-se aos ditames da lei complementar resolutória do conflito de modo absoluto. Não certamente por uma questão de hierarquia vertical das leis, senão porque a lei complementar, na qualidade de lei interpretativa, explicativa e operativa do discrímen constitucional de competências tributárias, não fornece o fundamento de validez ao exercício do poder de tributar *ex lege* das pessoas políticas envolvidas, inclusive da própria União Federal, já que este fundamento é constitucional. Na espécie limita-se a esclarecer a Constituição oferecendo critérios.

O relacionamento Constituição-lei complementar-leis ordinárias, em torno da questão ora sob crivo, oferece instigantes indagações. Aporias surgem a requisitar respostas. Em princípio, impera o texto constitucional. Da sua interpretação pelas pessoas políticas podem surgir conflitos subjetivos de interpretação. Possível a lei complementar para resolvê-los; esta, uma vez editada, deve ser obedecida pelas pessoas políticas. A solução por ela encontrada submete as leis ordinárias. Em tese, estas catam submissão aos critérios da lei complementar resolutórios do conflito. Todavia, podem ocorrer várias situações, entre elas as seguintes:

A) as pessoas políticas ou mesmo os contribuintes podem acusar a lei complementar de exceder o seu objeto, eis que altera o texto da Constituição: eiva de inconstitucionalidade;
B) lei ordinária de dada pessoa política introjeta os ditames da lei complementar *pro domo sua*. A outra pessoa política prejudicada, bem como os contribuintes, opõem-se à dita lei, contrastando-a com a lei complementar: eiva de ilegalidade.

Nesses casos, a solução última e final somente pode ser dada pelo Judiciário. A função jurisdicional (*juris dicere*), cujo fito é a interpretação última das leis, com efeito de coisa julgada, é intransferível e insubstituível.

3.8. REGULAÇÃO DAS LIMITAÇÕES AO PODER DE TRIBUTAR

O segundo objetivo genérico da lei complementar tributária é a regulação das limitações constitucionais ao poder de tributar. Como ressabido, todo poder emana do povo, que, elegendo representantes, constrói a Constituição, fundamento jurídico do Estado e do Direito Positivo, que a todos submete (o Estado e os seus cidadãos).

Pois bem, ao construir ou reconstruir juridicamente o Estado, o poder constituinte, democraticamente constituído pelo povo (legitimidade da ordem jurídica e do Estado), organiza o aparato estatal, garante os direitos fundamentais, reparte poderes e competências e, ao mesmo tempo, põe restrições ao exercício das potestades em prol da cidadania.

No campo tributário, a Constituição reparte competências tributárias, outorga poderes a pessoas políticas e, ao mesmo tempo, estatui restrições ao exercício do poder de tributar.

Como visto, um dos objetos possíveis da lei complementar é a regulação das limitações ao poder de tributar. Mas não é toda limitação constitucional ao poder de tributar que exige complementação, por vezes desnecessária. Princípio antigo da Teoria do Constitucionalismo, examinado magistralmente por Carlos Maximiliano, tido e havido como da ordem dos sumos hermeneutas, predica que as normas constitucionais proibitivas desnecessitam de regulação. Não obstante, o Direito positivado – objeto de labor do jurista – pode contrariar dito cânone. É uma questão de opção do constituinte. A título propedêutico, podemos firmar as seguintes premissas:

A) quando a Constituição põe uma limitação ao poder de tributar, sem requisitar tópica e expressamente lei complementar, a competência conferida ao legislador da lei complementar para regulá-la é uma competência facultativa. Exercê-la-á o legislador pós-constitucional se quiser (trata-se de poder-faculdade na lição de Santi Romano);

B) quando a Constituição põe uma limitação ao poder de tributar, requisitando tópica e expressamente lei complementar, seja para conter, seja para ditar conteúdo normativo (proibições de eficácia limitada e proibições de eficácia contível), ao legislador da lei complementar é dada uma competência obrigatória (poder-dever na terminologia de Santi Romano);
C) certas proibições ao poder de tributar, pela sua própria natureza e fundamentos axiológicos, repelem regulamentação porque são autoaplicáveis em razão de normatividade plena, daí o acerto de Carlos Maximiliano quanto às vedações constitucionais de eficácia cheia.

Aos exemplos:

A) o artigo 150, VI, "d", dispõe que é vedado instituir impostos sobre livros, jornais, periódicos e o papel destinado a sua impressão. Nesse caso, o legislador regulará a limitação se quiser (regulação facultativa);
B) o artigo 150, VI, "c", dispõe que é vedado instituir impostos sobre o patrimônio, a renda ou os serviços dos partidos políticos, inclusive as suas fundações, das entidades sindicais dos trabalhadores, das instituições de educação e de assistência social, sem fins lucrativos, atendidos os requisitos da lei. Nesta hipótese, o dispositivo constitucional vedatório exige complementação quanto aos requisitos sem os quais não é possível a fruição da imunidade. O legislador, sob pena de omissão, está obrigado a editar lei complementar (regulação obrigatória). Se não o fizer, sendo o dispositivo de eficácia limitada, cabe mandado de injunção. A omissão, no caso, desemboca em inaplicação da Constituição em desfavor dos imunes;
C) o artigo 150, I veda à União, estados e municípios – excluídas as exceções constantes do próprio texto constitucional – exigir ou aumentar tributo, seja lá como for, sem que a lei o estabeleça. Nesse caso, a genealogia histórica e jurídica do princípio da legalidade é tal que dispensa regulamentação por lei complementar (por isso mesmo as exceções estão expressas no próprio texto constitucional).

A lei complementar na espécie de regulação das limitações ao poder de tributar é quase sempre instrumento de complementação de dispositivos constitucionais de eficácia limitada ou contida. Quando a limitação é autoaplicável, está vedada a emissão de lei complementar. Para quê?

3.9. APRECIAÇÕES CRÍTICAS SOBRE A MATÉRIA EM EXAME

De lege ferenda entendemos que as leis complementares para dirimir conflitos são bem-vindas para zelar pelo *discrímen* de competências, sem exclusão do acesso ao Judiciário, cujas decisões prevalecerão sempre, ainda que contra texto de lei complementar, quando fundadas as decisões na interpretação da Constituição em cotejo com o alcance da sua complementação. As leis complementares para regular limitações ao poder de tributar, repelimo-las por entender que são desnecessárias, só se apropositando em raros casos de dispositivos de eficácia limitada para evitar paralisia constitucional. Mesmo assim, as vedações deveriam sair prontas da CF. A nosso sentir, no Brasil, o campo de eleição da lei complementar tributária é a *norma geral de Direito Tributário*, que examinaremos em seguida. Convém adiantar que, nessa matéria, a lei complementar é lei delegada pelo constituinte. Suas prescrições são questionáveis juridicamente apenas se o Judiciário decretar a incompatibilidade delas em relação à Constituição. Afora isso, as normas gerais de Direito Tributário são sobranceiras. O fundamento de validez das normas gerais é a própria Constituição. A seu turno, pelas normas gerais são fornecidos os critérios para a elaboração material das leis tributárias ordinárias federais, estaduais e municipais, sendo, portanto, materialmente, nexos fundantes da validade dessas leis das ordens jurídicas parciais, que delas só podem prescindir num único caso: *inexistência* (art. 24, § 3.º, da CF). Mas, tão logo sobrevenha a norma geral, as leis ordinárias em contrário ficam paralisadas, sem eficácia (art. 24, § 4.º, da CF). Retifique-se: no art. 24, § 4.º, onde se lê *lei federal*, leia-se *lei complementar*. No campo das *normas gerais*, os destinatários são os próprios legisladores das três ordens de governo em tema tributário.

3.10. NORMAS GERAIS DE DIREITO TRIBUTÁRIO

O terceiro objeto genérico da lei complementar é o de editar as normas gerais de Direito Tributário, expressão de resto polêmica à falta de um conceito escorreito de norma geral no Direito Tributário brasileiro, com a doutrina falhando por inteiro no encalço de conceituar o instituto de modo insofismável. O falecido Prof. Carvalho Pinto chegou a ponto de definir o que não era norma geral. Ficou nisso. E Rubens Gomes de Sousa teve a humilde ousadia de afirmar que a doutrina não chegara ainda à norma geral que levasse ao conceito das normas gerais de Direito Tributário. Para logo, o assunto complica-se pelo fato de existir a partilha das competências legislativas entre as pessoas políticas. Fôssemos um Estado unitário, e o problema desapareceria. Mas as dificuldades de modo algum impedem o trato da matéria.

O art. 24 da CF dispõe:

> Art. 24. Compete à União, aos Estados e ao Distrito Federal legislar concorrentemente sobre:
> I – direito tributário, financeiro, penitenciário, econômico e urbanístico;
> II – orçamento;
> III – juntas comerciais;
> IV – custas dos serviços forenses;
> [...]

Os parágrafos deste artigo prescrevem:

§ 1.º No âmbito da legislação concorrente, a competência da União limitar-se-á a estabelecer normas gerais.

§ 2.º A competência da União para legislar sobre normas gerais não exclui a competência suplementar dos Estados.

§ 3.º Inexistindo lei federal sobre normas gerais, os Estados exercerão a competência legislativa plena, para atender a suas peculiaridades.

§ 4.º A superveniência de lei federal sobre normas gerais suspende a eficácia da lei estadual, no que lhe for contrário.

Vale repisar a questão como posta no Texto Constitucional:

Art. 146. Cabe à lei complementar:

[...]

III – estabelecer normas gerais em matéria de legislação tributária, especialmente sobre:

a) definição de tributos e de suas espécies, bem como, em relação aos impostos discriminados nesta Constituição, a dos respectivos fatos geradores, bases de cálculo e contribuintes;

b) obrigação, lançamento, crédito, prescrição e decadência tributários;

c) adequado tratamento tributário ao ato cooperativo praticado pelas sociedades cooperativas;

d) definição de tratamento diferenciado e favorecido para as microempresas e para as empresas de pequeno porte, inclusive regimes especiais ou simplificados no caso do imposto previsto no art. 155, II, das contribuições previstas no art. 195, I e §§ 12 e 13, e da contribuição a que se refere o art. 239 (incluído pela Emenda Constitucional n.º 42, de 19.12.2003).

Parágrafo único. A lei complementar de que trata o inciso III, "d", também poderá instituir um regime único de arrecadação dos impostos e contribuições da União, dos Estados, do Distrito Federal e dos Municípios, observado que (incluído pela Emenda Constitucional n.º 42, de 19.12.2003):

I – será opcional para o contribuinte (incluído pela Emenda Constitucional n.º 42, de 19.12.2003);

II – poderão ser estabelecidas condições de enquadramento diferenciadas por Estado (incluído pela Emenda Constitucional n.º 42, de 19.12.2003);

III – o recolhimento será unificado e centralizado e a distribuição da parcela de recursos pertencentes aos respectivos entes federados será imediata, vedada qualquer retenção ou condicionamento (incluído pela Emenda Constitucional n.º 42, de 19.12.2003);

IV – a arrecadação, a fiscalização e a cobrança poderão ser compartilhadas pelos entes federados, adotado cadastro nacional único de contribuintes (incluído pela Emenda Constitucional n.º 42, de 19.12.2003).

Praticamente a matéria inteira da relação jurídico-tributária se contém nos preceitos supratranscritos. Diz-se que ali está a epopeia do nascimento, vida e morte da obrigação tributária. Se ajuntarmos a tais "normas gerais" o conteúdo (e aqui não se discute se são ou não excedentes) do atual Código Tributário Nacional, teremos uma visão bem abrangente do que são as normas gerais de Direito Tributário. A grande força da União como ente legislativo em matéria tributária resulta de que o Senado, através de resoluções, fixa bases de cálculo e alíquotas de vários tributos da competência de estados e municípios, e de que, através de normas gerais, o Congresso Nacional desdobra as hipóteses de incidência e, muita vez, o *quantum debeatur* desses tributos, exercitando controle permanente sobre o teor e o exercício da tributação no território nacional. A vantagem está na *unificação* do sistema tributário nacional, epifenômeno da *centralização legislativa*. De norte a sul, seja o tributo federal, estadual ou municipal, o fato gerador, a obrigação tributária, seus elementos, as técnicas de lançamento, a prescrição, a decadência, a anistia, as isenções etc. obedecem a uma mesma disciplina normativa, em termos conceituais, evitando o caos e a desarmonia. Sobre os prolegômenos doutrinários do federalismo postulatório da *autonomia das pessoas políticas* prevaleceu a *praticidade do Direito*, condição indeclinável de sua *aplicabilidade* à vida. A preeminência da norma geral de Direito Tributário é pressuposto de possibilidade do CTN (veiculado por *lei complementar*).

Da conjugação dos vários dispositivos supratranscritos sobram três conclusões:

A) a edição das *normas gerais de Direito Tributário* é veiculada pela União, através do Congresso Nacional, mediante leis complementares (lei nacional) que serão observadas pelas ordens jurídicas parciais da União, dos estados e dos municípios, salvo sua inexistência, quando as ordens parciais poderão suprir a lacuna (§ 3.º, art. 24) até e enquanto não sobrevenha a solicitada lei complementar, a qual, se e quando advinda, *paralisa* as legislações locais, no que lhe forem contrárias ou incongruentes (§ 4.º, art. 24);

B) a lei com estado de complementar sobre normas gerais de Direito Tributário, ora em vigor, é o Código Tributário Nacional, no que não contrariar a Constituição de 1988, a teor do art. 34, § 5.º, do Ato das Disposições Constitucionais Transitórias (*lex legum habemus*);

C) a lei complementar que edita normas gerais é lei de atuação e desdobramento do *sistema tributário*, fator de unificação e equalização aplicativa do Direito Tributário. Como seria possível existir um Código Tributário Nacional sem o instrumento da lei complementar, com império incontrastável sobre as ordens jurídicas parciais da União, dos Estados-Membros e dos municípios?

Mas, ao cabo, o que são normas gerais de Direito Tributário? O ditado constitucional do art. 146, III e alíneas, inicia a resposta dizendo nominalmente alguns conteúdos (normas gerais nominadas) sem esgotá-los. É dizer, o discurso constitucional é *numerus apertus*, meramente exemplificativo. Razão houve para isto. Certos temas, que a doutrina recusava fossem objeto de norma geral, passaram expressamente a sê-lo. *Roma locuta, tollitur quaestio*. Uma boa indicação do que sejam normas gerais de Direito Tributário, para sermos pragmáticos, fornece-nos o atual Código Tributário Nacional (Lei n.º 5.172, de 25 de outubro de 1966, e alterações posteriores), cuja praticabilidade já está assentada na "vida" administrativa e judicial do país. O CTN, especialmente o Livro II, arrola inúmeros institutos positivados como *normas gerais*. Que sejam lidos. *Quid*, se diante do art. 146, III, "a", da CF, não edita o Congresso Nacional lei complementar a respeito do fato gerador, base de cálculo e contribuintes de dado imposto discriminado na CF? Fica a pessoa política titular da competência paralisada pela inação legislativa? A resposta é negativa. É o caso de se dar aplicação ao art. 24 e §§ 1.º a 4.º. E onde se lê *União*, leia-se *Congresso Nacional*, e onde se lê *lei federal*, leia-se *complementar*, ao menos em matéria tributária.

As normas gerais de Direito Tributário veiculadas pelas leis complementares são eficazes em todo o território nacional, acompanhando o âmbito de validade espacial destas, e se endereçam aos *legisladores das três ordens de governo da Federação*, em verdade, seus destinatários. A norma geral articula o sistema tributário da Constituição às legislações fiscais das pessoas políticas (ordens jurídicas parciais). São normas sobre como fazer normas em sede de tributação.

Uma forte e esclarecida parcela da doutrina justributária brasileira, com ótimas razões e fortes raízes federalistas, recusa *partes do Código Tributário Nacional* atual ao argumento de que cuidam de temas que, longe de se constituírem em *normas gerais*, imiscuem-se na competência privativa e indelegável das pessoas políticas, invadindo-a, contra a Constituição. Em síntese, são repelidas as regulações do CTN sobre o *fato gerador de impostos da competência* das pessoas políticas e sobre atos administrativos que lhe são privativos, atos de lançamentos fiscais, *v.g.*, além de prescrições sobre interpretação de leis tributárias, tidas por descabidas. Evidentemente, sustentam tais colocações as teorias federalistas e a autonomia constitucional das pessoas políticas, e o próprio sistema de *dação e repartição* de competências, cujo *único fundamento* é a Constituição. É inegável a boa procedência desta postura crítica. O assunto é delicadíssimo. Ocorre que o federalismo brasileiro, como talhado na Constituição de 1988, é *normativamente centralizado, financeiramente repartido e administrativamente descentralizado*. Há tantos federalismos, diversos entre si, quantos Estados federativos existam. O importante é que haja um *minimum* de autodeterminação política, de autogoverno e de produção normativa da parte dos Estados federados. Quanto à repartição das competências legislativas, a questão resolve-se pela opção do legislador. No Brasil, ao menos em tema de tributação, o constituinte optou pelo fortalecimento das prerrogativas do poder central. Este fato, por si só, explica por que avultou a área legislativa reservada à lei complementar tributária. A assertiva é comprovável por uma simples leitura do CTN redivivo e do art. 146, III, da CF, que reforça o centralismo legislativo em sede de tributação, além de matérias esparsas ao longo do capítulo tributário, deferida a lei complementar. Para compreender normas gerais, é preciso entender o federalismo brasileiro.

3.11. O FEDERALISMO BRASILEIRO – ASPECTOS – LIGAÇÃO COM O TEMA DAS LEIS COMPLEMENTARES

O federalismo americano, telúrico, pragmático, antimonárquico, cresceu na América do Norte da periferia para o centro. Ainda hoje a autonomia dos Estados-Membros é grande, em termos jurídicos, conquanto pareça irreversível o impulso para o centro (unitarismo). Legislam sobre muitas matérias: Direito Penal, Civil, Comercial etc. Em certos estados há pena de morte, noutros não. A Louisiana percute o Direito europeu continental, por força da influência francesa, em mistura com o *Common Law*. O Direito de Família, igualmente, é diverso, dependendo do estado. Nuns é fácil divorciar; noutros não, e assim por diante. O Direito Tributário não conhece nenhum sistema, sequer doutrinário, de repartição de competências. E funciona. Entre nós, a federação e o federalismo vieram de cima para baixo, por imposição das elites cultas, a partir de modelos teóricos e exóticos, sem correspondência com o evolver histórico, político e social do povo brasileiro. Então, ao longo do devir histórico, as instituições foram sendo afeiçoadas à nossa realidade. O federalismo brasileiro, pois, reflete a evolução do país, nem poderia ser diferente. A Constituição de 1988 promoveu uma grande descentralização das fontes de receitas tributárias, conferindo aos estados e municípios mais consistência (autonomia financeira dos entes políticos periféricos, base, enfim, da autonomia política e administrativa dos mesmos). À hipertrofia política e econômica da União dentro da Federação e à hipertrofia do Poder Executivo federal em face do Legislativo e do Judiciário, vigorantes na Carta de 67, seguiram-se a distrofia da União na Federação e a hipertrofia do Legislativo federal nos quadros da República federativa.

Em consequência, o *Congresso Nacional* assumiu desmesurados poderes e competências legislativas em desfavor de estados e municípios.

O sistema tributário da Constituição bem demonstra a assertiva. O domínio do Congresso Nacional no campo do Direito Tributário, inegavelmente, é avassalador, pelo domínio das leis complementares.

De lado o sistema tributário, verifica-se que o Direito brasileiro promana seguramente, em sua maior parte, das fontes legislativas federais.

Por outro lado, há condomínio de encargos e atribuições entre União, estados e municípios (art. 23). No campo especificamente tributário, o *instrumento formal* da lei complementar e o *conteúdo material* das normas gerais reafirmam a tese do federalismo concentracionário legiferante.

3.12. O "PODER" DAS NORMAS GERAIS DE DIREITO TRIBUTÁRIO EM PARTICULAR

O grande risco da lei complementar sobre normas gerais de Direito Tributário reside em o Legislativo federal desandar a baixá-las contra o espírito da Constituição, em desfavor das ordens jurídicas parciais, cuja existência e fundamentos de validez decorrem diretamente da Lei Maior. Os seus poderes e limitações, em suma, são de radicação constitucional. Grande, pois, o poder do Congresso Nacional, a ser exercido com cautela para não arranhar o estado federal armado na Lei Maior. O parágrafo único do art. 22, disposição inspirada na Lei Fundamental de Bonn, contrabalança a expansão federal, permitindo aos estados legislar sobre questões específicas das matérias relacionadas no art. 22, da competência privativa da União.

A sede jurídica de estudo das normas gerais situa-se na área da repartição das competências legislativas nos Estados federais. A doutrina costuma referir-se a dois tipos de repartições: a horizontal e a vertical. Na horizontal, as pessoas políticas, isonômicas, recebem cada qual suas áreas competenciais devidamente apartadas. São lotes, por assim dizer, perfeitamente delimitados. Em se tratando da repartição vertical, o *discrímen* se faz por graus, pois as matérias são regradas por mais de uma pessoa política. Para evitar a promiscuidade impositiva, faz-se necessário graduar, na escala vertical, o ponto de incidência do regramento cabente a cada pessoa política. Entre nós, determinadas províncias jurídicas não ensejam repartição vertical de competências legislativas. Tais são os casos dos Direitos Civil, Comercial, Penal, Trabalhista etc. Estes são Direitos cujas fontes legislativas são privativas da União Federal. Outros ramos jurídicos, mormente aqueles que se incrustam no que se convencionou chamar de Direito Público, oferecem ensejo a que ocorra o fenômeno da repartição vertical de competências legislativas, ocasião em que mais de uma pessoa política normatiza, por graus, uma mesma matéria jurídica. Em Direito Administrativo e Direito Tributário, o fenômeno é evidente. Ora, precisamente em razão da repartição vertical de competências é que surgem as normas gerais. Assim, as normas gerais de Direito Tributário são da competência legislativa da União Federal, através do Congresso Nacional. Na verdade, inexiste aí competência concorrente, senão a partilhada. A concorrência é meramente substitutiva, i.e., se a União não emitir normas gerais, a competência das pessoas políticas (Estados-Membros e Municípios) torna-se plena. Emitidas que sejam as normas gerais, cumpre sejam observadas quando do exercício das respectivas competências privativas por parte de estados e municípios, sem prejuízo da eventual e limitada competência supletiva do Estado-Membro na própria temática da norma geral, conforme se pode verificar a uma simples leitura da repartição geral de competências levada a efeito pela Constituição de 1988.

A melhor doutrina, na espécie, é a de Raul Machado Horta, ilustre Professor de Direito Constitucional na Faculdade de Direito da UFMG. Dizia ele, sob o regime de 1967, em lição ainda atual:[6]

Continua insuficientemente explorado o campo da repartição vertical de competência, que permite o exercício da legislação federal de normas gerais, diretrizes e bases, e da legislação estadual supletiva, sendo aquela primária e fundamental, enquanto a última é secundária e derivada. A competência comum, que se forma com a matéria deslocada do domínio exclusivo da União, para ser objeto de dupla atividade legislativa, corresponde a uma modernização formal da técnica federal de repartir competências e permite, ao mesmo tempo, que se ofereça ao Estado-Membro outra perspectiva legislativa, atenuando a perda de substância verificada na área dos poderes reservados em virtude do crescimento dos poderes federais. Perdura na evolução federativa brasileira o retraimento da competência comum, sem explorar as possibilidades do condomínio legislativo, para aperfeiçoar a legislação federal fundamental, de estrutura ampla e genérica, às peculiaridades locais. A evolução do comportamento da federação brasileira não conduz a diagnóstico necessariamente pessimista, preconizando o seu fim. A evolução demonstra que a federação experimentou um processo de mudança. A concepção clássica, dualista e centrífuga, acabou sendo substituída pela federação moderna, fundada na cooperação e na intensidade das relações intergovernamentais. A relação entre federalismo e cooperação já se encontra na etimologia da palavra federal, que deriva de *foedüs*: pacto ajuste, convenção, tratado, e essa raiz entra na composição de laços de amizade, *foedüs amicitae*, ou de união matrimonial, *foedüs thálami*. Em termos de prospectiva, é razoável presumir que a evolução prosseguirá na linha do desenvolvimento e da consolidação do federalismo cooperativo, para modernizar a estrutura do Estado federal.

Embora a teoria das normais gerais situe bem a questão do compartilhamento de competências (verticalizadas) nos Estados federais, afirmando que a norma geral possui eficácia forçada (*loi de cadre*), sempre sobrará uma zona cinzenta na delimitação das fronteiras objetivas da *norma geral, o ponto além do qual não pode ela passar sem ferir a competência das pessoas políticas.* Alfim e ao cabo, somente a contribuição da doutrina e da jurisprudência, ao longo do tempo depurativo, trará solução a este tormentoso problema. Mas não é a sedimentação jurisprudencial que estabiliza a *ordem jurídica*?

---

[6] HORTA, Raul Machado. *Rev. de Estudos Políticos*. Belo Horizonte: Faculdade de Direito da UFMG, 1968.

Grande, repetimos, é a força e o comando das normas gerais de Direito Tributário emitidas pela União como fator de ordenação do sistema tributário, como ideado pelo constituinte de 1988.

3.13. O ART. 146-A DO TEXTO CONSTITUCIONAL – A PRESERVAÇÃO DA CONCORRÊNCIA

Ainda a respeito das funções materiais da lei complementar, ditadas pelo Texto Constitucional, a Emenda Constitucional n.º 42, de 19 de dezembro de 2003, introduziu o art. 146-A determinando que a lei complementar poderá "estabelecer critérios especiais de tributação, com o objetivo de prevenir desequilíbrios da concorrência, sem prejuízo da competência de a União, por lei, estabelecer normas de igual objetivo".

A novidade passa por algumas reflexões. Primeiro, quando se mantém a competência da União para legislar sobre tal matéria, por simples lei ordinária, certamente naquilo que se refere aos tributos de sua competência, pois não poderia – a bem do Federalismo – por simples lei ordinária invadir o campo de competência dos demais entes da Federação. Assim, a lei complementar fica para dirimir os desequilíbrios de concorrência entre os entes da federação ou nos casos em que a matéria tratada tenha como exigência lei complementar.

Quanto ao objetivo introduzido pelo art. 146-A, a concorrência tributária é objeto de estudo no mundo moderno, pois na medida em que os agentes econômicos e demais contribuintes buscam, de forma legítima, situar os *signos presuntivos* nos locais onde a tributação é mais amena. Assim, nas bases imponíveis com maior mobilidade teremos a denominada *concorrência tributária*, quando o ente político, para não perder sua base de incidência ou atrair outras bases, busca dois caminhos: (i) incentivos fiscais, com redução da tributação sobre estas bases mais móveis e concentração sobre outras bases menos móveis; (ii) incentivos econômicos, com o retorno ao chamado *imposto-troca,* criando para aquele contribuinte que se tenta atrair ou manter no seu território uma série de vantagens de infraestrutura, criadas com a "destinação" dos impostos arrecadados.

A *concorrência tributária* pode ser saudável para que os entes políticos busquem adequar sua carga às mudanças econômicas do mundo contemporâneo, mas, na maior parte das vezes, trata-se de um processo perigoso e degenerativo da carga tributária, pois tais entes políticos acabam por concentrar a carga tributária (incentivos fiscais) sobre os contribuintes que têm menor capacidade de mobilidade (com ferimento à capacidade econômica) ou revertem a arrecadação para projetos de infraestrutura que serão do agrado dos contribuintes que pretendem sejam mantidos no seu território (imposto-troca). Ao final, dirimir conflitos ou desequilíbrios da concorrência tem papel preservador dos contribuintes e da Federação.

3.14. TEMAS TÓPICOS CONSTITUCIONAIS RESERVADOS À LEI COMPLEMENTAR EM MATÉRIA TRIBUTÁRIA

Além dos objetos genéricos retroexaminados sob reserva de lei complementar do Congresso Nacional, outros muitos existem ao longo do texto.

Praticamente a matéria inteira da relação jurídico-tributária se contém nos preceitos supratranscritos. Diz-se que ali está a epopeia do nascimento, vida e morte da obrigação tributária. Se ajuntarmos a tais "normas gerais" o conteúdo (e aqui não se discute se são ou não excedentes) do atual Código Tributário Nacional, teremos uma visão bem abrangente do que são as normas gerais de Direito Tributário. A grande força da União como ente legislativo em matéria tributária resulta de que o Senado, através de resoluções, fixa bases de cálculo e alíquotas de vários tributos da competência de estados e municípios, e de que, através de normas gerais, o Congresso Nacional desdobra as hipóteses de incidência e, muita vez, o *quantum debeatur* desses tributos, exercitando controle permanente sobre o teor e o exercício da tributação no território nacional. A vantagem está na *unificação* do sistema tributário nacional, epifenômeno da *centralização legislativa*. De norte a sul, seja o tributo federal, estadual ou municipal, o fato gerador, a obrigação tributária, seus elementos, as técnicas de lançamento, a prescrição, a decadência, a anistia, as isenções etc. obedecem a uma mesma disciplina normativa, em termos conceituais, evitando o caos e a desarmonia. Sobre os prolegômenos doutrinários do federalismo postulatório da *autonomia das pessoas políticas* prevaleceu a *praticidade do Direito*, condição indeclinável de sua *aplicabilidade* à vida. A preeminência da norma geral de Direito Tributário é pressuposto de possibilidade do CTN (veiculado por *lei complementar*).

3.15. A NECESSIDADE DE LEI COMPLEMENTAR PRÉVIA PARA A INSTITUIÇÃO DE IMPOSTOS E CONTRIBUIÇÕES

Discute-se muito sobre a necessidade de lei complementar, prévia, em relação à edição da lei institutiva de impostos e contribuições sociais. São duas as correntes, uma propugnando não poder a competência institutiva ser exercida sem prévia lei complementar de normas gerais, e outra defendendo a supremacia da competência impositiva das pessoas políticas na hipótese de inação do legislador complementar. A discussão faz-se à volta do art. 146 da CF, inciso III, letra "a", que predica a lei complementar para a *definição de tributos e suas espécies, bem como dos impostos discriminados na Constituição, seus respectivos fatos geradores, bases de cálculo e contribuintes*. A propósito, observamos que o CTN, recepcionado pela Constituição, já define o tributo, suas espécies e os fatos geradores e bases de cálculo da maioria *dos impostos discriminados*. Os impostos novos e, em parte, os modificados é que careceriam de maiores definições em lei complementar de normas gerais. Por isso mesmo o STF suspendeu a exigibilidade do adicional estadual do imposto de renda. O nosso posicionamento é o seguinte:

A) quanto aos impostos residuais e aos restituíveis (empréstimos compulsórios), desnecessária se faz lei complementar normativa prévia, por isso que só podem ser instituídos pelo *processo legislativo da lei complementar*. Esta, ao instituir o *tipo tributário*, regrará aquelas matérias previstas no art. 146 da CF, III, "a", porquanto seria puerícia exigir que um mesmo legislador condicionasse a si próprio, o que ocorreria se, nessas hipóteses, exigíssemos, como *conditio sine qua non*, que uma lei complementar definindo o imposto, suas bases de cálculo e contribuintes precedesse, enquanto fundamento de validez, outras leis complementares, estas *institutivas* dos impostos em causa;

B) no concernente especificamente às contribuições sociais do art. 195 da CF, só possuem legitimidade para exigir lei complementar prévia aqueles que entendem serem impostos tais figuras impositivas. Certo, por isso que a regra do art. 146, III, "a", da CF, endereçada está a impostos e, o que é mais, impostos discriminados na mesma. Consequentemente, os que entendem possuírem as contribuições sociais natureza específica diversa da dos impostos, seja por critérios de *validação finalística*, seja por outros critérios, estão *ipso facto* impedidos de pleitear lei complementar regrando o *fato gerador, a base de cálculo* e os *contribuintes* dessas exações. As contribuições sobre folha de salários, lucro e faturamento (empregadores), receita de prognósticos deveriam ser previamente estruturadas em lei complementar de normas gerais. Mas o exercício da competência impositiva das pessoas políticas é eminentemente constitucional. O Congresso, por inação, não pode paralisar o exercício da tributação pelas pessoas políticas. O Convênio n.º 66/1988 do Confaz – Ministério da Fazenda, em tema de ICMS, ausente lei complementar, confirma a assertiva. Evidentemente a superveniência de lei complementar sobre ditas espécies paralisa a eficácia dos dispositivos constantes das leis que ofereçam contraste às suas prescrições. A competência tributária, portanto, é dominante na CF;

C) as contribuições previdenciárias dos funcionários públicos federais, estaduais e municipais não são impostos e, portanto, são instituíveis por leis ordinárias, federais, estaduais e municipais (são contribuições sinalagmáticas).

A Constituição, para finalizar, contém regra expressa no art. 34, § 3.º, do Ato das Disposições Constitucionais Transitórias autorizando a União, os estados e os municípios a editarem as leis necessárias à instituição do sistema tributário no âmbito das respectivas competências.

O Supremo Tribunal assentou tese segundo a qual as contribuições do art. 195 desnecessitam de lei complementar prévia às leis ordinárias institutivas e modificativas, por isso que a própria Constituição já delineava os fatos geradores, os contribuintes e, implicitamente, as bases de cálculo. A contrário senso, tal não é o caso das contribuições de intervenção no domínio econômico. Quanto a estas, a Constituição é lacônica, diz apenas que a União é competente para instituí-las e que são instrumentos de intervenção. No entanto, a Corte parece estar tolerando que dezenas de contribuições de intervenção, verdadeira derrama fiscal dos tempos lusitanos, sejam instituídas até por medidas provisórias. É intolerável.

CAPÍTULO 4

OUTRAS REGRAS DE REPARTIÇÃO DE COMPETÊNCIAS TRIBUTÁRIAS

4.1. A COMPETÊNCIA MÚLTIPLA DAS PESSOAS POLÍTICAS

O art. 147 da Constituição Federal prescreve:

> Art. 147. Competem à União, em Território Federal, os impostos estaduais e, se o Território não for dividido em Municípios, cumulativamente, os impostos municipais; ao Distrito Federal cabem os impostos municipais.

A regra é de fácil explicação. Nos territórios inexiste ordem jurídica tributária de Estado-Membro. A União assume a feição de Estado e cobra os impostos estaduais. Legisla sobre eles, observadas as normas gerais de Direito Tributário. E, se o território não for dividido em municípios, a União preenche o espaço a eles reservado, a cobrar os impostos municipais. Presentemente inexistem territórios federais.

O Distrito Federal, como se sabe, possui configuração ímpar no interior da Federação. A sua natureza jurídica – será mera autarquia territorial? – tem gerado sérias disceptações doutrinárias, aqui desimportantes. Fato é que, *equiparado tributariamente a estado* pela CF, compete-lhe ainda cobrar os impostos municipais, como se fora ente municipal.

A regra da competência múltipla atende às peculiaridades do federalismo vigorante no Brasil e impede privilégios aos habitantes de Brasília e territórios em relação aos brasileiros de outros lugares.

4.2. EMPRÉSTIMOS COMPULSÓRIOS – COMPETÊNCIA – REGIME JURÍDICO

De início, ao lume da teoria dos fatos geradores vinculados ou não a uma atuação estatal, assentamos que os empréstimos compulsórios e contribuições parafiscais *são tributos*, tese de resto esposada pelo constituinte de 1988 sistematicamente. O art. 148 dispõe quanto aos primeiros:

Art. 148. A União, mediante lei complementar, poderá instituir empréstimos compulsórios:

I – para atender a despesas extraordinárias, decorrentes de calamidade pública, de guerra externa ou sua iminência;

II – no caso de investimento público de caráter urgente e de relevante interesse nacional, observado o disposto no art. 150, III, "b".

Parágrafo único. A aplicação dos recursos provenientes de empréstimo compulsório será vinculada à despesa que fundamentou sua instituição.

A competência institutiva é privativa da União; estados e municípios estão impedidos de instituir este tipo de tributo. O veículo da instituição é a lei complementar. O exercício da competência é condicionado a pressupostos constitucionais:

A) para atender a despesas extraordinárias, decorrentes de calamidade pública ou de guerra externa ou sua iminência; e
B) para obter recursos necessários a investimentos públicos de caráter urgente e de relevante interesse nacional, observado, neste caso, o art. 150, III, "b", da CF, *i.e.*, observado o princípio da anterioridade da lei fiscal relativamente ao ano da imposição do gravame restituível. Aqui a urgência do investimento, por não ter o caráter de *emergência*, observa a *anterioridade*, em benefício dos contribuintes.

O juízo de atendimento aos pressupostos constitucionais pertence ao Congresso Nacional, não, porém, soberanamente. A instituição de empréstimos compulsórios com desprezo aos antepostos jurídicos previstos na Constituição favorece o acesso ao Poder Judiciário como órgão de controle da Lei Maior pelo método direto e difuso, ambos consagrados no texto da Superlei.

Despesas extraordinárias são aquelas absolutamente necessárias depois de esgotados os fundos públicos, inclusive os de contingência. Vale dizer, a inanição do Tesouro há de ser comprovada. E tais despesas não são quaisquer, senão as que decorrerem da premente necessidade de acudir as vítimas das calamidades públicas sérias, tais como terremotos, maremotos, incêndios e enchentes catastróficas, secas transanuais, tufões, ciclones etc. Nem basta decretar o estado de calamidade pública, cujos pressupostos são lenientes. De verdade, a hecatombe deve ser avassaladora, caso contrário se banalizaria a licença constitucional, ante *acts of God* que sempre ocorrem, sistematicamente, ao longo das estações do ano. Na hipótese de guerra externa ou de sua iminência, devem ser observados os princípios do Direito Internacional Público. As convulsões sociais internas e o subjetivismo na apreciação das situações de conflito não justificam a imposição do tributo restituível. Nesta primeira matriz, que chamamos de emergencial, o empréstimo compulsório, embora sujeito ao princípio da legalidade (lei complementar), escapa do princípio da anterioridade em face da urgência que reveste os motivos deflagradores da competência para instituí-lo.

Na hipótese de investimento público, as cláusulas de relevância, de urgência, de interesse nacional, desqualificam a importância regional e impõem o adiamento das despesas não urgentes. Aqui também a chamada ao sacrifício dos cidadãos no momento da compulsória arrecadação do tributo restituível exige o exaurimento conclusivo das condições previstas na Constituição. Seria, talvez, o caso de pré-colapso do potencial elétrico do país ante a falta provada de meios para o financiamento de sua expansão, internos e externos.

Nesta segunda matriz, que chamamos de especial, o tributo restituível sujeita-se integralmente aos grandes princípios de contenção do poder de tributar: legalidade, anterioridade, prazo nonagesimal, irretroatividade.

Em suas duas matrizes, os empréstimos compulsórios clamam pelo atendimento ao princípio da capacidade contributiva. Reduções e isenções são perfeitamente pensáveis e possíveis para livrar os mais carentes dos sacrifícios fiscais impostos pela tributação com promessa de restituição.

Em suas configurações usuais, na visão de nossa experiência histórica, os empréstimos compulsórios são tributos da espécie imposto. A afirmação teórica de que podem tais exações ser taxas ou impostos (dependendo do fato jurígeno escolhido pelo legislador para montar o tributo) é absolutamente verdadeira. Mas verdadeira no plano teórico e científico. Os insumos da Sociologia Jurídica têm demonstrado que se afiguram como *impostos* ou *adicionais de impostos*, até porque são os feitios que mais lhes convêm. O tema já foi tratado exaustivamente por Aliomar Baleeiro, Amílcar de Araújo Falcão e, ultimamente, por Maria de Fátima Ribeiro,[1] que nos fornece adminículos históricos valiosos. Baleeiro tem, sobre o assunto, páginas memoráveis:[2]

> No empréstimo forçado, não há acordo de vontades, nem contrato de qualquer natureza. Unilateralmente, o Estado compele alguém, sob sua jurisdição, a entregar-lhe dinheiro, prometendo o reembolso sob certas condições ou dentro de certo prazo.
>
> Há a distinguir duas hipóteses: a) o Estado, pura e simplesmente, decreta que quem estiver em certas condições características dum fato gerador de imposto é obrigado a entregar-lhe tal soma que será restituída ao cabo de tantos anos com juros ou sem eles; ou b) o Estado acena ao contribuinte com a possibilidade de isentar-se de certo imposto se lhe emprestar quantia maior.

---

[1] RIBEIRO, Maria de Fátima. *A natureza jurídica do empréstimo compulsório no sistema tributário nacional*. Rio de Janeiro: Forense, 1985.
[2] BALEEIRO, Aliomar. *Uma introdução à ciência das finanças*. 13. ed. Rio de Janeiro: Forense, 1969. p. 461.

[...]
Em ambos os casos, uma ressalva há de ser feita: o empréstimo compulsório só tem legitimidade se o pressuposto em que assenta constitui fato gerador da competência do poder que o decreta (artigos 21 e 22 da Constituição). A União pode exigir empréstimo de quem tem renda, mas não pode fazê-lo de quem adquiriu uma fazenda, pelo ato da aquisição, porque nesse exemplo, o Estado que não tem competência para instituir empréstimo compulsório, é que é o titular da competência tributária.

[...]
Na mesma situação jurídica do empréstimo compulsório deve ser colocada a capitalização ou investimento forçado, do qual, no Direito Fiscal brasileiro, tivemos exemplo com a subscrição autoritária de ações da Petrobrás e da Eletrobrás por parte dos proprietários de veículos a motor e consumidores de energia. A operação decompõe-se num tributo com a promessa unilateral de entrega de ações de valor correspondente numa sociedade anônima de economia mista.

Os empréstimos compulsórios são sempre, na prática, *impostos restituíveis*.

Dentre as teorias em voga, há uma, conforme visto *retro*, que acentua a natureza ambivalente do empréstimo compulsório.

Os corifeus dessa primeira corrente, a mista, dão exagerado valor ao elemento *restituição*. Todavia, à luz do Direito Tributário brasileiro, o destino da arrecadação do tributo é irrelevante. Di-lo o art. 4.º do CTN, *verbis*:

> Art. 4.º A natureza jurídica específica do tributo é determinada pelo fato gerador da respectiva obrigação, sendo irrelevantes para qualificá-la:
> I – a denominação e demais características formais adotadas pela lei;
> II – a destinação legal do produto da sua arrecadação.

O fato de ser restituível não possui o condão de descaracterizar o tributo.

Isto posto, nem a *restituibilidade* do empréstimo compulsório *nem o nome impressionam. Ao contrário, nome e restituição formam a tônica desse tributo*, embora não sirvam – já se viu – para determinar a natureza tributária *específica* do empréstimo compulsório, a qual será determinada pelo seu fato gerador, conforme o CTN, art. 4.º. No Direito Tributário brasileiro, toda *prestação pecuniária compulsória, instituída em lei* (*legalidade*), que não seja sanção de ato ilícito (multa ou indenização), em moeda ou valor nela exprimível, *cobrada administrativamente* (mediante lançamento, ainda que por homologação), é *tributo*, a teor do art. 3.º do CTN (independentemente do destino da sua arrecadação, em verdade um *posterius* irrelevante em face do *ato de imposição unilateral* que faz derivar o dinheiro do bolso do particular para as burras do Estado com base no *jus tributandi* estatal).

Em nossa recente experiência jurídico-tributária, os denominados empréstimos compulsórios se apresentam genericamente como *tributos* (art. 3.º do CTN) e especificamente como *impostos* (art. 16 do CTN).

Desconsideramos, portanto, a tese de que se trata de uma figura atípica que não é nem tributo nem mútuo, embora tenha elementos de um e de outro, até porque diante desse, por assim dizer, hermafroditismo jurídico, que plexo de normas legais devo aplicar para dizer o direito requerido pela prestação jurisdicional? Devo aplicar o Código Civil aqui e a Constituição e o Código Tributário acolá? Como aplicar as regras típicas de um contrato – ato bilateral, voluntário e facultativo – a uma relação jurídica impositiva? Como aplicar o Código Tributário Nacional a algo que é civil?

Dizem que é quase tributo porque *coativo* e empréstimo porque *restituível*.

A nós interessa apenas a imposição, que esta cai por inteiro sob o domínio das normas que regem a tributação *segundo o Direito Positivo em vigor*. É o poder de tributar do Estado e o direito à legalidade do contribuinte que animam o cerne da controvérsia. A relação jurídica é tributária indubitavelmente e trata-se de imposto.

De toda forma, repelimos também, por assemelhada, a tese do contrato coativo, bem parecida com a anterior, por se nos afigurar indevida penetração da teoria contratual em campo totalmente diverso, qual seja o da tributação, e que, aceita, poderá causar seriíssimos danos aos princípios da certeza e da segurança do Direito.

Alcides Jorge Costa[3] enceta penetrante crítica à absorção do empréstimo compulsório pela teoria "coativista":

> O direito contratual tem sofrido uma evolução constante, disso dão conta numerosos estudos. No entanto, o princípio da liberdade contratual continua a prevalecer, como salientam Planiol e Ripert (*Droit Civil Français*, 2. ed., Paris, 1952, tomo VI, parte 1.ª, p. 23), sem embargo das restrições que tem sofrido. O que sucedeu foi que a igualdade das partes, antes concebida de modo inteiramente teórico passou a ser encarada em seus aspectos reais. Uma efetiva liberdade contratual pressupõe a igualdade dos contratantes, sem o que a liberdade da parte mais fraca torna-se vã. Por isso, o direito contratual veio sofrendo uma evolução contínua no sentido de, mediante restrições à liberdade de uma das partes, estabelecidas através de normas legais imperativas, estabelecer uma efetiva igualdade entre as partes. Por outro lado, são hoje mais numerosas, em matéria contratual, as leis de caráter imperativo, que restringem a liberdade das partes. Não se pode, porém, como nota Ripert ("L'ordre économique et la liberté contractuelle", *in Recueil*

---

[3] COSTA, Alcides Jorge. Natureza jurídica do empréstimo compulsório. *RDA* 70/1.

d'études en l'honneur de François Gény, Paris, Sirey, tomo 2.º, p. 353), falar em decadência do contrato, mas de uma substituição do legislador às partes para regrar as obrigações contratuais.

[...]

Se, por exemplo, o Estado pode coagir o indivíduo a emprestar-lhe certa quantia em dinheiro, não há razão para negar-lhe a possibilidade de coagir qualquer pessoa a fazer-lhe doação de qualquer espécie de bens, porque a doação seria também contrato coativo. Ora, é evidente que essa possibilidade não se coaduna com o nosso regime jurídico-constitucional porque implicaria tornar letra morta o direito de propriedade. Seria mesmo possível, através de contratos coativos e mantida a atual Constituição, alterar nosso regime jurídico-social. No entanto, dir-se-á que, se o Estado pode exigir tributos, deve também poder exigir que lhe emprestem dinheiro, porque quem pode o mais pode o menos.

As relações que o Estado, no uso do seu poder de soberania, pode ter com o patrimônio dos particulares, *estão nitidamente delimitadas pela Constituição*. Além, naturalmente, de relações patrimoniais em que o Estado celebra contrato, em pé de igualdade, com particulares, o Poder Público apenas pode cobrar tributos, efetuar requisições civis e militares em tempo de guerra e efetuar desapropriações, por necessidade ou utilidade pública, por interesse social, mediante prévia e justa indenização em dinheiro. Não é, pois, exato que, em matéria de relações patrimoniais, o Estado possa obrigar qualquer pessoa a celebrar contratos apenas porque pode cobrar-lhe tributos. Nesse campo, o mais e o menos estão regulados de modo que não é exato dizer que se o Estado pode o mais, também pode o menos. (grifos nossos)

De nossa parte, relutamos em aceitar os chamados "contratos coativos" no campo mesmo do Direito Privado. Não desconhecemos o exemplo do seguro obrigatório de veículos em que o Estado, na posição de "coordenador de interesses sociais", obriga os particulares entre si a coativamente pactuarem. Temos nossas dúvidas sobre tal "potestade" de coordenação nas grandes democracias. Em todo caso, no "contrato coativo" típico *o trato é privado*, e no empréstimo compulsório o Estado *subordina, impõe e cobra ele próprio*, como pura *potestade*. Não há confundir um e outro. Uma coisa é o Estado ordenar contratos entre os súditos; outra, deles extrair pecúnias forçadamente.

Também aqui, aduzimos, compareçam os arts.3.º e 4.º do CTN, cujas conceituações são vinculantes para o intérprete. Não é lícito ao aplicador da lei fazer *tábula rasa* dos conceitos e preceitos que são postos em nível de lei complementar da Constituição, sob o ponto de vista material, para perder-se em devaneios doutrinais, delirantes, sobre o "ser ideal" (ontologia abstrata) do empréstimo compulsório. Com efeito, chamar a uma imposição unilateral e inarredável do Estado de "contrato" eufemisticamente denominado de "coativo" é, *data venia*, incoerência, como dizem os francos: *Il y a le nom et il y a la chose*. Agora, de examinar a teoria da requisição pecuniária, atributária. Aqui, mais uma vez, não há como escapar do círculo de ferro dos arts.3.º e 4.º da Lei Tributária *mater*.

Rejeitamos por ilógica e colidente com o Direito posto a tese da requisição atributária que se quer atribuir ao empréstimo compulsório, até porque, como observa Alcides Jorge Costa, no vocabulário jurídico redigido sob a orientação de Capitant, a requisição é uma operação unilateral do Poder Público, via da qual a Administração exige serviço ou coisa, ou ainda o *abandono* de gozo de imóveis, a fim de assegurar o funcionamento de serviços públicos.

Em nosso Direito, outro não é o sentido da *requisição administrativa*.

Para logo entendemos que o fato de o compulsório vir a ser devolvido em títulos em vez de dinheiro não lesiona o parágrafo único do art. 15 do CTN. O Digesto Tributário, ao determinar as condições de prazo e resgate dos empréstimos compulsórios – para nós, impostos restituíveis –, não obriga a que seja sempre em moeda. Alfredo Augusto Becker, no seu festejado *Teoria geral do direito tributário*, expõe:

> A doutrina dominante demonstra de modo irrefutável que o imposto, com destinação determinada, continua sendo imposto. Ora, a devolução do montante do tributo ao contribuinte é uma (entre outras) das destinações determinadas àquele tributo e tal fenômeno ocorre também com outros tributos.
> [...]
> No plano jurídico tributário – diz ele – a finalidade do tributo é simplesmente a de satisfazer o dever jurídico tributário. A natureza jurídica do tributo (e o dever jurídico tributário) não depende da destinação financeira ou extrafiscal que o sujeito ativo da relação jurídica tributária vier a dar ao dinheiro.
> [...]
> Nenhuma influência exerce sobre a natureza jurídica do tributo, a circunstância de o tributo ter uma destinação determinada; ser ou não ser, mais tarde, devolvido ao próprio e mesmo contribuinte, em dinheiro, em títulos ou em serviços. Nada disto desnatura o tributo que continuará sendo, juridicamente, tributo, até mesmo se o Estado lhe der uma utilização privada (não estatal) e esta utilização privada estiver predeterminada por regra jurídica.[4]

---

[4] BECKER, Alfredo Augusto. *Teoria geral do direito tributário*. São Paulo: Saraiva, 1963. p. 358 e 260.

Em sentido idêntico se posicionam Rubens Gomes de Sousa,[5] Aliomar Baleeiro[6] e Amílcar de Araújo Falcão.[7]

4.3. CONTRIBUIÇÕES PARAFISCAIS – COMPETÊNCIA – REGIME JURÍDICO

O art. 149 da CF/1988 dispõe:

Art. 149. Compete exclusivamente à União instituir contribuições sociais, de intervenção no domínio econômico e de interesse das categorias profissionais ou econômicas, como instrumento de sua atuação nas respectivas áreas, observado o disposto nos arts. 146, III, e 150, I e III, e sem prejuízo do previsto no art. 195, § 6.º, relativamente às contribuições a que alude o dispositivo.

§ 1.º Os Estados, o Distrito Federal e os Municípios instituirão contribuição, cobrada de seus servidores, para o custeio, em benefício destes, do regime previdenciário de que trata o art. 40, cuja alíquota não será inferior à da contribuição dos servidores titulares de cargos efetivos da União (redação dada pela Emenda Constitucional n.º 41, 19.12.2003).

§ 2.º As contribuições sociais e de intervenção no domínio econômico de que trata o *caput* deste artigo (incluído pela Emenda Constitucional n.º 33, de 2001):

I – não incidirão sobre as receitas decorrentes de exportação (incluído pela Emenda Constitucional n.º 33, de 2001);

II – incidirão também sobre a importação de produtos estrangeiros ou serviços (redação dada pela Emenda Constitucional n.º 42, de 19.12.2003);

III – poderão ter alíquotas (incluído pela Emenda Constitucional n.º 33, de 2001):

a) *ad valorem*, tendo por base o faturamento, a receita bruta ou o valor da operação e, no caso de importação, o valor aduaneiro (incluído pela Emenda Constitucional n.º 33, de 2001);

b) específica, tendo por base a unidade de medida adotada (incluído pela Emenda Constitucional n.º 33, de 2001).

---

[5] SOUZA, Rubens Gomes de. *As modernas tendências do direito tributário*. Conferência em 07.06.1962; *Comentários à Constituição de 1946*. 3. ed. Rio de Janeiro, 1960. v. II, p. 93-95.

[6] BALEEIRO, Aliomar. *Limitações constitucionais ao poder de tributar*. 2. ed. Rio de Janeiro: Forense, 1960. p. 264, n.º 64.

[7] FALCÃO, Amílcar de Araújo. *Introdução ao direito tributário*. Rio de Janeiro, 1959. p. 151; *Direito tributário brasileiro*: aspectos concretos. Rio de Janeiro, 1969. p. 246, n.º 178.

§ 3.º A pessoa natural destinatária das operações de importação poderá ser equiparada a pessoa jurídica, na forma da lei (incluído pela Emenda Constitucional n.º 33, de 2001).

§ 4.º A lei definirá as hipóteses em que as contribuições incidirão uma única vez (Incluído pela Emenda Constitucional n.º 33, de 2001).

A competência da União, pois, é privativa, oponível *erga omnes*. O constituinte, no entanto, pôs uma regra de atenuação no parágrafo do artigo, dando permissão aos estados e municípios para criar sistemas *previdenciários para seus funcionários e deles cobrar*, com caráter de tributo, uma contribuição (previdenciária, evidentemente, de resto, serão contribuições sinalagmáticas, verdadeiras contribuições).

A outra decorre da Emenda Constitucional n.º 39, de 19.12.2002, que acrescenta, de maneira, aliás, caótica, um art.149-A à Constituição Federal, instituindo contribuição para custeio do serviço de iluminação pública nos municípios e no Distrito Federal. A redação é singela.

Art. 149-A. Os Municípios e o Distrito Federal poderão instituir contribuição, na forma das respectivas leis, para o custeio de serviço de iluminação pública, observado o disposto no art. 150, I e III.

Parágrafo único. É facultada a cobrança da contribuição a que se refere o *caput*, na fatura de consumo de energia elétrica.

Tivemos a oportunidade de dar parecer contrário a projeto de lei que instituía uma taxa de iluminação pública em prol dos municípios, mas que quebrava o princípio da divisibilidade dos serviços que ensejam taxa, sem a qual o *quantum* devido por cada um não pode ser individualizado à medida do uso que faça do serviço público, que, por isso mesmo, tem que ser específico e divisível. Agora temos um imposto com o nome de contribuição que será pago por todos os proprietários de imóveis para financiar de maneira indistinta a iluminação pública das cidades brasileiras. A ânsia arrecadatória vai, pouco a pouco, derruindo as bases científicas do Direito Tributário como plasmado na Constituição e no Código Tributário Nacional.

Voltando à natureza das contribuições, pelo caráter unilateralmente compulsório, as contribuições parafiscais, já vimos *ab initio*, são ontológica e sistematicamente tributos, apenas afetados a finalidades específicas – o que pode ocorrer com impostos e taxas, por determinação legal –, sendo frequentemente atribuídas, gestão e fiscalização, a entidades paraestatais.

Para três fins são instituíveis:

A) para acudir as necessidades financeiras dos sistemas oficiais de previdência e assistência social;

B) para fornecer recursos às políticas de intervenção do Estado no econômico e no social; e
C) para garantir o financiamento dos órgãos corporativos, tais como sindicatos e órgãos de representação classista (Ordem dos Advogados, *v.g.*).

São, portanto, as contribuições parafiscais em nosso Direito Constitucional, de três espécies: sociais, interventivas e corporativas. Nitidamente apresentam-se como *impostos afetados a finalidades específicas* (raramente são taxas), o que justifica o discurso de que podem, teoricamente, ser *taxas* ou *impostos*, dependendo do fato jurígeno escolhido pelo legislador para estruturar o gravame. Tanto como os empréstimos compulsórios, a experiência histórica detecta serem as contribuições impostas, quase sempre, nas configurações positivas que oferecem à análise técnico-jurídica apoiada na visualização tricotômica dos tributos.

A possibilidade de serem criadas novas contribuições sociais previdenciárias advém da combinação dos arts.195, I, II, III e IV, §§ 4.º e 6.º, e 154, I, da CF, este último referente à competência residual da União para criar impostos novos, além dos já discriminados na Constituição em seu favor.

A possibilidade de serem criadas contribuições previdenciárias novas com a utilização da regra da competência residual da União para impostos denota a visão do constituinte quanto a serem impostos as contribuições parafiscais, entremostrando que a destinação vinculada das receitas é desimportante para a fixação não só do conceito de tributo, como de imposto e de taxa. Está no CTN com todas as letras. Aliás, o recente projeto de reforma tributária deseja acabar com algumas "contribuições" e afetar o novo IVA-Federal para custeio da Seguridade. Esta destinação o fez perder seu caráter de imposto? É óbvio que não.

O legislador constituinte instituiu dois regimes formais relativamente ao processo legislativo das contribuições parafiscais, o que está a ocasionar acerbadas discussões entre os especialistas, ainda não pacificadas, mas que podem ser harmonizadas.

Como é sabido, na ampla família das parafiscais são distinguíveis três tipos de contribuições (art. 149 da CF):

A) as corporativas, para fornir os cofres dos órgãos representativos das categorias profissionais;
B) as de intervenção no domínio econômico, como é o caso da contribuição para o Instituto do Açúcar e do Álcool (IAA); e
C) as sociais, ligadas à manutenção do sistema de seguridade social (previdência, assistência e saúde) e demais direitos sociais.

Quanto as contribuições sociais destinadas ao custeio da Seguridade Social, o constituinte estabeleceu as seguintes fontes:

A) dos empregadores, incidentes sobre *folha de salários, e demais rendimentos do trabalho pagos ou creditados à pessoa física que lhe presta serviço, mesmo sem vínculo empregatício*,[8] como incidentes *receita ou faturamento*[9] *e lucro*;
B) dos trabalhadores (não necessariamente empregados), incidentes sobre seus salários e proventos. Estas, e somente estas, são contribuições diversas dos impostos;
C) sobre receita de prognósticos (jogos de apostas bancadas pelo Estado);
D) a Emenda Constitucional n.º 42, de 19.12.2003, introduziu mais uma fonte de custeio, ou seja, "contribuições sociais" incidentes sobre a importação de bens ou serviços (inciso IV do art. 195, CF/1988).

Tudo nos termos do art. 195, I, II, III e IV, da CF.

É então absolutamente legítimo supor que o processo legislativo para instituir ditas contribuições, isto é, todas as referidas *retro*, é o da lei ordinária federal, porquanto não se vê no art. 149, nem no art. 195, I, II, III e IV,[10] previsão constitucional exigindo lei complementar instituidora ou modificativa, como existe para as outras contribuições sociais, em prol da seguridade, meramente virtuais (novas, não incidentes sobre folha de salários, e demais rendimentos, receitas/faturamento, lucro ou importações), previstas no art. 195, § 4.º. Podemos até chamá-las de contribuições residuais.

Vale dizer, as *contribuições sociais novas não incidentes sobre salários, lucro, receitas ou faturamento, prognósticos e importação exigem lei complementar* para serem

---

[8] Mesmo com a amplitude que se desejou dar a essa fonte de custeio, com a EC n.º 20/1998, permanecemos no entendimento de que somente as parcelas de natureza salarial, significa dizer, as parcelas tidas como contraprestação pelos serviços prestados podem compor a base de cálculo das contribuições sociais.
[9] A EC n.º 20/1998 utilizou-se da expressão receita ou faturamento buscando dar validade à Lei n.º 9.718/1998, como se as duas fontes fossem sinônimas.
[10] Quanto a essa fonte de custeio, conforme já mencionamos, a União emitiu lei ordinária regrando a incidência de PIS e COFINS, denominadas PIS-importação e COFINS-importação, sobre as importações de bens e serviços. Nenhuma oposição à instituição via lei ordinária; contudo, mesmo assim, o texto padece de sérias inconstitucionalidades. A maior delas está em dizer que a base de cálculo do PIS e da COFINS é o valor aduaneiro "acrescido de tais e quais impostos etc.". Ora, é a própria CF/1988 que diz ser, na espécie, a base de cálculo o valor aduaneiro. Ponto final. Basta conferir o art. 149, § 2.º, inciso III, alínea "a", *in fine*, para verificar que o legislador ordinário fugiu da vontade do Texto Constitucional.

criadas e/ou modificadas e submetem-se, ademais, aos limitativos do art. 154, I, da CF (proibição de ter fato gerador e base de cálculo idênticos a de "impostos" e "contribuições" existentes e não ter natureza cumulativa, por isso que a técnica terá de ser não cumulativa).

Quanto ao princípio da anterioridade e prazo nonagesimal, o mesmo se aplica às contribuições parafiscais, à *exceção das sociais* previstas no art. 195, a teor do § 6.º do mesmo. As contribuições sociais do art. 195 da CF, novas ou não, realizam o princípio da não surpresa pela adoção de um lapso de tempo de noventa dias, intertempo entre a *publicação da lei* e sua *vigência* com *eficácia*, não lhes aplicando a regra do art. 150, III, "b", da Constituição Federal. Supuseram que o interregno era suficiente para não colher de surpresa a comunidade dos contribuintes. Entendemos válida a medida, pois o constituinte de 1988 alargou estupendamente as áreas da previdência e da seguridade, numa tentativa de amenizar a enorme dívida social que marca a sociedade brasileira, com fantásticas disparidades de renda e concentradora da riqueza em poucas mãos, em detrimento da maioria. Ora, precisando a Previdência Social de recursos, cuidou o constituinte de prover-lhe mais fontes de receitas fiscais no menor prazo possível. O intertempo de noventa dias é adequado em lugar do princípio da anterioridade, que funciona por exercícios (ano-calendário) e muita vez é puramente retórico. Lei publicada em 30 de dezembro pode vigorar em 1.º de janeiro. É o *anticlímax*. Surpresa pura, mas que restou amenizada, mas não resolvida, pela Emenda Constitucional n.º 42/2003, que introduziu o prazo nonagesimal para alguns impostos.

A contribuição nova submete-se aos mesmos limitativos do imposto novo, já que substancialmente são uma coisa só, diferentes apenas no destino do produto da arrecadação. O constituinte nada ressalva, senão que remete o ato de criação da contribuição previdenciária nova à fórmula inteira do art. 154, I, a teor do disposto no art. 195, § 4.º.

Quanto à submissão às normas gerais de Direito Tributário, todas elas se submetem ao regime codificado sem exceção, a teor da remissão do art. 149 ao art. 146, III, da CF. *Tributos são regidos pelo Código Tributário*.[11]

Este é, a nosso sentir, o regime jurídico das contribuições parafiscais relativamente ao processo legislativo (legalidade, anterioridade e submissão às normas gerais de Direito Tributário).

As contribuições de intervenção no domínio econômico somente podem ser instituídas pela União se esta efetivamente intervier na ordem econômica, fisca-

---

[11] O Supremo Tribunal Federal julgou inconstitucionais os arts. 45 e 46 da Lei n.º 8.212/1991 (lei ordinária), que veiculava matéria afeta à decadência (reservada a lei complementar), conforme a Súmula Vinculante n.º 08/2008. Ademais, esses artigos foram expressamente revogados com a publicação da Lei Complementar n.º 128, de 19.12.2008, art. 13, I, "a".

lizando ou fomentando atividades referidas no capítulo da Constituição Federal que trata da ordem econômica e financeira.

Salta à vista, contudo, que as políticas de intervenção estão prestes a desaparecer em face de um mundo que prega a diminuição do tamanho do Estado, as privatizações e a desregulamentação estatal da iniciativa privada. As políticas ideais são as de concessões de benefícios fiscais, e não de atuação direta do Estado na economia.

Contudo, em que pesem as críticas que a espécie tributária *in examen* tem sofrido, a CIDE tem se tornado figura cada vez mais frequente. A União Federal, ao que parece, redescobriu esse filão tributário e tem criado contribuições para os mais diversos fins, como FUST e FUNTTEL (Telecomunicações), CIDE sobre combustíveis (Lei n.º 10.336/2001), CIDE sobre cinema (CONDECINE), CIDE sobre *royalties*, sem mencionar os diversos projetos de lei em tramitação no Congresso Nacional que preveem a instituição de contribuições destinadas a criar fundos para o financiamento de ações de tratamento aos doentes vítimas de alcoolismo, para o financiamento de ações de tratamento de doentes vítimas do fumo, cigarro e tabaco, de apoio à agroindústria e à fruticultura, dentre outros.[12] Enfim, as hipóteses são inesgotáveis, e as possibilidades de arrecadação, *idem*, razão pela qual o tema deve ser tratado com a devida cautela.

Relembrando a teoria jurídica dos tributos vinculados e não vinculados a uma atuação estatal, na hipótese das contribuições interventivas, por sua vez, deve haver uma correlação lógica entre os contribuintes da exação e aqueles que dela se beneficiam (os recursos devem ser destinados à melhoria do setor econômico sobre cujas atividades incide a exação). A hipótese de incidência implica sempre, inarredavelmente, uma atuação estatal voltada aos pagantes do tributo. Ou seja: a intervenção estatal deve, necessariamente, beneficiar os contribuintes da exação de modo direto. Para tanto, a análise do dispositivo legal que as institui – de modo a determinar se os recursos obtidos com a contribuição serão efetivamente voltados ao benefício da classe contribuinte – é de fundamental importância para a aferição de sua constitucionalidade.

Assim, é forçoso concluir que a referibilidade (entendida esta como a correlação lógica entre os pagantes e o benefício trazido pela contribuição) é elemento essencial das CIDEs. Em inexistindo essa contraprestação estatal específica, não há que se falar em tributo vinculado a uma atuação do Estado. Em não sendo tributo vinculado, será imposto (única modalidade prevista no ordenamento jurídico pátrio de tributo não vinculado a uma atuação estatal). Em sendo imposto, e havendo a

---

[12] MANEIRA, Eduardo. O crescimento da instituição de contribuições de intervenção no domínio econômico como forma de financiamento do Estado. *Anais do V Congresso da Associação Brasileira de Direito Tributário*, Belo Horizonte, 25.08.2001.

vinculação legal das receitas obtidas com a contribuição (como sempre ocorrerá, tendo em vista a própria natureza da CIDE), a exação será eivada de inconstitucionalidade, por violação ao art. 167, IV, da Constituição da República, *in verbis*:

> Art. 167. São vedados:
> [...]
> IV – a vinculação de receita de impostos a órgão, fundo ou despesa, ressalvadas a repartição do produto da arrecadação dos impostos a que se referem os arts. 158 e 159, a destinação de recursos para as ações e serviços públicos de saúde, para manutenção e desenvolvimento do ensino e para realização de atividades da administração tributária, como determinado, respectivamente, pelos arts. 198, § 2.º, 212 e 37, XXII, e a prestação de garantias às operações de crédito por antecipação de receita, previstas no art. 165, § 8.º, bem como o disposto no § 4.º deste artigo (redação dada pela Emenda Constitucional n.º 42, de 19.12.2003).
> [...].

O raciocínio ora expendido nada mais é que a aplicação prática da clássica (e atual) teoria dos impostos vinculados e não vinculados a uma atuação estatal. A lei será sempre o ponto de partida para a análise da constitucionalidade das contribuições interventivas, uma vez que é o legislador quem define – na construção do fato gerador do tributo – qual será a natureza da espécie tributária a ser criada. Reportamo-nos, mais uma vez, à lição de Ataliba:[13]

> Quando, pois, indagamos se a hipótese de incidência de um tributo (a) consiste ou (b) não numa atividade estatal, estamos desempenhando tarefa jurídica; estamos buscando situá-lo numa destas duas categorias: tributo (a) vinculado ou (b) não vinculado. E, na lei – e só nela – está a consistência da hipótese de incidência.
>
> O cunho rigorosamente jurídico desse critério é salientado por Jarach:
>
> Não se trata, pois, de uma investigação de tipo extrajurídico mas, pelo contrário, da determinação da essência mesma dos fenômenos jurídicos em exame [...].
>
> Estes dados, que permitem o imediato, seguro e fácil reconhecimento das espécies do tributo, estão imediatamente à disposição do jurista: estão no texto legal, dispensando – e até mesmo repugnando – qualquer investigação ou preocupação pré ou metajurídica, que pretenda ir às suas causas,

---

[13] ATALIBA, Geraldo. *Hipótese de incidência tributária*. São Paulo: Malheiros, 2001. p. 132-133.

motivos ou fundamentos. Por outro lado, repele qualquer indagação quanto ao ulterior destino que venha o poder público a dar aos dinheiros obtidos.

O exame das particularidades do aspecto material da hipótese de incidência também enseja discernir subespécies entre os vinculados (taxas e contribuições) e entre os não vinculados (impostos).

Claro está, dessarte, que as considerações acerca da constitucionalidade ou não da contribuição interventiva serão feitas tão somente por meio da análise do texto legal. Não há que se perquirir, portanto, se os recursos estão ou não sendo destinados, **na prática**, a um eventual fundo que a lei preveja, ou se estão sendo integralmente aplicados como determinou o legislador. Neste ponto, não há espaço para análise da questão à luz do Direito Tributário (que se ocupará da definição da constitucionalidade ou não da contribuição nos limites do Direito positivo), mas sim para a aplicação do Direito Penal, que existe para punir os administradores que desviam recursos legalmente destinados a outros fins (*vide* art. 315 do Código Penal).

Isto posto, alguns pontos merecem realce:

(a) em primeiro lugar, a teoria do tributo vinculado ou desvinculado a uma atuação do Estado relativamente à pessoa do contribuinte, que está sediada como categoria epistemológica, foi a adotada pela Constituição da República de 1988 (como não poderia deixar de ser, em face da universalidade da referida teoria). De fato, por toda parte onde vigoram Estados de Direito, pagamos tributos porque expressamos ter capacidade contributiva, realizando atos ou demonstrando situações relevantes captadas pelo legislador como indicativas de capacidade econômica, tais como, *v.g.*, ter renda, ser proprietário de imóveis urbanos ou rurais ou de veículos automotores, fazer circular bens ou serviços de conteúdo econômico, importar ou exportar mercadorias, dentre outros (nestes casos temos os impostos – tributos que existem independentemente de qualquer atuação estatal relativamente à pessoa do contribuinte); ou então pagamos tributos porque o Estado nos presta serviços de grande utilidade, específicos e divisíveis, ou pratica atos do seu regular poder de polícia diretamente referidos à nossa pessoa, ou ainda porque realiza obras que favorecem o nosso patrimônio imobiliário, ou porque intervém no segmento econômico em que atuamos, beneficiando-nos (nessas hipóteses temos as taxas e contribuições, que existem exatamente porque o Estado atua, de modo especial, em função dos pagantes da exação – tributos vinculados a atuações do Estado relativamente à pessoa do contribuinte);

(b) em segundo lugar, como a divisão do tributo em espécies somente pode se basear na tese acima referida (tributo vinculado a atuação estatal e tributo não vinculado a atuação estatal), em determinado país o Direito positivo poderá prever diversas espécies de tributos dentro de uma mesma categoria (taxas e contribuições para variados fins). Noutras palavras, a quantidade nominal de espécies tributárias é predeterminada pela teoria dos tributos vinculados ou não a uma atuação estatal, pouco importando o *nomen juris*, a denominação dada ao tributo pelo legislador. Assim, se as contribuições são tributos vinculados a uma atuação estatal, necessariamente deverá existir uma contraprestação do Estado, dirigida à pessoa do contribuinte, que justifique a incidência da exação;

(c) finalmente, a aferição da constitucionalidade de uma contribuição interventiva, à luz da teoria dos tributos vinculados e não vinculados a uma atuação estatal, será feita nos limites do Direito positivo, a saber: se a lei de sua criação é explícita no sentido de destinar a arrecadação do tributo a ações ou fundos que beneficiem o segmento econômico específico de atuação do contribuinte, a CIDE será constitucional pela existência da referibilidade; do contrário, padecerá de vício de constitucionalidade, pois, inexistindo atuação estatal em prol do contribuinte, será tributo não vinculado (leia-se imposto) e, dessarte, não poderá ter seus recursos destinados a finalidade específica (destinação esta que sempre existirá em se tratando de CIDE), sob pena de violação ao art. 167, IV, da Carta Política Federal.

Vale dizer, os impostos novos, aí incluídas as contribuições sociais, devem catar submissão aos seguintes pressupostos:

A) criação por lei complementar (instrumento formal);
B) não terem fato gerador e base de cálculo idênticos aos dos impostos discriminados na Constituição (vedação de duplicação de figura impositiva);
C) não serem *cumulativos* (em sua estrutura técnica); e
D) 20% do produto da arrecadação pertenceriam aos estados para fins de seguridade.

"Art. 157. Pertencem aos Estados e ao Distrito Federal:
[...]
II – vinte por cento do produto da arrecadação do imposto que a União instituir no exercício da competência que lhe é atribuída pelo art. 154, I."

A âncora da afirmação está no art. 195, § 1.º, *verbis*:

As receitas dos Estados, do Distrito Federal e dos Municípios destinadas à seguridade social constarão dos respectivos orçamentos, não integrando o orçamento da União.

O imposto social novo (contribuição social) destina-se ao mister de acudir as necessidades do sistema de seguridade, cujo produto da arrecadação é *vinculado*. A vinculação, já se sabe, não serve ao escopo de fixar a natureza jurídica do tributo, mas tem serventia para outros fins, senão seria inútil falar em *contribuição*. Nesse caso, a necessária vinculação aos misteres de seguridade apropósita a incidência da regra prevista no art. 157, II, em prol dos estados e do Distrito Federal.

4.4. UMA QUESTÃO DE DIREITO INTERTEMPORAL OU DE JURISPRUDÊNCIA VARIANTE

Nos termos do art. 149 da CF, as contribuições parafiscais em geral estão submetidas aos princípios retores da tributação e às normas gerais de Direito Tributário, isto é, ao CTN. São, pois, ontológica e normativamente, *tributos*. Em relação a elas incidem os princípios da legalidade, anterioridade, intertempo de noventa dias, irretroatividade e os conceitos de tributo, lançamento, obrigação etc. enfeixados no CTN.

Pois bem, nos registros da jurisprudência pátria, durante a Carta de 1967, fixou-se um padrão polêmico. Considerou-se *tributária* a contribuição previdenciária desde o CTN e como não tributária a partir de 14.04.1977 (Emenda Constitucional n.º 8). Agora, ela volta a ser tributária por força da Constituição. O problema está em aplicar ou não os princípios retores da tributação e as normas do CTN, notadamente as atinentes à prescrição e à decadência, a *tributo substancialmente idêntico*, levando-se em conta apenas os *lapsos temporais de sua existência*.

Aliás, a jurisprudência enfocada sofreu à época cerrado combate da doutrina brasileira. Cabe rememorar a palavra de abalizados autores a respeito. É ainda possível rever o posicionamento tomado majoritariamente pelo Judiciário brasileiro no particular.

Em simpósio por nós organizado a propósito de analisar o princípio da anterioridade, realizado em Belo Horizonte em outubro de 1983, com a presença de ilustres juristas, houve oportunidade de se examinar a virada jurisprudencial sob foco, na medida em que os estudiosos analisaram a pretensa mutação constitucional que a teria causado. No livro *O princípio da anterioridade da lei fiscal* que enfeixou as opiniões desses juristas a respeito de vários temas,[14] verifica-se que a doutrina nada enxergou na Emenda n.º 8/1977 que pudesse sustentar a reviravolta jurisprudencial liderada pelo Supremo Tribunal Federal, e, até pelo contrário, viram, isto sim, maiores restrições ao manuseio das contribuições previdenciárias pelo Executivo, através de simples decretos, pois àquela época a Carta de 1967 permitia a alteração das alíquotas e bases de cálculo desses tributos por atos administrativos, ao talante do Príncipe. Nunca na história judiciária do país houve

---

[14] COÊLHO, Sacha Calmon Navarro. O princípio da anterioridade da lei fiscal. *Cadernos de Altos Estudos do Centro Brasileiro de Direito Tributário*, São Paulo: Resenha Tributária, 1983.

tamanho divérbio entre a doutrina e a jurisprudência, voltadas a caminhos diametralmente opostos. No referido simpósio colocou-se a seguinte indagação:

> Quais as consequências – com relação ao princípio da anterioridade – advindas do fato de a Emenda Constitucional n.º 8, de 14 de abril de 1977 ter deixado de referir explícita e expressamente (como fazia o texto constitucional anterior), as contribuições previdenciárias, como tributo da competência privativa federal, que poderia ter suas alíquotas e bases de cálculo alteradas por ato administrativo?

A Professora Misabel de Abreu Machado Derzi, da UFMG, respondeu que:

> Se antes do advento da Emenda Constitucional que alterou o dispositivo, em exame, estavam todas as contribuições previdenciárias englobadas na cláusula mais ampla "contribuição no interesse da previdência social", a formulação atual do mesmo artigo nos assevera que ficou restringido seu âmbito de aplicação. Conjugando-o ao art. 153, § 29, pensamos que apenas outros tributos (que não tenham como contribuinte o empregador – nessa qualidade específica – ou o segurado, enquanto beneficiário dos serviços), podem ser instituídos para atender diretamente à parte da União no custeio dos serviços previdenciários.
> Somente esses outros tributos, genericamente denominados de "cotas de previdência", escapam ao princípio da anterioridade, enquadrando-se na faculdade, concedida ao Poder Executivo, de variar suas alíquotas nos limites da lei.

O Professor Paulo de Barros Carvalho, da PUC/São Paulo, com a concisão de sempre, não discrepou:

> Obtempere-se, a bem da verdade, que o texto constitucional foi modificado, podendo parecer que ficara suprimida a competência da União para decretar as contribuições destinadas à Previdência Social, uma vez que o artigo 21, § 2.º, inciso I, menciona apenas a frase "e para atender diretamente à parte da União no custeio dos encargos da previdência social".
> Entretanto, não é o que ocorre. A competência da União, de qualquer maneira, estaria assegurada pelo que dispõem o parágrafo único do artigo 163 e o inciso XVI do artigo 165. Mas a dúvida pode ser suscitada no que concerne à faculdade deferida ao Poder Executivo federal de manipular o sistema de alíquotas e de bases de cálculo.
> Nem assim vingaria a inteligência que conclui pela supressão do tributo ou mesmo pela diminuição dos poderes jurídicos conferidos ao legislador federal. E a prova não é difícil. A própria estrutura de linguagem do direito

em vigor nos leva à inferência de que remanesce a mesma sistemática, a despeito da iniciativa que a Emenda n.º 8 fez prevalecer. A parte inicial do inciso I do artigo 21, já é suficiente para desenhar a competência adjudicada à União. E a outorga ficará completa na medida em que agregarmos àquele preceito os dispositivos do art. 163 conjugados com o do art. 165, inciso XVI. Tudo isso prescindindo-se por inteiro daquilo que estivera disposto no art. 21, inciso I, *in fine*, anteriormente à Emenda n.º 8, quer dizer, sem qualquer alusão expressa ao sistema de Previdência Social, porquanto ninguém ousaria contestar o asserto de que se trata de uma intervenção no domínio econômico, visando a assegurar aos trabalhadores a "previdência social nos casos de doença, velhice, invalidez e morte e proteção da maternidade", que é precisamente o que diz o inciso XVI do art. 165 da Constituição.

Uma das consequências está em que, sendo a contribuição especial ou parafiscal modalidade de tributo, sujeita-se às regras materiais relativas à prescrição e decadência tributárias insertas no CTN, lei complementar *ratione materiae* sobre normas gerais de Direito Tributário, embora nascida da lei ordinária, mas passível de revogação apenas por outra lei complementar. Assim, se as contribuições são tributo, inclusive as previdenciárias, do empregado e do empregador, e se prescrição e decadência são institutos do Direito material – e no caso do Direito Tributário são disciplinados por norma geral do CTN – então lei ordinária de caráter processual, como é o caso da LEF (Lei das Execuções Fiscais), não pode alterar o CTN. Pois o prazo da prescrição das contribuições é de cinco anos. Sempre foi.

No plenário do extinto TFR e no STF ficou assentado que as contribuições são tributos e estão sujeitadas ao regime tributário da Constituição e ao CTN.

Esta a lição que merece ser adotada pelo Judiciário brasileiro, de modo a uniformizar a *vexata quaestio*, para que não se diga amanhã que os juízes brasileiros são leões, mas de bronze, como os que sustentavam o trono de Salomão, a quem serviam magnificamente, imponentes e impotentes, nos cinzelados altos relevos da cadeira do Príncipe.

As contribuições previdenciárias caducam e prescrevem em cinco anos como todo e qualquer tributo. E para que prazo maior?

A jurisprudência que apartou a contribuição previdenciária da família jurídica dos tributos foi cientificamente mal elaborada.

A jurisprudência do dualismo está devidamente desmerecida pela Constituição de 1988, influenciada pela boa doutrina justributária. Logo que a tese insinuou-se, fizemos-lhe imediata oposição, "com argumentos", como reconheceu o professor e juiz federal Hugo de Brito Machado.[15]

---

[15] MACHADO, Hugo de Brito. *Cadernos de Altos Estudos do Centro Brasileiro de Direito Tributário*, São Paulo: Resenha Tributária, 1981. p. 168.

4.5. CONTRIBUIÇÕES EM PROL DE ENTIDADES PRIVADAS: SESI, SESC, SENAI, SENAC ETC.

A Constituição prevê tributo afetado a fins paraestatais destinados a entidades privadas. Tal é o caso do art. 240, Título IX, "Das Disposições Constitucionais Gerais":

> Art. 240. Ficam ressalvadas do disposto no art. 195 as atuais contribuições compulsórias dos empregadores sobre a folha de salários, destinadas às entidades privadas de serviço social e de formação profissional vinculadas ao sistema sindical.

Destarte, as contribuições para o SESI, SENAI, SENAC, SESC[16] continuam a ser tributárias e sujeitam-se ao CTN inteiramente, pouco importando estarem subsumidas nas contribuições que o INSS cobra. (Aqui não nos eximimos de negativa opinião sobre o agigantamento do sistema previdenciário como máquina – simplesmente não funciona! Quanto aos benefícios, aplaudimos.)

4.6. CONTRIBUIÇÕES EM FAVOR DAS CONFEDERAÇÕES SINDICAIS

O art. 8.º da CF dispõe no inciso IV que a assembleia geral das associações profissionais e sindicais fixará contribuição que, em se tratando de categoria profissional, será descontada em folha, para custeio do sistema confederativo da representação sindical respectiva, independentemente da contribuição prevista em lei (contribuição sindical ou corporativa).

O mesmo art. 8.º, inciso V, dispõe que ninguém será obrigado a filiar-se ou manterse filiado a sindicato.

Reside aqui uma intricada questão de contribuição corporativa. Como é sabido, desde há muito existe a chamada "contribuição sindical", que tem natureza tributária em prol das entidades representativas das categorias profissionais, sujeitada, agora, aos princípios da legalidade e da anterioridade. Pelo sistema constitucional vigente, apenas as contribuições para a seguridade social ou contribuições sociais estão sujeitas ao lapso de noventa dias para adquirirem eficácia. Em relação às demais, às corporativas e às de intervenção, o princípio da não surpresa do contribuinte materializa-se no princípio da anterioridade. Mas, quanto ao princípio da legalidade, os três tipos de contribuições parafiscais a ele se submetem por inteiro, inclusive às normas gerais de Direito Tributário do CTN, por expressa determinação constitucional (art. 149 da CF).

---

[16] Ver Súmula n.º 499 do STJ: "As empresas prestadoras de serviços estão sujeitas às contribuições ao SESC e SENAC, salvo se integradas noutro serviço social."

Agora, a Constituição delegou à assembleia geral dos sindicatos competência para fixar um certo percentual a ser descontado em folha, destinado à manutenção do sistema confederativo da representação sindical respectiva.

Anteriormente, os cálculos prevendo dito estipêndio eram armados nas convenções coletivas. Nos dissídios, *ex vi* de decisões normativas dos tribunais do trabalho, as cláusulas eram aprovadas, mas os juízes, prudentemente, fixavam um prazo de dez dias em média para que os trabalhadores se manifestassem em contrário. A maioria se omitia. Em consequência, esta paga às confederações tornava-se obrigatória, não porque se tratasse de um tributo, mas sim porque os sindicalizados a quiseram através de deliberação aprovada em assembleia (obrigação voluntariamente assumida). Os não sindicalizados e/ou trabalhadores que não tinham participado da assembleia geral tinham um prazo de dez dias para dizer se aceitavam ou não o desconto. Exigia-se, assim, a adesão dos obrigados.

Pois bem, qual o sentido jurídico do art. 8.º, IV, da CF?

Estaremos em face de uma contribuição corporativa *pró-sistema confederativo* sindical ao lado da contribuição sindical, cujo *quantum* é fixado em lei, conforme o princípio da legalidade tributária?

Em caso afirmativo, uma assembleia sindical estaria legislando sobre o *quantum* devido do tributo, contra o princípio da legalidade, substituindo-se ao Poder Legislativo. E, o que é pior, sem limites ou condições prévias, fato perigoso e impensável às luzes dos grandes princípios retores da tributação que se desprendem do texto constitucional e dos fundamentos de um Estado Democrático de Direito (art. 1.º da CF). Até porque, pela compulsoriedade da paga, estaríamos obrigando os sindicalizados e os não sindicalizados a um vero tributo, na modalidade denominada "contribuição corporativa", em prol das confederações.

Estas razões bastam para rejeitar a natureza tributária dessa "contribuição" que, a nosso sentir, insere-se no campo do Direito Coletivo do Trabalho, objeto de regras jurídicas estatais, conquanto abrigue também regras nascidas de órgãos, fatos ou associações não estatais, como é curial. Aliás, o Direito, enquanto "sistema de normas", desde que a Constituição permita, admite fontes não estatais. (As leis são normas gerais e abstratas por classes de destinatários. As sentenças são normas individuais ou coletivas dependendo do alcance da coisa julgada, os contratos são normas *inter partes*. As convenções e estatutos entre particulares geram normas comuns a grupos – convenções de condomínio, *v.g.* –, e assim por diante.)

Pensamos que se quis deslocar a "obrigatoriedade" dessas pagas das convenções e decisões normativas para as assembleias sindicais. Nada a objetar, só que a compulsoriedade dos descontos em folha para os não sindicalizados deverá ser objeto de legislação específica regulatória, pois ninguém está obrigado a pagar a não ser por vontade própria, de alguma forma manifestável, ato ou omissão ("quem cala consente"), ou por força de lei (caso do tributo).

No mais, o constituinte, ao estatuir a contribuição voluntária (adesiva) pró-confederações, fez questão de distingui-la daqueloutra compulsória, isto é, tributária.

4.7. O REGIME JURÍDICO-CONSTITUCIONAL DOS EMPRÉSTIMOS COMPULSÓRIOS E DAS CONTRIBUIÇÕES PARAFISCAIS – SÍNTESE

O veículo legislativo dos empréstimos compulsórios é a lei complementar, lei de *quorum* qualificado (*quorum* de votação de metade mais um dos membros do Congresso Nacional). O Legislativo Federal, frise-se, é bicameral (Câmara dos Deputados e Senado Federal). Significa, a crer-se em Pontes de Miranda, para quem o princípio da legalidade da tributação corresponde ao povo tributar-se a si próprio, que a votação afirmativa de um empréstimo compulsório (*rectius* – tributo restituível) implica consentimento do povo brasileiro, majoritariamente, por seus representantes eleitos para fazerem as leis. Qualquer que seja a modalidade do empréstimo compulsório, o veículo legislativo de sua instituição é a lei complementar. Cabe ao Congresso Nacional, por maioria absoluta, avaliar a necessidade, a oportunidade e a conveniência do *tributo restituível* que gravará a sociedade. O Príncipe não mais o decretará, como ocorria sob a Carta de 1967. Compartilhará com a Casa Legislativa a decisão de tributar (relação jurídico-tributária) e as condições de devolução do tributo, pois, quando é devolvido, configura obrigação financeira do Estado (relação jurídico-financeira). No primeiro caso, o sujeito ativo é a União, e o passivo, o contribuinte. No segundo caso, o sujeito ativo é o contribuinte, e o passivo, o Estado (a União Federal). Um só fato desencadeia duas relações jurídicas, cambiando as posições do credor e do devedor (*accipiens e solvens*).

Assim, os empréstimos compulsórios ficam sujeitos ao princípio da legalidade *in totum* (art. 148 da CF/1988). Diversa a situação quanto ao princípio da anterioridade (art. 150, III, "b", da CF/1988). Os que colimarem recursos para investimentos relevantes, de interesse nacional, urgentes, só podem ser cobrados no ano seguinte àquele em que foi publicada a lei institutiva (art. 148, II, da CF/1988). Os que objetivarem recursos para enfrentar guerra ou sua iminência, de conformidade com as regras jurídicas do Direito Internacional Público, ou, ainda, colimarem fundos para fazer face a despesas extraordinárias decorrentes de calamidade pública, impossíveis de serem atendidas com recursos normais do Tesouro, submetem-se à legalidade (lei complementar), mas escapam da anterioridade, ou seja, podem ser cobrados de inopino, de pronto, no dia seguinte ao de sua instituição. É que os motivos de sua criação são imperativos, urgentes, emergenciais, inadiáveis. Carecerá a União de recursos imediatos para afrontar a guerra e a hecatombe. No inciso I do art. 148, o constituinte não se reportou ao art. 150, III, "b", o que fez no inciso II. Louve-se a Souto Maior Borges, que, sob a Constituição de 1967, já distinguia os empréstimos especiais dos emergenciais, pela análise inteligente dos motivos e dos fins. Em suma, o constituinte de 1988 disciplinou o empréstimo compulsório como tributo restituível, no capítulo do poder de tributar, submetendo-o aos grandes princípios retores da tributação (legalidade, anterioridade, irretroatividade), certamente por vislumbrá-lo como instituto do Direito Público, como tributo afim. Pois bem, ontologicamente, empréstimo compulsório é tributo, por isso que compulsório em sua face arrecadatória. Agora a normatividade constitucional o trata como tal e enquanto tal o disciplina. E será imposto se o seu fato gerador consistir em estado ou fato que independa de qualquer atuação do Estado.

No que tange às contribuições parafiscais, instituíveis para três fins: o social, o interventivo e o corporativo, a criação delas depende de lei ordinária, e de lei complementar a social nova. Avulta o controle congressual (art. 149 c/c os arts. 146, III, e 150, I e II, da CF).

Doravante, de um ponto de vista constitucional, o que importa entre nós é verificar se o "processo legislativo" dos empréstimos compulsórios e das contribuições foi obedecido; se os "motivos" para a instituição dos primeiros estão presentes, são reais; se a sua configuração não invade área tributável deferida já a estados e municípios; se o destino da arrecadação está legalmente direcionado às despesas que lhe deram causa; e se o processo de restituição é factível. Quanto às contribuições, verificar o processo legislativo e, admitidos os casos de incidência sobre áreas já tributadas (art. 195 – lucro, faturamento, salários, prognósticos), inadmitir quaisquer outras, a não ser pela aplicação da fórmula da competência residual (restritiva). Ademais, verificar a administração e vinculação da contribuição ao órgão gestor.

De bom alvedrio será listar, sem intuito exauriente, alguns princípios e ditames constitucionais aplicáveis aos impostos virtuais restituíveis (empréstimos compulsórios), como a seguir: (a) *legalidade*. Só por lei complementar são instituíveis; (b) *anterioridade e prazo nonagesimal* (art. 150, III, "b" e "c"), com exceção dos que venham a ser criados por motivo de guerra real ou iminente ou para atender a despesas extraordinárias decorrentes de calamidade pública; (c) *princípio da não invasão de competência* estadual ou municipal. O fato jurígeno dos empréstimos compulsórios não pode se constituir de fato ou situação já entregue a estados e municípios enquanto objeto de incidência tributária, salvo o caso do empréstimo compulsório extraordinário por motivo de guerra, por extensão do art. 154, II, que, em quadra bélica, a União pode instituir impostos, não previstos na CF, extraordinários, compreendidos ou não em sua competência tributária. Ora, quem pode o mais, *i.e.*, criar imposto sem restituição em caso de guerra, pode o menos, i.e., criar imposto restituível, ainda que atingindo área reservada a estado ou município. Desde os romanos aprendemos que, a partir da lei, onde a mesma razão, a mesma disposição. "*Ubi ratio, ibi dispositio*"; (d) *princípio da isonomia tributária* (art. 150, II, da CF), pois o raio de abrangência do preceito é amplo e versa tributo (gênero), não cabendo argumentar com a sua aplicabilidade aos impostos tão somente; (e) *princípio da irretroatividade fiscal* (art. 150, III, "a"), porquanto o fato gerador do empréstimo compulsório somente pode estar em momento fático posterior à lei que o institui; (f) *princípio das imunidades genéricas*, eis que empréstimo compulsório incidente sobre renda, patrimônio ou serviço, ainda que extraordinário por motivo de guerra, não tributa pessoa política ou instrumentalidade sua (imunidade intergovernamental recíproca), nem partido, sindicato e instituição de educação ou assistência social, nem jornal, livro, periódico, papel de imprensa, nem templo de qualquer culto; (g) *princípio do não confisco* (art. 150, IV), porquanto, mesmo restituível e temporário, não pode um empréstimo compulsório tomar todo o patrimônio ou renda do contribuinte; (h) *princípio da capacidade contributiva* (art. 145, § 1.º), a não ser quando o empréstimo compulsório assumir fato gerador de taxa, hipótese raríssima.

É aplicável às contribuições parafiscais todo um rol de princípios constitucionais tributários. É preciso, contudo, examinar a questão levando-se em conta as espécies de contribuições existentes no quadro da Constituição de 1988: as sociais, as corporativas e as interventivas.

As corporativas, destinadas aos interesses dos corpos representativos de categorias econômicas e profissionais, assumem, muitas vezes, a feição de tributo de capitação. Cada cabeça um tanto. Ora há valor fixo em moeda ou em valor (índice) que nela se possa exprimir (dívida de dinheiro ou dívida de valor), ora há percentual sobre parcela do salário (um dia de salário por ano, *verbi gratia*).

As interventivas admitem valoração por índices de intervenção e ainda valor fixo no título do tributo.

As sociais, em prol dos diversificados escopos do sistema de seguridade social, são as mais importantes, numerosas, e as que mais se aparentam com o feitio ontológico e jurídico-positivo dos impostos. Por causa disso a elas se aplicam com maior intensidade os princípios constitucionais regentes da tributação.

Os princípios da legalidade, irretroatividade fiscal e não surpresa do contribuinte (anterioridade e/ou lapso de 90 dias) aplicam-se a todas, sem exceção, como a todas são aplicáveis as normas gerais de Direito Tributário (Código Tributário Nacional). A assertiva implica a incidência dos seguintes artigos: art. 150, I, III, "a", "b" e "c"; art. 146, III; art. 195, § 6.º. As referências, neste caso, são expressas no art. 149 da CF. O rol aí não é exaustivo (*numerus clausus*) como veremos de ver, até porque o art. 150 da CF, que encima e domina a seção das limitações ao poder de tributar, é enfático na enunciação de que as vedações ali dispostas não "excluem outras garantias asseguradas aos contribuintes", extratáveis por dedução e análise sistêmica. Assim, impossível por meio de contribuição, que é tributo, estabelecer limitações ao tráfego de pessoas ou bens (art. 150, V). Vedado, também, no corredor das contribuições, utilizar tributo com efeito de confisco (art. 150, IV) ou estabelecer tratamento desigual entre contribuintes que se encontrem em situação equivalente, proibida qualquer distinção em razão de ocupação profissional ou função por eles exercida (art. 150, II). Em tema de contribuição, outrossim, qualquer anistia ou remissão só poderá ser concedida através de lei específica (art. 150, § 6.º). Determinadas contribuições, como é o caso da contribuição dos trabalhadores (empregados e autônomos) para a seguridade social (art. 195, II), devem assumir caráter pessoal e proporcional. É o que se deduz do art. 195 c/c o art. 194, parágrafo único, incisos I, V e VI, da CF, apropositando a utilização prática do art. 145, § 1.º, da mesma CF (pessoalidade e capacidade contributiva). Não menos do que por isso, as alíquotas da contribuição social dos assalariados não admitem série progressiva, e há limite máximo (teto) de contribuição. Quanto às imunidades genéricas, será preciso ver até onde a finalidade, dado importante em se tratando de impostos afetados a fins específicos (razão de ser dessas exações), compagina-se com o motivo das várias imunidades. Não faz sentido contribuição interventiva sobre o patrimônio, renda ou serviços das pessoas políticas (art. 150, VI, "a"). Mas, na medida em que as pessoas políticas ou suas instrumentalidades são empregadoras, é absolutamente necessário que contribuam para o FGTS e para a Previdência Social, *verbi gratia*. Saber se as contribuições são barradas pelas imunidades genéricas é uma falsa questão portanto.

As contribuições corporativas admitem uma subdivisão. Ao lume do art. 149, serão instituídas no interesse de categorias (a) profissionais e (b) econômicas. Não apresentam perspectivas invasoras em relação aos impostos do sistema, por isso que o fato gerador das mesmas será sempre o fato de os seus contribuintes estarem na condição de filiados obrigatórios (caso dos advogados e médicos) ou na condição de beneficiários de órgãos sindicais da categoria. São tributos simples. As pagas haverão de ser mensalidades ou anuidades. Não repugna sejam fixadas pelos conselhos ou assembleias, porém dentro dos limites e termos previstos em lei. A nosso sentir, contudo, a lei e somente a lei deveria fixar o *quantum debeatur* dessas contribuições. A razão de cometer aos órgãos de classe das categorias econômicas e profissionais a fixação das anuidades e/ou mensalidades prende-se à extrema variedade das situações locais e às variegadas capacidades contributivas dos estamentos sociais em tela, além do reconhecimento da legitimidade representativa dos órgãos de classe. Não obstante, somos pelo tratamento legal desses tributos, como já advertimos retro. Alcides Jorge Costa tende a ver taxas nas contribuições que são pagas a entidades de classe que exercem sobre os seus membros, por força de lei, vero poder de polícia, como é o caso dos advogados, médicos, fisioterapeutas e outros grupos, que só exercitam a profissão mediante inscrição e fiscalização de suas entidades de classe, possuidoras de poder disciplinar. Discordamos, porquanto não se pode ver no poder de polícia delas aquela especificidade e divisibilidade que integram a teoria das taxas. É, em verdade, do poder de polícia e da representatividade que ditas entidades extraem a sua legal inserção no aparato estatal. Contudo, o poder de polícia é difuso e só se realiza "individualmente", *v.g.*, quando se abre algum processo de apuração de faltas cometidas por algum membro. Entendemos que são mesmo contribuições corporativas no interesse do órgão e do corpo social das categorias econômicas e profissionais.

Devemos enfatizar que entre nós as contribuições revestem, quase sempre, pela análise dos seus fatos jurígenos, as características de impostos. São tributos cujos fatos geradores são constituídos de uma realidade (um ser, fazer, estar) própria do constituinte, independente de qualquer atuação estatal. Queremos dizer que a retribuição do Estado em favor do contribuinte, intervindo na economia, promovendo seguridade social e disciplinando as atividades profissionais, garantindo os seus órgãos, não constitui o fato jurígeno dessas exações especiais, as quais Dino Jarach[17] denominou impostos especiais:

---

[17] JARACH, Dino. *O fato imponível.* Trad. Dejalma de Campos. São Paulo: RT, 1989. p. 94.

Somente analisando a natureza do fato jurídico tributário é possível chegar-se a uma distinção entre os tributos e as outras obrigações legais e entre diferentes espécies de tributos. Sob este critério será possível chegar-se a uma distinção entre os tributos e as outras obrigações legais e entre diferentes espécies de tributos. Sob este critério será possível distinguir as três conhecidas categorias de tributos: taxas, contribuições, impostos.

Sem embargo, a maioria dos escritores determina a natureza do fato jurídico tributário de maneira positiva somente para as taxas e as contribuições ou impostos especiais, enquanto que define a do imposto de maneira essencialmente formalista e negativa. Com efeito, enquanto se reconhece que o pressuposto de fato da taxa é caracterizado por corresponder a um serviço da administração pública para o sujeito passivo do tributo e o pressuposto da contribuição ou imposto especial por corresponder a uma vantagem particular resultante para o sujeito passivo de uma obra ou de um gasto público, se afirma, pelo contrário, que o pressuposto de fato de imposto não possui características próprias. Segundo Blumenstein, a quem segue Giannini, qualquer fato é por si idôneo para constituir o pressuposto do imposto.

Vamos aproveitar a fala de Jarach para esclarecer melhor a tese da "validação finalística".

Os impostos com afetação em certas finalidades ou "contribuições especiais" teriam, para alguns juristas, um *plus* que os tornaria uma "espécie" apartada do gênero tributo. Ora, entre nós, em primeiro lugar, o nome não importa (arts. 3.º e 4.º do CTN). Por isso, o fato de o constituinte ter usado as expressões "empréstimos compulsórios" e "contribuições" (diversos da contribuição de melhoria) não tem maior importância. Quanto ao destino da arrecadação (emprego do produto fiscal em fins determinados), como ocorre, *v.g.*, com as nossas contribuições, isto é igualmente irrelevante (arts. 3.º e 4.º do CTN).

Jarach, ao dizer que o pressuposto (teoria causalista) da "contribuição" ou "imposto especial" (sinonímia) corresponde a uma vantagem particular para o sujeito passivo, consistindo em "uma obra" (contribuição de melhoria) ou "um gasto público" (contribuições especiais ou impostos especiais), traz informações valiosas sobre o Direito Tributário italiano, que adota a Teoria da Causa (causa e finalidade se confundem). Para nós isso é irrelevante, dogmaticamente falando, e verdadeiramente só tem valia para conferir o motivo do acionamento da competência constitucional, com vistas à instituição das contribuições especiais e dos empréstimos compulsórios, nada adiantando sobre a natureza jurídica específica das espécies tributárias, a qual decorre, sempre, do fato gerador. Então, "validação finalística" significa apenas que a existência de certos impostos "justifica-se" pelos fins que visam a sustentar, caso típico das contribuições parafiscais, que são impostos especiais costumeiramente (raramente são taxas).

A *retribuição do Estado a determinados grupos sociais* (na taxa, a retribuição é individual) constitui a causa e ao mesmo tempo a finalidade em razão das quais são instituídas e cobradas as contribuições.

O art. 195, § 7.º, da Superlei, numa péssima redação, dispõe que são isentas de contribuições para a seguridade social as entidades beneficentes de assistência social. Trata-se, em verdade, de uma imunidade, pois toda restrição ou constrição ou vedação ao poder de tributar das pessoas políticas com *habitat* constitucional traduz imunidade, nunca isenção, sempre veiculável por lei infraconstitucional. As pessoas imunes, na espécie, são as beneficentes, isto é, as que fazem o bem, a título de assistência social, em sentido amplo, sem *animus lucrandi*, no sentido de apropriação do lucro.

4.8. REGRAS CONSTITUCIONAIS ESPECÍFICAS RELATIVAS ÀS CONTRIBUIÇÕES – ALGUNS DETALHAMENTOS DO ART. 149

A redação atual do art. 149 foi significativamente alargada nos seus desdobramentos. Confira-se que o § 1.º procura dotar estados e municípios de sistemas próprios de seguridade ou ao menos de pensões e aposentadorias para os seus funcionários (motivo, aliás, de grandes controvérsias com a União). O § 2.º, inciso I, dispõe que as contribuições interventivas e sociais (*lato* e *estrito senso*) não incidirão sobre as receitas de exportação para incentivar o esforço de exportação do país (*export-drive*). Ficam arredadas das receitas de exportação ou, noutras palavras, do valor das operações de exportação, *v.g.*, o PIS e a COFINS, a ATP, a ATAERO, a AFRMM etc. As receitas, e aqui a redação constitucional é preciosa, advindas das operações de exportação (já não mais a base de cálculo das operações, mas o produto delas) também estão imunizadas contra a incidência de contribuições sociais ou de intervenção no domínio econômico, a começar pela CSSL. Quando uma empresa ostentar receitas advindas do mercado interno e receitas de exportação de bens e serviços, há que operar uma operação *pro rata* de modo a excluir da CSSL a parcela que se originou da atividade exportadora. O § 2.º, inciso II, prevê que incidirão sobre a importação de produtos estrangeiros ou serviços (redação dada pela Emenda Constitucional n.º 42/2003). A regra é equalizadora, procura igualar os produtos importados aos nacionais para que sofram a mesma pressão fiscal. O inciso III, na esteira das técnicas de tributação usuais nos impostos aduaneiros e no IPI, admite alíquotas *ad valorem* (incidente sobre o preço) e *ad mensuram* ou específicas, tendo por base unidade de medida (metro, litro, barril etc.). Há certa confusão nesta área. Em verdade, a extração do *quantum debeatur* de tributos que independem de atuação estatal (pois, neste caso, só se pode medir mesmo a atuação do Estado que estiver em questão) pode ser feita por três modos:

- Modo fixo (imposto de captação). Este modelo, por ferir a capacidade contributiva, anda em desuso (por morador, por cabeça, mil reais).

- Modo *ad valorem*. Elege-se uma base de cálculo monetária, e sobre ela faz-se incidir um percentual (alíquota ou quota-parte). É o caso comum: o valor da importação ou da exportação, da circulação do serviço, da renda etc.
- O modo por medida: neste, a base de cálculo é uma grandeza não monetária: um maço de cigarros, um quilo, um metro, um barril. A base de cálculo é que é específica, não monetária. A alíquota ou quota-parte incide já monetarizada: 10 reais por metro; mil reais o barril; por maço de cigarros da marca X, tantos reais.

Nas taxas, porém, o modo fixo é a regra sem ferimento à capacidade contributiva, porque, diferentemente dos impostos, a medição que se faz é da atuação estatal: "por atestado, 20 reais; por passaporte, 50 reais".

O § 4.º prevê a possibilidade de incidência monofásica das contribuições por uma questão de praticabilidade. Defere à lei ordinária federal este mister.

4.9. OS PRESSUPOSTOS JURÍDICOS PARA A INSTITUIÇÃO DE TAXAS

O inciso II do art. 145 delineia os pressupostos jurídicos para a instituição do tributo denominado *taxa*. Por primeiro, a pessoa política (União, Estado, Distrito Federal e Município) precisa possuir competência político-administrativa para prestar o serviço público ou praticar o ato do poder de polícia, que são os suportes fáticos das taxas (atuações do Estado relacionadas ao contribuinte). Em segundo lugar, o ato de polícia e o serviço público devem ser específicos e divisíveis. O ato de policiar uma praça onde se realiza uma manifestação qualquer, para evitar distúrbios, não se presta, já se vê, para ser ato jurígeno no sentido de gerar a cobrança de uma taxa. Nem os serviços gerais das forças armadas em defesa da democracia e das instituições políticas, *v.g.*, serviriam para basear a cobrança de uma taxa. Tais serviços são indivisíveis. Não se pode atribuí-los individualmente a uma pessoa, deles especialmente fruidora. Os conceitos de poder de polícia, especificidade e divisibilidade, para fins impositivos, estão explicados pelo Código Tributário Nacional (Lei n.º 5.172, de 25.10.1966).

Quem solicita um passaporte e efetivamente o recebe, ou um alvará, ou uma licença, ou recebe, via medidor, água fornecida por serviço sustentado pelo Poder Público, sob regime jurídico-tributário, em verdade recebe parcelas *individualizadas* de serviço público (utilidade e manifestações concretas de poder de polícia).

Não é, pois, todo ato do poder de polícia ou toda prestação de serviço público que pode embasar a instituição de taxas, senão aquelas que, regulares, juridicamente falando, possam ser específicas e divisíveis, conforme predica o CTN.

Em terceiro lugar, é preciso *lei*, em sentido formal e material, para instituir taxas. Não possui a Administração poder para, por ato administrativo, instituir tributo, nem mesmo por via de decreto regulamentar, entre nós, ente servo de lei. O nome pouco importa. Custas e emolumentos, *v.g.*, são taxas e não preços. Dependem de lei.

4.10. AS TAXAS E OS PRINCÍPIOS RETORES DA TRIBUTAÇÃO

As taxas estão sujeitas aos princípios fundamentais de contenção ao poder de tributar: *legalidade, anterioridade, irretroatividade, não confisco* e *capacidade contributiva*.

Quanto ao princípio da capacidade contributiva, a doutrina está dividida. A disceptação decorre mais do ângulo em que se coloca o estudioso do que propriamente dos fundamentos opinativos de cada um. Ora, se se pensar em valores diferenciados ou em "taxas progressivas", mais onerosas, em razão da *capacidade contributiva* do contribuinte, é evidente que não cabe a invocação do princípio (formulação positiva do princípio). O *fato gerador* das taxas, vimos, radica em manifestações estatais (atuações concretas do Estado) e não na capacidade do contribuinte (renda, trabalho, patrimônio etc.). Portanto, não há que se falar, por esse ângulo, em aplicação do princípio da capacidade contributiva, cujo campo predileto seriam os tributos *não vinculados* (impostos), assim mesmo aqueles chamados de "diretos" ou "de medida", em contraposição aos "indiretos" ou "de mercado". Não obstante, o princípio da capacidade contributiva não se liga tão somente à técnica da progressividade, cujo objetivo é tributar mais quem mais tem, senão que fomenta institutos tributários de variegada índole. Cabe exemplificar com as isenções subjetivas em matéria de taxas. As leis, com frequência, isentam os pobres em relação a inúmeras taxas, reconhecendo, assim, a incapacidade contributiva dos mesmos. A taxa judiciária e as custas são dispensadas dos litigantes sem recursos ou presumidamente sem recursos, por serem pobres em sentido legal. O fundamento de todas as isenções, por isso legítimas, nas taxas, é justamente a incapacidade contributiva (formulação negativa do princípio). Taxas exorbitantes, à sua vez, são contestáveis, pela invocação do princípio do não confisco. Não é que a cobrança da taxa exorbitante consuma a própria fonte de pagamento do tributo, segundo certa formulação doutrinária, para a qual o tributo seria *confiscatório* quando, ao invés de tributar a riqueza, dela se apropriasse pela enormidade do encargo, só passível de satisfação com o sacrifício do seu objeto. Não pensamos assim. O princípio se abre em várias direções, o não confisco visa evitar, também, a intenção predatória no exercício do poder de tributar. Confiscar é tirar dinheiro ou riqueza arbitrariamente dos particulares, no todo ou em parte. A palavra é até muito sugestiva. Em princípio, tributar é atividade sujeita à legalidade e, pois, à razoabilidade. O confisco é atividade à margem da lei. Aquele que tributa, a Administração Pública (o Executivo), depende do consentimento dos governados, mediante licença do legislador, eleito pelos contribuintes. Pode ocorrer, no entanto, que o próprio legislador incorra em irrazoabilidade. O confisco pode vir da tributação desmedida, a que perdeu o senso da medida (não 'razoável em face das circunstâncias). O princípio não desautoriza a exacerbação motivada da tributação, como nos casos de extrafiscalidade consentida (IPTU progressivo para combater a especulação imobiliária, tornando insuportável a mantença da propriedade imobiliária urbana especulativa). Desautoriza, contudo, a exacerbação imotivada, não razoável, da tributação. O princípio contém o próprio legislador. Isto posto, uma taxa exorbitante, desmedida em relação ao serviço ou ato prestado, pode ser contestada com esforço no princípio do não confisco, que é princípio de contenção ao poder do legislador sobre tributos. Imagine-se a cobrança de uma taxa de expediente pelo fornecimento de passaporte em valor superior ao que despenderia o contribuinte com a viagem ao exterior. Estar-se-ia confiscando seu dinheiro (propriedade *lato sensu*) e ferindo o direito de ir e vir, o de entrar e sair do país com os seus bens, direitos de radicação constitucional. Oportuna a aplicação do princípio às taxas, por isso que a prestação tributária dessa exação, em grande parte, oferece rebeldia a critérios objetivos de medição, sendo fixada, frequentemente, *a forfait*, isto é, aleatoriamente: "por certidão de bons antecedentes, 20 dinheiros"; "por alvará, duzentos mil réis" etc. Difícil mensurar o custo dos serviços. Aqui precisamente o domínio da razoabilidade. A desrazão pode descambar para o confisco. Este é vedado pela Constituição quando se perfaz pelo exercício abusivo da competência legislativa tributária. Já não se disse que o poder de tributar envolve o poder de destruir?

4.11. TAXAS DE POLÍCIA E TAXAS DE SERVIÇO

A distinção entre "taxas de polícia" e "taxas de serviço" não possui legitimidade científica. É que o exercício do poder de polícia feito pela Administração é serviço público, exterioriza-se como tal. Inobstante a distinção, já cediça, apresenta importantes serventias. As ditas "taxas de polícia" não podem *ser cobradas pela mera disponibilidade do serviço público*, só as de serviço, assim mesmo se a utilização do mesmo for compulsória por força de lei, como está prescrito no CTN. Não basta que o departamento da Polícia Federal que concede passaportes esteja em funcionamento para que o Poder Público Federal cobre "taxa de expediente" de todos os que estiverem sob sua circunscrição, ao argumento de que o serviço está posto à disposição dos contribuintes. As "taxas de polícia" se dão pela *realização de atos administrativos* com base no poder geral de polícia, *diretamente relacionada à pessoa do contribuinte*. Não se cuida de um "benefício" ao contribuinte nem de recuperar o "custo do ato", mas de realizar *atos de polícia*. O custo do serviço e o benefício *são marginais*. Pode até ocorrer de o contribuinte colher um malefício. Caso daquele que requer um atestado de bons antecedentes e recebe um de maus antecedentes. Pode até ocorrer de a taxa exceder ou não cobrir o serviço. Por não se aferrarem às categorias jurídicas, misturando-as com critérios financeiros e econômicos, muitos autores se perdem em erronias. Em nosso livro *Teoria geral do tributo e da exoneração tributária*,[18] já havíamos notado este fenômeno.

---

[18] COÊLHO, Sacha Calmon Navarro. *Teoria geral do tributo e da exoneração tributária*. São Paulo: RT, 1982.

4.12. PRECONCEITOS A DESFAZER EM MATÉRIA DE TAXAS

Embora o assunto seja a distinção entre taxas de polícia e de serviços, é conveniente abrir um parêntesis.

Da simbiose antiga entre Ciência das Finanças, Direito Financeiro e Economia, formou-se o hábito de examinar problemas jurídico-tributários à luz de conceitos e categorias estranhos ao mundo do Direito. Griziotti sempre entendeu indesejável a separação dos aspectos econômico, jurídico e político, que, segundo ele, estão ínsitos em toda questão tributária, por entender que o assunto devia mesmo ser tratado interdisciplinarmente. Esta posição recebeu contradita por parte de Giannini. No Brasil, Alfredo Augusto Becker[19] fere o assunto com o sarcasmo e o azedume típicos de sua pena:

> Observa Giannini que os filiados à doutrina de Griziotti partem de uma premissa exata: a Ciência das Finanças, a Política e o Direito Tributário trabalham sobre a mesma matéria. Entretanto, o erro está em que eles, partindo de uma premissa exata, deduzem uma conclusão arbitrária, porque não se pode nem jamais se pensou numa classificação das ciências segundo o objeto material a que se referem. Por um princípio de *estrema coerenza* – como gostam de dizer os discípulos de Griziotti – eles deveriam lutar para reunir numa só ciência (caso fossem médicos) a anatomia, a fisiologia, a patologia, a psicologia e a ética, porque todas têm um só objeto: o homem. Ou ficando dentro do Direito deveriam reunir a Economia com o Direito Agrário: a Merceologia com a Economia Política e Direito Comercial; a Hidráulica com o Direito das Águas.

4.13. TEORIAS ERRÔNEAS SOBRE A NATUREZA JURÍDICA DAS TAXAS

Para A. Berliri,[20] a taxa seria uma prestação tributária "espontaneamente assumida". Ao que parece, o fundamento da tese estaria em que dependeria do particular solicitar o serviço público gerador da taxa. Ora, a vontade do contribuinte é irrelevante para caracterizar juridicamente a espécie. Todo tributo é *ex lege*, e qualquer contribuinte pode abster-se de "praticar o fato gerador" (imposto ou taxa). Vale dizer, a vontade só é relevante no momento pré-jurídico. Maurice Duverger[21] entende que a taxa especificar-se-ia pela vantagem que o pagamento proporcionaria ao contribuinte. É a teoria do benefício. Não é certa, porquanto a circunstância de um serviço não vir a proporcionar vantagem ao contribuinte seria razão suficiente para negar o pagamento, o que caracterizaria absurdo, até porque existem serviços públicos detrimentosos, que causam malefícios ao con-

---

[19] BECKER, Alfredo Augusto. *Teoria geral do direito tributário*. São Paulo: Saraiva, 1972. p. 23.
[20] BERLIRI, A. *Principi di diritto tributário*. Milano, 1952. 1/208.
[21] DUVERGER, Maurice. *Institutions financiers*. 3. ed. Paris: PUF, 1960. p. 83.

tribuinte. É o caso da certidão que declara débito para com o Fisco ou da vistoria que redunda em interditar a cozinha do restaurante fiscalizado (poder de polícia).

Parecida com a tese que vimos de ver é a do "custo do serviço" de Cammeo. A taxa seria o "financiamento" de um serviço público prestado ao contribuinte. Mas aí, havendo excesso remuneratório, como legitimá-lo? É que tal excesso não poderia ser cobrado como taxa (porque excedentário o valor) nem como preço (o que pressupõe contrato, inexistente no caso). Rubens Gomes de Sousa[22] relata que Achille Donato Giannini combateu esta esdrúxula teoria com veemência: "É inconcebível que uma mesma relação de direito – a que dá motivo à cobrança de taxa – possa variar de natureza jurídica passando de tributária a contratual, ou, sem sair do campo tributário, transmudar-se de legal em ilegal, apenas porque seu montante é maior ou menor." Hector Villegas,[23] notável tributarista portenho, no artigo denominado Verdades e Ficções em torno do tributo denominado taxa, pretende distinguir a taxa do imposto conceituando-a, na esteira de Mario Pugliese,[24] como o "tributo dos serviços públicos próprios". Distingue, então, serviços públicos próprios e impróprios, sendo os próprios aqueles a respeito dos quais o Estado não pudesse se omitir, como a segurança nacional, administração da justiça e polícia, impróprios os demais. Ora, o conceito de serviço público próprio e impróprio é político, ideológico, relativo e, pois, movediço, circunstancial. Varia no tempo e no espaço, não se prestando a embasar coisa alguma em termos jurídicos. Igualmente inválida por emergir do não jurídico é a teoria do ilustre professor uruguaio Valdes Costa[25] estribada no destino do produto da arrecadação. A crítica a tal despautério encontra-se em Dino Jarach,[26] baseada no fato de a lei poder criar taxas, sem afetação, e impostos afetados. Perante o nosso Direito, a teoria é absurda, apesar de ter sido adotada pelo "modelo de código tributário para a América Latina", por influência do próprio Valdes. O Código Tributário Nacional, art. 4.º, II, prescreve que a destinação da receita é irrelevante, juntamente com o *nomen juris*, para definir a natureza jurídica do tributo. A propósito, o destino do produto "é simples providência da tesouraria", como dizia Amílcar de Araújo Falcão. Sendo algo posterior – um *posterius* – em relação ao vínculo jurídico-tributário, não pode mesmo qualificar-lhe a natureza... Aliomar Baleeiro[27] disse:

> Giannini falou da deletéria fusão e confusão do Direito com a Ciência das Finanças ou da "estrutura jurídica" com a Ciência da Economia.

---

22 SOUZA, Rubens Gomes de. *RDP* 21/304.
23 VILLEGAS, Hector. *RDP* 17/322.
24 PUGLIESE, Mario. *Le tasse nella scienza e nel diritto positivo italiano*. Padova: Cedam, 1930. p. 63 e ss.
25 COSTA, Valdes. *Curso de derecho tributario*. Montevideo, p. 301-315.
26 JARACH, Dino. *Revista Impuestos*, Buenos Aires, 1971.
27 BALEEIRO, Aliomar. *Direito tributário brasileiro*. Rio de Janeiro: Forense, 1970. p. 7.

Nem fusão nem confusão por certo, mas vinculação íntima e originária como acentuou Gangemi, em réplica ao Prof. Romanelli em 1969, de que a "Ciência das Finanças e Direito Financeiro têm por objeto ordem de fatos completamente distintos".

Mais não fazemos que seguir o grande mestre.

4.14. AINDA A SERVENTIA DA DISTINÇÃO ENTRE TAXAS DE POLÍCIA E DE SERVIÇOS

As taxas pela prestação de serviços públicos de utilidades, tais como "coleta de lixo" ou "fornecimento de água" (quando a água é fornecida pelo regime tributário, pois frequentemente o é pelo regime de preços), podem ser cobradas por estarem à disposição do contribuinte os referidos serviços, desde que a lei os declare de utilização compulsória. A taxa pela disponibilidade do serviço é, em verdade, anômala. Somente os serviços efetivamente prestados deveriam originar a cobrança de taxa. A inclusão no conceito de taxa do elemento "disponibilidade", entre nós, deveu-se, além da tradição, às exigências do Planasa (Plano Nacional de Águas e Saneamento). Os tecnoburocratas, ao se depararem com a grandiosidade da tarefa, imaginaram que poderiam o Poder Público e suas instrumentalidades manter o *funcionamento dos serviços de água e esgoto* utilizando-se do regime jurídico das taxas (tributário) ou do regime jurídico dos preços (contratual, contratualismo de adesão). No caso, a adoção do regime jurídico das taxas, embora menos elástico e, sob certos aspectos, desvantajoso, porquanto aumentos reais teriam que ser autorizados pelo Legislativo (legalidade) e cobrados somente no ano seguinte (anterioridade), teria a compulsoriedade típica dos tributos (1.ª vantagem) e a possibilidade de cobrar um mínimo inarredável de cada morador servido por rede pública de água através da *mera disponibilidade do serviço* (2.ª vantagem). Na prática, universalização dos pagamentos. Os *serviços públicos coletivos* (em tese energia, água e esgoto, telefonia, transporte) se prestam a ser cobrados tributariamente, quando adotado o regime jurídico das taxas, pela mera disponibilidade do serviço, desde que regular e em funcionamento. Aliás, não é todo serviço específico e divisível que admite taxa pela mera disponibilidade. Diz o CTN, art. 79, I, "b":

> Art. 79. Os serviços públicos a que se refere o artigo 77 consideram-se:
> I – utilizados pelo contribuinte:
> [...]
> b) potencialmente, quando, sendo de utilização compulsória, sejam postos à sua disposição mediante atividade administrativa em efetivo funcionamento;
> [...]

Equipole dizer que a "utilização compulsória" *deve ser prevista em lei* para permitir a cobrança pela mera disponibilidade. Na prática, contudo, o Brasil tem seguido o caminho do contratualismo de adesão, pela cobrança de preços, para viabilizar o fornecimento de tais utilidades, ora permitindo aos particulares explorá-los mediante concessões de serviço, ora engendrando instrumentalidades, sociedades de economia mista ou empresas públicas concessionárias dos respectivos serviços. Destarte, hoje, a energia, a telefonia, os transportes, a água são postos à disposição das populações através de empresas concessionárias, na maioria pertencentes ao Poder Público, que contratam os serviços e os preços (tarifas) ainda que através de contratos de adesão, pois que os usuários simplesmente aderem às cláusulas contratuais estipuladas pelos prestadores. Certo ainda que as tarifas são fixadas à luz de critérios estranhos ao regime jurídico-tributário, evoluindo de acordo com a conjuntura macro ou microeconômica.

CAPÍTULO 5

LIMITAÇÕES AO PODER DE TRIBUTAR – IMUNIDADES E TEMAS AFINS

5.1. LIMITAÇÕES: PRINCÍPIOS E IMUNIDADES – DIFERENÇAS – O FENÔMENO JURÍDICO DA INTERPOLAÇÃO NORMATIVA

Princípios e imunidades são institutos jurídicos diversos, embora certos princípios expressos façam brotar ou rebrotar imunidades (implícitas). A Prof.ª Misabel Derzi,[1] pelo manejo profundo dos princípios constitucionais, brinda-nos com o primor de raciocínio que se dá transcrito:

> A consagração de uma imunidade expressa é, às vezes, consequência lógica de um princípio fundamental. Do princípio federal resulta a imunidade recíproca, dedutível mesmo na ausência de recepção literal do texto, porque expressão da autonomia relativa dos entes estatais e de sua posição isonômica, logicamente dedutíveis. Basta considerar que extraímos a doutrina, em suas linhas básicas, da jurisprudência da Suprema Corte constitucional dos EEUU, país cuja Constituição é silente sobre a citada imunidade. Igualmente a imunidade das instituições de educação e assistência social que não almejam distribuição de lucro, decorre da inexistência de capacidade contributiva, princípio norteador da igualdade e imprescindível à efetividade da imposição.

Nem todo princípio, contudo, conduz a uma imunidade, como é o caso, *v.g.*, dos princípios da legalidade, anterioridade e irretroatividade.

Princípios e imunidades, repita-se, são entes normativos diversos. O que, precisamente, os distingue?

Os princípios constitucionais dizem como devem ser feitas as leis tributárias, condicionando o legislador sob o guante dos juízes, zeladores que são do texto dirigente da Constituição.

---

[1] DERZI, Misabel. *Limitações constitucionais ao poder de tributar*, de Aliomar Baleeiro, nota da atualizadora, p. 15.

As imunidades expressas dizem o que não pode ser tributado, *proibindo ao legislador o exercício da sua competência tributária* sobre certos fatos, pessoas ou situações, por expressa determinação da Constituição (não incidência constitucionalmente qualificada). Sobre as imunidades exerce o Judiciário, igualmente, a sua zeladoria.

De notar, pois, que a expressão *limitações ao poder de tributar* alberga princípios e imunidades.

5.2. IMUNIDADE E ISENÇÕES

A imunidade é uma heterolimitação ao poder de tributar. A vontade que proíbe é a do constituinte. A imunidade habita exclusivamente no edifício constitucional.

A isenção é heterônoma quando o legislador de uma ordem de governo, com permissão constitucional, proíbe ao legislador de outra ordem de governo o exercício do poder de tributar. A distinção em relação à imunidade, na espécie, é feita a partir da hierarquia normativa. Enquanto a norma imunitória é constitucionalmente qualificada, a norma isencional heterônoma é legalmente qualificada (lei complementar da Constituição).

Entre nós, *v.g.*, o legislador federal pode conceder isenção do ICMS (imposto estadual) e do ISS (imposto municipal) se se tratar de mercadoria ou serviço destinado ao exterior sujeitado a tais impostos (política de *export-drive*).

Registre-se que a Lei Complementar n.º 87/1996 isentou a exportação de quaisquer bens e serviços destinados ao exterior. Agora, quando é a própria pessoa política que se autolimita, concedendo por lei, espontaneamente, a isenção tributária, procede a asserção de que a isenção é autolimitação ao poder de tributar legalmente qualificada. A situação da CF/1988, no Brasil, é essa:

INSTITUTO NORMATIVO	EMISSOR DA NORMA	SEDE JURÍDICA DA NORMA
Imunidade (heterolimitação)	O titular do poder constituinte originário ou derivado	A Constituição
Isenção heterônoma (heterolimitação)	O legislador federal	A lei complementar da Constituição
Isenção autônoma (autolimitação)	Os legisladores das três ordens de governo	Leis ordinárias federais, estaduais e municipais

5.3. NORMAS IMPOSITIVAS, IMUNITÓRIAS E ISENCIONAIS – A QUE SE DESTINAM – COMO SE INTEGRAM NA NORMA DE TRIBUTAÇÃO

As previsões jurídicas de tributação descrevem *situações tributáveis*. As previsões jurídicas imunitórias e isencionais descrevem *situações intributáveis*.

No plano da linguagem-do-objeto existem inúmeros textos, desde a Constituição, prevendo tributações e intributações expressas.

No plano normativo, todas as previsões de tributabilidade e intributabilidade se juntam no *descritor da norma tributária*.

FATO TRIBUTÁVEL	COMANDO NORMATIVO
Previsões impositivas menos Previsões isencionais e imunitórias	Incidentais

☐ Ocorrência   ☐ Incidência

Isto posto, para saber se em dado município o ISS é cobrável de determinadas pessoas, devo saber a hipótese de incidência e as imunidades constitucionais desse imposto. Em seguida devo verificar a descrição desse imposto na lei complementar e as isenções heterônomas. Finalmente devemos nos reportar à lei municipal para examinar o fato jurígeno e o preceito impositivo, bem como as isenções autonômicas. Somente após conjugar o orbe legal poderei fazer uma proposição descritiva da norma tributária do ISS, digamos, da cidade de Belo Horizonte.

5.4. TIPOLOGIA EXONERATIVA

Em tema exonerativo não foram ainda extraídas todas as consequências que é mister extrair da teoria da incidência. Por isso, com base na norma e na sua incidência, situamos o estudo dos tipos exonerativos. Basicamente, as exonerações dividem-se em internas e externas à estrutura da norma. As internas, por seu turno, subdividem-se tendo em vista o seu *habitat* no interior desta. Umas se estruturam nas hipóteses, e outras, nos comandos normativos (consequências).

Exonerações Internas
- Exonerações nas hipóteses
  - Imunidades
  - Isenções
- Exonerações nas consequências (quantitativas)
  - Reduções de base de cálculo e alíquotas
  - Deduções tributárias de despesas presumidas e concessões de créditos presumidos

Exonerações Externas
- Remissões e anistias
- Devolução de tributos pagos legitimamente

A devolução de tributo pago sem haver razão para a restituição, a não ser o intuito de exonerar total ou parcialmente o contribuinte, é considerada pela doutrina matéria estranha ao Direito Tributário. Alega-se estar no capítulo da despesa pública, já na área do Direito Financeiro, a sua sede jurídica. O entendimento é inobjetável. Todavia, porque a *devolução de tributo pago* apresenta-se como autêntica "remissão indireta" – fórmula legal de extinção do crédito tributário –, incluímo-la no temário exonerativo. Em contrapartida, restaram dispensadas do rol das exonerações a anistia, modo de extinguir pena imposta por infração a dever tributário, e a moratória, simples dilação do prazo de pagamento.

Exposto isto, impende examinar, dilucidando, os tipos exonerativos, referindo-os à norma jurídica tributária, conferindo-se especial relevo ao fenômeno central representado pela incidência da norma de tributação.

A *hipótese de incidência da norma tributária* é formada pela integração de várias leis ou artigos de lei que tratam, em nível do Direito Positivo, de fatos que devem dar origem, quando ocorrentes, a obrigações tributárias. No plano mais amplo da "esquematização jurídica do mundo fático", os fatos são selecionados pelo legislador tributário segundo o critério de que uns são irrelevantes, e outros, relevantes para gerar tributação.

Alfredo Augusto Becker[2] observa que:

> Não existe uma regra jurídica para a hipótese de incidência, outra para a base de cálculo, outra para a alíquota etc. Tudo isto integra a estrutura lógica de *uma única regra jurídica resultante de diversas leis ou artigos de leis* (fórmula legislativa literal). É preciso não confundir regra jurídica com lei; a regra jurídica é uma resultante da totalidade do sistema jurídico formado pelas leis (grifos nossos).

Kelsen,[3] no mesmo sendeiro, já asseverava na Teoria Geral do Direito e do Estado que as normas eram diversas das "regras" (juízos hipotéticos).

A norma jurídica surge da proposição da ciência que *descreve o direito*, sob a forma de juízo hipotético[4] desvendando a lei, que é a "fórmula legislativa literal" através da qual, por um ato de vontade, o direito é posto, vige e vale. A norma jurídica é o "ser" jurídico por excelência e tem formulação prescritiva. O jurista é o "sujeito cognoscente" que, debruçado sobre o "objeto do seu conhecer" – o mundo

---

[2] BECKER, Alfredo Augusto. *Teoria geral do direito tributário*. São Paulo: Saraiva, 1972. p. 270.
[3] KELSEN, Hans. *Teoría general del derecho y del Estado*. Trad. Eduardo Garcia Maynez. México: Universidad Autónoma de México, 1949. p. 45.
[4] NAWIASKY, Hans. *Teoría general del derecho:* estudio general de Navarra. Madrid: Rialp, 1962. p. 42. *Las normas jurídicas o, lo que es lo mismo, las proposiciones jurídicas no se encuentran aisladas.*

do Direito –, desvenda o seu íntimo significado, extraindo do "ser" o "dever-ser". Uma questão gnosiológica.

Pois bem, a hipótese de incidência das normas tributárias, o que contém são *fatos tributáveis*. A previsão legal desses fatos é feita pelo legislador de duas formas:

A) em certas leis ou artigos de lei – entes de direito – prevê que dados fatos são aptos a gerar, quando ocorrentes, obrigações tributárias;
B) noutras leis ou artigos de lei prevê, expressamente, que certos fatos, tipos de fatos ou *aspectos factuais* não são "jurígenos" no sentido positivo, isto é, não são aptos a gerar, quando ocorram, obrigações tributárias. Vale dizer, através das leis o legislador "qualifica" os fatos e os reparte, atribuindo a uns efeitos impositivos e, a outros, efeitos exonerativos, segundo os seus desígnios. A saída de mercadorias do estabelecimento industrial, comercial ou produtor é "fato gerador" do ICMS. Todavia, quando saírem para o exterior, tal fato já não mais é "gerador", tendo em vista regra imunizante expressa para os industrializados e regra isencional expressa para as demais mercadorias (LC n.º 87/1996).

O legislador só pode dizer que dado fato ou aspecto factual não é tributável através de lei (princípio da legalidade). Se usar a lei constitucional, trata-se de imunidade, e se utilizar a lei infraconstitucional, cuida da isenção.

5.5. IMUNIDADE

A doutrina, em peso, posiciona a imunidade no capítulo da competência. Pontes de Miranda[5] preleciona:

> A regra jurídica de imunidade é a regra jurídica no plano da competência dos poderes públicos – obsta à atividade legislativa impositiva, retira ao corpo que cria impostos qualquer competência para pôr, na espécie.

Bernardo Ribeiro de Moraes[6] secunda-o:

> Cabe à Carta Magna estabelecer a competência dos poderes tributantes. Da mesma forma, cabe-lhe limitá-la, podendo, na entrega do poder impo-

---

[5] PONTES DE MIRANDA. *Questões forenses*. Rio de Janeiro: Borsoi, t. III p. 364; id., *Comentários à Constituição de 1946*. v. II, p. 156.
[6] MORAES, Bernardo Ribeiro de. *Doutrina e prática do imposto de indústrias e profissões*. São Paulo: Max Limonad, 1964. p. 114.

sitivo, reduzir a competência tributária pela exclusão de certas pessoas, atos ou coisas, colocados fora da tributação.

Aliomar Baleeiro,[7] insigne e saudoso mestre, não discrepa:

> As limitações constitucionais ao poder de tributar funcionam por meio de imunidades fiscais, isto é, disposições da lei maior que vedam ao legislador ordinário decretar impostos sobre certas pessoas, matérias ou fatos, enfim situações que define.

Ataliba[8] aduz que:

> [...] "imunidade é ontologicamente constitucional" e que só "a soberana Assembleia Constituinte pode estabelecer limitações e condições do exercício do poder tributário.

Ulhôa Canto[9] reforça-o com dizer que:

> [...] imunidade é a impossibilidade de incidência que decorre de uma proibição imanente, porque constitucional... portanto é tipicamente uma limitação à competência tributária que a União, os Estados, o Distrito Federal e os Municípios sofrem por força da Carta Magna, porque os setores a eles reservados na partilha de competência impositiva já lhes são confiados com exclusão desses fatos, atos ou pessoas.

5.6. OS EFEITOS DA IMUNIDADE

Contudo, não é esta a única maneira de *visualizar a imunidade*. À luz da teoria da norma jurídica, os dispositivos constitucionais imunizantes "entram" na composição da *hipótese de incidência das normas de tributação*, configurando-lhe o alcance e fixando-lhe os lindes. José Souto Maior Borges[10] observa com propriedade que "o setor social abrangido pela imunidade *está fora* de âmbito da tributação". O dispositivo constitucional que põe a imunidade atua na hipótese de incidência, excluindo de certos fatos ou aspectos destes a *virtude jurígena*.

Aliás, os dispositivos legais isentantes funcionam da mesma maneira. A diferença é que a imunidade radica na Constituição, enquanto a isenção decorre da

---

[7] BALEEIRO, Aliomar. *Uma introdução à ciência das finanças e à política fiscal*. 3. ed. Rio de Janeiro: Forense, 1964. p. 262.
[8] ATALIBA, Geraldo. *Natureza jurídica da contribuição de melhoria*. São Paulo: RT, 1964. p. 231.
[9] CANTO, Gilberto de Ulhôa. *Temas de direito tributário*. Rio de Janeiro: Alba, 1964. v. III, p. 190.
[10] BORGES, José Souto Maior. *Isenções tributárias*. São Paulo: Sugestões Literárias, 1969. p. 209.

lei menor, complementar ou ordinária. Teleologicamente a imunidade liga-se a valores caros que se pretende sejam duradouros, enquanto a isenção veicula interesses mais comuns, por si sós mutáveis. Mas imunidade e isenção são categorias legislativas. Do ponto de vista da norma, só cabe dizer se ela incide ou não incide. Imunidade e isenção são fatores legislativos que condicionam as normas tributárias, cooperando na formação das mesmas.

Celso Cordeiro Machado,[11] em obra denominada *Limites e Conflitos de Competência Tributária no Direito Brasileiro*, apresentada como tese para provimento da cátedra de Finanças e Direito Financeiro da Faculdade de Direito da UFMG, como que se identificando com a nossa posição que visualiza a imunidade se *refletindo na hipótese de incidência*, discorre nos seguintes termos:

> As imunidades abrangem de modo geral, aquelas situações que estariam normalmente, naturalmente, conceitualmente *incluídas entre os fatos geradores*. Elas se traduzem em limitações ao poder de tributar ou em *contrações horizontais dos campos de incidência* que decorreriam das projeções espontâneas e totais dos fatos geradores (grifos nossos).

O último trecho da cita entremostra a extrema acuidade do mestre mineiro na percepção da "função redutora" que a previsão imunizante exerce sobre a hipótese de incidência da norma de tributação.

5.7. A IMUNIDADE, A ISENÇÃO, OS SEUS EFEITOS SOBRE AS HIPÓTESES DE INCIDÊNCIA DAS NORMAS DE TRIBUTAÇÃO

Os dispositivos isencionais, assim como os imunizantes, "entram" na composição das hipóteses de incidência das normas de tributação, delimitando o perfil impositivo do "fato jurígeno" eleito pelo legislador.

A isenção, como também a imunidade, não exclui o crédito, obstam a própria incidência, impedindo que se instaure a obrigação.

5.8. EQUÍVOCOS DA DOUTRINA TRADICIONAL

Expressiva corrente doutrinária, contudo, encara a isenção como mera dispensa legal de pagamento de tributo devido. Vale dizer que para estes, sem a nossa adesão, dá-se a obrigação, e nasce o crédito, mas o credor dispensa o pagamento. Num primeiro momento, ocorreria o "fato gerador" apropositando a incidência da regra jurídica instituidora da obrigação tributária. Num segundo momento, o Estado, através de uma regra jurídica autônoma de isenção, dispen-

---

[11] MACHADO, Celso Cordeiro. *Limites e conflitos de competência no sistema brasileiro*. Belo Horizonte: Faculdade de Direito, 1968. p. 41.

saria o pagamento do tributo surgido com a obrigação. A isenção, dessarte, seria um *posterius* em face da incidência, assim como a imunidade seria um *prius* ante a competência para tributar.

O fenômeno da isenção dar-se-ia em momento sucessivo:

1.º momento: incidência da regra jurídica de tributação irradiando efeitos jurídicos; surgimento da obrigação e do crédito tributário objeto do *vinculum juris*;

2.º momento: incidência da regra jurídica de isenção dispensando o sujeito passivo do pagamento do tributo.

Renomados mestres e escritores de escol prestigiam este entendimento.

Bernardo Ribeiro de Moraes:[12]

> A isenção tributária consiste num favor concedido por lei no sentido de dispensar o contribuinte do pagamento do imposto. Há a concretização do fato gerador do tributo sendo este devido, mas a lei dispensa seu pagamento.

Amílcar de Araújo Falcão:[13]

> Nela[14] (refere-se à isenção) – há incidência, ocorre o fato gerador. O legislador, todavia, seja por motivos relacionados com a apreciação da capacidade econômica do contribuinte, seja por considerações extrafiscais determina a inexigibilidade do débito tributário.

Rubens Gomes de Sousa:[15]

> Tratando-se de imunidade não é devido o tributo porque não chega a surgir a própria obrigação tributária; ao contrário na isenção o tributo é devido porque existe obrigação mas a lei dispensa o seu pagamento. Por conseguinte a isenção pressupõe a incidência porque, é claro que só se pode dispensar o pagamento de um tributo que seja efetivamente devido.

José Washington Coelho:[16]

> Verificada uma situação legítima de incidência (ocorrência do fato gerador, arts. 114-116) o legislador tem a faculdade de dispensar categorias de contribuintes ou determinados casos do pagamento do imposto. É a isenção.

---

[12] MORAES, Bernardo Ribeiro de. *Doutrina e prática do imposto de indústrias e profissões*. São Paulo: Max Limonad, 1964. p. 673.
[13] FALCÃO, Amílcar de Araújo. *Fato gerador da obrigação tributária*. p. 132.
[14] Nossos os parênteses e a ressalva neles contida.
[15] SOUZA, Rubens Gomes de. *Compêndio de legislação tributária*. 3. ed. Rio de Janeiro: Forense, 1960. p. 75-76.
[16] COELHO, José Washington. *Código Tributário Nacional interpretado*. Rio de Janeiro: Correio da Manhã, 1968. p. 176.

Cláudio Martins:[17]

A isenção é a dispensa do tributo devido, em virtude de disposição expressa de lei.

Walter Paldes Valério:[18]

A isenção, como se sabe, é o benefício fiscal instituído pela lei que dispensa, observadas determinadas circunstâncias e condições, o pagamento do crédito fiscal que corresponderia a um fato gerador verificado em relação ao beneficiário.

Fábio Fanucchi:[19]

Se houver dispensa em lei contemporânea à data de ocorrência do fato gerador, está-se diante de uma isenção.

Labora em erro a doutrina que vimos de citar, posto que respeitáveis os nomes que a subscrevem. É que, *permissa venia*, a isenção não é forma de extinção de obrigação pelo dispensamento do crédito, mas fenômeno intrínseco à formação da hipótese de incidência da norma de tributação. Souto Maior, com razão, atribui a erronia neste campo ao transplante acrítico para o nosso Direito de comentários e ensinamentos dos jurisconsultos peregrinos. Chega a identificar entre os estrangeiros conceituações similares, *v.g.*, em Angelo Dus[20] e em A. D. Giannini.[21]

5.9. A ISENÇÃO COMO EXCLUSÃO DE INCIDÊNCIA: OUTRO EQUÍVOCO

Ao mestre recifense assiste razão. Submetida à luz da teoria da incidência da norma jurídica, a doutrina sob enfoque, embora clássica e até prestigiada pelo Código Tributário Nacional, apresenta-se inaceitável. Souto Maior,[22] com tese mais robusta, prefere ver a isenção de modo diferente, como excludente de obrigação:

---

[17] MARTINS, Cláudio. *Normas gerais de direito tributário*. 2. ed. São Paulo: Forense, 1969. p. 162.
[18] VALÉRIO, Walter Paldes. *Programa de direito tributário*: Parte Geral. Porto Alegre: Sulina, 1970. p. 173.
[19] FANUCCHI, Fábio. FANUCCHI, Fábio. *Curso de direito tributário brasileiro*. 3. ed. São Paulo: Resenha Tributária, 1975. v. 1, p. 370.
[20] DUS, Angelo. *Teoria generale dell'illecito fiscale*. Milano: Giuffrè, 1957.
[21] GIANNINI, A. D. *I concetti fondamentali di diritto tributario*. Torino: UTET, 1956.
[22] BORGES, José Souto Maior. *Isenções tributárias*. São Paulo: Sugestões Literárias, 1969. p. 209.

A norma que isenta é assim, uma norma limitadora ou modificadora: restringe o alcance das normas jurídicas de tributação; delimita o âmbito material ou pessoal a que deverá estender-se o tributo ou altera a estrutura do próprio pressuposto da incidência.

Há que fazer aqui, no entanto, um escolástico distínguo. A simples leitura da citação levaria a crer que Souto Maior concorda com a tese aventada no presente trabalho, isto é, as previsões imunizantes e isencionais se conjugariam com as previsões impositivas para compor o perfil último e final da hipótese de incidência da norma de tributação. De fato, a parte sublinhada da cita leva a esta conclusão.

Isto não ocorre. Para Souto Maior Borges, assim como para Walter Barbosa Correia, Pontes de Miranda, A. A. Becker e seus epígonos, as previsões legislativas de isenção se agasalham em normas específicas, isencionais, diversas, portanto, da norma de tributação. Haveria, assim, uma norma de tributação e tantas normas isencionais quantos fossem os fatos isentos previstos pelo legislador. As normas isencionais teriam a função de suspender a incidência da norma jurídica de tributação, daí serem chamadas de "normas de não incidência" (função não juridicizante).

Quando não fosse essa a posição de Souto Maior, já clássica, no seu primoroso *Isenções Tributárias*, em obras e passagens mais recentes nota-se a reiteração da tese que timbra na afirmação de que a norma de isenção incide exatamente para que não incida a de tributação. Uma é excludente da outra.

Em separata do Anuário do Mestrado em Direito da Faculdade do Recife (jan.-dez. 1976), Souto Maior[23] assevera:

> A incidência da norma isentante tem como necessária contrapartida a não incidência da norma tributária. Nesse sentido pode-se dizer que a isenção atua como qualquer outra regra excepcional, em face do princípio da generalidade da tributação. Posto a doutrina nem sempre tenha apreendido, com a necessária clareza, essa característica, não tem outro sentido a proposição da Ciência do Direito Tributário de que a regra jurídica de isenção configura hipótese de não incidência legalmente qualificada. A não incidência, aí, é da regra jurídica de tributação, porque a regra jurídica de isenção incide sobre o fato isento e seria absurdo supor-se a existência da regra jurídica que produzisse efeito sem prévia incidência.

5.10. A ALTERNATIVA PROPOSTA

Data venia, ousamos discordar da colocação do mestre nordestino. Achamos que a norma de isenção não é. E se não é, não pode ser *não juridicizante*. Não sendo,

---

[23] BORGES, José Souto Maior. *Subvenção financeira, isenção e deduções tributárias*. Separata, Recife, p. 72, jan.-dez. 1976.

também não incide. As normas não derivam de textos legais isoladamente tomadas, por isso que se projetam do *contexto jurídico*. A norma é a resultante de uma combinação de leis ou de artigos de leis (existentes no sistema jurídico). As leis e artigos de leis (regras legais) que definem fatos tributáveis se conjugam com as previsões imunizantes e isencionais para compor uma única hipótese de incidência: a da norma jurídica de tributação. Assim, para que ocorra a incidência da norma de tributação, é indispensável que os fatos jurígenos contidos na hipótese de incidência ocorram no mundo. E esses "fatos jurígenos" *são fixados após a exclusão de todos aqueles considerados não tributáveis em virtude de previsões expressas de imunidade e isenção.*

Bilac Pinto teve a exata intuição do problema:[24]

> Não pode existir um tributo a cobrar sem que tenha ocorrido previamente um fato imponível. Se, pela lei que concede isenção um fato imponível é excluído do alcance do ônus fiscal, ele perde desde logo essa feição ou categoria de fato imponível para transformar-se em fato não sujeito à imposição tributária.

Ademais, admitir a incidência de uma regra de não incidência é algo contraditório. João Roberto Santos Regnier,[25] em que pese a observação já feita por Souto Maior pouco atrás, acerta em cheio ao observar que:

> Ou a regra jurídica incide e irradia seus efeitos e, nesse mister, o emprego da expressão "Hipótese de incidência" é incontestável; ou não incide (em razão de que não produz efeitos jurídicos) e, nesse caso, não se pode aceitar pacificamente a validade do emprego da locução "Hipótese de não incidência".

Destarte, é incorreto supor, como faz a doutrina tradicional, que a incidência da norma de tributação precede a incidência da norma de isenção (que, por isso, é "desjuridicizante" ou "destributante"). Tal sucessividade inexiste no plano lógico-jurídico. As relações jurídicas "não se passam no mundo das percepções visuais e auditivas, gustativas ou táteis, passam-se, são, no mundo do pensamento, que é parte do mundo total".[26]

Tampouco se nos afigura correta a colocação contrária que vê a isenção incidindo como regra "não juridicizante", na medida em que produz uma situação de não incidência.

---

[24] Apud BORGES, José Souto Maior. *Isenções tributárias*. São Paulo: Sugestões Literárias, 1969. p. 162-163.
[25] REGNIER, J. R Santos. *A norma de isenção tributária*. São Paulo: EDUC/Resenha Tributária, 1975. p. 61.
[26] PONTES DE MIRANDA. *Tratado de Direito Privado*. v. I, § 2.º, n.º 3.

A linguagem das leis, sempre diretiva, quando institui uma hipótese de isenção (ou uma hipótese de imunidade), apenas enuncia fato ou qualidade intributável. O jurista é que, ao desvendar o dever-ser normativo contido no Direito Positivo, deduzirá a *norma de tributação* emergente, composta de *hipótese de incidência* contendo fatos tributáveis e *consequência jurídica* contendo a imposição do dever tributário.

A hipótese de incidência da norma de tributação é composta de fatos tributáveis, já excluídos os imunes e os isentos.

Alfredo Augusto Becker,[27] em que pese a sua convicção de que a isenção é norma (e norma não juridicizante), ao criticar a escola tradicional (isenção como dispensa de pagamento de tributo), oferece-nos um rico adminículo à questão ora tratada, que é a da *integridade* da hipótese de incidência da norma de tributação.

Na verdade, não existe aquela anterior relação jurídica e respectiva obrigação tributária que seriam desfeitas pela incidência da regra jurídica de isenção. Para que pudesse existir aquela anterior relação jurídica tributária, seria indispensável que antes houvesse incidência da regra jurídica de tributação. *Porém esta nunca chegou a incidir* porque *faltou ou excedeu* um dos elementos da *composição* de sua hipótese de incidência, *sem a qual ou com a qual ela não se realiza.* Ora, aquele elemento faltante, ou excedente é justamente o elemento que entrando na composição da hipótese de incidência da regra jurídica de isenção, permitiu diferenciá-la da regra jurídica de tributação... (grifos nossos).

A posição de Becker, retratada na citação, admite que a regra de tributação não incide porque a previsão de isenção retira-lhe a qualidade jurígena de certos fatos considerados "geradores" de obrigação (cooperando, assim, na *formação* da hipótese de incidência da regra de tributação).

Optamos por outro esquema conceitual, expresso da seguinte maneira:

Ocorrendo H "T" deve ser	onde: H = Hipótese de incidência da regra de tributação T = Dever tributário decorrente

A hipótese de incidência, contudo, apresenta a seguinte composição:

H = A − (B + C)	onde: H = Hipótese de incidência A = Fatos tributáveis B = Fatos imunes C = Fatos isentos

---

[27] BECKER, Alfredo Augusto. *Teoria geral do direito tributário*. São Paulo: Saraiva, 1972. p. 277.

O direito subjetivo que se contém na pretensão de não pagar da pessoa beneficiada com previsão legal de isenção ou constitucional de imunidade só aparentemente parece ser deduzido da *lei isentante* ou *imunizante*. A lei existe e vige, mas, em verdade, é da *norma de tributação* que se deduz a inexistência de relação jurídico-tributária. Todo o esforço está centrado em demonstrar que a *norma de tributação não incidiu* por faltar-lhe *tipicidade*.

Aliás, a problemática da norma e a temática da sua incidência implicam diretamente com a teoria da interpretação. Em verdade, os intérpretes das leis: juízes, funcionários públicos, professores, os agentes do Direito, estão sempre às voltas com o problema da *norma*. Em primeiro lugar, controvertem sobre os fatos que compõem a *hipótese da norma*. Em segundo lugar, discutem sobre o *nexo de imputabilidade* entre os fatos e os efeitos jurídicos queridos pelo legislador. Indaga-se, além dos fatos que seriam jurígenos, sobre os reais efeitos decorrentes da sua realização no mundo. Finalmente, quando os fatos estão ocorrendo ou já ocorreram, a controvérsia é sobre se *juridicamente* ditos fatos efetivamente se deram.

No campo tributário, gasta-se tinta sobre o que é ou não o "fato gerador" desse ou daquele tributo. A discussão aí é sobre a descrição legislativa posta na lei. *A hipótese de incidência da norma* vai depender, obviamente, dos *fatos relatados* pelo legislador como aptos a gerar *tributação*. Melhor, vai depender da "intelecção" do relato. A interpretação não fica aí. Discute-se muito e exaustivamente se a norma incidiu ou não, isto é, se os *fatos ocorridos* guardaram semelhança com os *fatos descritos* na lei (componentes da *hipótese de incidência da norma*).

Isto ocorre porque as palavras com que são feitas as leis são ambíguas, possuem *textura aberta* e são *vagas*, como toda linguagem natural.[28] Disso resulta que as pessoas quase sempre controvertem sobre o *real significado* das palavras. Consequentemente, estas incertezas se transladam para as *normas*, por isso que suas hipóteses são fatos que necessariamente foram descritos pelo legislador.[29] O trabalho está todo em *tipificar as hipóteses de incidência das normas de tributação*.

5.11. A DIFERENÇA ENTRE A EXCLUSÃO EXPRESSA: IMUNIDADE E ISENÇÕES E A NÃO INCIDÊNCIA PURA OU NATURAL – PRIMEIRA APROXIMAÇÃO

No plano do Direito Positivo, é evidente que a tributação decorre de um ajuizamento prévio da realidade por parte do legislador, em decorrência do que

---

[28] A propósito, ver CARRIÓ, Genaro. *Algunas palabras sobre las palabras de la ley*. Buenos Aires: Abeledo Perrot, 1971, *passim*.

[29] Sobre o assunto, ver trabalho da Professora Misabel de Abreu M. Derzi, intitulado *Tipicidade e interpretação*. Tese editada pela UFMG, Belo Horizonte, 1971.

os fatos são medidos e valorados. Alhures, havíamos dito que[30] "no exercício do poder impositivo, o Estado além de cingir-se aos ditames da *lex* curva-se a duas exigências inamovíveis: uma axiológica, outra técnica. Antes de impor o tributo, ao Estado cabe examinar a realidade subjacente atribuindo-lhe medida e valor. Só depois poderá, adotando técnica condizente, irradiar a imposição tributária."

O aspecto mais saliente do ponto de vista axiológico entronca com a eleição pré-deliberada do fato gerador. Este corresponde a uma opção consciente, e a sua escolha revela, presumivelmente, as potencialidades contributivas ínsitas na coletividade. Dado que é o *suporte real*, fático, da tributação, a pesquisa dele reveste-se de invulgar importância e consubstancia todo um ajuizamento da realidade econômico-social.

Importa notar, em princípio, que o fato é sempre um *prius* em face do poder que exerce a imposição tributária. Giorgio del Vecchio[31] ensina:

> A relação jurídica tem sempre substrato real nas coisas e nas pessoas. O Direito não cria os elementos ou termos da relação. Encontra-os já naturalmente constituídos e não faz mais que determiná-los, discipliná-los: reconhece algo preexistente ao qual dá ou imprime sua forma.

Adaptando a fala ao nosso caso, temos que o ato já existe na realidade exterior ao Direito como *dado pré-constituído*. A sua eleição como suporte de tributação é que lhe confere a qualidade legal de *geratriz de dever tributário*. Mais uma vez, como sempre ocorre na fenomenologia do Direito, dá-se a "juridicização do fático". No empenho de tornar juridicamente relevantes, sob o ponto de vista tributário, fatos, atos ou situações, o legislador vale-se da lei. Através dela determina as situações fáticas relevantes aos fins da tributação. Ocorre que os *fatos* nem sempre são simples. Muitos são complexos, proteiformes, apresentam aspectos díspares que é necessário muita vez distinguir e excepcionar através de comandos expressos de *não tributabilidade*. É quando aparecem, ao lado das regras tributárias, as previsões de imunidade (na Constituição) e isenção (nas leis infraconstitucionais). Caso típico, exemplar, oferta-nos o fato gerador do ICMS. Em princípio, toda circulação de mercadorias promovida por industrial, comerciante ou produtor é tributável. Ocorre que certos "tipos de circulação" não podem, em função de relevantes interesses econômicos ou sociais, ser tributados. Nesse ponto, é absolutamente necessário excepcionar a *regra geral*, seja por imunidade ou através de uma isenção posta por instrumento infraconstitucional. É a hipótese exata da circulação com destino ao exterior, ou ainda o caso de circulação de obra de arte,

---

[30] COÊLHO, Sacha Calmon Navarro. *A propósito do poder impositivo e das técnicas de tributação. Ed. Legislação Mineira*, n. 37, 1970.
[31] VECCHIO, Giorgio del. *Filosofía del derecho*. Trad. La Cambra, 1942. p. 358.

que também é mercadoria, promovida por artista ou artesão. Tais circunstâncias, por um motivo ou outro, não pode o Estado tributar. É que existem regras positivas de exclusão. No primeiro caso, imunidade; no segundo, isenção.

Aqui o momento de retificar a fala de Giorgio del Vecchio, linhas antes. Certamente os fatos preexistem logicamente ao Direito que deles se ocupa, mas o legislador pode "qualificar" ditos fatos de mil maneiras diferentes e lhes atribuir *efeitos diversos*. Ter renda é "fato gerador" do imposto sobre a renda. Todavia, se a renda for obtida em dado lugar, não mais servirá de suporte à tributação. É que pode existir lei isentando a receita assim auferida. *Um mesmo fato* poder dar lugar a efeitos jurídicos diferentes, até mesmo antitéticos, influenciou significativamente a doutrina, com reflexos na área tributária. Certa corrente passou a *qualificar o fato em função de seus efeitos*. Assim, a tributação implicaria um *fato gerador tributário*, e, a isenção, um *fato gerador isento*, equívoco que só pode ser superado nos esquadros mais amplos da *teoria da norma jurídica tributária*. Esta tem por hipótese de incidência *fato ou situação* que resulta da totalidade do sistema jurídico positivo. Tal assertiva, neste trabalho mesmo, foi referendada por Becker, Vilanova, Kelsen *et al*. Partindo, pois, desse pressuposto, temos que as leis e artigos de lei que preveem tributações, imunidades e isenções em nível do Direito posto são assimilados pela teoria jurídica para o fim de *descrever a norma tributária, composta de hipótese e consequência*. São dois planos diversos que é mister jamais confundir. A norma condensa sistematicamente a normatividade difusa no Direito Positivo. Não se confunde com este Direito, senão que dele dimana, como se fora sua essência.

Ataliba,[32] expressando a ideia de que a norma jurídica é ente de outro nível, diverso da lei, afiança:

> Hipótese de incidência é a descrição legislativa (necessariamente hipotética) de um fato a cuja ocorrência *in concreto* a lei atribui a força jurídica de determinar o nascimento da obrigação tributária. Pois esta categoria ou protótipo se apresenta sob variados aspectos cuja reunião lhe dá identidade. Tais aspectos não vêm necessariamente arrolados de *forma explícita e integrada na lei*. Pode haver – e tal é o caso mais raro – uma lei que enumere e especifique a todos, mas normalmente os aspectos integrativos da hipótese de incidência estão esparsos na lei, ou em diversas leis, sendo que muitos são implícitos no sistema jurídico (grifos nossos).

À semelhança de um projetor sofisticado de filmes, o legislador, por razões pré-jurídicas, emite continuamente regras tributárias impositivas e exonerativas (utilizando-se da linguagem que lhe é peculiar, a linguagem vulgar, popular) que expressam a sua vontade de *tributar* ou liberar da tributação *dado, fato ou aspecto*

---

[32] ATALIBA, Geraldo. *Natureza jurídica da contribuição de melhoria*. São Paulo: RT, 1964. p. 78.

de fato. Se imaginarmos que os "focos jurídico-legais" assim emitidos vão se projetar numa tela, iremos ter a visão de uma "figura típica"; a figura ou perfil do *fato jurígeno* que constitui a hipótese de incidência da norma de tributação.

Vimos, quando tratamos da teoria da norma jurídica tributária, que a sua *hipótese de incidência* é constituída pela descrição do fato, e que é exatamente a *ocorrência* desse fato que provoca a *incidência* do dever jurídico previsto no comando ou consequência da norma. Vimos, ademais, que este fato jurígeno, embora uno, pode ser decomposto logicamente em aspectos: 1) material; 2) espacial; 3) temporal; 4) pessoal. Vale dizer, o *fato*, além de um *substrato* (aspecto material), está referido ao tempo, ao espaço e às pessoas com ele envolvidas (aspectos pessoal, temporal e espacial). Evidentemente os fatos são ricos[33] e apresentam inúmeras facetas.

Pois bem, a qualificação dos fatos geradores de tributação é feita, em todos os seus aspectos, através de leis impositivas e exonerativas. As previsões exonerativas se fixam ora no aspecto temporal, ora no aspecto pessoal, ora, ainda, no aspecto espacial da hipótese de incidência, para produzir o fator de intributabilidade. O fato de uma pessoa física, residente no país há mais de 12 meses, ter obtido renda acima de "Y" em determinado exercício social (ano-calendário) constitui a hipótese de incidência do imposto sobre a renda da pessoa física, segundo a lei Alfa 1. A lei Alfa 2, no entanto, determina: "Se a pessoa que aufere a renda for diplomata de país estrangeiro residente no país, não pagará o imposto previsto na lei Alfa 1". A lei Alfa 3 diz, por seu turno, que "se a pessoa residir na zona de Passárgada, estará isenta do imposto".

A lei Alfa 1 pôs a tributação de modo genérico. A lei Alfa 2 instituiu uma *isenção subjetiva*, porque referida ao aspecto pessoal da hipótese de incidência,[34] e a lei Alfa 3 colocou uma isenção qualificada em função do lugar onde ocorre a hipótese de incidência.

Em suma, tanto faz dizer na lei de tributação que o "fato gerador" do imposto é ter renda, com exceção das diárias e ajudas de custo pagas pelos cofres públicos, quanto dizer, apenas, que a obtenção da renda é "fato gerador", e, noutra lei, de isenção, declarar que a renda obtida à conta de diárias e ajudas de custo pagas pelos cofres públicos é isenta. Numa só lei ou em diversas, o importante é

---

[33] Geraldo Ataliba, em lição de grande valor científico, diz que: "A hipótese de incidência não deixa de ser una e indivisível pelo fato de possuir diversos aspectos cuja consideração não implica sua decomposição em 'partes ou elementos'". É sabido que a hipótese de incidência descreve um fato jurígeno. Como tal, é uma unidade, embora os elementos pré-jurídicos arrecadados pelo legislador, para descrevê-lo, possam ser múltiplos ou complexos. Preferimos falar em aspectos da hipótese de incidência porque, na verdade, esta unidade conceitual pode ser encarada, examinada e estudada sob diferentes prismas, sem se destituir do seu caráter unitário (*Natureza jurídica da contribuição de melhoria*. São Paulo: RT, 1964. p. 79-80).

[34] Aqui se demonstra, mais uma vez, a imprescindibilidade do aspecto pessoal na hipótese de incidência da norma de tributação, contrariamente ao que pensa Paulo de Barros Carvalho (*Teoria da norma tributária*. São Paulo: Lael, 1974).

que o legislador expresse a sua vontade sobre o que *gera ou não a tributação*. A coleta, pelo jurista, do fato composto por tais declarações de vontade, devidamente combinadas, resulta no *perfil último da hipótese de incidência da norma de tributação*. No exemplo precedente, o que o legislador disse nas leis Alfa 1, 2 e 3 poderia ter dito numa só lei ao declarar sua vontade a respeito do *fato jurígeno tributário*.

Ora, é a conjunção final de todas as declarações do legislador sobre o *fato jurígeno* que *delineia, compõe, estrutura a hipótese de incidência da norma de tributação*.

Sob o ponto de vista do Direito Positivo, a imunidade e a isenção são *declarações expressas do legislador sobre fatos ou aspectos fáticos, negando-lhes efeitos tributários*. Dessarte, a definição das "situações-base" dos tributos caracteriza-se pela modificação contínua de seus termos, comportando inevitável delimitação da realidade social subjacente. Isto advém dos critérios de avaliação postos à disposição do legislador, senhor da oportunidade, inoportunidade, conveniência ou inconveniência da tributação em relação a determinado número de aspectos da "situação-base" do tributo.

Um mesmo fato, *grosso modo*, pode referenciar interesses diferentes, e disto descende a exigência de subtrair alguns itens do fato do raio da imposição, através das previsões excludentes: caso da circulação de mercadorias no país, tributada, e direcionada para o exterior, imune. A configuração dos fins extrafiscais nas normas de tributação nada mais é que a tradução, em termos finalísticos, dos critérios de ordem político-social na avaliação das "situações jurígenas". Estes critérios estão sujeitos a variações frequentes, expressão dos mutáveis objetivos políticos, econômicos e sociais.

A razão fundamental para a coexistência das disposições de imposição com aqueloutras de exclusão, acarretando, como visto, constante mutação no perfil dos "fatos imponíveis", deve-se a uma situação de compromisso entre as exigências do *princípio da justiça*[35] *e os influxos do princípio da segurança, cujo principal requisito é a certeza do direito. O princípio da segurança exige leis estáveis e dotadas de clareza. As necessidades do poder e as aspirações de justiça provocam disciplinas diversas, caso por caso e a todo momento. Em função da exigência de certeza do direito, as leis impositivas são estáveis, simples, e delineiam as linhas básicas dos "fatos geradores". Em torno delas surgem as leis exonerativas ou dispositivos de exclusão, com disposições cuja função precípua é precisar a situação-base*, adequando-a às variações que se processam na realidade econômico-social.

O "fato jurígeno", para lá da sua intrínseca textura, decorre em boa parte de "qualificações" subjetivas operadas pelo legislador em razão de um número bem elevado de circunstâncias. E, assim, o reconhecimento de todos os termos que constituem os "fatos geradores" das normas fiscais tem que ser feito a todo momento, através do exame completo do universo legal, compreendendo as regras de imposição e de exclusão.

---

[35] A aspiração de justiça, embora cada época e cada povo a visualize diferentemente, é constante na base das sociedades humanas. Os valores que se desprendem dessa aspiração infiltram, e cada vez mais, os Direitos Positivos, elevando-os constantemente.

5.12. A QUESTÃO DA NÃO INCIDÊNCIA – CONCLUSÃO

Se, sob o ponto de vista do Direito Positivo, a imunidade e a isenção são *declarações expressas do legislador sobre fatos ou aspectos de fatos ou estados de fato, negando-lhes efeitos tributários impositivos*, não vemos como, neste plano, compará-las com a chamada "não incidência natural ou pura". A imunidade e a isenção são, existem, vêm de *entes legais positivos*. A não incidência natural ou pura como tal inexiste, é um não ser. A imunidade e a isenção são técnicas legislativas.

5.13. EXONERAÇÃO NAS CONSEQUÊNCIAS DAS NORMAS DE TRIBUTAÇÃO – QUANTITATIVAS

As imunidades e as isenções são espécies exonerativas encontradiças nas hipóteses das normas de tributação, moldando o perfil do fato imponível (fato gerador *in abstracto*, fato típico, fato jurígeno etc.). Outras espécies exonerativas estão nas consequências normativas das regras de tributação, compondo o perfil do dever jurídico. A descrição do dever tributário: quem deve pagar (sujeito passivo), quem deve receber (sujeito ativo), quando, como, onde, em que montante deve ser realizada a prestação (objeto), está nas consequências jurídicas das normas tributárias ou, se se prefere, nos mandamentos normativos.

5.14. REDUÇÕES DIRETAS DE BASES DE CÁLCULO E DE ALÍQUOTAS – O EFEITO DAS LEIS QUE AS PREVEEM

As reduções de bases de cálculo e de alíquotas decorrem do modo de calcular o conteúdo pecuniário do dever tributário, determinando uma forma de pagamento – elemento liberatório do dever – que implica, necessariamente, redução do *quantum* tributário em relação à generalidade dos contribuintes (ou em relação à situação impositiva imediatamente anterior).

Nos tributos de alíquotas seletivas, a presença jurídica da tributação amenizada só pode ser detectada levando-se em conta a alíquota anterior incidente sobre a operação. Referimo-nos a tributos do tipo do IPI, cuja tabela de alíquotas é imensa, e em cujos encerros cada produto é *aliquotado* especificamente. Existindo, de saída, alíquotas heterogêneas, *a redução só pode ser percebida* quando um mesmo produto passa a ser tributado a menor. É o que ocorre, de quando em vez, por efeito das chamadas "reduções da carga fiscal", cujo fito é, em termos de política fiscal, ativar as vendas de setores da economia às voltas com retração de demanda.

Os tributos, contudo, dotados de uniformidade de alíquotas e de bases de cálculo,[36] permitem possa a redução ser observada em contraste com o campo

---

[36] Preferimos a denominação "base imponível", como sugerido por Geraldo Ataliba. É que, muita vez, o tributo não oferece possibilidade de cálculo, mas apenas uma base para a imposição do

restante sujeito a tributação. É o caso do ICMS dotado de uniformidade de alíquotas. Quando dada mercadoria passa a ser tributada não mais sobre o "valor da saída" – preço de venda ou transferência –, mas sobre 10%, digamos, desse valor, estamos em face de evidente redução de *tributo devido*. E isto é exoneração tributária. Uma espécie de exoneração, melhor dizendo, bem diversa da *isenção ou da imunidade*.

Tecnicamente, as reduções de bases de cálculo e de alíquotas deveriam ser sempre parciais, porquanto as exonerações totais já são atendidas através das fórmulas isentantes e imunizantes. A atuação do legislador sobre o dever tributário, minimizando-o por razões extrafiscais, deveria cingir-se àquelas hipóteses em que, não querendo dar exoneração integral, preferisse apenas reduzir o *quantum debeatur*. Haveria o dever tributário, a obrigação tributária, todavia o *quantum* a pagar seria menor. Com efeito, não faz sentido dizer que da ocorrência do fato "Y" (hipótese de incidência) deve ser a prestação (consequência jurídica imputada ao suposto), mas, ao determiná-la, dizer que é nenhuma, porque não há base de cálculo ou não há alíquota (alíquota zero).

As regras que estipulam estas reduções totais nas consequências normativas – as leis contemplam tais hipóteses – atingem o objetivo econômico colimado, que é exonerar o contribuinte. À luz da Ciência do Direito, a norma que prevê *um fato jurígeno criador de vinculum juris* entre dois sujeitos, em que o *solvens* nada deve ao *accipiens* é, sem dúvida, uma norma incoerente, uma espécie de desperdício normativo, embora não chegue a ser um despautério. As coisas se passam mais ou menos assim: "B" pratica um fato, previsto em lei, que o torna devedor de "A". Contudo, no momento de calcular monetariamente o valor da dívida de "B", em prol de "A", verifica-se que é *nenhuma* (ou a alíquota é "zero", ou inexiste base de cálculo).

5.15. ALÍQUOTA ZERO

Não obstante, o legislador tem insistido na técnica da "alíquota zero" e do "não tributado", mormente nas áreas do IPI e do Imposto de Importação. Diga-se para logo que as expressões "livre", "alíquota zero" e "não tributado" têm para nós o sentido de produto não aliquotado. O IPI, assim como os Impostos de Importação e Exportação, possuem "fatos geradores" genéricos que atingem uma infinidade de produtos. Ocorre que nas respectivas tabelas de incidência, certas alíquotas não existem, o que de modo algum significa ausência de fato gerador, mas sim de medida para cálculo do dever tributário.

---

gravame. Caso de certas taxas: por alvará concedido, R$ 50,00. Se usamos a expressão "base de cálculo", é para facilitar a comunicação segundo os usos e costumes.

Muito se tem discutido na doutrina sobre o exato significado dessas figuras, cujos efeitos são idênticos, em termos econômicos, aos da isenção e da imunidade. Para um setor expressivo da doutrina, tais fenômenos exonerativos ou, melhor dizendo, todos os demais modos exonerativos fulcrados na existência da obrigação, que não a imunidade, vista como limitação ao poder de tributar, deveriam ser assimilados pelo conceito de isenção. Esta, então, tenderia a *nominar* toda uma gama de modos exonerativos, transmudando-se em gênero o que hoje é espécie. Albino de Oliveira[37] dá-nos uma mostra da doutrina que vimos de referir:

> O termo isenção usado pelo legislador constituinte na redação do § 6.º do art. 23, numa interpretação sistemática da Constituição, deve ser ampliado de modo a compreender quaisquer benefícios tributários, entendidos estes como sendo os concedidos no âmbito da relação jurídica obrigacional entre fisco e contribuinte, antes de sua extinção pelo pagamento do imposto. Tal ampliação, entretanto, não permite abarcar também as vantagens financeiras, outorgadas em momento lógico e cronologicamente posterior ao da extinção do crédito tributário...

Esta posição possui a desvantagem de estimular a promiscuidade conceitual, não distinguindo nos fenômenos exonerativos, os que se dão nas hipóteses das normas de tributação dos que são determinados nas "consequências" ou "comandos".

Ao procurar estender o conceito de isenção a toda e qualquer fórmula exonerativa contida no desenho obrigacional, a posição *in examen* pratica um velho expediente de tecnologia jurídica: a assimilação das figuras afins. Sem embargo, discordamos. Deve-se reservar à isenção o sentido que lhe é peculiar. As demais figuras exonerativas, por seu turno, devem ser juridicamente esculpidas ganhando cada qual sentido próprio. A cada espécie deve corresponder um *status* inconfundível, definido e, por isso mesmo, como o nome está a indicar, *específico*! O conjunto das espécies é que forma o gênero da exoneração tributária, figura ainda por construir. Nesse caso, o expediente casuístico, imediatista, posto que pragmático da assimilação: o transmitir ao novo (as novas fórmulas exonerativas) os conceitos do velho (a isenção, mais estudada e disciplinada) seria substituído pela técnica da *construção jurídica*, mais útil e fecunda.

Por outro lado, ontologicamente, isenção e "alíquota zero" são mesmo profundamente diversas. A isenção exclui da condição de "jurígeno" fato ou fatos. A alíquota é elemento de determinação quantitativa do dever tributário. Se é zero, não há o que pagar.

---

[37] OLIVEIRA, Fernando Albino de. *RDP* 27/230.

Há quem dissinta na doutrina sobre a especificidade da alíquota zero. Esta seria o mesmo que a isenção. O argumento trabalha a ideia de que o *Direito* não pode ser redutível a uma mera ideia arquitetônica formal. O "fato gerador" da obrigação tributária seria, antes de mais nada, como o nome está a indicar, um "fato jurígeno" (criador de efeitos jurídicos). Assim, a teoria do fato gerador estaria radicalmente comprometida com o "princípio da funcionalidade". Ao que a tese ora exposta, por admitir um "fato gerador que nada gera" (não há alíquota positiva), estaria admitindo uma obrigação sem objeto. Sabido que a obrigação só nasce para se extinguir, porquanto é da sua essência a *transitoriedade*, a aceitação da tese implicaria o *absurdo normativo* de uma obrigação sem credor, nem prestação, nem obrigado.

O argumento, a princípio, impressiona. Todavia, se nos detivermos em sadia reflexão, veremos que o fenômeno da alíquota zero não é isolado em termos jurídicos. No Direito Penal, há crime sem punibilidade, tanto quanto no Direito Tributário existe fato gerador sem tributação. Ora, é da lógica jurídica que a "descrição hipotética de fato delituoso" só exista para possibilitar a sua sanção caso venha a dar-se o delito no mundo fático. Não obstante, hipóteses existem em que nuanças situadas no preceito, não "descriminantes", evitam a punibilidade. É o caso do casamento do ofensor com a ofendida na sedução. É ainda o caso da reposição do desfalque no peculato culposo. Em ambos os casos, existe a "hipótese de incidência", a descrição do crime, e há o crime apropositador da sanção. Esta, todavia, não ocorre se se realizam os nódulos da impunibilidade previstos no plano da consequência da norma penal. *Mutatis mutandis*, é o que ocorre com a alíquota zero. Existe a hipótese de incidência (descrição do fato gerador) apropositadora da tributação. Só não há tributo porque, no plano da consequência da norma tributária, existe ressalva expressa de intributabilidade, traduzida na fixação de uma alíquota zero, elemento impossibilitador de quantificação do dever tributário. No Direito Tributário é possível a técnica da alíquota zero porque o tributo possui natureza pecuniária. No Direito Penal equivaleria a dizer que há o crime, mas não há a pena (impunibilidade).

A *ratio* de tudo isso?

No Direito Penal, interesses de ordem moral ou econômica (hipótese de reposição do prejuízo em tema do peculato). No Direito Tributário, razões também econômicas ou de política fiscal.[38]

A crítica dos que inadmitem a alíquota zero, *concessa venia*, é paradoxalmente muito mais "formal" do que "funcional". Não há nada mais funcional do que a alíquota zero como técnica de tributação, sendo de grande utilidade prática nos gravames do fato gerador genérico com alíquotas múltiplas e seletivas. Efetivamente, no campo do IPI e do Imposto de Importação, o fato jurígeno tributário é genérico. Específicas são as alíquotas por produto.

---

[38] No Direito Penal muita vez há o crime, e uma regra de competência permite ao juiz tirar a pena (perdão judicial).

Em situações que exijam decisões rápidas em resposta à conjuntura, muita vez, é conveniente não tributar temporariamente dado produto. Isentá-lo para novamente tributá-lo e assim por diante demandaria tempo e submissão a princípios irredutíveis, tais quais o da legalidade e o da anterioridade da lei tributária em relação ao exercício da cobrança do tributo. Por ser "funcional" a técnica da alíquota zero, substitui com vantagem a isenção.

De se concluir, portanto, que, em Direito, técnica altamente teleológica, a alíquota zero cumpre papel de assinalada utilidade sem confundir-se com a isenção, inadequada ou imprópria para resolver certas situações.

Ademais disso, encontra explicação lógica na teoria da norma tributária.

A incongruência que muitos enxergam na alíquota zero decorre de uma defeituosa postura metodológica. Enxerga-se a *norma* apenas como um instrumento de tributação. Ora, ela é também um instrumento de *exoneração*. Não é apenas funcional pela metade. É funcional por inteiro. Faz sentido, em nível prático e lógico, a alíquota zero.

O Supremo Tribunal Federal tem decidido reiteradamente que isenção e alíquota zero não se confundem.[39] A Corte, embora não tenha até hoje fixado os fundamentos científicos da distinção, o que poderia fazer com fulcro na teoria da norma jurídica tributária, tem preferido, circunstancialmente, escorar-se na teoria clássica da isenção, que enxerga na *dispensa legal do pagamento do tributo* o cerne de fenômeno isencional. O STF tem entendido haver uma obrigação surgida e atuante de pagar tributo que fica elidida pela superveniência da regra de isenção, dispensadora do pagamento, a excludente do crédito tributário. No RE n.º 76.284,[40] está dito que as "decisões proferidas pelo Supremo Tribunal Federal distinguiram a isenção da tarifa livre ou zero por entender que a figura da isenção tem como pressuposto a existência de uma alíquota positiva e não a tarifa neutra, que corresponde à omissão da alíquota do tributo".

E mais:

> Se a isenção equivale à exclusão do crédito fiscal (CTN, art. 97, VI) o seu pressuposto inafastável é o de que exista uma alíquota positiva que incida sobre a importação da mercadoria. A tarifa livre ou zero, não podendo dar lugar ao crédito fiscal exclui a possibilidade da lei de isenção.

Embora inaceitável que a isenção pressuponha, antes, a tributação, como visto,[41] somos favoráveis à distinção empreendida pela Suprema Corte. Evidentemente, opomos reparo ao fundamento dos decisórios.

---

[39] RE n.º 72.433, *RTJ* 63/468; RMS n.º 18.191, *RTJ* 47/781; RE n.º 72.452; RMS n.º 18.616; REMS n.º 18.618; RE n.º 73.986; *RTJ* 62/809; RE n.º 72.872; RE n.º 66.567.
[40] *Gazeta Mercantil*, São Paulo, 28.11.1974.
[41] Se a lei, *v.g.*, diz que a operação "remessa de cebolas do produtor para o comprador" é isenta do ICMS, tal fato está excluído do rol dos fatos que geram a obrigação de pagar ICMS.

A isenção, é de ver, distingue-se da alíquota zero pelo fato de a *previsão isencional* relacionar-se com a *hipótese de incidência da norma* (construção jurídica do fato gerador) e a alíquota zero ligar-se à descrição do dever tributário, atribuindo-lhe conteúdo de gratuidade. Por isso mesmo, o STF, na cita que vimos de transcrever, afirma que "a tarifa livre ou zero *não podia dar lugar a crédito fiscal*" e que, portanto, "excluía a lei de isenção" (grifos nossos). Pena não ir-se às últimas consequências da assertiva, plena de elementos para tanto. Lei não incide. O que incide é a norma decorrente da lei ou das leis.

Certo, para haver alíquota zero *nulificando o dever*, é necessária a incidência da hipótese de tributação.

O assunto, advirta-se, não é destituído de interesse prático. Como sabido, as legislações contemplam hipóteses de isenções reflexas: será isenta do ICMS a operação que o for do Imposto de Importação, *v.g.* Esta regra já existiu no Direito brasileiro.

Assim sendo, a atribuição por simples ato administrativo (Resolução do CPA) de uma "alíquota zero" a dado produto gravado pelo Imposto de Importação não lhe conferia o *status* jurídico de produto isento do ICMS...

A tese em defesa da alíquota zero, enquanto ente diverso da isenção e da imunidade, apresenta quatro fundamentos: o primeiro escudado na teoria da norma tributária; o segundo ancorado na técnica da funcionalidade; o terceiro fundado na universalidade do instituto, comum aos impostos aduaneiros, entre nós estendido ao IOF e ao IPI; o quarto estadeado na contenção ao poder de tributar e de exonerar sem prévia lei.

Despreza-se aqui o resultado comum dos três institutos, a oclusão do dever de pagar dado imposto. O imune, o isento e o não tributado (alíquota zero) não pagam imposto algum. De fora a imunidade, fixemo-nos nas diferenças entre a isenção e a alíquota zero.

Estrutura da norma – A hipótese de incidência dos impostos descreve fatos – jurígenos (descritor). A isenção descreve aspectos não tributáveis ligados a pessoas, atos, fatos ou situações, em função do tempo, do lugar e das pessoas ligadas à materialidade dos fatos jurígenos.

Às vezes a norma isentiva especializa aspectos específicos da própria materialidade eleita como jurígena. Em quaisquer circunstâncias, o fato isento traduz uma realidade não jurígena. A isenção entra na hipótese da norma aprumando a descrição do fato gerador que, por isso, não ocorre, impedindo o nascimento do dever tributário. A alíquota, por seu turno, é um quantificador do dever tributário já nascido. Sendo zero, nulifica o *quantum* devido, atuando no mandamento da norma. É no momento de apurar o *quantum debeatur* da obrigação que a técnica atua. O mandamento da norma é um prescritor. Sem valor, a prescrição é, mas não tem como incidir no mundo fenomênico (não há prestação).

Funcionalidade – Nos impostos que exigem respostas rápidas às conjunturas, caso dos impostos aduaneiros, as leis ou as Constituições dos mais diversos países autorizam o administrador a variar sem lei as alíquotas, sem afetar os fatos geradores, os quais, como sabido, somente podem ser instituídos e modificados por meio de lei (princípio da legalidade). Entre nós a isenção, sem exceção, é matéria sob reserva de lei (art. 97 do CTN). A Constituição, porém, permite, no tocante ao IPI, IOF, Imposto de Importação e Exportação, ao Poder Executivo variar as alíquotas por ato administrativo (art. 153, § 1.º, da Constituição Federal). Ao Executivo se não permite tornear os fatos geradores desses impostos; só o legislador pode alterá-los. Estamos falando de praticidade.

Universalidade – A experiência jurídica dos povos, especialmente nos chamados impostos aduaneiros, contempla a alíquota zero, ao lado da isenção, pelo que a sua existência não é esquisitice nossa, mas prática consuetudinária e universal.

Estatuto do Contribuinte – A equiparação da alíquota ao instituto da isenção vulnera a segurança dos contribuintes. Se a oclusão do dever tributário for erigida em motor de equalização, seja qual for o modo de atuação do administrador, a ele se concede atuar na hipótese da norma (isenção) e na consequência ou mandamento, seja concedendo créditos presumidos nos impostos não cumulativos sobre circulação de mercadorias e serviços, seja concedendo despesas fictas nos impostos sobre a renda e o patrimônio, nulificando o dever tributário. A licença constitucional para operar alíquotas é outorga restrita. E restrição só há quando é possível distinguir as diversas técnicas exonerativas. Aqui rebrota a crítica que reiteradamente temos feito ao Prof. Paulo de Barros Carvalho, que limita os quantificadores às alíquotas e às bases de cálculo. Outras certamente existem, *v.g.*, concessão de créditos fiscais presumidos e adoções de despesas fictas ou presumidas, estatuídas por força de lei (maneiras *ex lege* de quantificar o dever tributário). Não menos do que por isso, a Lei Complementar n.º 24/1975, no art. 1.º, parágrafo único, manda aplicar a outros modos exonerativos, em tema de ICMS, as mesmas restrições das isenções.

Duas objeções fundamentais são postas quanto à autonomia da alíquota zero, enquanto técnica exonerativa.

Primus – A que se funda no nexo implicacional entre hipótese de incidência da norma e o seu mandamento. Em suma, onde não há hipótese, inexiste mandamento para pagar, e onde não há mandamento para pagar, inexiste hipótese. Discordamos, casos há, em que existe mandamento para pagar, mas não há o que pagar. Trata-se de sutileza.

a) No ICMS e no IPI, a base de cálculo é o valor das operações, e a alíquota, uma grandeza "x". Mas se os créditos das entradas superarem os débitos pelas saídas, não há o que pagar, mas há mandamento permanente para pagar.

b) Ocorre o mesmo quando, a título de incentivos, concede-se crédito presumido capaz de anular o débito fiscal. Tudo é feito propositalmente ao suposto de que existe algo a pagar e de que se comuta por querer comutar.

c) Ocorre o mesmo quando se reduz a base de cálculo a tamanho que faz vencer o crédito (aniquilador do dever) oriundo das operações anteriores, uma vez mantido em vez de estornado.
d) Ocorre o mesmo quando, no imposto de renda, a lei concede o direito de deduzir despesas e provisões estritamente fictas que visam aniquilar o dever de pagar, fazendo-se, por esta via, a elisão do imposto, o qual, de outro modo, teria que ser pago.
e) "Prêmios" os mais diversos, muita vez, reduzem a base tributária a zero, a coisa alguma.

A alíquota zero insere-se, assim, no vasto campo dos fenômenos ocorrentes no mandamento das normas tributárias, propiciadores de tipos exonerativos diversos da isenção, limitada a alterar a descrição do fato jurígeno, sem nenhuma interferência na modulação do dever posto no preceito jurídico.

Secundus – A que diz ser inócua a distinção teórica entre a alíquota zero e a isenção, à falta de serventia prática. Seu corifeu é o Prof. Igor Mauler Santiago. Vejamos as razões. Ficou visto, no Direito brasileiro, que a permissão constitucional dada ao administrador para alterar as alíquotas de certos impostos não se comunica à competência para manejar quaisquer formas exonerativas, quer estejam radicadas na hipótese de incidência da norma (isenção), quer estejam situadas no mandamento da mesma (reduções de base de cálculo, concessões de despesas e de créditos presumidos *et caterva*). Bastaria este pendor de restrição ao administrador, ao seu poder de tributar e de exonerar sem lei e, eventualmente, até contra a igualdade, para justificar a distinção. Distingue-se para restringir. Mas esta corrente vai além e vergasta a ideia de "distinguir por distinguir". É que, no Direito brasileiro, os impostos que agasalham a alíquota zero (os Impostos sobre Importação, Exportação, IOF e IPI) já estariam livres do princípio da anterioridade e, portanto, tanto faz instituir alíquota zero ou isenção e logo tributar de novo, que na mesma sempre se haverá de ficar (art. 150, § 1.º, da CF/1988).

O argumento prova demais. É que tais impostos estão livres da anterioridade, não porém da legalidade. Desta somente escapam as alíquotas. O que se tem a dizer é simples e singelo. A alíquota zero pode ser instituída no espaço de horas, e retirada, e aumentada, e diminuída, e zerada. A isenção e a reinstituição desses impostos, livres da anterioridade, ao contrário, só podem ocorrer por força de lei, embora possam entrar a viger de pronto, a crer-se na Constituição e no CTN conjugadamente.

É de se perguntar – à luz da praticabilidade, *ratio* da alíquota zero – qual o tempo médio para se votar uma lei de imposição ou de isenção. Dias? Meses? Anos?

Faz sentido, portanto, por mais esta razão, a distinção entre isenção e alíquota zero às luzes da teoria da norma, da coerência lógica e da praticabilidade.

Por último, a teoria da incidência da norma – em sede de Teoria Geral do Direito, é estudo atinente aos mandamentos normativos. O que incide não é propriamente a norma, mas o seu mandamento. As hipóteses de incidência apenas ocorrem ou não, pois são retratos dos fatos, nunca de deveres...

A técnica normativa corre um *iter* preciso:

- A hipótese da norma é cópia real, do real hipostasiado num modelo jurígeno (abdução).
- Em seguida, a hipótese de incidência (cópia do real) é ligada a uma consequência jurídica prevista no mandamento, um dever, ou uma sanção, ou um prêmio, ou uma nulidade etc. (imputação).
- Finalmente, quando o modelo abstrato, a hipótese de ou para a incidência, ocorre no mundo fenomênico, o mandamento incide (incidência por subsunção), gerando direitos e deveres.

Não se pode, pois, compreender como uma hipótese de fato não jurígeno possa se alojar no mandamento, que é preceito, ordem, prescrição, jamais descrição de fatos ou atos jurígenos, *concessa maxima venia*.

Agora, se a incidência do mandamento, por ser zero a alíquota, acaba por não gerar dever algum, não significa que a hipótese de incidência inocorreu. É exatamente porque ocorre o suposto que se anula a consequência.

A teoria da implicação lógica entre hipótese de incidência e consequência normativa, magistralmente feita pela Prof.ª Misabel Derzi (*Direito tributário, direito penal e tipo*, Revista dos Tribunais, 1988), de uma certa forma, mas com esmerada sofisticação, retorna ao tempo em que todos os elementos da norma tributária estavam alojados na hipótese, e o mandamento reduzia-se a uma ordem, à moda de Austin e Hensel: "Pague-se o tributo." Este tempo teórico, contudo, foi definitivamente superado por Paulo de Barros Carvalho, que colocou no mandamento da norma tributária os sujeitos ativo e passivo, as bases de cálculo e as alíquotas (a estrutura mesma do dever decorrente da realização da hipótese de sua instauração).

Os penalistas, muito mais adiantados que os tributaristas na consideração da norma, convivem com figuras afins à isenção e à alíquota zero de maneira mais inteligível, senão vejamos.

- As isenções e as previsões de imunidade seriam como as descriminantes. As condutas descritas como criminosas deixariam de sê-lo em determinadas circunstâncias: legítima defesa real ou putativa, estado de necessidade, estrito cumprimento do dever legal.
- As excludentes de pena seriam como que a alíquota zero. Há crime e o criminoso. Do mesmo modo como ocorre o fato gerador e há o contribuinte. No primeiro caso, a pena é reduzida a zero, e, no segundo, a alíquota é zero.

No peculato, a devolução voluntária do bem pelo peculatário exime-o da pena. Se o ofensor, na sedução, casa-se *sponte propria* com a ofendida, não se aplica a pena. Por acaso não ocorreram os crimes de peculato e sedução?

No caso da alíquota zero, houve o fato gerador e há contribuinte, só não há imposto a pagar, que a alíquota é zero. Não se aplica o imposto, mas houve fato gerador (antípoda da isenção).

- O perdão judicial, a graça, a anistia, o indulto são como que a remissão e a anistia tributárias. Há fato gerador, há contribuinte, há imposto a pagar ou que deveria ter sido pago, mas o perdão extingue o dever, na mesma medida em que a graça, o indulto, o perdão judicial reconhecem o crime, a pessoa do criminoso e a pena devida, comutando-a.

A hipótese de incidência da norma tributária é como a hipótese de incidência criminal. Descreve a primeira fatos tributáveis, excluídos os fatos não tributáveis em razão de previsões expressas de imunidade e isenção. A segunda descreve condutas ilícitas e puníveis (crimes e contravenções), excluídas as que, embora subsumidas no tipo, são consideradas excludentes de criminalidade (legítima defesa, estado de necessidade etc.).

Diferentemente, reduzir penas ou até mesmo dispensá-las são fenômenos que ocorrem, por razões relevantes, ao tempo da aplicação do mandamento da norma penal ou até mesmo depois de sua aplicação. Dá-se o mesmo com a aplicação da alíquota zero, cujo suposto é a existência de um dever prévio que, por motivos relevantes quer-se dispensar à hora da sua aplicação e não antes e permanentemente, caso da isenção.

E quando já há pena e já existe dever tributário quantificado e aplicado, as formas de excluí-los – por motivos também relevantes – são outras: anistia, indulto, graça, perdão e remissão fiscal.

Afora o logicismo, tudo isto é maravilhosamente versátil e funcional. Longe de nós a tentação de aprisionar a operacionalidade do Direito. O Direito e o útil são uma só e a mesma coisa segundo os jurisconsultos romanos.

5.16. ISENÇÕES PARCIAIS

As reduções parciais são comumente chamadas de isenções parciais. Pontes de Miranda[42] ocupou-se da espécie:

> As isenções são totais e parciais. Dizem-se parciais as isenções que deduzem do percentual do imposto ou do imposto fixo. As isenções totais são

---

[42] PONTES DE MIRANDA. *Questões forenses*. Rio de Janeiro: Borsoi, t. I, p. 90.

preexcludentes da imposição: o imposto não recai no objeto ou no negócio jurídico a que se refere a regra jurídica de isenção.

Souto Maior[43] leciona que as isenções podem classificar-se em totais e parciais:

As isenções totais excluem o nascimento da obrigação tributária enquanto que, nas isenções parciais, surge o fato gerador da tributação, constituindo-se, portanto, a obrigação tributária, embora o *quantum* do débito seja inferior ao que normalmente seria devido se não tivesse sido estabelecido preceito isentivo.

E arremata: "A isenção parcial consiste, mais propriamente, numa redução ou bonificação do débito tributário..." As isenções parciais podem revestir-se de diversas modalidades técnicas, segundo o elemento de quantificação da relação tributária que se utiliza para provocar o efeito liberatório desejado, podendo, assim, falar-se em bonificação na base de cálculo nos tipos de gravame ou na alíquota (*idem, ibidem*)."

Ocorre, no entanto, que, à luz da teoria da norma jurídica tributária, a denominação de isenção parcial para o fenômeno da redução parcial do imposto a pagar, através das minorações diretas de bases de cálculo e de alíquotas, afigura-se absolutamente incorreta e inaceitável. A isenção ou é total ou não é, porque a sua *essentialia* consiste em ser modo obstativo ao nascimento da obrigação. Isenção é o contrário de incidência. As reduções, ao invés, pressupõem a incidência e a existência do dever tributário instaurado com a realização do fato jurígeno previsto na hipótese de incidência da norma de tributação. As reduções são diminuições monetárias no *quantum* da obrigação, via base de cálculo rebaixada ou alíquota reduzida.

---

[43] BORGES, José Souto Maior. *Isenções tributárias*. São Paulo: Sugestões Literárias, 1969. p. 281.

CAPÍTULO 6

PRINCÍPIOS CONSTITUCIONAIS EM MATÉRIA TRIBUTÁRIA: EXPLÍCITOS, DERIVADOS E CONEXOS

6.1. PRINCÍPIOS EXPRESSOS E CONEXOS

São princípios expressos na Constituição da República, em matéria tributária, conexos aos direitos fundamentais, os seguintes:

A) legalidade formal e material da tributação (arts. 5.º, II, e 150, I);
B) irretroatividade da lei tributária e dos critérios ligados à sua aplicação administrativa e judicial (arts. 5.º, XXXVI, e 150, III, "a");
C) anterioridade da lei tributária em relação ao fato jurígeno tributário, seja a anual, seja a nonagesimal (arts. 150, III, "b" e "c", e 195, § 6.º), também chamado de princípio da não surpresa;
D) princípio do livre trânsito de pessoas e bens em território nacional, vedada a criação de barreiras estaduais ou municipais (art. 150, V);
E) princípio da isonomia tributária (arts. 5.º, I, e 150, II);
F) princípios da capacidade econômica e da pessoalidade dos impostos (art. 145, § 1.º);
G) princípio do não confisco (negativa de tributo com efeito confiscatório), a teor dos arts. 5.º, *caput*, e 150, IV;
H) princípios da generalidade, universalidade e progressividade do Imposto de Renda (art. 153, § 2.º, I);
I) princípio da progressividade dos impostos sobre a propriedade urbana e rural (arts. 153, § 4.º, I, e 156, § 1.º);
J) princípio da não cumulatividade do ICMS e do IPI (arts. 153, § 3.º, II, e 155, II).

São princípios, entre outros, derivados do *sistema jurídico da Constituição*:

A) o princípio federativo da uniformidade da tributação federal;
B) o princípio do tratamento fiscal privilegiado para as regiões economicamente subdesenvolvidas e para as microempresas;

C) o princípio da unidade nacional e do mercado comum nacional;
D) o princípio da isonomia entre as pessoas políticas;
E) o princípio da anualidade orçamentária, influindo nos impostos periódicos;
F) o princípio do devido processo legal nas esferas administrativa e judicial, em matéria fiscal;
G) o princípio da inafastabilidade do controle jurisdicional da lei e do ato administrativo normativo de caráter fiscal;
H) o princípio do sigilo fiscal, bancário e profissional.

Doravante nos ateremos ao estudo dos referidos princípios. Os que forem genéricos, daqui a pouco. Os que forem específicos, ao tratarmos dos impostos federais, estaduais e municipais. Depois dos princípios veremos as imunidades, genéricas e específicas, com a mesma metodologia.

Contudo, antes de estudar princípio por princípio, cabe dizer algumas coisas sobre os *princípios constitucionais tributários*. Ao ponto, portanto.

6.2. AS FUNÇÕES DOS PRINCÍPIOS CONSTITUCIONAIS

Para começar, ditos princípios traduzem no imo e em suas expansões projeções de *direitos fundamentais*, ou melhor, no miolo, são garantias de direitos fundamentais, notadamente *capacidade, liberdade, dignidade humana, propriedade e igualdade*, além de valores *republicanos, federalistas e solidaristas*.

As modernas Cartas Constitucionais expressam que os direitos fundamentais são autoaplicáveis (Alemanha, Itália, Portugal, Espanha).

A nossa Constituição, no art. 5.º, § 1.º, prescreve tarjante que "as normas definidoras dos direitos e garantias fundamentais têm aplicação imediata". O § 2.º arremata: "Os direitos e garantias expressos nesta Constituição não excluem outros *decorrentes do regime e dos princípios por ela adotados, ou dos tratados internacionais em que a República Federativa do Brasil seja parte*" (grifamos).

Os princípios constitucionais tributários e as imunidades (vedações ao poder de tributar) traduzem reafirmações, expansões e garantias dos direitos fundamentais e do regime federal. São, portanto, cláusulas constitucionais perenes, pétreas, insuprimíveis (art. 60, § 4.º, da CF).

Por outro lado, cabe realçar que a Constituição portuguesa de 1977 inspirou em muitos pontos a Constituição brasileira de 1988,[1] notadamente no respeitante aos *direitos fundamentais*. Vem a calhar, portanto, mediante lição preciosa da Prof.ª Misabel Derzi, trazer à colação extensa cita de Gomes Canotilho, Professor Doutor de Coimbra e, sem dúvida, um dos maiores publicistas da atualidade. A lição da Prof.ª

---

[1] Está por ser feita, tanto pelos constitucionalistas lusos quanto pelos brasileiros, a crônica das intensas influências e sinergias do constitucionalismo dos dois povos desde 1822. São deveras impressionantes as interações entre Portugal e Brasil, mas pouco realçadas.

Misabel realça a autoexecutoriedade dos *princípios fundamentais* e convida a nossa Suprema Corte a exercer, com vigor e desenvoltura, a jurisdição constitucional. De nossa parte subscrevemos em todos os pontos a recomendação. Vejamos o texto:[2]

> É patente que uma interpretação constitucional, não raramente, coloca em confronto mais de um princípio. O sopesamento entre princípios diferentes e de igual nível de que nos fala Dworkin (cf. *A Matter of Principle*, Cambridge, Harvard University Press, 1985), tem de ser feito sem alijamento de nenhum deles, mas à luz de uma acomodação razoável de ambos.
>
> De certa forma, nosso Supremo Tribunal Federal é mais livre do que a Corte alemã para a "construção" de tais teorias, naturalmente adaptadas à nossa realidade. Basta considerar que a Constituição de 1988 concede aos direitos fundamentais do contribuinte eficácia imediata e atribui ao Poder Judiciário a função não apenas de coibir as inconstitucionalidades dos atos do Executivo e do Legislativo, como também as omissões que impeçam o exercício desses mesmos direitos e garantias; mas, além disso, inexiste lei infraconstitucional regulando a atividade e a natureza dos atos do Supremo Tribunal Federal, o qual pode interpretar e reinterpretar suas funções e limites a partir apenas do Texto Fundamental. Tudo haverá de depender da "vontade de constituição", como alerta Konrad Hesse, para que se implementem os desígnios nela contidos.

A esse respeito, leciona Gomes Canotilho:

> "... marcando uma decidida ruptura em relação à doutrina clássica, pode e deve dizer-se que hoje não há normas constitucionais programáticas. Existem, é certo, normas-fim, normas-tarefa, normas-programa que 'impõem uma atividade' e dirigem materialmente a concretização constitucional. O sentido destas normas não é, porém, o que lhes assinalava tradicionalmente a doutrina: 'simples programas', 'exortações morais', 'declarações', 'sentenças políticas', 'aforismos políticos', 'promessas', 'apelos ao legislador', 'programas futuros', juridicamente desprovidos de qualquer vinculatividade. Às 'normas programáticas' é reconhecido hoje um valor jurídico constitucionalmente idêntico ao dos restantes preceitos da Constituição. Não pode, pois, falar--se de eficácia programática (ou diretiva), porque qualquer norma constitucional deve considerar-se obrigatória em confronto com qualquer poder estatal discricionário (Crisafulli). Mais do que isso: a eventual mediação, pela instância legiferante, da concretização das normas programáticas, não

---

[2] DERZI, Misabel Abreu Machado. *Limitações constitucionais ao poder de tributar*. 7. ed. Rio de Janeiro: Forense, 1997, p. 39-39, de Aliomar Baleeiro, nota da atualizadora.

significa a dependência desse tipo de normas da *interpositio* do legislador; é a positividade das normas-fim e normas-tarefa (normas programáticas) que justifica a necessidade da intervenção dos órgãos legiferantes. Concretizando melhor, a positividade jurídico-constitucional das normas programáticas significa fundamentalmente:
1) Vinculação do legislador, de forma permanente, à sua realização (imposição constitucional).
2) Como diretivas materiais permanentes, elas vinculam positivamente todos os órgãos concretizadores, devendo estes tomá-las em consideração em qualquer dos momentos da atividade concretizadora (legislação, execução, jurisdição).
3) Como limites negativos, justificam a eventual censura sob a forma de inconstitucionalidade, em relação aos atos que as contrariam" (Nota 17, ainda de Gomes Canotilho: ... em sentido convergente, Jorge Miranda, *Manual II*, p. 533. No Direito brasileiro, cf. Eros R. Grau, "A Constituição Brasileira e as Normas Programáticas", *Rev. de Dir. Constitucional e Ciência Política*, n.º 4, p. 45; Celso Ribeiro Bastos, *Curso de Direito Constitucional*, cit., pp. 120 e ss.; José Afonso da Silva, *Direito Constitucional Positivo*, cit., pp. 82 e ss.) (cf. *op. cit.*, pp. 189/190).

6.3. O CONTROLE DE CONSTITUCIONALIDADE DAS LEIS A PARTIR DA ZELADORIA DOS PRINCÍPIOS CONSTITUCIONAIS

Vale dizer que todo o Direito Tributário brasileiro é controlável pelo Supremo Tribunal Federal a partir dos princípios constitucionais tributários. Nenhuma corte constitucional tem, em todo o orbe, tamanho rol de princípios para moldar o poder de tributar e proteger os direitos e garantias do contribuinte.

Dispõe o art. 150 da CF/88 que os princípios explícitos devem ser observados "sem prejuízo de outras garantias asseguradas ao contribuinte". Com isso dispõe que as garantias do contribuinte estão entre os direitos e garantias fundamentais. Estes, por seu turno, repercutem no capítulo tributário da Constituição. O art. 5.º, que cuida dos direitos e garantias fundamentais, prescreve:

[...]
XXXIV - são a todos assegurados, independentemente do pagamento de taxas:
a) o direito de petição aos Poderes Públicos em defesa de direitos ou contra ilegalidade ou abuso de poder;
[...]
XXXV - a lei não excluirá da apreciação do Poder Judiciário lesão ou ameaça a direito;
XXXVI - a lei não prejudicará o direito adquirido, o ato jurídico perfeito e a coisa julgada;

[...]
LXXI – conceder-se-á mandado de injunção sempre que a falta de norma regulamentadora torne inviável o exercício dos direitos e liberdades constitucionais e das prerrogativas inerentes à nacionalidade, à soberania e à cidadania;
[...]

O Estatuto do Contribuinte é o outro nome da cidadania.

Finalmente, o Brasil possui – e, quiçá, é o único país do mundo – duas metodologias de acesso ao Poder Judiciário para o controle de constitucionalidade das leis e atos normativos: o controle difuso com efeitos *inter partes* e o controle concentrado com efeitos *erga omnes*. A sindicância da constitucionalidade do Direito legislado e dos atos administrativos é, portanto, escancarada. No campo procedimental multiplicam-se os instrumentos: ações diretas de inconstitucionalidade por ação ou omissão, com ampla legitimação de sujeitos, recursos extraordinários e ordinários, reclamação constitucional, mandados de segurança e de injunção, sem falar no Ministério Público como órgão de vigilância das leis em face da Constituição, com poderes extraordinários de provocação perante a Corte Suprema.

O Supremo Tribunal do Brasil é órgão todo-poderoso. Dispõe o art. 102 da Constituição Federal de 1988 sobre sua competência.

Por outro lado, o art. 103, com a nova roupagem que lhe deu a Emenda Constitucional n.º 45, de 2004, reportando-se ao art. 102, inciso I, letra "a", onde estão previstas a ação direta de inconstitucionalidade da lei em tese ou de ato normativo federal ou estadual e a ação direta de constitucionalidade também de lei em tese e de ato normativo federal, declina as pessoas legitimadas à propositura de tais ações.

Relevante, ainda, lembrar que a Emenda Constitucional n.º 45/2004 introduziu os arts. 103-A e 103-B no Texto Constitucional. O primeiro traz ao nosso Ordenamento Jurídico a Súmula Vinculante, instrumento que pode servir na maior efetividade do Direito e reduzir o grau de insegurança jurídica a que estamos expostos. O art. 103-B, por sua vez, cria o Conselho Nacional de Justiça cuja composição ficou a cargo da Magistratura, do Ministério Público, da OAB e, ainda, dois cargos por indicação do Congresso Nacional.

Por oportuno, o Procurador-Geral da República é o chefe de um órgão autônomo. É indemissível pelo Presidente da República, a não ser que o Senado consinta. Ficou corrigido o defeito das Constituições anteriores, porquanto o Procurador-Geral pode voltar-se contra os atos normativos do Presidente, notadamente medidas provisórias, e opinar independentemente como *custos legis* em defesa da ordem jurídica. Ademais, é escolhido entre os membros de carreira do órgão. Possui legitimação para ações em defesa de interesses difusos e coletivos, contra as pessoas políticas.

Art. 127. O Ministério Público é instituição permanente, essencial à função jurisdicional do Estado, incumbindo-lhe a defesa da ordem jurídica, do regime democrático e dos interesses sociais e individuais indisponíveis.

§ 1.º São princípios institucionais do Ministério Público a unidade, a indivisibilidade e a independência funcional.

[...]

6.4. O MANEJO DOS PRINCÍPIOS PELA DOUTRINA E A JURISPRUDÊNCIA

Não se pode dizer que os juízes, os tribunais, a Corte Suprema e a doutrina no Brasil são insensíveis à valoração dos princípios. É possível verificar alguns casos em que os princípios constitucionais implicados foram corretamente compreendidos e aplicados. Noutros casos são perceptíveis titubeios, vacilações, incompreensões. É natural que assim seja. Vejamos uns casos, só para exemplificar.

A) A substituição tributária progressiva, ou seja, sobre operações mercantis (ICMS) ainda não ocorridas, com presunção de base de cálculo, permitida pela Emenda n.º 3 à Constituição de 1988, tem sido admitida pelos tribunais. Todavia, para evitar ferimentos ao princípio do não confisco, a doutrina exige a imediata compensação do que tenha sido pago a maior, comprovado que a operação tenha sido realizada em valor inferior ao presumido pelo Fisco. (O preço real da operação em lugar do presumido.) O Supremo Tribunal Federal não deu, até o momento, razão à doutrina.

B) Avoluma-se a concepção – ainda no campo do ICMS – de que o crédito fiscal deve ser o mais amplo possível, de modo a realizar o princípio da não cumulatividade, abrangendo materiais de uso e consumo, bens do ativo fixo, serviços conexos, todos os *inputs*, enfim, carregados de impostos, necessários à produção, circulação e consumo de bens e serviços tributados. O "crédito físico" terá sido, quiçá, uma errônea compreensão do princípio da não cumulatividade do ICMS. Muito antes de a Lei Complementar n.º 87/1996 existir. O princípio da não cumulatividade tem sido, a cada dia, mais desrespeitado pela legislação dos Estados, não se admite o crédito financeiro e amesquinha-se o crédito físico, numa equivocada compreensão dos tributos não cumulativos e de sua vocação para onerar exclusivamente o consumo.

C) O prestigioso Tribunal Regional Federal de São Paulo, pela mão exímia da juíza Lúcia Valle Figueiredo, bem destaca a importância dos princípios no afazer jurisdicional. A espécie dizia respeito a limitações legais à dedução de prejuízos pelas pessoas jurídicas em face do imposto de renda.

IR E CSSL – Prejuízos fiscais – Dedução – Limitações impostas pela Lei n.º 8.981/1995 – Ofensa a princípios constitucionais.
Tributário. Imposto de Renda e Contribuição Social sobre o Lucro. Dedução de prejuízos fiscais. Limitações impostas pelos arts. 42 e 58 da Lei n.º 8.981/1995. Afronta aos princípios constitucionais da anterioridade e irretroatividade das leis. Ofensa ao direito adquirido e ao ato jurídico perfeito. Violação aos princípios da certeza e segurança jurídicas, lealdade da administração e boa-fé. As limitações à dedução dos prejuízos fiscais constantes da Lei n.º 8.981/1995, em seus arts. 42 e 58, não podem ser impostas no exercício de 1995, sob pena de ofensa aos princípios constitucionais da anterioridade e da irretroatividade da lei, pois pretende colher em suas malhas situações consumadas a lume de legislação anterior, e, embora publicada em 31.12.1994, mas somente dada à publicidade em janeiro de 1995. A Constituição Federal de 1988 protege o direito adquirido, o ato jurídico perfeito e a irretroatividade das leis (arts. 5.º, XXXVI e 60, § 4.º, inciso IV), garantindo certeza e segurança jurídicas. É de se afastar disposição que afronte os princípios da lealdade da Administração, da boa-fé e da certeza e segurança jurídicas, por serem esses imanentes ao ordenamento. – Apelação provida. Correção monetária de conformidade com a Súmula n.º 162 do STJ, observando-se a atualização monetária a partir de janeiro de 1992, nos moldes da Lei n.º 8.383/1991, conforme entendimento majoritário desta Turma. Juros são devidos nos termos do art. 39, § 4.º, da Lei n.º 9.250/1995. Inversão do ônus da sucumbência (Ac. un. da 4.ª T. do TRF da 3.ª R., AC. 342.403, Rel. Juíza Lúcia Figueiredo, j. 19.02.1997, Apte.: Razzo S.A. Agro Indl.; Apda.: União/Fazenda Nacional, *DJU* 08.04.1997, p. 21.436 – ementa oficial).

6.5. O PRINCÍPIO DA LEGALIDADE DA TRIBUTAÇÃO – EVOLUÇÃO HISTÓRICA E CONCREÇÃO CONSTITUCIONAL – O PRINCÍPIO DA LEGALIDADE TRIBUTÁRIA, FORMAL E MATERIAL – LEGALIDADE, ANTERIORIDADE, TIPICIDADE E IRRETROATIVIDADE COMO ENREDO PRINCIPIOLÓGICO INEXTRINCÁVEL

Dispõe a Constituição Federal de 1988 no art. 150, I, II e III, "a", "b" e "c":

Art. 150. Sem prejuízo de outras garantias asseguradas ao contribuinte, é vedado à União, aos Estados, ao Distrito Federal e aos Municípios:
I – exigir ou aumentar tributo sem lei que o estabeleça;

II – instituir tratamento desigual entre contribuintes que se encontrem em situação equivalente, proibida qualquer distinção em razão de ocupação profissional ou função por eles exercida, independentemente da denominação jurídica dos rendimentos, títulos ou direitos;

III – cobrar tributos:

a) em relação a fatos geradores ocorridos antes do início da vigência da lei que os houver instituído ou aumentado;

b) no mesmo exercício financeiro em que haja sido publicada a lei que os instituiu ou aumentou;

c) antes de decorridos noventa dias da data em que haja sido publicada a lei que os instituiu ou aumentou, observado o disposto na alínea "b" (incluído pela Emenda Constitucional n.º 42, de 19.12.2003);

[...].

6.6. O PRINCÍPIO DA LEGALIDADE FORMAL E SUA EVOLUÇÃO EM PORTUGAL E NO BRASIL

No Direito português,[3] avoengo do nosso, a primeira manifestação do princípio da legalidade dá-se com as Cortes de Coimbra de 1261, que firmaram a regra da criação dos impostos somente com o consentimento das mesmas.[4] Em 1372, as Cortes de Leiria negaram à D. Fernando a generalização das sisas, condicionando a permissão à correção de abusos havidos recentemente. O fato de Portugal não ter passado verdadeiramente pelo regime feudal permitiu aos burgos e vilas uma iniciação ao consentimento orçamentário.[5] Domingos Pereira de Sousa realça que D. João I convocara já as Cortes por vinte vezes, mas, para obter consentimento a um imposto destinado ao custeio da conquista de Ceuta, absteve-se de convocá-las para não tornar pública a empreitada. Ao tempo de D. Afonso V, este menor, as Cortes de Torres Novas, em 1438, estabeleceram que o lançamento de tributos era atribuição privativa das Cortes e não dos reis, o que não impediu[6] nas Ordenações Afonsinas o ditado de que tal atribuição consistia em prerrogativa real, dependente, no entanto, da acordância do Conselho Real.

---

[3] A *Magna Charta* não estabeleceu o princípio da legalidade na Inglaterra. Nos quinhentos anos que se lhe seguiram, reis, juízes e parlamentos continuaram em sangrentas disputas para fazer prevalecer a vontade do mais forte. Isto se comprova pelos documentos surgidos depois, a saber: o "Act of Apropriation" de 1626, a "Petition of Rights" de 1628 e o "Bill of Rights" de 1968. Na França, os "Estados Gerais", em 1735, reclamaram o poder de criar os impostos que a Declaração de Direitos de 1789 consagrou.

[4] Cf. MONTEIRO, Armindo. *Introdução ao estudo do direito fiscal*. Lisboa, 1951. p. 231; *O orçamento português*. Lisboa, 1951. p. 208; e MERÊA, Paulo. *O poder real e as cortes*. Coimbra, 1923. p. 36-37.

[5] MARTINEZ, Soares. *Introdução ao estudo das finanças*. Lisboa, 1967, *passim*.

[6] SOUSA, Domingos Pereira de. *As garantias dos contribuintes*. Lisboa: Ed. Universidade Lusíada, 1991. p. 44.

Nas Cortes de 1641 são votados novos impostos, entre os quais a Décima Militar. Alvará de 09 de maio de 1654 reafirmava que à Assembleia dos Representantes da Nação caberia a distribuição dessa contribuição direta.

Soares Martinez[7] situa em 1698 a última votação de tributos em Portugal antes do constitucionalismo.

Como se depreende, também por lá a luta entre a Coroa e os parlamentos recheia a história do princípio da legalidade.

Distinga-se, portanto, as épicas lutas em todos os quadrantes pelo princípio da legalidade e a sua instauração efetiva, obra do constitucionalismo. O que se passou em Portugal reflete o que ocorreu na França, na Inglaterra e alhures. Uma boa resenha da evolução do princípio da legalidade como consentimento legislativo dá-nos Domingos Pereira de Sousa, historiando-o em Portugal:[8]

> A Constituição de 1822, "fortemente influenciada pelas constituições francesas e, sobretudo, pela de 1791, deslocou os poderes tributários soberanos do Rei para as Cortes, assembleia política constituída por deputados eleitos pelo sufrágio dos cidadãos-eleitores" (Cf. Soares Martinez, ob. e loc. cit.).
>
> A essa assembleia competia "sem dependência da sanção real", entre outras atribuições, "fixar anualmente os impostos e as despesas públicas" (art. 103, IX) e bem assim "estabelecer, ou conformar anualmente, as contribuições *directas*" (art. 224). A Constituição de 1822 retirava, assim, ao Rei o poder de "impor tributos, contribuições ou fintas" (art. 124, II).
>
> De igual modo, na Carta Constitucional de 1826, era da atribuição das Cortes, fixar anualmente as despesas públicas e repartir a contribuição directa (art. 15, § 8.º, sendo as mesmas Cortes Gerais que, anualmente estabeleciam "todas as contribuições directas" (art. 137). Esta situação haveria de manter-se no Acto Adicional de 1832 que reformou e alterou alguns preceitos daquela Carta. (Entre outros, foi reformado o art. 137 da Carta, por expressa referência do § 4.º do art. 12 do Acto Adicional, ao determinar que "os impostos são votados anualmente; as leis, que os estabelecem, obrigam somente por um ano". Estas leis, quer no texto primitivo da Carta, quer no Acto Adicional, emanavam das Cortes que assim detinham a qualidade de órgão de soberania fiscal.)
>
> Destas orientações, não se afastaria a Constituição de 1838 ao estabelecer que competia às Câmaras "votar anualmente os impostos e fixar a receita e despesa do Estado" (art. 37, n.º 12). (Recorde-se que na Constituição de 1838 as Cortes eram constituídas por duas Câmaras: a Câmara de Senadores que substituía a Câmara dos Pares da Carta Constitucional de 1826

---

[7] MARTINEZ, Soares. *Manual de economia política*. 2. ed. Coimbra, 1923. p. 87.
[8] SOUSA, Domingos Pereira de. *As garantias dos contribuintes*. Lisboa: Ed. Universidade Lusíada, 1991. p. 46 e ss.

e a Câmara de Deputados que haveria de manter-se com a mesma configuração, composta por membros eleitos temporariamente pelos cidadãos eleitores.)

A ideia do consentimento dos impostos manter-se-ia, igualmente, na Constituição republicana de 1911, sendo da competência privativa do Congresso da República "orçar a receita e fixar a despesa pública, anualmente tomar as contas da receita e despesa de cada exercício financeiro e votar anualmente os impostos" (art. 26, n.º 3).

A Constituição de 1911 iria, porém, mais longe nesta matéria que os textos constitucionais da Monarquia. Com efeito, ao incluir no seu art. 3.º, entre os direitos garantidos a portugueses e estrangeiros residentes no país, o de não serem obrigados "a pagar contribuições que não tenham sido votadas pelo Poder Legislativo ou pelos corpos administrativos, legalmente autorizados a lançá-las, e cuja cobrança se não faça pela forma prescrita na lei" (n.º 27), a Constituição afirmou, expressamente, a legalidade do imposto no plano das garantias constitucionais.

Não se afastando das tradições constitucionais do liberalismo, a Constituição de 1933 haveria contudo, de acautelar especialmente as matérias financeiras, dedicando particular atenção à criação de impostos, matéria que tão mal tratada havia sido sob a ditadura.

Assim, enquanto no art. 70 reservava à lei a fixação dos princípios gerais relativos aos impostos, e em especial a determinação de incidência, da taxa, das isenções e das reclamações e recursos admitidos a favor do contribuinte, já no art. 8.º, n.º 16, inscrevia, entre os direitos e garantias individuais dos cidadãos portugueses, o de não pagar impostos que não tivessem sido estabelecidos de harmonia com a Constituição.

Da conjugação do art. 91, n.º 1, com o art. 109, n.º 2, resulta ser a Assembleia Nacional o órgão legislativo normal, enquanto o Governo só podia "elaborar decretos-lei no uso de autorizações legislativas ou nos casos de urgência e necessidade pública" (art. 108, n.º 2), ficando tais problemas dependentes da ratificação posterior da Assembleia.

Para alguns autores a revisão constitucional de 1945, ao modificar o n.º 2 do art. 109 da Constituição, acabaria por atribuir ao Governo uma competência legislativa normal, concorrente com a da Assembleia Nacional, pelo que passaria a ser constitucionalmente tão legítimo determinar os elementos essenciais do imposto por lei como por decreto-lei (partilham esse entendimento, entre outros, Teixeira Ribeiro, "Os Princípios Constitucionais da Fiscalidade Portuguesa", in *Boletim da Faculdade de Direito de Coimbra*, vol. XLII; Alexandre do Amaral, *Direito Fiscal (Lições)*, Coimbra, 1959-60, pp. 50 e ss; Domingos Eusébio, *Alguns Aspectos da Relação Jurídica Tributária*, Coimbra, 1958, pp. 88 e ss.; Cardoso da Costa, *Curso de Direito Fiscal*,

Coimbra, 1970, p. 161 e Braz Teixeira, "Fontes do Direito Fiscal", in *Ciência e Técnica Fiscal*, n.ºs 56-57 (agosto-setembro/1963).

Um tal entendimento seria, no entanto, contestado por aqueles que continuariam a sustentar que, mesmo após a revisão de 1945, o termo lei empregado no art. 70 e seu § 1.º, se referia apenas à lei em sentido formal, lei da Assembleia Nacional, não abrangendo, por isso, o decreto-lei do Governo (neste sentido, cf. Armindo Monteiro, *Introdução ao Estudo do Direito Fiscal*, p. 82; Soares Martinez, *Da Personalidade Tributária*, cit., pp. 282 e ss.; Pessoa Jorge, *Curso de Direito Fiscal (Lições)*, Lisboa, 1964, pp. 96 e ss. e, *Poderão os Impostos ser Criados por Decreto-lei?* Lisboa, 1968).

Este problema acabaria, contudo, por ser solucionado pela revisão constitucional de 1971 (Lei n.º 3/71), que ampliou consideravelmente o elenco das matérias constantes do art. 93, ao incluir a aprovação das bases gerais sobre impostos nos termos do art. 70, alargando a zona da competência legislativa exclusiva da Assembleia Nacional (cf. Soares Martinez, *Manual...*, cit., p. 91).

Era a reposição do princípio da legalidade na sua correcta expressão, pondo termo às legítimas dúvidas e constitucionalidade que a actuação do Governo havia suscitado na doutrina.

Cumpre a fechar este percurso, abordar, finalmente, a Constituição de 1976, de resto, objecto da nossa atenção noutros pontos deste trabalho.

E fazemo-lo, essencialmente, para deixar dois reparos que se nos apresentam relevantes na óptica das garantias do contribuinte.

O primeiro para sublinhar que, "ao arrepio da nossa tradição constitucional, tanto próxima como remota", as disposições constitucionais em matéria tributária deixaram de integrar-se na parte respeitante aos "direitos, liberdades e garantias".

Elas aparecem inseridas nas rubricas dedicadas à "organização do poder político", o que revela uma deficiente técnica na arrumação de direitos e garantias fundamentais, fora das rubricas mais apropriadas, redundando numa sistematização pouco feliz.

Esta insuficiência, de resto, persiste apesar da revisão constitucional de 1982.

Mas, se este reparo é mais relativo à forma como a legalidade surge tratada, já uma segunda observação se nos apresenta de maior significado e interesse. Respeita ela ao problema de saber se, no plano substancial a Constituição de 1976 modificou o tratamento dado à matéria dos impostos pelas Constituições republicanas de 1911 e 1933.

Definitivamente, entendemos que, em termos substanciais, não foi radical a mudança operada. Nem, tão pouco, se justificaria um tratamento muito diverso daquele que à matéria tributária fora dado pelos textos constitucionais anteriores, para que ficasse vincada a ideia de Estado de Direito democrático que, desde logo, se anuncia na Constituição de 1976.

Assim, nos termos do art. 106 "o sistema fiscal será estruturado por lei (n.º 1), sendo os impostos criados por lei, que determina a incidência, a taxa, os benefícios fiscais e as garantias dos contribuintes" (n.º 2). No mesmo artigo está também consagrado que "ninguém pode ser obrigado a pagar impostos que não tenham sido criados nos termos da Constituição e cuja liquidação e cobrança se não façam nas formas prescritas na lei".

Como se pode verificar, os portugueses lidaram e lidam com o princípio da legalidade de modo bem aparentado com o restante da Europa. E lá também está presente a figura famigerada do decreto-lei, instrumento com o qual sempre entretivemos uma penosa conversação.

Entre nós, como relatado por Aliomar Baleeiro, a evolução do princípio da legalidade em sentido formal até a Constituição de 1967, emendada em 1969 e que vigorou até 1988, deu-se como se vê em seguida:

> As constituições republicanas sempre mencionaram o princípio da legalidade, que jamais foi contestado no Brasil. Poder-se-á mostrar que, no período colonial, as tributações geralmente eram aprovadas, por períodos definidos, pelos Senados das Câmaras, isto é, pelos representantes dos contribuintes eleitos para a vereança municipal. As atas dos vereadores da Bahia, conservadas a partir de 1624, são instrutivas a respeito.
>
> A Constituição imperial de 1824, conquanto não se referisse expressamente à lei, firmava a competência legislativa para a tributação, tanto sob o aspecto da legalidade quanto o da anualidade, como se vê do art. 171 ("Todas as contribuições diretas... serão anualmente estabelecidas pela Assembleia...") e também o art. 172.
>
> A Constituição republicana de 1891, omissa quanto à anualidade, viria a enunciar o princípio da legalidade, restringindo-o aos impostos tão somente, muito embora já distinguisse deles as taxas àquele tempo, quando ainda vacilava a doutrina. Rezava o art. 72, § 30 (sic), da declaração de direitos, que "nenhum imposto de qualquer natureza poderá ser cobrado senão em virtude de uma lei que o autorize".
>
> A melhor doutrina, sob o regime de 1891, entretanto, a despeito da estreiteza da linguagem do texto, estendia o império dessa regra a outros tributos, como a taxa, reportando-se à lição de Cooley e outros relativamente ao Direito Constitucional norte-americano.
>
> E, à luz da mesma orientação peregrina, o princípio da anualidade, pelo menos no campo federal, era consagrado pelo legislador ordinário no art. 27 do Código de Contabilidade, assim como pelo Supremo Tribunal Federal e pelos doutrinadores. E por isso as delegações de poder em matéria de legislação fiscal receberam condenações jurisprudenciais e doutrinárias, embora ilustre jurista afirme a sua aceitação sob aquele regime. Certamente se refe-

ria à amplitude do poder regulamentar que, às vezes, construía todo um longo sistema de aplicação da lei, como aconteceu com o imposto sobre a renda que, criado em duas ou três regras, na cauda de um orçamento, desdobrou-se no amplo e minucioso regulamento de 1926, obra de Sousa Reis.

A Constituição de 1934 deslocou a regra da legalidade, tirando-a da declaração de direitos e colocando-a nas disposições gerais do art. 17, alínea VII. No regime ditatorial de 1937 a 1945 não houve leis, mas a própria Carta de 1937, que não chegou a ser posta em execução nem submetida a plebiscito nela previsto, dispunha que impostos não poderiam ser regulados por decretos-lei expedidos pelo Presidente no recesso do Parlamento ou em caso de dissolução da Câmara (art. 13). A matéria fiscal permaneceu sob o regime de uma disposição transitória – o art. 180, que autorizava o Presidente da República a expedir decretos-lei enquanto não se reunisse o Parlamento.

Na Constituição de 1946, o princípio da anualidade logrou formulação clara, positiva e extensiva a Estados e Municípios:

> Nenhum tributo será exigido ou aumentado sem que a lei o estabeleça; nem será cobrado em cada exercício sem prévia autorização orçamentária, ressalvada, porém, a tarifa aduaneira e o imposto lançado por motivo de guerra (art. 141, § 34).

Sugerido pela Subcomissão de Discriminação de Rendas, não foi tranquila a sua votação pela Comissão da Constituição, no seio da qual poucas vozes se levantaram contra o princípio, porque o preferiam na lei ordinária, ou seja, no art. 27 do Código de Contabilidade, que já o acolhera. Defenderam-no, dentre outros, Sousa Costa e Nereu Ramos. Este, presidente e líder da maioria da Comissão, exprimindo o pensamento desta em forma categórica, declarou textualmente:

"*Quero consignar na Constituição, justamente* para impedir que no meio do ano se crie um imposto e se mande cobrar imediatamente. *Quero, repito, que*, incluído o imposto, o Orçamento determine o ano em que deve ser cobrado".

A Emenda Constitucional n.º 18, de 1.º de dezembro de 1965, que alterou a estrutura do sistema tributário de 1946 e que vigorou apenas 14 meses, feriu profundamente o princípio da anualidade, aplicando-o apenas aos impostos sobre o patrimônio e a renda, no sentido de que não poderiam ser cobrados com base em lei posterior à data inicial do exercício financeiro a que corresponda, isto é, 1.º de janeiro do ano em curso.

Afinal, essa inovação consagrou uma jurisprudência do Supremo Tribunal Federal, que dificilmente conciliaria com a letra e o espírito do art. 141, § 34, da Constituição Federal de 1946: – a de que não contrariava esse dispositivo a cobrança do imposto decretado depois da publicação do orçamento, mas antes de 1.º de janeiro do ano ao qual se destinava (Súmula n.º 66).

Mas em 24.01.1967, foi promulgada nova Constituição que, no art. 150, § 29, restaurou integralmente o texto do art. 141, § 34, da Constituição Federal de 1946. Mas nem sempre foi cumprida essa norma da Constituição Federal de 1967.

Novo recuo resultou da Emenda n.º 1, de 1969, depois de enunciar as regras da legalidade e anualidade, abriu, portanto, exceções taxativas a este último princípio, e só a ele, porque nenhuma exceção existe em relação ao outro, o da legalidade.

1.ª – A tarifa alfandegária e a de transporte. A primeira se refere ao imposto de importação. A outra não deveria ter sido inserta no dispositivo que rege apenas tributos, pois a tarifa de transportes envolve preços públicos, que não possuem caráter tributário. Houve erro grosseiro de técnica legislativa.

2.ª – O imposto sobre produtos industrializados (art. 21, I).

3.ª – O imposto lançado por motivo de guerra (art. 22).

4.ª – Os demais casos previstos na Constituição e que são: imposto de importação (art. 21, II, *in fine*); o imposto único do art. 21, VIII, quando se tratar de importação dos bens nele referidos; as contribuições especiais ou parafiscais do art. 21, § 2.º, I.[9]

6.7. LEGALIDADE, LEI DELEGADA E MEDIDA PROVISÓRIA

A legalidade formal, vimos de ver, depõe nos parlamentos, ou seja, no Poder Legislativo, a competência para instituir os tributos.

Até o presente vimos o princípio, quer quanto aos motivos como quanto às circunstâncias e as matérias, em que pese o desconfortável fenômeno da *omissão legislativa*, muita vez apontada como responsável pela distribuição ao Executivo de poderes legiferantes.

Presentemente, entre nós, dois instrumentos permitem ao Executivo legislar: a lei delegada e a medida provisória.

É tese nossa, de longa data, vencida, mas sem que nos convençamos de nossa desrazão, que, em *matéria penal e tributária*, descabe lei delegada ou medida provisória, como veremos mais à frente. Para logo advertimos que a Suprema Corte brasileira admite medida provisória em matéria fiscal. Admite, pois, exceção ao princípio da legalidade formal.

6.8. OS PRINCÍPIOS DA LEGALIDADE, ANUALIDADE, TIPICIDADE, IRRETROATIVIDADE E ANTERIORIDADE, TODOS JUNTOS

Tanto quanto o Direito Penal, o Direito Tributário registra, ao longo de sua evolução histórica, a luta indormida dos povos para submeter o poder dos gover-

---

[9] BALEEIRO, Aliomar. *Limitações constitucionais ao poder de tributar*. 2. ed. Rio de Janeiro: Forense, 1960. p. 52-61.

nantes ao primado da legalidade. O *jus puniendi* e o *jus tributandi* foram, antanho, absolutos. Hoje, todavia, repete-se por toda parte: *nullum tributum, nulla poena sine lege*. Assim o quer a consciência jurídica hodierna. Estado de Direito e legalidade na tributação são termos equivalentes. Onde houver Estado de Direito haverá respeito ao princípio da reserva de lei em matéria tributária. Onde prevalecer o arbítrio tributário certamente inexistirá Estado de Direito. E, pois, liberdade e segurança tampouco existirão.

É preciso, como nunca, fixar o real alcance dos princípios basilares que respaldam o exercício do poder de tributar e garantem os direitos dos contribuintes:

a) o princípio da legalidade;
b) o princípio da anterioridade da lei em relação ao exercício de sua aplicação;
c) o princípio da irretroatividade da lei tributária, a não ser para beneficiar.

Os princípios jurídicos da legalidade, seja formal, seja material (tipicidade), anterioridade e irretroatividade da lei tributária encontram justificação singela e promanam diretamente da experiência dos povos:

a) o princípio da legalidade significa que a tributação deve ser decidida não pelo chefe do governo, mas pelos representantes do povo, livremente eleitos para fazer leis claras;
b) o princípio da anterioridade expressa a ideia de que a lei tributária seja conhecida com antecedência, de modo que os contribuintes, pessoas naturais ou jurídicas, saibam com certeza e segurança a que tipo de gravame estarão sujeitos no futuro imediato, podendo, dessa forma, organizar e planejar seus negócios e atividades;
c) o princípio da irretroatividade da lei tributária deflui da necessidade de assegurar-se às pessoas segurança e certeza quanto a seus atos pretéritos em face da lei.

Indiretamente, a existência desses princípios obriga os governantes a planejarem com um mínimo de seriedade e antecedência a política tributária.

Sabedor o Executivo de que a sua política tributária para o próximo ano será necessariamente discutida nos parlamentos, certamente procurará fundamentar sua proposta sopesando os reflexos econômicos, sociais e políticos que hão de resultar para a comunidade. Cessa a improvisação, a irresponsabilidade e o imediatismo com que muita vez os governos autoritários praticam a tributação, ao arrepio dos mais comezinhos princípios jurídicos, desorganizando a economia e desorientando a comunidade. O respeito aos princípios jurídicos, acima delineados, por parte dos governantes, em contrapartida acarreta três efeitos de suma importância:

a) assegura aos governados tranquilidade, confiança e certeza quanto à tributação;
b) assegura ao governo o respeito dos governados;
c) compartilha o governo com o parlamento a responsabilidade pelos rumos da política tributária, como sói acontecer nas verdadeiras democracias.

Ficam, assim, assentadas, desde o preâmbulo, as implicações políticas que tais princípios jurídico-constitucionais trazem no seu bojo, assim como a amplitude dos seus desdobramentos sobre os interesses das comunidades organizadas em nação. Advirta-se, ademais, que os referidos princípios são conexos e entrecruzados. O princípio da legalidade exige lei para a regulação dos tributos, enquanto o da anualidade se reporta à eficácia ânua que a lei tributária obtém da sua inserção no orçamento. O princípio da anterioridade se fixa na necessidade da existência prévia da lei em relação ao exercício da cobrança ou exigência do tributo.

Noutro giro, pode-se afirmar que o princípio da legalidade tem supedâneo na requisição do *nullum tributum sine lege*, enquanto os demais trabalham a ideia da *lege proevia* (prévia lei). O que os diferencia é exatamente a lei a que se referem conectada com tempo do contribuinte. No caso do princípio da anualidade, é a lei material inserida no "tempo" do orçamento.

Nos casos da irretroatividade e da anterioridade, é a lei material em relação ao futuro e ao passado. Quanto ao fato passado, não pode a lei retroagir para dizê-lo jurígeno, gerador de obrigação. Quanto ao fato futuro, deverá a lei, previamente, defini-lo como demiúrgico (criador de dever jurídico-tributário). Não se discute a importância dos princípios da legalidade, anterioridade, irretroatividade e anualidade. Por irrecusável, veja-se a conexão com as necessidades cada vez mais presentes do princípio da segurança jurídica.

Entre os publicistas da vanguarda, a *essentialia* do conceito de segurança jurídica residiria na possibilidade de previsão objetiva, por parte dos particulares, de suas situações jurídicas. A meta da segurança jurídica seria, então, assegurar aos cidadãos uma expectativa precisa de seus direitos e deveres em face da lei.

Tal como posta, a segurança jurídica abomina a casuística dos regulamentos e a incerteza proteiforme das portarias e demais atos da Administração. Dado que ninguém está obrigado a fazer ou deixar de fazer alguma coisa a não ser em virtude de lei, a segurança jurídica a que faz jus o contribuinte entronca diretamente com a tese ou princípio da "proteção da confiança".

Relata Alberto Pinheiro Xavier,[10] na sua preciosa monografia sobre os princípios da legalidade e da tipicidade, que na Alemanha o Tribunal Constitucional proclamou ser imperativo de qualquer Estado de Direito a defesa do "princípio

---

[10] XAVIER, Alberto Pinheiro. *Os princípios da legalidade e da tipicidade da tributação*. São Paulo: RT, 1978. p. 45.

da confiança na lei fiscal", segundo o qual as leis tributárias devem ser elaboradas de tal modo que garantam ao cidadão a confiança no quadro jurídico delas decorrentes (quadro este onde estaria escrita a relação completa dos deveres e encargos tributários do contribuinte).

E arremata o grande tributarista luso-brasileiro,[11] realçando o lado material do princípio:

> Como bem observa Bachmayr, o princípio da confiança na lei fiscal, como imposição do princípio constitucional da segurança jurídica, traduz-se praticamente na possibilidade dada ao contribuinte de conhecer e computar os seus encargos tributários com base exclusivamente na lei.

A cita vem a calhar porque exprime a razão pela qual o princípio da legalidade em matéria tributária requer, definitivamente, como pressuposto normativo, a reserva absoluta de lei formal. As novas e sempre crescentes atribuições do Estado intervencionista têm distorcido a visão de certos princípios jurídicos, cuja pureza é dever do jurista distinguir e defender. As concepções do Estado-Providência ou do Estado de Direito Social procuram privilegiar a atuação estatal, visualizada mais como realização de fins do que como execução *ex officio* do Direito. Com isto, procura-se esmaecer a força do princípio da legalidade para que possa a Administração interferir no *munus* da tributação. Esta é uma orientação cuja perversidade cumpre combater.

Admite-se, até, que ao juiz se conceda algum poder decisório, decorrente da interpretação que, indiscutivelmente, é obrigado a proceder para aplicar a lei contenciosamente. Muitas vezes, sua função resulta até mesmo em defesa dos direitos do cidadão-contribuinte, esmagado pela aplicação *ex officio* da lei tributária com abuso de poder pela Administração. A esta é que se não concede nenhum poder na feitura da lei, devendo aplicá-la tal qual é (ou deve ser). Daí o princípio da reserva absoluta de lei formal. Protege-se a pessoa humana dos abusos e inconstâncias da Administração, garantindo-lhe um "estatuto" onde emerge sobranceira a segurança jurídica, o outro lado do princípio da confiança na lei fiscal, a que alude a doutrina tedesca.

6.9. O PRINCÍPIO DA LEGALIDADE COMO PRINCÍPIO FUNDANTE DOS DEMAIS – O PRINCÍPIO DA TIPICIDADE OU DA LEGALIDADE MATERIAL

Ao iniciar o estudo dos grandes princípios retores da tributação, anunciamos que eles eram conexos e entrecruzados. O asserto, posto que verdadeiro,

---

[11] XAVIER, Alberto Pinheiro. *Os princípios da legalidade e da tipicidade da tributação*. São Paulo: RT, 1978. p. 46.

não encerra toda a verdade. É que *anterioridade,* ou *anualidade,* ou lapso temporal (princípio da não surpresa do contribuinte), tipicidade (especificação do conteúdo da lei tributária) e *irretroatividade* (negativa de efeito retro-operante à lei) são subprincípios que florescem do tronco robusto do princípio da legalidade ao longo da história.

A seguir mostraremos a evolução do princípio da legalidade e como dele surgiram os outros que lhe são conexos.

O princípio da legalidade, aspiração genérica dos povos, no campo específico da tributação, despontou em vários lugares como já vimos. Convencionou-se, porém, tomar como marco histórico a *Magna Charta* imposta a João Sem Terra pelos barões normandos, consignando numa de suas prescrições a frase *no taxation without representation.* Ao lume dessa insurgência contra o poder unipessoal de tributar, o princípio incorporou a conotação de autotributação, por isso que a ideia da imposição passou a depender da audiência de um conselho indicado pelos governados. É claro que os barões daquele tempo não foram eleitos pelo povo, nem a representação por eles pleiteada aparentava o feitio dos atuais parlamentos. Não obstante, desde então, ao poder de tributar associou-se o ideal da representação popular, ainda que o consentimento pudesse ser dado diretamente ao príncipe, por conselhos nem sempre representativos.

Antes de 1215, feros conquistadores normandos oriundos do continente francônio haviam dominado os gentios da ilha inglesa. Os seus descendentes tornaram-se senhores de terras e de servos. Os novos cavaleiros andantes saíram dos seus castelos, sobre a Inglaterra dominada, para impor ao Rei do mesmo sangue e de igual estirpe o contrapeso dos seus poderes feudais. Como já observado por Celso de Albuquerque Mello no ensaio "Direito do Homem na América Latina", encartado na obra coletiva *Crítica do Direito e do Estado,*[12] a *Magna Charta* não passou de um pacto de elites entre os barões normandos e o Rei João Sem Terra. Averba textualmente:

> Se no futuro ela veio a ser um dos documentos invocados pelo liberalismo, na sua origem nada mais era do que instrumento a beneficiar ínfima parcela da população e o seu texto ficou em latim por mais de duzentos anos, a fim de que o grosso da população não pudesse invocá-la em sua defesa.

Inobjetável. Os ingleses, na época, eram analfabetos, e os barões não escreviam em latim. Mandaram, por isso mesmo, que os bispos a redigissem na língua culta. *Pérfida Albion.*

---

[12] MELLO, Celso de Albuquerque. *Direitos do homem na América Latina:* crítica do direito e do Estado. Rio de Janeiro: Graal, 1984. p. 154.

A preeminência de um Poder sobre o outro nas configurações concretas da tripartição varia entre as nações do Ocidente em razão de suas respectivas experiências históricas. Na Inglaterra, marcada pela multissecular luta entre a opressão da Coroa e o Parlamento, o prestígio é deste último. Para ele convergem as aspirações da Nação. É o estuário das liberdades e o guardião dos grandes documentos históricos institucionais. Após o sufrágio universal, no Parlamento concentram-se *poder e vontade*. Lá o Legislativo *tudo pode*, embora pouco ouse e muito conserve. Nas colônias da América do Norte, marcadas pela "perseguição" da casa de Westminster, que fazia leis de intromissão, embaraçando a vida dos colonos, emigrados da Inglaterra em busca da paz, segurança e prosperidade no "novo mundo", a desconfiança era justamente ante o Poder Legislativo, gestor da agressão. Os "pais da pátria", por isso, logo cuidaram de coibir o Legislativo da nascente federação. Inventaram o "veto presidencial" e permitiram o controle jurisdicional das leis e dos atos administrativos através da expansão do avelhantado instrumento do *due process of law*, espécie de salvo-conduto para a construção pretoriana, em nome do princípio da *razoabilidade*.

Na América impera o *judicial review*, privilegiando o Judiciário. Em França o rei era tudo (*L'État c'est moi*). O rei fazia a lei e seus prepostos a aplicavam e, segundo seus desígnios pessoais, julgavam as demandas do povo. A revolução aboliu o *ancien régime*, o rei, a Monarquia, o Estado e tudo o mais. A república burguesa reinventou o Estado e suas funções, pondo a lei, expressão de uma abstrata e soberana vontade geral, em lugar da vontade unipessoal do rei. Enquanto na Inglaterra confiou-se no Parlamento, na França passou-se a idolatrar a lei, a ponto de o Judiciário tornar-se um departamento do Executivo, este, servo da "Convenção Nacional". Bastou isso e mais a crença na "racionalidade" da lei para que se chegasse à equivocada visão do juiz como um mero autômato aplicador de normas prontas e acabadas. No plano histórico, a Alemanha e a Itália com suas cidades-estado não contribuíram com experiências marcantes para o tesouro jurídico da tripartição dos Poderes, tampouco a Rússia com os seus czares e o Japão sob o xogunato. Maquiavel não passou de um áulico conselheiro de tiranos, e a Alemanha só conheceu verdadeiramente a democracia, tirante o suspiro romântico de Weimar, após a Segunda Guerra Mundial, sob o tacão de seus vencedores, que a impuseram. Não é de estranhar tenha surgido precisamente ali a teoria da "interpretação econômica da lei fiscal", na terra do autoritarismo e de seus contrapontos, a disciplina e a submissão. Difícil imaginar, em pleno século XX, um Hitler na Inglaterra ou nos EUA. Fácil compreendê-lo na Alemanha. Esteve na ponta de um *continuum* sociocultural que teve em Hegel a sua culminância mais fantástica e obscura. O hegelianismo é a ideologia da submissão do indivíduo ao Estado. Um só povo, um só chefe, um só império: Volk, Fuhrer, Reich. Em verdade, depois da unificação dos teutões, operada prussianamente por Bismarck, a grande engenharia política dos alemães foi o nacional-socialismo de Hitler (regresso ético e político à barbárie germânica com incrível poderio técnico).

Nós, os brasileiros, somos herdeiros culturais, no plano jurídico, das influências francesas e norte-americanas. Talvez por isso estejamos a meio-termo entre o *judicial control* dos americanos e o dogma da *légalité* provindo de França. Além disso, o nosso juiz, enquanto instituição, é um pouco o funcionário submisso do poder real português, de cujo aparato descendemos. É chegada a hora de fortificar o Poder Judiciário no Brasil, até porque a Constituição de 1988 consagra profusamente a supremacia do Judiciário em prol da cidadania. Que avultem os princípios, sob a guarda dos juízes, a orientar a aplicação das leis aos casos concretos.

Com o evolver dos séculos, o princípio da legalidade da tributação vai incorporar outra conotação. Isto ocorre precisamente com o surgimento da teoria e da prática da tripartição de Poderes, na esteira de uma concepção na qual o Estado, antes, uno, aparece, necessariamente, dividido, com três Poderes, exercentes de três funções: a de criar a lei, deferida ao Legislativo, a de aplicar a lei de ofício, entregue ao Executivo, e a de dirimir os conflitos em razão da aplicação da lei, cometida ao Judiciário. O princípio da legalidade da tributação assume a conotação de norma feita pelo Poder Legislativo (forma) com o caráter de prescrição impessoal, abstrata e obrigatória. Noutras palavras, a tributação passa a exigir lei escrita (*lex escripta*) em sentido formal (ato do Congresso) e material (norma impessoal, abstrata e obrigatória). A fascinação exercida pela tripartição dos Poderes em tema de tributação foi tamanha que, mesmo nos países de Direito Consuetudinário, o precedente é descartado como veículo de norma tributária. Prevalece em toda parte a *lex escripta* e *stricta* decidida pelos representantes do povo especialmente eleitos para fazer leis, afastando-se o príncipe, isto é, o chefe do Executivo, e o juiz, do poder de fazer a lei tributária. O *jus tributandi*, antes, apanágio dos reis, é, agora, indeclinável função dos parlamentos.

Como corolário, a delegabilidade seria trair o parlamento, o povo. Ao Executivo restou a função de aplicar a lei tributária *secundum legem*, através de decretos, regulamentos, portarias e instruções. Uma terceira e quarta conotações irá adquirir o princípio da legalidade. Com a complexificação das sociedades modernas e o acendramento dos negócios, as sociedades passam a exigir que a lei tributária seja prévia (*lex proevia*), de modo que as pessoas, os contribuintes, possam conhecer, com antecedência, os seus encargos fiscais. Dessa exigência nasce o princípio da não surpresa do contribuinte que irá se realizar, sempre, pela postergação dos efeitos da lei fiscal após a sua publicação (anualidade, anterioridade, lapsos temporais de 60, 90 e 120 dias). O importante é que a lei tributária não tenha eficácia imediata, que haja um intertempo entre a *existência* e a *eficácia*, entendida esta última como a aptidão da lei para produzir os efeitos que lhe são próprios. O princípio da não surpresa da lei fiscal, seja pela anterioridade, seja pela anualidade, seja por fórmulas de tempo determinado, recoloca a irretroatividade da lei de forma peculiar. Sendo a lei fiscal uma lei que prevê *fatos jurígenos*, não basta que esta cobre eficácia bem após a publicação (intertempo entre a existência e a eficácia da lei); é necessário que os fatos geradores, previstos em abstrato e genericamente na lei, só possam se realizar após o regime eficacial, nunca antes. Vale dizer, a lei fiscal vigente não produz efeitos a não ser depois de adquirir eficácia. A quarta conotação que se integra no princípio da legalidade da tributação é a de que a lei fiscal deve conter norma clara (*especificação*). A lei fiscal deve conter todos os elementos estruturais do tributo: o fato jurígeno sob o ponto de vista material, espacial, temporal e pessoal (*hipótese de incidência*) e a *consequência jurídica* imputada à realização do fato jurígeno (*dever jurídico*). Equivale dizer que a norma jurídico-tributária não pode ser tirada do *ordo juris* nem sacada por analogia; deve estar pronta na lei, de forma inequívoca, obrigando o *legislador a tipificar os fatos geradores e deveres fiscais*. De pouca serventia seria fixar no Legislativo a função de fazer as leis fiscais (legalidade) se ela não permitisse ao contribuinte conhecer claramente o seu dever (tipicidade) e previamente (não surpresa). A obscuridade da lei fiscal abriria espaço para a *interpretação aplicativa do Executivo*. Isto posto, revela-se porque os princípios da *legalidade, anterioridade, anualidade, tipicidade e irretroatividade* são princípios conexos e entrecruzados, como averbado ab initio.

Faz-se necessário, todavia, encetar quatro observações quanto ao princípio da *tipicidade*, o qual *nunca é expresso* nas Constituições e nas leis *nominalmente*. Tipicidade ou *precisão* conceitual é o outro nome do princípio da legalidade material.

Por primeiro, é preciso dizer que, enquanto a legalidade formal diz respeito ao veículo (*lei*), a tipicidade entronca com o conteúdo da lei (*norma*). O princípio da tipicidade é tema normativo, pois diz respeito ao conteúdo da lei. O princípio da legalidade originariamente cingia-se a requerer lei em sentido formal, continente de prescrição jurídica abstrata. Exigências ligadas aos princípios éticos da certeza e segurança do Direito, como vimos de ver, passaram a requerer que o fato gerador e o dever tributário passassem a ser rigorosamente previstos e descritos pelo legislador, daí a necessidade de *tipificar* a relação jurídico-tributária. Por isso, em segundo lugar, é preciso observar que a tipicidade não é só do fato jurígeno-tributário, como também do dever jurídico decorrente (sujeitos ativos e passivos, bases de cálculo, alíquotas, fatores outros de quantificação, *quantum debeatur* – como, onde, quando pagar o tributo). *Tipificada*, isto é, rigorosamente legislada, deve ser a norma jurídico-tributária, por inteiro, envolvendo o *descritor e o prescritor*, para usar a terminologia de Lourival Vilanova. Assim, se a lei institui imposto sem alíquota, não pode a Administração integrar a lei. Esta restará inaplicada e inaplicável...

Em terceiro lugar, a tipicidade tributária é *cerrada* para evitar que o administrador ou o juiz, mais aquele do que este, interfiram na sua modelação, pela via interpretativa ou integrativa. Comparada com a norma de Direito Penal, verifica-se que a norma tributária é mais rígida. No Direito Penal, o *nullum crimen, nulla poena sine lege* exige que o delito seja típico, decorra de uma previsão legal precisa, mas se permite ao juiz, ao sentenciar, a dosimetria da pena, com relativa liberdade, assim como diminuir e afrouxar a pena *a posteriori*. No Direito Tributário, além de se exigir seja o fato gerador tipificado, o dever de pagar o tributo também deve sê-lo em todos os seus elementos, pois aqui importantes são tanto a previsão do tributo quanto o seu pagamento, baseado nas *fórmulas de quantificação da prestação devida, e que a sociedade exige devam ser rígidas e intratáveis.*

Cumpre observar, portanto, que a ideia tipificante abomina o concurso da Administração e do Judiciário na *estruturação da lei fiscal*. Todavia, importa notar que a tarefa *tipificante*, quando acentua o papel da lei, não significa que *uma só lei* tipifica o tributo. A tipicidade do tributo, de suas espécies, dos impostos em particular, em face do nosso sistema constitucional, congrega o concurso da Constituição das leis complementares e das leis ordinárias. O perfil típico de um tributo é normativo, para atingi-lo é necessário o amálgama de várias leis, inclusive das isencionais.

Certo, para saber a delimitação precisa do fato jurígeno, somos obrigados a excluir do seu contexto todos os fatos particulares que as previsões de imunidade e de isenção, constantes das leis, determinam. E, para quantificar o dever, devemos conhecer todas as minorações determinadas nas leis. Em suma, pela exaustão da matéria tributária nas leis, fica estabelecido que a interferência do Estado na esfera da propriedade e da liberdade dos cidadãos, através do exercício da tributação, é matéria reservada exclusivamente às leis prévias em sentido formal e material. Esta a importância e o conteúdo do denominado princípio da tipicidade, extensão lógica do princípio da legalidade material.

A demonstrar a íntima relação entre legalidade e tipicidade, há que fazer referência ao art. 97 do CTN:

> Art. 97. Somente a lei pode estabelecer:
> I – a instituição de tributos, ou a sua extinção;
> II – a majoração de tributos, ou sua redução, ressalvado o disposto nos arts. 21, 26, 39, 57 e 65;
> III – a definição do fato gerador da obrigação tributária principal, ressalvado o disposto no inciso I do § 3.º do art. 52, e do seu sujeito passivo;
> IV – a fixação da alíquota do tributo e da sua base de cálculo, ressalvado o disposto nos arts. 21, 26, 39, 57 e 65;
> V – a cominação de penalidades para as ações ou omissões contrárias a seus dispositivos, ou para outras infrações nela definidas;
> VI – as hipóteses de exclusão, suspensão e extinção de créditos tributários, ou de dispensa ou redução de penalidades.
> § 1.º Equipara-se à majoração do tributo a modificação de sua base de cálculo, que importe em torná-lo mais oneroso.
> § 2.º Não constitui majoração de tributo, para os fins do disposto no inciso II deste artigo, a atualização do valor monetário da respectiva base de cálculo.

Aqui é o conteúdo que interessa. O conteúdo da lei, daquilo que está reservado à lei (legalidade material).

O Código Tributário brasileiro dispõe enfaticamente que *somente a lei pode estabelecer* as matérias relacionadas acima. Estas, em conjunto, formam a própria estrutura da norma tributária: definição do *fato gerador*, fixação das *bases de cálculo e alíquotas*, a majoração do tributo e mais a estatuição das infrações à lei fiscal e de suas penalidades. Por esta via consagra-se o princípio da tipicidade, que é exauriente (legalidade material).

Conceituar até a exaustão, tipificar tudo o que diz respeito às matérias acima exalta o *princípio da tipicidade*.

Equipole ao seguinte: Se a lei for omissa, ou obscura, ou antitética em quaisquer desses pontos, descabe ao administrador (que aplica a lei de ofício) e ao juiz (que aplica a lei contenciosamente) integrarem a lei, suprindo a lacuna por analogia. É dizer, em Direito Tributário, a tipicidade é cerrada, oferecendo resistência ao princípio de que o juiz não se furta a dizer o direito ao argumento de obscuridade na lei ou de dificuldades na sua intelecção. Na área tributária, o juiz deve sentenciar, é certo, mas para decretar a *inaplicabilidade da lei por insuficiência normativa* somente suprível através de ato formal e materialmente legislativo.

Por último, mas não menos importante, tenha-se em mente que o princípio da tipicidade não torna o juiz mero autômato. Como vimos, a tipicidade da tributação decorreu da necessidade de tornar a lei fiscal clara contra o subjetivismo que antes penetrava em seu conteúdo, à vontade do rei, por seus "ministros". Ora, quando o legislador não faz norma clara, cabe ao juiz reduzir ao possível a sua abrangência: *in dubio pro* contribuinte. Quando não há modo de aplicar a lei, por faltar-lhe elemento essencial, o juiz decreta a sua inaplicabilidade: *nullum tributum sine lege*. Quando a lei fere princípio constitucional, como o da igualdade ou da capacidade contributiva (que está no fundamento do princípio da isonomia tributária), ou o do não confisco, o juiz anula a lei em arguição direta ou *incidenter tantum*. Quando a lei, apesar de tudo, é válida do ponto de vista formal e material, mas é injusta em relação a um contribuinte em particular, por faltar-lhe capacidade contributiva, o juiz pode decretar a prevalência do princípio constitucional sobre a lei e tira a tributação sobre aquele contribuinte em particular (isenção judicial). Estamos aqui indo ao extremo do afazer jurisdicional. Quando a Administração aplica a lei *à la diable* ou *dilarga* a sua compreensão, o juiz anula o ato administrativo ou o reduz à sua real dimensão *secundum legem*. Noutras palavras: o princípio da tipicidade contemporâneo da tripartição dos Poderes não controla mais o juiz; é instrumento de controle em mãos do juiz. Controlados, em verdade, são o Legislativo e o Executivo. Os beneficiários são o cidadão e a cidadania.

Entre nós, como está na Constituição de 1988, o princípio da legalidade da tributação exige lei em sentido formal (instrumento normativo proveniente do Poder Legislativo) e material (norma jurídica geral e impessoal, abstrata e obrigatória, clara, precisa, suficiente).

A legalidade da tributação, dizia Pontes de Miranda, significa o povo se tributando a si próprio. Traduz-se como o povo autorizando a tributação através dos seus representantes eleitos para fazer leis, ficando o príncipe, o chefe do Poder Executivo – que cobra os tributos –, a depender do Parlamento.

O princípio vige e vale em todo o território nacional, subordinando os legisladores das três ordens de governo da Federação. Nenhum tributo (gênero), tirantes as exceções expressas, pode ser instituído (criado) ou alterado (majorado ou minorado após criado) *sem lei*. Há princípio da legalidade na instituição e na majoração dos tributos, como especialmente dita a Constituição.

Como é sabido, a Constituição não cria tributos, senão que dá competência às pessoas políticas para instituí-los e alterá-los. Destarte, o princípio da legalidade tem, como destinatários, os poderes legislativos da União, dos Estados-Membros, incluído o Distrito Federal, e dos municípios. Só se tributa e altera tributo por lei. *Nullum tributum, nulla poena sine lege*.

> Art. 99. O conteúdo e o alcance dos decretos restringem-se aos das leis em função das quais sejam expedidos, determinados com observância das regras de interpretação estabelecidas nesta Lei (CTN).

6.10. EXCEÇÕES AO PRINCÍPIO DA LEGALIDADE NA INSTITUIÇÃO E NA MAJORAÇÃO DE TRIBUTOS

Isto posto, pela Constituição vigente, todo e qualquer tributo, em princípio e por princípio, deve ser criado por lei: federal, estadual ou municipal, dependendo do tributo. De não olvidar, contudo, que certos impostos federais só podem ser instituídos por lei complementar. Tais os casos dos restituíveis (empréstimos compulsórios) e dos que decorrem da competência residual da União, inclusive os afetados (contribuições especiais), a teor dos arts. 148, 154 e 195, § 4.º.

Todavia, anote-se, há exceções ao princípio quanto à majoração (ou minoração) de impostos. As seguintes: impostos de importação, exportação, IPI, IOF e CIDE-Combustíveis. Estes podem ter suas alíquotas alteradas e, pois, aumentadas (quando se restabelece a redução inicial) sem prévia lei, por simples ato administrativo, atendidas as condições e os limites a serem fixados em lei autorizativa, que, se não existir (art. 153, § 1.º e no caso da CIDE-Combustíveis, § 4.º do art. 177, CF), obstará a franquia concedida ao Executivo federal. De resto, estando as pessoas políticas sujeitadas ao princípio da legalidade, a exceção a ele não pode ser regulada pela própria pessoa que sofre a constrição, no caso, a União Federal, beneficiária da licença para operar as alíquotas desses quatro impostos e a citada "CIDE" com possibilidade de majorá-los. É necessário, portanto, que uma lei complementar (lei nacional) ou dispositivo dela forneça as condições e os limites necessários a que possam as alíquotas do IPI, do ISOF, do I.IP e do I.EX sofrer alterações. O dispositivo constitucional, está à vista, é de eficácia limitada (*not self-executing*), em que pesem doutas opiniões discrepantes, ao argumento de que, em relação aos impostos alfandegários e ao IPI, existem leis autorizativas aproveitáveis, o mesmo ocorrendo com o IOF.

Discordamos, visto que tais autorizações são velhas, em dessintonia com a Constituição, e estão em desacordo com o sistema ora implantado. Regras claras devem ser emitidas pelo Congresso Nacional para disciplinar a espécie. Agora se exige lei complementar para regular limitação ao poder de tributar, com renovado vigor.

6.11. OS CONVÊNIOS DE ESTADOS-MEMBROS RELATIVOS AO ICMS E O PRINCÍPIO DA LEGALIDADE

O art. 155, XII, diz caber à lei complementar, na letra "g", "*regular a forma* como, mediante deliberação dos Estados e do Distrito Federal, isenções, incentivos e benefícios fiscais serão concedidos e revogados" (grifamos).

É ver bem. O que cabe à lei complementar é regular o modo como (*modus faciendi*) se processarão os convênios. Evidentemente, a lei complementar não poderá deferir a um colegiado interestadual de funcionários públicos poderes para dar e tirar tributação (isenção e reduções e suas revogações) *sem lei*, contra o princípio da legalidade. Estes convênios não são invenção do constituinte de 1988. A Carta de 1967 os previa, numa outra redação menos precisa, e a Lei Complementar n.º 24/1975 cumpria a função de regular os convênios. O caso é que extrapolou e excedeu os limites processuais que lhe tinham sido balizados e acabou por transformar estas assembleias de Estados em verdadeiras Assembleias Legislativas de Estados-Membros, sem legisladores eleitos, contra o espírito da Constituição. Inexplicavelmente, o Judiciário tolerou o agravo.

Convênio é acordo, ajuste, combinação e promana de reunião de Estados-Membros. A esta comparecem *representantes* de cada estado indicados pelo chefe do Executivo das unidades federadas. Não é, assim, o representante do povo do estado que se faz presente na assembleia, mas o preposto do Executivo, via de regra um Secretário de Estado, usualmente o da *fazenda* ou das *finanças*. Nestas assembleias, são gestados os convênios, ou melhor, as "propostas" de convênios. Em verdade, o conteúdo dos convênios só passa a valer depois que as Assembleias Legislativas – casas onde se faz representar o povo dos estados – ratificam os convênios pré-firmados nas assembleias.

Com efeito, não poderia um mero preposto do chefe do Executivo estadual exercer competência tributária impositiva ou exonerativa. Esta é do ente político, não é do Executivo nem do seu chefe, muito menos do preposto, destituível *ad nutum*.

O princípio da legalidade da tributação e da exoneração abarca por inteiro a disciplina do tributo e dos seus elementos estruturais. Sendo a isenção, a fixação das bases de cálculo e das alíquotas, a não cumulatividade, a remissão, a concessão de créditos fiscais e sua manutenção *matérias sob reserva de lei*, como admitir que um mero Secretário de Governo, agente do Poder Executivo, capaz só de *praticar atos administrativos, possa pôr e tirar, restabelecer, graduar, reduzir ou aumentar a tributação?*

Caso isto fosse possível, derrogado estaria o princípio da legalidade da tributação, e vulnerado o arquiprincípio da separação dos Poderes, pressupostos da República e do Estado de Direito.

Não, o Secretário de Estado e seus assessores, tecnocratas, são meros funcionários subalternos, posto que especializados. A primeira rodada dos convênios – em assembleia de Estados – é com eles que se realiza. Juridicamente, o principal vem depois, com a ratificação do que eles combinaram. A juridicidade sobrevém quando a decisão tomada em convênio é aprovada pelas Assembleias Legislativas estaduais, pressuposto indeclinável de eficácia.

No concernente ao tema – o mecanismo dos convênios –, a Lei Complementar n.º 24/1975, no art. 4.º, contém uma descrição legal de norma técnica absolutamente inválida. É a seguinte: "Dentro do prazo de quinze (15) dias contados da publicação dos convênios no *Diário Oficial da União*, e independentemente de qualquer outra comunicação, o Poder Executivo de cada unidade da Federação publicará decreto ratificando ou não os convênios celebrados, considerando-se ratificação tácita dos convênios a falta de manifestação no prazo assinalado neste artigo". *Esta fórmula desconforme com a Constituição é inválida. O convênio só pode valer se ratificado pelo Legislativo estadual.*

Ora, é rematada sandice admitir possa um mesmo Poder praticar um ato e, depois, ele próprio, homologá-lo.

Ratificar ato na entrosagem da Teoria da Tripartição dos Poderes significa técnica de harmonização. A homologação, na espécie, só faria senso se declinada ao Legislativo.

É que os convênios, de início, são atos formalmente administrativos e materialmente legislativos. Sob o ponto de vista formal, são atos administrativos porque dimanam de órgão administrativo colegiado (assembleia de funcionários representantes do Poder Executivo dos estados). Sob o ponto de vista material, são atos legislativos porque têm conteúdo de preceituação genérica e normativa (não há aplicação de norma a caso concreto). Como o princípio da legalidade, para pôr e tirar o tributo, *exige lei em sentido formal* – proveniente de órgão legislativo –, a previsão de ratificação pelo Poder Legislativo dos estados teria precisamente esta finalidade: conferir aos convênios força de *lei*.

A reserva de convênios para a concessão e revogação de isenção e demais fórmulas exonerativas não significa que as exonerações, em tema de ICMS, pertençam com exclusividade ao Poder Executivo dos estados. A reserva de lei ou, se se prefere, o princípio da legalidade, permanece no que tange às exonerações tributárias. O convênio, seu processo, começa nas assembleias de Estados federados, mas termina nas Casas legislativas, onde recebem ratificação e conteúdo de lei.

A propósito, leciona Geraldo Ataliba:[13]

À semelhança dos tratados internacionais que se convertem em direito interno pela ratificação do Congresso, os convênios – sinônimo absoluto de tratado, segundo o acatado internacionalista Marotta Rangel – só podem preencher as exigências do princípio da legalidade se ratificados pelo Poder Legislativo Estadual. Isto é, aliás, imediata decorrência do princípio da relação de administração – magistralmente exposto por Cirne Lima – que não consente que o Executivo possa deliberar não realizar receita tributária, imperativamente criada por lei.

Ante o exposto, na medida em que a Lei Complementar n.º 24 atribui ao próprio Poder Executivo a incumbência de ratificar as decisões tomadas por seus agentes nas assembleias de estados, com isto está fraudando a Carta, traindo o seu espírito e negando – o que é pior – os princípios da legalidade e da separação dos Poderes, pilares da *ordem jurídica vigente*.

Convém rememorar, a esta altura, o que foi exposto neste trabalho sobre a complementação das regras da Constituição e sobre a natureza e função da lei complementar na técnica brasileira.

Na oportunidade, ficou assente que a lei complementar não poderia alterar o *ditado constitucional*, porque isso equivaleria a reconhecer ao legislador pós-constitucional poder de emenda permanente e contínuo (O poder de reformar a Carta, inovando-a).

Atribuir ao Executivo o poder de ratificar os convênios celebrados nas assembleias de Estados, indubitavelmente, fere a Constituição, pois *muda* o sentido do preceito complementado (emenda não permitida à Carta). O constituinte jamais pensou em conferir aos Executivos estaduais o poder de ratificar (que, de resto, implica o poder de rejeitar). E jamais pensou por duas razões: a) por força do princípio da separação dos Poderes; e b) em razão do princípio da legalidade.

O primeiro consagra, para a República e a Federação, a tripartição do Estado em três Poderes, e o segundo submete à lei, em sentido formal e material, o poder de pôr e tirar a tributação. Estes princípios são supraordenados. São arquiprincípios, tanto que sequer podem ser objeto de emenda. Por isso, estes princípios definem e imantam toda a organização constitucional do Estado brasileiro. Nesses termos, a oração "[...] e ratificados pelos estados" há de ser entendida à luz de tais princípios retores. Há que ser entendida como necessidade de o Poder Legislativo do estado ratificar o convênio celebrado pelo Executivo. O constituinte não pode ser incoerente. O Direito não admite comandos antitéticos. Nenhum dispositivo constitucional pode ser interpretado isoladamente (a lição é tão avelhantada que sequer deveria ser repisada).

---

[13] ATALIBA, Geraldo. Convênios interestaduais e ICM. *O Estado de S. Paulo*, 25.06.1972, p. 44.

A norma técnica que condiciona o mecanismo dos convênios, dessarte, há que ser descrita em atenção ao arcabouço constitucional como um todo e não apenas em função da estrita literalidade da fórmula legislativa.

Neste ponto, a Lei Complementar n.º 24 é manifestamente inconstitucional. A ratificação mencionada deve ser entendida como sendo do Legislativo. Em consequência, os demais artigos da lei complementar que seguem o artigo recém-comentado são inválidos *ex radice* e conflitam com a Constituição de 1988.

Autores há que pensam ser o "convênio" um ente legislativo que se sobrepõe às legislações estaduais e federais relativas ao ICMS. Ora, isto não se dá. A norma tirada em convênio e ratificada pelo Legislativo estadual não se contrapõe nem se superpõe à legislação do Estado-Membro. É legislação do Estado-Membro. Tampouco são os convênios normas complementares das leis e dos decretos estaduais, como pretendeu Fábio Fanucchi (art. 100, IV, do CTN).

Os convênios de estados para conceder e revogar isenções são diversos daqueloutros de que trata o CTN no art. 100 e que lá foram postos no interesse de programas conjuntos de fiscalização e arrecadação. Estes se circunscrevem a complementar miudamente as leis e decretos em função dos quais são celebrados, não podendo se contrapor aos mesmos. Seu alcance, deles, restringe-se ao das leis a que servem.

Diferente é o convênio de que estamos a cuidar. Este tem um "processo legislativo" que começa nas assembleias de Estados e termina nas Assembleias Legislativas de cada um deles, ganhando, aí, o conteúdo e o *status* jurídico de lei em sentido formal e material.

Isto exposto, a técnica dos convênios reflete o dever-ser do processo legislativo de que se utiliza o Estado-Membro para exercer sua competência exonerativa em relação ao ICMS. Os convênios de estados expressam uma solução de compromisso entre a necessidade de preservar a autonomia tributária dos entes locais, sem risco para a unidade econômica da Federação, e a realidade de um imposto nacional. Titulado à competência do Estado-Membro, teve de ser intensamente preordenado pela União, que, depois, não contente, através de normas gerais, continuou a policiar o gravame de modo a resguardar o que se convencionou chamar de interesse nacional. A fórmula dos convênios como meio hábil para pôr e tirar isenções, assim como para partejar técnicas exonerativas outras, ao mesmo tempo em que afastou a União da difícil e até mesmo ingrata tarefa de interferir na administração jurídica do imposto, cometeu aos Estados-Membros – que, em conjunto, formam a Federação – o mister de se autopoliciarem no tocante ao exercício da competência tributária exonerativa.

Os convênios de estados são uma invenção do Direito brasileiro e cumprem missão de assinalada importância.

Para muitos, é símbolo da castração da competência do Estado-Membro em matéria exonerativa.

Bem, efetivamente, na medida em que a competência exonerativa em tema de ICMS – principal imposto das unidades federadas – vê-se obstada de exercício unilateral, a consideração é verdadeira. É preciso cogitar, todavia, que o ICMS é um imposto nacional a difundir seus efeitos pelo território inteiro da Nação. O seu feitio não cumulativo, expresso na cadeia débito-crédito, independentemente da situação dos contribuintes, torna-o: a) incompatível, em princípio, com a técnica da isenção, em razão do fenômeno da cumulação; b) inadequado para países organizados federativamente. Admitir pudesse ele ser regrado de modo díspar pelos Estados-Membros seria admitir sua desintegração como ente jurídico. Por isso mesmo, sobre ele, mais que sobre qualquer outro, incidiram as normas gerais uniformizantes, emitidas pela União, preocupada com o interesse maior da Nação.

O ICMS, de fato, é um imposto cujo perfil jurídico apresenta-se profundamente desenhado pelo ente central. Admitir, por outro lado, sua utilização desregrada pelo Estado-Membro para "fins desenvolvimentistas" – ideia/força a um só tempo dinâmica e perversa a confundir toda uma Nação – é decretar a guerra fiscal entre estados, em verdadeiro leilão de favores, com repercussões na própria tessitura técnica do gravame. Foi para coibir a generalização de conjuntura desse tipo que a União avultou sua intervenção na competência dos estados, em desfavor da Federação, fincada na ideia da autonomia das unidades federadas (autonomia financeira, antes de quaisquer outras, porquanto as fundamenta e garante).

A emissão de "normas gerais" de Direito Tributário no Brasil, em tema de ICMS, seguiu, na prática, os pressupostos da teoria alemã. Estas, aqui e lá, sempre se justificaram ao argumento do interesse maior da Nação, cabendo à União o dever de zelar pelo mesmo para evitar riscos à Federação. Aí surgem os convênios. Uma assembleia de Estados. Um congresso de iguais. Sua missão maior: obter o consenso dos estados em políticas lastreadas no imposto. Não mais a União a "tutelar" os estados. Agora, a atuação colegiada. De repente, vê-se a União desfalcada dos "motivos jusfilosóficos" que justificavam a sua intervenção normativa.

Após a Emenda n.º 3, de 17.03.1993, o § 6.º do art. 150 projetou, por sobre o conteúdo do art.155, § 2.º, XII, "g", da Constituição, cuja interpretação é sempre sistêmica, sérias restrições. É que isenções, anistias, remissões, reduções de base de cálculo, concessões de créditos presumidos etc., só podem ser permitidas por **lei específica** (federal, estadual ou municipal). Então, os convênios de Estados-Membros são meramente preparatórios, como sempre defendemos. Não podem, de *per se*, exonerar do ICMS fatos, pessoas ou situações. Aliás, o que se vê na Constituição é como (*modus faciendi*) os convênios de estados devem se dar, ocorrer, juridicamente falando (*regular as formas*).

As restrições mais se acendram quando se sabe que a "isenção mediante convênios, assim como de outros favores fiscais e financeiros", é especificidade do ICMS, que jamais esteve liberto do princípio da legalidade desde 67 até a presente hora.

6.12. CONCLUSÃO SOBRE A SUBMISSÃO DOS CONVÊNIOS À LEI

Conclua-se que sem a aprovação das Assembleias Legislativas, os convênios de estados não têm legitimidade para operar quaisquer elementos estruturais do ICMS, e que este imposto está inteiramente sujeito aos princípios da legalidade (e da anterioridade), não podendo suas alterações vigorar de imediato, sob pena de burla à Constituição. É o que se depreende, a contrário senso, do art. 34, § 6.º, do "Ato das Disposições Constitucionais Transitórias".

Art. 34, § 6.º:

> Até 31 de dezembro de 1989, o disposto no art. 150, III, "b", não se aplica aos impostos de que tratam os arts. 155, I, "a" e "b", e 156, II e III, que podem ser cobrados trinta dias após a publicação da lei que os tenha instituído ou aumentado.

O constituinte se referia à lei geral do ICMS.

Nem se tome o art. 34, § 8.º, do "Ato das Disposições Constitucionais Transitórias" como pedra fundante de delegação legislativa permanente a tais convênios. A permissão foi a um convênio em particular.

Diz o referido parágrafo:

> Se, no prazo de sessenta dias contados da promulgação da Constituição, não for editada a lei complementar necessária à instituição do imposto de que trata o art. 155, I, "b", os Estados e o Distrito Federal, mediante convênio celebrado nos termos da Lei Complementar n.º 24, de 7 de janeiro de 1975, fixarão normas para regular provisoriamente a matéria.

Ali se disse: "fixar normas para regular provisoriamente a matéria". Noutro giro, para regular o ICMS mediante convênio celebrado nos termos (forma) da Lei Complementar n.º 24, de 7 de janeiro de 1975, em caráter – repetimos – provisório. Com a edição da Lei Complementar n.º 87/1996, os convênios morreram, os que estruturavam o ICMS, eram provisórios.

6.13. AS DELEGAÇÕES LEGISLATIVAS E O PRINCÍPIO DA LEGALIDADE DA TRIBUTAÇÃO

A permissão constitucional para a União alterar as alíquotas do Imposto de Importação, do de Exportação, do IPI e do IOF insere-se na temática das *delegações de poderes,* expressa na CF.

Nos regimes parlamentares em que o parlamento governa através do gabinete, resta a salvo o arquiprincípio da legalidade da tributação.

No presidencialismo se nos afigura demasiada a licença concedida ao Executivo pela Constituição de 1988. Vá lá que os impostos de importação e exportação figurassem livres de constrição. São impostos de barreira. O Executivo precisa de mão ágil para evitar *dumpings* ou desabastecimentos causados pela intercadência ou disparidade de preços nos mercados interno e externo. A licença à legalidade e à anterioridade na espécie é tradicional, e quase todos os países atuam livremente neste campo. Quanto ao IPI e ao IOF que são inseridos na *produção industrial* e no *mercado financeiro*, o Congresso Nacional abdicou de tarefas que lhe são caras, deixando os contribuintes entregues às improvisações do Executivo. Sem controle congressual e sem anterioridade, as alíquotas são, a um só tempo, instrumentos de política fiscal e fator de inquietação para os contribuintes pela ligeireza das alterações permitidas, que podem prejudicar o planejamento empresarial. As regras deveriam ser fixas ao menos por um ano. Cuide o Executivo de ter juízo, e o Legislativo, de emitir os "limites e as condições" da *delegação*. O dispositivo que a autoriza é não autoexecutável por ter eficácia limitada. Sem condição e limites, não pode o Executivo operar a delegação.

6.14. A CRÔNICA DO PRINCÍPIO DA LEGALIDADE MATERIAL NO BRASIL

A doutrina brasileira sobre o tema, talvez por atravessar, desde 1964 até 1988, um longo período de predomínio do Executivo federal, é das mais vastas em qualidade e quantidade. Os juristas do Brasil, como em nenhum outro lugar, escreveram páginas fulgurantes sobre o princípio da legalidade da tributação, aprofundando-o e dele extraindo todas as consequências possíveis. A produção dos mestres é inumerável. Nomes ilustres construíram, pode-se assim dizer, uma escola que, se não fora a língua portuguesa, teria hoje renome internacional. Somos uma ilha de fala culta num arquipélago cujos idiomas são o inglês, o alemão, o espanhol, o francês e o italiano.

Na pena desta plêiade de lidadores do Direito Tributário, o princípio da legalidade de tributação mereceu lugar de destaque. Por todos, de citar excertos de Alberto Pinheiro Xavier, pelo tratamento rigoroso que imprimiu à matéria, levando-a para o campo da *tipificação*, uma das consequências vitais do princípio da legalidade da tributação,[14] em que pese ser o tipo coisa diversa do *conceito fechado*, como demonstrado por Misabel Derzi.

> Os tipos tributários nos seus contornos essenciais não podem, assim, ser criados pelo costume ou por regulamentos, mas apenas por lei (p. 71).
> [...]
> Se o tipo tributário exprime, assim, uma especificação do conceito de imposto, cada tipo, por si, deve conter todos os elementos que caracterizam

---

[14] XAVIER, Alberto Pinheiro. *Os princípios da legalidade e da tipicidade da tributação*. São Paulo: RT, 1978.

aquele mesmo conceito. Encarando a realidade de um ponto de vista normativístico, que o mesmo é dizer, partindo da norma para a vida, dir-se-á que o objeto da tipificação são os "elementos essenciais" do tributo enumerados no art. 97 do Código Tributário Nacional (p. 72).
[...]
A questão atrás colocada exige, decerto, resposta inequivocadamente afirmativa. Os tipos legais de tributos contêm em si os elementos indispensáveis ou necessários à tributação e já vimos a regra do *numerus clausus*. Os tipos legais de imposto encerram em si os elementos suficientes à tributação: é, vê-lo-emos em detalhe, o princípio do exclusivismo.

Por via deste princípio, os tipos legais de tributo contêm uma descrição completa dos elementos necessários à tributação. E, se é verdade que só os fatos previstos na lei desencadeiam efeitos tributários, em não menor verdade se afirmará que bastam esses mesmos fatos para o referido desencadear, com exclusão de quaisquer outros (e daí a designação por princípio do exclusivismo). Quer dizer: cada tipo tributário contém uma valoração definitiva das situações jurídicas que são seu objeto, para certos fins (p. 89).

6.15. INTERPRETAÇÃO E PRINCÍPIO DA LEGALIDADE – INTERPRETAÇÃO ECONÔMICA – EVASÃO FISCAL E ELISÃO – DISTINÇÕES

O princípio da legalidade da tributação, como estatuído no Brasil, obsta a utilização da chamada *interpretação econômica* pelo aplicador, mormente por parte do Estado-Administração, cuja função é a de aplicar a lei aos casos concretos, de ofício. O que se diz entremostrou-se nas citas que vimos de expor de Alberto Pinheiro Xavier, *retro*. Inobstante, é oportuno avançar um pouco mais no trato da matéria. Para logo não existe nenhuma interpretação econômica, toda interpretação é jurídica. O Direito, alfim, opera pela *juridicização do fático*, como diria Pontes de Miranda. Ora, uma vez juridicizado o real, isto é, uma vez que um fato é posto no programa da lei, a interpretação que dele se possa fazer só pode ser uma interpretação jurídica. Equipole dizer que, em Direito Tributário, inexiste técnica interpretativa diversa das usualmente conhecidas. Entre outros, Ives Gandra, Sampaio Dória, Pinheiro Xavier, Geraldo Ataliba e Ruy Barbosa Nogueira, este último bem afeiçoado ao Direito alemão, onde o assunto foi intensamente discutido, têm se esforçado permanentemente na demonstração da inocuidade da chamada interpretação econômica, muito defendida pelos Fiscos para dilargar indevidamente a tributação através de uma "compreensão econômica" dos fatos jurígenos. Todavia, a resenha mais didática que conhecemos é de Gilberto de Ulhôa Canto, cuja escolha para ilustrar estes comentários carrega em seu prol o fato de ter sido ele um dos coautores intelectuais do Código Tributário Nacional, onde, nos arts. 109 e 110, muita gente desavisada enxerga a entronização, entre nós, da interpretação econômica, objeto, aliás, de um ensaio muito esclarecedor do Prof. Johnson Barbosa Nogueira, da Universidade Federal da Bahia.[15]

Com a palavra, Ulhôa Canto:[16]

> No Brasil vários autores têm criticado a teoria da "interpretação econômica". Alfredo Augusto Becker, além de versá-la longamente na sua *Teoria Geral do Direito Tributário*, editada pela Saraiva, em 1963, sobre ela elaborou uma pequena monografia, que ele mesmo fez imprimir em Porto Alegre, no ano de 1965, com o título *A Interpretação das leis tributárias e a teoria do abuso das formas jurídicas e da relevância do conteúdo econômico*. Na última de suas duas obras, Alfredo Becker recorda que, a partir de 1919, a corrente liderada por Enno Becker prevaleceu até na lei (a Rao), expandiu-se muito, entrando em declínio a partir de 1945, quando começou a ser eliminada dos textos legais germânicos toda reminiscência do nazismo. Na sua versão inicial, dizia a Rao:
>
> "§ 4.º Na interpretação das leis fiscais deve-se ter em conta a sua finalidade, o seu significado econômico e a evolução das circunstâncias" (A tradução foi tomada do texto de Alfredo Becker.)
>
> Em 1934, na Lei de Adaptação Tributária, a Alemanha introduziu o "princípio da prevalência da ideologia política" sobre o direito, ao declarar:
>
> "§ 1.º Normas tributárias:
>
> 1) As leis fiscais devem ser interpretadas segundo as concepções gerais do nacional-socialismo.
>
> 2) Para isto deve-se ter em conta a opinião geral, a finalidade e significado econômico das leis tributárias e a evolução das circunstâncias.
>
> 3) O mesmo vale para os fatos.
>
> [...]"
>
> (Tradução constante da obra citada de Alfredo Becker.)
>
> Conforme, no segundo dos dois citados trabalhos, registra Alfredo Becker, o próprio Enno Becker afirmou (no seu artigo *Accentramento e sviluppo del diritto tributario tedesco*, in *Rivista di Diritto Finanziario e Scienza delle Finanze*, 1937, p. 161) que a regra da observância das concepções gerais do nacional-socialismo "foi posta em lugar bem visível como guia condutor, esperando-se que ela informe

---

[15] NOGUEIRA, Johnson Barbosa. *A interpretação econômica do direito tributário*. São Paulo: Resenha Tributária, 1982. De mencionar, ainda, editada pela Saraiva, a coletânea organizada por Geraldo Ataliba sob o título *Interpretação no direito tributário*, com a participação do professor italiano Dino Jarach, depois radicado na Argentina, e também a editada pela Resenha Tributária, coordenada por Ives Gandra, sobre elisão e evasão fiscais.

[16] CANTO, Gilberto de Ulhôa. *Cadernos de Pesquisas Tributárias*, Resenha Tributária, v. 13, p. 13 e ss. e 17 e ss.

e anime toda a aplicação do direito e jurisprudência". É fácil, portanto, projetar para trás, no tempo, até o ano de 1919, quando expedida a RAO, a vocação totalitária de Enno Becker.

Na formulação da conhecida teoria chamada de "abuso de formas" a Rao já estipulara que:

§ 5.º A obrigação do imposto não pode ser evitada ou diminuída mediante o abuso das formas e das possibilidades de adaptação do direito civil (tradução de Alfredo Becker).

Texto que na StAnpG foi correspondendo da seguinte maneira:
6 – Abuso do Direito
1) A obrigação tributária não pode ser evitada nem reduzida por abuso de formas, nem pela interpretação abusiva das possibilidades formais do direito privado.
2) Em caso de abuso, os impostos devem ser cobrados conforme uma interpretação legal adequada aos efeitos, situação e fatos econômicos.

A evolução das teorias que acabamos de mencionar operou um efeito retrógrado na cultura jurídica, por força da distorção que elas provocaram no entendimento de que o Direito proclama, dos princípios fundamentais da tributação, como atividade rigorosamente vinculada.

O CTN é muito claro a respeito:

Art. 109. Os princípios gerais de direito privado utilizam-se para pesquisa da definição, do conteúdo e do alcance de seus institutos, conceitos e formas, mas não para definição dos respectivos efeitos tributários.

Art. 110. A lei tributária não pode alterar a definição, o conteúdo e o alcance de institutos, conceitos e formas de direito privado, utilizados, expressa ou implicitamente, pela Constituição Federal, pelas Constituições dos Estados, ou pelas Leis Orgânicas do Distrito Federal ou dos Municípios, para definir ou limitar competências tributárias.

[...]

Art. 118. A definição legal do fato gerador é interpretada abstraindo-se:
I – da validade jurídica dos atos efetivamente praticados pelos contribuintes, responsáveis, ou terceiros, bem como da natureza do seu objeto ou dos seus efeitos;
II – dos efeitos dos fatos efetivamente ocorridos.

Dos textos acima transcritos infere-se que: os princípios gerais de Direito Privado prevalecem para a pesquisa da definição, do conteúdo e do alcance dos institutos de Direito Privado, de tal sorte que ao aludir a tais institutos sem lhes dar definições próprias para efeitos fiscais (sujeito à limitação do art. 118), o legislador tributário ou o aplicador ou intérprete da lei tributária deverá ater-se ao significado desses princípios como formulados no Direito Privado, mas não para definir os efeitos tributários de tais princípios; exemplo: se a lei tributária é silente na matéria, e apenas alude, como elemento de conexão ou de gênese de obrigação ou efeito tributário a "titularidade dominial" prevalece, para caracterizar a situação que ele definiu, o conceito privatístico de titularidade dominial. Mas, sob a ressalva da observância das regras definidoras de competência impositiva referida no art. 110 do CTN, pode o legislador tributário tirar efeitos fiscais de um princípio de Direito Tributário que equipare determinadas situações à titularidade dominial.

Absurdo é, ao que penso, dizer que para efeitos tributários pode ser abusivo o recurso a formas de Direito Privado que neste são legítimas, pois a abusividade não decorre de prescrição de lei alguma, senão, e apenas, da convicção de algum agente da Administração Pública ou de magistrado de que o legislador teria querido dizer, ao expedir a lei, muito mais do que ele efetivamente disse. É claro que a realidade econômica se apresenta como pressuposto lógico relevante dos tributos, mas só é presente na obrigação tributária se tiver sido "juridicizado" pela lei, dado o princípio da legalidade."

Bilac Pinto, em *Estudos de direito público*,[17] já asseverara, ele, que foi Ministro do Supremo Tribunal brasileiro:

A admissão da tese de que as autoridades fiscais podem opor uma apreciação econômica à definição legal do fato gerador ou que lhes é facultado eleger, por meio de critérios econômicos subjetivos, um devedor do imposto diverso daquele a quem a lei atribui a obrigação de pagar o tributo, equivale a esvaziar o princípio da legalidade do seu conteúdo.

A substituição do critério jurídico, que é objetivo e seguro pelo do conteúdo econômico do fato gerador implica trocar o princípio da legalidade por cânones de insegurança e de arbítrio, incompatíveis com o sistema constitucional brasileiro (p. 74).

Em suma, o princípio da legalidade da tributação, porque na lei estão todos os elementos estruturais do tributo, oferece resistência até a "interpretação extensiva" sem falar em analogia, esta expressamente vedada no CTN. O legislador *pode*, é verdade, equiparar institutos e sacar efeitos tributários específicos ao *fazer a lei*. Mas é o próprio programa da lei que está em foco, sem nenhuma "interpretação econômica". Não será, pois, caso de interpretação, mas de legislação (princípio da legalidade).

---

[17] PINTO, Bilac. *Estudos de direito público*. Rio de Janeiro: Forense, 1953. p. 56 e ss., apud CANTO, Gilberto de Ulhôa. *Cadernos de Pesquisas Tributárias*, Resenha Tributária, v. 13.

A propósito, em espécie em que o Fisco queria equiparar um contrato de *leasing* (arrendamento mercantil, como é denominado em nosso Direito) a uma compra e venda a prestações, para o fim de majorar a tributação pelo imposto de renda, tivemos a oportunidade de lavrar julgado sobre o tema quando fomos juiz.

Nesta sentença, que pedimos licença para transcrever parcialmente, fizemos algumas considerações sobre: (a) os arts. 109 e 110 do CTN; (b) a periculosidade da interpretação econômica; (c) uma sistematização das várias formas de se evitar a tributação, com esforço em critérios já estudados por Sampaio Dória e Pinheiro Xavier, profundos conhecedores, como Ulhôa Canto, da teoria da evasão e da elisão.

[...]

À guisa de introito, para bem vincar a posição do juízo, não tenho a menor dúvida quanto ao fato de estarem as empresas de *leasing* e suas contratantes tirando as vantagens econômicas e fiscais possíveis da insuficiente regração da espécie. Todavia, penso que as lacunas da lei, os *loopholes*, como dizem os americanos, só devem ser suprimidos pela lei para o bem de todos. Ainda que alguns estejam levando vantagem, é preferível manter o princípio da legalidade do que estender ao Administrador poderes que amanhã se tornariam muito difíceis de controlar, além de impor ao Judiciário, como poder revisor do ato administrativo, a obrigação de estar a verificar, caso a caso, a razoabilidade fiscal dos contratos. Haveria neste caso, grandes divérbios, pois cada juiz julgaria com o seu próprio subjetivismo as situações e os interesses dos justiçáveis.

De qualquer modo, sou de opinião que o agir da Ré, esforçada na "interpretação econômica" dos fatos tributáveis não encontra respaldo em lei. O art. 109 do CTN, que muitos imaginam justificar a chamada interpretação econômica, em verdade, não chega a tanto, se conjugado com o art. 110, que se lhe segue, e o § 1.º do art. 108, proibitivo do uso da analogia para deduzir tributo não previsto em lei, a seguir transcritos:

Art. 108. [...]

[...]

§ 1.º O emprego da analogia não poderá resultar na exigência de tributo não previsto em lei.

[...]"

"Art. 109. Os princípios gerais de direito privado utilizam-se para pesquisa da definição, do conteúdo e do alcance de seus institutos, conceitos e formas, mas não para definição dos respectivos efeitos tributários."

"Art. 110. A lei tributária não pode alterar a definição, o conteúdo e o alcance de institutos, conceitos e formas de direito privado, utilizados, expressa ou implicitamente, pela Constituição Federal, pelas Constituições dos Estados, ou pelas Leis Orgânicas do Distrito Federal ou dos Municípios, para definir ou limitar competências tributárias.

De notar que o art. 109 dá ao legislador o poder de atribuir efeitos tributários próprios pelas vias do raciocínio tipológico, analógico e presuntivo, aos princípios, conceitos e formas de Direito Privado, inclusive os contratos. É *lex legum* ou lei sobre como fazer leis, no dizer de Pontes de Miranda, e não autorização dada ao administrador ou ao juiz para livremente interpretarem situações jurídicas e contratos, visando sempre o interesse do Fisco.

A assertiva é comprovada por Aliomar Baleeiro, cuja autoridade merece respeito:

> Combinado com o art. 109, o art. 110 faz prevalecer o império do Direito Privado – Civil ou Comercial – quanto à definição, conteúdo e o alcance dos institutos, conceitos e formas daquele direito, sem prejuízo de o Direito Tributário modificar-lhes os efeitos fiscais. Por ex., a solidariedade, a compensação, o pagamento, a mora, a quitação, a consignação, a remissão etc. podem ter efeitos tributários diversos. A quitação fiscal, p. ex. é dada sob a ressalva implícita do crédito fiscal (cf. CTN, art. 158). Para maior clareza da regra interpretativa, o CTN declara que a inalterabilidade das definições, conteúdo e alcance dos institutos, conceitos e formas do Direito Privado é estabelecida para resguardá-lo no que interessa à competência tributária. O texto acotovela o pleonasmo para dizer que as "definições" e limites dessa competência, quando estatuídos à luz de Direito Privado, serão as deste, nem mais nem menos. A primitiva redação do Projeto Aranha – R. G. Sousa, art. 76, parágrafo único, depois de revisto pela Comissão, posta em contraste com o atual art. 110, é também fecunda: "A lei tributária poderá modificar expressamente a definição, conteúdo e alcance próprios dos institutos, concedidos e formas, a que se refere este artigo, salvo quando expressa ou implicitamente utilizados na Constituição etc." E a Comissão justifica-se: "Admite o art. 76 (do projeto revisto) o emprego dos princípios gerais do Direito Privado apenas em sua esfera própria, que é a interpretação dos institutos, conceitos e formas daquele Direito, a que faça referência a legislação tributária. Mas, ressalva, no parágrafo único, a possibilidade de definição própria aos efeitos fiscais." "Trabalhos da Comissão Especial do CTN", cit., p. 183 (*In: Direito Tributário Brasileiro*, 10.ª edição, Rio de Janeiro, Forense, pp. 444/445).

Outro não é o pensamento de Antônio Roberto Sampaio Dória:[18]

> Primeiramente, a estrita legalidade dos tributos é cânone de natureza constitucional (Constituição Federal, art. 153, § 29). Ora, se o legislador prefere, para instituir a tributação, a terminologia jurídico-formal à indi-

---

[18] DÓRIA, Antônio Roberto Sampaio. *Elisão e evasão fiscal*. São Paulo: Lael, 1971. p. 60.

cação do conteúdo econômico, como pode o aplicador da lei, salvo se se transmudar em seu autor, inverter tal prioridade? Hensel, escrevendo aliás sobre o sistema onde se originou essa teoria de livre indagação do direito feriu percucientemente aquele aspecto: *Neppure una violazione di una legge imperativa si verifica, in generale, nell'elusione dell'imposta. Il comando – tu devi pagare delle imposte – é sempre condizionato dalla frase: se tu realizzi la fattispecie legale (non: se tu miri ad un determinatto affecto economici).*

Além disso, inexiste no plano da legislação ordinária do Brasil, preceito equivalente ao do Código Alemão (admitida fosse, para argumentar, a constitucionalidade de tal dispositivo em face do aludido art. 153, § 29, da Emenda n.º 1, de 1969). O único dispositivo de direito positivo, cuja inspiração se pode filiar à doutrina germânica em exame é o art. 109, do Código Tributário Nacional ao estatuir:

Os princípios gerais de direito privado utilizam-se para pesquisa da definição, do conteúdo e do alcance de seus institutos, conceitos e formas, mas não para definição dos respectivos efeitos tributários.

Implementa essa norma genérica, em um desdobramento específico, o disposto em seguida no art. 110 do mesmo Código:

A lei tributária não pode alterar a definição, o conteúdo e o alcance de institutos, conceitos e formas de direito privado utilizados, expressa ou implicitamente, pela Constituição Federal, pelas Constituições dos Estados, ou pelas Leis Orgânicas do Distrito Federal ou dos Municípios, para definir ou limitar competências tributárias.

Diante desses dispositivos, parece inegável que o legislador brasileiro teve como pressuposto, em sua formulação, duas considerações fundamentais:

(a) a lei tributária visa, precipuamente, ao conteúdo ou efeitos econômicos do fato tributável, e não à sua exteriorização formal; e (b) sendo autônomo, o direito tributário pode, em princípio, alterar as categorias de direito privado, de que se serve, para atuação mais eficaz de suas normas.

Vale dizer, o legislador brasileiro aceitou as premissas da teoria da prevalência econômica consagrada no Código Alemão (cuja exatidão, aliás, não se pode realmente negar), mas opôs sérias restrições à admissibilidade de todas as consequências dela extraídas. Especialmente opôs a reserva de que a assemelhação das situações econômicas idênticas para fins de tributação idêntica deve partir sempre do legislador, ao expressamente desprezar a diversidade de formas jurídicas sob que se apresentam, e nunca do aplicador da lei.

É como dissemos, o Direito Tributário admite a atribuição de efeitos fiscais aos institutos de Direito Privado, porém por lei, nunca por interpretação livre da Administração.

In casu, remarque-se que a lei fiscal não prevê prestações iguais para todo o *leasing*, não as exige e, até não quis fazê-lo. O Fisco é que por ato administrativo, pretende o contrário, dizendo que não há *leasing*, mas compra e venda.

A origem da chamada "interpretação econômica" dá-se na Alemanha e na Itália, neste último país impulsionada pela Escola de Pavia, tendo à testa Griziotti. No país tedesco o seu corifeu parece ter sido Enno Becker, inspirador em 1919 do *Reischsabgabenordnung* (Ordenação Tributária do Império). Procurava-se com a sua utilização evitar que os contribuintes burlassem o pagamento dos tributos a partir das formas e fórmulas de Direito Privado. Dino Jarach noticia ecos, inclusive no *Commom Law*. Segundo relata, a Suprema Corte dos Estados Unidos no caso *Higgins vs Smith* (1940) teria dito que os planos dos contribuintes não se pode permitir que prevaleçam sobre a legislação na determinação do tempo e do modo da tributação. Em inglês: – "to hold otherwise would permit the schemes of tax payers to supersede legislation in the determination of time and manner of taxation" (Dino Jarach, *El Hecho Imponible*, p. 68, nota 86).

Para ilustrar as razões dessa escola vou citar um exemplo fático relatado por Amílcar de Araújo Falcão muito parecido com a situação dos autos, pois até certo ponto, tratava-se de uma espécie tosca de *leasing*; um seu protótipo *avant la lettre*. Eis o caso como descrito por A. de Araújo Falcão (ob. cit., p. 31):

> Quando se encara o problema da evasão é que bem evidente aparece a pertinência dessas noções. Merkl dá um exemplo muito interessante de fato que ocorreu na Alemanha. Um indivíduo, para reduzir a incidência do imposto de vendas, alugou por anos um automóvel a preço altíssimo e incomum, obrigando-se o pretenso locatário a fazer as despesas de conservação e ficando com o direito de, no fim de algum tempo, ser-lhe o carro vendido a baixo preço. A operação é inegavelmente, do ponto de vista econômico, uma venda, ainda que assuma a forma jurídica de locação.

Aduz o autor citado que diante desse caso muitos juristas, entre eles Merkl, se posicionaram no sentido de que a Administração podia descaracterizá-lo para aplicar a lei do imposto.

Para os epígonos da escola da "interpretação econômica" ou da "interpretação funcional" ou ainda da "consideração econômica dos fatos geradores" a razão de ser do método está em evitar que os particulares façam um negócio jurídico – não tributado ou menos oneroso do ponto de vista fiscal – por outro, tributado ou mais oneroso em termos fiscais. Noutro giro, o objetivo da interpretação econômica seria o de impedir o uso das fórmulas de Direito Privado para elidir no todo ou em parte a tributação, como no caso citado da locação com opção de compra pelo valor residual em lugar de uma venda a prestações ou a prazo. Nesse caso a *intentio facti* seria vender; a *intentio juris* (formal), alugar.

No caso vertente, o Autor celebrou, de fato e de direito, um contrato de *leasing*, pondo-se de acordo com a legislação fiscal regente da espécie, a qual não obriga a uniformidade das prestações, deixando as partes pactuarem livremente neste aspecto.

O Fisco pensando aplicar a interpretação econômica intenta descaracterizar o negócio, supondo que há, na intenção das partes, compra e venda e não arrendamento mercantil (aspecto jurídico-formal). Para o Fisco, o negócio real é a compra e venda mercantil a prazo (*intentio facti*). O *leasing* é negócio jurídico indireto (*intentio juris*). A sua escolha teria sido feita para obter vantagens fiscais. Ao meu sentir, utiliza equivocadamente a interpretação econômica. Não estou me referindo ao método, em si, o qual, entre nós, colide com o cânon constitucional da legalidade. É a própria situação de fato que não foi bem enquadrada pelo Fisco.

Para bem situar o equívoco impõe-se sistematizar a temática da evasão fiscal, matéria pouco debatida no Brasil. Pois bem, mesclando os critérios de Sampaio Dória (*Elisão e evasão fiscal*, São Paulo) e de Alberto Pinheiro Xavier (*O negócio indireto em direito fiscal*, Lisboa).

Segundo estes autores a evasão por omissão é imprópria quando, por exemplo, não se pratica o fato gerador para não se ter que pagar o tributo (deixar de alienar bens para fugir do imposto sobre lucro imobiliário, *v.g.*, ou, ainda, inércia para obter rendas suplementares que aumentariam o patamar do IR – progressivo). Enquadram-se ainda no conceito de evasão omissiva imprópria os casos de "transferência econômica do encargo fiscal" (deslocamento do peso fiscal do contribuinte *de jure* para o contribuinte de fato) mediante determinações contratuais ou legais através dos fenômenos da repercussão, absorção ou difusão. A evasão omissiva própria ocorre quando:

> (A) intencionalmente o contribuinte omite dados, informações e procedimentos que causam a oclusão, a diminuição ou o retardamento do cumprimento do dever tributário (sonegação) e (B) não intencionalmente o contribuinte obtém os mesmos resultados por ignorar a lei ou o dever fiscal. As duas espécies se diferenciam pela presença do dolo específico na primeira e pela sua inexistência na segunda. A evasão comissiva ilícita dá-se nas hipóteses de fraude, simulação e conluio, que são ações unilaterais ou bilaterais voltadas ao escopo de alterar a realidade com o fito de não pagar o tributo ou retardar o seu pagamento (falsificação de documentos, notas fiscais, valores, negócios etc.). A evasão comissiva lícita, finalmente, também chamada de economia fiscal ou, ainda, elisão fiscal, ocorreria quando o agente, visando certo resultado econômico, buscasse por instrumentos sempre lícitos, fórmula negocial alternativa e menos onerosa do ponto de vista fiscal, aproveitando-se de legislação não proibitiva ou não equiparadora de formas ou fórmulas de Direito

Privado (redução legal das formas ao resultado econômico). A disciplina da elisão fiscal comporta, ainda, uma última diferenciação. Temos (a) elisão induzida, quando a própria lei deseja o comportamento do contribuinte, por razões extrafiscais. São exemplos a isenção por 10 anos do IR para os lucros das indústrias que se instalem no Norte-Nordeste do Brasil e a celebração de negócios em zonas francas ou com compradores do exterior (imunidades ou isenções do *export-drive*) e (b) elisão por lacuna, quando a lei, sendo lacunosa, deixa buracos nas malhas da imposição, devidamente aproveitadas pelos contribuintes. A verdadeira elisão fiscal é esta, por apresentar questionamentos jurídicos e éticos na sua avaliação. Baseia-se na premissa de que se o legislador não a quis, como na elisão fiscal induzida pela lei, pelo menos não a vedou expressamente, quando podia tê-lo feito (princípio da legalidade). Este princípio, no particular, abriga duas conotações relevantes. A primeira é a de que o contribuinte, observada a lei, não está obrigado a adotar a solução fiscal e jurídica mais onerosa para o seu negócio, pelo contrário, está eticamente liberado para buscar a menos onerosa, até porque sendo o regime econômico considerado de livre iniciativa e de assunção de responsabilidades, prevalece a tese de minimização dos custos e da maximização dos resultados. A segunda conotação do princípio da legalidade no particular reside no aforismo de que ninguém está obrigado a fazer ou deixar de fazer alguma coisa senão em virtude de lei, de resto preceito constitucional e, pois, dominante.

Feitas estas observações, necessárias ao quadramento da espécie *in examen*, resta saber se o comportamento do autor caracteriza um caso de evasão comissiva ilícita (fraude à lei mediante simulação de negócio jurídico por conluio) ou prefigura uma hipótese de evasão lícita ou elisão fiscal por lacuna da lei, tirando-se desse exame as consequências jurídicas pertinentes ao desate da *quaestio juris*, em reforço das razões de decidir até aqui explanadas, com espeque no princípio da legalidade, obstaculizador da interpretação econômica no Direito Tributário brasileiro contemporâneo.

Tanto na evasão comissiva ilícita como na elisão fiscal existe uma ação do contribuinte, intencional, com o objetivo de não pagar ou pagar tributo a menor. As diferencia: (a) a natureza dos meios empregados. Na evasão ilícita os meios são sempre ilícitos (haverá fraude ou simulação de fato, documento ou ato jurídico. Quando mais de um agente participar dar-se-á o conluio). Na elisão os meios são sempre lícitos porque não vedados pelo legislador; (b) também, o momento da utilização desses meios. Na evasão ilícita a distorção da realidade ocorre no momento em que ocorre o fato jurígeno-tributário (fato gerador) ou após a sua ocorrência. Na elisão, a utilização dos meios ocorre antes da realização do fato jurígeno-tributário ou como aventa Sampaio Dória, antes que se exteriorize a hipótese de incidência tributária, pois, opcionalmente, o negócio revestirá a forma jurídica alternativa não descrita na lei como pressuposto de incidência ou pelo menos revestirá a forma menos onerosa (ob. cit., p. 33). Neste ponto, a doutrina nacional e peregrina coincide. Hensel leciona: "Il che distingue l'elusione dell imposta dalla frode fiscale; in quest'ultimo caso si tratta di un inadempimento (colpevole) della pretesa tributaria già validamente sorta attraverso la realizzazione della fattispecie, mentre nell'elusione si impedisce il sorgere della pretesa tributaria evitando la fattispecie legale".[19]

Rubens Gomes de Souza,[20] conciso e cioso, concorda:

> [...] o único critério seguro (para distinguir a fraude da elisão) é verificar se os atos praticados pelo contribuinte, para evitar, retardar ou reduzir o pagamento de um tributo foram praticados antes ou depois da ocorrência do respectivo fato gerador: na primeira hipótese, trata-se de evasão; na segunda trata-se de fraude fiscal.

No Direito norte-americano dá-se o mesmo, como avaliza George Altman:[21]

> *Tax avoidance ordinally is not a cure, but a prevention. It is the prevention of that situation from arising which is the basis of the tax.*

Narciso Amorós,[22] de um país que adota, pela influência germânica, a chamada interpretação econômica, posto que de maneira mais razoável, averba:

> A elisão para nós é não entrar na relação fiscal. A evasão é sair dela. Exige, portanto, estar dentro, haver estado ou podido estar em algum momento.

Dito isto, verifica-se que *sub specie juris* o autor escolheu deliberadamente fazer um contrato de *leasing* em lugar de um contrato de compra a prazo, em prestações, sabendo que o primeiro, do ponto de vista fiscal, lhe seria mais vantajoso. Por suposto, do ponto de vista econômico se equivaleriam ou o arrendamento mercantil lhe seria, também, mais vantajoso. Por outro lado, o legislador fiscal, no caso o Conselho Monetário Nacional e o BACEN, não equiparou o

---

[19] HENSEL, Albert. *Diritto tributario*. Milano, 1956, p. 148, nota 164, apud DÓRIA, Antônio Roberto Sampaio. *Elisão e evasão fiscal*. São Paulo: Lael, 1971.
[20] SOUZA, Rubens Gomes. *Compêndio de legislação tributária*. 3. ed. Rio de Janeiro: Forense, 1960. p. 113.
[21] ALTMAN, George. Recent Developments in Income Tax Avoidance, *Illinois Law Rev.*, v. 29, p. 154, 1934, apud CANTO, Gilberto de Ulhôa. *Cadernos de Pesquisas Tributárias*, Resenha Tributária, v. 13.
[22] AMORÓS, Narciso. La elusion y la evasion tributaria. *Rev. de Derecho Financiero y de Hacienda Pública*, v. 15, p. 573-584, 1965.

arrendamento mercantil à compra e venda, na hipótese de concentração de valor nas primeiras prestações do *leasing*, demonstrando com isso, até por ter se manifestado expressamente a este respeito, que quer a lei desta maneira, ou seja, não vedando e pois permitindo dita concentração.

O comportamento da autora, portanto, reveste-se das características da elisão reconhecidas pela doutrina pátria e peregrina e, nenhuma censura jurisdicional cabe fazer-lhe.

Dita sentença, Gilberto de Ulhôa Canto enriqueceu-a com comentários oportunos e ensinamentos que merecem ser transcritos:

> A sentença é respeitável e merecedora de elogio. Seu autor, o ilustre juiz e professor – *omissis* – versa sobre um tema que – não sei por que – encontra frequentemente inibição dos magistrados que os impede de assumir uma posição clara com pleno apoio na melhor doutrina num país como o nosso, em que prevalece o princípio da legalidade estrita em matéria tributária embutido num sistema de direito positivo "fechado", que em matéria de direitos subjetivos não permite qualquer margem de discrição à autoridade no trato com o indivíduo.
>
> Sei que há um bem relevante a preservar através da aplicação da regra de isonomia, e em seu nome o que a justiça indica é que pessoas em situações econômicas iguais paguem impostos iguais; daí, com propriedades e acertos muitos afirmaram que na aplicação das leis tributárias deve-se ter em vista o conteúdo econômico das situações, fatos ou negócios, pois é sempre a ele que a vontade da lei ou do legislador visa.
>
> Esquecem os que assim pensam que há outro princípio também importante e de incidência muito mais ampla, que é o da certeza das relações jurídicas, máxime daquelas que se estabelecem com prescindência da manifestação da vontade das partes, porque resultam da própria lei.
>
> Um erro grave que no trato das questões tributárias se comete com lastimável frequência é buscar na lei uma amplitude de aplicação que do seu teor não se infere. A título de lhes dar interpretação "funcional", compatível com a 'realidade econômica", e outras expressões vazias de conteúdo, certas autoridades lançam-se com enorme açodamento na interpretação dos textos, como se eles tivessem, sempre, de ser interpretados. Na verdade, a lei deve ser lida, e entendida como se depreende do seu contexto. A interpretação é um processo gnoseológico de maior complexidade, que somente cabe quando (a) no seu texto não se encontre, de modo claro e conclusivo, um comando da norma, (b) quando aquilo que deflui da mera leitura torna a regra legal inaplicável porque contra as leis da natureza, (c) quando um dispositivo de lei aparenta, pela leitura, uma determinação que se choca com a de outro artigo da mesma lei, ou (d) quando a disciplina que ela estabelece na sua expressão vocabular é contrária ao sistema de direito positivo em que

se insere. Fora desses casos, não há que interpretar a norma, e muito menos para descobrir nas suas palavras uma ordem que ela não formula.

Se, ocorrendo alguma das situações mencionadas no parágrafo anterior, for necessário interpretar a lei, então isso deve ser feito com o emprego de todos os métodos exegéticos normalmente adotados e acolhidos pela teoria geral do Direito, como o sistemático, o histórico, e o teleológico, do qual a dita "interpretação econômica" seria espécie. Mas não há por que procurar num texto já suficientemente claro o que ele não diz, só porque na opinião do intérprete ele deveria ter dito. Os princípios da isonomia e da certeza das relações jurídicas, com ênfase na estrita legalidade do tributo, todos eles muito bem expressos na Constituição vigente, devem ser respeitados de modo que se harmonize, e não como se um tivesse de sobrepor-se ao outro e afastar-lhe a incidência.

A diferença entre evasão e elisão, com os sentidos vocabulares que a sentença lhes dá, começa a ser feita a partir das constatações precedentes. Sendo *ex lege*, a obrigação tributária principal somente pode resultar da norma (não é por outro motivo que se a designa *ex lege*), como está claramente dito na Constituição em mais de um lugar (art. 5.º, II, e art. 150, I) e no Código Tributário Nacional (Lei n.º 5.172, de 25.10.1966 – CTN, art. 97). Nenhum contribuinte tem obrigação de pagar imposto que a lei não prevê, ou maior do que por ela previsto; isso, porque em o fazendo, além de sofrer lesão patrimonial sem justa causa, estaria coadjuvando na infração à ordem constitucional. Uma primeira verificação a fazer consiste, pois, em apurar se a conduta do contribuinte que o leva a não pagar imposto, pagar menor imposto ou pagar imposto mais tarde, importa em violação de direito da Fazenda Pública, ou seja, contrapõe-se a um comando legal que o torne obrigado ao tributo evitado, reduzido ou cuja satisfação é retardada.

É por isso que o contribuinte tem o direito de alterar os passos da sua vida, dos seus negócios, atos e patrimônio, visando apenas a evitar ou economizar tributos, e não mais do que isso, desde que o faça sem violar o direito da Fazenda Pública, o que quer dizer que a liberdade de conduta existe antes que se materialize, em relação a ele, o fato gerador previsto pela hipótese legal de incidência. É que antes do fato gerador ele não é contribuinte, a Fazenda não tem direito algum a opor à sua conduta. É claro que, para estar nessa posição de livre escolha o contribuinte não poderá, por outro lado, violar qualquer norma legal. Por exemplo, se ele arruma seus negócios antes de surgir para ele o fato gerador, mas pratica ato jurídico simulado, é evidente que a Fazenda Pública não pode ter a concretização de seu direito ao aperfeiçoamento do fato gerador obstado por aquele negócio, pois como terceiro goza de proteção legal contra os efeitos do ato viciado. Do mesmo modo, se o contribuinte age antes do fato gerador, mas infringe norma legal ao concretizar sua ação, como falsificando documento ou sonegando, pratica ato a que já estava obrigado antes mesmo do fato gerador, sua conduta será qualificada como evasão, e não como elisão.

Na busca desordenada de fundamento para definir a conduta do contribuinte como evasão, é comum ver-se a Fazenda Pública pretender que certos atos tenham sido por ele praticados com simulação, porque o seu objetivo único ou principal foi evitar ou reduzir ônus tributários. Trata-se de um erro palmar, pois no direito positivo brasileiro os casos de simulação acham-se definidos no art. 102 do Código Civil[23] num *numerus clausus*, sem que dentre eles figure o ânimo de evitar imposto. O que, de resto, nem seria admissível num sistema jurídico não causalista, que somente se refere à causa nos dois únicos casos mencionados no art. 90, em que ela é expressa como razão determinante ou como condição do ato. A rigor, a vontade de não pagar imposto nem seria causa, podendo caracterizar quando muito um motivo (Ver meu estudo sobre a causa da obrigação tributária, em *Temas de direito tributário*, Ed. Alba, 1964, 2.º vol., pp. 286 e ss., para melhor elucidação deste aspecto).

Muito bem analisada a hipótese pelo douto e brilhante prolator da sentença sob comentário, não teve ele hesitação em enfrentar a controvérsia sem rodeios, para admitir, altaneiramente, a tese de que o contribuinte tem o direito de escolher, entre dois caminhos, o que lhe seja menos oneroso tributariamente. Vários autores insuspeitos o reconheceram, em pronunciamentos que mencionei em trabalho recente (minha colaboração para o simpósio sobre elisão e evasão fiscal, publicado, com outras, no 13.º volume dos *Cadernos de Pesquisas Tributárias*, ed. da Resenha Tributária e do Centro de Estudos de Extensão Universitária, 1 e ss.), com Camille Rosier (*les redevables qui ont plusieurs moyens légaux pour arriver au même résultat, ont la faculté de choisir celui qui donne ouverture aux cotisations les moins élevées*) e Jerome Hellerstein (*Every taxpayer has a legal and moral right to pay no more tax than Congress requires of him under the law of the land*). Note-se que o segundo autor citado escreveu nos Estados Unidos, país cujo sistema de direito positivo é "aberto", sendo a conduta das autoridades e dos julgadores pautada por *standards* legais e não por disciplina legislativa minuciosa e taxativa como é o nosso caso.

---

[23] No Código Civil, o art. 102 acima citado corresponde ao art. 167 e o art. 90, ao art. 140. É preciso dizer, ainda, que permanecemos num sistema jurídico não causalista; contudo, o CCB somente se refere à causa em um único caso mencionado pelo art. 140 do mesmo Código Civil, em que ela é expressa como razão determinante.

Se não prosperar a orientação seguida na sentença em exame, pode-se facilmente chegar, em prazo não muito longo, a uma verdadeira tirania tributária. A sede de receita em todos os níveis políticos de poder, numa conjuntura como a atual em que se combinam, tragicamente, a falta de desprendimento e espírito público em todas as faixas de atividades com uma desorganização econômica total do país, está desde logo mostrando que todos eles se preparam para organizar uma verdadeira depredação fiscal dos contribuintes, aos quais os recursos financeiros estarão sendo tomados opressiva e irracionalmente, num fluxo cada vez mais alarmante de intervenção do Estado.

[...]

Que Deus conserve o ilustre magistrado tão lúcido e tão corajoso como ele foi nesta sentença. E que o seu exemplo seja seguido com ampla generalidade, pois, até eu, que sempre fui conservador e tolerante com o Fisco, estou convencido de que é necessário detê-lo, enquanto ainda há tempo e decisão. Longe de mim pretender, nesta breve nota, lançar os contribuintes contra ele, pois não tenho apreço pelo "Poujadismo". Não favoreço a sonegação nem as outras formas de ilícito tributário. O que eu reclamo é a fiel observância da lei, esta sim, o instrumento próprio de que o Estado deve servir-se para assegurar o atendimento de suas necessidades e obtenção de meios para cumprir suas funções coletivas. A lei, fiel à Constituição e à legislação dela complementar, esta sim, é que pode e deve vincular os contribuintes; que ela seja feita com clareza, e nela se diga tudo que as pessoas são obrigadas a fazer ou deixar de fazer, sem esse absurdo vezo de se invocar a sua vontade ou o seu espírito, porque lei não tem uma nem outra coisa, quem as tem, ambas, é apenas o Homem.

Pensamos ser esta a mais meditada análise sobre o tema.

O art. 116 jamais versou regra de interpretação/aplicação específica (norma de reconhecimento, segundo Hart), senão que cuidava do aspecto temporal dos fatos jurígenos tributários, distinguindo-os em duas espécies: os constituídos de situações de fato, que ocorreriam desde o momento em que se verificassem as circunstâncias materiais que lhes eram próprias, e os constituídos de situações jurídicas, normalmente atos jurídicos bilaterais ou negócios jurídicos (contratos) que ocorriam segundo os *termos do direito aplicável*. É que os negócios jurídicos comportam condições, ora suspensivas, ora resolutivas.

De ver agora a redação do art. 116 e seus incisos.

Art. 116. Salvo disposição de lei em contrário, considera-se ocorrido o fato gerador e existentes os seus efeitos:

I – tratando-se de situação de fato, desde o momento em que se verifiquem as circunstâncias materiais necessárias a que produza os efeitos que normalmente lhe são próprios;

II – tratando-se de situação jurídica, desde o momento em que esteja definitivamente constituída, nos termos de direito aplicável.

Os fatos jurígenos ou geradores de obrigações tributárias podem ser fatos jurídicos já regulados noutro ramo do Direito e podem ser fatos da vida valorados pela lei tributária. No primeiro caso, podemos citar o fato gerador do imposto sobre heranças e doações, com a abertura da sucessão pela morte do *de cujus*, e o instituto da doação, já regulados pelo Direito das Sucessões e dos contratos, ou, ainda, o fato gerador do imposto sobre a transmissão de bens imóveis por natureza ou acessão física e de direitos a eles relativos, tais como o usufruto e a enfiteuse, matérias fartamente reguladas pelo Direito das Coisas. No segundo caso, podemos citar o fato gerador do imposto sobre ganhos de capital, simples fato econômico a que a lei atribui relevância jurídica. O CTN, ao regular o momento em que se considera ocorrido o fato gerador e, pois, nascida a obrigação tributária e seu correlativo crédito, distingue esses dois tipos de fatos jurígenos com o fito de resguardar a prática das condições dos atos jurídicos aderidas a negócios eleitos como geradores de impostos (as condições suspensivas e resolutivas previstas no Código Civil). Diga-se, para logo, que a sede desse assunto reporta-se ao aspecto temporal dos fatos geradores, cuja arquitetura vimos de ver ao tratarmos da norma tributária. O inciso I diz que se considera ocorrido o fato gerador, tratando-se de situação de fato, desde o momento em que se verifiquem as circunstâncias materiais necessárias a que produza os efeitos que normalmente lhe são próprios.

A problemática ora tangida aplica-se tão somente aos fatos geradores dos impostos gerais ou especiais. As taxas, as contribuições sinalagmáticas e as contribuições de melhoria, por isso que seus fatos geradores implicam, necessariamente, atuações do Estado, não se prestam a ser exigidas a partir de "negócios jurídicos condicionais", só possíveis entre contratantes. O fato gerador das taxas é a prestação aos contribuintes de serviços de utilidades e de polícia, que sejam específicos e divisíveis, isto é, que possam ser medidos e atribuídos a uma pessoa em particular. O fato gerador das contribuições de melhoria é a realização, pelo Poder Público, de obras de interesse coletivo que causem benefícios ou valorizações em imóveis de proprietários particulares. Em ambos os casos, temos *fatos do Estado*, atuações deste, incompatíveis com as condições que aderem aos negócios jurídicos (atos jurídicos bilaterais ou contratos).

Ocorreu que a Lei Complementar n.º 104, de 10 de janeiro de 2001, adicionou um parágrafo ao art. 116, visando racionalizar os procedimentos administrativos que viessem a ser instaurados em razão de "abuso de formas do Direito Privado" mediante simulações relativas (dissimulações). Este parágrafo não cuida de uma regra específica de interpretação, mas de procedimentos a serem observados pelos agentes fiscais competentes (norma técnica segundo a nossa tipologia). Por essa precisa razão, agregou-se dito parágrafo ao art. 116, eis que os fatos jurígeno-tributários montados sobre *negócios jurídicos* são obviamente os que se prestam a sofrer as solércias das dissimulações contratuais evasivas (simulações relativas).

No particular, sob o ponto de vista material, o novel parágrafo não inovou a ordem jurídica, apenas explicitou o que já se sabia; ou seja, o étimo *simulação* comporta duas modalidades, a absoluta e a relativa. Esta última, contudo, é mais frequente. Quis, então, o legislador, realçá-la ao tempo em que delegou à lei a função de organizar os procedimentos de desconsideração dos atos e negócios dissimulados.

Até este ponto, repetimos, nenhuma censura merece o legislador da Lei Complementar n.º 104/2001, mesmo porque antes do parágrafo por ele adicionado à disciplina do art. 116, tanto o CTN quanto a doutrina admitiam, com a maior tranquilidade, que as condutas dos sujeitos passivos das obrigações tributárias eivadas de dolo sonegatório, fraudes materiais e simulações (absolutas ou relativas) constituam atos ilícitos, passíveis de repressão administrativa *ex officio*. O desastre se deu com a Medida Provisória nº 66, não convertida,[24] fazendo as vezes de lei ordinária requerida pelo parágrafo único do art. 116.

A regulamentação do art. 116, parágrafo único, do CTN (lei complementar que é, *ratione materiae*) apresenta-se manifestamente inconstitucional, violentando as estruturas e categorias fundamentais do Direito Constitucional Tributário. Usando as categorias da teoria geral das normas jurídicas, cabe dizer que a Medida Provisória reguladora está em desacordo com os seus fundamentos de validez: a Constituição e a Lei Complementar.

Ora, o dolo, a fraude, a simulação, na verdade, já eram objeto de reprimenda administrativa; basta ver a redação dos artigos do CTN a seguir transcritos:

> Art. 149. O lançamento é efetuado e revisto de ofício pela autoridade administrativa nos seguintes casos:
> [...]
> VI – quando se comprove ação ou omissão do sujeito passivo, ou de terceiro legalmente obrigado, que dê lugar à aplicação de penalidade pecuniária;
> VII – quando se comprove que o sujeito passivo, ou terceiro em benefício daquele, agiu com dolo, fraude ou simulação;
> [...]
> Art. 150. O lançamento por homologação, que ocorre quanto aos tributos cuja legislação atribua ao sujeito passivo o dever de antecipar o pagamento sem prévio exame da autoridade administrativa, opera-se pelo ato

---

[24] Posteriormente, a MP n.º 66 foi convertida na Lei n.º 10.637/2002.

em que a referida autoridade, tomando conhecimento da atividade assim exercida pelo obrigado, expressamente a homologa.

[...]

§ 4.º Se a lei não fixar prazo à homologação, será ele de 5 (cinco) anos, a contar da ocorrência do fato gerador; expirado esse prazo sem que a Fazenda Pública se tenha pronunciado, considera-se homologado o lançamento e definitivamente extinto o crédito, salvo se comprovada a ocorrência de dolo, fraude ou simulação.

Art. 154. Salvo disposição de lei em contrário, a moratória somente abrange os créditos definitivamente constituídos à data da lei ou do despacho que a conceder, ou cujo lançamento já tenha sido iniciado àquela data por ato regularmente notificado ao sujeito passivo.

Parágrafo único. A moratória não aproveita aos casos de dolo, fraude ou simulação do sujeito passivo ou do terceiro em benefício daquele.

Em três pontos cruciais: lançamento e revisão do lançamento, decadência em caso de tributo recolhido sem prévio exame da autoridade administrativa e na hipótese de pagamento parcelado ou moratória após declaração de dívida do contribuinte, o CTN reafirma o desvalor do dolo (sonegação), da fraude e da simulação e autoriza a ação de ofício da autoridade administrativa.

A esta altura pergunta-se o porquê do art. 116, parágrafo único, do CTN, já que o étimo *simulação*, juridicamente falando, abrange a simulação absoluta e a simulação relativa, também conhecida por dissimulação. A resposta é simples. É que a simulação relativa ou dissimulação, diferentemente da absoluta, diz respeito à adoção abusiva das formas negociais de Direito Privado, utilizadas, muita vez, para ocultar um negócio real tributado ou menos tributado que o negócio aparente.

A dissimulação, portanto, diz respeito ao abuso das formas de Direito Privado, de envolta com os fatos geradores conceituais. Damos já um exemplo. A adoção de um negócio jurídico de sociedade (aparente) para ocultar uma compra e venda de uma fazenda somente para aproveitar a imunidade da colação de bens imóveis ao capital de sociedade. Desfeito (distrato) o contrato de sociedade, o sócio que entra com dinheiro sai com terras, e o outro, com o dinheiro. Precisamente por isso que os sócios podem desfazer a sociedade um mês depois (dissimulação) ou 10 anos depois (não dissimulação), será sempre preciso discutir, através de um processo especialíssimo, se há ou não dissimulação quando os particulares utilizam as formas alternativas de Direito Privado. É um processo para coibir a evasão e não a elisão lícita, que esta só pode ser vetada por lei (equiparação do negócio elisivo ao fato gerador tipificado). O fato gerador supletivo ou *special rule*, no dizer do *Common Law*, já fora examinado por Amílcar de Araújo Falcão em meados do século XX. Até aí andou bem o CTN (art. 116, parágrafo único).

A expressão *dissimulação* tem conceito preciso no Direito Privado e, como tal, deve ser recebida juridicamente pelo Direito Tributário, como prescreve, de resto, a Lei Complementar n.º 95, a respeito das normas de interpretação do Direito Positivo.

Acontece que a medida provisória, ao regular *os procedimentos pedidos* pelo parágrafo único do art. 116 do CTN para a aferição, caso por caso, da existência ou não de negócios jurídicos dissimulados (simulação relativa), a tanto não se limitou e lançou o dardo além da meta em dois pontos cruciais. No primeiro ponto, temos uma inconstitucionalidade material. No segundo, uma inconstitucionalidade formal.

- Disse que a palavra *dissimulação* não significa nem dolo, nem fraude, nem simulação, ou seja, alterou, por conta própria, conceito pensado pelo legislador da Lei Complementar n.º 104 (*minus dixit*), ao mesmo tempo em que criou normas gerais de interpretação da lei tributária, matéria reservada à lei complementar da Constituição, *tanto que o parágrafo único do art. 116 surdiu no CTN por obra de lei complementar*, que só ela pode alterá-lo explícita ou implicitamente. Assim, inventou conceitos outros de interpretação da lei tributária, norma geral tributária, matéria de lei complementar, endereçados – o que é pior – somente ao aplicador administrativo, quais sejam os conceitos de falta de propósito negocial (*business purpose*) e *abuso de forma jurídica*, inexistentes em nosso ordenamento, quer se mire a Constituição, quer se aviste a lei complementar, a quem a Lei Maior atribui o papel de estipular normas gerais de interpretação específicas, próprias, além das aplicáveis ao Direito em geral.

Inconstitucionalidade material insanável. *A uma*, porque ao legislador ordinário falece competência para tratar de tema expressamente reservado à lei complementar tributária, como veremos ao tratar do peculiar relacionamento entre leis complementares e leis ordinárias, em razão das matérias. Regras sobre interpretação e conceito de defeito de ato ou negócio jurídico (dissimulação) para fins de tributação são matérias sob reserva de lei complementar. *A duas*, porque agride os princípios constitucionais da separação dos Poderes, da legalidade formal e material, da tipicidade ou exaustão conceitual, da livre iniciativa e da negativa de analogia, corolário da aplicação da lei tributária, segundo o princípio da estrita legalidade e da atuação da administração vinculada à lei, nunca *praeter legem*.

- O art. 62, § 1.º, III, da Constituição Federal proíbe que matéria objeto de lei complementar possa ser regulada por medida provisória. Na medida em que o foi, temos, como consequência, uma inconstitucionalidade formal inescusável.

Parece-nos que ao considerar um *negócio de cobertura* encobridor de outro, o real, a MP, nesta parte, equiparou o *abuso de forma à dissimulação*, no que andou bem, mas querendo fazer o mal. Em real verdade, *abuso de forma* e *dissimulação* dão no mesmo. Agora a MP n.º 66, já convertida na Lei n.º 10.637/2002, acrescenta força à sinonímia. São iguais a *dissimulação* o *abuso de forma* e a *fraude à lei*, caso contrário estaríamos em face do impensável, a tributação do não ser. Seria desconsiderar um único negócio existente para aplicar, por analogia imprópria, o regime jurídico típico de um negócio qualquer, ao alvedrio do agente fiscal, incumbido de aplicar, nunca de criar, a legislação tributária. Quanto ao *business purpose*, é ele uma contradição nos termos, porquanto diminuir a carga fiscal é dever do empresário. Se a carga fiscal é sufocante sobre a mão de obra, bem posso "terceirizar" partes da minha atividade. Será isso falta de propósito negocial ou fraude à lei? No mais, as palavras da MP, no ponto, são vazias, ambíguas e polissêmicas. A Medida Provisória n.º 66, convertida na Lei n.º 10.637/2002, logo em seguida, fala em negócio dissimulado (art. 14, § 2.º). Como poderá haver dissimulação sem que haja simulação? Por outro lado, haverá propósito negocial sempre que a forma adotada seja menos complexa e menos onerosa? Ademais, o conceito utilizado de abuso de direito é teratológico e predica a interpretação econômica, pura e simples, contra o princípio da legalidade.

[...] Los contribuyentes pueden evitar el deber tributario mediante la elusión fiscal, el fraude a la ley tributaria o la defraudación tributaria.

No es contraria a la ley la actuación de quien no realiza el hecho imponible y evita así el nacimiento de la obligación tributaria. Toda persona puede organizar su actividad con vistas al menor pago de impuestos posible. La elusión fiscal consciente y planificada es una modalidad legal de resistencia fiscal. No es inmoral. Esto se reconoce probablemente en todos los Estados de Derecho que respetan la libertad.

A estos efectos es irrelevante si el contribuyente no realiza el hecho imponible mediante su conducta fáctica (por ejemplo, no trabaja para no obtener renta, o no fuma) o si encuentra con ayuda de su asesor una configuración jurídica que permite eludir o reducir el impuesto. D. Schneider no sólo no considera inmorales estas operaciones, sino que las juzga "éticamente necesarias" como medida formativa para el legislador. Nos alegraríamos extraordinariamente *si el método de enseñanza y educación propugnado por D. Schneider resultara eficaz. No obstante, el legislador no ha mostrado hasta ahora capacidad de aprender y* formarse. Al contrario, las leyes se complican progresivamente mediante las reformas y añadidos para privar de sustrato jurídico a quienes realizan conductas elusivas legales pero no deseadas por el legislador [...] (grifos nossos).

Tipke está certíssimo, viu longe. O legislador, e só ele, é responsável pela lei e pela qualidade da lei. As lacunas e imperfeições da lei, os negócios jurídicos indiretos, a elisão ou elusão lícita, somente podem ser, quando possível, colmatados ou equiparados pelo legislador, o que implica aplicar a vários negócios jurídicos o regime de outro adrede tipificado. O legislador isso pode, com temperamentos, não o agente fiscal como dispõe o art. 109 do CTN em harmonia com o art. 108 do mesmo, que damos transcritos:

> Art. 108. Na ausência de disposição expressa, a autoridade competente para aplicar a legislação tributária utilizará sucessivamente, na ordem indicada:
> I – a analogia;
> II – os princípios gerais de direito tributário;
> III – os princípios gerais de direito público;
> IV – a equidade.
> § 1.º O emprego da analogia não poderá resultar na exigência de tributo não previsto em lei.
> § 2.º O emprego da equidade não poderá resultar na dispensa do pagamento de tributo devido.
> Art. 109. Os princípios gerais de direito privado utilizam-se para pesquisa da definição, do conteúdo e do alcance de seus institutos, conceitos e formas, mas não para definição dos respectivos efeitos tributários.

Ambos os artigos vigentes fazem coro com a Constituição e encontram nela seus fundamentos de validez: os princípios da legalidade (formal e material), da separação dos Poderes, da legalidade, já agora dos atos da administração *secundum legem*, e da liberdade negocial, como contraponto.

São estes artigos que devem ser considerados, pois encontram na Constituição os seus fundamentos de validez. O art. 14 da Lei n.º 10.367/2002 deve ser considerado em desarmonia com o CTN e a Constituição, pelos motivos já expostos. No entanto, resta algo a dizer, qual seja, a diferença entre norma geral antielisiva (*general rule*) e norma específica antielisiva (*special rule*). Ambas visam a coibir o uso, jamais o abuso, das formas jurídicas alternativas oferecidas pelo Direito Privado. A evasão está no campo da ilicitude (dolo, fraude, dissimulação ou abuso de formas). A elisão está no campo da licitude. Pois bem, a norma específica antielisiva tem de ser, para ter legitimidade: (a) razoável; (b) proporcional; (c) prévia; (d) não punitiva; (e) legislada; (f) dizer expressamente que regime jurídico-tributário deve se aplicar ao negócio elidido, caso por caso. E, mais, se usar presunções, estas serão sempre relativas para suportar a prova em contrário. Nestes termos será legítima, preservando-se a legalidade, a segurança e a certeza do direito. A regra geral antielisiva não é regra, a rigor, de interpretação, nem antielisiva, mas *regra de competência*, segundo a nossa terminologia, para que o aplicador *ex officio* da lei dela se afaste, podendo, *a posteriori,* escolher segundo os vagos critérios do *business purpose* e do abuso de forma jurídica, da "fraude à lei fiscal", que regime tributário deve ser utilizado para o ato ou negócio jurídico já praticado, ferindo profundamente a legalidade, a liberdade, a segurança e a certeza do direito. É incompatível com o nosso sistema jurídico em todos os aspectos. De nossa parte, devotamos a ela desprezo, por significar um regresso ao arbítrio que vigorava há trezentos anos atrás. É como se voltássemos ao tempo das monarquias absolutas ou, mais recentemente, aos regimes fascistas, nazistas, integristas e fundamentalistas.

Em boa hora, ao apreciar a Lei n.º 10.367/2002, o Congresso Nacional, seguindo as orientações dos relatores, exerceu o controle jurídico interno e rejeitou *in totum* a parte da medida provisória que cuidava da regulamentação da impropriamente chamada norma geral antielisiva. Esta regulamentação, portanto, inexiste. O art. 116, seu parágrafo único, continua não autoaplicável, eis que as normas procedimentais nele previstas foram rejeitadas juntamente com os conceitos de falta de propósito negocial e de abuso de forma jurídica. Por cautela, ficam os nossos comentários a título de ilustração da matéria.

6.16. O PRINCÍPIO FORMAL DA LEGALIDADE DA TRIBUTAÇÃO E AS MEDIDAS PROVISÓRIAS

Na Carta de 1967 era permitido ao chefe do Executivo editar decretos com força de lei sobre finanças públicas, inclusive normas tributárias, segurança nacional, criação e extinção de cargos públicos. A Constituição de 1988 eliminou o decreto-lei. Criou, por seu turno, o instituto da medida provisória, vazada nos seguintes termos:

Art. 84. Compete privativamente ao Presidente da República:
[...]
XXVI – editar medidas provisórias com força de lei, nos termos do art. 62;
[...]
Art. 62. Em caso de relevância e urgência, o Presidente da República poderá adotar medidas provisórias, com força de lei, devendo submetê-las de imediato ao Congresso Nacional (Redação dada pela Emenda Constitucional n.º 32, de 2001).

§ 1.º É vedada a edição de medidas provisórias sobre matéria (Incluído pela Emenda Constitucional n.º 32, de 2001):

I – relativa a (Incluído pela Emenda Constitucional n.º 32, de 2001):

a) nacionalidade, cidadania, direitos políticos, partidos políticos e direito eleitoral (Incluído pela Emenda Constitucional n.º 32, de 2001);

b) direito penal, processual penal e processual civil (Incluído pela Emenda Constitucional n.º 32, de 2001);

c) organização do Poder Judiciário e do Ministério Público, a carreira e a garantia de seus membros (Incluído pela Emenda Constitucional n.º 32, de 2001);

d) planos plurianuais, diretrizes orçamentárias, orçamento e créditos adicionais e suplementares, ressalvado o previsto no art. 167, § 3.º (Incluído pela Emenda Constitucional n.º 32, de 2001);

II – que vise a detenção ou sequestro de bens, de poupança popular ou qualquer outro ativo financeiro (Incluído pela Emenda Constitucional n.º 32, de 2001);

III – reservada a lei complementar (Incluído pela Emenda Constitucional n.º 32, de 2001);

IV – já disciplinada em projeto de lei aprovado pelo Congresso Nacional e pendente de sanção ou veto do Presidente da República (Incluído pela Emenda Constitucional n.º 32, de 2001).

§ 2.º Medida provisória que implique instituição ou majoração de impostos, exceto os previstos nos arts. 153, I, II, IV, V, e 154, II, só produzirá efeitos no exercício financeiro seguinte se houver sido convertida em lei até o último dia daquele em que foi editada (Incluído pela Emenda Constitucional n.º 32, de 2001).

§ 3.º As medidas provisórias, ressalvado o disposto nos §§ 11 e 12 perderão eficácia, desde a edição, se não forem convertidas em lei no prazo de sessenta dias, prorrogável, nos termos do § 7.º, uma vez por igual período, devendo o Congresso Nacional disciplinar, por decreto legislativo, as relações jurídicas delas decorrentes (Incluído pela Emenda Constitucional n.º 32, de 2001).

§ 4.º O prazo a que se refere o § 3.º contar-se-á da publicação da medida provisória, suspendendo-se durante os períodos de recesso do Congresso Nacional (Incluído pela Emenda Constitucional n.º 32, de 2001).

§ 5.º A deliberação de cada uma das Casas do Congresso Nacional sobre o mérito das medidas provisórias dependerá de juízo prévio sobre o atendimento de seus pressupostos constitucionais (Incluído pela Emenda Constitucional n.º 32, de 2001).

§ 6.º Se a medida provisória não for apreciada em até quarenta e cinco dias contados de sua publicação, entrará em regime de urgência, subsequentemente, em cada uma das Casas do Congresso Nacional, ficando sobrestadas, até que se ultime a votação, todas as demais deliberações legislativas da Casa em que estiver tramitando (Incluído pela Emenda Constitucional n.º 32, de 2001).

§ 7.º Prorrogar-se-á uma única vez por igual período a vigência de medida provisória que, no prazo de sessenta dias, contado de sua publicação, não tiver a sua votação encerrada nas duas Casas do Congresso Nacional (Incluído pela Emenda Constitucional n.º 32, de 2001).

§ 8.º As medidas provisórias terão sua votação iniciada na Câmara dos Deputados (Incluído pela Emenda Constitucional n.º 32, de 2001).

§ 9.º Caberá à comissão mista de Deputados e Senadores examinar as medidas provisórias e sobre elas emitir parecer, antes de serem apreciadas, em sessão separada, pelo plenário de cada uma das Casas do Congresso Nacional (Incluído pela Emenda Constitucional n.º 32, de 2001).

§ 10. É vedada a reedição, na mesma sessão legislativa, de medida provisória que tenha sido rejeitada ou que tenha perdido sua eficácia por decurso de prazo (Incluído pela Emenda Constitucional n.º 32, de 2001).

§ 11. Não editado o decreto legislativo a que se refere o § 3.º até sessenta dias após a rejeição ou perda de eficácia de medida provisória, as relações jurídicas constituídas e decorrentes de atos praticados durante sua vigência conservar-se-ão por ela regidas (Incluído pela Emenda Constitucional n.º 32, de 2001).

§ 12. Aprovado projeto de lei de conversão alterando o texto original da medida provisória, esta manter-se-á integralmente em vigor até que seja sancionado ou vetado o projeto (Incluído pela Emenda Constitucional n.º 32, de 2001).

Os pressupostos da medida provisória não são banais, exige-se *urgência e relevância*, a que for irrelevante e carecer de urgência não passa. O juízo de admissibilidade é do Congresso Nacional, constituindo-se em um *a priori* à consideração do mérito. Não sendo caso de medida provisória, o assunto transforma-se em projeto de lei.

Exatamente os pressupostos de *urgência e relevância* excluem um rol de matérias do âmbito das medidas provisórias, e somente a prática do regime sedimentará o instituto, que julgamos necessário em um Estado Democrático de Direito. É que certas situações o requisitam, sob pena de paralisação do Executivo em face de condições difíceis.

Pois bem, com espeque na relevância e na urgência é que deduzimos o cabimento de medidas provisórias em sede de tributação em apenas dois casos, *estando em recesso o Congresso Nacional*. Friso: estando em recesso o Congresso Nacional, poderia se cogitar no uso de medidas provisórias para A) criação de impostos extraordinários de guerra; B) instituição de empréstimos compulsórios de emergência (guerra, sua iminência e calamidade pública). Sim, porque para os compulsórios prevê a Constituição lei complementar e para os extraordinários, lei federal, leis que podem ser aprovadas em regime de urgência, através de vários instrumentos regimentais. Contudo, após a edição da EC n.º 32/2001 nem mesmo os empréstimos compulsórios poderia se cogitar o uso das medidas provisórias, pois se trata de matéria reservada a lei complementar (art. 62, § 1.º, III).

Destarte, nosso entendimento é que os casos de urgência, em matéria tributária, já possuem os mecanismos arrolados no Texto Constitucional:

A) Os empréstimos compulsórios de emergência em caso de calamidade pública ou de guerra externa ou de sua iminência e, por suposto, os impostos extraordinários sob o mesmo fundamento, *estão liberados do princípio da anterioridade* e, pois, pela urgência de que se revestem, *vigoram de imediato*.

B) As contribuições sociais destinadas ao custeio da Seguridade Social (art. 195, CF) cobram eficácia em 90 dias, desnecessário esperar o ano vindouro para serem cobradas (urgência de recursos para o sistema previdenciário).

C) Naqueles impostos ligados ao mercado externo, importação e exportação, e às políticas industrial e financeira, IPI e IOF, a Constituição permitiu ao Executivo alterar-lhes as alíquotas para cima e para baixo, *sem lei*, vigorando a alteração de imediato (exceção à legalidade e à anterioridade e, com exceção do IPI, exceção também ao prazo nonagesimal).

Quantos mais casos de urgência ou relevância em sede de tributação existem? – Nenhum a justificar medida provisória. Certo, porque o que a tributação exige é *planejamento prévio, não surpresa, duração das regras*. Eis aí um campo infenso às situações de urgência. Os casos que exigiam a suspensão das *grandes garantias do contribuinte* foram devidamente sistematizados pelo constituinte.

A Constituição nos dá com uma mão o que com outra tira. O Direito inadmite regras antitéticas, o que prevê são regras de atenuação. O Direito Tributário é regido por princípios de contenção. Neste campo, os grandes princípios pleiteiam:

A) legalidade (lei formal e material). Medida provisória não é lei;
B) não surpresa. A medida provisória surpreende os contribuintes.

Ex positis, às luzes de uma interpretação sistêmica da Constituição, não cabe medida provisória em matéria tributária, salvo nas exceções delineadas, que ora a afastam, ora a toleram, excepcionalmente, como visto. Por último, o argumento político. Faria senso uma Constituição democrática que promoveu o controle congressual em níveis jamais vistos, em substituição a uma Carta outorgada, de cunho ditatorial, que consagrava a hipertrofia do Executivo, extinguir o decreto--lei para criar instrumento ainda mais abrangente, em matéria tão sensível como a tributária? De certo que não, a toda evidência.

A Prof.ª Misabel de Abreu Machado Derzi averbou:[25]

Movimentos contrários, diametralmente opostos, surgem límpidos e indiscutíveis da Constituição. Medidas provisórias, convertidas em lei, são leis que gozam de eficácia antecipada à própria existência e, claro, à publicação. Lei ordinária ou complementar, instituidora ou majoradora de tributo, embora aprovada pelo Poder Legislativo, sancionada e publicada, tem sua eficácia e aplicabilidade, automaticamente adiadas.

Por que tão profunda distinção nesses processos constitucionais, por que diferença tão radical na operatividade desses atos normativos?

A causa reside exatamente nos pressupostos de relevância e urgência que legitimam a utilização, pelo Presidente da República, das medidas provisórias. Relevância e urgência são importantes conceitos que explicam:

A) A antecipação da eficácia e da aplicabilidade da lei, em que se hão de converter as medidas provisórias, a momento prévio ao de sua existência;

B) A eficácia imediata, desde a edição, como necessária e essencial propriedade das medidas provisórias;

C) A inexistência de qualquer discricionariedade para o chefe do Poder Executivo, o qual não tem a faculdade de adiar a eficácia e a aplicabilidade das medidas provisórias para data posterior à sua edição, quer para o exercício subsequente, quer para o momento da regulamentação. Ou se dão, no caso concreto, a relevância e a urgência, cabendo, sendo próprio e adequado, o uso das medidas provisórias, ou não;

D) A antinomia existente entre o princípio da anterioridade e as medidas provisórias, uma insolúvel contradição.

Assim, as leis ordinárias ou complementares, que instituem ou majoram tributo, têm a eficácia e a aplicabilidade adiadas, por força do princípio da anterioridade. Medidas provisórias, em razão da relevância e da urgência, têm necessariamente sua eficácia e aplicabilidade antecipadas à existência da lei em que se hão de converter, por imperativo constitucional.

É evidente que o adiamento da eficácia provocado pelo princípio da anterioridade, como regra geral no Direito Tributário, é o resultado da primazia da segurança jurídica. Do ponto de vista axiológico, prevaleceu, nos desígnios constitucionais, a necessidade de previsão, de conhecimento antecipado e antecipatório, de planejamento dos encargos fiscais, sobre o imediatismo das medidas provisórias.

Instituir tributo ou aumentar tributo já existente não é urgente, nem tampouco relevante para a Constituição, que, em tais casos, determina seja observado o princípio da anterioridade.

---

[25] Conferência em São Paulo, 1991.

Dessa forma, temos uma primeira delimitação, posta na Constituição, às expressões, aparentemente abertas, relevância e urgência. Trata-se de uma delimitação negativa que permite afirmar não ser, de modo algum urgente ou relevante, criar tributo novo ou majorar aqueles já existentes.

A lei em sentido formal e material exige, em sede tributária, como na penal, a absoluta indelegabilidade da função legislativa, salvo nos casos expressos na própria Constituição. Na CF de 1988, as exceções ao princípio da legalidade e da anterioridade, por razões de urgência e relevância, estão expressamente previstas. Assim, os impostos de importação, exportação, IPI e IOF podem ter suas alíquotas alteradas por ato administrativo que entram a viger de imediato. O imposto extraordinário de guerra e os empréstimos compulsórios emergenciais estão libertos da anterioridade. Vigoram de pronto. As contribuições previdenciárias observam lapso de 90 dias e logo produzem eficácia, desnecessitando de observar o princípio da anterioridade. Afora ditas exceções, os *demais tributos* estão sujeitados *à legalidade e à anterioridade*. Mas o princípio da legalidade vai além e proíbe a *delegação*, pois de nada adiantaria, já descontadas as exceções, a Constituição reservar à lei o trato de determinada matéria se, depois, o *legislador*, fazendo dela *tábula rasa, delegasse* o seu manejo ao administrador. Seria o dito pelo não dito. A Constituição obriga o legislador a consentir a tributação. A competência legislativa em sede de tributação é *indelegável*. Esta é a razão pela qual, ocorrendo a delegação, surge a eiva de inconstitucionalidade. Ora, indelegável a competência legislativa para manejar tributos conforme a Lei Maior, o uso de medida provisória na espécie caracteriza *invasão de competência*, intolerada pela Constituição. O Judiciário, todavia, contemporiza, concilia.

Estivemos a prever para as medidas provisórias o mesmo destino do decreto-lei no regime anterior (Constituição de 1967). O STF acabou por referendar o entendimento de que o decreto-lei podia instituir tributo, mas devia obedecer ao princípio da anterioridade. Equiparou o decreto-lei à lei e submeteu-o ao princípio da anterioridade, que é um princípio sobre a eficácia das leis fiscais, retirando ao decreto-lei a eficácia imediata que lhe era ínsita quando veiculava outras matérias que não a tributária.

Agora, a medida provisória, também, é de imediata eficácia. Todavia, o próprio Executivo, bem como o Judiciário, estão se convencendo de que, em matéria tributária, deve-se observar o princípio da anterioridade em geral ou o intertempo de 90 (noventa) dias, específico das contribuições sociais do art. 195 da CF.

Com isto, em matéria tributária, a medida provisória perde a virtude da eficácia imediata. Noutro giro, torna-se um simples mecanismo de *iniciativa de lei* pelo Poder Executivo em razão de seu peculiar processo legislativo.

Prescrições legais atribuindo ao ministro da Fazenda fixar alíquotas de impostos ou outros elementos estruturais de quaisquer tributos, bem como delegações de igual jaez em prol de órgãos administrativos ou colegiados – tais os casos das assembleias de estados para erguer convênios do ICMS e do Conselho Monetário Nacional (CMN) – são radicalmente inconstitucionais. Não se dispõe o indisponível. Claro que aqueles tributos excepcionados expressamente pela Superlei poderão ser manejados pelo Executivo. Mas, nesses casos, a exceção é constitucional.

O TRF da 1.ª Região averbou:

> Ementa. Tributário. Previdenciário. Contribuição para o custeio da Seguridade Social. Servidor público civil ativo da União. Medida Provisória n.º 560, de 26 de julho de 1994.
>
> I – A medida provisória só tem validade por trinta dias, pois findo esse prazo, se não for convertida em lei, perde sua eficácia. Perdendo sua eficácia, não pode uma nova medida convalidar os atos praticados na vigência da medida anterior. *Seria o morto sendo ressuscitado*. Logo, tem caráter provisório, e, tendo essa característica, não pode aumentar alíquota.
>
> II – As contribuições sociais, nos termos do § 6.º do art. 195 da Constituição Federal só podem ser exigidas após decorridos noventa dias da publicação da lei. *Da lei e não da medida provisória (Mudança do entendimento do Relator)*.
>
> III – A cobrança da contribuição para previdência social em alíquota acima de seis por cento do servidor público, como previsto na Medida Provisória n.º 560, de 16 de julho de 1994 e reeditada trinta e três vezes, só pode ser exigida após decorrido o prazo de noventa dias da conversão da medida provisória em lei.
>
> IV – "Na ontologia e na teleologia da Constituição, a medida provisória, ao se degradar em desmedida provisória, audaciosamente afronta a Constituição e ultraja a Instituição" (Ulysses Guimarães, em pronunciamento na Câmara dos Deputados, em 1991)" (AMS 96.01.43369-4/DF. Rel.: Juiz Tourinho Neto, 3.ª Turma. Unânime. *DJ* 2 de 02.05.1997, p. 29.885-29.886).

Infelizmente, o Poder Judiciário não seguiu tal linha e vem admitindo, sem critérios objetivos, a tratativa da matéria tributária. Adicionalmente, é preciso lembrar que a Emenda Constitucional 32/2001 criou novos obstáculos, conforme consta do § 2.º do art. 62 (*"Medida provisória que implique instituição ou majoração de impostos, exceto os previstos nos arts. 153, I, II, IV, V, e 154, II, só produzirá efeitos no exercício financeiro seguinte se houver sido convertida em lei até o último dia daquele em que foi editada"*), para veicular matéria tributária por medida provisória, exigindo – além dos princípios da não surpresa já arrolados – que a medida seja convertida em lei antes de findo o exercício para somente valer no exercício seguinte (exceção novamente ao II, IE, IPI, IOF e IEG). Lamenta-se, apenas que o dispositivo tenha citado apenas os impostos e não tributos. Como entendemos que – como dito anteriormente – sempre que a hipótese expressar um ato do contribuinte e não do Estado estaremos diante de impostos, classificamos tributos *PIS, COFINS, CSLL* como impostos, portanto, sujeitos à restrição do § 2.º do art. 62 do Texto Constitucional. Apenas deixamos a ressalva de que poderá o Supremo Tribunal Federal interpretar o dispositivo de forma restritiva e literal, deixando mais um espaço aberto para a progressão da carga tributária concentrada nas chamadas *contribuições*, tendo em vista o número limitado de restrições a elas impostas.

6.17. O PRINCÍPIO DA NÃO SURPRESA DO CONTRIBUINTE (ANUALIDADE, ANTERIORIDADE, LAPSOS TEMPORAIS PREDEFINIDOS)

O princípio da não surpresa do contribuinte é de fundo axiológico. É valor nascido da aspiração dos povos de conhecerem com razoável antecedência o teor e o *quantum* dos tributos a que estariam sujeitos no futuro imediato, de modo a poderem planejar as suas atividades levando em conta os *referenciais da lei*.

De quatro maneiras o Direito recepciona e realiza o princípio da não surpresa, materializando-o juridicamente:

A) pelo princípio da anualidade, que predica a inclusão da *lei tributária material na lei do orçamento ou ânua* (daí a denominação anualidade);
B) pelo princípio de postergação genérica da eficácia das leis fiscais, do tipo: "A lei fiscal só produzirá efeitos após 120 (cento e vinte) dias da sua publicação";
C) pelo princípio de se fixar especificamente por tipo de tributo ou por espécie de imposto um lapso de tempo para que a lei produza efeitos, tenha eficácia. É o caso, entre nós, das contribuições sociais que guardam um espaço de tempo de 90 (noventa) dias para cobrarem eficácia (art. 195, § 6.º, da CF). Mais recentemente os impostos (art. 150, III, *c*) passaram a se submeter a tal prazo;
D) finalmente, através do princípio da anterioridade da lei fiscal em relação ao exercício de sua cobrança. Assim, a lei que institui ou majora tributo num ano, digamos, 1989, só pode desencadear o dever do contribuinte de pagar o tributo ou a sua majoração no exercício seguinte, ou seja, no ano de 1990.

O Brasil, nos termos da Constituição de 1988, desconhece as fórmulas descritas em (a) e (b). Adota as previstas em (c) e (d).

O Professor Eduardo Maneira enceta penetrante crítica à retórica dos princípios no Direito Tributário brasileiro e oferta ideias ao fortalecimento do princípio da não surpresa:

> O princípio da não surpresa da lei tributária é instrumento constitucional que visa a garantir o direito do contribuinte à segurança jurídica, essência do Estado de Direito, qualquer que seja a sua concepção.

Num sistema econômico que fez opção pela economia de mercado, a legalidade e a não surpresa, além de oferecerem segurança jurídica, são, na qualidade de normas gerais, fundamentais para se garantir igualdade aos que disputam o mercado.

Ocorre que a não surpresa, juridicizada pela anualidade ou pela anterioridade, não tem conseguido, no Brasil, vigor correspondente à importância dos valores que carrega.

O Supremo Tribunal Federal cumpriu o seu papel de guardião da Constituição ao não permitir que se criasse novo imposto excepcionado do princípio da anterioridade.

Mas parece-nos que o mais importante dessa histórica decisão da Suprema Corte tenha sido o alerta constante nos votos vencidos, no sentido de que a anterioridade, como garantia da não surpresa, é uma retórica constitucional. Há procedência nessa afirmação.

De fato, lei publicada em dezembro para viger em janeiro do ano seguinte é lei que carrega um mínimo, quase nada dos valores que a anterioridade pretende assegurar.

Por isso, entendemos que o imutável é o direito do contribuinte à segurança jurídica, do qual a legalidade é o mais importante elemento concretizador. A anterioridade, conexa com a legalidade, não pode ser abolida, mas pode, sim, ser aperfeiçoada.

Se o *plus* da anualidade em relação à anterioridade, no que diz respeito, única e exclusivamente, à não surpresa, consistia no fato de que a lei orçamentária que fosse autorizar a cobrança do tributo deveria ser publicada com maior antecedência, por que não ir direto à fixação de um lapso temporal entre a publicação e a vigência da lei tributária?

Sempre pregamos que a fórmula encontrada pela Constituição, no que se refere às contribuições do art. 195, poderia ser estendida às demais espécies tributárias, conjugando-a, sempre, com a irretroatividade. Foi o que ocorreu com a emenda constitucional 42/2003 que acresceu a letra c ao art. 150, III: *c) antes de decorridos noventa dias da data em que haja sido publicada a lei que os instituiu ou aumentou, observado o disposto na alínea b; (Incluído pela Emenda Constitucional n.º 42, de 19.12.2003).* De lamentar que o Imposto de Renda, que sempre foi objeto de *pacotes* surpreendentes de final de ano tenha sido colocado como exceção à nova regra.

Com isto, estar-se-iam facilitando a compreensão e a aplicação do princípio da não surpresa, dificultando interpretações distorcidas que levam sempre à sua maculação.[26]

---

[26] MANEIRA, Eduardo. *O princípio da não surpresa do contribuinte*. Belo Horizonte: Del Rey, 1994. p. 161.

6.18. EXCEÇÕES AO PRINCÍPIO DA ANTERIORIDADE E PRAZO NONAGESIMAL

As exceções ao princípio da não surpresa estão enumeradas no art. 150, § 1.º.[27]

Art. 150. Sem prejuízo de outras garantias asseguradas ao contribuinte, é vedado à União, aos Estados, ao Distrito Federal e aos Municípios:

[...]

III – cobrar tributos:

[...]

b) no mesmo exercício financeiro em que haja sido publicada a lei que os instituiu ou aumentou;

c) antes de decorridos noventa dias da data em que haja sido publicada a lei que os instituiu ou aumentou, observado o disposto na alínea "b" (Incluído pela Emenda Constitucional n.º 42, de 19.12.2003).

[...]

§ 1.º A vedação do inciso III, "b", não se aplica aos tributos previstos nos arts. 148, I, 153, I, II, IV e V; e 154, II; e a vedação do inciso III, "c", não se aplica aos tributos previstos nos arts. 148, I, 153, I, II, III e V; e 154, II, nem à fixação da base de cálculo dos impostos previstos nos arts. 155, III, e 156, I (Redação dada pela Emenda Constitucional n.º 42, de 19.12.2003).

Art. 155. Compete aos Estados e ao Distrito Federal instituir impostos sobre (Redação dada pela Emenda Constitucional n.º 3, de 1993):

[...]

II – operações relativas à circulação de mercadorias e sobre prestações de serviços de transporte interestadual e intermunicipal e de comunicação, ainda que as operações e as prestações se iniciem no exterior (Redação dada pela Emenda Constitucional n.º 3, de 1993);

[...]

§ 2.º O imposto previsto no inciso II atenderá ao seguinte (Redação dada pela Emenda Constitucional n.º 3, de 1993):

[...]

XII – cabe à lei complementar:

[...]

h) definir os combustíveis e lubrificantes sobre os quais o imposto incidirá uma única vez, qualquer que seja a sua finalidade, hipótese em que não se aplicará o disposto no inciso X, "b" (Incluída pela Emenda Constitucional n.º 33, de 2001);

[...]

---

[27] Ver Súmula Vinculante n.º 50: "Norma legal que altera o prazo de recolhimento de obrigação tributária não se sujeita ao princípio da anterioridade."

§ 4.º Na hipótese do inciso XII, *h*, observar-se-á o seguinte (Incluído pela Emenda Constitucional n.º 33, de 2001):

[...]

IV – as alíquotas do imposto serão definidas mediante deliberação dos Estados e Distrito Federal, nos termos do § 2.º, XII, "g", observando-se o seguinte (Incluído pela Emenda Constitucional n.º 33, de 2001):

[...]

c) poderão ser reduzidas e restabelecidas, não se lhes aplicando o disposto no art. 150, III, "b" (Incluído pela Emenda Constitucional n.º 33, de 2001).

Art. 177.

§ 4.º A lei que instituir contribuição de intervenção no domínio econômico relativa às atividades de importação ou comercialização de petróleo e seus derivados, gás natural e seus derivados e álcool combustível deverá atender aos seguintes requisitos (Incluído pela Emenda Constitucional n.º 33, de 2001):

I – a alíquota da contribuição poderá ser (Incluído pela Emenda Constitucional n.º 33, de 2001):

a) diferenciada por produto ou uso (Incluído pela Emenda Constitucional n.º 33, de 2001);

b) reduzida e restabelecida por ato do Poder Executivo, não se lhe aplicando o disposto no art. 150, III, "b" (Incluído pela Emenda Constitucional n.º 33, de 2001);

Art. 195. A seguridade social será financiada por toda a sociedade, de forma direta e indireta, nos termos da lei, mediante recursos provenientes dos orçamentos da União, dos Estados, do Distrito Federal e dos Municípios, e das seguintes contribuições sociais:

I – do empregador, da empresa e da entidade a ela equiparada na forma da lei, incidentes sobre (Redação dada pela Emenda Constitucional n.º 20, de 1998):

a) a folha de salários e demais rendimentos do trabalho pagos ou creditados, a qualquer título, à pessoa física que lhe preste serviço, mesmo sem vínculo empregatício (Incluído pela Emenda Constitucional n.º 20, de 1998);

b) a receita ou o faturamento (Incluído pela Emenda Constitucional n.º 20, de 1998);

c) o lucro (Incluído pela Emenda Constitucional n.º 20, de 1998);

II – do trabalhador e dos demais segurados da previdência social, não incidindo contribuição sobre aposentadoria e pensão concedidas pelo regime geral de previdência social de que trata o art. 201 (Redação dada pela Emenda Constitucional n.º 20, de 1998);

III – sobre a receita de concursos de prognósticos.

IV – do importador de bens ou serviços do exterior, ou de quem a lei a ele equiparar (Incluído pela Emenda Constitucional n.º 42, de 19.12.2003).

[...]

§ 6.º As contribuições sociais de que trata este artigo só poderão ser exigidas após decorridos noventa dias da data da publicação da lei que as houver instituído ou modificado, não se lhes aplicando o disposto no art. 150, III, "b".

Assim, de forma esquemática, podemos resumir da seguinte forma:

ANTERIORIDADE TRIBUTÁRIA
REGRA GERAL: art. 150, III, "b" e § 1.º
EXCEÇÕES:
– Imposto de Importação
– Imposto de Exportação
– IOF
– IPI
– Imposto Extraordinário de Guerra
– Empréstimo Compulsório de Calamidade Pública ou Guerra
– Cide-Combustíveis
– ICMS-Combustíveis
– Contribuições Sociais destinadas ao Custeio da Seguridade Social (art. 195 da CF)

ESPERA NONAGESIMAL
REGRA GERAL: art. 150, III, "c", e § 1.º, e art. 195, *caput* e § 6.º
EXCEÇÕES:[28]
– Imposto de Importação
– Imposto de Exportação
– Imposto de Renda
– Imposto Extraordinário de Guerra
– Empréstimo Compulsório de Calamidade Pública ou Guerra
– Alterações na base – IPTU e IPVA
– ICMS – Combustíveis

LEGALIDADE FORMAL
REGRA GERAL: art. 150, I
EXCEÇÕES:
– Alterar as alíquotas do II, IE, IPI e IOF (art. 153, § 1.º, da CF/1988)
– ICMS – combustíveis (art. 155, § 4.º, IV)
– CIDE – Combustíveis (art. 177, § 4.º, I, "b")

---

[28] As contribuições destinadas ao custeio da Seguridade Social devem guardar obediência à espera nonagesimal, estando dispensadas da anterioridade. As demais contribuições (exceto CIDE-combustíveis, que está dispensada da anterioridade, mas não da espera nonagesimal) devem guardar obediência à anterioridade e espera nonagesimal.

6.19. O PRINCÍPIO DA ANUALIDADE – SEUS REFLEXOS NA ÁREA TRIBUTÁRIA

Flávio Bauer Novelli insiste heroicamente em deduzir o princípio do conjunto orçamentário da Constituição. Está certo.

Houve tempo nesta República – bons tempos – em que o princípio da anualidade teve guarida na Constituição Federal. Ele, o velho princípio, erradicado pelo regime autoritário, vem-nos desde o Império, passando pela Primeira República. Foi ignorado pelo Estado Novo, logo voltando à tona com a Constituição democrática de 1946, para novamente submergir na redação obscurantista que a outorgada Emenda n.º 1 deu à Constituição de 1967.

Terá cabimento, portanto, tracejar a sua reportagem nos supedâneos dos juristas e juízes pátrios e, quiçá, nos aportes peregrinos dos povos cultos.

Por sem dúvida, o seu talhe será o mesmo com que se vestia e persistia na Constituição, neste ponto sábia e democrática, do povo das Gerais. A Constituição mineira de 1967 previa a anualidade (art. 16, I).

Sobre o princípio da anualidade, inserto no art. 141, § 34, da Constituição democrática de 1946, de ver a dissecação que dele fez o constituinte Aliomar Baleeiro, depois Ministro do STF:

> Parece-nos que a boa interpretação do art. 141, § 34, leva às seguintes conclusões lógicas:
>
> a) a lei material, que decreta ou majora tributo, ressalvados a tarifa aduaneira e o imposto de guerra, há de ser anterior ao Orçamento, pois não se autoriza nem se condiciona o que ainda não existe;
>
> b) a lei do tributo não pode ser alterada ou retificada, depois do Orçamento, para vigência no exercício a que este se refere;
>
> c) o Orçamento, na parte relativa à autorização para cobrança de tributos, não pode ser modificado ou alterado depois do prazo constitucional fixado para sua sanção (Constituição, art. 74 combinado com o art. 70 e parágrafo);
>
> d) a lei material do imposto cuja vigência se esgotou pela revogação ou pelo decurso de prazo fixado no texto de suas próprias disposições, não é revigorada pela simples autorização orçamentária para cobrança em exercício posterior;
>
> e) a lei tributária, revogada por outra, não volta a vigorar pela revogação desta última;
>
> f) a lei que aplica especialmente tributo à manutenção de órgão paraestadual, ou parafiscal, não pode delegar a este a fixação ou alteração do objeto da prestação, isto é, do *quantum* a ser exigido dos contribuintes, nem dispensar a autorização orçamentária para a cobrança em cada exercício;
>
> g) prorrogado o Orçamento, por força do art. 74 da Constituição, permanecem autorizados os impostos nele previstos, resultantes de leis ainda

em vigor, *sem que possa realizar a cobrança dos decretados posteriormente à aprovação do mesmo orçamento*;

h) vetado o Orçamento nos dias posteriores a 30 de novembro, não se prorroga o do exercício em curso, pois o art. 74 da Constituição determina a prorrogação *pleno jure* somente se os autógrafos do novo não tiverem sido enviados à sanção até aquela data: não se poderá realizar a cobrança de quaisquer tributos.[29]

Não menos incisivo era João Mangabeira, outro constitucionalista de escol: conterrâneo e contemporâneo de Baleeiro:

> Se não houver novo Orçamento, o contribuinte, desde 14 de novembro de cada ano, saberá que tem de pagar, sem possibilidade de surpresa, o que já estava pagando no exercício vigente. O texto não podia ser mais claro nem mais preciso.
> A situação jurídica, uma vez firmada pela sanção ou pela prorrogação do Orçamento, é imodificável dentro do ano financeiro.[30]

A índole orçamentária do princípio levou Misabel Derzi[31] a extratar as seguintes conclusões:

> Persiste atuante, na Constituição de 1988, o princípio da anualidade tributária, como expressão de:
> 1) marco temporal imposto, expressamente, ao legislador financeiro na fixação do exercício;
> 2) marco temporal imposto ao legislador tributário para eficácia e aplicação das leis tributárias que instituem ou majoram tributo, graças ao princípio da anterioridade;
> 3) marco temporal imposto, implicitamente, ao legislador tributário, na periodização dos impostos incidentes sobre a renda e o patrimônio;
> 4) previsão das alterações na legislação tributária pela notícia, contida na lei de diretrizes orçamentárias.
> A lei orçamentária é anual (arts. 165, I, II, III, e 165, §§ 8.º e 9.º da Constituição), vigorando por um exercício financeiro o qual, até a presente data, coincide com o ano civil, indo de 1.º de janeiro a 31 de dezembro.

---

[29] Apud COÊLHO, Sacha Calmon Navarro et al. *Aliomar Baleeiro no Supremo Tribunal Federal*. Rio de Janeiro: Forense, 1987.
[30] COÊLHO, Sacha Calmon Navarro et al. *Aliomar Baleeiro no Supremo Tribunal Federal*. Rio de Janeiro: Forense, 1987.
[31] DERZI, Misabel Abreu Machado. *Limitações constitucionais ao poder de tributar*. 7. ed. Rio de Janeiro: Forense, 1997. p. 160 e ss., de Aliomar Baleeiro, nota da atualizadora.

Mas lei complementar pode alterá-lo, desde que mantenha a anualidade do período.

É vedado ao legislador complementar escolher período mais reduzido do que o de um ano, porém ser-lhe-á facultado alterar-lhe o termo inicial e final.

[...]

Dessa forma, a arrecadação dos tributos é anual, feita para custear as despesas anualmente programadas. Por isso, os impostos que repousam em resultado de atividades econômicas (renda) ou em situações jurídicas (propriedade patrimonial) terão seus fatos geradores ou hipóteses renovadas ano a ano, daí decorrendo importantes consequências como a independência dos exercícios e, a irretroatividade da lei em relação ao exercício ou marco anual, imposto pela Constituição.

A periodização anual obrigatória dos impostos incidentes sobre a renda e o patrimônio são decorrências necessárias e lógicas do ciclo orçamentário anual, que renova a arrecadação, possibilitando o enfrentamento dos gastos a serem efetuados pelo Estado, ano a ano.

[...]

O princípio da anualidade do exercício financeiro que acabamos de examinar também tem seus reflexos diretamente no seio do sistema tributário, pois o art. 150, III, "b", assim proclama o princípio da anterioridade:

"... é vedado à União, aos Estados, ao Distrito Federal e aos Municípios:
... cobrar tributos... no mesmo exercício financeiro em que haja sido publicada a lei que os instituiu ou aumentou".

Portanto, a anterioridade é um princípio que tem como referência exatamente o exercício financeiro anual, razão pela qual a anualidade se converte em marco fundamental à vigência e eficácia das leis tributárias e, consequentemente, à periodização nos impostos incidentes sobre a renda e o patrimônio, como veremos a seguir.

[...]

A doutrina entende, de maneira universal, que o lucro ou o prejuízo de uma empresa somente pode ser rigorosamente apurado com o término de sua existência. Sendo a continuidade da atividade, um princípio comercial e contábil básico, a periodização é uma ficção, cujos efeitos devem ser atenuados. Mas é inafastável.

Explica Freitas Pereira que a regra anual foi universalmente adotada, em razão dos seguintes fatores:

A) o período não pode ser tão curto, que seus resultados não sejam significativos, nem tão longo que impeça sua renovação;
B) a duração do período deve permitir a comparação entre exercícios sucessivos;

C) o período deve integrar um ciclo completo de estações, de modo a neutralizar influências sazonais. E conclui:

"A adoção de uma base anual para a elaboração das contas preenche estes requisitos e reflete o juízo de uma longa experiência segundo a qual o ano nem é demasiado longo nem demasiado curto e, além disso, projeta o ritmo normal em que se desenvolve a vida econômica e social, toda ela marcada pelo ciclo das estações" (cf. *A Periodização do Lucro Tributável*, Lisboa, Centro de Estudos Fiscais, 1988).

[...]
Enfim, a periodização é um corte, feito no tempo, sobre os frutos da atividade produtiva, em princípio contínua, corte que tem como efeito imediato a delimitação temporal do pressuposto tributário, que se renova a cada decurso de novo período.

Como a periodização é um corte feito em uma atividade econômica ininterrupta – sendo a regra da continuidade da exploração um princípio contábil e de Direito Comercial universal – dela resultam outras regras tecnicamente necessárias e reconhecidas pelos ordenamentos jurídicos em geral, tais como a uniformidade ou permanência de métodos utilizados; a especialização dos exercícios; a identidade entre o balanço de abertura de um exercício e o balanço de encerramento do exercício anterior; a cautela ou não paridade de tratamento entre lucro e prejuízo.

Concordamos com a professora citada. O princípio orçamentário da anualidade reflete luz sobre o Direito Tributário e produz consequências relevantes.

6.20. O PRINCÍPIO DA IRRETROATIVIDADE DA LEI FISCAL – ÊNFASE NO IMPOSTO DE RENDA EM PRIMEIRO LUGAR

A irretroatividade das leis, salvo quando interpretativa ou para beneficiar, é princípio geral do Direito, e não seria necessário sequer o constituinte mencioná-lo na parte das vedações ao poder de tributar.

Ocorre que, em face de peculiaridades de nossa recente experiência jurídica, fez-se necessária a sua menção expressa no capítulo do Sistema Tributário.

Paradoxalmente, a jurisprudência brasileira vinha consagrando, em tema de imposto de renda, a irretroatividade da lei fiscal.

A Súmula n.º 584 do STF dispunha:

> Ao Imposto de Renda calculado sobre os rendimentos do ano-base, aplica-se a lei vigente no exercício financeiro em que deva ser apresentada a declaração.

Como se sabe, o imposto de renda, no Brasil, das pessoas físicas e jurídicas, salvo determinadas exceções, como mudança para o estrangeiro, encerramento de atividades e outras, está estruturado pelo dualismo: *ano-base*/ano da declaração. No ano-base, 1.º de janeiro a 31 de dezembro, ocorrem os fatos jurígenos. No ano da declaração, o contribuinte *recata* os fatos tributáveis, aproveita as deduções, compensa os créditos fiscais, dimensiona a base imponível, aplica as alíquotas, obtém o *quantum* devido e recolhe o imposto sob a condição suspensiva de, *a posteriori*, o Fisco concordar com o imposto declarado. Em caso de recolhimento a menor, ocorrerão lançamentos suplementares.

É intuitivo, na espécie, que o aspecto temporal da hipótese de incidência fecha em 31 de dezembro do ano-base, porque o "fato jurígeno" do imposto de renda é continuado. Em 31 de dezembro cessa o movimento, e tudo *cristaliza-se*. O filme em exibição desde 1.º de janeiro chega ao *fim* (no último átimo de tempo do dia 31 de dezembro de cada ano-base). Nesta data, temos o *irreversível*. No ano do exercício da declaração, o que se tem é o relato *descritivo* e *quantitativo* dos fatos jurígenos (suporte da tributação).

Para satisfazer o princípio da anterioridade, é necessário que a *lei de regência do imposto de renda* seja a vigente em 31 de dezembro do ano anterior ao ano-base, pois teriam os contribuintes a prévia informação do *quadro legal que regularia as suas atividades tributárias, antes de ocorrerem...*

A Súmula do STF, no entanto, entendia o contrário, impressionada por uma polêmica acadêmica (mas não só por isso) que discutia sobre o *dies ad quem* do período aquisitivo da renda, se em 31 de dezembro do ano-base ou em 1.º de janeiro do exercício seguinte (exercício da declaração).

Academicismo irritante, pois o importante é e sempre será o contribuinte *saber, antes de realizar as suas atividades*, o quadro jurídico de regência dessas mesmas atividades, o que leva à tese de que só o dia 31 de dezembro seria, *ética e juridicamente, o dia apropriado*. Caso contrário, falar em princípio da anterioridade traduziria enorme toleima, a crer-se na seriedade e nas funções do princípio.

Interessa aos jogadores de um time qualquer, de um esporte qualquer, jogar sem saber das regras? E só tomar conhecimento delas após o jogo no vestiário? Privilegiado é o árbitro. Pode *valorar a posteriori* o vencedor e os vencidos.

Ora, tal era a situação do IR no Brasil antes da Constituição de 1988. Vale dizer, o IR não só não respeitava o princípio da anterioridade como tornava o imposto *retroativo*, contra um princípio geral do Direito universalmente aceito e praticado.

A pena de Luciano da Silva Amaro, a propósito dessa situação, tracejou linhas candentes de inconformismo. Em *liber amicorum* em louvor a Aliomar Baleeiro, expusemos as ideias de Luciano com indisfarçável simpatia.[32] Vigia a CF de 1967:

---

[32] COÊLHO, Sacha Calmon Navarro *et al. Aliomar Baleeiro no Supremo Tribunal Federal*. Rio de Janeiro: Forense, 1987. p. 88.

Sem acolher a crítica que autorizada doutrina (Geraldo Ataliba, Paulo de Barros Carvalho) faz à classificação dos fatos geradores em instantâneos e periódicos, deve reconhecer-se que o tributo incide sobre a soma algébrica de diversos dados pertinentes ao ano-base (ou ao exercício social, no caso de pessoas jurídicas), e, portanto, só se pode afirmar a consumação ou o aperfeiçoamento do fato gerador com o término do período de sua formação. Ou seja, é necessário que se esgote o ciclo de sua formação (prevista na lei), para que ele se repute perfeito como fato gerador. Os ganhos obtidos, por exemplo, no início do período podem ser absorvidos por deduções ou abatimentos que se realizem posteriormente, até o final do ciclo, por isso não se pode sustentar que, desde o primeiro rendimento auferido no ano já se instaura a relação obrigacional tributária; se o fato gerador periódico ainda não se consumou, inexiste a obrigação. Enfim, é preciso aguardar-se o término do período de formação, para que se possa atestar a própria existência do fato gerador (e não apenas sua dimensão).

Conclui incisivamente, a nosso ver, de modo correto:

É realmente inacreditável que se continue insistindo em que a renda que não foi ganha até 31 de dezembro (ou 1.º de janeiro) considera-se ganha nessa época, e que, portanto, a lei que seria retroativa considera-se não retroativa e, em decorrência, o que a Constituição exigia considera-se não mais exigido – tudo por força das virtualidades mágicas da lei ordinária.

Isso revela profunda desconsideração pela Lei Fundamental, desprezo que culmina – quando se traz à colação o princípio da anterioridade – com a assertiva de que só se exige lei anterior ao lançamento do tributo, como, se, transpondo a questão para o Direito Penal, bastasse lei anterior ao "lançamento da pena" pelo Estado, no lugar de lei anterior ao delito.

Não podemos compactuar com equívocos tão irritantes quanto antigos e, de costas voltadas para a Constituição, continuar a construir aquilo que ela, solenemente, proíbe.

O autor das citas possui certamente autoridade. Nas XI Jornadas Latino-Americanas de Direito Tributário promovidas pela Associação Brasileira de Direito Financeiro, entre 15 e 20 de maio de 1983, logrou aprovação de tese nesse sentido presentes delegações de todo o continente. Decidiu-se então:

A aquisição da disponibilidade de renda resulta de fatos (voluntários ou não) que se produzem ao longo do período, e que são fatos jurídicos, relevantes para efeito da lei tributária. Por isso e em face dos princípios da anterioridade, da irretroatividade e da segurança do direito (a não surpresa, a evitação do arbítrio), bem como as demais implicações do Estado de

Direito, é vedada a alteração da lei, para criar ou aumentar o imposto, após iniciado o período.

É pertinente notar que Baleeiro sempre lutou para que o nosso imposto de renda fosse estruturado em bases correntes. Se o fosse, certamente a falácia da anterioridade em tema de imposto sobre a renda estaria, por esta via, parcialmente superada. De todo modo, compreendemos indulgentemente a Luciano Amaro quando, candente, verberou a Súmula n.º 584, confirmatória do que entendeu ser uma "velhíssima e empedernida inconstitucionalidade, que mercê de estranha síndrome de inércia da doutrina, contaminou os espíritos, instalou-se nas mentes e cristalizou-se a tal ponto que mereceu consagração em súmula".

Agora o quadro é outro. O art. 150, III, "a", "b" e "c", rechaça a prevalência da Súmula n.º 584 do STF, sem qualquer sombra de dúvidas.

6.21. O PRINCÍPIO DA ANTERIORIDADE – MECÂNICA DE FUNCIONAMENTO EM FACE DOS DIVERSOS TIPOS DE FATOS GERADORES – FORMA, LUGAR E TEMPO DO PAGAMENTO DA OBRIGAÇÃO TRIBUTÁRIA – RESERVA DE LEI

Os fundamentos históricos e axiológicos do princípio tributário da anterioridade radicam: (a) na possibilidade de os contribuintes poderem prever a lei de regência a que estarão, no exercício seguinte, sujeitados os seus negócios, bens, renda e patrimônio (*antes de realizarem* os fatos geradores); e (b) na certeza de que, durante o transcurso do *exercício*, lei alguma terá eficácia para alterar a *lex proevia* em que se basearam para a realização dos fatos jurígeno-tributários. Saber antes: certeza e segurança. Eis o significado da *anterioridade*.

É dizer, o princípio da anterioridade nada tem a ver com a época em que os contribuintes pagam os tributos decorrentes da *realização dos fatos geradores*. A regulação jurídica de um fato jurígeno não pode ser *posterior* à ocorrência deste.

O princípio atua *antes* do fato jurígeno e não depois (irretroatividade substancial).

A regulação do lugar, da forma e do tempo do *pagamento do tributo* (fórmula normal de extinção das obrigações de dar, pecuniárias) também deve estar prevista *ex lege, antes do início do exercício financeiro em que ocorrem os fatos geradores da obrigação*. É errôneo supor que tais matérias são "administrativas", podendo ser alteradas ao *alvedrio do credor*, no caso, ao alvedrio das pessoas jurídicas de Direito Público, territoriais e não territoriais. Ao revés, são temas interditados ao Estado-Administração (sujeito ativo da obrigação tributária). Uma parte não pode unilateralmente alterar a obrigação.

Solvens e *accipiens*, por força de contratos ou leis (obrigações *ex lege*), devem *saber antes*, com *anterioridade*, todos os elementos estruturais das obrigações a que se vinculam, aí incluídos o lugar, a forma e o tempo do pagamento.

Inobstante, os fatos jurígenos são diversos. Noutras palavras, os fatos geradores dos tributos podem ser fatos ou conjunto de fatos. Estes podem ocorrer num *ponto na linha do tempo* ou *entre dois pontos* na linha do tempo, na medida em que se possa figurar o vir a ser do tempo como *série* ou *linha pontilhada* (duração).

Assim sendo, faz-se necessário não apenas precisar o dia em que ocorre o fato gerador, mas precisar igualmente o *dies a quo* e o *dies ad quem* quando se tratar de "fato gerador" composto de conjunto de fatos na duração do tempo. Caso contrário, não se teria como operacionalizar, em relação a estes, o princípio da anterioridade. O imposto sobre a renda anual caracteriza bem a hipótese. Neste, importa mais saber quando começa o *fato gerador*... A lei deve ser prévia ao seu início.

A função dos princípios da anterioridade e da irretroatividade, referido o último aos *fatos geradores*, recoloca a questão de maneira correta e suplanta a Súmula n.º 584 do STF, de forma inquestionável, a nosso sentir, com vantagem para os contribuintes, armados, agora, de mais certeza e segurança perante o poder de tributar. O constituinte de 1988, neste ponto, merece encômios.

6.22. A IRRETROATIVIDADE DA LEI E A RETROSPECTIVIDADE

Alguns autores estão procurando introduzir em nosso Direito, sub-repticiamente, a retroatividade da lei fiscal, com elegantes citações de doutrinadores estrangeiros, em cujos países o princípio da irretroatividade da lei tributária não tem consagração constitucional como no Brasil. Alhures o princípio é deduzido da legalidade e da capacidade contributiva, e admite-se, em certos casos, a chamada retrospectividade da lei. Vejamos o que vem a ser tal coisa, como bem explica a Prof.ª Misabel Derzi:[33]

> A retroatividade será imprópria ou "retrospectiva", se a lei não atuar nem sobre o passado nem também sobre o futuro mas "... em um presente ainda não concluído, porém em vias de formar o fato jurídico e as relações jurídicas... no caso dos impostos periódicos, ela é editada no curso do ano, antes do termo final do nascimento do direito. Na verdade, isso foi deduzido da técnica do § 38 AO e não da realidade dos fatos. Aumentos do imposto de renda e das sociedades para o ano de 1980 são admitidos também ainda em 20 de dezembro de 1980" (K. Tipke, *Steuerrecht*, Köln, Otto Schimidt KG, 1983, p. 46).
>
> Essa diferenciação entre retroatividade autêntica e imprópria ou "retrospectiva" é aceita pelo Tribunal Constitucional alemão, sob as críticas de grande parte da doutrina, porque, como diz Tipke, ela não convence,

---

[33] DERZI, Misabel Abreu Machado. *Limitações constitucionais ao poder de tributar*. 7. ed. Rio de Janeiro: Forense, 1997. p. 191-193, de Aliomar Baleeiro, nota da atualizadora.

especialmente se considerarmos que o princípio da irretroatividade visa à proteção da confiança (cf. Op. cit., p. 47).

[...]

É preciso lembrar ainda que na Constituição alemã inexistem os princípios da irretroatividade, da anterioridade e da capacidade econômica de contribuir, os quais se põem como normas fundamentais entre nós.

Ora, a anterioridade, que leva ao adiamento da eficácia da norma tributária modificadora do imposto sobre a renda, para o exercício financeiro subsequente, por si só, impede em qualquer circunstância a adoção da tese que permite a retrospectiva ou retroatividade imprópria ao legislador. Não há possibilidade de uma lei nova, majoradora do tributo, sendo publicada no curso do período, desencadear efeitos no mesmo ano, graças ao citado princípio da anterioridade. Pode-se afirmar que, do ponto de vista da irretroatividade, se se aceitasse como correta a majoração do imposto sobre a renda, por lei publicada no final do ano-base, mesmo assim, a lei não haveria de ser aplicada, pois, estando seus efeitos necessariamente procrastinados para o exercício financeiro seguinte, somente a lei velha e anterior estaria a reger os fatos ao encerramento do período. É, assim, equivocado supor que o Código Tributário Nacional, ao se referir a fatos geradores "pendentes", estaria autorizando a aplicação de lei nova que entrasse em vigor antes do encerramento do período. Como observa, com sabedoria, Sacha Calmon (*in CTN Comentado*, no prelo), fato gerador "pendente" é apenas fato sujeito a condição suspensiva que ainda não se deu; é fato futuro. O art. 105 do Código Tributário Nacional, conjugado aos arts. 116 e 117, não se aplica aos tributos de período.

A observação procede inteiramente. Os alemães, à falta de preceitos constitucionais expressos, extraem a irretroatividade do *Estado de Direito e da segurança jurídica*. Os italianos dizem que a lei tributária não pode ser retroativa porque a *capacidade contributiva* há de ser contemporânea à ocorrência de um fato que a revele previamente posto numa lei impositiva. A capacidade contributiva é sempre concebida de forma concreta. Só pode ser aferida com o fato concreto que ocorre conforme a previsão legal. Como alcançar, então, fatos já ocorridos, anteriores à lei fiscal? A propósito, ver o jovem professor, posto que já renomado, Augusto Fantozzi.[34]

Não é o caso do Brasil, onde o princípio, além de mencionado no capítulo dos Direitos Fundamentais, é enfaticamente repetido no capítulo tributário da Constituição. Se uma situação começou sob a regência da lei "alfa", mas está em transcurso, a superveniência da lei "beta" não a alcança. Somente a lei anterior à situação tem vez. Não se admite a retroatividade em Direito Tributário.

---

[34] FANTOZZI, Augusto. *Diritto tributário*. Torino: UTET, 1991. p. 151.

6.23. A IRRETROATIVIDADE DA LEI, DA JURISPRUDÊNCIA E DA DECISÃO ADMINISTRATIVA DEFINITIVA

Em Direito Tributário, como já se sabe, a obrigação é *ex lege* ou heterônoma, para usar a terminologia de Kelsen.

A lei tributária não pode alcançar o ato jurídico perfeito, a coisa julgada e o direito adquirido (CF/1988, art. 5.º, XXXVI). E o art. 150, III, prescreve que não se podem cobrar, ou seja, exigir tributos em relação a fatos geradores ocorridos *antes do início da vigência da lei que os houver instituído ou aumentado.*

Contudo, o nosso Direito Tributário prescreve não apenas a irretroatividade da lei, mas também das *decisões administrativas e judiciais,* aplicativas da lei.

Entre nós, não apenas a lei, mas todo o Direito Tributário está marcado pela irretroatividade (legislação, administração e jurisdição) em prol dos justiçáveis, ao suposto de que o Direito muda continuamente, seja pela inovação legislativa, seja pela inovação de sua interpretação pelo Judiciário, seja pela alteração dos critérios de aplicação da lei pela Administração.

Com efeito, para nos lembrarmos de Kelsen, a lei é *geral* e *abstrata.* Projeta normas gerais em abstrato. Mais precisos são a sentença judicial e o ato administrativo. Ambos são *atos de aplicação da lei* com um teor de concreção muito maior. Por isso Kelsen dizia que eram normas individuais as que recaíam concretamente sobre certas e determinadas pessoas ou classes de *pessoas, normatizando condutas humanas.* Pois, não se diz, que o ato administrativo define ou ajuda a definir *situações jurídicas individuais?*

Por outro lado, é comum ouvirmos que "a sentença é lei entre as partes".

Pleno de sabedoria, o nosso Direito Tributário impede a retroatividade da sentença e do ato tributário.

Dispõe o CTN, *verbis*:

> Art. 146. A modificação introduzida, de ofício ou em consequência de decisão administrativa ou judicial, nos critérios jurídicos adotados pela autoridade administrativa no exercício do lançamento somente pode ser efetivada, em relação a um mesmo sujeito passivo, quanto a fato gerador ocorrido posteriormente à sua introdução.
>
> Art. 156. Extinguem o crédito tributário:
> [...]
> IX – a decisão administrativa irreformável, assim entendida a definitiva na órbita administrativa, que não mais possa ser objeto de ação anulatória;
> X – a decisão judicial passada em julgado.
> Parágrafo único. A lei disporá quanto aos efeitos da extinção total ou parcial do crédito sobre a ulterior verificação da irregularidade da sua constituição, observado o disposto nos artigos 144 e 149.

Extinto o crédito, como previsto no artigo acima transcrito, toda alteração judicial ou administrativa em sentido contrário ao entendimento anterior, que determinou a extinção do crédito, não o ressuscita. Aplica-se "para o futuro". Em síntese, descabem *revisão administrativa* e *ação rescisória* para desfazer o ato jurídico perfeito e a coisa julgada em matéria fiscal, seja por erro de direito, seja por erro formal. Não é outro, desta vez restrita a esfera administrativa, o sentido do art. 100 do CTN e seu importantíssimo parágrafo único:

> Art. 100. São normas complementares das leis, dos tratados e das convenções internacionais e dos decretos:
> I – os atos normativos expedidos pelas autoridades administrativas;
> II – as decisões dos órgãos singulares ou coletivos de jurisdição administrativa, a que a lei atribua eficácia normativa;
> III – as práticas reiteradamente observadas pelas autoridades administrativas;
> IV – os convênios que entre si celebrem a União, os Estados, o Distrito Federal e os Municípios.
> Parágrafo único. A observância das normas referidas neste artigo exclui a imposição de penalidades, a cobrança de juros de mora e a atualização do valor monetário da base de cálculo do tributo.

Vale dizer, quando o *ato administrativo normativo* (com alto grau de abstração) *traduzir a lei* de modo posteriormente declarado *inidôneo*, mesmo assim, o contribuinte fica resguardado do erro de interpretação da Fazenda que o terá induzido a errar ou, quando nada, a agir de certo modo posteriormente declarado incorreto, injurídico ou ilegal.

Em parecer conjunto com a Prof.ª Misabel Derzi e o Prof. Humberto Theodoro Júnior, restou pensada e escrita a doutrina que ora se dá a estampa:

> A *lei nova* ou a decisão judicial posterior, quer ao lançamento, quer à extinção do crédito tributário, só possuem eficácia *ex nunc* – ou melhor – *ad futuram*. São peculiaridades do Direito Tributário, que, se é marcado pelos princípios da capacidade contributiva, da justiça e da igualdade no momento da elaboração de suas normas, é igualmente imantado pelos princípios da *previsibilidade, da certeza e da segurança do direito* no concernente à *aplicação e aos efeitos dessas mesmas normas fiscais* relativamente aos contribuintes. Daí se extrai a força dos princípios da imutabilidade das decisões favoráveis transitadas em julgado, da anterioridade e da irretroatividade material (o que não pode retroagir, a rigor, não é apenas a lei geral ou a sentença – norma em sentido individual – *mas o próprio direito que venha a ser revelado* pela lei nova, o ato administrativo e a decisão judicial posteriores a certos fatos ou atos já integralmente realizados).
> O que dissemos a respeito da extinção da obrigação tributária por decisão administrativa, irreformável, da autoridade administrativa, não mais

passível de ação anulatória, pela própria Administração, há de ser repisado, com maior ênfase, no que se refere à extinção da obrigação tributária em razão de decisão judicial transitada em julgado (coisa julgada formal e material), favorável ao sujeito passivo.

Nessa hipótese, nem mesmo a ação rescisória – quando se tratar de interpretação da norma tributária, ou seja, de pura *quaestio juris* – tem o condão de fazer renascer um crédito tributário já extinto, pois a obrigação tributária (a relação jurídica) legalmente inexiste. Inexiste não porque a sentença rescindenda assim determinara, mas senão porque uma lei complementar da Constituição – lei material – determinou este efeito para a sentença definitiva: *o fim da obrigação e do crédito tributário correspondente*. Há, portanto, *limite material* em Direito Tributário oponível ao cabimento da ação rescisória. Pode-se dizer, sem medo de errar, que, em matéria tributária, pelas mesmas razões que impedem o refazimento do lançamento por erro de direito e decretam a extinção da obrigação por autorrevisão administrativa (certa ou errada), inexiste pressuposto (carência de ação) para a ação rescisória de sentença transitada em julgado, em razão de interpretação diversa do direito aplicada à espécie. Aqui, mais do que em qualquer outro ramo do direito pátrio, têm cabimento as Súmulas n°s 343 e 134 do Supremo Tribunal Federal e do Superior Tribunal de Justiça (ex--Tribunal Federal de Recursos).

Em página de grande sensibilidade, a Prof.ª Misabel Derzi leciona:

> Têm razão os germânicos, que extraem do princípio do Estado de Direito, consagrado em sua Constituição, a irretroatividade do Direito (não apenas das leis, mas também dos atos administrativos e da jurisprudência). Ora, ao assegurar a Constituição brasileira que a lei não retroagirá, respeitando-se a coisa julgada, a expressão lei, utilizada no art. 5.º, XXXVI, tem alcance muito mais amplo para significar a inteligência da lei em determinado momento, ou seja, certa leitura da lei, abrangendo assim, os atos que a ela se conformam, emanados do Poder Judiciário e do Executivo. A lei posta pelo Poder Legislativo pode comportar mais de uma interpretação, de modo que a lei que vige, em determinado momento, é a lei segundo uma de suas interpretações possíveis. À certa altura, sem nenhuma mudança literal da fórmula legislativa, que conserva os mesmos dizeres, altera-se a interpretação que da mesma lei fazem os tribunais, os quais passam a decidir conforme outra interpretação. Surge, assim, sem lei nova como ato emanado do Poder Legislativo, espécie de lei nova proclamada pelo Poder Judiciário. A irretroatividade da lei alcança, portanto, a irretroatividade da inteligência da lei aplicada a certo caso concreto, que se cristalizou por meio

da coisa julgada. A limitação imposta às leis novas quanto à irretroatividade abrange também os atos judiciais, uma vez que uma decisão judicial é sempre tomada segundo certa leitura ou interpretação da lei. Interpretação nova, ainda que mais razoável, não pode atingir uma sentença já transitada em julgado. Não podem retroagir as decisões judiciais, ainda que a título de uniformização jurisprudencial. O instituto da coisa julgada é necessária garantia de segurança e estabilidade das relações jurídicas como ainda de praticidade, pois tornar-se-ia inviável a aplicação do direito se, a cada evolução e mutação jurisprudencial, devessem ser rescindidas as decisões anteriores, para que se proferissem novas decisões, com base na nova lei, simples nova inteligência da lei. Assim, no direito nacional, como em todos os países que se enquadram dentro do princípio do Estado de Direito, a decisão judicial nova que interpreta de maneira diferente uma norma jurídica não retroage, nem enseja rescisão de sentença transitada em julgado.

6.24. IRRETROATIVIDADE E AÇÃO RESCISÓRIA

Entre nós, causa grande inquietação a questão da contribuição social sobre os lucros das pessoas jurídicas. Diversos tribunais regionais federais consideraram inconstitucional a Lei n.º 7.689, de 15 de dezembro de 1988, que a instituíra, e inúmeros acórdãos transitaram formal e materialmente em julgado.

Mais tarde, o Supremo Tribunal Federal considerou inconstitucionais partes da lei apenas, validando-a quase que inteiramente e mantendo, a partir de dada época, a tributação (fez valer o princípio da anterioridade, dizendo-a válida de dada data em diante).

Ocorre que vários contribuintes, pessoas jurídicas, deixaram, por anos a fio, de recolher o tributo, por isso que cobertos pela coisa julgada. De repente, a Procuradoria da Fazenda Nacional se pôs a aforar *ações rescisórias* para anular ditos julgados e cobrar os tributos não pagos.

É preciso distinguir entre as ações rescisórias propostas contra decisões anteriores à declaração de inconstitucionalidade pela Corte Suprema (essas admissíveis) e as ações rescisórias que visam a fulminar sentenças anteriores ao reconhecimento da constitucionalidade da lei pelo Supremo Tribunal Federal (inadmissíveis). Para isso, convém examinar o conteúdo das súmulas que se seguem:

Súmula n.º 343 do Supremo Tribunal Federal:

> Não cabe ação rescisória por ofensa a literal disposição de lei, quando a decisão rescindenda se tiver baseado em texto legal de interpretação controvertida nos tribunais.

Súmula n.º 134 do extinto TFR:

Não cabe ação rescisória por violação de literal disposição de lei se, ao tempo em que foi prolatada a sentença rescindenda, a interpretação era controvertida nos tribunais, embora posteriormente se tenha fixado favoravelmente à pretensão do autor.

Na hipótese da Lei n.º 7.689/1988, cuja constitucionalidade foi reconhecida pelo Supremo Tribunal Federal, algumas premissas devem ser destacadas:

a) a coisa julgada, na hipótese, refere-se a assunto que envolve obrigação tributária, abrangendo interesses multitudinários, porque estabelecida em grande número de demandas iguais propostas nos mais variados pontos do território nacional;

b) o dissídio jurisprudencial em torno da constitucionalidade ou não da Lei n.º 7.689/1988 foi notório e profundo;

c) o pronunciamento em favor do qual se operou a coisa julgada filiou-se à tese da inconstitucionalidade da Lei n.º 7.689 e por isso liberou inúmeros contribuintes do encargo de recolher a contribuição por ela instituída;

d) o posicionamento do Supremo Tribunal Federal, pela inconstitucionalidade parcial da mesma lei, veio a dar-se, posteriormente, em feito entre partes diversas e sob a modalidade de controle constitucional difuso ou *incidenter tantum*.

Ora, desse quadro impõem-se, de plano, algumas conclusões relevantes, que não podem ser esquecidas:

Em primeiro lugar, o julgamento do STF, que se utiliza para lastrear a ação rescisória, é de eficácia restrita às partes do processo em que foi proferido;

Em segundo lugar, como já registramos, a Súmula n.º 343 do STF afasta o cabimento da rescisória por violação de literal disposição de lei, quando exista divergência interpretativa da lei nos tribunais (que é a hipótese de que tratamos concretamente). Não obstante, o STF também já firmou o entendimento de que a referida Súmula n.º 343 não se aplica aos temas constitucionais, pois neste caso não se pode esvaziar a competência do Supremo Tribunal Federal. Tal entendimento, porém, é imprestável à situação cogitada. É curial distinguir entre rescisórias de sentença anterior à *declaração de constitucionalidade* pelo STF e rescisórias de sentença anterior à *declaração de inconstitucionalidade* pelo STF.

É que o Pretório Excelso tem decidido, realmente, que aquela Súmula não deve ser observada quando o acórdão rescindendo aplicou lei posteriormente declarada inconstitucional. Isto porque, afirmou o Pleno da Suprema Corte, "lei inconstitucional não produz efeito e nem gera direito, desde o seu início"; "assim sendo, perfeitamente comportável é a ação rescisória" (RE n.º 89.108/GO, Rel. Min. Cunha Peixoto, ac. de 28.08.1980, *in RTJ*, 101/209).

Em outros termos, o afastamento da Súmula n.º 343 ocorre quando o acórdão rescindendo tenha ofendido regra constitucional, mediante aplicação de norma inferior inconstitucional, e, então, a ação rescisória vise justamente a restabelecer a aplicação da regra maior objeto da ofensa – *RTJ*, 114/361 e 125/267.

Na hipótese *sub cogitatione*, porém, o acórdão que se pretende afirmar ofensivo à literalidade da lei não negou aplicação a nenhuma norma constitucional, mas, sim, a uma lei ordinária, por considerá-la inconstitucional. O dissídio pretoriano e a incidência, ou não, da lei se passaram em face da norma infraconstitucional.

Estabeleceu-se, assim, a coisa julgada não contra a regra da Carta Magna mas contra a lei infraconstitucional, a que se recusou aplicação. Não é esta a situação que, a nosso sentir tem levado o Supremo Tribunal Federal a deixar de aplicar o Enunciado n.º 343 de sua Súmula. Ao contrário, por ser o caso radicalmente distinto, lhe é integralmente aplicável a referida Súmula n.º 343.

Acresce ainda, como veremos a seguir, que, no plano infraconstitucional, o Código Tributário Nacional atribui às decisões judiciais, desfavoráveis à Fazenda Pública, que transitam em julgado, o caráter desconstitutivo ou extintivo do crédito tributário. Há, portanto, literal disposição de lei, considerada materialmente complementar à Constituição – o Código Tributário Nacional –, que é um impedimento intransponível à viabilidade da ação rescisória.[35]

Uma coisa é rescindir acórdão baseado em lei inconstitucional inexistente; outra, rescindir a coisa julgada embora contrária a lei considerada constitucional.

6.25. O PRINCÍPIO DA IGUALDADE OU DO TRATAMENTO ISONÔMICO

De saída, igualdade na tributação, capacidade contributiva e extrafiscalidade formam uma intrincada teia. Veremos a razão da assertiva para logo. Leia-se o ditado do art. 150, II:

> Art. 150. [...] é vedado [...]
> [...]
> II – instituir tratamento desigual entre contribuintes que se encontrem em situação equivalente, proibida qualquer distinção em razão de ocupação

---

[35] THEODORO JÚNIOR, Humberto; DERZI, Misabel Abreu Machado; COÊLHO, Sacha Calmon Navarro. *Da impossibilidade jurídica de ação rescisória anterior à declaração de constitucionalidade pelo Supremo Tribunal Federal*. Parecer.

profissional ou função por eles exercida, independentemente da denominação jurídica dos rendimentos, títulos ou direitos;
[...]

Para Emilio Betti,[36] os "princípios gerais" da igualdade e da capacidade contributiva orientam a legislação, mas são de dificílima concreção prática. E Becker[37] indaga: "O que é justo, o que é igual, o que é desigual?" Misabel de Abreu Derzi,[38] com rigor, intenta a resposta:

> É altamente controvertido separar o que seja igual do desigual, pois sujeitos os conceitos a variações histórico-culturais. Não obstante, o preceito da igualdade, disposto na Constituição, já é dotado de substância e conteúdo jurídico: é vedado distinguir os homens segundo o sexo, a raça etc. [...] que sob tal aspecto são juridicamente iguais. E os iguais devem ser igualmente tratados, pois diz a norma que os homens, mesmo diferindo em sexo, ou credo religioso, são iguais.
> Esse é o enfoque do princípio da igualdade mais corrente: uma proibição de distinguir. As características de generalidade e abstração da norma estão a seu serviço.
> [...]
> Interessa, pois, muitas vezes, saber em que casos o princípio da igualdade prescreve uma atuação positiva do legislador, sendo-lhe vedado deixar de considerar as disparidades advindas dos fatos (a que se ligam necessariamente as pessoas) para conferir-lhes diferenciação de tratamento. É necessário saber quais as desigualdades existenciais que são também desigualdades jurídicas, na medida em que não se sujeitam a uma ignorância legislativa.
> [...]
> Alguns autores analisam-na exclusivamente sob o aspecto negativo. É aliás, o enfoque corrente. Celso Bandeira de Mello, não obstante o brilhantismo do tratamento que dispensou à matéria, também deu-lhe a seguinte abordagem: "é vedado ao legislador distinguir".
> Mas a isonomia, com relação ao Direito Tributário, deve ser formulada também, necessariamente, de maneira positiva.
> [...]
> A questão torna-se tanto mais importante quanto se sabe que, na ordem dos fatos, a desigualdade econômica é dado inegável, com ela convive

---

[36] BETTI, Emilio. *Interpretazioni della legge e degli atti giuridice*. Milano: Giuffré, 1949. p. 208.
[37] BECKER, Alfredo Augusto. *Teoria geral do direito tributário*. São Paulo: Saraiva, 1972. p. 452-457.
[38] DERZI, Misabel Abreu Machado; COÊLHO, Sacha Calmon Navarro. *O IPTU*. São Paulo: Saraiva, 1982. p. 56 e 61.

e dela se alimenta o sistema capitalista, suporte e estrutura do atual regime jurídico.

"Pode" ou deve o legislador considerar tais diferenças advindas dos fatos? Se a resposta for apenas "pode", então o princípio da igualdade (no sentido material) não tem significado especial para o Direito Tributário.

Em matéria fiscal, interessa menos saber o que legislador está proibido de distinguir e mais o que ele deve discriminar.

[...]

[...] só há tratamento igual aos desiguais, como dizia o grande mestre e príncipe do Direito brasileiro, que é Rui Barbosa, em matéria tributária, "se cada qual tiver de contribuir com imposto, de acordo com sua capacidade contributiva" (Geraldo Ataliba, "Do Sistema Constitucional Tributário", *in Curso sobre Teoria do Direito Tributário*, São Paulo, Tribunal de Impostos e Taxas, 1975, p. 251).

Por que deve o legislador considerar disparidades?

Para nós, a juridicidade da capacidade contributiva resulta, como vimos, do lado positivo do princípio da igualdade: o dever imposto ao legislador de distinguir disparidades.

Vimos, com Uckmar, que, universalmente, a isonomia é aceita como a igualdade de direitos e deveres dos cidadãos.

Ora, o tributo é um dever. Um dever de que natureza? Um dever obrigacional, cuja característica é ser econômico, patrimonial. O levar dinheiro aos cofres públicos. O que se postula é puramente que esse dever seja idêntico para todos, importe em sacrifício igual a todos os cidadãos.

Profundamente infratora do princípio em estudo seria a norma tributária que criasse um imposto fixo, incidente sobre os rendimentos auferidos no ano anterior, cuja prestação fosse quantitativamente idêntica para todos os contribuintes, independentemente do valor desses rendimentos. E tanto mais odiosa seria a norma quanto mais gravoso fosse o tributo, representativo de leve encargo para os ricos e de insuportável dever para os pobres, pois ela excluiria do peso fiscal apenas as pessoas que não obtivessem qualquer rendimento.

[...]

Temos, por conseguinte, dois marcos limitadores obrigatórios, que constrangem o legislador a considerar as disparidades advindas dos fatos.

O primeiro deles delimita o ponto a partir do qual se inicia o poder tributário e que deve estar sempre acima da renda mínima, indispensável à subsistência. Delimita, pois, onde se inicia a capacidade contributiva.

O segundo circunscreve a esfera da capacidade contributiva do sujeito passivo. Extrema o texto máximo o ponto além do qual, por excesso, o tributo torna-se confiscatório. O direito de propriedade encontra-se no limite da área de capacidade contributiva.

A norma tributária que exceder os marcos referidos é inconstitucional, exatamente por ignorar desigualdades. Desigualdades que não são colocadas artificialmente nas normas, mas são disparidades econômicas advindas dos fatos que devem ser pesados pelo legislador ordinário.

[...]

Sendo assim, o lado positivo da igualdade (dever de distinguir desigualdade) impõe-se seja o tributo quantificado segundo a capacidade contributiva de cada um, que é diversificada, e o lado negativo do princípio (dever de não discriminar) constrange o legislador a tributar, de forma idêntica, cidadãos de idêntica capacidade contributiva.

Os aspectos negativo e positivo do princípio da igualdade miscigenam-se continuamente, constrangendo o legislador ordinário a criar os mesmos deveres tributários para aqueles que manifestarem idêntica capacidade contributiva. Configuram, pois, os requisitos de generalidade e proporcionalidade da norma tributária.

A análise da Doutora Professora da UFMG bem demonstra as profundezas do princípio da igualdade ou do tratamento isonômico no Direito, em geral, e no Direito Tributário. Demonstra, mais, apesar da reflexão de Becker e do ceticismo de Betti, que o princípio não é só farol, tem de *projetar luz*, clarear o papel do legislador, obrigando-o a realizá-lo. E desautorizá-lo se ofender o princípio, em recurso possível ao Judiciário. Disse o que dissemos um Aliomar Baleeiro quase poeta:[39]

> A Constituição escrita não passa de semente que se desenvolve das seivas da terra, ao sol e ao ar do amplo debate, em abundante vegetação e florescência das leis, regulamentos, jurisprudência e práticas políticas. A Constituição, dizia Woodrowd Wilson, não se reduz a documentos de juristas, mas representa o veículo de vida e o seu espírito é sempre o da época. Sem dúvida, mas se o jardineiro da Constituição, em suas podas, enxertias, adubações e hibridações, pode dar novos matizes e perfumes às rosas, engendrando as mais belas variedades, é-lhe proibido, entretanto, transformá-las em cravos ou parasitárias orquídeas por virtuosismos de genética. Por mais caprichosa que seja a policromia e a variação esquisita dos aromas no Direito Constitucional, as rosas deverão ser sempre facilmente reconhecíveis como rosas.

Pois bem, o princípio da igualdade da tributação impõe ao legislador:

A) discriminar adequadamente os desiguais, na medida de suas desigualdades;

---

[39] BALEEIRO, Aliomar. *Limitações constitucionais ao poder de tributar*. 2. ed. Rio de Janeiro: Forense, 1960. p. 280.

B) não discriminar entre os iguais, que devem ser tratados igualmente.

Deve fazer isto atento à *capacidade contributiva* das pessoas naturais e jurídicas.

Há mais considerações no entanto.

Em certas situações, o legislador está autorizado a tratar desigualmente aos iguais, sem ofensa ao princípio, tais são os casos derivados da *extrafiscalidade e do poder de polícia*.

A extrafiscalidade é a utilização dos tributos para fins outros que não os da simples arrecadação de meios para o Estado. Nesta hipótese, o *tributo* é instrumento de políticas econômicas, sociais, culturais etc.

O poder de polícia, por seu turno, investe legisladores e administradores de meios, inclusive fiscais, para limitar direito, interesse ou liberdade em benefício da moral, do bem-estar, da saúde, da higiene, do bem comum enfim (prevalência do todo sobre as partes).

Passemos aos exemplos. Não repugna ao princípio da isonomia:

A) a tributação exacerbada de certos consumos nocivos, tais como bebidas, fumo e cartas de baralho;
B) o imposto territorial progressivo para penalizar o ausentismo ou o latifúndio improdutivo;
C) o IPTU progressivo pelo número de lotes vagos ou pelo tempo, para evitar especulação imobiliária, à revelia do interesse comum contra a função social da propriedade;
D) imunidades, isenções, reduções, compensações para partejar o desenvolvimento de regiões mais atrasadas;
E) *idem* para incentivar as artes, a educação, a cultura, o esforço previdenciário particular (seguridade).

Imunidades, isenções, reduções, exonerações em geral descendem da incapacidade contributiva, do poder de polícia e da extrafiscalidade. Mas não escapam do controle jurisdicional as leis exonerativas. Alberto Deodato,[40] saudoso financista, vinca o papel da extrafiscalidade:

> Se se avantajam, no imposto de consumo, as finalidades fiscais, não se lhe pode negar que, acompanhado de outras medidas, tem função social. A fome na família a que se refere Nitti, pode vencer o vício. O orçamento do pai se aperta para o álcool e se elastece para os gêneros de primeira necessidade.

---

[40] DEODATO, Alberto. *Funções extrafiscais do imposto*. Belo Horizonte: Faculdade Direito da UFMG, 1949. p. 96.

Certos artigos nocivos à saúde, à moral, ao desenvolvimento social, poderão ser sobretaxados, tornando-os mais difíceis de aquisição.

O imposto de licença de certos estabelecimentos pode tornar proibitiva a abertura dos nocivos à ordem pública e à moral.

Cabe ao legislador exonerar motivadamente, sob pena de o Judiciário, se provocado, retirar eficácia à exoneração desmotivada, contra a Constituição.

Tal como posto na Constituição de 1988, o princípio do tratamento isonômico é abrangente, mas convive com o princípio da incapacidade contributiva, a progressividade extrafiscal e as alíquotas diferenciadas de vários impostos: IPI, ITR, IPTU, IPVA (menor para os veículos a álcool, *v.g.*) e ISS. Convive com as isenções e imunidades e alcança todos os tributos, por uma exigência da própria ciência do Direito, quando não por expressa determinação constitucional.

Quer nos parecer, no entanto, que o dispositivo refulge com maior brilho para o *imposto de renda*. A própria redação do artigo trai a direção desse clarão. Ao falar em proibição de tratamento desigual entre contribuintes que se encontrem em *situação equivalente*, vedada qualquer distinção em razão de *ocupação profissional ou função por eles exercidas*, independentemente da *denominação jurídica dos rendimentos, títulos ou direitos* – a conjectura é do comentarista – esteve o constituinte a pensar nos lucros bursáteis, nos militares, nos legisladores, nos juízes, nos fazendeiros, nas sociedades de profissionais liberais e outros, desenganadamente beneficiados pela não incidência do IR ou incidência mitigada deste sobre os seus ganhos. A Carta de 1967 excluía do imposto de renda e proventos as ajudas de custo e as diárias pagas pelos cofres públicos, por obra do Dr. Delfim Neto, o "todo-poderoso" de então.

Durante os regimes militares, para evitar *aumentos nominais* de vencimentos, os governos instituíram e toleraram pagas a *militares, administ*radores, parlamentares e juízes que se caracterizavam como *ajudas de custo* (jetons, verbas de representação, ajudas para moradia, transporte *et caterva*). Por outro lado, as espertas lamúrias do setor primário da economia (agropecuária, em especial) induziram o governo a uma tributação privilegiante do setor, e o *lobby* dos grandes investidores continuamente mostrou o mercado financeiro como louça chinesa, infensa aos trancos da tributação, especialmente as bolsas de valores. Desejosos de submeter tais segmentos a uma tributação geral pelo imposto de renda, os constituintes pesaram a mão ao redigir o princípio da igualdade da tributação, atingindo o próprio Poder Legislativo (depois se deram aumentos compensatórios...).

De qualquer modo, o princípio é salutar, evita privilégios, contém o legislador, ativa a crítica e a vigilância sociais e entrega ao Poder Judiciário a missão de sedimentá-lo ao longo da *práxis* que se seguirá ao texto constitucional. A sua *materialização genérica* é impossível. Topicamente assistiremos a polêmicas doutrinárias e questões judiciais a propósito da aplicação do princípio.

6.26. O PRINCÍPIO DO NÃO CONFISCO

Reza o art. 150, IV, da CF: "É vedado utilizar tributo com efeito de confisco". É vedação genérica. Fala-se em tributo (gênero). Quando o tributo, digamos, o IPTU, é fixado em valor idêntico ao do imóvel tributado, ocorre o confisco através do tributo. Quando o IR consome a renda inteira que tributa, dá-se o confisco.

A teoria do confisco e especialmente do confisco tributário ou, noutro giro, do confisco através do tributo deve ser posta em face do direito de propriedade individual, garantido pela Constituição. Se não se admite a expropriação sem justa indenização, também se faz inadmissível a apropriação através da tributação abusiva. Mas não se percam de vista dois pontos essenciais:

A) admite-se a tributação exacerbada, por *razões extrafiscais* e em decorrência do exercício do poder de polícia (gravosidade que atinge o próprio direito de propriedade);
B) o direito de propriedade, outrora intocável, não o é mais. A Constituição o garante, mas subordina a garantia "à função social da propriedade" (ao direito de propriedade causador de disfunção social, retira-lhe a garantia).

Esta a implantação da questão e suas balizas.
Reza a Constituição de 1988:

> Art. 5.º [...]
> [...]
> XXII – é garantido o direito de propriedade;
> XXIII – a propriedade atenderá a sua função social;
> XXIV – a lei estabelecerá o procedimento para desapropriação por necessidade ou utilidade pública, ou por interesse social, mediante justa e prévia indenização em dinheiro, ressalvados os casos previstos nesta Constituição;
> XXV – no caso de iminente perigo público, a autoridade competente poderá usar de propriedade particular, assegurada ao proprietário indenização ulterior, se houver dano;
> [...]
> Art. 170. A ordem econômica, fundada na valorização do trabalho humano e na livre iniciativa, tem por fim assegurar a todos existência digna, conforme os ditames da justiça social, observados os seguintes princípios:
> I – soberania nacional;
> II – propriedade privada;
> III – função social da propriedade;
> IV – livre concorrência;
> V – defesa do consumidor;

VI - defesa do meio ambiente, inclusive mediante tratamento diferenciado conforme o impacto ambiental dos produtos e serviços e de seus processos de elaboração e prestação (Redação dada pela Emenda Constitucional n.º 42, de 19.12.2003);

VII - redução das desigualdades regionais e sociais;

VIII - busca do pleno emprego;

IX - tratamento favorecido para as empresas de pequeno porte constituídas sob as leis brasileiras e que tenham sua sede e administração no País (Redação dada pela Emenda Constitucional n.º 6, de 1995).

Parágrafo único. É assegurado a todos o livre exercício de qualquer atividade econômica, independentemente de autorização de órgãos públicos, salvo nos casos previstos em lei.

Art. 182. A política de desenvolvimento urbano, executada pelo Poder Público municipal, conforme diretrizes gerais fixadas em lei, tem por objetivo ordenar o pleno desenvolvimento das funções sociais da cidade e garantir o bem-estar de seus habitantes.

§ 1.º O plano diretor, aprovado pela Câmara Municipal, obrigatório para cidades com mais de vinte mil habitantes, é o instrumento básico da política de desenvolvimento e de expansão urbana.

§ 2.º A propriedade urbana cumpre sua função social quando atende às exigências fundamentais de ordenação da cidade expressas no plano diretor.

§ 3.º As desapropriações de imóveis urbanos serão feitas com prévia e justa indenização em dinheiro.

§ 4.º É facultado ao Poder Público municipal, mediante lei específica para área incluída no plano diretor, exigir, nos termos da lei federal, do proprietário do solo urbano não edificado, subutilizado ou não utilizado, que promova seu adequado aproveitamento, sob pena, sucessivamente, de:

I - parcelamento ou edificação compulsórios;

II - imposto sobre a propriedade predial e territorial urbana progressivo no tempo;

III - desapropriação com pagamento mediante títulos da dívida pública de emissão previamente aprovada pelo Senado Federal, com prazo de resgate de até dez anos, em parcelas anuais, iguais e sucessivas, assegurados o valor real da indenização e os juros legais.

Art. 184. Compete à União desapropriar por interesse social, para fins de reforma agrária, o imóvel rural que não esteja cumprindo sua função social, mediante prévia e justa indenização em títulos da dívida agrária, com cláusula de preservação do valor real, resgatáveis no prazo de até vinte anos, a partir do segundo ano de sua emissão, e cuja utilização será definida em lei.

§ 1.º As benfeitorias úteis e necessárias serão indenizadas em dinheiro.

§ 2.º O decreto que declarar o imóvel como de interesse social, para fins de reforma agrária, autoriza a União a propor a ação de desapropriação.

§ 3.º Cabe à lei complementar estabelecer procedimento contraditório especial, de rito sumário, para o processo judicial de desapropriação.

§ 4.º O orçamento fixará anualmente o volume total de títulos da dívida agrária, assim como o montante de recursos para atender ao programa de reforma agrária no exercício.

§ 5.º São isentas de impostos federais, estaduais e municipais as operações de transferência de imóveis desapropriados para fins de reforma agrária.

Art. 186. A função social é cumprida quando a propriedade rural atende, simultaneamente, segundo critérios e graus de exigência estabelecidos em lei, aos seguintes requisitos:

I – aproveitamento racional e adequado;

II – utilização adequada dos recursos naturais disponíveis e preservação do meio ambiente;

III – observância das disposições que regulam as relações de trabalho;

IV – exploração que favoreça o bem-estar dos proprietários e dos trabalhadores.

Estes dispositivos edificam a propriedade e delimitam o seu cerco.

Além disso, o IPI poderá ter alíquotas gravosas para os artigos supérfluos, e o imposto de renda deve ser *progressivo* de modo a alcançar mais pesadamente aqueles que auferem maiores ganhos e rendas. E pode chegar aos altos picos de renda, como já ocorreu entre os países nórdicos, sem a coima de confiscatório. Por outro lado, não pode "supor renda" onde esta é aparente ou inexistente, caso do "lucro inflacionário" ou das parcelas indenizatórias.

O conceito clássico de confisco operado pelo Poder do Estado empata com a apropriação da alheia propriedade sem contraprestação, pela expropriação indireta ou pela *tributação*. O confisco pela tributação é indireto. Quando o montante do tributo é tal que consome a *renda ou a propriedade*, os proprietários perdem ou tendem a desfazer-se de seus bens. Aqui dá-se um aparente paradoxo. É exatamente no escopo de tornar insuportável a propriedade utilizada contra a função social que são arrumadas as *tributações extrafiscais*. O imposto territorial rural exacerbado leva o proprietário egoísta a desfazer-se dela ou dar-lhe função compatível com a CF. O IPTU progressivo no tempo leva o proprietário de lotes urbanos inaproveitados ao desespero. O imposto de importação altíssimo desestimula o consumo de bens supérfluos, o mesmo ocorrendo com os demais impostos que gravam a renda utilizada no consumo de bens e serviços. Admitem-se até alíquotas progressivas sobre o consumo de energia elétrica e combustíveis por faixas de consumo (quanto mais alto o consumo, maior a tributação).[41] A meta é evitar o

---

[41] Súmula n.º 391 do STJ: "O ICMS incide sobre o valor da tarifa de energia elétrica correspondente à demanda de potência efetivamente utilizada".

desperdício, excluídos os consumos obrigatórios, como é o caso da indústria de alumínio (energia elétrica) e dos frotistas (combustíveis), só para exemplificar.

Em suma, a vedação do confisco há de se entender *cum modus in rebus*. O princípio tem validade e serve de garantia, inclusive, para evitar exageros no caso de taxas, como já lecionamos. O princípio, vê-se, cede o passo às políticas tributárias extrafiscais, *mormente as expressamente previstas na Constituição*. Quer dizer, onde o constituinte previu a exacerbação da tributação para induzir comportamentos desejados ou para inibir comportamentos indesejados, é vedada a arguição do princípio do não confisco tributário, a não ser no caso-limite (*absorção do bem ou da renda*).

Destarte, se há fiscalidade e extrafiscalidade, e se a extrafiscalidade adota a *progressividade exacerbada* para atingir seus fins, deduz-se que o princípio do não confisco atua no *campo da fiscalidade* tão somente e daí não sai, sob pena de *antagonismo normativo*, um absurdo lógico-jurídico.

Em sua formulação mais vetusta, o princípio do não confisco originou-se do pavor da burguesia nascente em face do poder de tributar dos reis.

6.27. O PRINCÍPIO DO NÃO CONFISCO E AS PRESUNÇÕES LEGAIS

Não podemos esconder, todavia, duas questões relevantíssimas ligadas ao princípio da igualdade: (a) a proliferação de isenções e outros tipos exonerativos; e (b) a *vexata quaestio* do mínimo legal a uma existência digna de qualquer ser humano e de sua família (agregado familiar).

Quanto à primeira questão, cabe registrar que a Constituição mexicana (art. 28) *proíbe a isenção de impostos*. Não se diga que foi só reação revolucionária aos absurdos favores em prol do clero e das classes dominantes espanholadas anteriores à Revolução Mexicana. A Bélgica, na *soi-disant* culta Europa (art. 112), renega privilégios tributários, o mesmo ocorrendo com a Constituição dos Países Baixos, em cujo art. 182 se lê: "Nenhum privilégio pode ser concedido em matéria de impostos". Ecos, ainda, da Revolução Francesa e de sua ojeriza pelos nobres, os áulicos e o clero? Não se podem negar exageros em matéria exonerativa a desmerecer o princípio da igualdade. Na doutrina há quem considere a isenção um *desvio* dos princípios da generalidade e da igualdade, mesmo reconhecendo a necessidade de "incentivos fiscais" para corrigir "desigualdades sociais" e "regionais".

A doutrina italiana, especialmente, em face do confronto norte (rico) e sul (pobre), conhece com intensidade as implicações políticas e sociais do tema. Nesse sentido, Salvatore La Rosa.[42] Sainz de Bujanda[43] qualifica de *terrível* a questão da isenção em face do princípio da justiça fiscal, ou seja, da igualdade. Daí por que se requer, nesta área, o controle jurisdicional. Itália, Espanha e Brasil são países com sérias desigualdades sociais.

---

[42] LA ROSA, Salvatore. *Eguaglianza tributaria e la esenzione fiscale*. Milano: Giuffrè 1968.
[43] BUJANDA, Sainz de. *Hacienda y derecho*. Madrid: Instituto de Estudios Tributarios, 1963. v. III, p. 418-421.

A. Berliri[44] entende que a proliferação de isenções e outros favores fiscais como que são sintomas de demência (precoce ou não) dos sistemas tributários, e F. Moschetti[45] não vê como coadunar as exigências da Tesouraria e da capacidade contributiva com as pressões por incentivos e aliciantes fiscais. Em suma, a isenção não é *panaceia* e deve ter motivo e efeito.

Pessoalmente, somos por uma fiscalidade neutra e por uma despesa seletiva, corretora das desigualdades. No Brasil, *v.g.*, o Estado tem o dever indeclinável de ofertar *educação, saúde e segurança a todos os pobres...* e não a todos os brasileiros (os ricos têm acesso fácil a todos os bens da vida sem necessidade do Estado, apesar dele). Por aí começa a igualdade, tratando diferentemente os desiguais.

Esta frase, a nosso sentir, é lapidar. Indica precisamente a extrema operosidade do princípio da capacidade contributiva, motor da isonomia fiscal.

O contribuinte tem o direito de demonstrar a sua incapacidade contributiva, e o Legislativo, o dever de investigar a realidade para atendê-lo nestas ingratas circunstâncias, cabendo ao Judiciário, à sombra larga do princípio contributivo, sindicar as leis e os fatos para fazer prevalecer a *justiça* e a *igualdade*.

Quanto à segunda questão, não apenas Alfredo Augusto Becker com sua estranha prosódia leciona que o princípio do "mínimo vital" – nos países que juridicizam o princípio da capacidade contributiva – tem que se impor a todos os tributos, sob pena de iniquidade.

Deixando de lado o extremado positivismo do nosso Becker, que o princípio não precisa ser positivado na Constituição para atuar, outros autores adotam a mesma posição. Assim, Domingos Pereira de Sousa,[46] que escreve desde Portugal pela Universidade Lusíada (*Sol Lucet Omnibus*), diz, com extremo rigor, ao trabalhar o princípio da igualdade, que: "O requisito da capacidade contributiva exige que [...] em cada imposto se respeite a isenção do mínimo legal, enquanto elemento essencial da personalização da tributação."

Nas modernas sociedades de massas, a tentação dos Fiscos, escudados nos "grandes números" e em nome da "racionalização", é para "simplificar" a tributação. Fala-se muito, inclusive no princípio da "praticabilidade". A nosso sentir, este tal não foi e jamais será princípio jurídico. É simples tendência para igualar e simplificar sem considerar os princípios da justiça, da igualdade e da capacidade contributiva. E, a não ser que os respeite ou seja benéfico ou opcional para o contribuinte, não poderá prevalecer. Em adversas circunstâncias, o princípio do não confisco, na medida em que confronta os desvarios fiscalistas, é de grande importância para combater as ficções e presunções fiscais abusivas.

---

[44] BERLIRI, A. Caractteristiche dell'Iva Italiano. *Diritto e Pratica Tributaria*, Milano: Giuffré, 1972. v. I, p. 410.
[45] MOSCHETTI, F. *El principio de capacidad contributiva*. Madrid, 1980, p. 268.
[46] SOUSA, Domingos Pereira de. *As garantias dos contribuintes*. Lisboa: Ed. Universidade Lusíada, 1991.

Misabel Derzi, explicando a praticabilidade, mas começando a nota com uma advertência, aduz:

> Como regra geral, a doutrina e a jurisprudência tendem a reconhecer a constitucionalidade das presunções, ficções ou somatórios que sejam definidos na lei. Entretanto, a norma inferior legal não pode ofender a norma constitucional superior. Especialmente no Brasil, é de se refletir sobre o tema, uma vez que a Constituição Federal, ao regular o Sistema Tributário, desce a pormenores que acabam por delimitar materialmente a competência legislativa dos entes estatais tributantes.
>
> A praticabilidade, como um princípio importante e difuso no ordenamento, autoriza a criação de presunções, tetos e somatórios em lei, desde que, com isso, não fiquem anulados princípios constitucionais como aquele que veda utilizar tributos com efeito de confisco ou aquele que determina a graduação dos impostos de acordo com a capacidade econômica do contribuinte.
>
> Sustentando que a capacidade econômica consiste em algo concreto e não fictício, autores apontam a inconstitucionalidade das presunções fiscais absolutas (*iuris et de iure*) e a ilegitimidade daquelas relativas que não sejam razoáveis e logicamente justificáveis ou que não consintam, de modo amplo, na demonstração da prova contrária (Cf. Francesco Mochetti, *Il Principio della Capacità Contributiva*, ob. cit., p. 220-300).
>
> No Direito brasileiro é inaceitável, por exemplo, a limitação dos gastos com a educação do contribuinte e de sua família, *v.g.*, em tema de imposto de renda. Tampouco se podem admitir "pautas fiscais" nos impostos cujas bases de cálculo são determinadas pelo mercado. Não pode a Administração, por mais que argumente com "preços médios" e "pesquisas de mercado", prefixar em 10 mil reais o preço de um automóvel que, de fato, foi vendido por 8 mil reais. Se há subfaturamento, cumpre-lhe provar o dolo do contribuinte e apená-lo. O que se não pode admitir é igualar a todos os comerciantes de automóveis e dizer que o carro "Alfa" novo custa, por *presunção legal*, 10 mil reais, interferindo no mercado, por si só concorrencial.
>
> Continua inadmissível, ainda, o sistema de substituição tributária "para a frente" no ICMS, preconizado pela Emenda Constitucional n.º 3 à Constituição de 88, se não houver a "imediata e integral" devolução do imposto cobrado a maior em razão da *margem de lucro pautada* pelo Fisco para a operação subsequente, evidentemente por "presunção", em nome da praticabilidade. Em casos que tais uma fábrica de cerveja, *v.g.*, ao vender a milhares de varejistas, paga o seu imposto e o que será devido pelos varejistas compradores. Nada contra o sistema, que é prático e racional. O que não pode ocorrer sem correção é estimar, *v.g.*, uma margem de lucro de 60% sobre o preço de fábrica quando, em verdade, as margens não ultrapassam 20% ou 30%, dependendo do mercado.

Por isso mesmo, a Emenda n.º 3 impôs a "imediata e integral" devolução ao contribuinte substituído do imposto cobrado a maior, caso o fato gerador não venha a ocorrer ou a base de cálculo "presumida" seja menor do que a imaginada pelo Fisco. Na hipótese de as legislações do ICMS desobedecerem aos ditames da Constituição, estarão ofendendo-a e institucionalizando *tributação com efeito de confisco*.

São admissíveis, por outro lado, a tributação do ICMS "por estimativa" para os pequenos contribuintes, se lhes for dado o *direito de opção*, bem como a tributação pelo "lucro presumido", no imposto de renda, mas apenas se o contribuinte quiser. Praticabilidade e presunção fiscal só encontram guarida se se assegura a correção dos efeitos confiscatórios e se se permite o exercício da liberdade (opção pela fórmula menos onerosa).

Na hipótese da substituição tributária do ICMS, há pouco versada, como se faria a imediata e integral devolução do imposto pago a maior, por antecipação?

Como se sabe, o ICMS é controlável por uma conta gráfica em que as operações de venda geram débitos do ICMS, e as operações de compra geram créditos do ICMS.

O imposto a pagar decorre do valor que se apresentar depois de se deduzir o montante dos créditos do montante dos débitos.

Quando a substituição tributária se fixa no adquirente, inexistem problemas de valor e escrituração, que pode até ser dispensada. Exemplificamos com o fazendeiro que vende seus bois ao frigorífico, seu substituto tributário, que registra as operações, emite documentos de entrada e destaca no preço que paga ao fazendeiro o valor do imposto pelo mesmo devido. Mas no caso da substituição tributária "para a frente", o fato gerador ainda vai ocorrer. Na verdade, ao registrar suas vendas, o contribuinte substituído vai anotar um valor menor do ICMS – se a presunção do Fisco for exagerada – e, nesse caso, ele deve emitir um documento retificador ao substituto registrando um crédito de ICMS a ser abatido nas próximas operações com substituição. Em síntese, estabelece-se entre substituto e substituído uma "conta gráfica retificadora". É o modo de assegurar a preferencial e imediata devolução do imposto pago a maior do que o devido em razão do exercício da presunção pelo Fisco. A verdade reentra na relação jurídico-tributária por força do princípio da não cumulatividade com respaldo no princípio do não confisco.

Por derradeiro, anote-se que o Fisco, com a praticabilidade, seja na substituição para a frente ou para trás, não pode substituir a verdade pela presunção.

O seu dever de fiscalizar é indeclinável. "Onde o conforto, o desconforto", já diziam os antigos (*Ubi commodo, ibi incommodo*).

O princípio do não confisco assoma até nos julgados da própria Administração. É o caso do chamado "lucro imobiliário" a título do imposto de renda. A legislação, por "praticidade", passou a desconsiderar o tempo e a depreciação trazida por ele aos imóveis entre o ato de compra e o ato de venda (diferencial de valor). O 1.º Conselho de Contribuintes lavrou, então, o seguinte acórdão:

IR – Lucro Imobiliário – Cálculo
IRPF – Lucro imobiliário – Sujeita-se ao imposto de renda, o lucro obtido na alienação imobiliária, assim considerado a diferença entre o valor da alienação e os custos de aquisição/construção do imóvel, corrigidos monetariamente até a data da alienação, deste deduzido, quando for o caso, o percentual de 5% por ano de permanência no imóvel com o alienante, contado até 1988, inclusive (Ac. un. da 4.ª C. do 1.º CC, n.º 104-13.868. Rel.: Cons. Roberto William Gonçalves, j. 11.11.1996, *DOU* 07.04.1997, p. 6.670 – ementa oficial.)

6.28. O NÃO CONFISCO COMO LIMITE AO PODER DE GRADUAR A TRIBUTAÇÃO

Nas sociedades modernas, penetradas pelo *social* mais que pelo *individual*, o princípio do não confisco tem horas que assoma como velharia. É que o constitucionalismo moderno, nos países democráticos, prestigia e garante a propriedade referindo-a, porém, a sua função social. Os tributos visam a obter meios, mas sempre preservando as fontes onde se cevam e, até, induzem o crescimento das mesmas. Quanto maior a economia de uma nação, melhor para as finanças públicas. Esta a índole do regime. Falar-se em confisco neste panorama é *nonsense*. A tributação exacerbada tem finalidade exclusivamente extrafiscal, que arreda o princípio.

No entanto, é bom frisar, o princípio do não confisco tem sido utilizado também para fixar padrões ou patamares de tributação tidos por suportáveis, de acordo com a cultura e as condições de cada povo em particular, ao sabor das conjunturas mais ou menos adversas que estejam se passando. Neste sentido, o princípio do não confisco se nos parece mais com um *princípio de razoabilidade na tributação...*

Tributação razoável. Eis a questão. O que é razoável hoje não o será amanhã. Não é a mesma coisa aqui, ali, alhures. Tema intrincado este, cuja solução terá que vir, e variando com o tempo e o modo, pelos Poderes Legislativo e Judiciário da República. O nosso pensamento, no particular, empata com o de Baleeiro. No seu *Limitações constitucionais ao poder de tributar*,[47] livro clássico, averbou o grande mestre às fls. 240 e seguintes:

> O problema reside na fixação de limites, expedidos os quais, esses objetivos, prometidos pela Constituição, estariam irremediavelmente feridos. Tribunais estrangeiros já se inclinaram por critérios empíricos, como o de 33% da renda, adotado pela Corte Suprema da Argentina. Mas esse problema é fundamentalmente econômico. E, à luz da economia, é fácil pro-

---

[47] BALEEIRO, Aliomar. *Limitações constitucionais ao poder de tributar*. 2. ed. Rio de Janeiro: Forense, 1960.

var, até com a experiência, que, na tributação progressiva, se poderá atingir até quase 100% – do que há fartos exemplos – sem destruir a propriedade, impedir o trabalho, desencorajar a iniciativa ou ultrapassar a capacidade econômica.

Mas não ofendem à Constituição impostos que, em função extrafiscal, são instituídos com propósito de compelir ou afastar o indivíduo de certos atos ou atitudes. Nesse caso, o caráter destrutivo e agressivo, é inerente a essa tributação admitida por tribunais americanos e argentinos e da qual há exemplos no Direito Fiscal Brasileiro quando visa ao protecionismo à indústria, ao incentivo à natalidade, ao combate ao ausentismo, ao latifúndio etc.

E, gizando o problema da extrafiscalidade, aduziu sobre o Direito argentino:[48]

> A velha Constituição de Alberdi, considerada à simples leitura, abolia o confisco apenas no Código Penal. Isso não serviu de obstáculo a que a Corte Suprema, na sua jurisprudência torrencial, com fundamento na garantia ao direito de propriedade, invalidasse tributos esmagadores, como lhe pareceu aquele que alcança parte substancial da propriedade, ou renda de vários anos, e até o que absorve mais de 33% do produto anual de imóvel eficientemente explorado. A Corte adotou um *standard* jurídico semelhante à *reasonableness* dos tribunais norte-americanos: "entanto la relación entre el valor de la propiedad y la tasa de la contribución sea razonable, la tasa de confiscatoriedad sólo es admisibile si se demuestra que el impuesto absorbe más del 33% del produto normal de la eficiente exploración del inmueble grabado" – diz um dos acórdãos. A doutrina, a julgar por Bielsa, repele energeticamente o confisco tributário.

Noutra decisão importante, entretanto, a Corte argentina ressalva as tributações de caráter extrafiscal:

> Los propósitos fundamentales de una contribución no siempre son de ordem fiscal...; se se aplicara indistintamente a todas las contribuciones fiscales el concepto genérico de que un impuesto degenera en exacción o confiscación quando alcanza una parte substancial de la propiedad o a la ranta de vários años de capital gravado, se arribaria a la conclusión de que son inconstitucionales la mayor parte de los impuestos proibitivos que, por razones de diversa índole, pueden oponerse a la introducción al pais de determinados produtos.

---

48 BALEEIRO, Aliomar. *Limitações constitucionais ao poder de tributar*. 2. ed. Rio de Janeiro: Forense, 1960. p. 244.

6.29. O PRINCÍPIO DA UNIDADE FEDERATIVA – LIMITAÇÕES AO TRÁFEGO DE PESSOAS E BENS NO TERRITÓRIO NACIONAL – PEDÁGIO

O art. 150, V, diz ser vedado às pessoas políticas estabelecer limitações ao tráfego de pessoas ou bens por meio de tributos interestaduais ou intermunicipais, exceto pedágios.

São letras do passado. O dispositivo é quase vazio. No sistema brasileiro é impossível embaraçar o tráfego de pessoas ou coisas com tributos intermunicipais ou interestaduais, já ressalvado o pedágio, que *tem que ser igual* para todos os passantes, por classes, jamais pela origem, destino ou naturalidade. Ademais, para nós, pedágio é preço, público, semipúblico ou privado. Não é tributo, daí a ressalva da Constituição (ver este tema na parte em que tratamos das espécies tributárias).

Sim, porque os impostos são os previstos na Constituição e os residuais, não podendo incidir nenhum sobre *tráfego* (art. 152 da CF). As contribuições parafiscais e de melhoria e, muito menos, as taxas, não se prestariam a tal desserviço, pela natureza de seus fatos geradores. Então só restam barreiras fitossanitárias e pedágio.

Onde a origem do dispositivo? Na Velha República. Isto mesmo, a anterior à Revolução de 1930. Hoje, a questão só seria posta contra certas tarifas portuárias, assim mesmo impropriamente. O relato dessa questão está feito por Baleeiro, ainda no tempo da Constituição de 1946. O constituinte de 1988 andou atormentado pelos fantasmas das "velhas repúblicas". Diz Aliomar:[49]

> Um dos mais ásperos problemas fiscais e políticos da primeira República foi o dos tributos interestaduais, no duplo aspecto de imposto sobre as mercadorias exportadas para outros estados ou deles importadas.
> Na Constituição americana, a questão fora prevista, com reserva do imposto de importação para o Governo Federal e a proibição do imposto de exportação a ambas as competências. A competência para regular o comércio entre os Estados ou com o exterior é, lá, também do Congresso (art. I, seç. VIII, 3). Mas essa aparente simplicidade vem sendo desmentida pelos fatos, pois se controverte com frequência o que é ou não é imposto de exportação, como depõe um autorizado financista.
> Existe verdadeiro dilúvio de julgados a respeito da tributação discriminatória no campo do comércio interestadual, continuando aberto o problema até hoje. Práticas fiscais, inspeções sanitárias e outros expedientes têm sido usados na concorrência dos Estados entre si, segundo um constitucionalista:
> "State legislatures have used their police and taxing powers to prohibit or restrict the sale in local markets of out-of-state products [...] Taxes, or the

---

[49] BALEEIRO, Aliomar. *Limitações constitucionais ao poder de tributar*. 2. ed. Rio de Janeiro: Forense, 1960. p. 207 e ss.

charges for the use of the highways, are sometimes so levied as to discriminate against out-of-state commercial vehicles".

Nenhum espanto, pois, deve causar a recordação dos debates que, até 1934, e em menor escala depois, provocaram, no Brasil, os impostos interestaduais. As publicações do Congresso sobre o assunto abrangem grosso volume e abarcam algumas legislaturas.

Uma das primeiras e, talvez, a mais fecunda discussão acerca desse problema foi a polêmica entre Rui Barbosa e Amaro Cavalcanti, no meado do ano de 1896, em torno da constitucionalidade do imposto de exportação sobre mercadorias vendidas para outro Estado. Rui, aliás inimigo de todo e qualquer imposto desse tipo, sustentou a inconstitucionalidade, pois exportação se subentendia sempre para fora do País. Esse fora o propósito do constituinte. Amaro, senador por Estado onde se produzia e exportava sal e algodão para o resto do País, sustentou a tese oposta.

Essas e outras etapas do problema, que levou muito tempo, tinta e papel do Congresso e dos tribunais, têm hoje apenas interesse histórico, pois a Constituição em vigor, raiando pelo pleonasmo justificado por amarga experiência, diz: "Exportação de mercadorias de sua produção para o estrangeiro..." (art. 19, V). Logo, sem sombra de dúvida, nunca a mercadoria produzida em outro Estado, ou para outro Estado. Todavia, ainda hoje, há queixas dos Estados centrais obrigados ao serviço dos portos dos Estados marítimos, problema esse de técnica fiscal ou Direito Administrativo Fiscal, através das respectivas soluções e expedientes, inclusive convênios entre as unidades interessadas, para mútuo auxílio.

[...]

Das regras contra a tributação interestadual, a do art. 34, reprodução do art. 19, VI, da Constituição de 1934, não tem sido invocada em litígios, nem despertado maior interesse dos comentadores, que lhe dedicam escassas palavras.

A disposição poderia ser dispensada, talvez, se não fosse a recordação daquelas opiniões, que, na República Velha, chegaram ao extremo de sustentar a constitucionalidade do disfarce do imposto de importação sobre mercadoria recebida de outro Estado.

Não obstante a impossibilidade de barreiras fiscais dentro da Federação, é mais uma limitação ao poder de tributar garantindo o contribuinte.

O pedágio é preço. Tampouco é cobrado nas barreiras fiscais fronteiriças entre os Estados-Membros; daí por que a Constituição o expele da proibição.

CAPÍTULO 7

AS IMUNIDADES GENÉRICAS

7.1. A IMUNIDADE INTERGOVERNAMENTAL RECÍPROCA

Vamos repassar a lição sobre o significado da imunidade como instituto de Direito Tributário.

No dizer de Souto Maior Borges:[1]

> Ao proceder à repartição do poder impositivo, pelo mecanismo da competência tributária, a Constituição Federal coloca fora do campo tributável reservado à União, Estados-Membros, Distrito Federal e Municípios, certos bens, pessoas e serviços, obstando assim – com limitar o âmbito de incidência da tributação – o exercício das atividades legislativas do ente tributante.

Pontes de Miranda preleciona:[2]

> A regra jurídica de imunidade é regra jurídica no plano da competência dos poderes públicos – obsta à atividade legislativa impositiva, retira ao corpo que cria impostos qualquer competência para pôr na espécie.

Cabe à Carta Magna estabelecer a competência tributária das pessoas políticas, definindo-lhe o alcance e limite. Nos países que adotam constituições rígidas, como o Brasil, a imunidade, limitação constitucional ao poder de tributar, delimita o campo tributável posto à disposição do ente tributante.

A imunidade é congênita à Constituição, sua sede é inelutavelmente constitucional.

Costuma-se dizer que a imunidade é um *prius* em relação ao exercício da competência tributária, e a isenção, um *posterius*.

---

[1] BORGES, José Souto Maior. *Isenções tributárias*. São Paulo: Sugestões Literárias, 1969. p. 206.
[2] PONTES DE MIRANDA. *Questões forenses*. Rio de Janeiro: Borsoi, t. III, p. 364; idem, *Comentários à Constituição de 1946*. São Paulo: Max Limonad, 1953. v. 1, p. 156.

Ao traçejar o espaço fático sobre o qual pode o legislador infraconstitucional atuar, o constituinte previamente o delimita, separando as áreas de incidência e as que lhe são vedadas. O espaço fático posto à disposição do legislador infraconstitucional resulta das determinações genéricas dos fatos jurígenos (áreas de incidência). As áreas vedadas à tributação decorrem de proibições constitucionais expressas (imunidades) ou de implícitas exclusões (toda porção fática que não se contiver nos lindes da descrição legislativa do "fato gerador" é intributável à falta de previsão legal).

As imunidades alcançam as situações que normalmente – não fosse a previsão expressa de intributabilidade – estariam conceitualmente incluídas no desenho do fato jurígeno tributário. Por isso mesmo são vistas e confundidas as imunidades com um dos seus efeitos: o de limitar o poder de tributar.

O legislador constituinte autorizou ao município criar o ITBI, proibindo, no entanto, sua incidência sobre a transmissão desses bens ao patrimônio de pessoa jurídica em realização de capital (colação de bens imóveis ao capital de sociedade). Nesse mesmo passo, deu à União competência para instituir o ITR e, aos Estados, a faculdade de criar impostos sobre operações relativas à circulação de mercadorias. Proibiu à União, todavia, tributar com o ITR as glebas rurais de área mínima e vedou aos estados fazer incidir o ICMS sobre produtos industrializados remetidos ao exterior. Os prédios urbanos estão sujeitos ao IPTU de competência municipal, mas esta exação sobre o patrimônio não pode incidir sobre os "templos de qualquer culto", em virtude de imunidade expressa.

Nos exemplos figurados, constata-se que o constituinte, ao mesmo tempo em que concedeu poder e competência às pessoas políticas para a instituição de imposto sobre a transmissão de bens imóveis, sobre a propriedade predial urbana, sobre a propriedade territorial rural e sobre operações relativas à circulação de mercadorias, vedou o exercício dessas mesmas competências sobre certas transmissões imobiliárias, sobre determinado tipo de propriedade rural, sobre certas operações de circulação de mercadorias (as que destinam ao exterior produtos industrializados) e sobre a propriedade predial de algumas pessoas jurídicas, expressamente nominadas.

Inquestionavelmente, não fossem as imunidades – restrições à competência impositiva – e tais situações seriam perfeitamente tributáveis.

Dispõe a Constituição de 1988:

> Art. 150. Sem prejuízo de outras garantias asseguradas ao contribuinte, é vedado à União, aos Estados, ao Distrito Federal e aos Municípios:
> [...]
> VI – instituir impostos sobre:
> a) patrimônio, renda ou serviços, uns dos outros;
> [...]

Por primeiro, anote-se que esta imunidade não tem atuação sobre tributos, mas apenas sobre impostos, uma espécie do gênero.

Do exposto, conclui-se que a regra constitucional da imunidade intergovernamental recíproca tem campo de atuação delimitado:

A) não atua sobre taxas e contribuições de melhoria, que, aliás, só incidem sobre imóveis particulares;
B) não atua sobre as chamadas contribuições parafiscais, especiais ou sociais, salvo se os referidos tributos assumirem juridicamente a feição de impostos.

Por outro lado, o Estado, enquanto tal, não sendo empregador (regime estatutário), não se obriga pelas contribuições imputadas aos empregadores.

Todavia, não se trata de imunizar apenas a incidência do imposto de renda, dos impostos sobre o patrimônio e dos impostos sobre serviços, como durante muito tempo pensou o STF e também nós.[3] Trata-se de vedar a incidência de quaisquer impostos sobre a renda, o patrimônio e os serviços das pessoas políticas, como sempre quis Baleeiro.

O inesquecível mestre de todos nós entendia que as *nomina juris* renda, patrimônio e serviços possuem significados amplos, abrangentes, expansivos, e que a intergovernamental aplicava-se a todo e qualquer imposto do sistema tributário.

Para eles, duas ideias-força deveriam prevalecer na análise da espécie. Por primeiro, deve-se observar, caso a caso, quem está pagando realmente o imposto, quer como contribuinte *de jure*, quer como contribuinte *de fato*. Se for pessoa jurídica de Direito Público interno, deve-se conceder a imunidade. Governo não paga a governo. Em segundo lugar, deve-se ter sempre em mente a evolução histórica dos institutos, mormente a que ocorreu nos EUA, sob a inspiração e o controle dos *justices* da Suprema Corte norte-americana, construtores da doutrina judicial sobre a imunidade intergovernamental recíproca. E lá, segundo ele, esta evolução deu-se ao influxo da acomodação entre os interesses do Poder Central e dos estados federados, sob a égide do interesse público, que a tudo e a todos sobrelevou na preservação da ideia federalista. Entendia mais que a disciplina imunitória não podia ser compreendida nem aplicada sem apelo aos rudimentos da Ciência das Finanças e, pois, sem uma mirada sobre o mecanismo e os efeitos dos impostos no plano econômico, já que a tributação é um exercício interdisciplinar, como sempre entendeu Griziotti, com a oposição de Giannini.

Em várias passagens do seu monumental *Limitações Constitucionais ao Poder de Tributar*, o tratadista expende estas ideias com brilho e erudição.

---

[3] COÊLHO, Sacha Calmon Navarro. *Comentários à Constituição de 1988*: sistema tributário. 3. ed. Rio de Janeiro: Forense, 1990. p. 342 e ss.

Vejamos o que entende ser renda, patrimônio e serviços:

Constituem o patrimônio todos os bens ou todas as coisas vinculadas à propriedade pública e integrantes do serviço público, móveis ou imóveis, corpóreas ou não, inclusive complexo de coisas, como uma empresa, *universitas rerum*.

A imunidade não cobre só o patrimônio, considerado como a universalidade dos bens da pessoa de direito público ou entidade. O art. 19, III, "c", da Emenda n.º 1, de 1969, protege qualquer dos bens que a integram.

Rendas não são apenas os tributos, mas também os preços públicos que possam provir do exercício de suas atribuições, de venda de seus bens e utilização de seus serviços. Não é admissível, em qualquer caso, o significado que Rui defendeu para rendas, equiparando-as às *rentes*, na linguagem francesa – os juros do título público.

Essa afirmativa, que já repugnava à boa hermenêutica do texto de 1891, é incompatível com o de 1969, que no art. 20, II, subordina expressamente a imposto federal a renda das apólices.

Serviços são os públicos, segundo a noção que deles dá o direito administrativo.

Sobre a necessária submissão da interpretação às fontes da ciência das finanças, para deslindar questões tributárias, cita Maximiliano, em reforço de suas teses: "Que quer o art. 19, III, letra 'a'? Sem dúvida, que o imposto federal não anule ou embarace os meios de ação dos Estados ou Municípios, para exercício das atribuições da respectiva competência e reciprocamente.

[...]

A solução se contém na apreciação concreta de efeitos e não na abstrata consideração de uma regra, cabendo aqui recordar o conselho da hermenêutica formulado pelo nosso melhor mestre nessa arte. Em verdade, não se presume a inteligência dos textos positivos contrária aos princípios científicos; estes aclaram o caminho para o exegeta. Se, assim, pode-se concluir a respeito das ciências em geral, com abundância maior de razão, do mesmo modo se há de afirmar em se tratando da ciência das finanças, matéria intimamente conexa com o direito, tanto que figura como disciplina obrigatória nos cursos jurídicos."[4]

Que Aliomar entende a "intergovernamental" atuando sobre o plexo inteiro dos tributos fica bem claro na cita a seguir transcrita, em que, de sobredobro, faz considerações sobre o fenômeno da "repercussão" ou "translação" dos chamados

---

[4] BALEEIRO, Aliomar. *Limitações constitucionais ao poder de tributar*. 2. ed. Rio de Janeiro: Forense, 1960. p. 118-119.

"impostos indiretos" e que, a seu ver, deve ser considerado na resolução das questões que versam a imunidade intergovernamental.⁵

O STF, Pleno, em 9 de setembro de 1979, nos RE n.º 68.097, n.º 68.215 (*RTJ* 57:244), n.º 67.625, decidiu que o Serviço Funerário de SP está sujeito ao ICM e ao IPI, cuja legislação designa o fabricante como contribuinte do tributo, nada importando que o transfira a ente público autônomo. A discussão, aliás, longa e minuciosa, está na *RTJ* 57:244 com os votos pró e contra.

Na mesma época o Plenário do STF modificou sua jurisprudência que permitia ao ente público opor-se, em mandado de segurança, às tributações do ICM ou IPI exigidas dos fabricantes pelos fornecimentos feitos com repercussão sobre pessoas de direito público. É expressiva a ementa do RE n.º 69.483, SP, de 30 de setembro de 1970, rel. Bilac Pinto:

"Imposto de Consumo – Imposto sobre Produtos Industrializados – As Caixas Econômicas Federais estão sujeitas ao pagamento desses tributos. A imunidade fiscal recíproca não pode ser invocada para ilidir a cobrança desses impostos. O contribuinte *de iure* é o industrial ou o produtor. Não se pode opor à forma jurídica a realidade econômica. A figura do contribuinte de fato é estranha à relação jurídica tributária.

A União e suas autarquias somente podem invocar a imunidade recíproca quando se trate de impostos estaduais ou municipais."

Em 1971, a tese de Bilac Pinto prevaleceu nos RE n^(os) 68.831, 68.903, 70.616, 68.741, 68.924, 67.748, IC; 71.955, IC; 69.149 e outros. E quanto ao ICM no RE n.º 69.141, de 14 de junho de 1971, rel. o próprio Min. Bilac Pinto.

Muitos julgados, no curso de 1972, quase sem discrepância, consagraram essa nova interpretação (p. ex., RE n.º 73.292, 2.ª T., 14.08.1972; Ag. n.º 53.771, de 08.02.1972; RE n.º 69.117, rel. R. Alckmin, de 31.10.1972 etc.).

Data venia, não estamos convencidos dessa tese, que daí por diante foi consagrada por outros acórdãos, nosso direito não ignora o contribuinte de fato (CTN, art. 166; Súmula n.º 546), que é uma realidade econômica.

O próprio Aliomar, note-se, dá-nos notícia da tese sistemática então adotada pelo STF, valendo a Ciência das Finanças como mera disciplina técnica, rica em informações, mas desvestida de critérios para a solução de problemas jurídico-tributários, salvo quando o próprio Direito, de modo expresso, adote por subsunção dado ou conceito daquela ciência, conferindo-lhe juridicidade. Exemplo disso dá-nos o art. 166 do Código Tributário Nacional ao tratar da "restituição de tributos que comportem, por sua natureza, transferência do respectivo

---

⁵ BALEEIRO, Aliomar. *Limitações constitucionais ao poder de tributar*. 2. ed. Rio de Janeiro: Forense, 1960. p. 164-167.

encargo financeiro". Na hipótese, a repetição somente será feita a quem prove haver assumido o referido encargo ou, no caso de tê-lo transferido a terceiro, estar por este expressamente autorizado a recebê-lo. Na espécie, o fenômeno financeiro – estudado pela Ciência das Finanças – da translação do encargo tributário foi, necessariamente, considerado pelo Direito, que atribuiu ao *fator* translação efeito jurídico em tema de repetição de indébito.

Servem-nos os precedentes do *Common Law*. Louve-se em Aliomar Baleeiro o monumental estudo que fez a respeito da imunidade intergovernamental, calcado em lances dedicados às origens e evolução do princípio nos EUA, onde o tema não é objeto de Direito legislado.

Aliomar Baleeiro era um apaixonado pelo papel e preeminência da Suprema Corte norte-americana, daí o seu apego à doutrina por ela construída a respeito da imunidade intergovernamental.

Aliás, por influência deste grande juiz, parlamentar, político e escritor, é que o estudo dessa imunidade em nosso país está tão incipiente e caótico. Contentam-se os escritores em repeti-lo sem espírito crítico. É explicável. Aliomar brilhou quase sozinho no firmamento do Direito Financeiro brasileiro durante décadas. Sua influência foi enorme na formação dos juristas, no parlamento, na doutrina e no Pretório Excelso. E, por isso mesmo, até hoje prevalece a crítica que outro jurista ilustre fez à nossa doutrina constitucional neste particular. Dizia Rui Barbosa:[6]

> Os comentários dos nossos constitucionalistas a esse mandamento constitucional são de uma lastimável pobreza; não contêm senão generalidades e trivialidades.

E, referindo-se a Barbalho,[7] sem dúvida grande, tampouco o poupou, pelas "trivialidades":

> Seria mister encarar de perto a linguagem da declaração constitucional em cada um dos seus termos precisando-lhe com segurança o conteúdo; o que não fez esse expositor, nem algum outro, que nos conste ou lembre.

A jurisprudência da Suprema Corte brasileira atualmente prestigia o entendimento que vimos de expor, de Baleeiro, mormente no que tange à extensão da intergovernamental recíproca a impostos outros que não os incidentes sobre os fatos renda, patrimônio e serviços, conforme a sistemática do Código Tributário Nacional. Especificamente, inclui no âmbito protetor da imunidade os chamados

---

[6] BARBOSA, Rui. *Comentários à Constituição brasileira*. Rio de Janeiro: Livraria Acadêmica, 1932. v. 1, p. 331.
[7] BARBOSA, Rui. *Comentários à Constituição brasileira*. Rio de Janeiro: Livraria Acadêmica, 1932. v. 1, p. 332.

"impostos indiretos" (terminologia da Ciência das Finanças), admitindo a repercussão tributária sobre pessoa de Direito Público para atrair a aplicação da regra imunitória (em que pesem algumas esparsas decisões contrárias).

Vejamos agora casos práticos. Se a Acesita, em Minas Gerais, vende aço inoxidável para fábricas de armas do Exército, Marinha ou Aeronáutica, deve fazê-lo sem ICMS.

A tese de Baleeiro sobre o contribuinte de fato, quando este é pessoa jurídica de Direito Público territorial ou não territorial, seduz-nos. Aí, seja qual for o imposto, quando o estado é "contribuinte de fato" (consumidor final de bens e serviços), torna-se indubitável que uma pessoa política está pagando a outra. Ora, elas não têm *capacidade contributiva*. E a Constituição manda que se tribute levando em conta a aptidão contributiva das pessoas, exclusive das políticas. Deve a União pagar o ICMS da energia que consome como usuária final? Pela ótica de Aliomar, não. A questão de dizer que as concessionárias são contribuintes *de jure*, por isso excluídos da imunidade, é verdadeira, mas não deixa de trair certa suspicácia. Bastaria a lei dizer que elas seriam "retentoras" e *contribuintes os usuários* para que se apropositasse a imunidade intergovernamental em favor das pessoas políticas.

É de perguntar se uma simples opção de técnica pode ou deve superpor-se a um princípio tão vetusto como é o da imunidade intergovernamental recíproca, fundado em plano axiológico e de larga tradição jurídica.

Mais exemplos: o município, titular de competência privativa para instituir e cobrar o IPTU, não pode tributar os terrenos e edifícios da União e dos estados, nem os pertencentes às suas instrumentalidades autárquicas, se e quando afetados à destinação específica destas. Mas, em se tratando de serviços públicos concedidos, os imóveis das empresas concessionárias ficam sujeitos ao gravame. De igual modo, os imóveis das autarquias não ligados às suas atividades institucionais são passíveis de tributação pelo IPTU.

Os prédios do IBC, ou do IAA, ou do INSS não são tributáveis, mas as residências que alugam ou dão em comodato a terceiros são tributáveis.

Os §§ 2.º e 3.º do art. 150 da Carta confirmam a interpretação lógico-sistemática da intergovernamental recíproca:

A) dela afastando certas instrumentalidades ao Poder Público (concessionários de serviços públicos);
B) condicionando a extensão da imunidade às autarquias, com restrições; e
C) induzindo o entendimento de que o seu campo de abrangência, dela, é aquele formado pela renda, patrimônio e serviços das pessoas políticas.

O conceito de autarquia para fins imunitórios é fornecido pelo Decreto-lei n.º 200, de 1967, que, para efeitos da organização da Administração Pública, reparte-a e a define em direta e indireta, termos correspondentes, numa terminologia estranha ao Direito, aos vocábulos "administração centralizada e descentralizada". O Decreto-lei n.º 200 diz que a Administração Indireta compreende as autarquias, as sociedades de economia mista e as empresas públicas, ditado que serve perfeitamente à aplicação da Carta.

Neste ponto, cabe uma pausa para dedicar atenção maior às ideias de Baleeiro sobre a imunidade intergovernamental recíproca, ideias que pareciam estar suplantadas pela Corte Suprema, como vimos de ver e como ele próprio noticiou, linhas atrás, nas citas transcritas, de sua autoria. Estarão mesmo? Circunstâncias inquietantes estão a sugerir meditações mais ponderadas e, talvez, uma mudança de rumos, mais racional e mais efetiva. De ver bem que esta mudança não precisaria de outros fundamentos que as ideias mestras de Baleeiro. No exemplo referido linhas *retro*, foi dito que os próprios da União estavam pagando ICMS sobre energia elétrica e sobre telefonia aos estados, senhores deste imposto. Por não ser formalmente um imposto sobre renda, patrimônio ou serviço, não se levanta a barreira da imunidade, e a União continua a pagar, como "contribuinte de fato", dita exação. Pelas teses de Aliomar, por ser a União contribuinte de fato, o seu "patrimônio" estaria sendo sugado pelo estado, parcialmente, pelo recolhimento do ICMS, porquanto transfere-se ao usuário, junto com a fatura, o valor do imposto. No caso, o usuário é o governo da União.

Aliás, o Supremo Tribunal Federal não tem sido insensível a teses que tais, pelo menos no que diz respeito a uma compreensão mais ampla das *nomina* patrimônio e renda, senão vejamos. Nos RMS n°s 18.809, rel. V. Nunes Leal, 18.991, rel. B. Monteiro e 19.097, rel. Trigueiro, livrou-se o IBC do ICM, que era imposto sobre circulação, ao argumento de desfalque em seu patrimônio. Grande contribuição foi dada pelo Min. Moreira Alves no RE n.º 89.173/SP, ao ementar:

> A imunidade a que se refere a letra "c" do inciso II do art. 19 da Emenda Constitucional n.º 1/69 abrange o Imposto de Importação quando o bem importado pertencer a entidade de assistência social que faça jus ao benefício por observar requisitos do art. 14 do CTN.

Conquanto Moreira Alves estivesse julgando outra espécie imunitória, a das instituições de assistência social, não se pode olvidar que estas também somente são imunes, tanto quanto os entes governamentais, no patrimônio, renda e serviços. Pelo que se pode deduzir do entendimento do Min. Moreira Alves, o que importa é preservar o "patrimônio" e a "renda" das pessoas políticas e de suas autarquias do ataque de quaisquer impostos. Este, sem dúvida, é o melhor caminho, o mais consentâneo com a axiologia do princípio imunitório *in examen*.

Nas primeiras edições dos nossos comentários à Constituição, não advogamos as teses de Baleeiro, delas fazendo apenas o registro. Agora, contudo, urge meditar mais intensamente sobre elas. Alguns casos concretos parecem dar razão ao grande mestre baiano, senão vejamos: a) quando a Usiminas vende chapas de aço à Marinha Nacional, para consumo próprio, conquanto o contribuinte *de iure* seja a Usiminas, o repasse do ICMS no preço faz da União Federal o contribuinte do imposto, sem dúvida. Não seria o caso de considerar a teoria da repercussão para atender atentamente ao princípio constitucional da imunidade intergovernamental recíproca, sabendo-se que as pessoas políticas não possuem, por definição, capacidade contributiva, à luz do princípio constitucional? b) por ocasião do chamado "Plano Brasil Novo", já no mandato Collor, intentou a União cobrar imposto sobre o patrimônio mobiliário de estados e municípios (representado por títulos mobiliários), com o IOF, pago por quem detinha a riqueza e não por quem realizava a operação tributada (repercussão). O imposto era proporcional ao patrimônio do contribuinte, intrinsecamente desprezadas as operações em si mesmas. Com o ouro, a vera natureza de imposto sobre a riqueza daquela exação restou claríssima, por isso que a CF impunha a tributação do ouro pelo IOF apenas sobre a primeira operação a uma alíquota nunca superior a 1%. Tributou-se a propriedade do ouro em custódia ou em certificados em 35% outra vez. Seja lá como tenha sido, duas coisas restaram evidentes: primeiramente, por não possuírem as pessoas políticas e suas instrumentalidades autárquicas capacidade contributiva (art. 145, § 1.º, da CF), deveriam estar excluídas de quaisquer tributações. Em segundo lugar, consoante o exposto acima, dever-se-ia, na consideração da intergovernamental, evitar não apenas a incidência dos impostos que tivessem por fatos geradores o patrimônio, as rendas ou os serviços, mas, igualmente, os impostos que, formalmente incidentes sobre outras realidades, viessem a molestar o patrimônio ou a renda das mesmas à luz do princípio da capacidade contributiva. Estamos propugnando, por isso, uma interpretação, a mais larga possível, da imunidade intergovernamental na esteira de Baleeiro.

Este modo de ver a imunidade intergovernamental recíproca é o mais acorde com a realidade. O "telos" do princípio imunitório é, precisamente, não permitir que a coisa pública venha a ser molestada pela tributação: o patrimônio (uma *universitas rerum*), as rendas, os serviços públicos.

As pessoas políticas não possuem *capacidade contributiva*. Ao revés, são dotadas de competência para tributar, não porém umas às outras.

De mais a mais, a questão entranha-se no intrico federativo. As pessoas políticas que convivem na Federação estão voltadas, todas elas, ao bem comum. Não é admissível que venham a se tributar mutuamente, estendendo-se a imunidade até as instrumentalidades dos Poderes Públicos. Aliás, foi por aí que a cogitação da imunidade teve início nos EUA. Entre nós, a coisa é diferente, *habemus suprema lex*. O *habitat* da imunidade é a Constituição.

De resto, parece ser esta a atual posição do STF, conforme se vê da ementa que damos transcrita:

> Imunidade recíproca – IOF – Aplicações financeiras do Estado.
> Está ao amparo da imunidade tributária recíproca (art. 150, VI, "a", da Constituição) a incidência do Imposto Sobre Operações Financeiras, em razão das aplicações realizadas, no mercado financeiro pelo Estado (Ac. un.

do STF Pleno – ACOr 468-3/MS o rel. Min. Octávio Gallotti – j. em 11.11.1996 – Partes: Estado do Mato Grosso do Sul e União Federal – *DJU* de 21.02.1997, p. 2.823 – ementa oficial).

Ora, o IOF não tem, por fato gerador, *patrimônio, renda* ou *serviços*; incide sobre operações de crédito, câmbio, seguros e títulos mobiliários. O STF protegeu, isto sim, o patrimônio da pessoa política imune.

Na Apelação Cível n.º 1997.01.00.015622-7/BA, a Exma. Sra. Juíza Federal Selene Maria de Almeida (Relatora) deitou fala em que defende a extensão da imunidade às empresas públicas que não exerçam atividade econômica em regime de delegação de serviço público.

O objeto da INFRAERO, nos termos da Lei autorizadora de sua constituição, é o de "implantar, administrar, operar e explorar industrial e comercialmente a infraestrutura aeroportuária que lhe for atribuída pelo Ministério da Aeronáutica" (Lei n.º 5.862, de 12.12.72, art. 2.º). Este transferiu à INFRAERO a jurisdição técnica, administrativa e operacional de diversos aeroportos, *ex vi* das diversas portarias ministeriais.

A atividade-fim da INFRAERO é a de executar serviço público de administração de aeroportos sob sua jurisdição, conforme encargo que a lei autorizadora de sua criação lhe outorgou. Para executar essa atividade-fim – serviço público de administração de aeroportos –, a INFRAERO realiza uma série enorme de atividades e contratos que objetivam o bom andamento do aeroporto. São, tais atividades, as atividades-meio. A subconcessão de utilização de áreas aeroportuárias é uma das atividades-meio.

No caso da INFRAERO os Tribunais caminham nas trilhas antes mencionadas:

Ementa: Agravo regimental no recurso extraordinário. Constitucional. Empresa Brasileira de Infraestrutura Aeroportuária – INFRAERO. Empresa pública. Imunidade recíproca. Artigo 150, VI, "a", da CB/1988. 1. A Empresa Brasileira de Infraestrutura Aeroportuária – INFRAERO, empresa pública prestadora de serviço público, está abrangida pela imunidade tributária prevista no artigo 150, VI, "a", da Constituição. 2. Não incide ISS sobre a atividade desempenhada pela INFRAERO na execução de serviços de infraestrutura aeroportuária, atividade que lhe foi atribuída pela União [artigo 21, XII, "c", da CB/88]. Agravo regimental a que se nega provimento" (RE n.º 524615 AgR, Rel. Min. Eros Grau, Segunda Turma, j. 09.09.2008, *DJe*-187, divulg. 02.10.2008, public. 03.10.2008, Ement. VOL.-02335-07, p. 01451).

"EMENTA: INFRAERO. Empresa pública federal vocacionada a executar, como atividade-fim, em função de sua específica destinação institucional, serviços de infraestrutura aeroportuária. Matéria sob reserva constitucional de monopólio estatal (CF, art. 21, XII, "c"). Possibilidade de a União Federal outorgar, por lei, a uma empresa governamental, o exercício desse encargo, sem que este perca o atributo de estatalidade que lhe é próprio. Opção constitucionalmente legítima. Criação da INFRAERO como instrumentalidade administrativa da união federal, incumbida, nessa condição institucional, de executar típico serviço público (Lei n.º 5.862/1972). Consequente extensão, a essa empresa pública, em matéria de impostos, da proteção constitucional fundada na garantia da imunidade tributária recíproca (CF, art. 150, VI, "a"). O alto significado político-jurídico dessa garantia constitucional, que traduz uma das projeções concretizadoras do postulado da federação. Imunidade tributária da INFRAERO, em face do ISS, quanto às atividades executadas no desempenho do encargo, que, a ela outorgado, foi deferido, constitucionalmente, à União Federal. Doutrina. Jurisprudência. Precedentes do supremo tribunal federal. Agravo improvido. A INFRAERO, que é empresa pública, executa, como atividade-fim, em regime de monopólio, serviços de infraestrutura aeroportuária constitucionalmente outorgados à União Federal, qualificando-se, em razão de sua específica destinação institucional, como entidade delegatária dos serviços públicos a que se refere o art. 21, inciso XII, alínea "c", da Lei Fundamental, o que exclui essa empresa governamental, em matéria de impostos, por efeito da imunidade tributária recíproca (CF, art. 150, VI, "a"), do poder de tributar dos entes políticos em geral. Consequente inexigibilidade, por parte do Município tributante, do ISS referente às atividades executadas pela INFRAERO na prestação dos serviços públicos de infraestrutura aeroportuária e daquelas necessárias à realização dessa atividade-fim. O alto significado político-jurídico da imunidade tributária recíproca, que representa verdadeira garantia institucional de preservação do sistema federativo. Doutrina. Precedentes do STF. Inaplicabilidade, à INFRAERO, da regra inscrita no art. 150, § 3.º, da Constituição. A submissão ao regime jurídico das empresas do setor privado, inclusive quanto aos direitos e obrigações tributárias, somente se justifica, como consectário natural do postulado da livre concorrência (CF, art. 170, IV), se e quando as empresas governamentais explorarem atividade econômica em sentido estrito, não se aplicando, por isso mesmo, a disciplina prevista no art. 173, § 1.º, da Constituição, às empresas públicas (caso da INFRAERO), às sociedades de economia mista e às suas subsidiárias que se qualifiquem como delegatárias de serviços públicos" (RE n.º 363412 AgR, Rel. Min. Celso de Mello, Segunda Turma, j. 07.08.2007, *DJe*-177, divulg. 18.09.2008, public. 19.09.2008, Ement. 02333-03, p. 00611).

A questão juridicamente relevante é que a exploração, direta ou mediante autorização, concessão ou permissão, da navegação aérea, aeroespacial e da infraestrutura aeroportuária foi definida, pela Constituição Federal, como serviço público de competência da União (art. 21, XII, "c").

Se uma empresa pública ou sociedade de economia mista presta um serviço público, atua como órgão da Administração indireta, e não desenvolve atividades econômicas próprias das empresas privadas.

7.2. A IMUNIDADE DOS TEMPLOS DE QUALQUER CULTO, DOS PARTIDOS, DOS SINDICATOS E DAS INSTITUIÇÕES DE ASSISTÊNCIA SOCIAL E DE EDUCAÇÃO

A Constituição juridiciza determinados valores éticos, garante-os e protege-os. Conquanto o regime econômico capitalista, pela sua própria dinâmica, utilize o homem como meio para a obtenção da riqueza, pelo que já se disse que subordina o "ser" ao "ter" (quem tem "é"), as Constituições brasileiras, harmônicas com a boa tradição humanista, têm feito profissão de fé em alguns valores que não descendem do modo capitalista de produção, mas da concepção democrática de vida e governo. Do constitucionalista e cientista político baiano, Prof. Nelson Sampaio,[8] a frase lapidar: "A ideia nuclear da concepção democrática é o pressuposto ético que condena a utilização de qualquer indivíduo humano como simples instrumento ou meio para os fins de outros indivíduos ou grupos."

Daí resulta a imunidade dos templos de qualquer culto (liberdade de crença e igualdade entre as crenças), dos partidos políticos (veículos da vontade nacional), do jornal, periódico, livro, assim como do papel destinado à sua impressão (veículo de ideias), das instituições de educação e assistência social (veículos de cultura, benemerência, solidariedade e filantropia) e a dos sindicatos.

Reza o art. 150, VI, "b" e "c":

> Art. 150. Sem prejuízo de outras garantias asseguradas ao contribuinte, é vedado à União, aos Estados, ao Distrito Federal e aos Municípios:
> [...]
> VI – instituir impostos sobre:
> [...]
> b) templos de qualquer culto;
> c) patrimônio, renda ou serviços dos partidos políticos, inclusive suas fundações, das entidades sindicais dos trabalhadores, das instituições de educação e de assistência social, sem fins lucrativos, atendidos os requisitos da lei;
> [...]

A imunidade das instituições de educação e assistência social as protege da incidência dos impostos sobre as suas rendas, patrimônio e serviços, quer sejam as

---

[8] SAMPAIO, Nelson. *As ideias-forças da democracia*. Bahia: Imprensa Regina, 1941. p. 187.

instituições contribuintes *de jure* ou *de fato*. A imunidade em tela visa a preservar o patrimônio, os serviços e as rendas das instituições de educação e assistenciais porque os seus fins são elevados, nobres e, de uma certa maneira, emparelham com as finalidades e deveres do próprio Estado: proteção e assistência social, promoção da cultura e incremento da educação *lato sensu*. Ver, ampliando a imunidade, o RE n.º 87.173/SP – Moreira Alves.

A regra imunitória é, todavia, *not self-enforcing* ou *not self-executing*, como dizem os saxões, ou, ainda, não bastante em si, como diria Pontes de Miranda. Vale dizer, o dispositivo não é autoaplicável e carece de acréscimo normativo, pois a Constituição condiciona o gozo da imunidade a que sejam observados os requisitos da lei.

Que lei?

Evidentemente, a lei complementar da Constituição.

Toda imunidade é uma limitação do poder de tributar, e as limitações ao poder de tributar no sistema da Constituição vigente são reguladas por lei complementar. Assim era também na Carta anterior.

Sem razão, induvidosamente, Aliomar Baleeiro, com dizer que a lei na espécie é a ordinária, ao referir-se à CF de 1967, cuja redação era quase igual à de hoje.

Não era nem poderia ser lei ordinária. *A uma*, porque a imunidade, restrição ao poder de tributar da União, dos estados e dos municípios, ficaria à mercê da vontade dos próprios destinatários da restrição se lhes fosse dado regulá-la pela lei ordinária. Seria transferir ao legislador ordinário das ordens parciais poder permanente de emenda à Constituição. Sim, porque na medida em que por lei ordinária, pudessem variar as condições para a fruição da imunidade, poderiam até mesmo frustrá-la. Assistiríamos ao absurdo de ver um valor posto numa Constituição rígida, para garantir certas categorias de pessoas contra a tributação, vir a ser manipulado, justamente, por aqueles a quem se proíbe o poder de tributá-las.

A duas, porque seria admitir duas fórmulas constitucionais para operar uma só matéria, a regulação das limitações ao poder de tributar. Haveria antinomia entre o art. 146, II, que prevê lei complementar para o trato da espécie, e o art. 150, VI, "c", prevendo apenas lei ordinária para a regulação de uma limitação específica ao poder de tributar. Sabido que o Direito não tolera disposições antitéticas sob pena de ilogismo deôntico, cabe ao intérprete harmonizar o conflito (se real) pela supressão de uma das disposições e, se aparente, pela integração dos dispositivos à luz do conjunto normativo. *In casu*, o conflito é meramente aparente ou, noutro giro, não existe. Há tão somente uma insuficiência literal no texto do art. 150, VI. O constituinte deveria ter acrescentado ao substantivo "lei" o adjetivo "complementar", para maior claridade. A omissão, todavia, não é, de forma alguma, comprometedora, em face do axioma hermenêutico de que, salvo exceção expressa, o "menos" se integra no "mais". Vale dizer, toda regulação de limitação ao poder de tributar deve ser feita por lei complementar.

Poder-se-ia, ainda, objetar, em defesa de Baleeiro, que a lei ordinária a que este se referiu é a federal e não outra.

Nem assim poderíamos salvá-lo do deslize. É que o legislador da União não pode regular limitação ao poder de tributar dos estados e municípios, tanto quanto ela, ordens parciais. Só o constituinte pode pôr a limitação, e só o legislador complementar da Constituição pode regulá-la por meio de lei complementar que não é lei federal, mas nacional, de observância obrigatória pelas três ordens de governo, União, estados e municípios.

A lei complementar pedida pela Constituição é, na espécie, o Código Tributário Nacional (lei complementar *ratione materiae*, embora não seja pelo aspecto formal, visto que, ao tempo de sua edição, ainda não existia, sob este aspecto, lei complementar no Direito brasileiro). Hoje, porém, a Lei n.º 5.172, de 25 de outubro de 1966, só pode ser revogada por outra lei complementar, o que a legitima como tal e atesta a sua recepção pelo ordenamento constitucional que se lhe seguiu, confirmando-lhe a validade.

O Digesto Tributário repete, no Capítulo II, Seção I, art. 9.º, IV, "b" e "c", o texto imunitório da Constituição. No que interessa, prescreve:

Art. 9.º É vedado à União, aos Estados, ao Distrito Federal e aos Municípios:
[...]
IV – cobrar imposto sobre:
[...]
b) templos de qualquer culto;
c) o patrimônio, a renda ou serviços dos partidos políticos, inclusive suas fundações, das entidades sindicais dos trabalhadores, das instituições de educação e de assistência social, sem fins lucrativos, observados os requisitos fixados na Seção II deste Capítulo;
[...]
§ 1.º O disposto no inciso IV não exclui a atribuição, por lei, às entidades nele referidas, da condição de responsáveis pelos tributos que lhes caiba reter na fonte, e não as dispensa da prática de atos, previstos em lei, asseguratórios do cumprimento de obrigações tributárias por terceiros.
[...]

E o art. 14 do Código Tributário Nacional dispõe sobre a imunidade *in examen*:

Art. 14. O disposto na alínea "c" do inciso IV do artigo 9.º é subordinado à observância dos seguintes requisitos pelas entidades nele referidas:
I – não distribuírem qualquer parcela de seu patrimônio ou de suas rendas, a qualquer título;

II – aplicarem integralmente, no País, os seus recursos na manutenção dos seus objetivos institucionais;

III – manterem escrituração de suas receitas e despesas em livros revestidos de formalidades capazes de assegurar sua exatidão.

§ 1.º Na falta de cumprimento do disposto neste artigo, ou no § 1.º do art. 9.º, a autoridade competente pode suspender a aplicação do benefício.

§ 2.º Os serviços a que se refere a alínea "c" do inciso IV do artigo 9.º são exclusivamente, os diretamente relacionados com os objetivos institucionais das entidades de que trata este artigo, previstos nos respectivos estatutos ou atos constitutivos.

Incluam-se no CTN, agora, os organismos sindicais.

Quatro são os requisitos previstos pelo legislador complementar e somente quatro, a saber:

1. escrituração regular;
2. não distribuição de lucros;
3. proibição de remetê-los ao exterior, devendo ser aplicados na manutenção dos objetivos institucionais;
4. cumprimento de "obrigações acessórias".

Por fora, a doutrina exige mais dois:

1. que o estatuto da instituição preveja, em caso de extinção, a reversão do patrimônio a fim público;
2. que a instituição não possa, mais à frente, transformar-se em empresa mercantil.

Desde que os partidos e instituições de educação e assistência social os observem, terão direito subjetivo à imunidade, oponível ao poder tributário que estiver em causa, dependendo do imposto a ser considerado.

As pessoas políticas não podem instituir outros requisitos além dos previstos na lei complementar da Constituição, que a todos obriga. Tampouco depende o gozo da imunidade de requerimento ou petição. O imune, enquadrando-se na previsão constitucional, observados os requisitos, tem, desde logo, direito. Não pagará imposto, desnecessária autorização, licença ou alvará do ente político cujo exercício da competência está vedado (a imunidade se abre para dois lados: à pessoa jurídica de Direito Público, titular da competência impositiva, proíbe o exercício da tributação; ao imune, assegura-lhe o direito de não ser tributado).

Aceitável que o imune comunique ao ente tributante a sua condição e requeira o respectivo título. O ato é facultativo.

Será impertinente, dessarte, toda legislação ordinária ou regulamentar de qualquer das pessoas políticas que acrescente mais antepostos aos requisitos da lei complementar tributária (CTN) concernente à imunidade. Pode o Fisco, esta é outra questão, investigar e fiscalizar a pessoa imune, suas atividades, no escopo de verificar se os pressupostos imunitórios estão sendo rigorosamente observados. Não se tratará, aí, dos pressupostos, mas do respectivo cumprimento, e sem os quais não haverá imunidade.

O que a lei complementar assegura ao ente tributante, faltando o cumprimento dos requisitos do art. 14, I, II, III, e art. 9.º, § 1.º, é o poder de suspender o benefício (não o reconhecendo). Tal só poderá ser feito, no entanto, por meio do processo regular, assegurando-se ao imune ampla defesa. E, frise-se, desde que o imune passe a cumprir os requisitos – supondo-se que não os tenha efetivamente cumprido –, reingressa no direito subjetivo à imunidade. À autoridade administrativa é vedado cassar a imunidade. Pode tão somente suspender-lhe a fruição, fundamentalmente até e enquanto não observados os requisitos legais. Mas o imune está obrigado, como um contribuinte qualquer, a cumprir os deveres acessórios impostos pela Administração, como, por exemplo, o de reter na fonte tributos devidos por terceiros, manter livros, *ex vi* do Código Tributário Nacional. Entretanto, não estará obrigado a cumprir, ainda que acessórios, deveres secundários não existentes para a generalidade dos contribuintes, salvo se destinados especificamente a demonstrar ou comprovar sua condição de imune. Irrelevantes, por seu turno, as chamadas declarações de "utilidade pública" para fins imunitórios. Uma coisa não tem a ver com a outra.

7.3. A IMUNIDADE DOS TEMPLOS

Cumpre agora precisar o significado constitucional das palavras templo, partido e instituição, já que o teor dessas *nomina juris* articula o preceito imunitório. O escopo maior é tratar da imunidade das instituições de educação e assistência social. Mas não haverá prejuízo tratar, para logo, da questão em relação aos partidos, aos templos religiosos e organismos sindicais.

Templo, do latim *templum*, é o lugar destinado ao culto. Em Roma era lugar aberto, descoberto e elevado, consagrado pelos áugures, sacerdotes da adivinhação, a perscrutar a vontade dos deuses nessa tentativa de todas as religiões de religar o homem e sua finitude ao absoluto, a Deus. Hoje, os templos de todas as religiões são, comumente, edifícios. Nada impede, porém, como lembrado por Baleeiro, que o templo ande sobre barcos, caminhões e vagonetes, ou seja, em terreno não edificado. Onde quer que se oficie um culto, aí é o templo. No Brasil, o Estado é laico. Não tem religião oficial. A todas respeita e protege, não indo contra as instituições religiosas com o poder de polícia ou o poder de tributar, salvo para evitar abusos: sacrifícios humanos ou fanatismo demente e visionário. E quando tributa é para evitar que sob a capa da fé se pratiquem atos de comércio ou se exercite *animus lucrandi* sem finalidade benemérita.

O templo, dada a isonomia de todas as religiões, não é só a catedral católica, mas a sinagoga, a casa espírita kardecista, o terreiro de candomblé ou de umbanda, a igreja protestante, shintoísta ou budista e a mesquita maometana. Pouco importa tenha a seita poucos adeptos. Desde que uns na sociedade possuam fé comum e se reúnam em lugar dedicado exclusivamente ao culto da sua predileção, este lugar há de ser um templo e gozará de imunidade tributária. Os terreiros da religião afro-brasileira funcionam, muitas vezes, agregados à casa do "pai de santo". Comumente é um barracão nos fundos do terreno. Pois bem, a imunidade colhe apenas o barracão. E a casa do padre? Esta também não goza de imunidade. Não é templo, é moradia (embora de um sacerdote, que nem por isso deixa de ser um cidadão, com os direitos e deveres comuns à cidadania). O escopo é imunizar o templo e não o babalorixá, o padre, o rabino, o ministro protestante em seus haveres. Não seria o caso, por exemplo, de o Município de Diamantina, em Minas Gerais, reconhecer a imunidade às fazendas e casas do bispo D. Sigaud, homem sabidamente rico. Imune é o templo, não a ordem religiosa. Esta pode gozar de isenções quanto a seus bens, rendas, serviços, indústrias e atividades, se pias, caritativas, filantrópicas. Tal, porém, constitui ordem diversa de indagação, matéria estranha ao tema imunitório. Dependerá, aí, a isenção do prudente alvedrio do legislador federal, estadual e municipal, conforme seja o tributo. No mesmo sentido, Pontes de Miranda.

No que diz respeito ao IPTU, não podem os municípios tributar os prédios ou terrenos onde se exerce o culto (os templos). Podem, a nosso ver, tributar com o predial ou o territorial os terrenos paroquiais, da mitra, das ordens religiosas, das seitas e religiões que se voltem a fins econômicos: prédios alugados, terrenos arrendados para estacionamento, conventos e seminários, lotes vagos etc. Agora, se o patrimônio imóvel de qualquer religião estiver afetado, ainda que lucrativamente, a fins educacionais ou assistenciais, e desde que estejam sendo devidamente cumpridos os antepostos da lei complementar tributária, há pouco versados, então a questão passa a quadrar-se nos lindes da imunidade das instituições de educação e assistência, obstando aos municípios o exercício da competência tributária impositiva relativamente ao predial e territorial urbano. Mas aí já não se trata da imunidade dos templos de qualquer culto (que, aliás, devem ser de pessoas jurídicas de Direito Civil, como tais registradas no ofício próprio).

7.4. A IMUNIDADE DOS PARTIDOS

Os partidos políticos a que se refere a Constituição são aqueles formados e existentes s*ecundum legem* e não os que existem *contra legem*, *v.g.*, o partido nazista brasileiro, se existisse de fato.

Ora, a democracia postula a existência de partidos sem os quais é impossível a sua mecânica. Os partidos são *non profit*, não projetam "signos presuntivos de capacidade contributiva", como diria Becker. Desempenham o papel mais relevante da cena política, congregando as correntes de opinião, representando as minorias e as maiorias, a situação e a oposição. Nos países parlamentaristas, são os sustentáculos do poder político, seus intérpretes mais abalizados. Diferentemente das instituições de educação e assistência social, que são pessoas jurídicas de Direito Privado, os partidos políticos são instituições típicas estritamente políticas e destinam-se "a assegurar, no interesse do regime democrático, a autenticidade do sistema representativo", conforme afiança Baleeiro.

São regulados por lei própria (lei orgânica dos partidos políticos). Portanto, não devem ter suas rendas, patrimônio e serviços tributados à mercê de impostos incidentes sobre tais realidades jurígenas. Os partidos políticos estão previstos na própria Constituição. São, portanto, entes constitucionais, instituições nacionais (art. 17 da Carta), seus imóveis estão imunes no que disser respeito ao imposto predial e territorial dos municípios. Tudo quanto for prédio ou terreno pertencente a partido político está imune, ainda que o imóvel esteja afetado a um fim lucrativo qualquer, permitido em lei às agremiações. É que as receitas auferidas, não podendo ser distribuídas *ex vi legis*, só podem mesmo reverter em favor dos fins partidários. Importante, ademais, a autossustentação dos partidos para que não dependam nem do poder político nem do poder econômico nas suas ocupações eleitorais.

A imunidade só se sustentará, todavia, se respeitadas as balizas legais postas:

A) pela lei de regência dos partidos;
B) pelas normas do próprio estatuto partidário;
C) pelos pressupostos do Código Tributário Nacional.

As administrações fiscais podem, para fins tributários, fiscalizar instituições de educação e assistência social e também os partidos.

Por entidades sindicais dos trabalhadores, entendam-se, inclusive, as *centrais* (CUT, CGT etc.).

7.5. CONSIDERAÇÕES SOBRE IMUNIDADE DAS INSTITUIÇÕES PARTIDÁRIAS, RELIGIOSAS, SINDICAIS, EDUCACIONAIS E ASSISTENCIAIS

Entre as pessoas imunes, os templos e partidos políticos não oferecem o flanco a muitas investidas; são instituições permanentes, seculares. Trata-se de religião e política. Seus veículos são aceitos, generalizadamente, como entes imunes. Tirante uma ou outra escaramuça relativa aos bens dominiais das igrejas, mormente se universais, ou certas incertezas quanto aos limites da atividade dos partidos na cena econômica, paralelamente à ação política que lhes é própria, a cogitação imunitória em relação a tais entes é juridicamente tranquila e de apoucada contestação. O mesmo já não se dá com o *nomen juris* instituição, quando ligado ao *munus* educacional ou assistencial. É que a interpretação das palavras templo e partido é fácil e não embaraça a fiel intelecção do relato constitucional. Já no plano da imunidade dos entes privados dedicados à educação e assistência social, as administrações fiscais procuram minimizar o alcance e a abrangência do dispositivo imunitório, operando uma interpretação restritiva do vocábulo. Então, não bastariam aqueles pressupostos do Código Tributário Nacional e da doutrina:

A) cumprimento de obrigações acessórias;
B) escrita regular;
C) não remessa de lucros para o exterior;
D) não distribuição de receitas, implicando sua reaplicação no *munus* educacional e assistencial; e
E) rigidez estatutária e reversão patrimonial a fins não comerciais.

Além desses pressupostos, o ente dedicado à educação ou assistência social terá de ser uma instituição, mas o conceito de instituição que presumem certo e aceitável é estreito em demasia, não se coadunando com o querer do constituinte que o projetou no espaço normativo, com largueza de ideias, sem amarras ou restrições. Por isso mesmo é mister dedicar um pouco mais de cuidado e tempo à análise da palavra, tida como verdadeira chave de abóbada da imunidade *in examen* pelos corifeus da interpretação restritiva e seus inúmeros epígonos.

O intento mais profundo da corrente restritivista fê-lo o eminente jurista Leopoldo Braga em trabalho erudito e longo publicado na *Revista da Procuradoria-Geral do Estado da Guanabara*. O autor, na época, ocupava o elevado cargo de Procurador-Geral de Justiça. Senhor de notável saber jurídico, subdivide o trabalho em vários itens.

No item I, à guisa de introito, ressalta o fato de que só o Brasil abriga imunidade "para instituições de educação e assistência social" e critica-o por isso. (Para nós – é vezo nacional –, o que não for copiado não presta. Somos uma cultura reflexa.) Depois, lamentando a escassa literatura referente ao tema, acusa os tribunais do país de "desorientação".[9]

No item II versa a etimologia geral da palavra "instituição" para concluir que ela deveria ter um sentido jurídico específico, ainda que baseado em conceitos de "outras ciências" (metajurídicas), tais como a Sociologia, a Ciência da Administração e a Política. Nessa parte, confessando de passagem o tom vago do vocábulo em nosso Direito, tenta, com esforço em Hauriou, Messineo, Pontes de Miranda, La Gressaye *et al.*, extremar o sentido do que seja instituição, dentro e fora do Direito, atribuindo--lhe as qualidades conceituais de estabilidade, permanência e vida própria.

Exemplifica com as noções de "Estado", "Nação", "Igreja", "Democracia" etc.

Finalmente afirma que "instituição" é ente diverso de "entidades", "fundações", "associações" e "corporações".

---

[9] BRAGA, Leopoldo. *Revista da Procuradoria-Geral do Estado da Guanabara*, Rio de Janeiro, 2:1.133, 1969.

Nos itens III e IV, depois de emaranhar-se num cipoal inextrincável de conceitos, distinções sibilinas e questões de lana-caprina, dele safa-se com a pergunta decisiva: O que vem a ser instituição em sentido técnico-jurídico?

Parte, então, do item IV em diante para uma dilargada e erudita pesquisa da doutrina e do Direito comparados, não chegando, a nosso ver, a lugar seguro. Ao longo de sua investigação, cada vez mais se acendra no espírito do leitor o fracasso do intento. Acumulam-se as dúvidas, as restrições, as incongruências que o autor, com notável mestria, procura harmonizar, compor e integrar. E eis que de inopino se aclara o espírito. A palavra instituição é mesmo polissêmica, vaga, oca e imprecisa, nela cabendo miríades de acepções.

Chega-se a uma conclusão inversa à de Leopoldo Braga: a palavra é equívoca dentro e fora do Direito. No entanto, perseverando, o autor encontra, por contraste com outros termos utilizados pelo constituinte brasileiro, um significado unívoco para a palavra instituição. Diz, por exemplo, que o constituinte usa, aqui e acolá, termos como "entidades", "sociedades", "pessoas", "organização", "estabelecimento", "fundações" e "associações" etc. e, se usou a palavra "instituição", em tema imunitório, é porque dita palavra não significa nada de parecido com tais termos. Deve ter, portanto, e a suposição é dele, um sentido específico...

Assim é que nos itens VI, VII e VIII, sempre volteando a questão fundamental da especificidade jurídico-operacional do conceito de instituição, a fugir-lhe das mãos como água, Leopoldo Braga, mergulhado nas profundezas do Direito comparado, procura a diferença entre associações, entidades, corporações, fundações, asseverando-nos que "instituição" não é termo genérico.

No item X, perpassa as legislações da Itália, França, Espanha, Portugal, México, EUA e até do Japão para concluir, entre crítico e amargurado:

> Esta exposição põe em evidência o contraste entre o que ocorre no particular, noutros muitos países do mundo culto, e o que ocorre em nosso país, onde, infelizmente, se criou e se generalizou uma mentalidade notoriamente contrária aos relevantes direitos e interesses fiscais do Estado. Nestes adiantados centros de civilização e de alta cultura social, política e jurídica, lastreada de multissecular experiência, só as verdadeiras, as autênticas, as genuínas "instituições" de induvidoso fim público (*for promoting any public object* – no conceituar de Warton) de inspiração e vocação altruísticas (*scopo di natura altruística*, na expressão de Ferrara), nascidas do espírito de cooperação com os poderes públicos na frase de Baleeiro e consagradas à realização de uma obra assistencial, educativa ou filantrópica, absolutamente desinteressada, em bem da coletividade, coincidente com o espírito que informa a obra da administração pública no dizer de Oviedo, só elas merecem do Estado especial proteção e ajuda econômico-financeira... mas jamais, mesmo elas, o privilégio da imunidade. Ao revés disto, no Brasil – onde o interesse particular logra muita vez preeminência sobre o interesse público – procura-se,

amiúde, desvirtuar o fim, a *ratio*, a causa teleológica, o sentido e o alcance político-social de uma outorga constitucional inédita e excepcionalíssima.

Ao cabo de tudo, ao chegar ao término a leitura da obra de Leopoldo Braga – leitura difícil –, sobeja um sentimento de frustração. A obra, inconclusa, recende crítica e inconformismo, mas não apresenta soluções alternativas aceitáveis e objetivas.

O Prof. Luiz Ricardo Gomes Aranha,[10] de indisfarçável simpatia pela posição restritiva, intentou num seu trabalho destacar as notas típicas e o conceito de instituição com base nos ensinamentos de Leopoldo Braga.

O professor mineiro, que opera maravilhas com a pena, quanto às notas do conceito, distingue: ... "fim público – a instituição realiza obra ou serviço que, se ela não existisse, seria suprido pelo poder público".

As citas a seguir transcritas são dele:

> A imunidade protege atividades de mais alta relevância social e sem fins lucrativos. As instituições substituem-se ao Estado porque, na verdade, ao Estado competiria prover essas atividades, tanto que mantém Ministério da Educação e Cultura, Ministério da Saúde, Institutos de Previdência.

Depois, define os módulos da imunidade:

> Gratuidade. A gratuidade, já doutrinariamente, já por inserção do art. 14 do Código Tributário Nacional, há de ser entendida como ausência de ânimo de lucrar. [...]
> Generalidade. É um dos requisitos doutrinários mais difíceis de mensuração. Lembrando que a "instituição" nasceu no Brasil, por herança lusitana, de corporações locais, a generalidade pressupõe um dado comunitário e um dado territorial. O que é uma comunidade social dispensa conceito. São todos que moram e vivem (lazer, trabalho, sono) em território comum. Aliás, esta é a origem do Município brasileiro. Simplesmente, poder-se-ia até dizer que o limite menor da generalidade de uma instituição é o atendimento a todos do Município em que se situe, sem exceções, vantagens ou privilégios. [...]
> Conceito. Em tentativa, em face do direito posto, esbocemos o conceito de instituição de educação e assistência social: "Toda organização de pessoas, nascida objetivando, benemerentemente, assistir carentes, e cujos objetivos sociais não possam ser alterados pela vontade dos participantes adventícios: que seja aberta a toda a comunidade que faça parte; cujos eventuais

---

[10] ARANHA, Luiz Ricardo Gomes. Tese *O patrimônio e os serviços das instituições*: uma questão de imunidade. Sec. de Estado da Fazenda de Minas Gerais, publicação interna.

resultados financeiros revertem totalmente aos fins instituídos e que observe os demais requisitos condicionais do art. 14 do Código Tributário Nacional.

Discordamos de modo frontal.
Qual a comunidade?
A municipal? A estadual? A nacional?

O Prof. Aranha, que opta pela menor, a municipal, reconhece que o critério é de "difícil mensuração". Ora, a imunidade em tela não pode ficar à mercê de dificuldades de mensuração da atividade assistencial ou educacional, nem se pretendeu jamais que as instituições atendessem a todos, mas a alguns. Jamais será possível atender a todos. É utópico. Nem se pretendeu, tampouco se lhes exigiu gratuidade em tal mister. De onde viriam, então, as receitas, as rendas cuja distribuição o Código Tributário Nacional veda como pressuposto da imunidade? É preciso nos darmos conta de que o país todo é carente de assistência social, educação e cultura. O gigantesco aparato governamental voltado para as funções assistencial e educacional, conquanto dotado de descomunal orçamento, não cumpre suas finalidades a contento. Aí estão os "sistemas de seguridade" paralelos, aos quais a União reconheceu *status* de "instituições de assistência social" por meio da Lei n.º 6.435/1977 – posteriormente revogada pela LC n.º 109/2001, vinculando os efeitos tributários dessa outorga no art. 39, § 3.º. E aí estão os particulares a fazer cultura e a promover educação.

O ideal é precisamente a proliferação de associações, fundações, pessoas civis que se ocupem "institucionalmente" dos papéis assistencial, cultural e educacional, ainda que no âmbito de uma só empresa, como ocorre com a Fundação Rubem Berta, da VARIG, cuja imunidade, antes contestada, foi reconhecida pelo STF, em 1971, em histórica decisão. Muitas outras empresas possuem "organismos" institucionalmente voltados para a educação e o *munus* assistencial (lazer, colônias de férias, auxílios diversos, empréstimos de emergência, centros de treinamentos, bolsas de estudo, complementação de aposentadoria, cultura, cooperativas de consumo etc.). Merecem a imunidade. Quando deixaremos de lado o vezo de que aos governos cabem todas as responsabilidades e todas as soluções? Quando deixaremos de amaldiçoar o lucro e viver na pobreza...

Ao contrário, a vida democrática exige, supõe, respeita e até deseja o pluralismo e a liberdade. É preciso que, em escala micro, os cidadãos se reúnam e discutam seus problemas, procurando fórmulas capazes e viáveis de resolvê-los, enriquecendo a convivência e acrescentando à sociedade novas instituições. O governo deve fazer o mínimo, não dificultando os movimentos espontâneos da comunidade, evitando tanto a legislação complexa quanto as burocracias inúteis ou as tributações sem sentido. A imunidade, pois, vem a calhar. E, por isso, o conceito de instituição dos restritivistas deve ser posto de lado, sem a menor deferência. É bizantino, árido, insensível aos reclamos das sociedades modernas, complexas e pluralistas. Está em descompasso com o vir a ser histórico, cujo dinamismo procuram dificultar em nome de miúdos interesses fiscais.

A palavra instituição não tem a ver com tipos específicos de entes jurídicos à luz de considerações estritamente formais. É preciso saber distinguir quando a distinção é fundamental e não distinguir quando tal se apresente desnecessário. Instituição é palavra destituída de conceito jurídico-fiscal. Inútil procurá-lo aqui ou alhures, no Direito de outros povos. É um *functor*. O que a caracteriza é exatamente a função e os fins que exerce e busca, secundária a forma jurídica de sua organização, que tanto pode ser fundação, associação etc. O destaque deve ser para a função, os fins.

Irreprochável o acórdão do STF que deu desfecho ao caso do "serviço social da indústria do papel, papelão e cortiça do Estado de São Paulo", lavrado pelos Min. Moreira Alves, Djaci Falcão, Leitão de Abreu e Cordeiro Guerra:

> Imunidade tributária, art. 19, III, letra "c", da Emenda Constitucional. É instituição de assistência social, entidade mantida por empresas que prestarem, gratuitamente, serviços de assistência a diretores, empregados e dependentes destes, uma vez que, além de preencherem os requisitos do art. 14 do Código Tributário Nacional, auxiliam o Estado na prestação de assistência social aos que necessitam dela, embora em área circunscrita (RE n.º 89.012, de 1978, rel. Moreira Alves, *Tribuna da Justiça, jurisprudência*, p. 168, de 10.10.1979).

O critério da "generalidade" da prestação educacional ou assistencial, destarte, não encontra eco na Suprema Corte como "nota" do compósito "instituição". A Corte atua pragmaticamente. Vê os fins, as funções do ente assistencial ou educacional, ainda que restrito o seu raio de atuação. E, convenhamos, com grande senso de realidade e justiça.

Tampouco a "gratuidade" da prestação se nos afigura fundamental enquanto "nota" do compósito "instituição", como reconhece o Prof. Luiz Ricardo Gomes Aranha. O próprio Código Tributário Nacional prevê o lucro, tanto que veda sua distribuição ou sua remessa para fora do país. O *animus lucrandi* é explicitamente admitido na lei complementar tributária *mater*. No campo das instituições de educação, especificamente, é absolutamente natural que cobrem pelos serviços que prestam. O que o Código Tributário Nacional veda é tão somente a apropriação particular do lucro. Este há de ser reinvestido no *munus* educacional: melhor remuneração para professores, melhores condições ambientais, laboratórios, bibliotecas, centros de pesquisa, cursos de aperfeiçoamento para docentes, incrementos metodológicos etc. A disposição do Código Tributário Nacional é salutar. Quanto mais se faça pela educação, melhor.

Essa "gratuidade" pela qual tantos lutam é maléfica e contraproducente. Se as instituições particulares atuassem gratuitamente, a fundo perdido, logo se estiolariam em quantidade e qualidade. A filantropia é cara, e a caridade, pouca. A ideia de permitir o lucro e de obrigar sua reinversão no *munus* educacional ou assistencial enquanto condição para o privilégio da imunidade é o verdadeiro motor do "instituto", tornando-o útil e eficaz. A ampliação do campo de abrangência da atuação das instituições, por seu turno, tem sido a grande, a inestimável contribuição da Suprema Corte à operacionalidade da imunidade das instituições. Com o decidir assim, o STF tem propiciado o surgimento de centenas de instituições a servir microcomunidades, em verdadeiro somatório de esforços visando a fim público inquestionável: a melhoria incessante dos níveis de educação, cultura e proteção assistencial do sofrido povo brasileiro. E, assim, o que para Leopoldo Braga não passaria de "uma outorga constitucional inédita e excepcional", sem correspondência noutras latitudes onde habitam sociedades "mais cultas", passa a ser uma solução jurídica genuinamente brasileira para problemas que inexistem "noutras latitudes", pelo menos com a intensidade e a dramaticidade com que se dão entre nós.

Quanto a ser "instituição" um *nomen juris* utilizado por subsunção a critérios sociológicos, será preciso vincar um pouco mais a tese, de modo a ficar afastada qualquer vacilação a respeito. No campo jurídico, a palavra é utilizada como *functor* e não como "conceito"; denominamos "instituições" série bem dilargada de fatos e ideias, o que realça o teor polissêmico do termo. O Exército é uma instituição. Caio Mário escreveu sobre instituições de Direito Civil. Diz-se que a família é uma instituição jurídica, e que as fundações são instituições beneméritas. A Fundação Calouste Gulbenkian, em Portugal, é considerada uma instituição cultural, mundialmente reconhecida. O Parlamento e o Poder Judiciário são instituições incorporadas ao Direito brasileiro, assim como o Poder Executivo e os partidos políticos. O "poder familiar" é uma instituição de Direito Civil, assim como o cheque o é de Direito Comercial, e a desapropriação, de Direito Administrativo.

É no campo da Sociologia que vamos encontrar as notas típicas do conceito de instituição, assim mesmo com as variações decorrentes de escolas e correntes de pensamento.

O termo é empregado pela primeira vez em Ciências Sociais por Comte, Spencer e Hobhouse. O ponto de partida dos estudos de Herbert Spencer foi a crença de que existe um campo de investigação chamado "organização social e instituição", possuindo uma realidade objetiva. Em *Principles of Sociology*, esclarece:

A) a Sociologia representa um estudo comparativo e objetivo dos sistemas sociais;
B) estes se desenvolvem no tempo e têm de ser investigados no processo mesmo de sua evolução.

Nas sociedades grandes e complexas, cada uma das partes sofre uma diferenciação estrutural e uma especialização funcional. O termo "órgão" é utilizado entre os partidários da teoria do organismo social para designar essas partes da sociedade. Spencer vai adotar o de "instituição". A maior parte de sua obra é dedicada ao estudo comparativo das instituições específicas como entidades abstratas, isto é, fora das sociedades às quais pertencem. A organização de uma sociedade seria a soma de suas instituições, nas quais os indivíduos concorrem com atividades contínuas.

A Escola Sociológica Francesa relacionava o postulado da realidade objetiva da sociedade com a objetividade dos fenômenos culturais em geral, considerados como dados empíricos irredutíveis aos fenômenos naturais. A ideia básica de Durkheim é a de que a explicação dos fatos sociais se encontra na sua própria estruturação interna, na forma pela qual as unidades componentes se combinam e se integram num todo orgânico. O meio social é dividido em "coisas" e "pessoas": as coisas constituem os "produtos sociais", modos de ser, pensar e agir estereotipados ou as instituições sociais. As pessoas constituem os membros do agregado social.

Maurice Hauriou representou tentativa de formulação de uma teoria sociológica que levasse em consideração princípios consagrados da religião e da ética. Para ele, é a instituição, e não a sociedade, que constitui a base de toda ordem social moralmente justificável, representando a solução entre o individualismo radical e o coletivismo extremista. Cada instituição representa a continuidade e a permanência de uma ideia objetiva. Hauriou distinguia dois tipos gerais de instituições, *institution-groupe* (instituição-grupo) e *institution-chose* (instituição-coisa).

Georges Gurvitch identifica a influência de Santo Tomás na concepção de Hauriou sobre as instituições: tanto a ordem interior dos grupos sociais como a ordem exterior das relações sociais estão fundamentadas na ordem social transcendental.

Os trabalhos de Max Weber concentram-se em análise sobre a origem e o desenvolvimento das instituições políticas, religiosas e jurídicas do mundo ocidental. A atividade social constituiu-se na realidade primária da Sociologia, podendo possuir caráter ocasional e efêmero ou forma durável, fundamento da maior parte das estruturas sociais.

O teorema básico da Escola Funcionalista é o de que um sistema social é real quando as partes executam funções essenciais à persistência do todo e, portanto, são interdependentes e integradas. Esse tipo de enfoque pode ser reconstituído até os fundadores da Sociologia, por meio das obras de E. Durkheim, C. H. Cooley, W. Thomas e Vilfredo Pareto. Mas foi somente com o desenvolvimento da Antropologia que ele adquiriu *status* definido.

Para Bronislaw Malinowski, cada instituição desempenha ao menos uma função social e satisfaz uma necessidade social estabelecida. Os seres humanos nascem ou penetram em grupos tradicionais já formados. Ou, de outro modo, às vezes eles organizam ou instituem tais grupos. O estatuto de uma instituição representa "o sistema de valores para a consecução dos quais os homens se organizam ou se filiam a organizações já existentes". Distingue-se da função, "que é o resultado integral das atividades organizadas naquilo em que se distinguem do estatuto". O autor apresenta dois axiomas:

A) cada cultura precisa satisfazer as necessidades biológicas do homem e prover-se para a regulação do seu desenvolvimento;
B) cada conquista cultural representa um aumento do valor instrumental da fisiologia humana, referindo-se direta ou indiretamente à satisfação de uma necessidade corporal.

Ainda segundo Malinowski, "nenhum elemento, traço, costume ou ideia é definido ou pode ser definido, exceto se colocando-o no seu ambiente institucional real e relevante... A instituição é a unidade real da análise cultural."

Instituições, dessarte, para o Direito Tributário, em tema imunitório, são organizações políticas ou religiosas, de educação ou assistência social, por subsunção a critérios tomados da teoria das organizações sociais (No plano especificamente jurídico da imunidade das instituições de educação e assistência social, quer se queira doutrina, quer se colime referência bibliográfica, o melhor repositório indicativo ainda é o livro de Aliomar Baleeiro, *Limitações Constitucionais ao Poder de Tributar*, clássico sobre o tema). As informações sobre as correntes sociológicas mencionadas neste item podem ser encontradas com maior desenvolvimento no verbete "instituições" *in Enciclopédia Britânica*.

A nosso sentir, as Entidades Fechadas de Previdência Complementar, seja na Constituição Federal de 1967, seja no Texto atual, deveriam gozar da imunidade de impostos prevista no art. 150, VI, "c", contudo assim não entendeu o Supremo Tribunal Federal, restringindo o conceito de *assistência social* e dizendo não estar inserido neste o caráter *previdenciário*. Sabedor da ausência de capacidade contributiva das Entidades Fechadas de Previdência Complementar, a União editou normas com anistia de acréscimos legais quanto aos valores vencidos (MP n.º 2.222/2001 – revogada) e, para o futuro, criou um Regime Especial de Tributação, limitando o Imposto de Renda a 12% das contribuições da Patrocinadora para quem aderisse a tal regime.

Agora, pela Lei n.º 11.053/2004, finalmente, o Governo Federal reconheceu a necessidade de não tributação das Entidades Fechadas de Previdência Complementar na fase de formação da poupança, não somente por necessidade de incentivar a poupança interna, mas, de igual forma, pela ausência de capacidade contributiva de tais Fundos de Pensão. Quanto à Contribuição Social sobre o Lucro, também não há incidência, por exclusiva ausência de lucro como imperativo legal nas EFPC, PIS e COFINS incidem somente sobre as receitas destinadas às despesas administrativas.

A Legislação *supra* também alterou a forma de tributação sobre os Participantes, passando para 15% (quinze por cento) sobre os resgates, não importando quantas parcelas, como adiantamento de Imposto de Renda, sujeito ao ajuste anual e, no pagamento dos benefícios, criou a opção para que o Participante continue na Tabela Progressiva ou migre para uma Tabela regressiva quanto à alíquota, na medida em que permanece na Entidade. A ideia agora é reconhecer a ausência de capacidade contributiva na formação da poupança e, na fase do pagamento, uma tributação que estimule a continuidade, a permanência. Nossas ressalvas ao novo método ficam concentradas na opção antecipada dos Participantes, que devem supor o que ocorrerá no Sistema Tributário daqui a 20 ou 30 anos...

Enfim, serve o presente item apenas para consignar que, apesar de o Supremo Tribunal Federal não ter reconhecido, restou, pela necessidade precípua da realidade, reconhecido pela legislação superveniente.

Estes autores entendem que o móvel da imunidade é o barateamento do custo e das atividades-meio, como a dos anúncios. Por aí entraria a imunidade. Discordamos. E nada autoriza livrar as receitas dos anúncios do ISS municipal nem os lucros de balanço do IR, imposto geral. A imunidade, seu fundamento, é político e cultural. Procura-se retirar impostos dos veículos de educação, cultura e saber para livrá-los, de sobredobro, das influências políticas para que, através do livro, da imprensa, das revistas, se possam criticar livremente os governos sem interferências fiscais. Por isso mesmo o *insumo básico*, o *papel de impressão, está imune*. Não por ser custo, senão porque, através dos impostos de barreira e do contingenciamento, poderia o Fisco embaraçar a liberdade de imprensa.

A imunidade filia-se aos dispositivos constitucionais que asseguram a liberdade de expressão e opinião e partejam o debate das ideias, em prol da cidadania, além de simpatizar com o desenvolvimento da cultura, da educação e da informação.

Curiosamente, essa espécie imunitória, nas Constituições de 1946, 1967 e Emenda n.º 1 a esta última, jamais foi complementada. Não se conhece lei infraconstitucional sobre o tema. Sua crônica é predominantemente jurisprudencial.

Há nela um feitio renascentista. É como se estivesse presa à era de Guttemberg, onde o *livro* era, por excelência, o veículo das ideias. Hoje, é consabido, a educação e a cultura, o entretenimento e o debate fazem-se por outros meios. Aí estão o disco e o *slide* didático, as fitas gravadas (videocassetes), os programas científicos de toda ordem através de televisão a cabo, os filmes culturais didáticos, os audiovisuais. Achamos que a imunidade deveria abrangê-los, pois "onde há a mesma razão, há a mesma disposição", embora se diga, também, que, diante da enfática insuficiência do texto, não cabe o *minus dixit*, porque onde o constituinte não distingue ou não quis distinguir, não cabe ao intérprete fazer distinções, a não ser em relação aos próprios objetos da imunidade.

Por aí, justamente, enveredam a doutrina e a jurisprudência para distinguir em livros, jornais e periódicos os que merecem e os que não merecem a benesse constitucional, o que pode ensejar a reinstauração, à *outrance*, de um certo tipo de censura, vedada pela Constituição expressamente no capítulo dos direitos e das garantias individuais e coletivas. Diz a Superlei:

Art. 5.º Todos são iguais perante a lei, sem distinção de qualquer natureza, garantido-se aos brasileiros e aos estrangeiros residentes no País a inviolabilidade do direito à vida, à liberdade, à igualdade, à segurança e à propriedade, nos termos seguintes:

[...]

VIII – ninguém será privado de direitos por motivo de crença religiosa ou de convicção filosófica ou política, salvo se as invocar para eximir-se de obrigação legal a todos imposta e recusar-se a cumprir prestação alternativa, fixada em lei;

IX – é livre a expressão da atividade intelectual, artística, científica e de comunicação, independentemente de censura ou licença;

[...]

Devem os juízes agir com cautela para não se tornarem censores. Com espeque no suporte axiológico da imunidade, tem-se propagado que livros eróticos (e o clássico *Kama Sutra* o é), as revistas de nus, os livros tidos por perniciosos não gozam da imunidade, nem os simplesmente informativos ou propagandísticos. Os que veiculam "maus costumes" ou "ideologias exóticas" também estariam fora da outorga imunitória. Estamos no campo predileto do subjetivismo doutrinário e jurisprudencial.

Pois bem, com isto se *infantiliza* a cidadania e se delega aos juízes o papel de censores.

Não em relação à edição e circulação dos objetos imunes, mas quanto à classificação moral dos mesmos, "base" para o reconhecimento da imunidade. Ora, o constituinte não fez ressalvas no texto de concessão. Não quis fazê-las e poderia ter excluído as publicações que ferissem, *v.g.*, os "bons costumes", expressão, de resto, dúbia. No entanto, o controle jurisdicional não é, em si, um mal. O que ocorre e certamente continuará a ocorrer é que a imunidade sob crivo terá o seu perfil desenhado pelas convicções morais, políticas e religiosas dos juízes. Uma arena para o embate entre juízes conservadores e liberais, tradicionalistas e progressistas. De todo modo, há campo para unir a todos. Pensamos que há diferença profunda entre uma revista séria como a *Playboy* e outras que exploram descaradamente, única e exclusivamente, a lascívia e a concupiscência, ou entre um livro crítico sobre a fé maometana e outro que pregue o racismo ou o massacre dos judeus, ou a violência, ou a propaganda de guerra, intolerados pela Constituição. Certamente haverá casos em que o não reconhecimento da imunidade obterá unanimidade. O confronto se dará não nos casos extremos, mas nos casos médios. Em suma, tudo dependerá da valoração – a partir da mundividência dos juízes – do que seja entretenimento, cultura, educação, ciência e saber. É que livro, jornal e periódico possuem conceituação, até certo ponto, precisa. São veículos, continentes. O que, do ponto de vista ético-axiológico, estará em julgamento será o conteúdo das publicações. Mas, mesmo quanto aos módulos objetivos, existirão dúvidas. Catálogo telefônico é periódico? Álbum de figurinhas é livro autoterminável? E os folhetos técnicos sobre como montar um radiotransmissor? Os livretos sobre a obra de autores populares, como Milton Nascimento e Gilberto Gil, entregues aos compradores dos discos ou fitas, são imunes?

O que causa dúvida é a incidência do ISS sobre as receitas de publicidade. O ISS, porque não grava os objetos imunes, senão a receita bruta de pessoas físicas e jurídicas, incide sobre serviços de qualquer natureza (art. 156, III) sem exceções. O IR incide porque (a) está informado pelos critérios da generalidade e da universalidade (art. 153, § 2.º, I) e porque, (b) sendo o *imposto pessoal, e sendo a imunidade objetiva*, não se admitem *distinções subjetivas* na espécie. Pois não pagam o imposto sobre a renda os detentores de direitos autorais? De notar que as imunidades anteriores são subjetivas. Esta não; daí o tratamento apartado.

Ives Gandra,[11] em ensaio denominado *Imunidade constitucional de publicações – interpretação teleológica da norma maior*, diz:

> Acresce-se o fato de que a imunidade para tais publicações é imunidade objetiva. Não interessa a sua finalidade, tipo de ideias veiculáveis, pois o constituinte pretendeu evitar a manipulação da opinião pública por parte dos detentores do poder, sob a alegação de que determinados tipos de publicação estariam protegidos pela intenção legal e outros não. Dessa forma, a liberdade de expressão, requisito constitucional de um país democrático e livre, não poderia ser atingida por força de uma eventual escalada tributária. Esta, não houvesse vedação objetiva, mas vedação subjetiva, à evidência, poderia servir de instrumento natural para permitir certas publicações e dificultar outras, que não seguiriam o perfil objetivado pelo Governo.
>
> A imunidade da letra "d", item III, do artigo 19 visa, pois e fundamentalmente, garantir a liberdade de expressão, qualquer que seja. É, por esta razão, imunidade objetiva.

A jurisprudência a propósito ora é restritiva, ora é extensiva. Cordeiro Guerra[12] depõe:

> Por isso mesmo a Constituição, na letra "d" do inciso III do artigo 19 dispõe: "Art. 19. É vedado à União, aos Estados, ao Distrito Federal e aos Municípios:
> [...]
> III – instituir imposto sobre:
> [...]
> d) o livro, o jornal e os periódicos, assim como o papel destinado à sua impressão".

---

[11] MARTINS, Ives Gandra da Silva. Imunidade constitucional de publicações: interpretação teleológica da norma maior. *Resenha Tributária*, São Paulo, ano XV, seção 13, 1984.
[12] GUERRA, Cordeiro. *RTJ* 87, v. II, p. 612.

Acho que a imunidade é amplíssima e, em consequência, afasta qualquer pretensão à cobrança do Imposto sobre Serviços.

Nessa mesma ocasião, Thompson Flores averbou:

> Embora arrimado em bons fundamentos, peço vênia ao eminente relator para acompanhar o voto do eminente Ministro Cunha Peixoto.
> Como S. Exa. considero que a Constituição, em seu artigo 19, III, "d", instituiu ampla imunidade tributária em prol dos jornais e periódicos, assim propugnando por sua mais ampla circulação e por óbvias razões.
> Tal desiderato, por certo, só seria alcançado reduzindo o preço de aquisição, e para isso também tornou imune o papel destinado à impressão. O anúncio constitui base segura para a redução de custos, o que importa na mitigação dos preços. Tributá-los não poderia estar na cogitação do princípio. Com isto certamente não se está aliviando as empresas de publicidade, as quais estarão sujeitas à tributação normal. É a conclusão que extraio do sistema adotado pela Magna Carta.

Sob a ementa "Revista Médica – anúncios nela inseridos – Imunidade", o STF reconheceu ser extensiva a regra imunitória (*RTJ* 72-189 e *RTJ* 87-608/612). E, ainda, *DJU* de 16.11.1982, p. 11.557 (Despacho do Ministro Oscar Corrêa).

E, no trabalho de Gandra retrocitado, colhe-se a fala de Frayno Pereira, de seguinte teor:

> O Pretório Excelso, por ambas as E. Turmas, já decidiu que revista técnica se inclui entre os periódicos a que alude aquele preceito constitucional (Ag. n.º 56.889, rel. Min. Aliomar Baleeiro, *RTJ* 67/441, e RE n.º 77.867, rel. Min. Leitão de Abreu, *RTJ* 72/189). Também o item 35 da lista de serviços sujeitos ao ISS refere-se às atividades das agências de publicidade, não alcançando os jornais e periódicos que publicam os anúncios por elas contratados (*RTJ* 84, v. I, p. 217).

Na *RDT* n.º 1, p. 79 (Ed. Revista dos Tribunais), registrada ficou a bonomia de Baleeiro ao precisar as origens da imunidade do papel:

> As técnicas de poder pessoal empregadas por Vargas, algumas delas originais. Por exemplo, o papel usado como meio de coação à imprensa. Curioso, na Inglaterra, até 1862, vigorou um imposto com o nome *tax on the knowledge*, imposto sobre o conhecimento, sobre a informação, e que pesava sobre os jornais. Existia também na Áustria, na Turquia e em outros países. Pesava sobre a quantidade de papel que eles empregavam. Só foi extinto, se não me engano, pela campanha de um sujeito chamado Thompson, em

1862. De sorte que, por paradoxal e escandaloso que pareça, no Brasil, até essa época, havia mais liberdade de imprensa do que na Inglaterra. Diga-se isso para glória e honra do regime político que vigorava no Brasil naquele tempo, o regime parlamentarista; e da personalidade de Pedro II. Essas as razões da imunidade do papel.

Noutra oportunidade, o STF averbou:

Calendários comerciais – Imunidade negada.
Os calendários comerciais não são periódicos, pois não se destinam a veicular ou transmitir pensamentos ou ideias. Não têm imunidade (RE n.º 87.633 SP (2.ª T.), *RTF* 89/278/281).

Mantemos o nosso ponto de vista de que a imunidade é objetiva.
Em recente julgado, o STF parece encaminhar-se para a tese da imunidade objetiva:

RE n.º 101.441-5/RS – Recorrente: Guias Telefônicas do Brasil Ltda. – Recorrida: Prefeitura de Porto Alegre.
EMENTA: Imunidade tributária (art. 19, III, "d", da Constituição Federal). ISS – Listas Telefônicas.
A edição de listas telefônicas (catálogos ou guias) é imune ao ISS (art. 19, III, "d", da CF), mesmo que nelas haja publicidade paga. Se a norma constitucional visou facilitar a confecção, edição e distribuição do livro, do jornal e dos periódicos, imunizando-os ao tributo, assim como o próprio papel destinado à sua impressão, é de se entender que não estão excluídos da imunidade os periódicos que cuidam apenas e tão somente de informações genéricas ou específicas, sem caráter noticioso, discursivo, literário, poético ou filosófico mas de inegável utilidade pública, como é o caso das listas telefônicas.

Embora a doutrina dos hermeneutas insista que a *mens legis* e a *mens legislatoris* não têm importância na interpretação das leis, porque a lei não tem "espírito", só os homens o têm, nem por isso deixa de ser verdade que a lei é "espírito objetivado". Ela nasce *ex nihilo*? Por isso mesmo ocorre também com a lei o fenômeno da sucessão de espíritos na *duração* do "ser". Com a lei, propriamente, não. Com a *norma* (conteúdo prescritivo) que ela contém. Umas leis são revogadas formalmente, outras sofrem transmigrações substanciais. Nelas passa a habitar outro espírito, o do intérprete, por exemplo, não mais o do legislador anódino. A norma (o espírito da lei) ganha novo semblante. Pois não é fato corriqueiro que a lei pode ter *vários sentidos, várias possibilidades de aplicação*?
Quem promove tais mutações na inteligibilidade da norma?

A lei como *objeto* continua escrita tal qual. A "compreensão" do que ali se contém é que muda, pela força do "espírito" que a anima e que lhe foi transfundido ao longo do devir histórico, pela práxis do Direito, enquanto fenômeno regular da vida em sociedade.

Nos países submetidos ao dogma da lei escrita, os intérpretes, funcionários do Executivo, advogados, pareceristas e juízes, principalmente os juízes, para moldarem as prescrições legais aos interesses, às vezes até conflitantes, sempre se reportam, com sinceridade ou hipocrisia, *ao espírito do legislador*. Não alcançável dito espírito, volátil como é, busca-se o *espírito da lei*.

Mas, aos juízes, tais "invocações" são desnecessárias. Não podem editar nem revogar leis, mas o *munus* de interpretar o sentido das normas enclausuradas nas leis é função que lhes foi entregue em foro constitucional.

A imunidade sob crivo nos oferta testemunho fidedigno do que ora se expõe. A tese constitucional é singela. A imunidade *é objetiva: todo jornal, livro ou periódico, assim como o papel destinado à impressão, estão livres de tributação*, independentemente do *assunto*, da *moralidade do assunto*, ou da *finalidade perseguida através dos objetos imunes*.

Não é assim que o Judiciário entende: (a) restringe a imunidade se imoral o conteúdo ou se utilitária a finalidade; e (b) amplia a imunidade dos veículos para os seus agentes, concedendo-a, por exemplo, contra os municípios quando pretendem tributar a receita de anúncios veiculados por jornais e revistas ao cabo de "arrazoados" sobre o *espírito da lei*. O entendimento do STF vem se consolidando nesse sentido já há duas décadas.

> 25.03.1997 – Segunda Turma
> Recurso Extraordinário n.º 177657-9 – São Paulo
> Relator: Min. Carlos Velloso
> Recorrente: Empresa Folha da Manhã S.A.
> Advogados: Ives Gandra da Silva Martins e outros
> Recorrido: Estado de São Paulo
> Advogado: Marco Antônio Moraes Sophia
> Ementa: Constitucional. Tributário. Jornal. Imunidade tributária. CF, art. 150, VI, "d".
> I – O Supremo Tribunal Federal decidiu que apenas os materiais relacionados com papel (papel fotográfico, papel telefoto, filmes fotográficos, sensibilizados, não impressionados, para imagens monocromáticas, papel fotográfico p/ fotocomposição por *laser*) é que estão abrangidos pela imunidade tributária do art. 150, VI, "d", da CF.
> II – Precedentes do STF: RE nºs 190.761/SP e 174.476/SP, Ministro F. Resek; Plenário, 11.12.96. Voto vencido do Min. C. Velloso, que entendia cabível a imunidade tributária em maior extensão.
> III – RE conhecido e provido.
> [...]

Relatório
[...]
A Décima Primeira Câmara Civil do Tribunal de Justiça do Estado de São Paulo negou provimento ao recurso da autora, para confirmar a sentença, que julgou improcedente as ações cautelar e principal.

Entendeu o voto condutor do aresto que "a Constituição subtraiu dos Estados, Distrito Federal e Municípios o poder de tributar livros, jornais, periódicos e o papel destinado à sua impressão.

O papel é o insumo, aliás o principal.

Se o Poder Constituinte houvesse querido estender a imunidade aos demais insumos, não teria feito referência somente ao papel. Teria dito *e os insumos destinados à sua impressão*".

Inconformada, a autora interpôs recurso extraordinário, fundado no art. 119, III, "a", da Constituição Federal, alegando que o aresto recorrido violou o art. 150, VI, "d", da mesma Carta. Sustenta, em síntese, que:

a) "o Supremo Tribunal Federal já se pronunciou no sentido de que a regra da imunidade comporta interpretação ampla, sempre que de outra forma reste prejudicada a teleologia que inspirou a inserção dessa limitação ao poder de tributar no texto constitucional";

b) "foi por esta razão que a Suprema Corte estendeu a imunidade à publicidade veiculada nos jornais. Não obstante o texto constitucional não conter referência expressa nesse sentido, entendeu a Excelsa Corte que isso se inferia do próprio dispositivo constitucional, pois, sem a publicidade, os jornais não teriam condições de sobrevivência, restando prejudicada a proteção à liberdade de expressão e de informação que o texto visou proteger";

c) "se os insumos importados pela recorrente para a impressão dos jornais não tiverem a mesma desoneração que o papel destinado à mesma finalidade, o jornal não será imune, estará sofrendo a incidência de tributos, restando ferida a imunidade e o objetivo da regra constitucional".
[...]

7.6. EMENDA CONSTITUCIONAL N.º 75/2013 E A IMUNIDADE TRIBUTÁRIA DA PRODUÇÃO (LITERO) MUSICAL NACIONAL

Em outubro de 2013, foi aprovada a inserção de um novo inciso no rol de pessoas e bens que passam a gozar da imunidade tributária restrita a impostos.

Foi acrescentada a letra "e" ao inciso VI do art. 150 para determinar a imunidade de impostos sobre "fonogramas e videofonogramas musicais produzidos no Brasil contendo obras musicais ou literomusicais de autores brasileiros e/ou obras em geral interpretadas por artistas brasileiros bem como os suportes materiais ou arquivos digitais que os contenham, salvo na etapa de replicação industrial de mídias ópticas de leitura a laser".

A Emenda Constitucional, apresentada pelo Deputado Otávio Leite, teve origem na Câmara dos Deputados e é uma consequência clara dos novos meios de divulgação que surgiram com a era eletrônica que vem, há muitos anos, infligindo consideráveis prejuízos a esta indústria de criação da arte (música e exibições musicais), além, obviamente, da permissividade do crime de violação de direito autoral que é perpetrado por meio de cópias não autorizadas nas ruas das grandes cidades brasileiras e por meio da Rede Mundial de Computadores.

Foi sensível o Congresso Nacional ao atender a demanda de uma indústria que sofre com o avanço tecnológico e com o crime que dele se aproveita.

Partamos, passo a passo, da literalidade do dispositivo acrescentado. Fonogramas são simplesmente os discos que conhecemos, é a inscrição do som produzido pelo artista em uma mídia física que será reproduzida em aparelhos que consigam lê-la e reproduzi-la. Videofonogramas são um *plus* do fonograma. No videofonograma, acrescenta-se ao som a imagem. Em verdade, como o dispositivo fala de obras musicais e literomusicais, ela atinge a emissão do som puro produzido pelo artista e a produção do audiovisual que é produzido a partir da encenação do artista e intérprete sobre a sua música. Trata-se, pois, do audiovisual que contenha a representação da música do cantor e/ou de seu intérprete.

A restrição a obras musicais e literomusicais abrange apenas as músicas cantadas que contenham letras? Não. O dispositivo é mais abrangente, ele descreve: "*obras musicais ou literomusicais*", assim as músicas instrumentais ou clássicas são abrangidas pela imunidade, pois se encaixam no conceito mais largo de *música*. Ao que parece, a mera recitação poética e o documentário não atenderiam o que dispõe a norma.

À primeira vista, poder-se-ia pensar sobre a extensão da imunidade à indústria do filme, mas a norma restringe seu alcance à produção musical.

Deve-se, contudo, ter uma interpretação consentânea com a era em que vivemos. Mais à frente, a norma descreve *suportes materiais ou arquivos digitais que os contenham*, ou seja, aqui se tomou o fonograma e o videofonograma como o material produzido e não como o meio de ser reproduzido. Para uma melhor descrição da intenção do constituinte derivado, a música e o audiovisual [músicas e representações dessas músicas (videoclipes)] que venham a ser comercializados poderão sê-lo em suportes físicos e arquivos digitais.

Não se quis restringir a imunidade ao tipo de suporte, pois ao abranger o digital, a norma estende a contemporaneidade ao instituto da imunidade tributária. O que falta ainda para o livro digital (ou eletrônico) que se encontra em discussão no Supremo Tribunal Federal,[13] no caso da música e do audiovisual musical fica bem claro que, independentemente do suporte que se comercialize, não incidirá imposto sobre as fases de produção e de comercialização.

---

[13] STF, Recurso Extraordinário n.º 330.817, Rel. Min. Dias Toffoli.

Não se pode, como tecemos nos comentários acima, entrar na seara da qualidade do fonograma ou do videofonograma produzidos, deixando ao alvitre do fisco e dos juízes a interpretação sobre a finalidade precípua de cada uma das produções da indústria.

Como no caso dos livros, a imunidade aqui é objetiva. Incide sobre o objeto produzido e comercializado e não sobre a pessoa que o produz e o comercializa. Independente da qualidade do que se quer transmitir, a imunidade deve ser reconhecida, esteja ela cumprindo um papel de disseminação da cultura ou, até mesmo, admitamos, contribuindo para a construção de uma cultura deplorável. O que não se pode é legar ao gosto do intérprete a extensão da nova imunidade no que se refere à qualidade e fins do conteúdo produzido.

O que restringe a norma é a especificação da produção brasileira: *autores brasileiros e/ou obras em geral interpretadas por artistas brasileiros*. A igualdade ressaltada no *caput* do art. 5.º da Constituição Federal reproduz que os "estrangeiros residentes no País" devem ser considerados brasileiros. Ou seja, surge aqui a primeira indagação: o estrangeiro que mantém a sua nacionalidade, mas que tem residência no país, estaria contemplado pela imunidade ao produzir a música ou um videoclipe?

Parece-me que sim. A interpretação das normas constitucionais estende-lhes este direito.

Contudo, há músicas muito ouvidas pelos brasileiros que não são necessariamente de brasileiros ou de intérpretes brasileiros que cantam em português. Há músicas muito ouvidas em nosso país que têm matriz anglo-saxônica, seja por serem produzidas por norte-americanos, ingleses, australianos, canadenses etc., ou até mesmo países de matriz fonética neolatina que produzem suas músicas em língua inglesa para atingirem um máximo de repercussão em termos mundiais. Essas músicas ou videoclipes estariam fora da imunidade prevista na letra "e" do inciso VI.

Os cantores ou intérpretes brasileiros que produzem músicas ou videoclipes em língua estrangeira estão abrangidos pela imunidade. Se se quis privilegiar a produção brasileira, a língua portuguesa foi relegada ao detalhe.

Nesse ponto, se o objetivo era atenuar a perda de receita de gravadoras, sejam elas brasileiras ou estrangeiras, o dispositivo não lhes trouxe alento. O que importa é a nacionalidade brasileira do cantor ou intérprete.

Há um outro problema que demonstra a dificuldade de assentar na norma constitucional as vibrações de um mundo cambiante. Mesmo que admitamos que o artista brasileiro é quem goza da imunidade, muitos deles têm suas músicas comercializadas por lojas virtuais que não se encontram estabelecidas em nosso território. Assim, há uma severa perda de receita para o fisco com a comercialização de músicas por sítios estrangeiros. Contudo, resolve-se, em parte, este problema, pois os cantores e/ou intérpretes brasileiros teriam a diferenciação de não terem qualquer incidência sobre suas produções acaso comercializassem suas produções em sítios hospedados fora do país. Nesse ponto, a norma atendeu apenas à realidade fática. Os estrangeiros continuariam a ser tributados, mas esta receita não nos pertence, pois é cobrada na origem da comercialização, que é o território estrangeiro.

Ao adquirir a música ou videoclipe de autor ou intérprete brasileiro em um sítio hospedado no exterior, por meio de instrumento de crédito (cartão de crédito), há sempre a cobrança do Imposto sobre Operações Financeiras. A nova imunidade teria findado com esta cobrança? Acreditamos que não. O fato jurígeno deste imposto, como descrevemos no item 8.4, é a operação de crédito. Se há uma forma de aquisição à vista, o imposto não incide. Se a aquisição se deu por meio de um instrumento de crédito e os recursos serão enviados ao exterior, o IOF é devido.

O que macula a norma imunizante é a restrição ao cantor e intérprete brasileiro. Não se pode apenas com a pena (poder de legislar) instituir realidades. O mercado brasileiro ainda é, e será, grande consumidor da produção internacional, e o mundo se faz cada vez menor com as trocas culturais. Restringir a imunidade ao cantor e intérprete brasileiro tem conotação nacionalista desvirtuada da realidade de um mundo que avança para a integração de uma grande confederação de Estados.

Afora a necessidade de esclarecimentos dos problemas que levantamos anteriormente, a norma faz uma única ressalva expressa: *"salvo na etapa de replicação industrial de mídias ópticas de leitura a laser"*. Este mecanismo, ao que parece da leitura de justificativas do Parecer de aprovação da PEC exarado pela Comissão de Constituição e Justiça, foi incluído apenas para resguardar o regime tributário diferenciado da Zona Franca de Manaus. Ali, como já não há a incidência de alguns tributos, entre eles o IPI, Imposto de Importação e parte do ICMS, que poderiam onerar a produção das mídias digitas, o constituinte derivado quis ressalvar que, se a produção se der fora do território abrangido pela Zona Franca, cuja replicação industrial exija leitura a laser, não haverá a imunidade.

A rigor, CD, DVD e *Blu-Ray*, todos, têm leitura a laser. A sua replicação industrial necessariamente terá a incidência de impostos sobre a produção.

O que é beneficiado pela imunidade relativa a impostos é a cadeia produtiva do fonograma ou videofonograma, da contratação de locais de gravação, profissionais responsáveis pela interpretação (músicos), trabalho na mesa de edição do fonograma ou videofonograma e a distribuição a lojas para venda a consumidores finais.

7.7. A DETERMINAÇÃO DE EXTERIORIZAR E ESCLARECER AS COMUNIDADES SOBRE OS IMPOSTOS QUE INCIDEM SOBRE MERCADORIAS E SERVIÇOS

Dispõe o § 5.º do artigo 150:

> Art. 150. Sem prejuízo de outras garantias asseguradas ao contribuinte, é vedado à União, aos Estados, ao Distrito Federal e aos Municípios:

[...]
§ 5.º A lei determinará medidas para que os consumidores sejam esclarecidos acerca dos impostos que incidam sobre mercadorias e serviços.
[...]

Esta limitação ao poder de tributar é novidade. Introduz no rol das limitações uma determinação para evitar que a Fazenda seja insincera.

A meta desejada é a conscientização do cidadão-contribuinte. Sabemos bem a quantidade de tributos que incidem sobre o nosso patrimônio e a nossa renda ao fazermos uma aplicação financeira, ao celebrarmos contratos, ao formularmos uma declaração de renda, ao recebermos o nosso salário e assim por diante. As contribuições previdenciárias, o imposto de renda, o IPTU, o ITR, o IPVA, o imposto sobre heranças e doações, o ITBI *inter vivos* não oferecem problemas. Todavia, há um rol de impostos "indiretos" ou "de mercado" que muita vez passam despercebidos ao consumidor de mercadorias e serviços em função do fenômeno financeiro da "repercussão" ou "translação" dos encargos fiscais. Quem recolhe o imposto, isto é, o "contribuinte *de jure*", necessariamente não é quem suporta financeiramente o encargo financeiro, e sim o "contribuinte de fato". Muita gente desconhece que, ao comprar uma gravata, um sapato, uma camisa, um gênero alimentício, uma geladeira, está *pagando* ICMS e, quiçá, IPI. As pessoas devem saber que no preço do combustível há imposto (IVV – extinto pela EC 3/1993 e ICMS) e que nas contas de luz e telefone, às vezes nas prestações da locação, nos aluguéis, numa passagem de ônibus, estão *incluídas, nos preços,* parcelas tributárias. Para clarificar este fenômeno, resolveu o constituinte obrigar as pessoas políticas a esclarecer os contribuintes. É uma determinação cabal e inarredável, não uma mera recomendação vazia. Aplica-se aos impostos cuja natureza contempla a repercussão jurídica. A repercussão puramente econômica não pode ser medida, não faz parte explícita dos preços, não há como determiná-la. O IPI e o ICMS podem ser explicitados. Podem não, devem, por imposição da Constituição (princípio da não cumulatividade). Aliás, o art. 166 do CTN só se aplica aos impostos não cumulativos, cuja natureza jurídica obriga a transferência do ônus fiscal. O PIS e a COFINS, contribuições com o feitio de impostos cumulativos, não possuem repercussão jurídica, só a econômica, não podem ser medidas.

Apesar destas limitações e da expressa ressalva que o constituinte fez no art. 146, II, da Constituição Federal, o legislador infraconstitucional tentou inovar com o rigor da transparência ao editar a *Lei n.º 12.741, de 08.12.2012*. A lei determinou a informação ao contribuinte em todos os documentos fiscais ou equivalentes acerca do *valor aproximado* correspondente à totalidade dos tributos federais, estaduais e municipais, cuja incidência influa na formação dos respectivos preços de venda. Aproximado, pois como escrevemos acima, alguns impostos e contribuições não têm apenas repercussão sobre o preço do bem ou do serviço, mas sobre o resultado ou lucro da pessoa ou da empresa que o comercializa. O cálculo somente pode se dar de forma aproximada e quanto mais tentativas, mais a possibilidade de erro aumenta. No entanto, é obrigatória a informação se o tributo a ser demonstrado tem sua incidência seja por meio de alíquota *ad valorem* ou alíquota específica (valor monetário sobre a unidade do bem ou serviço).

A lei discriminou que os seguintes tributos teriam suas repercussões econômicas demonstradas: I – Imposto sobre Operações relativas a Circulação de Mercadorias e sobre Prestações de Serviços de Transporte Interestadual e Intermunicipal e de Comunicação (ICMS); II – Imposto sobre Serviços de Qualquer Natureza (ISS); III – Imposto sobre Produtos Industrializados (IPI); IV – Imposto sobre Operações de Crédito, Câmbio e Seguro, ou Relativas a Títulos ou Valores Mobiliários (IOF); VII – Contribuição Social para o Programa de Integração Social (PIS) e para o Programa de Formação do Patrimônio do Servidor Público (Pasep) – (PIS/Pasep); VIII – Contribuição para o Financiamento da Seguridade Social (Cofins); IX – Contribuição de Intervenção no Domínio Econômico, incidente sobre a importação e a comercialização de petróleo e seus derivados, gás natural e seus derivados, e álcool etílico combustível (Cide). Os incisos vetados se referem ao *V – Imposto sobre a Renda e Proventos de Qualquer Natureza (IR) e VI – Contribuição Social sobre o Lucro Líquido (CSLL).* Acertou o Poder Executivo ao vetar essas discriminações, já que são efetivamente difíceis de serem demonstradas em um documento fiscal, pois dependem de vários fatores econômico-financceiros para se chegar aos seus reais valores.

Com as limitações e armadilhas que expusemos acima, essas informações devem ser discriminadas nas notas fiscais quando o consumidor for realmente o contribuinte "de facto" do produto ou do serviço, ou seja, aquele que comercializa ou presta o serviço repassa o tributo (imposto ou contribuição) ao consumidor final. Caso o contribuinte "de jure" coincida com o contribuinte "de facto", não há necessidade da discriminação.

Não obstante a boa vontade demonstrada pelo legislador infraconstitucional ao promulgar o texto da Lei Ordinária n.º 12.741, de 08.12.2012, ressaltamos que ao explicitar os tributos que incidem sobre determinados produtos ou serviços, o legislador poderá obstar o gozo da imunidade que entes (partidos, templos, fundações), pessoas (naturais ou jurídicas), produtos e serviços fazem jus ao teor do art. 150 da Constituição Federal. Ou até mesmo criando ou majorando de forma escamoteada tributos sobre bens, serviços, entes e pessoas que gozam da imunidade constitucional, já que se permitirá aos demais entes federativos a promulgação de normas com a obrigatoriedade de informações de tributos de sua competência material, que não devem ser recolhidos pelos contribuintes como efeito da regra restritiva da limitação.

É por essas razões que quando o comando constitucional diz que a "lei determinará medidas para que os consumidores sejam esclarecidos". À primeira vista, pensa-se que a lei, aí, é da ordem parcial envolvida. Leis federal, estadual ou municipal, conforme seja o imposto. Ledo engano. A lei de que se cuida só pode ser lei complementar, pelas duas razões que estamos insistindo ao longo do presente discurso:

A) porque toda e qualquer limitação ao poder de tributar é objeto de lei complementar (art. 146, II);
B) porque as limitações ao poder de tributar que se endereçam necessariamente às pessoas políticas, União, estados e municípios, *impondo-lhes constrições*, não podem, obviamente, ser reguladas por elas próprias. Embora o exemplo não seja análogo, seria o mesmo que permitir ao réu dosar a pena condenatória que lhe foi imposta *ab extra*.

A lei ordinária promulgada percorreu parte do caminho, embora o resquício restritivo da imunidade possa estar em risco. É factível imaginar que qualquer legislador estadual ou municipal, ao especificar as regras que regerão essas discriminações nos documentos fiscais, possa criar tributos ou aumentando alíquotas de bens, serviços e pessoas imunes. Cabe ao legislador da lei complementar encontrar as verdadeiras soluções.

7.8. EXONERAÇÃO DE TRIBUTOS, MATÉRIA SOB RESERVA DE LEI

Dispõe o art. 150, § 6.º:

> Art. 150. Sem prejuízo de outras garantias asseguradas ao contribuinte, é vedado à União, aos Estados, ao Distrito Federal e aos Municípios:
> [...]
> § 6.º Qualquer subsídio ou isenção, redução de base de cálculo, concessão de crédito presumido, anistia ou remissão, relativos a impostos, taxas ou contribuições, só poderá ser concedido mediante lei específica, federal, estadual ou municipal, que regule exclusivamente as matérias acima enumeradas ou o correspondente tributo ou contribuição, sem prejuízo do disposto no art. 155, § 2.º, XII, "g".
> [...]

Trata-se de outra limitação imperativa, porém de atuação direta sobre o próprio legislador da lei complementar, versando sobre dispensa de tributos e consectários, e não sobre a imposição de tributos. No entanto, o dispositivo é de eficácia contida. Havendo omissão legislativa, mesmo sem lei complementar, atua e obriga a União, estados e municípios. O destinatário é o legislador da lei complementar, regulador das limitações, mas não liberou os entes políticos. Perigoso, aqui, é pensar que só tais matérias são da Lei Complementar. As dispostas no art. 146, III, "a", "b", "c" e "d", seriam reservadas à lei complementar. O tributo todo, seus elementos estruturais e operacionais, são matéria sob reserva da lei, e, comumente, de lei complementar da Constituição.

A *ratio* da limitação ora sob comento é de ordem pragmática e não sistêmica. Impressionou o constituinte a quantidade enorme de "delegações" legislativas nas três ordens de governo da Federação "autorizando" o Poder Executivo a dar *anistias* e *remissões*, sob meras cláusulas abertas, deixando para o *ato administrativo* a fixação dos permissivos. Sim, porque, presentemente, pelo CTN, tanto a anistia quanto a remissão são matérias sob reserva de lei em sentido formal e material (art. 97 do CTN).

A anistia é o perdão das penalidades fiscais (multas). A remissão é o perdão do tributo já constituído, a pagar ou que já deveria ter sido pago. Evidentemente, não cabe ao Executivo decidir sobre a tributação ou a sua dispensa, daí a ênfase da Constituição de 1988. O dispositivo, juridicamente dispensável, encontra justificativa política. Em fim de governo ou às vésperas de eleição, tornou-se hábito, por estes brasis afora, dar *anistias* e *remissões* fiscais sem motivos justos, a não ser o de captar a simpatia do eleitor (mancomunados, o Executivo e o Legislativo utilizavam o patrimônio fiscal realizável, dispensando-o e dissipando-o com intuitos eleitoreiros). Em detrimento, diga-se, dos bons contribuintes.

A regulação de como podem ser concedidas anistias e remissões é hoje versada no CTN, em pleno vigor, certo, entretanto, que o art. 172 está parcialmente atingido pela nova Constituição, negatória de *autorizações*:

Art. 172. A lei pode autorizar a autoridade administrativa a conceder, por despacho fundamentado, remissão total ou parcial do crédito tributário, atendendo:

I – à situação econômica do sujeito passivo;

II – ao erro ou ignorância escusáveis do sujeito passivo, quanto a matéria de fato;

III – à diminuta importância do crédito tributário;

IV – a considerações de equidade, em relação com as características pessoais ou materiais do caso;

V – a condições peculiares a determinada região do território da entidade tributante.

Parágrafo único. O despacho referido neste artigo não gera direito adquirido, aplicando-se, quando cabível, o disposto no art. 155.

[...]

Art. 180. A anistia abrange exclusivamente as infrações cometidas anteriormente à vigência da lei que a concede, não se aplicando:

I – aos atos qualificados em lei como crimes ou contravenções e aos que, mesmo sem essa qualificação, sejam praticados com dolo, fraude ou dissimulação pelo sujeito passivo ou por terceiro em benefício daquele;

II – salvo disposição em contrário, às infrações resultantes de conluio entre duas ou mais pessoas naturais ou jurídicas.

Ora, os itens I, II, III e IV admitem o subjetivismo do Executivo.

A conclusão a que chegamos é a de que o constituinte quis evitar *delegações legislativas* nestas matérias, daí o enfático da disposição.

A Constituição de 1988 não se limita a exigir lei específica, caso a caso, para a concessão de anistias e remissões fiscais. A limitação ao poder de tributar e de exonerar abarca "qualquer subsídio" ou isenção, redução de base de cálculo (reconhecendo que a expressão "isenção parcial" para nominar as reduções de base de cálculo não faz sentido) e concessão de crédito presumido.

O objetivo da extensão foi evitar a "guerra fiscal" entre os Estados-Membros da Federação. O imposto mais visado foi o ICMS, por razões óbvias, de todos conhecidas.

Obtempere-se que a expressão "qualquer subsídio" não tem conteúdo jurídico preciso. Financiamentos a empreendimentos, oferta de distritos industriais, políticas diversas de auxílio a instalações de indústrias novas, incentivos creditícios e às exportações, dilação do termo *ad quem* para pagamento de tributos estariam abrangidos pela vedação? Tudo indica que sim, embora tais matérias, exceto a do dia do pagamento (moratória), sejam estranhas ao Direito Tributário, não, porém, ao Financeiro. Houve atecnicismo. Contudo, a disposição é salutar por exigir e reforçar o princípio da reserva de lei para operar assuntos conexos à tributação, mantendo o mais possível o princípio da generalidade, obstando, sobremais, a *guerra fiscal*.

7.9. O PRINCÍPIO DA TRIBUTAÇÃO FEDERAL UNIFORME

Sobre o tema na Constituição de 1946, lecionou Baleeiro:[14]

A unidade política do país, cuja manutenção e defesa, repetida e enfaticamente, se exige, sob juramento, do primeiro magistrado, seria bem precária se o território nacional não representasse um todo do ponto de vista econômico. Certamente, muito podem as origens históricas, as tradições, a língua, a religião, os costumes, todos os valores morais e espirituais, mas o interesse econômico de que o país todo constitua o mercado interno comum, sem barreiras de qualquer natureza para a produção doméstica, é e será sempre um dos mais sólidos elos da unidade nacional. Nenhuma industrialização do país, por exemplo, será possível de modo geral senão com alicerces seguros nesse mercado interno.

A União não pode instituir tributo que não seja uniforme em todo o território nacional nem pode, depois de instituído o tributo, desequilibrá-lo através de exoneração para favorecer algum estado ou município em detrimento de outros, salvo as isenções e reduções destinadas a desenvolver

---

[14] BALEEIRO, Aliomar. *Limitações constitucionais ao poder de tributar*. 2. ed. Rio de Janeiro: Forense, 1960. p. 203.

o Norte, o Nordeste; e o Centro-Oeste. É que, nesses casos, a Constituição é expressa e, ademais, não prejudica o restante do país, pelo contrário, ajuda.

Um país sem desequilíbrios regionais é país forte e integrado em benefício de suas várias regiões. O Brasil não é o único nesse sentido. A Argentina concentra-se no delta do Prata. O Japão moderno é uma faixa industrial à beira do mar de não mais de 220 km. (Ao norte, o povo dos Ainos, em florestas, vivendo do artesanato, são caucasianos). O Canadá se agarra ao longo do São Lourenço, na beira dos grandes lagos, nas fronteiras com os EUA. O Reino Unido convive com Irlandas atrasadas e regiões não industrializadas. O norte da Alemanha oferece outro exemplo de desenvolvimento incipiente. A Itália do Norte nada tem a ver com a Calábria e a Sicília (outrora pujante). O próprio sul dos EUA é atrasado se comparado com o norte e o nordeste do país. Nesses países existem programas de incentivos fiscais para regiões deprimidas. Portanto, a licença constitucional é mais do que acertada, até porque o nordeste do país, com sua imensa população, cerca de 36 milhões de pessoas, é bom (a terra, o subsolo e o homem). O céu é que não presta. Urge reconstruí-lo para o bem do Brasil, que começou por lá, antes da explosão do ouro em Minas Gerais que despovoou até o Reino de Portugal, ensejando, depois, o Estado de São Paulo, com os seus cafezais e, após, com a renda advinda dessa atividade, a industrialização do país no eixo sudeste.

7.10. SUBSTITUIÇÃO TRIBUTÁRIA PROGRESSIVA

Assim dispõe a Constituição Federal:

Art. 150. [...]
[...]
§ 7.º A lei poderá atribuir a sujeito passivo de obrigação tributária a condição de responsável pelo pagamento de imposto ou contribuição, cujo fato gerador deva ocorrer posteriormente, assegurada a imediata e preferencial restituição da quantia paga, caso não se realize o fato gerador presumido.

Trata-se de antecipação de fato gerador, à moda de presunção, importando, igualmente, a necessidade de presumir a *base de cálculo*. A Constituição, contudo, impõe a imediata e preferencial restituição, caso o fato gerador não venha a ocorrer ou caso ocorra, mas por um valor inferior ao presumido na lei. Em impostos como o IPI e o ICMS, a questão se complica extraordinariamente, já que são impostos de mercado cuja base de cálculo é o valor das operações, repelindo *tabelamentos* e *pautas fiscais*.

A propósito, ver o que já foi escrito sobre as presunções fiscais no estudo do princípio da legalidade da tributação.

O STF, em sede de ADIN, declarou que o preço último e final, sugerido pelo fabricante, não era inconstitucional. Esta decisão causou dois efeitos: (a) o de uma enorme decepção entre os justiçáveis, pois pareceu-lhes que se restabelecia a tributação por mera presunção *jure et de jure*, e denegação da justiça, com ferimentos aos princípios da legalidade, da verdade material, da razoabilidade, da estrita legalidade e do não confisco, ao tempo em que se justificava o enriquecimento sem causa dos estados; (b) de grande júbilo entre os estados, que, repletos de regimes de substituição de sujeitos passivos, passaram a fixar, por presunção, bases de cálculo fora da realidade na substituição tributária progressiva. É de ver, no entanto, que o STF julgou a *quaestio juris* em ADIN, onde não há partes, nem lide, nem provas (controle abstrato). Claro está, também pensamos assim, que o preço sugerido pelo fabricante é razoável, não é inconstitucional, sem o que o sistema não teria sequer operacionalidade. Mas, a partir daí, dizer-se que no controle difuso, onde há lide, partes e provas, o preço presuntivo prevalece sobre o preço real é fazer pouco da Constituição e menosprezar a inteligência, o senso de justiça dos Ministros da Suprema Corte. É claro que, caso por caso, é possível controlar a verdade da tributação.

7.11. ISONOMIA NOS TÍTULOS DA DÍVIDA PÚBLICA E NOS VENCIMENTOS DOS FUNCIONÁRIOS PÚBLICOS – PREVALÊNCIA DO ESTADO FEDERAL

A União não pode conceder tratamento privilegiado à tributação dos rendimentos de seus títulos públicos (obrigações da dívida pública) comparativamente aos títulos da dívida pública dos estados e municípios, nem tampouco tributar os vencimentos de seus funcionários menos que os vencimentos dos funcionários públicos estaduais e municipais. Se pudesse fazer tais coisas estaria a agir deslealmente em prejuízo dos entes locais. A Constituição isto proíbe no art. 151 que se segue:

> Art. 151. É vedado à União:
> I – instituir tributo que não seja uniforme em todo o território nacional ou que implique distinção ou preferência em relação a Estado, ao Distrito Federal ou a Município, em detrimento de outro, admitida a concessão de incentivos fiscais destinados a promover o equilíbrio do desenvolvimento socioeconômico entre as diferentes regiões do País;
> II – tributar a renda das obrigações da dívida pública dos Estados, do Distrito Federal e dos Municípios, bem como a remuneração e os proventos dos respectivos agentes públicos, em níveis superiores aos que fixar para suas obrigações e para seus agentes;
> III – instituir isenções de tributos da competência dos Estados, do Distrito Federal ou dos Municípios.

Dá-se que dita vedação, hoje, é até dispensável ante o ditado do art. 150, II:

Art. 150. Sem prejuízo de outras garantias asseguradas ao contribuinte, é vedado à União, aos Estados, ao Distrito Federal e aos Municípios:

[...]

II – instituir tratamento desigual entre contribuintes que se encontrem em situação equivalente, proibida qualquer distinção em razão de ocupação profissional ou função por eles exercida, independentemente da denominação jurídica dos rendimentos, títulos ou direitos;

[...]

Permanece no texto da Constituição em decorrência do "efeito repetição". Os constituintes repetem muita coisa que foi estatuída antanho, sem espírito crítico, espichando a Superlei.

7.12. A PROIBIÇÃO DA ISENÇÃO HETERÔNOMA E AS EXCEÇÕES

A União está obstada de conceder isenções de tributos da competência dos estados, Distrito Federal e municípios (art. 151, III).

Coloquemos a questão: as isenções são autonômicas e heterônomas quanto à fonte legislativa de onde promanam. Autonômica é a isenção concedida pelo Poder Legislativo de pessoa jurídica de Direito Público titulada pela Constituição para instituir o tributo. Assim, quem pode tributar pode dispensar o tributo. Esta é a regra geral. Isenção heterônoma é a concedida pelo Poder Legislativo de uma pessoa jurídica de Direito Público que não tem competência para instituir o tributo objeto da isenção. A isenção heterônoma é isenção de tributo de alheia competência.

Por outro lado, cada ordem de governo da Federação, União, estados e municípios, possui, cada qual, Poder Legislativo. A União tem o Congresso Nacional (bicameral). Os estados contam com Assembleias Legislativas, e os municípios, com Câmaras de Vereadores.

Como a competência para instituir tributos e, consequentemente, para isentar é *competência legislativa*, a tais casas de legisladores, das três ordens de governo, compete legislar sobre tributos das respectivas competências nos estritos termos e teores da Constituição.

Pois bem, a Constituição de 1988, neste campo, cometeu uma aparente confusão, senão vejamos. O art. 151 veda a isenção heterônoma da União em tributos estaduais e municipais. No entanto, o art. 155 da CF esgota a possibilidade de a União, mediante lei complementar, isentar, na exportação, mercadorias e serviços tributados pelo ICMS. Confira-se a redação do art. 155, X, "a". Ali se diz que o ICMS não alcança quaisquer operações que destinem quaisquer mercadorias ou serviços para o exterior, assegurando-se, de sobredobro, a manutenção e o aproveitamento do imposto cobrado nas operações e prestações anteriores. Portanto, o objeto da lei complementar prevista no inciso XII, alínea "e", da Carta é totalmente vazio, porque não há o que excluir do ICMS nas exportações. Já está tudo imune, portanto, a autorização da isenção heterônoma, neste caso, não tem sentido em existir. Foi um erro da Comissão de Redação da EC n.º 41/2003. Mais à frente, o art. 156, § 3.º, II, da CF, diz caber à lei complementar excluir da incidência do ISS a exportação de serviços para o exterior. Vale dizer, a União está autorizada por lei complementar a conceder isenções de serviços tributáveis pelo ISS, de competência municipal.

A vantagem da Constituição de 1988 é ter *precisado os casos* em que pode ser utilizada a isenção heterônoma por lei complementar do Congresso Nacional (Poder Legislativo da União). A fórmula de 1967 era ampla e oca.[15] O que, alfim, é "relevante interesse social ou econômico nacional"?

Todavia, em substância, *nada mudou* quanto à existência de isenções heterônomas no Direito Constitucional brasileiro. Mas a matéria, embora *verbalmente* mal cuidada, estreitou as possibilidades da isenção heterônoma, limitando-a aos casos previstos como exceções à regra geral proibitiva que acabamos de ver (as isenções decorrentes de tratados internacionais possuem fundamentos de validez em normas de Direito Internacional, não caracterizando a situação ora examinada).

A vedação da isenção heterônoma como princípio é bem-vinda ao federalismo, e as exceções são justificáveis tendo em vista o necessário controle do *export-drive* (esforço de exportação) pela União Federal, bem como as suas responsabilidades na representação da Nação brasileira.

O instrumento utilizável igualmente é correto, pois a lei complementar possui *"quorum* qualificado", metade mais um dos membros do Congresso Nacional. Ao cabo, os deputados federais são eleitos nos estados, e suas bases são *municipais*. São representativos da vontade nacional. E o Senado é paritário. Igual número de senadores para todos os estados de que são representantes. Certamente bem ajuizarão sobre a conveniência da isenção heterônoma. As isenções decorrentes de tratados, por outro lado, são decorrências da predominância do Direito Internacional Tributário, de conformidade com o sistema da Constituição e do CTN.

7.13. A REVOGABILIDADE DAS ISENÇÕES ANTERIORES À CARTA

A proibição de isenção dada pela União em imposto de Estado-Membro e de município coloca a questão de se saber se prevalecem ainda, após a Constituição Federal de 1988, as isenções heterônomas concedidas pela União através de leis complementares relativamente a impostos estaduais e municipais, com

---

[15] Na Constituição de 1967 estava previsto: Art. 20, § 2.º: "A União, mediante lei complementar, atendendo a relevante interesse social ou econômico nacional, poderá conceder isenções de impostos federais estaduais e municipais".

base na permissão existente na Constituição de 1967. A nosso sentir, a questão resolve-se da seguinte maneira:

A) as isenções heterônomas concedidas com *prazo certo* ou sob *condição* prevalecem até que se exaura o prazo previsto em lei ou seja desatendida a condição. Neste grupo estão as isenções sob condição, as de prazo certo e as de *prazo e condição*. Nesses casos há direito adquirido incorporado ao patrimônio jurídico do contribuinte (CTN, art. 178);

B) as isenções e reduções que expressam *incentivos fiscais setoriais* (art. 41, §§ 1.º a 3.º, do "Ato das Disposições Constitucionais Transitórias") continuaram a viger por mais dois anos, salvo se desconfirmadas expressamente pela ordem de governo correspondente, mediante lei, antes desse lapso de tempo. Se não houve revogação expressa dentro de dois anos, ao cabo do período, perderam eficácia, a não ser que ostentem prazo e/ou condição (irrevogabilidade);

C) as demais isenções heterônomas que não expressam *incentivos fiscais setoriais* e estejam destituídas de prazo certo e/ou condição estão derrogadas pela ordem constitucional nova, que não tolera isenções heterônomas, salvo nas duas hipóteses que ressalvamos retro. A Constituição, por ser *mais* e por ser *posterior*, rejeita as leis isencionais. Observe-se, no entanto, que legislações estaduais e municipais *introjetaram* as normas isentantes heterônomas. Nesses casos, faz-se necessário "apagar a cópia" da isenção nas legislações locais, mediante lei, por exigência formal.

A omissão do legislador ordinário significa silêncio eloquente. Quis manter a isenção, que passou a ter fundamento de validez na legislação própria, estadual ou municipal.

7.14. A VEDAÇÃO QUE PROÍBE AOS ESTADOS E AOS MUNICÍPIOS ESTABELECEREM DIFERENÇAS TRIBUTÁRIAS EM RAZÃO DA PROCEDÊNCIA OU DESTINO DE BENS E SERVIÇOS DE QUALQUER NATUREZA – O MERCADO COMUM BRASILEIRO

Art. 152. É vedado aos Estados, ao Distrito Federal e aos Municípios estabelecer diferença tributária entre bens e serviços, de qualquer natureza, em razão de sua procedência ou destino.

O art. 152 estatui uma vedação que se destina a estados e municípios, não lhes sendo permitido estabelecer *barreiras fiscais* dentro do território nacional, eis que o mercado brasileiro é comum. O país é uno, embora politicamente dividido em estados, subdivididos em municípios. Não fora a regra vedatória, é bem possível que os estados, para proteger suas respectivas economias, imaginassem fórmulas fiscais discriminatórias, em verdadeira "guerra fiscal" onde não faltariam leilões de favores tributários. Certa feita, o secretário Fernando Reis, economista e administrador público de invejável competência, lamentavelmente falecido, intentou a utilização de fórmula discriminatória para partejar o desenvolvimento da indústria de laticínios de Minas Gerais quando secretário da Fazenda do Estado. Destarte, concedeu "créditos fiscais presumidos" de ICM para os produtores mineiros relativamente ao leite remetido a indústrias mineiras, favor este inexistente para as operações que destinassem dito leite para fora do estado, com destino a indústrias sitas noutras unidades da Federação. Como o dispositivo constitucional sob comento já existia na Constituição de 1967, diversos mandados de segurança impetrados por indústrias de laticínios paulistas e fluminenses obtiveram liminares favoráveis, removendo a legislação discriminatória do Estado de Minas Gerais, que distinguia pela origem e pelo destino da mercadoria.

O princípio vedatório, no entanto, não entra em testilha com dispositivos constitucionais que imunizam certas operações ou permitem alíquotas diferenciadas em razão precisamente da origem ou do destino das mercadorias. É o caso, *v.g.*, das remessas de produtos para o exterior e também da imunidade do ICM nas remessas de energia elétrica do estado produtor para o estado consumidor. Tais previsões são constitucionais. Significa que as discriminações da Lei Maior são harmônicas com a vedação *in examen*. O objeto da limitação, pois, cifra-se em obstar "políticas" fiscais por parte de estados e municípios, capazes de ofender o espírito federativo e o mercado comum brasileiro quando assentadas em discriminações quanto à origem ou destino de serviços e mercadorias.

REFERÊNCIAS BIBLIOGRÁFICAS

ACCIOLY, Hildebrando. *Manual de direito internacional público*. 2. ed. São Paulo: Saraiva, 1996.

ACUANÁ, Andueza. *Los cambios constitucionales en América*. México: UNAM, 1977.

AGUIAR, Joaquim Castro. *Sistema tributário municipal*. 2. ed. Rio de Janeiro; José Olympio, 1971.

ALLIX; LECERCLE. *L'Impôt sur le Revenu*, Paris, v. I, 1962.

ALTHUSSER, Louis. *Montesquieu. A política e a história*. Trad. Luiz Cary e outro. Lisboa: Presença, 1972.

ALTMAN, George. Recent developments in income tax avoidance. *Illinois Law Rev.*, 1934.

AMARO, Luciano. *Direito tributário brasileiro*. São Paulo: Saraiva, 1997.

AMORÓS, Narciso. La elusion y la evasion tributaria. *Rev. de Derecho Financiero y de Hacienda Pública*, v. 15, p. 573-584, 1965.

ANAIS da III Conferência dos Tribunais Constitucionais Europeus (Lisboa, abril de 1987). Separata do *Boletim do Ministério da Justiça* (Documentação e Direito Comparado), Lisboa, 1987.

ANDUEZA ACUANA. *Los cambios constitucionales en América*. México: UNAM, 1977.

ARANHA, Luiz Ricardo Gomes. *O patrimônio e os serviços das instituições*: uma questão de imunidade. Sec. de Estado da Fazenda de Minas Gerais, publicação interna.

ATALIBA, Geraldo. Convênios interestaduais e ICM. *O Estado de S. Paulo*, 25.06.1972.

_____. Do sistema constitucional tributário. *Curso sobre teoria do direito tributário*. São Paulo: Ed. do Tribunal de Imposto e Taxas de São Paulo, 1975.

_____. *Hipótese de incidência tributária*. São Paulo: RT, 1983.

_____. _____. 3. ed. São Paulo: RT.

_____. _____. 5. ed. São Paulo: Malheiros, 1992.

_____. _____. São Paulo: Malheiros, 2001.

_____. ICM sobre a Importação de Bens de Capital para Uso do Importador. *Revista Forense*, n. 250.

_____. *Interpretação no direito tributário*. São Paulo: Saraiva.

_____. Justiça para todos. *Revista da Associação dos Juízes Federais do Brasil*, ano 6, n. 19, out. 1987.

_____. *Leis nacionais e leis federais no regime constitucional brasileiro*: estudos jurídicos em homenagem a Vicente Ráo. São Paulo: Resenha Tributária, 1976.

_____. *Natureza jurídica da contribuição de melhoria*. São Paulo: RT, 1964.

_____. *O decreto-lei na Constituição de 1967*. São Paulo: RT, 1967.

_____; GIARDINO, Cleber. Núcleo da definição constitucional do ICM. *Revista de Direito Tributário*, São Paulo, v. 24/26.

AUSTIN, John. *The Province of Jurisprudence Determined*. New York: The Noonday Press, 1954.

ÁVILA, Humberto. *Segurança jurídica*. São Paulo: Malheiros, 2011.

AYALA, Perez de. *Derecho tributario*. Madrid: Editorial de Derecho Financiero, 1968.

_____; GONZALEZ, Eusebio. *Curso de derecho tributário*. 3. ed. Madrid, Editorial de Derecho Financiero, 1980. t. II, LIX.

AYRES, Ana Valderez. *Revista de Informação Legislativa*, ano 15, n. 57, 1978.

BALEEIRO, Aliomar. *Direito tributário brasileiro*. Rio de Janeiro: Forense, 1970.

_____. _____. 10. ed. Rio de Janeiro: Forense, 1981.

_____. *Limitações constitucionais ao poder de tributar*. 2. ed. Rio de Janeiro: Forense, 1960.

_____. _____. Atualizado por Misabel de Abreu Machado Derzi. 7. ed. Rio de Janeiro: Forense, 1997.

_____. *Uma introdução à ciência das finanças*. 6. ed. Rio de Janeiro: Forense, 1969.

_____. _____. 13. ed. Rio de Janeiro: Forense.

_____. _____. 14. ed. Rio de Janeiro: Forense, 1984.

_____. *Uma introdução à ciência das finanças e à política fiscal*. 3. ed. Rio de Janeiro: Forense, 1964.

_____. *RTJ* 67/360.

BANDEIRA DE MELLO, Celso Antônio. *Ato administrativo e direitos dos administrados*. São Paulo: RT, 1981.

_____. *Prestação de serviços e administração indireta*. São Paulo: RT, 1973.

BANDEIRA DE MELLO, Oswaldo Aranha. *A teoria das constituições rígidas*. 2. ed. São Paulo: José Bushatsky, 1980.

BAPTISTA, João Moreira. *Tratado de direito tributário brasileiro*. 2. ed. Rio de Janeiro:

Forense, 1981. v. 8.

BARACHO, José Alfredo de Oliveira. *Processo constitucional*. Rio de Janeiro: Forense, 1985.

_____. *Teoria da Constituição*. São Paulo: Resenha Universitária, 1989.

_____. *Teoria geral do federalismo*. Belo Horizonte: Fumarc, 1982.

BARBALHO, João. *Constituição Federal Brasileira*: comentários, Rio de Janeiro, F. Briguiet & Cia. Editores, 1924.

BARBI, Celso Agrícola. A proteção do cidadão contra atos ilegais da administração pública no Brasil. *Rev. Forense*, v. 260.

_____. *Revista de Direito Público* 4/48.

BARBOSA, Rui. *Comentários à Constituição brasileira*. Coligidos por Homero Pires. Rio de Janeiro: Livraria Acadêmica, 1932. v. 1.

_____. *Oração aos moços*. Rio de Janeiro: Casa de Ruy Barbosa, 1949.

_____. *Os atos inconstitucionais do Congresso e do Executivo ante a Justiça Federal*. Rio de Janeiro: Cia Impressora, 1893.

BARROSO, Luís Roberto. *O direito constitucional e a efetividade de suas normas, limites e possibilidades da Constituição brasileira*. Rio de Janeiro: Renovar.

_____. *Um estadista do Império*.

BARROSO, Luiz Felizardo; MORAES, Aloysio. Sistema judiciário japonês. *Revista do Curso de Direito da Universidade Federal de Uberlândia*, n. 19, dez. 1990.

BARROS, Sérgio Resende de. O nó górdio do sistema misto. In: TAVARES, André Ramos; ROTHEMBURG, Walter Claudius. *Arguição de descumprimento de preceito fundamental*: análises à luz da Lei nº 9.882/99. São Paulo: Atlas, 2001.

BASSI, Li. *L'Interpretazione della Lege Constituzionale: Natura, Metodo, Difficoltá e Limiti*, Milano: Giuffrè, 1972.

BASTOS, Celso Seixas Ribeiro. Arguição de descumprimento de preceito fundamental e legislação regulamentadora. In: TAVARES, André Ramos; ROTHEMBURG, Walter Claudius. *Arguição de descumprimento de preceito fundamental*: análises à luz da Lei n.º 9.882/99. São Paulo: Atlas, 2001

_____; MARTINS, Ives Gandra da Silva. *Comentários à Constituição do Brasil*. São Paulo: Saraiva, v. 6, t. 1.

BATTAGLINI. La pena. *Rev. Fin.*, SC. FIN, I, 1973.

BEARD, Charles. *A Suprema Corte e a Constituição*. Trad. Paulo Moreira da Silva. Rio de Janeiro: Forense, 1965.

BECKER, Alfredo Augusto. *Teoria geral do direito tributário*. São Paulo: Saraiva, 1963.

_____. _____. São Paulo: Saraiva, 1972.

BENVENUTO, Griziotti. *Principios de ciencia de las finanzas*. Buenos Aires: Depalma, 1949.

BERLIRI, A. Caractteristiche dell'Iva Italiano. *Diritto e Pratica Tributaria*, Milano: Giuffré, 1972. v. I.

_____. *Principi di diritto tributário*. Milano, 1952. liv. I.

BERNARDES, Juliano Taveira. Lei 9.882/99: arguição de descumprimento de preceito fundamental. *Jus Navigandi*, n. 39. Disponível em: <http://www1.jus.com.br/doutrina/texto.asp?id=237>. Acesso em: 16 mar. 2002.

BETTI, Emilio. *Interpretazioni della legge e degli atti giuridice*. Milano: Giuffré, 1949.

BIELSA. Compendio de derecho público constitucional, administrativo y fiscal. *Derecho Fiscal*, v. III.

BITTENCOURT, Lúcio. *O controle jurisdicional da constitucionalidade das leis*. 2. ed. Rio de Janeiro: Forense, 1968.

BLACK, Henry. *Handbook of American constitutional law*. 1887.

BLACKSTONE, Willian. *Comentaires sur les bis anglaises*. v. 1.

BLUMENSTEIN, Ernst. *Sistema di diritto delle imposta*. Milano: Giuffrè, 1954.

BONAVIDES, Paulo. *Teoria do Estado*. 3. ed. São Paulo: Malheiros, 1999.

BORGES, José Souto Maior. Incidência e aplicação da lei. *Revista da OAB de Pernambuco*, ano 1, n. 1.

_____. *Isenções tributárias*. São Paulo: Sugestões Literárias, 1969.

_____. *Lei complementar tributária*. São Paulo: RT, 1975.

_____. O fato gerador do ICM e os estabelecimentos autônomos. *RDA*, n. 103.

_____. Subvenção financeira, isenção e deduções tributárias. Separata, Recife, jan.-dez. 1976.

BOSCHI, Caio César. Fontes primárias para a história de Minas Gerais em Portugal. Belo Horizonte: Conselho Estadual de Cultura de Minas Gerais, 1979. (Col. Mineiriana.)

BRAGA, Leopoldo. *Revista da Procuradoria-Geral do Estado da Guanabara*, Rio de Janeiro, 2:1.1332, 1969.

BRITO, Edvaldo. Hipótese de incidência e fato gerador do ICM. *Cadernos de Pesquisas Tributárias*.

_____. *Cadernos de Pesquisas Tributárias*, n. 10.

_____. *Revista Dialética de Direito Tributário*, n. 16.

BROCKSTEDT, Fernando. *ICM*: legislação federal unificada. Porto Alegre, 1972.

BROSSARD, Paulo. Jornal *Zero Hora*, Porto Alegre, 1991.

BUENO, José Antônio Pimenta. *Direito público brasileiro e análise da Constituição do Império*. Senado Federal, Brasília, 1978.

_____. *Direito público brasileiro e análise da Constituição do Império*. Edição do Ministério da Justiça, 1958.

BUJANDA, Sainz de. *Hacienda y derecho*. Madrid: Instituto de Estudios Tributarios, 1963. v. III.

_____. _____. Madrid: Instituto de Estudios Tributarios, 1966. v. IV.

BURGESS, John. *Political science and comparative constitutional law*. Boston, 1913. v. 1.

BUSTAMANTE, Thomas da Rosa de. Arguição de descumprimento de preceito fundamental e sua regulamentação. *Jus Navigandi*, n. 40. Disponível em: <http://www1.jus.com.br/doutrina/texto.asp?id=238>. Acesso em: 16 mar. 2002.

BUZAID, Alfredo. *Da ação direta de inconstitucionalidade no direito brasileiro*. São Paulo: Saraiva, 1958.

CABANELLAS, Guilherme. *Diccionario de derecho usual*. Buenos Aires, 1953.

CAETANO, Marcelo. *Manual da ciência política e direito constitucional*. 6. ed. Coimbra: Ed. Coimbra, 1972. v. 1.

CALMON, Pedro. *História do Brasil*. Rio de Janeiro: José Olympio, 1959. v. I.

CAMPOS, Francisco. *Os problemas do Brasil e as grandes resoluções do novo regime*. Rio de Janeiro: Forense, 1938.

CAMPOS, Ronaldo Cunha. *Ação de execução fiscal*. Rio de Janeiro: Aide, 1995.

CANELLA, Giorgio. *Corso di diritto della previdenza sociale*. Milano: Giuffrè, 1972.

CANO, Gustavo Arce. *De los seguros sociales a la Seguridad Social*. México: Porrua, 1972.

CANOTILHO, José Joaquim Gomes. *Direito constitucional*. Coimbra: Almedina, 1977.

_____. _____. 4. ed. Coimbra: Almedina, 1986.

_____. _____. Coimbra: Almedina, 1989.

CANTO, Gilberto de Ulhôa et al. *A imunidade tributária das entidades fechadas de Previdência Privada*. São Paulo: Resenha Tributária, 1984.

_____. *Codificação do direito tributário*. Rio de Janeiro: Instituto Brasileiro de Direito Tributário, 1955.

_____. *Temas de direito tributário*. Rio de Janeiro: Alba, 1964. v. I.

_____. _____. Rio de Janeiro: Alba, 1964. v. III.

_____. *Cadernos de Pesquisas Tributárias*, Resenha Tributária, v. 13.

CAPPELLETTI, Mauro. *O controle judicial da constitucionalidade das leis no direito comparado*. Porto Alegre: Fabris, 1984.

CARBONE; TOMASICCHIO. *Le Sanzioni Fiscali*. Torino, 1969.

CARDOZO, Benjamin. *A natureza do processo e a evolução do direito*. Trad. de Lêda Boechat Rodrigues. 3. ed. Porto Alegre: Síntese, 1978. (Coleção Ajuris n. 9.)

CARNEIRO, Levi. *Federalismo e judiciarismo*. Rio de Janeiro: Alba, 1930.

CARRAZZA, Roque Antonio. *Curso de direito constitucional tributário*. 3. ed. São Paulo: RT, 1992.

_____. *ICMS*. São Paulo: Malheiros, 1994.

CARRIÓ, Genaro. *Algunas palabras sobre las palabras de la ley*. Buenos Aires: Abeledo Perrot, 1971.

CARVALHO DE MENDONÇA, J. X. *Tratado de direito comercial brasileiro*. Rio de Janeiro: Freitas Bastos, v. VI, Parte III.

_____. *Tratado de direito comercial brasileiro*. Rio de Janeiro: Freitas Bastos, v. V.

CARVALHO, Paulo de Barros. *Curso de direito tributário*. 6. ed. São Paulo: Saraiva, 1993.

_____. *Regra-matriz do ICM*. 1981. Tese (Doutorado) – Faculdade de Direito da PUC-SP, São Paulo.

_____. *Teoria da norma tributária*. São Paulo: Lael, 1974.

CASSONE, Vitório. Aspectos práticos do ICM em sua atualidade. *DCI* de 14.01.1983.

CAVALCANTI, Themístocles. *Tratado de direito administrativo*. v. I.

CHIARELLI, Giuseppe. La Corte Constitucional en Italia. *Revista da Faculdad de Derecho y Ciencias Sociales*, Montevidéo, n. 3-4, jul.-dez. 1975.

COELHO, José Washington. *Código Tributário Nacional interpretado*. Rio de Janeiro: Correio da Manhã, 1968.

COÊLHO, Sacha Calmon Navarro et al. *Aliomar Baleeiro no Supremo Tribunal Federal*. Rio de Janeiro: Forense, 1987.

_____. *A propósito do poder impositivo e das técnicas de tributação*. Ed. *Legislação Mineira*, n. 37, 1970.

———. *Comentários à Constituição de 1988*: sistema tributário. 3. ed. Rio de Janeiro: Forense, 1990.

_____. _____. 7. ed. Rio de Janeiro: Forense, 1997.

_____. *ICM – competência exonerativa*. São Paulo: RT.

_____. O princípio da anterioridade da lei fiscal. *Cadernos de Altos Estudos do Centro Brasileiro de Direito Tributário*, São Paulo: Resenha Tributária, 1983.

_____. *Teoria geral do tributo e da exoneração tributária*. São Paulo: RT, 1982.

_____. *Teoria geral do tributo da exoneração*. São Paulo: RT, 1981.

_____. *Teoria geral do tributo, da interpretação e da exoneração tributária*. 3. ed. São Paulo: Dialética, 2003.

_____; DERZI, Misabel Abreu Machado. A competência do Senado Federal e a emissão de Letras Financeiras do Tesouro do Estado de Pernambuco. *Direito Administrativo, Contabilidade e Administração Pública*, São Paulo, IOB, cap. 4, abr. 1997.

_____; _____. *Direito tributário atual*: pareceres. 2. ed. Rio de Janeiro: Forense.

_____; _____. *O IPTU*. São Paulo: Saraiva, 1982.

COOLEY, Thomas. *Princípios gerais de direito constitucional dos Estados Unidos da América do Norte*. Trad. de Alcides Cruz. 2. ed. São Paulo: RT, 1982.

CORRÊA, Oscar Dias. *O Supremo Tribunal Federal, Corte Constitucional do Brasil*. Rio de Janeiro: Forense, 1987.

COSSIO, Carlos. *Teoria egológica del derecho*. El concepto de libertad. 2. ed. Buenos Aires: Abeledo-Perrot, 1964.

COSTA, Alcides Jorge. *Da extinção das obrigações tributárias*. São Paulo: Limitada, USP, 1991.

_____. *ICM na Constituição e na Lei Complementar*.

_____. Natureza jurídica do empréstimo compulsório. *RDA* 70/1.

_____. O ICMS na Constituição. *RDT* 46/170.

_____. *RDP* 45/39.

COSTA, Moacyr Lobo da. *Reflexões críticas sobre a ação rescisória*. Palestra na Associação Paulista do Ministério Público, São Paulo, 1984.

COSTA, Valdes. *Curso de derecho tributario*. Montevideo.

COUTURE. *Fundamentos del Derecho Procesal Civil*. Buenos Aires: Depalma, 1974.

CRETELLA JÚNIOR, José. *Direito e administração comparados*. Rio de Janeiro: Forense, 1990.

CRETTON, Ricardo de Azevedo. A teoria da obrigação tributária e suas vicissitudes recentes no Brasil. *Revista Dialética de Direito Tributário*, n. 10.

CRISAFULLI, Vezio. Le funzioni della Corte Costituzionale nella dinamica del sistema – Esperienze e prospettive. *Lagiustizia costituzionale*. Milano.

CUNHA, Ana Cândida Ferraz. *Processos informais de mudança na Constituição*. São Paulo: Max Limonad, 1986.

CUNHA, Antônio Geraldo da. *Dicionário etimológico Nova Fronteira*. Rio de Janeiro: Nova Fronteira, 1982.

DAIBERT, Jefferson. *Direito previdenciário e acidentário do trabalho urbano*. Rio de Janeiro: Forense.

DAL COL, Helder Hernandez. O significado da expressão "preceito fundamental" no âmbito da argüição de descumprimento de preceito fundamental, prevista no artigo 102, § 1.º, da CF.

Jus Navigandi, n. 52 Disponível em: <http://www1.jus.com.br/doutrina/texto.asp?id=2322>. Acesso em: 16 mar. 2002.

DANTAS, San Thiago. Igualdade perante a lei e *due process of law*. Revista Forense, Edição 21 abr. 1948.

DAVID, René. *Os grandes sistemas do direito contemporâneo*. São Paulo: Martins Fontes, 1986.

DENARI, Zelmo. *Elementos de direito tributário*. São Paulo: Juriscredi, 1973.

DEODATO, Alberto. *Funções extrafiscais do imposto*. Belo Horizonte: Faculdade Direito da UFMG, 1949.

DERZI, Misabel Abreu Machado. *Comentários ao Código Tributário Nacional*. Coord. Carlos Valder do Nascimento. Rio de Janeiro: Forense, 1997.

_____. *O imposto sobre a propriedade predial e territorial urbana*. São Paulo: Saraiva, 1982.

_____; COÊLHO, Sacha Calmon Navarro. *Direito tributário aplicado*: estudos e pareceres. Belo Horizonte: Del Rey, 1997.

_____. *Tipicidade e interpretação*. Tese editada pela UFMG, Belo Horizonte, 1971.

DIBOUT, Patrick. Sigilo bancário na França. *Cahiers de Droit Fiscal International*.

DÓRIA, Antônio Roberto Sampaio. Decisão administrativa. Efeitos e revogabilidade. Coisa julgada. Limites objetivos em matéria fiscal. *Revista dos Tribunais* 363/48.

_____. *Direito constitucional tributário e due process of law*. 2. ed. Rio de Janeiro: Forense, 1986.

_____. *Elisão e evasão fiscal*. São Paulo: Lael, 1971.

_____. *RDP* 18/32.

DUS, Angelo. *Teoria generale dell'illecito fiscale*. Milano: Giuffrè, 1957.

DUVERGER, Maurice. *Institutions financiers*. 3. ed. Paris: PUF, 1960.

ENGISCH, Karl. *Introdução ao pensamento jurídico*. 2. ed. Lisboa: Fundação Calouste Gulbenkian, 1969.

_____. _____. 3. ed. Lisboa: Fundação Calouste Gulbenkian.

ENTERRÍA, Eduardo García. *Legislación delegada*: potestad reglamentaria y control judicial. Madrid: Tecnos, 1970.

FAGUNDES, Miguel Seabra. A legitimidade do poder político na experiência brasileira. *O controle dos atos administrativos pelo Poder Judiciário*. 3. ed. Rio de Janeiro: Forense, 1953.

FALCÃO, Amílcar de Araújo. *Direito tributário brasileiro*: aspectos concretos. Rio de Janeiro, 1969.

_____ et al. *Imposto de renda e lucros extraordinários*. Rio de Janeiro: Edições Financeiras, 1963.

_____. *Introdução ao direito tributário*. Rio de Janeiro, 1959.

_____. *O fato gerador da obrigação tributária*. São Paulo: RT, 1973.

_____. *Sistema Tributário Brasileiro*: discriminação de rendas. Rio de Janeiro: Edições Financeiras, 1965.

FANTOZZI, Augusto. *Diritto tributário*. Torino: UTET, 1991.

FANUCCHI, Fábio. *Curso de direito tributário brasileiro*. 3. ed. São Paulo: Resenha Tributária, 1975. v. 1.

FAORO, Raymundo. *Os donos do poder*. 5. ed. Porto Alegre: Globo, 1979.

FERNANDES, José Manuel Cabrera. *Nuevo impuesto sobre el valor añadido*. Valencia: CISS, 1993.

FERRARI, Regina Maria Nery. *Efeitos da declaração de inconstitucionalidade*. São Paulo: RT, 1987.

FERRAZ, Ana Cândida da Cunha. *Processos informais de mudança da Constituição*. São Paulo: Max Limonad, 1986.

FERRAZ JÚNIOR, Tércio Sampaio. Sigilo de dados: o direito à privacidade e os limites à função fiscalizadora. RT – *Cadernos de Direito Tributário e Finanças Públicas*, n. 1.

FERREIRA FILHO, Manoel Gonçalves. *Comentários à Constituição brasileira*. 6. ed. São Paulo: Saraiva, 1986.

FERREIRA, Olavo Augusto Vianna Alves; FERNANDES, Rodrigo Pieroni. A arguição de descumprimento de preceito fundamental e a manipulação dos efeitos da sua decisão. *Jus Navigandi*, n. 54. Disponível em: <http://www1.jus.com.br/doutrina/texto.asp?id=2596>. Acesso em: 16 mar. 2002.

FIGUEIREDO, Lúcia Valle. *Repertório de jurisprudência e doutrina sobre processo tributário*. São Paulo: RT.

FIX-ZAMUDIO, Hector. *Los tribunales constitucionales y los derechos humanos*. México: UNAM, 1980.

FIX-ZAMUDIO, Hector. *Los tribunales constitucionales y los derechos humanos*. México Univ. Nacional Autónoma do México, 1980

FLEINER, Fritz. *Instituciones de derecho administrativo*. Barcelona, 1933.

FONROUGE, Giuliani. *Derecho financiero*. 2. ed. Buenos Aires: Depalma, 1970.

_____. _____. 3. ed. Buenos Aires: Depalma, 1976. v. I.

FURTADO, Celso. *Formação econômica do Brasil*. Rio de Janeiro: Imprensa Nacional, 1959.

GARCÍA-PELAYO, Manuel. *Derecho constitucional comparado*. 2. ed. Madrid: Revista do Ocidente, 1951.

GIANNINI, Achille D. Concetto giuridico di tassa. *RIDF*, 1937.

_____. *Elementi di diritto finaziario*. Milano: Giuffrè.

_____. *I concetti fondamentali di diritto tributário*. Torino: UTET, 1956.

_____. *Il rapporto giuridico d'imposta*. Milano: Giuffrè, 1937.

GIARDINA, Emilio. *Le Basi Teoriche del Principio della Capacità Contributiva*. Milano: Giuffrè, 1961.

GOMES, Orlando. *Obrigações*. Rio de Janeiro: Forense, 1984.

GRAU, Eros Roberto. *Revista Consulex*, ano I, n. 3, mar. 1997.

GRECO, Marco Aurélio. IOF – Câmbio, restituição do indébito. *Revista de Direito Tributário*, n. 3.

_____. *Norma jurídica tributária*. São Paulo: Educ, Saraiva, 1974.

_____. *Substituição tributária*. ICMS, IPI, PIS, Cofins. São Paulo: IOB, 1997.

GRECO FILHO, Vicente. *Direito processual civil brasileiro*. São Paulo: Saraiva, 1981. v. I.

GRIZIOTTI, Benvenuto. *Principios de ciencia de las finanzas*. Buenos Aires: Depalma, 1949.

GUERRA, Cordeiro. *RTJ* 87, v. II.

HAMILTON, A. *The federalist*. New York, 1937.

HARADA, Kiyoshi. *Sistema tributário na Constituição de 1988*: tributação progressiva. São Paulo: Saraiva, 1991.

HART, Herbert L. A. *El concepto de derecho*. Buenos Aires: Abeledo Perrot, 1958.

HENKEL. *Introducción a la filosofía del derecho*. Madrid: Taurus, 1968.

HENSEL, Albert. *Diritto tributário*. Trad. de Dino Jarach. Milano: Giuffrè, 1956.

HORTA, Raul Machado. *A autonomia do Estado-Membro no direito constitucional*. 1953. Tese (Concurso livre-docência em Direito Constitucional) – Faculdade de Direito da UFMG, Belo Horizonte.

――――. *O controle da constitucionalidade das leis no regime parlamentar*. Belo Horizonte: UFMG, 1953.

――――. *Rev. de Estudos Políticos*. Belo Horizonte: Faculdade de Direito da UFMG, 1968.

JAFFIN, George H. Evolução do controle jurisdicional da constitucionalidade das leis nos Estados Unidos. *Revista Forense*, v. 86.

JARACH, Dino. *Curso superior de derecho tributario*. 9. ed. Buenos Aires: Cima, 1963.

――――. *El hecho imponible*. 2. ed. Buenos Aires: Abeledo-Perrot.

――――. *O fato imponível*. Trad. Dejalma de Campos. São Paulo: RT, 1989.

――――. *Revista Impuestos*, Buenos Aires, 1971.

――――. *RDP* 16/337.

JÈZE, Gaston. Nature et Régime Juridique de la Créance de L'Impôt. *Institutions Financières*.

JURISDIÇÃO constitucional no Brasil e na América Latina. Imprensa Oficial do Estado de São Paulo, 1980. Separata da *Revista da Procuradoria-Geral do Estado*, n. 13/15, 1980.

JUSTEN FILHO, Marçal. *O Imposto sobre Serviços na Constituição*. São Paulo: RT, 1989.

――――. *Sujeição passiva tributária*. Belém: GESUP, 1986.

KAZUO, Watanabe. *Controle jurisdicional e mandado de segurança contra atos judiciais*. São Paulo: RT, 1980.

KELSEN, Hans. *Contribuciones a la teoría pura del derecho*.

――――. *Teoría general del derecho*. México: Imprensa Universitaria, 1949.

――――. *Teoría general del derecho y del Estado*. Trad. Eduardo Garcia Maynez. México: Universidad Autônoma de México, 1949.

――――. ――――. Trad. Eduardo Garcia Maynez. 2. ed. México: Imprensa Universitaria, 1958.

――――. *Teoria pura do direito*. 4. ed. Coimbra: Coimbra Editora, v. I.

――――. *Teoría pura del derecho*. 2. ed. Coimbra: Arménio Amado, 1962. v. 2.

――――. *Teoría pura del derecho*. Introducción a la ciencia del derecho. 10. ed. Buenos Aires: Ed. Universitaria de Buenos Aires, 1971.

LAMORLETTE, C.; LAMORLETTE, T. *Fiscalité Française*. 15. ed. Paris: Económica, 1994.

LA ROSA, Salvatore. *Eguaglianza tributaria e la esenzione fiscale*. Milano: Giuffrè, 1968.

LASKI, Harold. *El estado moderno.* v. 1.

LASSALE, Claude. Les Limites du contrôle de la constitutionalité des lois en Allemagne Occidentale. *Revue du Droit Public e de la Science Politique en France e a L'Étranger,* Paris, n. I, p. 106, jan.-mar. 1953.

LEITE, Celso Barroso. *A proteção social no Brasil.* São Paulo: LTr.

_____. *Direito previdenciário e acidentário do trabalho urbano.* Rio de Janeiro: Forense.

LI BASSI. *L'interpretazione deila lege costituzionale:* natura, metodo, difficoltà e limiti. Milano: Giuffrè, 1972.

LIMA, Hermes. *Introdução à ciência do direito.* 12. ed. Rio de Janeiro: Freitas Bastos, 1962.

LOEWENSTEIN, Karl. *Teoría de la Constitución.* 2. ed. Barcelona: Ariel, 1976.

MACHADO, Celso Cordeiro. *Limites e conflitos de competência no sistema brasileiro.* Belo Horizonte: Faculdade de Direito, 1968.

_____. *Tratado de direito tributário:* garantias, preferências e privilégios do crédito tributário. Rio de Janeiro: Forense, 1984. v. VI.

MACHADO, Hugo de Brito. *Cadernos de Altos Estudos do Centro Brasileiro de Direito Tributário,* São Paulo: Resenha Tributária, 1981.

_____. *Curso de direito tributário.* 5. ed. Rio de Janeiro: Forense, 1992.

_____. _____. 11. ed. São Paulo: Malheiros, 1996.

MANEIRA, Eduardo. O crescimento da instituição de contribuições de intervenção no domínio econômico como forma de financiamento do Estado. *Anais do V Congresso da Associação Brasileira de Direito Tributário,* Belo Horizonte, 25.08.2001.

_____. *O princípio da não surpresa do contribuinte.* Belo Horizonte: Del Rey, 1994.

MARTINEZ, Soares. *Introdução ao estudo das finanças.* Lisboa, 1967.

_____. *Manual de economia política.* 2. ed. Coimbra, 1923.

MARTINS, Cláudio. *Normas gerais de direito tributário.* 2. ed. São Paulo: Forense, 1969.

MARTINS, Ives Gandra da Silva. Descumprimento de preceito fundamental: eficácia das decisões. In: TAVARES, André Ramos; ROTHEMBURG, Walter Claudius. *Arguição de descumprimento de preceito fundamental:* análises à luz da Lei n.º 9.882/99. São Paulo: Atlas, 2001.

———. *Estudos em homenagem ao professor doutor Antônio de Arruda Ferrer Correia.* Universidade de Coimbra, 1989.

———. Imunidade constitucional de publicações: interpretação teleológica da norma maior. *Resenha Tributária,* São Paulo, ano XV, seção 13, 1984.

_____. *Revista de Direito Tributário,* São Paulo: RT, v. 29/30.

MATTA, Emmanuel. *Realismo da teoria pura do direito:* tópicos capitais do pensamento kelseniano. Belo Horizonte: Nova Alvorada Edições, 1964.

MATTOS, Aroldo Gomes de. Depósito compulsório como pressuposto de admissibilidade de recurso administrativo. *Revista Dialética de Direito Tributário,* n. 32, maio 1998.

MAUROIS, André. *História da Inglaterra.* Rio de Janeiro: Irmãos Pongetti.

MAXIMILIANO, Carlos. *Comentários à Constituição brasileira*. Rio de Janeiro: Freitas Bastos, 1954. v. 1.

MAYNEZ, Eduardo Garcia. *Introducción al Estudio del Derecho*, Porrua, 1971.

_____. *Lógica del concepto jurídico*. México: Publicaciones Dianoia, 1959.

MELLO, Celso Albuquerque. *Curso de direito internacional público*. 10. ed. Rio de Janeiro: Renovar, v. I.

_____. *Direitos do homem na América Latina*: crítica do direito e do Estado. Rio de Janeiro: Graal, 1984.

MELO, José Eduardo Soares de. *ICMS*: teoria e prática. São Paulo: Dialética, 1995.

_____. *O ICMS e a Lei Complementar 87/96*, São Paulo: Dialética.

MENDES, Gilmar Ferreira. Arguição de descumprimento de preceito fundamental: demonstração de inexistência de outro meio eficaz. *Jus Navigandi*, n. 43. Disponível em:<http://www1.jus.com.br/doutrina/texto.asp?id=236>. Acesso em: 16 mar. 2002.

_____. Arguição de descumprimento de preceito fundamental (art. 102, § 1.º, CF). *Jus Navigandi*, n. 38. Disponível em: <http://www1.jus.com.br/doutrina/texto.asp?id=235>. Acesso em: 16 mar. 2002.

_____. Arguição de descumprimento de preceito fundamental: parâmetro de controle e objeto. In: TAVARES, André Ramos; ROTHEMBURG, Walter Claudius. *Arguição de descumprimento de preceito fundamental*: análises à luz da Lei n.º 9.882/99. São Paulo: Atlas, 2001.

_____. *Controle da constitucionalidade das leis*: aspectos jurídicos e políticos. São Paulo: Saraiva, 1990.

_____. *Jurisdição constitucional*: o controle abstrato de normas no Brasil e na Alemanha. 2. ed. São Paulo: Saraiva, 1998

MERÊA, Paulo. *O poder real e as cortes*. Coimbra, 1923.

MONTEIRO, Armindo. *Introdução ao estudo do direito fiscal*. Lisboa, 1951.

_____. *O orçamento português*. Lisboa, 1951.

MORAES, Alexandre de. Comentários à Lei n. 9.882/99 – arguição de descumprimento de preceito fundamental. In: TAVARES, André Ramos; ROTHEMBURG, Walter Claudius. *Arguição de descumprimento de preceito fundamental*: análises à luz da Lei n.º 9.882/99. São Paulo: Atlas, 2001.

MORAES, Bernardo Ribeiro de. *A taxa no sistema tributário brasileiro*. São Paulo: RT, 1969.

_____. *Doutrina e prática do imposto de indústrias e profissões*. São Paulo: Max Limonad, 1964.

MORAES, Oswaldo de. *A analogia no direito tributário brasileiro*. São Paulo: RT, 1965.

MORGAN, Lewis H. *La sociedad primitiva*. Trad. Alfredo Palacios. México: Ediciones Pavlov, 1977.

MOSCHETTI, F. *El principio de capacidad contributiva*. Madrid, 1980.

_____. *Il principio della capacità contributiva*. Padova: Cedam, 1973.

NASCIMENTO, Carlos Valder do. *Comentários ao Código Tributário Nacional*. Rio de Janeiro: Forense, 1997.

_____ et al. *Tributos municipais*: ISS, IPTU e Contribuição de Melhoria. Rio de Janeiro: Forense, 1988.

NAWIASKY, Hans. *Teoría general del derecho:* estudio general de Navarra. Madrid: Rialp, 1962.

NINO, Carlos Santiago. *La definición de derecho y de norma jurídica, notas de introducción al derecho.* Astrea de Rodolfo Depalma y Hnos. Buenos Aires, 1973.

NOGUEIRA, Johnson Barbosa. *A interpretação econômica do direito tributário.* São Paulo: Resenha Tributária, 1982.

_____. *O contribuinte substituto do ICM.* Tese aprovada no I Congresso Internacional de Direito Tributário, realizado em São Paulo em 1989.

NOGUEIRA, Paulo Roberto Cabral. *Direito tributário.* São Paulo: Bushatsky, 1973.

NOGUEIRA, Ruy Barbosa. *A imunidade tributária das entidades fechadas de previdência privada.* São Paulo: Resenha Tributária, 1984.

_____. *Comentários à Constituição Federal Brasileira.* São Paulo: Livraria Acadêmica, 1932. v. I.

_____. *Curso de direito financeiro.* São Paulo: José Bushatsky, 1971.

_____. *Direito financeiro.* 3. ed. São Paulo: José Bushatsky, 1971.

_____. *Direito financeiro*: curso de direito tributário. São Paulo: José Bushatsky, 1969.

_____. _____. 2. ed. José Bushatsky, 1970.

_____. *Teoria do lançamento tributário.* São Paulo: Resenha Tributária, 1964.

NOVAES, Raquel Cristina Ribeiro. *Análise das Normas de Incidência dos Impostos sobre Operações de Crédito, Câmbio, Seguro ou Relativos a Títulos e Valores Mobiliários*, São Paulo, PUC, 1992.

OLIVEIRA, Fernando Albino de. *RDP* 27/230.

OLIVEIRA, José Marcos Domingues de. *Capacidade contributiva*: conteúdo e eficácia do principio. Rio de Janeiro: Renovar, 1988.

OLIVEIRA, Yonne Dolácio de. *A imunidade tributária das entidades fechadas de previdência privada.* São Paulo: Resenha Tributária, 1982.

OMMATI, Fides Angélica. *Manual elementar de direito previdenciário.* Rio de Janeiro: Forense.

PAES, Tavares. *Comentários ao Código Tributário Nacional.* 5. ed. São Paulo: RT.

PAOLA, Leonardo Sperb de. *Sobre presunções e ficções no direito tributário.* Belo Horizonte: Del Rey, 1997.

PEREZ DE AYALA; GONZALEZ, Eusébio. *Curso de derecho tributario.* 3. ed. Madrid: Derecho Financiero, 1980. t. II, LIX.

PIETRO, Horácio Garcia. *Segredo bancário na Argentina.* Cahiers de Droit Fiscal International.

PINTO, Bilac. *Contribuição de melhoria.* Rio de Janeiro: Forense, 1937.

_____. *Revista Forense*, n. 82.

POLLETTI, Ronaldo. *Controle da constitucionalidade das leis.* Rio de Janeiro: Forense, 1985.

PONTES DE MIRANDA. *Comentários à Constituição de 1946.* São Paulo: Max Limonad, 1953. v. I.

_____. *Comentários à Constituição de 1946*. v. II.

_____. *Comentários à Constituição de 1956*. São Paulo: Max Limonad, 1953. v. 1.

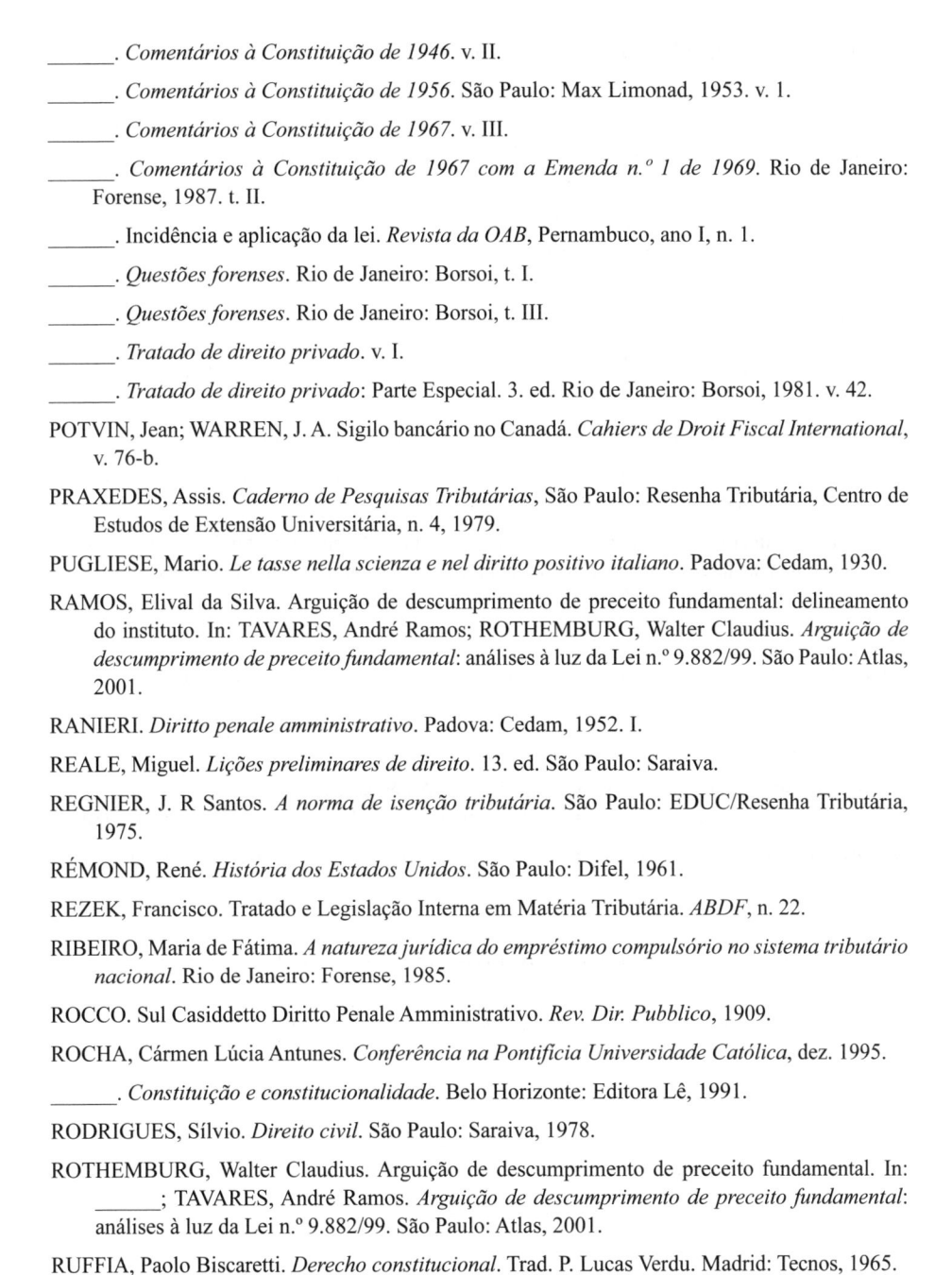

_____. *Comentários à Constituição de 1967*. v. III.

_____. *Comentários à Constituição de 1967 com a Emenda n.º 1 de 1969*. Rio de Janeiro: Forense, 1987. t. II.

_____. Incidência e aplicação da lei. *Revista da OAB*, Pernambuco, ano I, n. 1.

_____. *Questões forenses*. Rio de Janeiro: Borsoi, t. I.

_____. *Questões forenses*. Rio de Janeiro: Borsoi, t. III.

_____. *Tratado de direito privado*. v. I.

_____. *Tratado de direito privado*: Parte Especial. 3. ed. Rio de Janeiro: Borsoi, 1981. v. 42.

POTVIN, Jean; WARREN, J. A. Sigilo bancário no Canadá. *Cahiers de Droit Fiscal International*, v. 76-b.

PRAXEDES, Assis. *Caderno de Pesquisas Tributárias*, São Paulo: Resenha Tributária, Centro de Estudos de Extensão Universitária, n. 4, 1979.

PUGLIESE, Mario. *Le tasse nella scienza e nel diritto positivo italiano*. Padova: Cedam, 1930.

RAMOS, Elival da Silva. Arguição de descumprimento de preceito fundamental: delineamento do instituto. In: TAVARES, André Ramos; ROTHEMBURG, Walter Claudius. *Arguição de descumprimento de preceito fundamental*: análises à luz da Lei n.º 9.882/99. São Paulo: Atlas, 2001.

RANIERI. *Diritto penale amministrativo*. Padova: Cedam, 1952. I.

REALE, Miguel. *Lições preliminares de direito*. 13. ed. São Paulo: Saraiva.

REGNIER, J. R Santos. *A norma de isenção tributária*. São Paulo: EDUC/Resenha Tributária, 1975.

RÉMOND, René. *História dos Estados Unidos*. São Paulo: Difel, 1961.

REZEK, Francisco. Tratado e Legislação Interna em Matéria Tributária. *ABDF*, n. 22.

RIBEIRO, Maria de Fátima. *A natureza jurídica do empréstimo compulsório no sistema tributário nacional*. Rio de Janeiro: Forense, 1985.

ROCCO. Sul Casiddetto Diritto Penale Amministrativo. *Rev. Dir. Pubblico*, 1909.

ROCHA, Cármen Lúcia Antunes. *Conferência na Pontifícia Universidade Católica*, dez. 1995.

_____. *Constituição e constitucionalidade*. Belo Horizonte: Editora Lê, 1991.

RODRIGUES, Sílvio. *Direito civil*. São Paulo: Saraiva, 1978.

ROTHEMBURG, Walter Claudius. Arguição de descumprimento de preceito fundamental. In: _____; TAVARES, André Ramos. *Arguição de descumprimento de preceito fundamental*: análises à luz da Lei n.º 9.882/99. São Paulo: Atlas, 2001.

RUFFIA, Paolo Biscaretti. *Derecho constitucional*. Trad. P. Lucas Verdu. Madrid: Tecnos, 1965.

RUSSOMANO, Mozart Victor. *In A Imunidade Tributária das Entidades Fechadas de Previdência Privada*, São Paulo, Resenha Tributária, 1986.

SÁ FILHO. *Relação entre os poderes do Estado*: leituras de direito constitucional. Rio de Janeiro: Borsoi, 1959.

SALDANHA, Nelson. *O Estado moderno e a separação de poderes*. São Paulo: Saraiva, 1987.

———. Separação de poderes, reflexão sobre a permanência do problema. *Revista de Direito Público e Ciência Política*, Fundação Getulio Vargas, v. VI, n. 1, 1963.

SAMPAIO, Nelson. *As ideias-forças da democracia*. Bahia: Imprensa Regina, 1941.

SARLET, Ingo Wolfgang. Arguição de descumprimento de preceito fundamental: alguns aspectos cont roversos. In: TAVARES, André Ramos; ROTHEMBURG, Walter Claudius. *Arguição de descumprimento de preceito fundamental*: análises à luz da Lei n.º 9.882/99. São Paulo: Atlas, 2001.

SARMENTO, Daniel. Apontamentos sobre a arguição de descumprimento de preceito fundamental. In: TAVARES, André Ramos; ROTHEMBURG, Walter Claudius. *Arguição de descumprimento de preceito fundamental*: análises à luz da Lei n.º 9.882/99. São Paulo: Atlas, 2001.

SCARMAN, Leslie. *O direito inglês*: nova dimensão. Porto Alegre: Fabris.

SEGNI. Della Tutela Giurisdizionale del Diritti. *Commentario del Codice Civile*. Direção de Scialoja y Branca. Bologna-Roma, 1953. livro VI.

SCHAFER, Gilberto. Arguição de descumprimento de preceito fundamental (ADPF). Possibilidades interpretativas. *Jus Navigandi*, n. 51. Disponível em: <http://www1.jus.com.br/doutrina/texto.asp?id=2203>. Acesso em: 16 mar. 2002.

SILVA, Hélio. *História da república brasileira*, v. 1 a 7.

SILVA, José Afonso da. *Aplicabilidade das normas constitucionais*. São Paulo: RT, 1968.

———. *Curso de direito constitucional positivo*. 5. ed. São Paulo: RT, 1989.

———. ———. 16. ed. São Paulo: Malheiros, 1999.

———. Jurisdição constitucional no Brasil e na América Latina. Separata da *Revista da Procuradoria-Geral do Estado*, n. 13/15, Imprensa Oficial do Estado de São Paulo, 1980.

SODRÉ, Nelson Werneck. *Formação histórica do Brasil*. 9. ed. Rio de Janeiro: Civilização Brasileira.

———. *História militar do Brasil*.

SOUSA, Domingos Pereira de. *As garantias dos contribuintes*. Lisboa: Ed. Universidade Lusíada, 1991.

SOUZA, Rubens Gomes de. *As modernas tendências do direito tributário*. Conferência em 07.06.1962.

_____. *Comentários à Constituição de 1946*. 3. ed. Rio de Janeiro, 1960. v. II.

_____. *Compêndio de legislação tributária*. 3. ed. Rio de Janeiro: Forense, 1960.

_____. *Curso de direito tributário*. 4. ed. São Paulo: Saraiva.

_____. *Revista Forense*, v. 140 (49), mar.-abr. 1952.

_____. *RDP* 21/304.

SPINELLI, Aldo. *Norme Generali per la Repressioni della Violacione delle Leggi Finanziarie*. Milano, 1959.

TAVARES, André Ramos. *Tratado da arguição de preceito fundamental*: Lei n.º 9.868/99 e Lei n.º 9.882/99. São Paulo: Saraiva. 2001.

_____. Arguição de descumprimento de preceito fundamental: aspectos essenciais do instituto na Constituição e na Lei. In: _____; ROTHEMBURG, Walter Claudius. *Arguição de descumprimento de preceito fundamental*: análises à luz da Lei n° 9.882/99. São Paulo: Atlas, 2001.

_____; ROTHEMBURG, Walter Claudius. *Arguição de descumprimento de preceito fundamental*: análises à luz da Lei n.° 9.882/99. São Paulo: Atlas. 2001.

TEIXEIRA, Sálvio de Figueiredo. O controle de constitucionalidade no sistema luso-brasileiro. *Revista da Faculdade de Direito da UFMG*.

TEMER, Michel. *Elementos de direito constitucional*. 10. ed. São Paulo: Malheiros, 1993.

TERAN, Juan Manuel. *Filosofía del derecho*. México: Porrua, 1971.

THEODORO JÚNIOR, Humberto. *A nova lei de execução fiscal*. São Paulo: LEUD, 1982.

_____; DERZI, Misabel Abreu Machado; COÊLHO, Sacha Calmon Navarro. *Da impossibilidade jurídica de ação rescisória anterior à declaração de constitucionalidade pelo Supremo Tribunal Federal*. Parecer.

TILBERY, Henry. *Direito tributário 2*: responsabilidade tributária. São Paulo: José Bushatsky, 1972.

TIPKE, Klaus. *Moral tributaria del Estado y de los contribuyentes*. Madrid: Marcial Pons, 2000.

TÔRRES, Heleno. Convenções internacionais em matéria tributária sobre a renda e o capital – abrangência de tributos incidentes sobre as empresas. *Grandes Questões Atuais do Direito Tributário*, São Paulo: Dialética, set. 1997.

_____. *Pluritributação Internacional sobre as Rendas das Empresas*, São Paulo: RT, 1997.

_____. Separata da USP sobre tese para provimento do cargo de professor Titular de Direito Financeiro da Faculdade de Direito da USP, São Paulo, 2014.

TORRES, Ricardo Lôbo. A incidência do imposto de renda na transferência de direito de propriedade. *Revista Dialética de Direito Tributário*, São Paulo, n. 32.

_____. *Curso de direito financeiro e tributário*. Rio de Janeiro: Renovar, 1993.

_____. _____. Rio de Janeiro: Renovar, 1995.

_____. *Revista da ABDF*, 2.° trimestre de 1996, em trabalho para as XVIII Jornadas Latinoamericanas de Derecho Tributario.

TRONCOSO y TRONCOSO. *ICM*: princípio da não cumulatividade. Rio de Janeiro: Jovelli, 1983.

USINGER, K. *Fines del Estado*. Rosário, 1958.

VII CONFERÊNCIA DOS TRIBUNAIS CONSTITUCIONAIS EUROPEUS, Lisboa, 1987. I parte.

VALÉRIO, Walter Paldes. *Programa de direito tributário*: Parte Geral. Porto Alegre: Sulina, 1970.

VANOSSI, Jorge Reinaldo. *Aspectos del recurso extraordinario de inconstitucionalidad*. Buenos Aires: Abeledo-Perrot, 1966.

_____. *Teoria constitucional II*: supremacia y control de constitucionalidad. Buenos Aires: Depalma, 1976.

VECCHIO, Giorgio del. *Filosofía del derecho*. Trad. La Cambra, 1942.

VELLANI, Mario. Naturaleza de la cosa juzgada. *Revista de Derecho Procesal*, n. 32.

VELLOSO, Carlos Mário da Silva. *Mandado de injunção, pleno do STF*, n. 232, 6/2/91.

――――. O Poder Judiciário e a nova Constituição. Separata da *Coletânea de Legislação e Jurisprudência*, Lex.

――――. Ruy Barbosa e o controle jurisdicional da constitucionalidade das leis. *Revista Jurídica Lemi*, Belo Horizonte, n. 100, mar. 1976.

VERNENGO, Roberto José. *Temas de teoría general del derecho*. Buenos Aires: Cooperadora de Ciencias Sociales, 1971.

VIANNA, Oliveira. *Evolução do povo brasileiro*. 4. ed. Rio de Janeiro: José Olympio, 1956.

VIEIRA, Maria Leonor Leite. *A suspensão da exigibilidade do crédito tributário*. São Paulo: Dialética, 1997.

VILANOVA, Lourival. *Lógica jurídica*. São Paulo: José Bushatsky, 1976.

――――. *Sobre o conceito de direito*. Recife: Imprensa Oficial.

VILLEGAS, Hector B. *Curso de finanzas, derecho financiero y tributário*. Buenos Aires: Depalma, 1972.

――――. *RDP* 17/322.

VILLEY, Michel. Sur les Essais d'Application de la Logique Deontique au Droit. *Archives de Philosophie du Droit*, Paris: Sirey, n. 17, t. XVII, 1972.

WALD, Arnoldo. O sigilo bancário no Projeto de Lei Complementar de Reforma do Sistema Financeiro e na Lei Complementar n.º 70. *Revista dos Tribunais – Cadernos de Direito Tributário e Finanças Públicas*, n. 1.

XAVIER, Alberto Pinheiro. *Direito tributário e empresarial*: pareceres. Rio de Janeiro: Forense, 1982.

――――. *Direito tributário internacional do Brasil*. 2. ed. Rio de Janeiro: Forense, 1993.

――――. *Do lançamento no direito tributário brasileiro*. São Paulo: Resenha Tributária, 1977.

――――. *Do lançamento*. Teoria geral do ato, do procedimento e do processo tributário. 2. ed. Rio de Janeiro: Forense, 1997.

――――. *Manual de direito fiscal*. Faculdade de Direito de Lisboa, 1974. v. I.

――――. *Os princípios da legalidade e da tipicidade da tributação*. São Paulo: RT, 1978.

――――. *Pareceres de direito tributário*. São Paulo: Saraiva, 1986.